산업재해
보상 및 배상론

산업재해 보상 및 배상론

한경식 著

KSI 한국학술정보[주]

머 리 말

기업의 생산과정에서 자본과 노동이 결합하여 성립한 근로관계에 따라 근로자는 기업으로부터 생계의 원천인 직장과 임금을 제공받게 되고 사용자는 영속적으로 기업활동을 영위함으로써 산업자본주의사회가 유지된다. 거대한 생산설비와 대량의 노동력이 기업조직에 결합하고 있는 현대 산업사회에서 노사정이 산업재해를 예방하기 위한 노력과 투자를 하더라도, 산업재해는 근로관계에서 필연적으로 발생하는 사회현상이라고 할 수 있다.

현행법상 산재구제제도가 통일적으로 규정되어 있지 아니한 관계로 「동일한 업무상 재해」로 인하여 각종 법률에 의한 보상 또는 배상청구권이 경합하게 되고 그 보상원리가 다르기 때문에 실질적으로 산업재해를 당한 근로자의 권리구제의 실효성을 도모하기 위해서는 각 법률에 의한 실체법상의 요건과 각 보상 또는 배상청구권과의 관계를 충분히 이해할 필요성이 있다. 그러나 국내에 출간한 산업재해관련 서적을 보면, 대부분 산업재해보상보험법에 규정된 내용에 국한되어 있는 것이어서 산업재해에 따른 실질적인 권리구제를 도모하는데 부족한 것이 현실이다. 이러한 문제의식을 가지고 필자는 노사관계분야에서 다년간 대학강의와 현업에 종사하면서 얻은 지식과 경험을 토대로 다음과 같은 내용으로 집필하였다.

첫째, 산업재해구제 일반이론으로서 수혜자로서의 「근로자」와 보상 또는 배상수준을 결정하는 「임금수준」은 간과할 수 없는 매우 중요한 이론이다. 근로자와 임금의 범위는 산업재해보상의 인적 요건과 보상수준을 결정하는 기준이 되는 것이므로 산업재해보상이론으로서 매우 중요한 기초이론에 해당한다.

둘째, 산업재해의 유형에 따른 「업무상 재해인정기준」에 관하여 기존의 판례과 관련 법률이론을 중심으로 자세하게 다루었다. 「업무상 재해」에 해당하는가의 여부에 따라 산재보험법에 의한 보험급여 여부가 결정될 뿐만 아니라 사용자의 귀책사유 여부와도 밀접하게 관련되어 있으므로 민사상 손해배상책임요건에도 상당한 영향을 미친다.

셋째, 「동일한 업무상 재해」로 인하여 각종 청구권이 경합하게 되는 경우, 이와 관련된 각종 산재보상제도의 이론과 실무의 내용을 다루었다. 피재근로자가 보상 또는 배상을 청구할 수 있는 중요한 권리구제도로서는 민사법상의 손해배상청구권과 산재보험법상의 보험급여청구권이라고 할 수 있다. 결국 피재근로자는 산재보험급여를 지급받은 후 추가 손해가 있는 경우에는 별도로 사용자를 상대로 민사배상청구를 할 수 밖에 없으므로, 산업재해에 따른 권리구제를 제대로 이해하기 위해서는 양자의 청구권에 관한 정확한 이해가 절대적으로 필요하다.

넷째, 「동일한 업무상 재해」로 인하여 각종 청구권이 경합하게 되는 경우, 각종 보상 또는 배상간의 조정관계, 관계 당사자간의 상호구상관계를 다루었다. 산재보험급여청구권과 다른 보상 또는 배상청구권은 그 성격과 보상범위의 기초를 달리하는 것이지만, 모두 피재근로자에 대한 손해의 전보라는 공통점을 가지고 있는 것이므로 「이중배상금지」의 원칙에 따라 각 청구권에 대한 경합 및 조정이론을 충분히 검토할 필요성이 있다.

다섯째, 산재보상제도의 핵심인 현행 산재보험급여제도는 제도의 실체, 산재의 예방, 권리구제의 절차측면에서 많은 문제점을 내포하고 있는바 이에 대한 제도적 개선방안을 구체적으로 제시하였다.

그러나 탈고를 마치고 보니 여러 가지로 부족한 면이 많다는 것을 새삼 느끼게 된다. 부족한 부분은 향후 개정작업을 통하여 보완할 것을 약속드린다. 그리고 여린 마음으로 자식을 위해 항상 기도하면서 위로와 격려를 아끼지 않으셨던 하늘나라에 계신 어머님께 이 책을 드리고 싶다. 끝으로 필자의 졸작을 기꺼이 출간하여 주신 한국학술정보(주) 채종준 사장님과 권현옥 출판사업팀장 그리고 편집에 심혈을 기울여 주신 직원들의 노고에 깊은 감사를 드립니다.

2007년 1월

한 경 식

[목 차]

제 1 편 산업재해 일반론 / 17

제 2 편 산업재해의 유형과 요건 / 119

제 3 편 현행법상 산업재해구제제도 / 245

제 5 편 현행 산재구제제도의 개선방안 / 485

제 1 편 산업재해 일반론

제1편 산업재해 일반론에서는 「산업재해의 기초이론」과 산재보상의 수혜대상자로서 「근로자의 범위」 및 산재보상의 수준을 결정하는 기초가 되는 「임금의 범위」로 구분하여 산업재해보상과 관련한 일반이론을 다루었다.

「산업재해의 기초」에서는 주로 산업재해의 의의, 산재보상제도의 발전, 산업재해의 요건, 현행 우리나라의 산재보상제도에 관한 입법체계 등에 대한 개괄적인 내용을 기술하였다. 산업재해는 근로자와 사용자가 산업재해 예방에 대한 최선의 주의의무를 다한다 하더라도 산업사회에서 필연적으로 발생하는 사회현상이라고 할 수 있다. 산업사회에서 산업재해가 발생한 경우에 그 보상 또는 배상에 초점을 맞출 수밖에 없다. 산업재해보상제도는 시민법상의 손해배상책임→노동법상의 재해보상 책임→사회보험법상의 산재보험급여제도를 거쳐 발전하여 왔는데, 우리나라의 입법체계는 손해배상제도, 재해보상제도, 산재보험급여제도가 별도로 구성되어 있다. 그러나 산업재해보상의 핵심은 바로 무과실책임과 근로자의 생활보장을 중심으로 전개되는 산재보험급여제도라고 할 수 있다. 산업재해의 기초이론으로서 빼놓을 수 없는 부분이 바로 산업재해의 요건이라고 할 수 있는데, 이에 대한 이론과 관련 실무를 심도 있게 기술하였다.

「근로자 및 임금의 범위」에서는 주로 근로기준법이 규정하고 있는 근로자와 임금의 개념과 범위판단기준 및 관련판례의 내용을 심도 있게 기술하였다. 근로자 여부의 판단과 임금의 범위는 산재보상의 인적 요건과 보상수준을 결정하는 기준이 되는 것이므로 산업재해 보상이론으로서 매우 중요한 기초이론이다. 산업재해의 일반이론으로서 산업재해의 요건과 근로자 및 임금 여부의 판단은 주의 깊게 살펴보아야 할 내용이다.

제1장 산업재해의 기초

Ⅰ. 개 설

1. 산업재해의 의의

산업재해(이하 '산재')란 일반적으로 종속노동관계에 있는 근로자가 생산활동 과정이나 그에 수반된 활동과정에서 당하게 되는 부상, 질병 또는 사망을 말한다. 산재의 정의에 대하여 산업안전보건법에서는 「근로자가 업무에 관계되는 건설물 · 설비 · 원재료 · 가스 · 증기 · 분진 등에 의하거나 작업 기타 업무에 기인하는 사망 또는 부상하거나 질병에 이환되는 것」(동법 제2조 1호)이라고 하고, 산업재해보상보험법(이하 '산재보험법')에서는 산재를 '업무상 재해'라 하고, '업무상 재해'는 「업무상 사유에 의한 근로자의 부상, 질병, 신체장해 또는 사망을 말한다」라고 정의하고 있다(동법 제4조 1호).

산재는 그 성질에 따라 사고성 재해와 직업성 재해로 구분할 수 있다. 사고성 재해는 돌발적인 사고에 의하여 발생하는 재해를 말한다. 예컨대, 높은 건설현장에서 일하다가 추락하였다든지 기계를 사용하여 작업하다가 기계에 신체일부가 부상한다든가 하여 발생하는 재해가 이에 속한다. 사고성 재해는 근무 중 돌발적인 사고에 의하여 발생하는 것이므로 그 원인을 규명하기 용이하다. 이에 반하여 직업성 재해(직업병)는 돌발적인 사고 없이 건강에 유해한 근로조건, 작업환경 속에서 장기간 계속하여 근로함으로써 위험·유해한 인자가 체내에 서서히 가중·축적되어 점진적으로 건강이 손상되어 발병에 이르게 된 재해를 말한다. 예컨대, 이황화탄소, 수은, 납 등에 중독되어 나타난 질병 등이 이에 해당된다.

2. 산업재해의 필연성과 보상의 필요성

현대 산업사회의 특징은 거대한 생산설비와 대량의 노동력이 기업조직에 결합하는 데 있다. 노동력이 기업과 결합하는 가장 보편적인 현상은 근로자와 사용자 사이의 근로계약에 의하여 이루어진다. 근로자는 노동력 이외에는 생산수단을 가지고 있지 못하기 때문에 시민법에서 인정하고 있는 근로계약의 자유는 현실적으로 하나의 허상에 불과하다. 그러나 사용자측도 자신이 소유하고 있는 생산수단은 노동력과 결합하지 않고서는 기업활동을 영위할 수 없다. 이처럼 기업의 생산과정에서 자본과 노동이 결합함으로써 비로소 근로관계가 성립하게 되고, 이를 기반으로 기업활동이 가능하다.

이러한 근로관계의 성립은 근로자에게는 생계의 원천인 직장과 임금을 제공하고 사용자에게는 기업활동을 영위하게 하는 산업자본주의 사회에 있어서 필연적 현상이지만, 이에 따른 부작용과 피해도 매우 크다. 그중의 하나가 바로 산재의 발생이다. 산업사회에 있어서의 모든 기업은 본질적으로 산재의 위험을 항상 내포하고 있기 때문에 근로자는 산재위험으로부터 결코 자유로울 수 없다. 즉, 기업의 이윤극대화 원칙에 따라 근로자는 저임금·장시간근로·노동밀도의 증대 등 만성적 피로축적에 의한 노동력의 파괴와 다른 한편으로는 사용자의 불변자본집약으로서 안전·보건시설의 미비 등 열악한 작업환경을 요인으로 항상 산재의 위험에 직면하고 있다. 그뿐만 아니라 독점자본주의하에서 사용자는 독점이윤을 목적으로 고도의 기술혁신·합리화·노무관리의 강화 등 생산과정에 박차를 가하고 신기술·새로운 원료의 사용에 따른 산재의 대규모화와 새로운 산재를 유발하는 등 그 피해의 심각성을 더해가고 있다.1)

이처럼 현대 산업사회에서 모든 기업은 본질적으로 산재의 위험을 내포하고 있는 이상 근로자는 산재의 위험에 직면할 수밖에 없는 것이고, 산재는 근로자의 의사나 행위에 관계없이 근로관계에서 불가피하게 발생하는 사회현상으로서 산재를 당한 근로자에게는 생활유지수단인 근로에 부수하는 사회적 필요악이라고 할 수 있다.2)

산업사회 현상으로서의 산재는 피재근로자와 그 가족에게 엄청난 고통일 뿐만 아니라 국민 전체에 엄청난 경제적 손실을 가져오는 동시에 건강하고 안전하게 근로할 수 있는 노동기본권에 대한 중대한 위협이 되고 있다.3) 따라서 여러 입법조치를 통하여 산재를 사전에 예방하는 것이 1차적으로 중요한 것이지만, 피재근로자와 그 가족의 생활을 보장하기 위하여 사후적 보상제도로서의 산재보상제도가 확립되어야 하는 당위성이 있다.

따라서 업무상 사유에 의하여 근로자의 재해가 발생한 경우에 피재근로자 및 그 가족에 대한 필요한 보상이나 배상을 하고, 피재근로자의 사회복귀의 촉진·피재근로자 및 그 가족에 대한 지원 등 근로자의 복지증진에 기여하는 종합적인 산재보상제도가 정착되어야 할 것이다.

---

1) 졸고, 「산업재해의 구제법리에 관한 연구」, p.1; 김교숙, 「산재보상법리의 변천」, p.188.
2) 김진웅, 「현행 노동재해보상제도와 법적 성격」, p.332; 졸고, 「산업재해의 구제법리에 관한 연구」, p.2; 김교숙, 「산재보상법리의 변천」, p.188.
3) 산업재해의 왕국이란 불명예를 가진 우리나라는 2001년 기준 노동부가 집계한 자료에 의하면, 피재근로지수가 무려 81,434명에 이르고 이 중 2,748명이 사망하였으며, 산재로 인한 경제적 손실액도 무려 8조 7,226억원에 육박하여 국민경제적인 측면에서도 엄청난 손실을 야기한 것으로 조사되었다(노동부, 노동백서, 2002년판, p.32).

Ⅱ. 산업재해보상제도의 발전

산재보상제도는 산업사회의 초기에는 과실책임주의에 입각한 손해배상에서 출발하여 무과실책임주의에 입각한 재해보상제도를 거쳐 현재의 사회보험에 의한 산재보험급여제도로 발전되어 왔다. 산재보상의 방법 및 성격과 보상 정도에 따라 차이가 있지만, 우리나라의 산재보상제도는 시민법상의 손해배상책임, 노동법상의 재해보상 책임, 산재보험법상의 산재보험급여책임 등 기본적으로 세 가지 책임영역으로 구성되어 있다.

이러한 산재책임 가운데 어느 책임을 강조하느냐에 따라 시대와 국가에 따라 정도의 차이는 있지만, 일반적으로 시민법상의 손해배상책임→노동법상의 재해보상 책임→사회보장법상의 생활보장책임으로 발전·변천하여 왔다.

또한 산재보상의 요건이라고 할 수 있는 「업무상 재해」를 인정하기 위한 인과관계론에 관해서도 법리변천과 더불어 시민법상의 상당인과관계론→노동법상의 합리적 관련성론→사회보장법상의 업무관련성론으로 발전하여 왔다고 할 수 있다.[4)]

1. 시민법상의 손해배상제도

1) 과실책임으로서의 손해배상책임

산재가 중요한 사회문제로 등장한 것은 19세기 후반 산업혁명으로 인한 근대산업의 성립과 더불어 근로과정에서 피재근로자가 급격하게 증가된 것이 근본적인 원인이라고 할 수 있다. 당시의 산업재해구제는 근대시

---

4) 김교숙, 「산재보상법리의 변천」, pp.189-190.

민법의 개인주의적인 책임이론의 테두리 안에서 주로 불법행위의 법 이론에 의하여 처리될 수밖에 없었는데, 산재를 입은 근로자는 과실책임주의를 원칙으로 하는 손해배상의 길밖에 없었다. 피재근로자가 산재배상을 사용자에게 청구하기 위해서는 해고를 감수하면서 사용자의 과실을 입증하여야 하고 민사소송이라는 시간과 경비를 소요하는 까다로운 절차를 밟아야 하기 때문에 본의 아니게 산재에 인한 손해를 감수할 수밖에 없었다.[5] 시민법이 손해배상책임과 관련하여 사용자에게 인정한 주요한 항변이론으로서 세 가지를 들 수 있다.[6]

첫째, 위험인수이론(doctrine of assumption of the risk)이다. 이는 근로자가 산재의 위험을 사전에 인수하였다는 것을 항변함으로써 사용자는 손해배상책임을 면한다고 하는 이론이다. 사용자에게 위험인수 항변을 인정하는 근거는 근로자와 사용자 사이의 자유로운 합의에 의하여 근로계약관계가 성립하였기 때문에 사용자는 근로자를 고용할 때 예견 가능한 위험을 승인한 근로자에게 손해배상청구권을 인정할 이유가 없다는 것이다.

둘째, 공동고용이론(doctrine of common employment)이다. 이는 근로자가 제3자에게 가한 손해에 대하여 사용자는 대위책임의 법리에 의하여 손해배상책임을 부담하지만, 그 제3자가 사용자에게 공동 고용되어 있는 경우에는 통상의 제3자와 구별하여 사용자에게 손해배상책임이 없다고 하는 이론이다. 이 이론은 19세기 중엽 근대기업의 발달과 더불어 다수의 근로자를 고용함에 따라 산재에 대한 사용자의 책임한계를 설정할 필요성에 그 기반을 두고 있는 것이지만, 그 결과 피재근로자의 구제에 새로운 법적 장벽을 설정한 것이었다.

셋째, 기여과실이론(doctrine of contributory negligence)이다. 이는 근로자가 입은 재해가 과실의 기여에 의하여 발생하였다는 것을 사용자가 항변하고 법원이 이 항변을 인정하는 경우에는 손해배상책임을 면한다고 하는 이론이다. 대부분의 산재는 근로자의 과실이 어느 정도 기여한 것이

5) 박상필, 노동법, p.309.
6) 사용자의 항변이론에 대하여는 김교숙, 「산재보상법리의 변천」, p.191 이하 참조.

사실이므로 근로자의 사소한 과실도 사용자의 항변사유가 되어 손해배상 책임을 면하는 역할을 하게 된다.

2) 과실책임 완화로서의 사용자책임제도 도입

근대산업의 발달로 산재가 증가함에 따라 과실책임주의에 입각한 시민법상의 산재배상제도는 사회적으로 비판을 받게 되었고, 근로자들의 자주적인 노동운동에 의하여 사용자의 산재책임을 촉구하게 되었다. 이에 따라 과실책임을 완화하거나 이 원칙을 유지하면서 피재근로자의 구제를 확장시킬 수 있는 법 기술을 개선하려는 경향이 일게 되었다.

결국, 시민법상의 과실책임주의를 완화를 바탕으로 하는 사용자책임법이 제정되었는데, 1871년 독일의 '연방배상책임법(Reichshaftplichtgesetz)'과 1837년 영국의 '사용자책임법(Employer's liability Act)'이다. 사용자책임제도는 산재에 관하여 사용자의 특별책임을 인정함으로써 어느 정도 피재근로자가 배상을 받을 수 있게 되었다. 사용자책임입법은 시민법상의 손해배상적 성격을 완전히 벗어나지 못하였지만, 재해보상제도로 접근하는 과도기적 입법이라고 평가할 수 있다.[7)]

3) 상당인과관계론

산재보상제도는 법리적으로 손해배상책임제도로부터 형성되어 왔고, 산재보상도 궁극적으로는 손해전보의 한 형태이므로 업무상 재해가 성립하기 위해서는 「업무와 재해 사이에 상당한 인과관계」가 필요하다고 하는 이론이다. 여기서 「업무상」이라 함은 통상적인 의미에서의 업무가 아니라 근로자가 근로계약에 기하여 사업주의 지배하에 있는 업무수행성을 의미하는 것이고, 「업무와 재해 사이의 상당인과관계」라 함은 재해 등의 원인

7) 김교숙, 「산재보상법리의 변천」, pp.193-194.

사실에 매개되었던 업무기인성을 의미한다. 따라서 업무상 재해에 해당하기 위해서는 「업무 – 원인사실」과 「원인사실 – 재해발생」, 즉 업무수행성과 업무기인성의 두 가지 요건을 충족해야 한다. 그 결과, 업무상 재해의 인정에 있어서는 상당히 엄격하게 운영될 수밖에 없다.

2. 노동법상의 재해보상제도

1) 재해보상제도의 형성

사용자책임제도는 대체로 과실책임의 원칙을 완화하거나 시민법상 사용자의 항변을 제한·배제하는 등 피재근로자의 배상책임을 보호하고 있는 점에서 진일보한 것으로 평가할 수 있다. 그러나 사용자배상책임제도는 근본적으로 법원의 소송을 통한 구제방법이기 때문에 사용자가 유리한 입장을 이용하여 사전에 손해배상을 포기하도록 하거나 해고권을 배경으로 하여 피재근로자의 소송제기를 봉쇄함으로써 큰 실효성을 얻을 수 없었다. 이와 같은 이유로 손해배상제도로서 피재근로자를 구제하는 데 한계가 있다는 것을 자각하게 되어 새로운 구제제도를 모색하게 되었다.

종속근로에 대한 현실적인 인식을 바탕으로 한 근로자는 단결하지 않으면 생활상의 필요를 충족시킬 수 없다는 단결권의 법리가 근로관계의 지배원리로 등장하면서 산재보상에 대한 법률관계도 필연적으로 시민법상의 손해배상관계에서 벗어나 노동법상의 독자적인 관계로 파악할 수밖에 없었다. 따라서 산업재해에 대한 법적 책임도 시민법상의 책임이 아니라 사용자의 사회적 책임으로 파악함으로써 비록 시민법상 가해자에게 면책사유가 있는 경우라도 노동법에서는 사용자가 재해보상책임을 지도록 하게 하였다. 노동법상 무과실책임과 정액보상방식을 도입한 입법으로서는 1884년 독일의 「재해보장법(Unfaliversicherungsgesetz)」', 1887년 영국의 「근로

자보상법(Workermen's Compensation Act)」 등을 들 수 있다.[8)]

2) 합리적 관련성론

시민법상 과실책임에서 노동법상 재해보상제도로 발전하는 데 있어서 이론적 토대를 제공한 것이 「합리적 관련성론」이다. 이 이론은 업무상 재해는 업무와 재해 사이에 합리적인 관련성이 있고, 근로자의 보호관점에서 재해보상을 하는 것이 합리적인가의 여부에 따라 판단해야 한다는 견해이다. 즉, 업무상 여부의 판단은 업무와 재해 사이의 인과관계에 중심이 있다기보다는 오히려 산재에 대하여 사용자에게 생활보장책임을 과하는 것이 합리적인가의 판단에 이루어져야 한다는 이론이다.[9)]

3. 사회보장법에 의한 산재보험급여제도

1) 사회보험제도의 도입

노동법상의 재해보상제도는 기본적으로 업무상 재해에 대하여 사용자의 무과실책임주의를 바탕으로 하는 직접보상방식이므로, 사용자가 무자력인 경우에는 보상받을 방법이 없다고 하는 단점이 있다. 이에 피재근로자 및 그 가족의 생활보장을 확보하는 동시에 대규모의 산재발생으로 인한 기업의 도산을 방지하기 위한 제도의 도입이 필요하게 되었는데, 그 제도가 바로 사회보장법에 의한 사회보험제도이다.

산업사회가 복잡해지고 다원화함으로써 산재의 발생은 필연적인 사회현상이기 때문에 산재보상제도의 초점은 개별적인 사용자의 보상책임제도로

---

8) 김교숙, 「산재보상법리의 변천」, pp.199-200; 박상필, 한국노동법, pp.309-310.
9) 김교숙, 「산재보상법리의 변천」, p.206.

부터 사회보험제도로 전향하는 것이 피재근로자 및 그 가족의 생활보장은 물론 기업의 보호에도 도움이 된다고 하는 인식에서 사회보험제도가 도입된 것이다.

제2차 세계대전 이후 영국의 비버리지 보고서의 영향 아래 사회보장법이 발달함으로써 재해보상제도도 사회보장법 체계의 일환으로 편입되어 산재의 위협으로부터 피재근로자 및 그 가족의 생활을 보장하는 산재보험제도로 발전하였다. 1942년 독일은 연방책임법에 산재보험이 삽입됨으로써 사회보험법의 일부분으로 규정되었고, 1963년 「재해보험신법(UnfallsversicherungsNeureglungsgesetz)」을 제정하여 산재보험을 운영하고 있다. 이처럼 산재보험제도의 도입으로 종래 단순히 정책적 목적 내지 부차적 기능으로 파악되었던 피재근로자 및 그 가족의 생활보장적 요소가 오히려 산재보상제도의 본질적인 요소로 부각되었다.[10)]

2) 업무관련성론

산재보험제도의 본질을 생활보장적 성격으로 파악하게 한 이론이 바로 「업무관련성론」이라고 할 수 있다. 이 이론은 산재보상의 본질을 피재근로자와 그 가족의 생활보장에 두면서 산재보상책임과 손해배상책임의 이질성에 착안하여 업무상의 재해는 업무와 재해 사이에 관련성이 있으면 족하다고 보는 견해이다. 여기서 「업무관련성」은 재해위험원인에 매개되었던 업무와 재해 사이의 「시간적 관련성」과 「공간적 관련성」을 말한다.

「시간적 관련성」은 산재보상제도의 목적에 따라 널리 종속관계에 있는 근로자의 행동에 재해원인이 작용하였거나 작용하였다고 추정되는 관계를 말하고, 「공간적 관련성」은 시간적 관련성에 있어서 재해원인이 재해로서 현실화하였다고 추정되는 관계를 말한다. 이 이론에 의하면, 공간적 관련성은 종속근로관계에서 불가피한 재해위험원인으로서 산재인정의 제1차적 기준이 되고, 공간적 관련성이 인정되면 시간적 관련성도 인정된다고 한다.[11)]

10) 김교숙, 「산재보상법리의 변천」, pp.207-208.
11) 김교숙, 「산재보상법리의 변천」, p.211.

Ⅲ. 산업재해보상의 성격

1. 학설의 검토

산재보상은 초기의 과실책임의 원칙을 기반으로 하는 손해배상제도에서 출발하여 무과실책임이론을 기반으로 하는 재해보상제도를 거쳐 사회보장 제도로서의 사회보험의 형식으로 발전하여 왔음은 전술한 바와 같다.

우리나라에서의 현행 산재보상제도는 근로기준법상의 재해보상제도와 산재보험법상의 보험급여제도 및 민사법상의 손해배상제도가 각각의 법률에 의하여 보호되고 있다. 따라서 산재보상에 대한 법적 성격을 어떻게 보느냐에 따라 손해배상설, 근로조건보호설, 생활보장설이 대립하고 있다.

1) 손해배상설

이 설은 민사법에 의한 손해배상제도가 과실책임의 원칙을 유지하면서 사회생활 관계에서 발생하는 손실을 누구에게 어느 정도 부담시키는 것이 형평에 적절한 것인가의 관점에서 구성되어 있으므로, 산재보상제도도 이와 같은 형평의 관점에서 산재라고 하는 사회생활상의 손실을 전보하는 제도로써 파악해야 한다는 견해이다.[12] 산재는 사용자가 발생시킨 것이므로 그것에 의한 근로자의 손해는 당연히 사용자에 의해서 보상되어야 한다고 하는 생각에 바탕을 둔 것이다. 따라서 사용자는 민사법의 원리에 의하여 산재로 인한 전 손해를 피재근로자에게 배상하여야 하고, 만약 피

12) 산재보상제도를 민사법에 의한 손해배상으로 이해하는 견해는 불법행위책임이라는 관점에서 파악하는 이론과 계약책임이라는 관점에서 파악하는 이론의 두 가지가 있는데, 이는 대체로 전통적인 법질서체계와 법 이론에 입각하여 이해하려는 데 그 기초를 두고 있다(김진웅, 「현행 노동재해보상제도와 법적 성격」, p.352).

재근로자에게 과실이 있는 경우에는 과실상계를 적용하게 된다.

이 설은 산재보상제도를 무과실손해배상의 법리로 파악함으로써 산재에 대한 법리를 전통적인 과실책임주의로부터 분리하여 그의 특질을 명확히 하였다는 점에서 긍정적으로 평가할 만하다. 그러나 노동법상의 정률보상제도, 근로자의 과실상계를 인정하고 있지 않은 점, 보험가입자인 사업주에게 공법상의 의무를 과하고 있는 점, 산재보상의 불이행 시 행정강제를 두고 있는 점, 산재보상의 사회보험화 현상을 설명할 수 없다는 단점이 있다.[13]

2) 근로조건보호설

이 설은 산재보상제도의 법리를 노동관계법 구조에 기초하여 사용자가 직접 보상하는 경우나 사용자가 산재보험료를 부담하는 산재보상보험의 경우를 막론하고 그 보상은 어디까지나 피재근로자의 근로조건보호에 관한 것이기 때문에 노동법상의 독자적인 영역에 속하는 것으로 보는 견해이다. 이 설의 공통점은 산재의 특질을 자본·노동력과 소유의 분리라는 체제하에서 노동력을 지배하는 근대적 노사관계의 구조 자체에 내포하고 있는 위험에서 구하고, 그에 대한 보상책임을 노사관계에 관련시켜 명확하게 하려는 것이다.[14]

이 설에 의하면, 근로조건으로서의 산재보상제도는 노동보호입법에 의하여 결정되는 것이 합리적일 뿐만 아니라 노동조합운동에 의하여 영향을 받지 않을 수 없다고 한다. 즉, 근로조건으로서의 산재보상제도가 노동보호입법에 의해 보장되고 단결권의 법리가 노동관계의 지배원리로 등장하면서 산재보상에 관한 법률관계도 필연적으로 시민법상의 배상관계에서 벗어나 노동법상의 독자적인 관계로 발전할 수밖에 없다는 것이다. 이러한 의미에서 이 설은 산재보상의 성격을 다분히 개인법리의 틀을 넘는 단

13) 졸고, 「산업재해의 구제법리에 관한 연구」, p.13.
14) 김진웅, 「현행 노동재해보상제도와 법적 성격」, p.352.

체법리에 입각한 손해분배제도이고 현행 노동법상의 제도로서의 기본적인 특색을 지닌 것으로 이해하고 있다.

그러나 이 설은 무과실에 의한 사용자의 산재보상책임을 전제로 한 것이기 때문에 사업주에게 충분한 재산이 없으면 피재근로자가 보상받을 수 없을 뿐만 아니라 「업무상」의 여부가 사업주의 귀책요건이기 때문에 「업무상」의 인정이 엄격하게 파악될 수밖에 없다. 그리고 일단 「업무 외」의 재해로 판정되면 피재근로자는 전혀 보상을 받을 수 없을 뿐만 아니라, 산재보상제도는 피재근로자만을 보호대상으로 하고 있을 뿐 그 가족의 생활보장을 도외시하고 있다는 비판을 받고 있다.[15)]

3) 생활보장설

전술한 근로조건보호설은 주로 근로관계의 특질에 기초를 두고 사용자의 산재보상책임의 근거를 밝히려는 데 대하여, 생활보장설은 산재의 결과가 미치는 근로자의 생활면에 중점을 두고 근로자의 산재보상청구권의 법적 근거를 규정 지우려는 견해이다. 따라서 이 설은 산재보상제도를 생존권 보장에서 유래하는 제도로 파악하여 산재보상의 본질을 국가 자체의 생활보장의무 내지 사회보장제도의 일환으로 파악하는 견해로서 다수설이다. 이 설은 다시 단체부양설, 근로권설, 생존권설로 대별할 수 있다.

단체부양설은 근로자에게도 사회인으로서의 인간다운 생활이 근로관계에 의하여 유지될 것을 전제로 하여 피재근로자의 불이익은 생산조직에서 이를 전보할 책임이 있고 생산조직의 주체의 부양을 받을 권리가 있는데, 그 부양관계는 근로의 자유를 전제로 하는 근로관계에 입각한 사회적 부양이라고 한다. 따라서 피재근로자는 기업의 단체적 부양에 관하여 보상을 요구할 수 있고, 나아가서 산재보상제도가 사회보장화함으로써 산재보상은 생산조직의 연대책임으로서 국가에 의하여 보장되어야 한다고 주장

15) 김교숙, 「산재보상의 법이론」, p.477; 김진웅, 「현행 노동재해보상제도와 법적 성격」, p.355.

한다.[16)]

근로권설은 산재로 인한 근로자의 생활위협은 근로권에 의하여 확보될 근로자의 인간다운 생활(생존권)의 침해를 의미하는 것이기 때문에, 산재보상청구권은 근로권에서 유래한 것이라고 한다.[17)]

생존권설은 산재보상제도를 생존권 보장의 구체화인 사회보장법의 일환으로 보는 견해이다. 이 설에 의하면, 산재보상의 전체를 총 사용자의 사회적 책임으로 보는 동시에 국가를 생존권 보장의 주체로 보고 있다. 그 법적 근거로서는 산재보상제도가 사회보험으로 운영되고 있는 점, 그 보상내용에 있어서 연금급여가 도입되고 있는 점, 산재보험수급권자로서 피재근로자의 유족 등을 반영시킨 점 등에 나타난 생활보호기능을 들고 있다.

2. 판례의 검토

헌법재판소는「산재보험제도는 업무상 재해라는 사회적 위험을 보험방식에 의하여 대처하는 사회보험제도이므로 이 제도에 따른 산재보험수급권은 사회보장수급권의 하나에 속하는 것이고, 보험급여가 보험사고로 초래되는 가입자(사용자)의 재산상의 부담을 전보하여 주는 경제적 유용성을 가진다」라고 함으로써 산재보상제도를 손해배상 대위적 성격과 생활보장적 성격을 지닌 것으로 해석하고 있다(헌재 2004. 11. 25. 2002헌바52).

대법원 역시도 산재보상제도의 성격을 종래의 손해배상 또는 손해보험적 성격에 국한하지 않고 적극적으로 생활보장적 성격을 함께 가지는 것으로 판시하고 있다(대판 1994. 5. 24. 93다38826; 대판 1992. 12. 8. 92다23360).

---

16) 高藤 沼,「社會保障における生存權原理と社會連帶原理」, p.327.
17) 김진웅,「현행 노동재해보상제도와 법적 성격」, p.356.

[관련판례요지]

▸ 산재보험제도는 보험가입자(사업주)가 납부하는 보험료와 국고부담을 재원으로 하여 근로자에게 발생하는 업무상 재해라는 사회적 위험을 보험방식에 의하여 대처하는 사회보험제도이므로 이 제도에 따른 산재보험수급권은 사회보장수급권의 하나에 속한다. 한편 산재보험법상의 보험급여가 보험사고로 초래되는 가입자의 재산상의 부담을 전보하여 주는 경제적 유용성을 가진다는 점에서 산재보험수급권은 적어도 이 사건에서와 같이 수급권자의 보험급여를 받을 권리를 대위하여 보험급여의 지급을 구한 청구인에게 있어서는 재산권의 성질을 갖는다고 보아야 할 것이다(헌재 2004. 11. 25. 2002헌바52).

▸ 동료근로자에 의한 가해행위로 인하여 다른 근로자가 재해를 입어 그 재해가 업무상 재해로 인정되는 경우에 있어서는 그러한 가해행위는 마치 사업장 내 기계 기구 등의 위험과 같이 사업장이 갖는 하나의 위험이라고 볼 수 있으므로, 그 위험이 현실화하여 발생한 업무상 재해에 대하여는 근로복지공단이 궁극적인 보상책임을 져야 한다고 보는 것이 산재보험의 사회보험적 내지 책임보험적 성격에 부합한다(대판 2004. 12. 24. 2003다33691).

▸ 근로기준법상의 재해보상제도는 근로를 제공하는 근로자를 그 지배하에 두고, 재해위험이 내재된 기업을 경영하는 사용자로 하여금 그 과실유무를 묻지 아니하고 재해발생으로 근로자가 입은 손해를 보상케 하려는 데에 그 목적이 있는 것이나, 근로자의 업무상 재해에 대한 손해배상과 아울러 생활보장적 성격도 가지고 있다고 보아야 한다(대판 1994. 5. 24. 93다38826).

▸ 근로기준법상 재해보상의 실효성을 확보하기 위하여 산재보험법에서 산재보험제도를 마련하고 있는데, 이 보험제도는 상법상의 손해보험적 성격을 넘어 사회보장적 성격도 있다(대판 1992. 12. 8. 92다23360).

3. 평 가

산재보상제도의 법적 성격에 대하여 다수설은 생활보장설에 입각하여 피재근로자 및 그 가족의 생활을 보장하기 위한 차원으로 운영되고 그에 따른 보상이 이루어져야 한다는 입장을 보이고 있는 반면, 헌법재판소와 대법원은 산재보험급여제도는 사용자의 손해배상을 전보하는 성격과 피재근로자 및 그 가족의 생활을 보장하기 위한 성격을 함께 지닌 것으로 해석하고 있다.

산재보상의 성격 내지 기능은 그 시대의 국가가 추구하는 이념에 따라 그것의 비중도가 달라질 수밖에 없다. 사회법이 추구하는 이념은 바로 사회정의라고 할 수 있다. 이러한 사회법의 이념에 봉사하는 기능적 시각에서 보면, 산재보상제도를 생활보장제도의 하나로서 보는 것이 사회정의에 근접하는 것이라고 할 수 있다. 왜냐하면 산재보상에 의하여 그 가족의 생활을 보장함으로써 노동이 실질적으로 인격발현 및 노동향유의 수단으로 될 수 있고 이것이 사회정의에 따른 개인의 인격완성과 부합할 뿐만 아니라 산재보상을 사회보장제도로 파악하는 것이 오늘날 선진국의 일반적 추세에 적응할 수 있기 때문이다.

그러나 산재보상제도를 보험제도에 내포하고 있는 근로자의 생활보장적 성격을 강조하더라도 보험가입자가 산재보험료 전액을 부담하고 산재보상이 지급된 경우에는 그 범위 내에서 사용자의 손해배상이 면책되는 것이므로 손해배상적 성격을 가지고 있음은 분명하다. 결국 산재보상제도는 피재근로자 및 그 가족의 생활보장적 성격을 주된 내용으로 하되, 손해배상 및 근로조건보호의 성격을 아울러 가지고 있는 것으로 해석해야 한다.[18)]

생각건대, 산재보상제도가 노동법상 근로관계를 전제로 한다는 점에서 근로조건보호의 성격을 가지고 있는 것이며, 산재보험법상의 요양급여·장해급여·특별급여 등은 손해배상적 성격을 가지고 있는 것이고, 연금보험급여는 피재근로자 및 그 가족의 생활을 보장하기 위한 생활보장적 성격을 가지고 있다고 보아야 한다.

---

18) 김진석, 「산업재해보상보험금지급청구권과 민법상손해배상의 관계」 p.354.

Ⅳ. 산업재해의 요건

1. 산업재해 요건판단의 중요성

근로자가 산재보상을 청구하기 위해서는 그 재해가 「업무상」 사유로 인하여 발생하여야 하고(근로기준법§81 이하, 산재보험법§4), 산재의 발생에 대하여 근로자의 중대한 과실이 없어야 한다(근로기준법§84).[19] 이처럼 재해보상이나 산재보험급여는 모두 근로자의 재해가 「업무상」이라는 요건을 갖추어야 함에도 불구하고 근로기준법에서는 「업무상 재해」의 정의에 관한 규정이 없으며, 산재보험법 제4조제1호에서도 업무상 재해를 「업무상 사유에 의한 부상 · 질병 · 신체장애 또는 사망」이라고만 규정하고 있을 뿐 그 이상의 구체적인 규정을 두고 있지 않다.

근로자의 재해가 업무상 재해에 해당되는가의 여부는 노사 쌍방에 있어서 보상책임의 유무와 보험급여의 내용을 결정하는 데 중요한 문제이다. 특히 피재근로자나 그 가족에 있어서는 생활보장에 직결되는 중요한 문제라고 할 수 있다. 뿐만 아니라 피재근로자의 재해가 업무상 재해에 해당되는가의 판단은 다음과 같은 중요성을 가지고 있다.

첫째, 업무상 재해에 대해서는 보험자 또는 사용자가 전적으로 그 지급책임을 지는 것이지만 업무 외의 재해에 대해서는 일체의 책임을 지지 아니하며, 둘째 업무상 재해에 대해서는 다른 사회보험급여에 비하여 상대적으로 높은 수준의 산재보험급여가 행해지고, 셋째 보험급여에 필요한

---

19) 그러나 산재보험법에는 근로기준법 제84조와 같은 근로자의 중대한 과실로 인한 재해보상면책규정이 없기 때문에 산재보험법이 근로기준법의 적용을 받는 대부분의 사업 또는 사업장에 적용되고 있고, 산재보험법상 재해보상을 받거나 받을 수 있는 경우에는 근로기준법상의 재해보상 책임이 면제되는 현 입법체계하에서는 근로기준법 제84조가 적용될 여지가 거의 없으므로, 실제로 근로자의 중대한 과실과 산재보상의 요건과는 상관이 없는 것으로 보아야 한다.

비용은 보험가입자인 사업주가 보험료로서 이를 부담하게 되고, 넷째 요양기간 중에는 정당한 해고사유가 있더라도 해고가 제한된다.

이처럼 근로자의 재해가 업무상 재해에 해당되는가의 여부는 노사관계에 있어서 매우 중요한 문제로 대두되고 있는 것이므로, 우선 이에 관한 요건을 분명히 밝힐 필요가 있다.

2. 산업재해의 성립요건

산재는 「업무상의 사유에 의한 근로자의 부상·질병·신체장해 또는 사망」을 말하는 것이므로, 우선 근로자의 업무의 개념과 범위를 설정하여야 하고 그 다음 당해 재해가 업무수행 중에 발생하였는지 또는 업무수행성은 없더라도 업무와 기인하여 발생하였는가를 판단하여야 한다.

1) 업무의 개념 및 범위

「업무」란 당해 사업의 운영에 관련된 업무로서 근로자가 근로계약의 취지에 따라 행동하고 있는 상태의 모든 것을 의미하고, 업무 범위에는 본래의 업무행위, 준비행위, 정리행위, 사회통념상 그에 수반되는 생리적 행위 또는 합리적·필요적 행위, 사업주의 지시나 주체에 의한 행사 등 그 일련의 과정이 사업주의 지배·관리하에 있는 모든 행위가 포함된다.[20)]

---

20) J. C. Smith & J. C. Wood, Industrial Law, 1980. p.345.; 이교림, 「대법원 판례를 중심으로 본 업무상 재해(상)」, p.73

[업무와 관련한 판례요지]

근로자가 어떠한 행위를 하다가 사망한 경우에 그 사망이 업무상 재해로 인정되기 위해서는 그 행위가 당해 근로자의 본래의 업무행위 또는 그 업무의 준비행위 내지는 정리행위, 사회통념상 그에 수반되는 것으로 인정되는 생리적 행위 또는 합리적 · 필요적 행위이거나, 사업주의 지시나 주최에 의하여 이루어지는 행사 또는 취업규칙, 단체협약 기타 관행에 의하여 개최되는 행사에 참가하는 행위라는 등 그 행위 과정이 사업주의 지배 · 관리하에 있다고 볼 수 있는 경우이어야 한다(대판 1999. 4. 9, 99두189).

산재보상의 성격을 어떻게 파악하느냐에 따라 그 업무의 범위가 달라지게 된다. 산재보상의 성격을 무과실배상책임을 매개로 한 손해전보로 파악하는 경우에는 업무는 사업주의 지배영역 내에서 비롯된 상병 등에 국한되나, 산재보상의 성격을 생활보장제도의 하나로서 파악하는 경우에는 사업주에게 근로자의 생활을 책임지도록 하는 것이므로 업무의 범위가 합리적인 범위까지 확대된다.[21)]

산재보상의 목적 내지 기능은 사업주의 무과실손해배상보다는 근로자 및 그 가족의 생활보장에 더 비중을 두고 있는 것이 현행법과 학설의 태도이므로 업무의 인정범위도 근로자의 생활보장적 입장에서 파악해야 할 것이다. 따라서 산재보상을 개별 사용자의 귀책범위에 한정하지 않고, 근로자의 생활보장적 관점에서 모든 기업의 책임으로 보상하는 것이 적당하다고 생각되는 합리적인 범위까지 확대되어야 할 것이다.[22)] 예컨대, 과로성 재해 또는 통근재해나 여러 기업을 전전한 근로자의 직업병 등과 같이 개개의 사용자에게 직접 보상책임을 부담시키기 곤란한 재해에 관해서도 산재보험급여가 행해져야 할 것이다.

---

21) 이교림, 「대법원 판례를 중심으로 본 업무상 재해(상)」, p.73.

22) J.C. Smith & J.C. Wood, Industrial Law, p.347; M. Whincup, Modern Employment Law, pp.291-293; 김교숙, 「산업재해보상제도에 관한 고찰(Ⅰ)-독자적인 '업무상'의 의의를 중심으로-」, 강희갑, 사회복지법제론, p.222.

2) 업무수행성

업무수행성이란 근로자가 근로계약에 의하여 사용자의 지배, 즉 지휘명령을 받고 있는 상태를 의미한다. 그러나 업무수행 중의 재해라고 하는 것은 사용자의 직접적인 지휘명령에 의한 것뿐만 아니라, 그의 지휘명령하에서 그 직무에 부수하여 기대되는 행위 또는 사고로 인하여 생긴 재해도 업무수행 중의 재해에 포함된다. 따라서 ① 작업 중에 있어서의 용변, 음수 등의 생리적 행위나 반사적 행위, 작업 전후에 있어서의 준비행위 및 정리행위, 기타 작업에 동반되는 필요행위, 긴급행위 내지는 합리적 행위나 ② 휴게시간 중이더라도 사업장시설 또는 그 관리의 결함에 의한 재해나 ③ 출장, 외출용무, 화물·여객 등의 운송사업 기타 사업장 외에서 용무에 종사하는 행위와 이러한 용무를 위한 합리적인 순로 및 왕복하는 도상에 있는 행위 등은 모두 업무수행성에 해당된다.[23] 이처럼 업무상 재해 요건으로서의 업무수행성은 근로자가 현실적으로 업무수행에 종사하는 동안만 인정할 수 있는 것이 아니라 업무수행에 수반되는 활동과정까지를 포함한다.

3) 업무기인성

(1) 의 의

업무기인성이란 산재보상의 권리의무관계가 발생하기 위한 요건으로서 업무상의 행동, 작업조건 또는 작업환경과 재해 사이에 상당인과관계가 인정되는 것을 말한다.[24] 인과관계의 내용에 대해서는 통상 상당인과관계에 따라 업무와 재해와의 조건관계가 있는 것만으로는 부족하고, 경험칙상 당해 업무에는 당해 재해를 발생시킬 수 있는 위험이 인정되는 경우에

---

23) 管野和夫, 勞働法, pp.286-287.
24) 김형배, 노동법, p.453.

업무기인성을 인정할 수 있다는 것이 다수설[25] 및 판례[26]의 태도이다. 이러한 상당인과관계설은 산재에 관한 개별 사용자의 책임 귀속에 적합한 이론이라고 할 수 있다.

그러나 생산기술의 고도화와 산업합리화 및 산업수단의 과학화·기계화가 촉진됨으로써 근로자에게 재해위험이 도처에 산재하고 있는 오늘날에 있어서는 직접보상제의 상당인과관계설만으로는 피재근로자 및 그 가족의 생활을 충분히 보장할 수 없으므로, 산재보험제도로 전환하여 피재근로자와 그 가족의 생활을 보장하고 있다. 이러한 산재보험제도는 시민법상의 손해배상과 근로기준법상의 재해보상제도의 단계를 거쳐 발달한 것이다. 이렇게 발달된 산재보험제도하에서의 「업무상의 인정기준」을 다시 시민법이나 근로기준법상의 직접보상제도하의 인과관계론인 상당인과관계설에 입각하여 파악하는 것은 산재보험법의 목적이나 취지를 망각한 것이 아닌가 한다.

따라서 사회법상 독자적인 인과관계론을 전개하여 「업무상의 인정기준」을 다시 설정해야 한다는 점에서 인과관계론을 검토하기로 한다.

(2) 인과관계론

가. 상당인과관계설

이 설은 산재보상제도의 법적 성격을 민사배상제도와 같은 손해전보를 목적으로 하는 제도로 이해하여, 업무상의 재해가 성립하기 위해서는 손해배상에 있어서 불법행위와 손해 사이에 상당인과관계가 필요한 것처럼 업무와 재해 사이에 상당인과관계가 필요하다고 하는 견해이다.[27] 여기서 말하는 「업무상」이라 함은 통상적인 의미에서의 업무가 아니라 근로자가

---

25) 김형배, 노동법, p.453; 김수복, 산재보상의 법률지식, p.66; 김치선, 노동법강의, p.275.

26) 대판 1997. 2. 28. 96누14883; 대판 1994. 8. 26. 94누2633.

27) 이달휴, 「과로사에 관한 고찰」, p.193.

근로계약에 기인하여 사업주의 지배하에 있는 상태(업무수행성)를 말하는 것이고 업무와 재해 사이의 인과관계란 재해 등의 원인사실에 매개되었던 인과관계(업무기인성)를 의미하는 것이므로, 업무와 재해발생이라는 이중의 인과관계로 구성되어 있다고 주장한다.[28)]

이 설에 의하면, 근로자의 재해가 업무상 재해로 인정받기 위해서는 업무와 재해 사이에 경험칙상 상당한 인과관계가 있어야 한다는 것인데, 이는 산재보험급여와 민사배상 사이에 공통적으로 존재하고 있는 손해전보로서의 실질적 동일성을 전제로 민사책임의 책임구조를 유추하여 「업무상」의 개념을 파악하고 있기 때문이다. 그 결과 산재보험급여 요건으로서의 「업무상」의 범위는 상당히 엄격하게 운영될 수밖에 없다.

이 설은 산재보상제도를 재해보상제도로 파악하려는 노동법학의 지배적인 동향하에서 통설·판례[29)]의 태도였고, 산재보상제도를 생존권에 바탕을 둔 사회보장법의 일환으로 파악하고 있는 오늘날에 있어서도 이 설에 바탕을 두고 그 운용의 탄력성만을 도모하려는 입장이 다수설이다.[30)]

나. 합리적 관련성설

이 설은 업무와 재해 사이에 합리적인 관련성이 있으면 근로자의 보호관점에서 산재보상을 하는 것이 합리적인가의 여부에 따라 업무의 범위를 파악해야 한다고 한다.[31)] 이 설은 窪田集人 교수가 「업무상 여부의 판단은 업무와 재해 사이의 인과관계에 중심이 있다기보다는 오히려 산재에

---

28) 日本勞働省 勞働基準局編, 業務災害及び 通勤災害認定と實際(上), p.71.

29) 대법원은 「업무상 재해란 근로자가 업무수행 중 그 업무에 기인하여 발생한 재해를 말하는 것이므로 그 재해가 질병인 경우에는 업무와의 사이에 상당인과관계가 있어야 하고, ……등 제반사정을 고려하여 업무와 질병 사이에 상당인과관계가 추단되는 경우에도 입증이 있다고 보아야 한다」 라고 함으로써 상당인과관계설를 따르고 있다. 다만, 그 입증책임만 완화하고 있을 뿐이다(대판 1997. 2. 28. 96누14883).

30) 김치선, 노동법강의, p.275; 박상필, 한국노동법, p.318; 문원주·조석연, 산업재해보상보험법, p.185; 김수복, 산재보상의 법률지식, p.66.

31) 岡村親宜·大竹秀雄編, 勞災職業病, p.383.

대하여 어디까지 총자본의 생활보장책임을 과하는 것이 합리적인가 하는 관점에 따라 이루어져야 한다」라고 주장한 것에 연유한다.32) 그러나 이 설은 업무상의 범위를 확대하여 산재보험급여의 대상을 확장하는 데 부응할 수 있다는 장점이 있으나, 합리성의 판단기준이 명확하지 못하다는 것이 단점이다. 일본 판례 중에서는 이 설에 바탕을 두어 「업무상의 개념을 노사간의 근로관계에 기초를 둔 손실보상의 법리로 엄격하게 파악할 것이 아니라, 근로관계와 관련한 재해에 대한 보상을 노사의 어느 측에 부담시키는 것이 합리적인지를 비교 형량하여 파악하여야 한다」라고 하는 판례가 있다.33)

다. 업무관련성설

이 설은 민사배상책임과 산재보상책임의 이질성에 착안하여 피재근로자와 그 가족의 생활보장에 두면서 업무상의 개념을 업무와 재해 사이에 시간적 또는 공간적 관련성이 있으면 충분하다고 하는 견해로서, 일본에서 지지를 받고 있는 학설이다.34) 여기서 「시간적 관련성」은 산재보상제도의 목적에 따라 종속노동관계에 있는 근로자의 광범위한 행동에 재해원인이 작용하였거나 작용하였다고 추정되는 관계를 말하고, 「공간적 관련성」은 전자의 원인이 재해로 현실화하였다고 추정되는 관계를 말한다. 이 설에 의하면, 공간적 관련성은 종속근로관계로 말미암아 불가피한 재해원인으로서 「업무상 인정」의 제1차적 기준이 되므로 공간적 관련성이 인정되면 원칙적으로 시간적 관련성도 추정된다.35)

라. 평 가

시민법상의 배상원리와 산재보상법리가 상이함에도 불구하고 시민법상

---

32) 窪田集人, 「勞災補償の今後の問題」, p.312.
33) 僑本勞基署長事件, 大板高判 1978. 11. 30, 勞判309唬, p.206.
34) 水野 勝, 「擴大化する勞災認定の動向と限界」, p.17; 松岡三郎, 「通勤途上災害の勞災保險法適用問題」, p.21.
35) 水野 勝, 「擴大化する勞災認定の動向と限界」, p.27-30.

의 통설인 상당인과관계설을 가지고 산재보상의 요건으로서의 업무상 재해인정기준으로 삼는다는 것은 산재보상의 목적 내지 성격을 도외시한 것이라고 생각된다. 또한 시민법상의 배상원리와 산재보상법리가 이질적인 것으로 구별한 합리적 관련성설은 상당인과관계설보다 진일보한 학설이기는 하지만, 그 합리성의 판단기준이 명확하지 못하기 때문에 타당한 학설로 받아들이기는 곤란하다고 본다.

산재보상제도의 중요한 목적 내지 성격인 피재근로자 및 그 가족의 생활보장에 부합할 수 있는 것은 업무관련성설이 타당하다고 본다. 왜냐하면, 업무관련성설은 자본주의 경제가 고도로 발달함으로써 발생하게 되는 통근재해나 과로사 또는 직업성 질병 등과 같은 새로운 산재에 관해서도 법률에 특별한 규정을 하지 않더라도, 시간적 관련성이 충족되면 공간적 관련성은 원칙적으로 추정받게 되어 피재근로자나 그 가족의 생활보장이라는 산재보상제도의 목적을 달성할 수 있기 때문이다.

4) 업무수행성과 업무기인성과의 관계

종래의 다수설은 「업무상」이란 업무의 기인성을 의미하고, 그 1차적 판단기준은 업무수행성이라고 판단하고 있어, 업무수행성이 없으면 업무기인성은 성립하지 아니한다고 함으로써 업무상 재해가 성립하기 위해서는 업무수행성과 업무기인성이 모두 충족되어야 한다고 보았다.

그러나 최근 업무기인성만을 업무상 여부를 판단해야 한다는 「업무기인성 단일주의」가 유력하게 대두되고 있다. 이는 업무수행성을 업무기인성과 별개의 인정기준으로 보지 않고, 단지 업무기인성의 1차적 판단기준으로 보고 있다. 즉, 업무수행성이 인정되면 특별한 반증이 없는 한 업무기인성이 추정된다고 한다.[36] 이에 의하면, 업무수행성이란 사망, 부상, 질병 등의 재해에 업무기인성이 있는지의 여부를 검토할 경우에 사용하는

36) 박상필, 한국노동법, p.318; 박홍규, 노동법론, p.543.

개념일 뿐, 재해가 개재되지 아니하고 업무에 내재한 점진적인 질병원인에 의하여 사망, 장해, 질병에 이른 경우에는 업무수행성이라는 개념은 업무기인성의 유무를 판단하는 데 아무런 의미가 없으므로 업무수행성의 유무를 검토할 필요조차 없다고 한다.[37] 결국 업무수행성은 업무기인성의 유무판단을 용이하게 하는 수단에 불과하다고 한다.

1981. 12. 17 산재보험법의 개정 이전의 제3조제1항은 업무상 재해를「업무수행 중 그 업무에 기인하여 발생한 재해」라고 규정함으로써 업무수행성과 업무기인성의 2요건주의를 명문화하였으나, 동법의 개정으로 업무상 재해를「업무상의 사유에 의한 부상, 질병, 신체장해 또는 사망」이라고 규정함으로써 형식상 업무수행성과 업무기인성의 2요건주의에서 탈피하였다. 따라서 현행법상 업무상 재해의 요건으로서 업무수행성과 업무기인성의 두 가지를 엄격하게 갖출 필요는 없고, 업무기인성의 요건만 갖추면 족하다고 해석해야 한다. 다만, 업무수행성은 업무기인성과 별개의 인정기준으로 보지 아니하고 단지 업무기인성의 제1차적인 판단기준으로 보아야 한다.[38]

결국 현행법상 업무상 재해의 요건으로서「업무상 사유」라는 포괄적인 개념을 사용하고 있으므로 업무수행성과 업무기인성의 두 요건을 모두 충족시킬 필요는 없고, 각종 업무의 실태와 기업운영의 구체적 내용 및 산재보험의 사회보장적 성격을 고려하여 융통성 있게 해석하여야 한다.[39]

그러나 판례는「업무상 재해란 근로자가 업무수행 중에 업무에 기인하여 발생한 근로자의 부상, 질병, 신체장해 또는 사망을 뜻하는 것」이라고 하여 업무수행성과 업무기인성을 업무상 재해의 요건으로 보고 있다. 다만「업무수행성은 반드시 근로자가 현실적으로 업무수행에 종사하는 동안만 인정할 수 있는 것이 아니라, 업무시간 중 또는 그 전후에 휴식하는

---

37) 日本法務省訟務局行政訟務第2課編, 勞災訴訟の實務解説, pp.120-121.
38) 김형배, 노동법, p.454; 박상필, 한국노동법, p.318; 管野和夫, 勞働法, p.287.
39) 이교림, 「대법원 판례를 중심으로 본 업무상 재해(상)」, pp.78-79; 김유성, 사회보장법, p.253.

동안에도 인정할 수 있다」라고 봄으로써 업무수행성을 넓게 판단하는 동시에 「업무와 관련이 없는 기존질병이 업무와 관련하여 발생한 다른 재해로 더욱 악화되었다면 기존질병의 악화와 업무 사이에는 인과관계가 존재한다」라고 함으로써 업무기인성을 넓게 인정하고 있다.[40)]

3. 입증책임론

소송법상의 입증책임은 원칙적으로 근로자의 재해와 업무 사이에 인과관계에 관하여 이를 주장하는 자가 부담하게 된다. 따라서 피재근로자가 산재보상을 받기 위해서는 당해 재해가 업무상 사유에 의한 것임을 입증하여야 하고, 반대로 업무기인성을 부인하기 위한 반증사유와 그 입증은 사용자가 부담하여야 한다. 산재소송의 실무 역시 산재보상제도의 본질을 불법행위에 의한 손해배상청구로 보아 업무상 재해에 관한 입증책임을 일차적으로 피재근로자측에 부담시키고 있다.

그러나 산재소송에 있어서, ①산재사고는 대개 가해자의 종업원들과 같이 작업을 하다가 발생하는 경우가 많아 가해자의 협조 없이는 피재근로자가 불법행위와 같이 사고원인을 주장·입증하기가 어렵고, ②기업의 거대화와 산업·기술 등의 현대화·전문화에 따라 사고원인이 점점 복잡·다양해지고 이를 이해하고 파악하는 데 고도의 전문지식이 요구된다. 따라서 근로자가 구체적·과학적으로 사고원인을 규명한다는 것은 극히 어렵다.[41)] 특히 과로성 재해의 경우에는 그 원인이 개인의 사생활이나 기호와 관련되어 있으므로 피재근로자측에서 과로에 의한 과로사의 상태에 있었다는 것을 입증하기란 거의 불가능하다.

이처럼 산재소송에 있어서의 업무상 재해에 관한 입증책임은 피재근로

---

40) 대판 1994. 11. 8. 93누21927; 대판 1993. 2. 12. 92누16553; 대판 1998. 12. 8. 98두12642; 대판 1997. 5. 28. 97누10; 대판 1996. 9. 6. 96누6103 등

41) 이달휴, 「과로사에 관한 고찰」, pp.201-202.

자가 부담하도록 되어 있어 산재보상을 받기가 상당히 제한되어 있다. 그런데 산재보상은 손해배상과는 달리 경제적 약자인 피재근로자 및 그 가족의 생활을 보호하기 위한 것이 주된 목적이므로, 민사법상의 입증책임을 그대로 적용한다는 것은 산재보험법의 본질에 반하는 것이라고 생각된다. 따라서 산재소송에 있어서의 입증책임은 민사법의 논리를 그대로 적용 내지 유추한다는 것은 무리이고, 입증책임의 전환 내지 완화가 절실히 필요하다고 본다. 이러한 취지에서 대법원은 소위 「개연성 이론[42)]」을 원용하여 어느 정도 피재근로자 측의 입증책임을 완화하고 있다.

[관련판례요지]

▸ 업무와 사망 사이의 상당인과관계가 있어야 하지만 위 인과관계의 입증을 위해서는 반드시 의학적 감정을 요하는 것은 아니고 제반사정을 고려할 때 업무와 사망 사이에 상당인과관계가 있다는 개연성이 입증되면 족하다(대판 1992. 6. 9. 91누13656).

▸ 퇴행성 병변이라도 실제 업무수행 중 발생한 사고로 인하여 기존질병의 증상이 발현된 것이거나 적어도 급격하게 악화된 것이라면 업무와의 사이에 인과관계가 존재한다고 보아야 한다(대판 2001. 11. 27. 2000두2242).

▸ 사망의 원인이 된 질병의 주된 발생원인이 업무수행과 직접적인 관계가 없다고 하더라도 적어도 업무상의 과로나 스트레스가 질병의 주된 발생원인에 겹쳐서 질병을 유발 또는 악화시킨 경우에도 그 인과관계가 있다고 보아야 할 것이고, 또한 평소에 정상적인 근무가 가능한 기초질병이나 기존질병이 직무의 과중 등이 원인이 되어 자연적인 진행속도 이상으로 급격하게 악화된 때에도 그 입증이 있는 경우에 포함된다(대판 1998. 12. 8. 98두12642; 대판 1997. 5. 28. 97누10; 대판 1996. 9. 6. 96누6103).

---

42) 개연성 이론은 산재에 있어서 전통적인 과실책임의 원칙을 고수하는 경우에는 재해와 업무와의 인과관계의 존부를 피재근로자측이 부담하게 되어 산재의 성질상 그 입증이 곤란하므로 산재로 인한 손해의 전보가 어렵다는 점을 중시하여, 위법행위가 없었더라면 결과가 발생하지 아니하였으리라고 하는 정도의 개연성의 입증이 있으면 족하고 가해자는 이에 대한 반증을 한 경우에만 인과관계를 부정하는 입증책임 완화이론이다. 개연성 이론은 입증책임이 사실상 가해자에게 전환되어 실제적으로 무과실책임원칙을 적용한 경우와 동일한 효과를 가져오게 된다(조중현, 「민법상 손해배상의 인과관계에 관한 고찰」, pp.489-490).

▸업무와 재해 사이의 상당인과관계의 유무는 보통 평균인이 아니라 당해 근로자의 건강과 신체조건을 기준으로 하여 판단하여야 하고, 또한 인과관계의 입증 정도에 관하여도 반드시 의학적 · 자연과학적으로 명백히 입증하여야 하는 것은 아니고 제반사정을 고려할 때 업무와 재해 사이에 상당인과관계가 있다고 추단되는 경우에도 그 입증이 있다고 할 것이다(대판 1999. 1. 26. 98두10103; 대판 1992. 5. 12. 91누10466).

▸근로자와 업무와 재해 사이에 인과관계에 관하여는 이를 주장하는 측에서 입증하여야 할 것이므로 근로자의 사인이 분명하지 아니한 경우에는 업무에 기인한 사망을 추정할 수 없다(대판 2003. 12. 26, 2003두8449).

▸당해 근로자의 건강과 신체조건을 기준으로 하여 취업당시의 건강상태, 기존질병의 유무, 종사한 업무의 성질 및 근무환경, 같은 작업장에서 근무한 다른 근로자의 동종 질병에의 이환 여부 등의 간접사실에 의하여 업무와 재해 사이의 상당인과관계가 추단될 정도로 입증되면 족하지만, 이 정도에 이르지 못한 채 막연히 과로나 스트레스가 일반적으로 질병의 발생 · 악화에 한 원인이 될 수 있고 업무수행 과정에서 과로를 하고 스트레스를 받았다고 하여 현대의학상 그 발병 및 악화의 원인 등이 밝혀지지 아니한 질병에까지 곧바로 그 인과관계가 있다고 추단하기는 어렵다(대판 2002. 7. 26. 2002두3331).

Ⅴ. 산업재해보상 입법체계

1. 개 설

우리나라의 산재보상제도는 다른 국가들과 마찬가지로 사용자의 과실책임을 원칙으로 하는 손해배상제도→무과실책임이론을 기반으로 하는 재해보상제도→사회보장제도로서의 사회보험제도로 발전하여 왔다. 그러나 단일의 산재보상제도를 채택하고 있는 것이 아니라, 각 법률에 의한 산재보상제도가 혼용되고 있으며 그 보상원리도 다르게 규정하고 있다.

이처럼 각각의 산재보상제도가 혼용됨으로써 각 산재보상청구권이 경합 또는 중복되는 경우에는 매우 복잡한 법률보상관계가 형성된다. 따라서 동일한 산재사고로 인하여 각 산재보상청구권이 경합하게 되는 경우에는 각각의 보상금액과 보상주체가 다르기 때문에 이를 합리적으로 조정해야 하고 공평을 기하기 위하여 당사자들 사이에 구상관계가 성립하게 된다.

[산재보상의 법률체계]

유 형	업무상 재 해	무과실 책 임	책 임 주 체	강 제 보 험	보 상 방 법	구제절차	조정
재해보상 (근로기준법)	적 용	적 용	사용자	비적용	정 액 보 상	심사 · 중재와 민사소송의 병존	근로기준법 제90조 및 산재보험법 제48조
산재보험 (산재보험법)	적 용	적 용	국 가 (공 단)	적 용	정 액 보 상	심사 · 재심사 – 행정소송과 민사소송의 병존	
손해배상 (민사법)	적 용	비적용	사용자	비적용	실손해의 전 보	민사소송	

2. 사회법에 의한 보상제도

업무상 사유로 산재가 발생한 경우에 사회법상 대표적인 산재보상제도로서는 근로기준법에 의한 「재해보상제도」와 산재보험법에 의한 「산재보험급여제도」가 있다. 근로기준법상의 재해보상제도는 업무상 사유에 의하여 재해가 발생한 경우 사용자의 무과실책임제도를 확립하여 사용자의 정액적인 보상책임을 인정함으로써 생산조직이 기계화되고 대규모화함으로써 발생되는 재해를 구제하기 위한 것이다.

그러나 근로기준법에 의한 재해보상제도는 근본적으로 사용자의 개별책임을 전제로 하는 것이기 때문에 재해보상에 있어서 한계가 있을 수밖에 없다. 이러한 재해보상제도의 한계를 극복하기 위한 방안으로서 개별적인 사용자의 보상책임을 사회보험제도로 전환할 필요성이 대두됨에 따라 도입된 산재보상제도가 산재보험법에 의한 산재보험급여제도라고 할 수 있다. 산재보험급여제도는 산재발생에 따른 비용부담을 전 기업에게 분산시킴으로써 사용자는 큰 부담 없이 산재보험에 가입하여 산재발생에 따른 과다한 비용지출에 의한 기업의 도산을 예방할 수 있고, 재해를 당한 근로자는 신속하게 산재보상을 받을 수 있게 되었다.

현행법상 산재보상의 대상은 일반근로자 · 선원 및 공무원과 사립학교교원으로 구분할 수 있다. 일반근로자에 관해서는 근로기준법과 산재보험법이, 선원에 관해서는 선원법 및 선원보험법이, 공무원과 사립학교교원에 관해서는 공무원연금법과 사립학교교직원연금법이 적용된다.

3. 민사법에 의한 배상제도

산재가 사용자의 귀책사유에 의하여 발생한 경우, 사회법상의 산재보상제도와는 별도로 피재근로자는 사용자를 상대로 민사법상 손해배상을 청구할 수 있다. 이와 같이 사회법상의 산재보상책임과 더불어 민사소송으로 사용자에 대하여 손해배상청구를 인정하고 있는 이유는 ①사회법상의 산재보상제도는 피재근로자의 생활보장을 위한 최저수준의 물질적 손해전보임에 대하여 손해배상청구의 경우에는 형평의 원리에 의하여 일실이익 등 완전한 손해전보뿐만 아니라 정신적 손해에 대한 위자료를 청구할 수 있다는 점, ②사회법상의 산재보상의 요건인「업무상」의 판단과 손해배상청구소송에 있어서 인과관계의 입증이 실무상 다를 가능성이 있다는 점, ③산재보상책임에 있어서 개별기업의 책임구조를 명확히 함으로써 산재예방효과를 얻을 수 있다는 점 등을 들 수 있다.[43)]

산재에 따른 손해에 대하여 피해자와 사용자가 책임을 물을 수 있는 이론적 근거는 계약책임론과 불법행위책임론을 들 수 있으며, 이의 관련규정

43) 加藤一朗,「勞働災害と民事責任」, pp.4-5; 김교숙,「산재보상법리에 관한 연구」, p.123; 졸고,「산업재해의 구제법리에 관한 연구」, p.42.

으로서는 법인의 불법행위책임(민법§35) · 채무불이행책임(민법§390) · 불법행위책임(민법§ 750) · 사용자책임(민법§756) · 도급인의 책임(민법§757) · 공작물책임(민법§758) 등이 있다. 이외에도 근로자가 업무와 인과관계에 있는 업무를 수행하던 중 교통사고를 당한 경우에 적용되는 자동차손해배상보장법이 있다.

제2장 근로자 여부의 판단

Ⅰ. 개 설

산재보상의 지급요건에 해당하기 위해서는 우선적으로 근로기준법상 근로자의 요건에 해당하여야 한다. 업무와 관련하여 재해를 입은 경우라도 근로자의 요건을 충족하지 못하는 한 산재보상을 지급받을 수 없기 때문에 근로자 여부의 판단은 산재보상이론에서 매우 중요한 의미를 가진다.

그러나 현행 근로기준법은 제14조는 단지「직업의 종류를 불문하고 사업 또는 사업장에서 임금을 목적으로 근로를 제공한 자」를 근로자의 정의로 규정하고 있을 뿐 이에 대한 구체적 판단기준을 제시하지 않고 있다. 결국, 산재보상을 받을 수 있는 인적요건으로서 근로자에 해당하는지의 여부는 근로기준법 제14조를 기준으로 판단할 수밖에 없는데, 그 판단기준에 관하여 다양한 해석론이 대두되고 있다.

Ⅱ. 근로자 여부의 일반적 판단기준

산재보상 또는 배상의 지급요건에 해당하기 위해서는 해당 사업장에서 업무를 수행하거나 이와 관련하여 업무상 재해를 당한 근로자의 범위를 충족시켜야 한다. 근로자 범위의 판단에 대하여는 근로기준법 제14조에서 규정하고 있는 근로자의 정의와 같다. 근로기준법 제14조는 「이 법에서 근로자라 함은 직업의 종류를 불문하고, 사업 또는 사업장에서 임금을 목적으로 근로를 제공하는 자를 말한다」라고 규정하고 있으므로 이 규정에 의한 근로자의 개념으로부터 산재보상의 보호대상자로서의 근로자 범위를 판단할 수밖에 없다.

1. 직업의 종류 불문

직업의 종류를 묻지 않는다는 것은 근로의 내용이 정신노동이거나 육체노동임을 묻지 않으며, 계약의 형식이 도급계약이든 위임형식을 가졌는가의 여부도 묻지 않으며, 근로의 형태가 상용근로자이거나 일용근로자 또는 단시간 근로자임을 묻지 않는다는 것을 의미한다.[1]

이와 관련하여 대법원은 「도급계약의 형식을 빌렸다 하더라도 그 계약의 내용이 사용자와 사이에 사용종속관계를 유지하면서 도급인의 사업 또는 사업장에 특정된 근로제공만을 그 목적으로 하고 있고, 그 근로제공에 대하여 능률급 내지 성과급을 지급받기로 하는 것이라면 이에 따라 노무를 제공한 자는 근로기준법 재14조 소정의 근로자에 해당한다」라고 판시하여 근로제공 원인이 되는 계약의 형식이 근로자의 여부를 판단하는 기준이 될 수 없음을 분명히 하고 있다(대판 1987. 5. 26. 87도604).

1) 이병태, 최신노동법, p.522.

2. 사업 또는 사업장

근로계약의 본질을 이루는 요소는 사업 또는 사업장에서 근로의 제공이 이루어진다는 점이다. 그럼에도 불구하고 「사업 또는 사업장」의 개념과 범위에 대하여 구체적인 정의와 범위에 관한 규정을 두고 있지 않아 근로자 여부를 판단하는 데 혼선을 가중시키고 있다.[2] 「사업 또는 사업장」의 범위는 근로계약의 본질에서 도출해야 하는 것이 합리적이라고 판단한다. 근로계약의 본질로부터 「사업 또는 사업장」의 범위를 판단하는 기준으로서는 다음의 두 가지 방법을 고려할 수 있을 것이다.

첫째는, 「사업 또는 사업장에서」의 의미는 근로제공과의 조건관계를 이루고 있기 때문에 사용자의 노동조직에서 사용자의 지시권에 따른 근로제공 그 자체를 의미하는 것으로 해석할 수 있다는 점이다. 사용자의 조직적 지시권은 시간적·장소적·방법적 요소 이외에 별도의 독자적인 의미를 가미하여 판단하여야 한다. 예컨대, 외견상으로는 조직 내에 포함되어 있는 것처럼 보일지라도 노무제공자가 독자적인 조직을 가지고 있는 경우에는 근로계약의 당사자가 아닌 것이며, 반대로 외견상 독자적인 노동조직을 가지고 활동하는 것으로 보이나, 실질적으로 그 독자성을 상실하여 사용자의 조직적 구속성이 인정될 정도의 요건을 갖춘 경우라면 근로관계가 성립하는 것으로 해석해야 한다. 이러한 방법으로 판단하면, 비록 장소적으로 떨어진 곳에서 재택 근로한 경우라도 그 재택이 사용자의 노동조직에 편입되어 「사업 또는 사업장」의 범위에 해당한다.[3]

둘째는, 「사업 또는 사업장」은 근로기준법의 적용범주를 확정하는 기준으로서 사업과 사업장은 동일 개념이 아니라는 점이다. 사업장만을 사용

---

2) 「사업 또는 사업장의 개념과 범위」는 근로자의 여부를 판단하는 기준으로서의 중요한 기능을 할 뿐만 아니라, 산업재해의 요건을 판단하는 중요한 기준이 된다. 왜냐하면 업무상 사유에 의한 재해만이 산재로 인정받을 수 있으며, 사업과 업무는 상호 밀접한 관련성이 있기 때문이다.

3) 박종희, 「근로기준법상 근로자 개념」, p.102.

하고 있는 규정을 보면, 임금대장의 비치 · 사업장 밖에서의 근로시간 간주 · 연소자 증명서의 비치 · 근로감독관의 직무수행대상 등 구체적인 장소적 의미가 전제되어 있음을 알 수 있다. 반면 사업만을 사용하는 경우에는 장소적 범위를 초월하여 하나의 경제적 통일체로서의 영리를 목적으로 하는 상법상의 기업뿐만 아니라 비영리를 추구하는 법인도 포함하는 넓은 의미로 사용되고 있다. 이러한 방법으로 판단한다면, 「업(業)으로서의 계속성」을 가지는 한 모든 사업이 적용대상에 포섭되는 것이므로, 사회사업단체 · 종교단체 · 정당의 사무국 · 국영기업체 · 사립학교는 물론 국가 · 지방자치단체에 의한 사업에도 당연히 그 적용대상이 된다.

문제는 근로기준법의 적용범주에 포함되는 사업의 범위에 해당하더라도 그 사업활동 자체가 위법한 경우에 그 사업에 대한 근로기준법을 적용할 수 있는가의 여부이다. 정책적 또는 행정상의 목적을 달성하기 위하여 사업주에게 일정한 규제를 가하는 사업에 대하여는 근로기준법상 적용대상이 되는 사업의 범위에 해당하는 것으로 해석하여야 한다.[4] 그러나 마약의 제조 · 판매 등과 같이 형사상 범죄행위를 사업으로 하면서 근로자를 채용한 경우에는 근로자도 사용자의 범법행위에 가담하고 협력한 것이므로 형법상 공동정범 또는 종범으로서의 형사책임을 지지 않을 수 없기 때문에 근로기준법의 적용대상인 사업으로 볼 수 없다.[5]

3. 임금의 목적

근로계약은 유상 · 쌍무계약의 성격을 가지고 있는 것이므로, 근로기준법상 근로자는 당연히 임금 등을 받을 목적으로 근로를 제공하여야 함은 당

4) 이에 해당한 사례로서는 허가를 받아야 할 사업임에도 허가를 받지 않고 사업을 하면서 근로자를 고용한 경우, 금수품(禁輸品)을 취급하는 무역상과 같이 법률상 금지되어 있는 사업을 하면서 근로자를 고용한 경우 등이 있다.

5) 박상필, 한국노동법, pp.128-129.

연하다. 여기서 임금이라 함은 「사용자가 근로의 대상으로서 근로자에게 지급하는 임금, 봉급 기타 어떠한 명칭으로든지 지급하는 일체의 금품」을 말한다.

근로기준법 제14조는 근로자 여부를 판단하는 기준으로서 임금을 목적으로 근로를 제공하는 자로 규정하고 있으나, 근로자 여부를 판단하는 중요한 기준은 「사용자와의 종속근로관계가 성립하는가의 여부」에 있는 것이지, 반드시 근로제공 당시 명백하게 임금수준이 확정될 필요는 없는 것이며 단지 봉사성격의 근로가 아닌 한 근로자로 해석하여야 한다. 즉, 근로제공의 대가로서의 임금은 반드시 근로계약 체결 시에 확정될 필요는 없는 것이며 장래 근로의 대가로서의 임금지급이 예정된 경우라도 「임금을 목적으로 근로를 제공하는 경우」로 해석함이 타당하다. 근로기준법상 근로자 여부를 판단하는 중요한 기준은 사용종속노동관계가 있는가에 있는 것이고 보수가 근로의 대가성을 가지고 있는가의 여부는 보조적 판단기준으로 보아야 한다.

요컨대, 고용 당시 임금액이 확정되지 않았지만 일정기간 업무달성을 조건으로 일정비율의 대가를 지급하기로 하고 근로를 제공한 경우라면 근로자로 보아야 한다.[6)]

4. 근로를 제공하는 자

학설[7)]과 판례[8)]는 일관되게 「근로를 제공하는 자」라 함은 사용자의 지

6) 국민고충처리위원회는 향후 신제품이 개발되면 그 이익금의 일부를 임금으로 지급받기로 고용된 자가 신제품이 완료되기 전에 산재를 당한 사건에서 「고용될 당시 명시적으로 근로의 대상으로서의 고정급여에 대하여 합의한 사실이 없다 하더라도, 회사의 지시에 따라 근로를 제공하고 숙직제공과 용돈을 수령한 사실, 신제품개발에 따른 영업수익의 일부를 임금으로 지급하기로 한 사실 등의 사실관계를 종합하여 볼 때, 피재자는 근로기준법 제14조에 의한 근로자로 볼 수 있다」라고 의결하였다(고충위 2006. 5. 22. 2AA-0603-012116).

휘 · 명령을 받으면서 실질적 사용종속관계에서 노무를 제공한 자로 정의하고 있다. 근로자 여부를 판단하는 데 가장 중요한 기준이 되는 것이 바로 사용종속관계의 여부이다.

사용종속관계의 구체적 판단기준으로는 ①전속관계의 유무, ②근무에 대한 승낙 또는 거부자유의 유무, ③근무시간 및 근무장소의 지정 유무, ④노무제공의 대체성 유무, ⑤업무수행 과정에 있어서의 지휘 · 명령의 유무, ⑥재료 · 업무용 기구의 부담관계, ⑦보수의 성격 등이 있다. 그러나 사용종속관계의 판단기준이 모두 구비되어야만 사용종속관계가 인정되는 것은 아니며 사안에 따라 구체적 · 개별적으로 판단하여야 한다. 대법원도 「전체적으로 보아 임금을 목적으로 종속적 관계에서 사용자에게 근로를 제공하였다고 인정되는 이상, 근로자에 관한 여러 징표 중 근로조건에 관한 일부의 사정이 결여되었다고 하여 그러한 사유만으로 산재보험법 및 근로기준법상의 근로자가 아니라고 할 수는 없다」라고 함으로써 사안에 따라 사용종속관계를 구체적 · 개별적으로 판단하고 있다(대판 2001. 2. 9. 2000다57498).

그런데 사용종속관계의 여부가 문제되는 경우는 근로관계의 존부를 확실히 판단할 수 있는 경우가 아니라, 근로관계의 요소와 근로관계의 요소로 볼 수 없는 사유들이 혼재된 경우이다. 특히 각 산업 내지 직업 분야의 작업수행의 특수성, 기업에서의 노무관리의 특성 등으로 근로관계의 모습이 다양하게 형성되고 있는 경우가 문제된다. 이와 같이 근로관계의 요소와 근로관계의 요소가 아닌 사유가 혼재된 경우에는 일률적으로 사용종속관계 여부를 판단한다는 것은 매우 어려운 것이므로, 노동법에 의한 보호필요성을 염두에 두면서 구체적 사안에 따라 판단하여야 한다.[9)]

사용종속관계의 여부를 판단함에 있어서 가장 난해한 것이 이른바 「특

---

7) 김형배, 노동법, p.306; 박상필, 한국노동법, p.135.

8) 대판 2005. 5. 27. 2005두524; 대판 2001. 1. 18. 99다48986; 대판 2001. 2. 9. 2000다57498 등.

9) 김형배, 노동법, pp.306-307.

수고용직 종사자」라고 할 수 있다. 「특수고용직 종사자」라 함은 해당 사업주와 특정 노무의 제공을 약속하고 그 업무수행과 관련하여 사업주의 특정한 지시 내지 지휘감독에 구속되지 않는 자유로운 고용계약 또는 도급이나 위임에 근거하여 노무를 제공하는 자를 말한다. 위탁수금원, 학습지회사의 상담교사, 보험설계사, 골프장 캐디, 레미콘차량기사, 화물트럭차량기사 등이 이에 해당한다. 「특수고용직 종사자」는 일반 자영업자와는 달리 특정 사업주에 대하여 일신상의 노무를 제공함으로써 사업주에게 경제적으로 종속되어 있음은 물론 시장의 수요에 따라 자신의 노동력을 처분할 수 있는 가능성이 사실상 기대할 수 없다고 하는 특성을 가지고 있다. 이들 「특수고용직 종사자」는 일반근로자와 마찬가지로 경제적·사회적 열악한 조건에서 특정 사업주에게 노무를 제공한다는 점에서 노동법상의 보호가 필요한 것이다.[10] 따라서 「특수고용직 종사자」가 종속관계에 있는 근로자에 해당하는가의 여부를 판단하기 위해서는 단지 형식상의 사업등록 유무, 계약형식, 명칭 등을 기준으로 할 것이 아니라 노무제공과정에서 사실상 사용종속관계의 여부에 따라 판단해야 한다. 그러나 대법원은 대체로 사용자의 구체적인 지휘감독·명령의 유무에 따라 사용종속관계의 여부를 판단하고 있어 「특수고용직 종사자」에 대하여는 근로자성을 부인하고 있다.[11]

「특수고용직 종사자」는 자영업자의 성격을 전혀 무시할 수 없으나 일면 특정 사업주에 전속되어 노무를 제공하면서 경제적·사회적으로 종속되어 있다는 점에서 근로자의 성격도 함께 가지고 있는 점을 감안하면, 노동법상의 근로조건 보호규정을 전면적으로 적용하는 것은 무리가 있으나 산재보상과 같은 일부의 근로조건에 대하여는 보호할 필요성이 있다.[12]

---

10) 김형배, 노동법, p.1053.

11) 대판 1978. 7. 25. 78다510(위탁수금원 근로자성 부인), 대판 1996. 4. 26. 95다20348(학습지교사 근로자성 부인), 대판 1990. 5. 22. 88다카28112(보험설계사 근로자성 부인), 대판 1996. 7. 30. 95누13432(골프장 캐디 근로자성 부인), 대판 1997. 2. 14. 96누1795(레미콘차량기사 근로자성 부인) 등.

12) 「특수고용직 종사자」는 특정 사업주에 대하여 전속적으로 노무를 제공하는 자이므

5. 외국인의 근로자 여부

중소기업의 인력난을 해소하기 위하여 1992년부터 「외국인산업연수생제도」를 도입·운영하여 오다가 2003. 8. 16. 「외국인근로자의 고용 등에 관한 법률」의 제정·공포로 고용허가제를 도입하면서 1년간의 준비기간을 거쳐 2004. 8. 17.부터 외국인고용허가제로 일원화하였다.[13)]

외국인의 취업형태는 산업연수생, 고용허가를 받은 자, 불법취업자(미등록근로자) 등이 혼재하고 있고, 이로 인하여 산업현장에서 이들에 대한 근로조건 등이 제대로 보호받고 있지 못하고 있는 등 사회문제로 대두되고 있다.

국내에 거주하고 있는 외국인도 원칙적으로 우리나라의 통치권의 대상이 되며 법령 또는 조리(條理)상으로 외국인에 대하여 공·사법상의 권리가 특별히 제한받지 않는 이상 내국인과 동일한 보호를 받는다고 하는 것은 당연하다. 「사용자는 국적(외국인)을 이유로 근로조건에 대해 어떠한 차별적 대우를 하지 못한다」라고 하는 근로기준법 제5조의 규정은 외국인도 근로기준법의 적용대상자임을 분명히 한 것이다.

따라서 국내에 체류 중인 외국인은 불법취업 여부와 관계없이 근로기준법 제14조의 요건을 충족하는 한 산재보상의 수혜대상자가 된다. 대법

로, 근로시간, 산재보상, 휴가 등 일부의 근로조건에 대하여는 적용하는 것이 타당하다고 본다. 이에 대한 입법적 개선이 이루어져야 한다.

13) 우리나라는 중소기업의 인력난(특히 3D업종)을 해소하기 위하여 1992년부터 「외국인산업연수생제도」를 도입·운영하여 왔다. 산업연수생제도는 일정기간 연수 후 취업자로 전환하는 체제를 말하는 것으로서, 종전 연수취업기간은 「연수2년+취업1년」으로 하였으나, 2002. 4. 출입국관리법 시행령과 시행규칙을 개정하여 「연수1년+취업2년」으로 조정하였다. 2003. 8. 16. 「외국인근로자의 고용 등에 관한 법률」의 제정·공포로 고용허가제를 도입하면서 1년간의 준비기간을 거쳐 2004. 8. 17.부터 합법적인 기능인력도입제도인 고용허가제를 시행하게 되었으며, 2005. 7. 27. 「외국인력정책위원회」에서 노동부, 법무부 등 16개 관련 부처간 합의를 통해 2007. 1. 1.부터 산업연수생제도를 폐지하고 고용허가제로 일원화하는 방침을 확정하였다.

원은「출입국관리법을 위반하여 불법으로 취업한 외국인도 사실상 제공한 근로에 따른 권리나 이미 형성된 근로관계에 있어서의 근로자 신분에 따른 노동관계법상의 제반권리 등의 법률효과까지 금지하려는 규정으로 보기 어렵다」라고 판시하여 외국인도 산재보상의 보호대상자임을 분명히 밝히고 있다(대판 1995. 9. 5. 4누12067).

Ⅲ. 근로자 범위의 상대성

산재보상의 적용대상이 되는 근로자는「임금을 목적으로 사업 또는 사업장에서 근로를 제공하는 자」를 말하는 것이고, 반면 노동관계법의 수범자로서의 사용자 범위는「사업주에 국한하지 않고 사업의 경영담당자, 심지어 근로자에 관한 사항에 대하여 사업주를 위하여 행위하는 자」까지를 포함하고 있다(§14-15). 이처럼 근로기준법은 근로자에 관한 사항에 대하여 사업주를 위하여 행위하는 자, 즉 사업주의 이익대표자인 중간관리자까지도 사용자로 규정하고 있다.

그런데 사업주의 이익대표자인 중간관리자는 임금을 목적으로 사업주 또는 경영주에 고용되어 그의 지휘와 명령을 받는 사용종속관계에 있는 것이므로 엄연한 근로기준법상 근로자에 해당된다. 중간관리자를 사용자의 범위로 규정한 것은 중간관리자의 직책은 노무관리에 관련된 사항에 대하여 사업주로부터 직·간접적으로 일정한 권한과 책임이 부여되어 있으므로 노동관계법의 준수 또는 그 내용을 이행하여야 할 책임이 있다. 노동관계법이 제대로 준수되느냐 하는 것은 사업주보다도 오히려 중간관리자에 달려 있는 것이다. 이와 같은 이유에서 근로기준법은 사업주의 이익대표자까지도 사용자의 범위에 포함하여 법 위반의 경우에 사업주와 중

간관리자를 함께 처벌함으로써 법의 실효성을 확보하고자 하는 데 있는 것이다.[14)]

이러한 측면에서 근로자와 사용자의 범위는 사업장에 있어서의 직책·지위 등에 의하여 획일적으로 결정되는 것이 아니라 근로자 신분과 사용자 신분이 중첩되는 경우가 많다. 이처럼 근로기준법에서 근로자와 사용자의 범위를 상대적·중첩적으로 규정한 것은 법의 보호를 받을 수 있는 근로자의 범위를 확대하고 법의 실효성을 확보하기 위한 것이다. 결국, 근로자의 범위에 해당하는가의 여부는 관련 사실관계를 구체적으로 검토하여 결정할 문제이다.

Ⅳ. 소속 사용자귀속의 판단

1. 문제의 소재

근로자의 신분을 보유하고 있더라도, 근로자가 소속한 사용자를 누구로 할 것인가는 산재보험가입자와 손해배상귀속 주체를 결정하는 표준이 된다. 근로자의 소속 사용자와 관련하여 문제가 되는 것은 도급인과 수급인이 하나의 사업장에서 혼재되어 업무를 담당하면서 도급인이 현실적으로 수급인 근로자에 대하여 현실적으로 지휘감독을 하는 경우와 위임 또는 위탁에 의하여 사업을 운영하는 경우에 위임·위탁인이 수임·수탁인의 근로자에게 근로조건 등에 대하여 직접 관여하는 경우에 발생하게 된다.

근로기준법상의 사용자를 「형식상의 명칭 또는 고용관계에 상관없이 실

---

14) 박상필, 한국노동법, p.139-140.

질적으로 노무관리 등에 대하여 사용종족노동관계에서 지휘·감독하는 지위에 있는 자」로 해석하는 것이 일반적이므로 이에 대한 해석상의 다툼이 빈번하게 발생하게 된다. 근로자의 소속 사용자와 관련된 문제는 주로 근로자파견·도급사업, 위임(위탁)관리, 법인격이 부인되는 사실상의 1인 회사 등에서 발생하고 있다.

2. 근로자파견사업의 경우

근로자파견은 자기가 고용하고 있는 근로자를 다른 기업에 파견하여 그의 지휘·명령을 받아 근로하게 하는 제도로서 법률관계는 파견사업주, 사용사업주, 피견근로자의 3자관계로 형성된다. 즉, 파견사업주는 고용계약에 의하여 근로자를 고용하고, 사용사업주와 근로파견계약을 체결하여 파견근로자가 사용사업주의 지휘·명령을 받으면서 사용사업주의 사업장에서 근로를 제공하는 관계가 성립한다. 파견근로자는 소속 사용자의 직접적인 지휘·감독을 받는 일반근로자와는 달리 법률상 사용자가 아닌 사용사업주의 지휘·명령을 받고 임금은 소속 사용자인 파견사업주로부터 지급받고 있다고 하는 특징이 있다.

파견근로에 있어서의 중요한 문제는 파견기간이 만료된 후 사용사업주가 계속하여 파견사업주와 근로자파견계약을 해지하지 않은 채 계속하여 사용사업주가 종전 근로자를 계속하여 사용하고 있는 경우에 소속 사용자를 누구로 하여야 하는가의 여부이다. 「파견근로자보호 등에 관한 법률(이하 '파견근로자법')」 제6조제3항은 「사용사업주가 2년을 초과하여 파견근로자를 사용하는 경우에는 파견근로자의 명시적인 반대가 없는 한 2년의 기간이 만료된 날의 다음 날로부터 파견근로자를 고용한 것으로 본다」라고 규정하고 있으므로, 파견기간 종료일 다음날로부터는 사용사업주가 파견근로자의 소속 사용자로 보아야 한다.

그러나 파견대상이 아닌 직종에 대하여 위장도급 또는 불법파견의 형식으로 수급(하청)업체를 통하여 2년을 초과하여 근로자를 사용한 경우에도 파견근로자법 제6조제2항에 규정한 「고용의제조항」을 유추 적용할 수 있는가가 문제시 된다. 유추 적용할 수 있는가의 여부에 대하여 다양한 견해가 제시되고 있으나, 파견근로자법 제43조는 파견기간을 위반한 사업주에 대하여는 3년 이하의 징역 또는 2천만 원 이하의 벌금에 처하도록 규정하고 있으나, 파견기간을 위반하였다거나 파견기간 종료 후 도급업체가 고용을 하지 않았다는 이유로 형벌을 부과하는 것은 죄형법정주의 원칙에 반한다고 보아야 한다.

이에 관하여 대법원은 「파견근로자법에 적용되는 근로자파견이라 함은 파견사업주가 근로자를 고용한 후 그 고용관계를 유지하면서 근로자파견계약의 내용에 따라 사용사업주의 지휘·명령을 받아 사용사업주를 위한 근로에 종사하게 하는 것을 말하는 것이므로 위장도급이라고 해서 파견근로자법상의 고용의제조항이 적용되는 것은 아니며, 실질적으로 도급(원청)회사와 수급(하청)회사 소속 근로자 사이에 근로계약관계가 존재하여야만 도급회사가 사용자의 지위를 가진 것으로 보아야 한다」라고 하는 취지의 판결을 하였다(대판 2003. 9. 23. 2003두3420).

따라서 파견근로자법상의 「고용의제조항」은 파견대상 업종에 국한하여 적용되는 것이고, 도급인과 수급인 소속 근로자 사이에 근로계약관계가 성립할 수 있을 정도의 사실관계가 없는 한 단지 불법파견 또는 위장도급이라는 이유만으로 도급인이 근로기준법상 사용자로 해석할 수는 없다.

3. 도급사업의 경우

산업현장에서는 노무도급의 형식을 빌려 사업을 운영하고 있는 경우가 많은데, 이러한 현상은 건설현장 또는 생산라인의 도급에서 많이 나타나고 있다.[15] 여기서 「도급」이라 함은 어느 일방이 어느 업무를 완성하여 줄 것을 약속하고 상대방이 업무결과에 대하여 보수를 줄 것을 내용으로 하는 계약을 말하는 것이므로, 도급이행과정에서 도급인이 수급인의 소속 근로자에게 어느 정도 지휘·감독권을 행사하고 있는 경우에 도급인을 사용자로 볼 수 있는가가 문제시된다.[16]

도급업체가 근로기준법상 사용자의 지위를 가지고 있는가의 여부는 단지 형식상의 도급계약에만 의존할 것이 아니라, 구체적으로 수급업체 소속 근로자에 대한 직접적인 지휘 및 감독 여부·출퇴근지정 여부·임금지급 여부 등 종합적인 사실관계에 따라 판단하여야 한다. 단지 개별적으로 도급계약의 형식을 갖추었으나 노무만을 제공하면서 작업적 지시를 받는 경우에는 수급인을 근로자로 해석하여야 할 것이다. 그러나 판례는 수급인의 근로자성에 대하여 매우 엄격하게 해석하고 있는 경향을 보이고 있다.[17]

---

15) 근로자파견과 도급의 구별은 ①노동력을 직접 이용하고 있는지의 여부, ②근로자에 대한 업무수행방법에 대한 지시 및 이에 관한 평가와 노무관리를 직접 행하고 있는지의 여부, ③근로자의 작업개시 및 종료시간, 휴식시간, 휴일, 휴가, 연장 및 휴일근로 등에 관한 지시와 관리를 직접 행하고 있는지의 여부, ④근로자의 복무상 규율에 관하여 지시와 통제를 하는가의 여부, ⑤자신의 책임과 부담으로 조달한 재료·자재 등에 의하여 업무를 처리하는지의 여부, ⑥자신의 기획 또는 전문적인 기술 또는 경험에 기초하여 업무를 처리하는지의 여부 등 구체적 사실관계에 의하여 판단하여야 한다(하갑래, 근로기준법, pp.679-680).

16) 최근 상당수의 기업들이 노동시장의 유연성과 경영합리화 차원에서 근로자의 직접고용보다는 간접고용형태인 도급·파견 등이 급속도로 확대됨으로써 현실적으로 근로조건이 저하되는 역기능이 초래되고, 이로 인하여 도급업체 또는 사용사업주가 사용자의 지위에 있는 것으로 생각하여 각종 법률분쟁이 빈발하고 있다.

17) 대법원은 「도급계약의 형식을 빌었다 하더라도 그 계약내용이 사용자와의 사이에 사용종속관계를 유지하면서 도급인의 사업 또는 사업장에 특정한 노무제공만을 그 목적으로 하고 있고, 그 노무제공에 대하여 능률급 내지 성과급을 지급받기로 하는 것이라면 이에 따라 노무를 제공한 자는 근로기준법상 근로자로 해당한다」라고 판시하고 있으나(대판 1987. 5. 6. 87도604), 현실적으로 도급회사인 건설업체에 소속되어 있으면서 일체의 자재·재료 등을 건설업체로부터 공급받고 지휘·감독을 받으면서 작업의 일부를 도급받아 노무만을 재공하고 있는 이른바 「건설오야지」를 근로자로 보지 않고 있다.

4. 위임(위탁)관리의 경우

「위임」이라 함은 통일적인 사무처리를 위하여 당사자 일방이 상대방에 대하여 사무의 처리를 위탁하고 상대방이 이를 승낙함으로써 그 효력이 발생하는 계약을 말한다(민법§680). 근로자를 채용한 자는 위탁관리회사가 되는 것이므로 원칙적으로 위탁관리회사가 사용자의 지위에 있다고 하는 것은 이견이 있을 수 없다.

그러나 위임 또는 위탁관리에 있어서 근로자의 소속 사용자 귀속 여부에 대하여 문제가 되는 것은 입주자대표회의가 아파트관리를 위탁하면서 임금책정, 근로자의 교체 등 근로조건에 대하여 실질적인 영향력을 행사한 경우에 입주자대표회의가 위탁관리회사에 소속된 근로자의 사용자로 볼 수 있는가이다.

입주자대표회의가 사용자가 될 수 있는가에 대하여 대법원은 「비록 입주자대표회의가 인사·근로조건 등의 결정에 영향력을 행사하여 온 경우라도 위탁관리회사의 관리사무소 직원들에 대한 임면, 징계, 배치 등 인사권과 업무지휘명령권이 모두 배제 내지 형해화되어 그 직원들과 체결한 근로계약이 형식적인 것에 지나지 않는다고 할 수 없다」라고 판시함으로써 입주자대표회의가 인사·임금 등에 직·간접적으로 영향력을 행사하여 온 경우라도 사용자로 해석하지 않고 있다.[18)]

종래 중앙노동위원회는 「위탁관리업체가 변경되어도 근로기간이 단절되지 않고 근로조건 변동 없이 근무하여 왔고, 근로자의 인사·노무관리에 직·간접적으로 관여하여 온 경우에는 사용자의 지위를 가지고 있다」라고 하였으나[19)], 최근에는 대법원의 판시내용에 따라 입주자대표회의가 근로자의 인사·임금의 결정 등에 대하여 관여하여 온 경우라도 사용자의 지위를 부정하고 있다.[20)]

---

18) 대판 1999. 7. 12. 99마628; 대판 2001. 1. 5. 2000두2686; 대판 2001. 6. 1. 2001두2218.

19) 중노위 1999. 4. 29. 98부해550.

20) 중앙노동위원회는 「입주자대표회의가 4대 보험료를 전액 부담한 점, 입주자대표회

결국, 대법원과 중앙노동위원회 모두 입주자대표회의가 위탁관리회사 소속 근로자에 대한 인사·임금 등 근로조건에 대하여 실질적으로 관여하거나 영향력을 행사하여 온 경우라도 사용자의 지위에 있는 것으로 해석하지 않고 있는 것이다.[21)]

5. 1인 회사 등의 경우

회사가 형식상 법인의 형식을 취하고 있으나, 실질적으로 그 법인회사의 배후에 있는 타인이 그 법인회사를 지배관리하고 있거나 형식상 특정인을 회사의 대표자로 등록시킨 후 전액 출자한 자가 실질적으로 회사운영을 하고 있는 경우에, 회사의 배후에 있는 자를 근로기준법상 사용자로 볼 수 있는가의 여부이다.

이에 관하여 대법원은「회사가 외형상으로는 법인의 형식을 갖추고 있으나, 그 실질에 있어서는 완전히 그 법인격의 배후에 있는 타인의 기업에 불과하거나 그것이 배후자에 대한 법률적용을 회피하기 위한 수단으로 함부로 쓰이는 경우에는 비록 외견상으로는 회사의 행위라 할지라도 회사와 그 배후자가 별개의 법인격체임을 내세워 회사에게만 그로 인한 법적 효과가 귀속됨을 주장하면서 배후자의 책임을 부정하는 것은 신의성실의 원칙에 위반되는 법인격의 남용으로서 심히 정의와 형평에 반하여 허용될

의가 승인한 직제상의 인원을 정원으로 한 점, 부적격 직원에 대한 인사 조치의 요구 및 인력운용에 간섭하여 온 점, 고령자고용촉진지원금을 입주대표회의에 귀속한 점, 임금지급대장에 대표회의 회장이 결재하여 온 점, 입주자대표회의가 수년간 단체협약 사용자로서 임금협약을 체결하여 온 점 등이 인정된다 하더라도 위수탁계약이 형식적인 것에 불과한 것으로 볼 수 없다」라고 하여 입주자대표회의의 사용자성을 부정하고 있다(중노위 2005. 6. 1. 2005부노2).

21) 입주자대표회의를 사용자로 보지 않는 이유는 주택법상 입주자대표회의는 의결심의기구로서 예산편성권을 가지고 있는 점, 위탁자로서 합리적인 입주자관리를 위하여 인사·임금 등에 대하여는 어느 정도 관여하는 것이 필요불가결하다고 하는 아파트관리업무의 특성을 반영한 것으로 판단된다.

수 없으므로, 회사는 물론 그 배후자인 타인에 대하여도 회사의 행위에 관한 책임을 물을 수 있다고 보아야 한다」라고 하여 실질사업주를 사용자로 해석하고 있다(대판 2001. 1. 19, 97다21604).

또한 대법원은 모회사(母會社)가 소속 직원들과 마찬가지로 실질적으로 자회사(子會社)의 경영·인사 등에 관한 결정권을 행사한 경우에 모회사를 사용자로 볼 수 있는가의 여부에 대한 사건에서 「실질적으로는 모회사의 한 부서와 같이 사실상 경영에 관한 결정권을 행사하여 왔고, 채용면접과정에서 자회사의 임원 등과 함께 실시하여 왔고, 모회사의 직원과 구분 없이 업무지시, 직무교육실시, 표창, 휴가사용 승인 제반 인사관리를 직접 시행하고 근로자들의 업무수행능력을 직접 평가하는 동시에 임금인상 수준도 모회사의 임금인상률과 연동하여 결정하여 온 경우에는 실질적으로는 모회사가 자회사의 직원들을 직접 채용한 것과 마찬가지로서 모회사와 근로계약관계가 존재한다」라고 하여 모회사를 사용자로 판단하고 있다(대판 2003. 9. 23. 2003두3420).

형식상 법인회사로 등록되었더라도 특정인 등이 출자하고 직접 경영을 하여 온 경우에는 그 법인회사의 법인격은 부인되어 그 특정인이 실질적인 사업주이므로 근로기준법상 사용자로 해석함이 타당하다.

Ⅴ. 판례의 분석

1. 근로자 여부의 일반적 판단기준

▸ 임금목적으로 종속관계에 있는 근로를 제공하고 있는지의 여부

“근로기준법상의 근로자에 해당하는지 여부를 판단함에 있어서는 그 계약이 민법상의 고용계약이든 또는 도급계약이든 그 계약의 형식에 관계없이 그 실질에 있어 근로자가 사업 또는 사업장에 임금을 목적으로 종속적인 관계에서 사용자에게 근로를 제공하였는지 여부에 따라 판단하여야 하고, 여기서 종속적인 관계가 있는지 여부를 판단함에 있어서는 업무의 내용이 사용자에 의하여 정하여지고 취업규칙·복무규정·인사규정 등의 적용을 받으며 업무수행 과정에 있어서도 사용자로부터 구체적이고 직접적인 지휘·감독을 받는지 여부, 사용자에 의하여 근무시간과 근무장소가 지정되고 이에 구속을 받는지 여부, 근로자 스스로가 제3자를 고용하여 업무를 대행케 하는 등 업무의 대체성 유무, 비품·원자재·작업도구 등의 소유관계, 보수가 근로 자체의 대상적(對償的) 성격을 갖고 있는지 여부와 기본급이나 고정급이 정하여져 있는지 여부 및 근로소득세의 원천징수 여부 등 보수에 관한 사항, 근로제공관계의 계속성과 사용자에의 전속성의 유무와 정도, 사회보장제도에 관한 법령 등 다른 법령에 의하여 근로자로서의 지위를 인정받는지 여부, 양 당사자의 경제·사회적 조건 등을 종합적으로 고려하여 판단하여야 하고, 회사의 이사 등 임원의 경우에도 그 형식만을 따질 것이 아니라 위 기준을 종합적으로 고려하여 판단하여야 한다(대판2005. 5. 27. 2005두524; 대판 1994. 12. 9. 94다22859)."

▸ 도급인의 사업장에서 노무만을 제공하고 성과급을 받고 있는지의 여부

"도급계약의 형식을 빌었다 하더라도 그 계약내용이 사용자와의 사이에 사용종속관계를 유지하면서 도급인의 사업 또는 사업장에 특정한 노무제공만을 그 목적으로 하고 있고, 그 노무제공에 대하여 능률급 내지 성과급을 지급받기로 하는 것이라면 이에 따라 노무를 제공한 자는 근로기준법상 근로자로 해당한다(대판 1987. 5. 26. 87도604)."

▸ 이사의 근로자 여부의 판단기준

"근로기준법의 적용을 받는 근로자에 해당하는지 여부는 계약의 형식에 관계없이 그 실질에 있어서 임금을 목적으로 종속적인 관계에서 사용자에게 근로를 제공하였는지의 여부에 따라 판단하여야 할 것이므로, 회사의 이사라 하더라도 회사로부터 위임받은 사무를 처리하는 외에 사장 등의 지휘·감독하에 일정한 노무를 담당하고 그 대가로 일정한 보수를 지급받는 관계에 있다면 근로기준법상 근로자에 해당한다(대판 2003. 9. 5. 2002다23468)."

2. 근로자성을 인정한 사례

▸임원이라도 실질적으로 종속근로를 제공한 경우

"집행이사로 선임되어 본부장 또는 지역본부장으로 근무한 자가 그 실질에 있어 사업 또는 사업장에 임금을 목적으로 종속적인 관계에서 사용자에게 근로를 제공하는 경우에는 근로기준법상 근로자에 해당한다(2005. 5. 27. 선고 2005두524)."

▸불법취업 외국인이 사용종속관계에서 근로를 제공한 경우

"출입국관리법에서 외국인 고용제한규정은 취업자격 없는 외국인의 고용이라는 사실적 행위자체를 금지하고자 하는 것뿐이지 나아가 취업자격이 없는 외국인이 사실상 제공한 근로에 따른 권리나 이미 형성된 근로관계에 있어서의 근로자 신분에 따른 노동관계법상의 제반권리 등의 법률효과까지 금지하려는 규정으로 보기 어렵다(대판 1995. 9. 15. 94누12067)."

"불법체류자라 할지라도 출입국관리에 중점을 둔 것일 뿐 체류 중인 외국인의 근로권 등 권리를 제한하는 조항이라고 볼 수 없으며, 국적·신앙·신분 등을 이유로 차별대우를 받지 않는다는 헌법과 근로기준법 제5조의 입법취지에 비추어 외국인도 내국인의 권리에 준하는 권리를 누려야 한다(서울고판 1993. 11. 26. 93다916774)."

▸ **외국인 산업연수생의 경우**

"산업기술연수사증을 발급받은 외국인이 정부가 실시하는 외국인 산업기술연수제도의 국내 대상 업체에 산업기술연수생으로 배정되어 대상 업체와 사이에 연수계약을 체결하였다 하더라도 그 계약의 내용이 단순히 산업기술의 연수만으로 그치는 것이 아니고 대상 업체가 지시하는 바에 따라 소정시간 근로를 제공하고, 그 대가로 일정액의 금품을 지급받으며 더욱이 소정시간 외의 근무에 대하여는 근로기준법에 따른 시간외 근로수당을 지급받기로 하는 것이고, 이에 따라 당해 외국인이 대상 업체의 사업장에서 실질적으로 대상 업체의 지시·감독을 받으면서 근로를 제공하고 수당 명목의 금품을 수령하여 왔다면 당해 외국인도 근로기준법 제14조 소정의 근로자에 해당한다(대판 2005. 11. 10. 2005다50034).

▸ **운송수입금 전액을 지입회사가 관리하고 통제를 받는 화물지입차주**

"화물지입차주라 하더라도, 운송수입금 전액을 회사에서 관리하고 회사로부터 임금협정서에 의하여 매월 고정적인 임금을 지급받고 있고, 출퇴근의 구속을 받고 회사에서 정한 배차시간과 노선에 따라 운행하는 점, 근로시간·휴일, 휴가 및 임금, 퇴직금 등 근로조건과 징계에 관하여 규율하고 있고 그 적용을 받는 점의 사실이 있는 경우에는 근로기준법상 근로자에 해당한다(근기 68207-3301, 2001. 9. 29; 근기 68207-1062, 2002. 3. 15)."

▸ **명목상의 이사 및 단순한 등재이사인 경우**

"탈법적인 목적을 위하여 명목상 대표이사로 등기하여 두었을 뿐 회사의 모든 업무집행에서 배제되어 실질적으로 아무런 업무를 집행하지 아니한 대표이사가 근로기준법 제15조 소정의 사용자에 해당하지 않는다(대판 2000. 1.1 8. 99도2910)."

▸ **공장장으로 재직하다가 이사 대우로 승진한 경우**

"회사의 공장장으로 근무하던 중 이사 대우로 승진한 후에도 매일 출근하여 공장장의 업무를 처리하면서 일정한 보수를 받은 경우에는 근로자이다(대판 2000. 9. 8. 2000다22591)."

▸자신 소유의 오토바이를 이용하여 택배 배달원

"자기 소유의 오토바이를 이용하여 택배 업무에 종사하는 배달원은 근로기준법상의 근로자에 해당한다(대판 2004. 3. 26. 2003두13939)."

▸회사에 전속되어 매월 정액 보수를 받고 있는 운송지입차주

"자기 소유의 버스를 수영장 사업주의 명의로 등록하고 수영장에 전속되어 수영장이 정한 운행시간 및 운행노선에 따라 회원운송용으로 왕복운행하면서 매월 정액을 지급받은 자는 근로기준법상 근로자에 해당한다(대판 2001. 1. 18. 99다48986)."

▸국립병원 전공의

"국립병원 전공의는 수련을 거치는 피교육자적인 지위와 함께 병원에서 정한 진료계획에 따라 근로를 제공하고 그 대가로 임금을 지급받는 근로자로서의 지위를 아울러 가지고 있었고, 병원의 지휘·감독 아래 노무를 제공함으로써 병원과의 사이에 실질적인 사용종속관계가 성립한다(대판 1998. 4. 24. 97다57672)."

▸광고수탁 및 광고료 수금업무에 종사하는 광고영업사원

"영업사원이 광고회사에 제출한 근무서약서와 근로약정서에 광고료 미수금에 대한 입금 및 변제에 관련된 규정이 있기는 하나, 이는 영업사원에게 미수광고료를 수금하여 입금할 직무상의 의무 및 광고료 수금을 비롯한 광고수탁 업무를 취급함에 있어 고의 또는 과실로 회사에게 손해를 끼쳤을 때 그 손해를 배상할 의무가 있음을 규정한 것일 뿐, 광고주를 대신하여 광고료를 납부하여야 할 의무까지 있음을 규정한 것은 아니며, 광고영업사원이 소속 회사의 요구에 따라 미수광고료를 액면금으로 하는 약속어음을 발행한 것을 광고료 미수금을 직접 변제하기로 한 것이거나 그 채무를 인수하기로 한 것이라고 볼 수는 없으므로 근로자로 보아야 한다(대판 2001. 6. 26. 99다5484).”

▸ 도급제로 변경한 이후에도 여전히 임금을 목적으로 종속적인 관계에서 근로를 제공한 회사 운송기사

“원고는 회사로부터 직접적으로 보수를 지급받지 않았으나 운송수입금 중 사납금을 공제한 나머지 금액은 이를 자신의 수입으로 할 수 있으므로, 운송수입금 잔액은 사실상 원고의 근무에 대한 보수의 성격을 갖는 것인 점, 원고가 월급제로 근무할 당시와 도급제로 근무할 당시를 비교하면 보수를 받지 않는 대신 회사에 납부해야 할 사납금의 액수가 1일 129,000원에서 90,000원으로 감소된 것 외에는 근무형태에 있어서 실질적으로 별다른 차이가 없는 점, 원고는 월급제로 근무할 당시나 도급제로 근무할 당시 모두 제3자를 고용하여 택시를 대신 운행하게 할 수는 없었던 까닭에 업무의 대체성도 인정되지 아니한 점 등에 비추어 보면, 원고는 도급제로 근무형태를 변경한 이후에도 여전히 회사에 대하여 임금을 목적으로 종속적인 관계에서 근로를 제공하였다고 봄이 상당하다(서울고판 2006. 06. 15. 2005누23918).”

3. 근로자성을 부정한 사례

▸ 지입회사의 구체적 지시를 받지 않는 지입차주

“최초 배차배정을 받은 후 제품운송에 대하여 구체적 지시를 받지 않고 실제 운송횟수에 따라 운임을 지입회사로부터 지급받아 온 경우 지입회사와 지입차주 사이에 대내적으로 사용자와 피용자의 관계가 있다고 볼 수 없다(대판 2000. 10. 6. 2000다30240).

▶ **사원증과 기자증을 발급받은 신문사 지사장**

"신문사 대표이사가 지사장이 되고자 하는 자와 신문구독료와 광고료의 일정액을 본사에 송금하고 나머지는 지사장의 수입으로 하는 내용의 지사 설치약정을 체결하면서 일정 금원을 지대보증금 명목으로 받고 사원증을 발급해 주는 한편 지사에서 채용하는 사원에 대하여도 그 직위를 분류하여 사원증 또는 기자증을 발급해 준 사정만으로는 그 지사장을 신문사에 고용된 근로자라고 단정할 수 없다(대판 1999. 11. 12. 99도2451)."

▶ **취업규칙, 4대보험 등의 적용을 받지 않는 채화작업자**

"회사와 근로계약을 체결한 사실이 없고, 취업규칙·복무규정을 전혀 적용받지 않으면서 기본급이나 고정급의 정함이 없이 근무시간과 무관하게 작업량에 따라 보수를 받고 있으며, 4대 보험을 적용받지 않고 자유롭게 여러 회사에서 일한 점 등이 있는 채화작업자들은 근로자로 볼 수 없다(대판 2004. 1. 15. 2002도3075)."

▶ **상법상의 이사·감사**

"주식회사의 이사, 감사 등 임원은 회사로부터 일정한 사무처리의 위임을 받고 있는 것이므로, 사용자의 지휘·감독 아래 일정한 근로를 제공하고 소정의 임금을 받는 고용관계에 있는 것이 아니며, 일정한 보수를 받는 경우에도 이를 근로기준법상 소정의 임금이라 할 수 없고, 회사의 규정에 의하여 이사 등 임원에게 퇴직금을 지급하는 경우에도 그 퇴직금은 근로기준법 소정의 퇴직금이 아니라 재직 중 직무집행에 대한 대가로 지급하는 보수에 불과하므로 근로기준법상 근로자가 아니다(대판 2003. 9. 26. 2002다64681)."

▶ **지입차주**

"지입차주가 자기 명의로 사업자등록을 하고 사업소득세를 납부하면서 기사를 고용하여 지입차량을 운행하고 지입회사의 배차담당 직원으로부터 물건을 적재할 회사와 하차할 회사만을 지정하는 최초 배차배정을 받기는 하나 그 이후 제품운송에 대하여 구체적인 지시를 받지 아니할 뿐만 아니라 실제 운송횟수에 따라 운임을 지입회사로부터 지급받아 온 경우, 지입차주가 지시·감독을 받는다거나 임금을 목적으로 지입회사에 종속적인 관계에서 노무를 제공하는 근로자로 할 수 없고 지입회사와 지입차주 사이에 대내적으로 사용자와 피용자의 관계가 있다고 볼 수 없다(대판 2000. 10. 6. 2000다30240; 대판 1998. 1. 23. 97다44676 등)."

▶ **골프장 캐디**

"골프장 운영회사는 내장객과 골프장의 시설이용권에 관한 계약을 체결함으로써 내장객에게 시설이용권을 부여하고 그에 대한 대가로 소정의 수수료를 받을 뿐이며, 내장객 중에서 캐디의 배치를 희망하는 사람들을 위하여 일정한 수의 캐디를 확보해 두고, 이러한 내장객에 대해서는 일정한 순번에 따라 정해진 캐디를 배치해 줌으로써 내장객과 캐디 사이에 경기보조업무의 용역제공에 관한 계약이 체결되는 것을 알선 내지 중개해 주는 역할을 한다고 봄이 상당하므로 캐디가 원고회사와 사이에 사용종속의 관계에 놓인 근로자에 해당한다고 볼 수 없다(대판 2003. 1. 24. 2002두8565; 대판 2003. 2. 12. 2002두12229)."

▶ **레미콘 운송기사**

"레미콘 회사와 레미콘 운반량에 따라 운반비를 받도록 운반계약을 체결하였을 뿐, 레미콘 회사의 일반근로자들에게 적용되는 취업규칙, 인사 및 급여규정 등이 적용되지 않는 레미콘차량 운전자들은 독립적 운송사업을 하는 사업자에 해당할 뿐 당해 회사의 사업장에 임금을 목적으로 사용자와의 종속적인 관계에서 근로를 제공하는 근로자로 볼 수는 없다(대판 1997. 2. 14. 96누1795)."

▸ **보험회사 외무원**

"원고들이 피고 생명보험회사에서 외무원으로 근무할 당시 외무원에 대하여는 사원 및 별정직 직원에 대한 인사규정과는 별도로 외무원 규정을 두고 있었으며 피고회사의 외무원은 위 규정에 따라 위임. 위촉계약에 의하여 그 업무를 위촉받도록 되어 있고 외무원의 보수에 관하여서도 피고회사의 직원에 대한 보수규정과는 별도로 외무사원지급규정, 일반외무원제수당지급규정, 일반외무원단체보험수당지급규정을 두고 이에 따라서 그 보수를 산정하고 있었던 사실, 피고회사의 직원이 매월 일정한 고정급과 상여금을 지급받고 있음에 비추어 외무원은 피고회사로부터 부여받은 보험모집책임액과 그 실적에 따라 일정비율의 제수당을 지급받았을 뿐이고 기본급이나 고정급의 임금이 따로 정해져 있었던 것은 아닌 사실, 피고회사의 직원은 배속된 부서에서 출퇴근 시간을 지키고 엄격한 통제를 받음에 반하여 외무원은 출퇴근사항이나 활동구역 등에 특별한 제한을 받지 않고 또한 보험가입의 권유나 모집, 수금업무 등을 수행함에 있어서 피고회사로부터 직접적이고 구체적인 지휘감독을 받음이 없이 각자의 재량과 능력에 따라 업무를 처리하여 왔다면, 원고들과 같은 외무원은 피고회사에 대하여 종속적인 근로관계에 있었다고 보기 어렵다(대판 1990. 5. 22. 88다카28112)."

▸ **입시학원 단과반 강사**

"입시학원 운영자의 시설 내에서 수강생에게 강의를 하고 매월 수강료 수입금의 일정비율을 배분받기로 한 입시학원 단과반 강사는 학원 측에 대하여 사용종속관계하에서 임금을 목적으로 근로를 제공하는 근로자로 볼 수 없다(대판 1996. 7. 30. 96도732)."

▸ **학습지 상담교사**

"학습지 등을 제작·판매하는 회사와 위탁업무계약을 체결한 교육상담교사의 경우, 그 위탁업무의 수행 과정에서 업무의 내용이나 수행방법 및 업무수행 시간 등에 관하여 그 회사로부터 구체적이고 직접적인 지휘 · 감독을 받고 있지 아니한 점, 그 회사로부터 지급받는 수수료는 그 위탁업무 수행을 위하여 상담교사가 제공하는 근로의 내용이나 시간과는 관계없이 오로지 신규 회원의 증가나 월회비의 등록에 따른 회비의 수금 실적이라는 객관적으로 나타난 위탁업무의 이행 실적에 따라서만 그 지급 여부 및 지급액이 결정되는 것이어서 종속적인 관계에서의 근로제공의 대가로서의 임금이라 보기 어려운 점 및 그 밖에 업무수행 시간의 정함이 없는 점 등 여러 사정을 종합하여 볼 때, 교육상담교사는 그 회사와의 사이에 사용종속관계하에서 임금을 목적으로 근로를 제공한 근로자로 볼 수 없다(대판 1996. 4. 26. 78다510).

4. 소속 사용자의 귀속 관련 사례

▸ 기존 기업이 소사장기업 소속 근로자의 사용자가 되기 위한 요건

"기존 기업 중 일부 생산부문의 인적 조직인 이른바 「소사장 기업」이라는 별개의 기업으로 분리된 경우, 그 소사장 기업에 고용된 채 기존 기업의 사업장에서 기존 기업의 생산 업무에 종사하는 자를 기존 기업의 근로자로 보기 위해서는 그가 소속된 소사장 기업이 사업주로서 독자성이 없거나 독립성을 결여하여 기존 기업의 한 부서와 동일시할 수 있는 등 그 존재가 형식적 · 명목적인 것에 지나지 아니하고, 사실상 당해 근로자가 기존 기업과 사용종속관계에 있다고 평가할 수 있어야 한다(대판 2002. 11. 26. 2002도649)."

▸ 형식상 법인체의 실질사업주

"회사가 외형상으로는 법인의 형식을 갖추고 있으나, 그 실질에 있어서는 완전히 그 법인격의 배후에 있는 타인의 기업에 불과하거나 그것이 배후자에 대한 법률적용을 회피하기 위한 수단으로 함부로 쓰이는 경우에는 비록 외견상으로는 회사의 행위라 할지라도 회사와 그 배후자가 별개의 법인격체임을 내세워 회사에게만 그로 인한 법적 효과가 귀속됨을 주장하면서 배후자의 책임을 부정하는 것은 신의성실의 원칙에 위반되는 법인격의 남용으로서 심히 정의와 형평에 반하여 허용될 수 없고, 따라서 회사는 물론 그 배후자인 타인에 대하여도 회사의 행위에 관한 책임을 물을 수 있다고 보아야 한다(대판 2001. 1. 19. 97다21604)."

▸소속 회사의 직원들과 마찬가지로 실질적으로 경영·인사 등에 관한 결정권을 행사하여 온 모회사

"자회사가 형식적으로 독립된 법인으로 되어 있으나 실질적으로는 모회사의 한 부서와 같이 사실상 경영에 관한 결정권을 행사하여 왔고, 자회사의 인원 충원이 필요할 때에는 채용광고 등의 방법으로 대상자를 모집한 뒤 그 면접과정에서 자회사의 임원과 담당자들이 함께 참석한 가운데 실시하여 왔고, 모회사의 직원과 구분 없이 업무지시, 직무교육실시, 표창, 휴가사용 승인 제반 인사관리를 모회사가 직접 시행하고 조직편성이나 경조회의 운영에 있어서 아무런 차이를 두지 않았으며, 근로자들의 업무수행능력을 직접 평가하고 임금인상 수준도 모회사의 임금인상율과 연동하여 결정하였음을 알 수 있는바, 이러한 사정을 종합하여 보면 모회사는 「위장도급」의 형식으로 자회사의 법인격을 이용한 것에 불과하고, 실질적으로는 모회사가 자회사의 직원들을 직접 채용한 것과 마찬가지로서 모회사와 근로계약관계가 존재한다(대판 2003. 9. 23. 2003두3420)."

▸기존 기업이 소장제 기업의 근로자를 직접 관리한 경우

"기존 기업이 경영합리화라는 명목으로 소사장 법인을 설립한 후 그 소속 근로자들에게 직접 임금을 지급하고, 인사 및 노무관리에 있어서도 구체적이고 직접적인 관리·감독을 하여 온 경우, 기존 기업의 대표이사가 소사장 법인 소속 근로자들에 대한 관계에서도 사용자의 지위에 있는 것이다(대판 2002. 11. 26. 2002도649)."

▶ **대표이사직에서 사임한 실질적인 사주(社主)**

"사용자라 함은 사업주 또는 사업경영담당자 기타 근로자에 관한 사항에 대하여 사업주를 위하여 행위하는 자를 말하는 것인바, 형식상으로는 대표이사직에서 사임하였으나 실질적으로는 사주로서 회사를 경영하여 온 자는 임금 지불에 관한 실질적 권한과 책임을 가지는 자로서 근로기준법 소정의 사용자에 해당한다(대판 2002. 11. 22. 2001도3889).

▶ **입주자대표회의의 사용자 요건**

"아파트입주자대표회의와 위수탁관리계약을 체결한 아파트 관리업자의 대리인인 관리소장이 관리사무소에서 근무하게 된 직원들과 근로계약을 체결하였다면 그 직원들은 아파트 관리업자의 피용인이라고 할 것이므로, 아파트관리업자와 위수탁관리계약을 체결하였을 뿐인 아파트입주자대표회의가 직원들에 대하여 임금지급의무가 있는 사용자로 인정되기 위해서는 그 직원들이 관리사무소장을 상대방으로 하여 체결한 근로계약이 형식적이고 명목적인 것에 지나지 않고, 직원들이 사실상 입주자대표회의와 종속적인 관계에서 그에게 근로를 제공하며, 입주자대표회의는 그 대가로 임금을 지급하는 사정 등이 존재하여 관리사무소 직원들과 입주자 대표회의와 사이에 적어도 묵시적인 근로계약관계가 성립되어 있다고 평가되어야 한다(대판 1999. 7. 12. 99마628)."

▶ **입주자대표회의가 근로조건 등에 직·간접적으로 관여한 사실이 있다 하더라도, 위탁관리회사가 사용자임**

"아파트입주자대표회의가 아파트관리업자와 체결한 위수탁관리계약상의 지위에 기한 감독권의 범위를 넘어 일부 직원의 채용과 승진에 관여하거나 관리사무소 업무의 수행상태를 감독하기도 하고, 또 관리사무소 직원들의 근로조건인 임금, 복지비 등의 지급수준을 독자적으로 결정하여 오기는 하였으나, 관리업자 혹은 그를 대리한 관리사무소장이 근로계약 당사자로서 갖는 관리사무소 직원들에 대한 임면, 징계, 배치 등 인사권과 업무지휘명령권이 모두 배제 내지 형해화되어 그 직원들과 체결한 근로계약이 형식적인 것에 지나지 않는다고 할 수 없고, 또 입주자 대표회의가 관리사무소 직원들의 업무내용을 정하고 그 업무수행 과정에 있어 구체적·개별적인 지휘·감독을 행하고 있다고 볼 수도 없는 경우, 입주자 대표회의가 그 관리사무소 직원들과 근로계약관계에 있는 사용자라고 볼 수 없다(대판 1999. 7. 12. 99마628; 대판 2001. 1. 5. 2000두2686; 대판 2001. 6. 1. 2001두2218)"

▸ 아파트관리형태의 변경은 영업양도로 볼 수 없으므로 고용승계의무 없음

"원고가 입주자대표회의에 대하여 종전 근로자를 우선 재고용해야 한다는 입찰조건을 수락함으로써 아파트 관리업체로 선정된 후 그 재고용 약속에 관한 내용을 공고한 바 있기는 하나, 원고가 종전 관리업체와 근로자 간의 고용관계를 포괄적으로 승계하였다고 볼 수는 없다(대판 2000. 3. 10. 98두4146; 중노위 2006. 3. 2. 2005부해764)."

5. 판례의 경향

대법원은 일관하여 1994. 12. 9.자 94다22859 판결을 중심으로 근로기준법상 근로자 여부를 판단하는 기준으로 삼고 있다. 이 판례는 근로자 여부를 판단하는 기준으로 「계약의 형식에 상관없이 실질에 있어서 근로자가 사업 또는 사업장에서 임금을 목적으로 종속적인 관계에서 근로를 제공하고 있는지의 여부에 따라서 판단하여야 함을 전제한 뒤, 종속관계가 있는지 여부를 판단하는 구체적인 기준으로서 ①업무의 내용이 사용자에 의하여 결정되는지의 여부, ②취업규칙 또는 복무(인사)규정의 적용을 받고 있는지의 여부, ③업무수행 과정에서 사용자로부터 구체적·개별적인 지휘·감독을 받는지의 여부, ④사용자에 의하여 근무시간과 근무장소가 지정되고 이에 구속받는지의 여부, ⑤업무대체성의 여부, ⑥근로자가 비품·원자재나 작업도구 등 소유관계의 여부, ⑦보수가 근로 자체의 대상적 성격을 가지고 있는지의 여부, ⑧기본급이나 고정급이 정해져 있는지의 여부, ⑨근로소득세의 원천징수 여부, ⑩근로제공관계의 계속성과 전속성의 여부, ⑪사회보장제도에 의한 법령 등 다른 법령에 의하여 근로자로서의 지위를 인정받고 있는지의 여부」 등을 제시하고 있다.

대법원은 위의 판단기준에 따라 개별사건에 대하여 근로자 여부를 구체적으로 적용하고 있는데, 대체로 근로제공관계의 계속성, 업무내용의 타인결정성, 사용자의 구체적 지휘·감독성, 임금의 요건 등을 갖추고 있는 경우에는 근로자성을 인정하고 있는 경향이다.

그러나 자영업자와 종속성 성격을 모두 갖추고 있는 이른바 「건설오야지」와 「특수고용직 종사자」에 대하여는 일체의 근로자성을 부인하고 있는 경향이다.[22] 이들에 대한 근로자성을 부인하고 있는 근본적인 이유는 업무수행 과정에 있어서 도급회사 또는 소속 회사 등으로부터 구체적·개별적인 노무통제를 받지 않고 있으며, 이들이 받는 보수를 근로기준법상 임금의 성격이 아닌 위탁수수료 또는 일종의 도급금액으로 해석하고 있기 때문이다.

또한 대법원은 불법파견 또는 위장도급인 경우에 파견근로자법상의 고용의제조항을 적용하여 도급회사가 사용자가 될 수 있는가에 대하여 「수

22) 이른바 「건설오야지」는 사업자등록을 필하지 않고 원재료·자재 등을 제공함이 없이 단지 건설회사와 일정 공사에 대하여 소수의 일용노무자들을 고용하여 도급공사를 수행하고 있으나, 실질적으로 건설회사의 지휘·감독을 받고 있으며, 오로지 자신의 노동력으로만 업무를 수행하고 있는 자들이므로 근로기준법상 근로자로 해석하지 않고 있는 판례에 수긍하기 어렵다. 또한 「특수고용직 종사자」도 비록 자영업자의 성격을 가지고 있음은 분명하나, 역시 특정한 회사에 전속되어 노동력을 제공하는 자이고 업무수행 과정에서 구체적으로 소속 회사의 통제를 받지 않는 것은 업무의 특성에 기인한 것으로 보아야 하므로 일체의 근로자성을 부인하고 있는 판례에 대하여도 수긍하기 어렵다.

급(하청)회사가 법인격이 부인되지 않는 한 불법파견 또는 위장도급이유만으로 파견근로자법상 고용의제조항을 적용하여 도급(원청)회사가 사용자의 지위를 가지는 것은 아니다」라고 해석하고 있으며(대판 2003. 9. 23. 2003두3420), 아파트위탁관리의 경우에도「비록 입주자대표회의가 인사·근로조건 결정 등에 대하여 실질적으로 관여한 사실만으로 위탁관리회사의 관리사무소 직원들에 대한 임면, 징계, 배치 등 인사권과 업무지휘명령권이 모두 배제 내지 형해화되어 그 직원들과 체결한 근로계약이 형식적인 것에 지나지 않는다고 볼 수 없다」라고 하여 역시 입주자대표회의의 사용자성을 부인하고 있는 경향이다(대판 2001. 1. 5. 2000두2686). 결국. 대법원은 수급회사 또는 수탁회사의 법인격이 부인되지 않는 한 근로기준법상 사용자는 근로자들을 직접 고용한 수급회사 또는 수탁회사만이 사용자로 보아야 한다고 하는 입장을 취하고 있다.

Ⅵ. 근로자의 개념 및 적용범위에 관한 재론

1. 문제의 소재

학설과 판례는 일반적으로 근로기준법상의 근로자 여부를 판단함에 있어서「사용종속노동관계에 있는지의 여부와 임금을 목적으로 근로를 제공하고 있는지의 여부」를 가장 중요한 판단기준으로 설정하고 있으며, 사용종속노동관계가 있는지의 여부는 근로제공에 관한 사용자의 결정성, 보수의 성격, 복무규정의 적용, 업무의 대체성, 근로제공의 계속성 여부 등을 종합적으로 고려하여 판단하여야 한다고 하는 입장이다. 결국, 학설과 판례의 주류는 사용종속관계에 있어야 한다고 하는 등식관계로 근로자의 요건을 판단하고 있으며, 사용종속관계 여부의 중요한 판단기준으로서 사용자의 구체적인 지휘·감독을 들고 있다.[23]

현대의 산업사회는 과거와는 달리 통신수단의 급격한 발달로 인하여 굳이 인접한 장소에서 근로자들의 업무수행에 대하여 구체적인 지휘·감독할 필요성이 퇴색되어 가고 있고, 사업의 성격에 따라서는 그 업무방식을 지시하기보다는 업무수행을 전적으로 위임하고 단지 성과만을 가지고 업무를 평가하거나 임금을 지급하는 방식의 채택이 가능하게 됨으로써 고전적인 의미에서의 근로자로 인정되는 노무공급의 범위는 축소되고 자영업자와 근로자 사이에 위치한 회색지대가 급격하게 늘어나고 있는 추세이다.

이처럼 고전적인 학설과 판례의 입장에 의하여 근로자성을 판단한다면, 실질적으로 유일한 노동력에 의해서만 생계를 유지하고 있는 상당수가 근로자의 요건을 결하게 되어 경제적·사회적으로 종속성이 인정된다 하더라도 근로자로서의 법의 보호를 받을 수 없게 되는 불합리한 결과를 초래할 수밖에 없는 현실이다.[24] 그 결과 법의 보호 사각지대에 놓여 있는 노동력제공자들은 사용종속관계의 편입을 통하여 법의 보호를 희구하는 한편, 기업들은 원가절감·경영합리화 등 경제적인 이유로 이들에 대한 사용종속관계의 설정을 의도적으로 거부함으로써 새로운 사회문제를 야기시키고 있는 현실이다.[25]

---

23) 박종희, 「근로기준법상 근로자 개념」, p.74; 중앙노동위원회, 노동위원회의 패소사례분석, pp.61-62.

24) 사용자가 근로자와의 사이에 중간업자를 형식적으로만 근로계약의 당사자로 개입시키고 노동법상 사용자에게 부과되는 책임을 회피하려는 고용형태가 크게 확산되고 있다. 이러한 고용형태 중간업자가 형식적으로만 근로계약의 당사자일 뿐 해당 근로관계를 좌우하는 것은 실질적으로 중간업자와 계약을 체결한 사용자이며, 실질적 사용자는 중층적 근로관계를 통해 노동력을 제공받고 있다는 점에서 이를 「간접고용」이라고 한다. 이처럼 기업은 「간접고용」을 통하여 노동법상의 사용자책임을 회피하면서 실질적으로 노동력을 지배하고 있는 것이 보통이다. 따라서 「간접고용」은 열악한 근로조건과 고용불안을 야기시키고 있을 뿐만 아니라 노동3권의 형식화라는 문제점을 드러내고 있다(윤애림, 「간접고용에서 사용자책임의 확대」, pp.147-148).

25) 기업은 경영합리화 조치 일환으로서 분사·작업의 외주화 등을 통하여 직접 고용

따라서 학설과 판례에서 제시하고 있는 근로자 여부의 판단기준을 재검토하여 근로자의 요건과 범위를 재정립할 필요성이 있다.

2. 학설 및 판례에 대한 비판론

학설과 판례는 일반적으로 계약의 형식에 구애됨이 없이 사용종속관계가 있는지의 여부 및 임금을 목적으로 근로를 제공하고 있는지의 여부에 따라 근로자 여부를 판단해야 한다고 한다. 그러나 근로자 여부를 위의 기준에 따라 반드시 판단해야 할 근거가 있는지에 대하여는 몇 가지 의문을 가질 수밖에 없다.[26)]

첫째, 「사용종속관계=근로자성」의 등식관계로 근로자 여부를 판단하는 것이 타당한가의 여부이다. 근로기준법 제14조가 제시하고 있는 근로자 판단요소는 「①직업의 종류를 불문하고, ②사업 또는 사업장에서, ③임금으로 목적으로, ④근로를 제공」한다는 네 가지 요소를 분명히 제시하고 있음에도 이에 대한 검토 없이 곧바로 실질적인 사용종속관계로 넘어가 근로자 여부의 판단을 위한 핵심도구로 삼고 있는 법적인 근거가 무엇인가에 대한 의문이다.

둘째, 근로기준법상 근로자 여부를 판단하기 위해서는 민법상의 고용계약이든 도급계약이든 그 계약의 형식에 관계없이 실질적으로 사용종속관계가 성립하면 근로자에 해당한다고 해석함으로써 근로자 여부를 실질적으로 판단해야 한다고 하는 것은 타당성이 있으나, 근로자 여부를 판단함

보다는 간접 또는 독립고용을 활용하여 근로기준법상 사용자성을 부인함으로써 노동법상 사용자의 의무조항, 예컨대 해고의 제한·해고예고수당·시간외 근로수당·퇴직금 등의 조항을 회피하려고 할 것이며, 반면 근로자성의 요건을 갖추지 못한 노동력제공자는 사용종속관계에 편입되어 노동법상 보호를 받으려고 하는 과정에서 새로운 법적 문제가 발생하고 있다.

26) 학설 및 판례에 대한 비판론은 박종희, 「근로기준법상 근로자 개념」, p.73 이하 참조.

에 있어서 근로기준법 제17조에 규정된 근로계약을 전혀 고려하지 않고 있다는 점이다.

셋째, 실질적인 사용종속관계가 있는지에 대한 구체적인 판단유형을 제시하고 있는데, 이러한 구체적인 판단유형들이 어떠한 근거에서 제시되었다거나 실질적인 사용종속관계를 판단하는 데에 적합한 기준이 될 수 있는가에 대한 의문이다.

넷째, 근로자 여부를 판단하고 있는 기준으로서 임금지급 여부를 들고 있는데, 근로의 대가가 무엇인지에 대한 분명한 언급이 없어 이에 대한 혼란을 가중시키고 있다고 하는 점이다.

3. 근로자의 요건 재정립을 위한 시론

실질적으로 사용종속관계와 근로의 대가성이 있는 임금지급 여부에 따라 근로기준법상 근로자 여부를 판단하여 근로자의 범위를 매우 제한적으로 해석하고 있는 학설과 판례의 입장은 현행 근로기준법의 체계에 비추어 볼 때, 그 근거가 빈약하다고 볼 수 있다. 이에 현대의 산업사회에서 관행화되고 있는 간접 또는 독립고용형태의 확산으로 인하여 실질적으로 기업에 자신의 노동력을 제공하여 생계를 유지하고 있는 자가 노동법의 보호를 전혀 받지 못하고 있는 현실을 감안하면 판례 또는 학설에서 인정하고 있는 근로자 여부의 판단기준은 재고하여야 함이 마땅하다. 이의 해결방안으로서 근로기준법 개정과 유연성 있는 해석을 통하여 근로자 요건과 범위를 재정립할 필요성이 제기되고 있다.

1) 해석을 통한 근로자 요건의 완화론

(1) 근로제공의 해석론

현행 노동관계법에 종속노동관계를 표현하는 조문이 없음에도 판례와 학설이 근로기준법상 근로자의 여부를 판단함에 있어서 종속노동관계를 중심개념으로 설정하고 있는 것은 아마도 독일의 종속노동론과 이를 수용한 일본의 학설과 판례의 영향을 받은 것으로 생각된다.

독일의 경우는 노동관계법에 근로자에 관한 정의규정을 두지 않은 관계로 노동법을 다른 법 영역과 구별되는 독자적인 노동법의 영역으로 만들기 위하여 노동법의 중심을 이루는 근로자 개념을 통일적으로 정립하는데 주력하였으며, 그와 같은 노력의 유산이 바로 종속노동이라는 의미로 자리잡게 되었다. 그 결과, 민법의 원리로는 해결할 수 없는 종속적인 지위에서 노동하는 자들을 위한 법으로서의 노동법의 생성은 불가피한 것이었고, 「종속노동=근로자」라고 하는 노동법의 체계를 유지하게 되었다. 일본의 경우는 노동기준법 제9조에서 「직업의 종류를 묻지 않고 사업 또는 사무소에 사용되는 자로서 임금이 지급되는 자」를 근로자로 정의하고 있기 때문에 사용종속관계를 근로자 판단의 중심으로 삼을 만한 충분한 법적 근거를 가지고 있으며, 다수의 학설도 근로자성을 주로 사용종속성을 가지고 판단하고 있다. 특히 1985년 노동기준법연구회가 근로자성을 결정하는 통일적인 기준을 마련하기 위하여 「근로자성을 판단하기 위해서는 계약관계 형식을 불문하고 실질적인 사용종속성을 종합적으로 판단하여야 하고, 이를 위한 구체적인 판단기준으로 사용종속성에 관한 판단기준과 근로자성을 보강하는 요소」로 구분하여 제시하였다.[27] 요컨대, 독일은 근로자 및 근로계약에 대한 정의규정이 없는 상태에서 노동법 또는 근로관계의 본질을 규명하기 위한 관점에서 「종속노동」이라는 용어를 사용한 것이

27) 사용종속성에 관한 판단기준의 내용인 지휘·감독하의 근로에 관한 판단기준으로서 ①구체적인 작업의 의뢰, 업무종사의 지시 등에 대한 승낙 또는 거절의 자유 유무와 ②업무수행상 지휘·감독 유무로 들고 있으며, 업무수행상 지휘·감독이 있는가의 판단기준으로서 ㉠업무내용 및 수행방법에 관한 사용자의 구체적인 지휘·명령의 유무, ㉡근무장소 및 근무시간이 지정되고 관리되고 있는지의 여부를 들고 있다. 또한 근로자성을 보강하는 요소로서 ①사용자의 명령에 따라 통상 예정되어 있는 업무 이외의 업무에 종사하는 경우가 있는지의 여부, ②노무공급의 대체성이 인정되는지의 여부를 추가하고 있다(박종희, 「근로기준법상 근로자 개념」, p.82).

고, 일본은 노동기준법상의 근로자 정의규정에 입각하여 「사용종속관계」를 근로자의 여부를 판단하는 기준으로 삼고 있는 것이다.

그러나 근로자와 근로계약에 관한 정의규정을 함께 두고 있는 우리나라의 근로기준법 체계하에서는 이러한 정의규정을 도외시하고 법문에 등장하지도 않는 「사용종속노동관계」를 중심으로 근로자 여부를 판단하는 것은 문제가 있다. 법률 문헌을 출발점으로 삼는 법해석의 일반원리에 기초한다면, 적어도 근로자 여부의 판단은 근로기준법 제14조와 제17조에 규정된 근로자 및 근로계약의 정의규정에 충실하여 상호 연관성을 고려하여 근로자 요건으로서의 「근로를 제공하는 자」를 규범적으로 새롭게 해석할 필요성이 있다.

근로기준법 제17조는 근로계약을 「근로자가 사용자에게 근로를 제공하고 사용자는 이에 대하여 임금을 지급함으로 목적으로 체결된 계약」이라고 정의하고 있으므로, 근로계약관계의 본질은 근로제공과 임금지급과의 쌍무적 견련관계로 파악할 수 있다. 그런데 근로기준법 제16조가 근로의 개념에 육체적 · 정신적 노동 모두가 포함된다고 하는 범주만 설정한 것일 뿐, 근로 그 자체에 대한 아무런 정의규정을 두고 있지 않기 때문에 해석론을 통하여 그 개념을 정립할 수밖에 없다. 근로기준법이 정하고 있는 「근로」는 광의의 인간 활동 가운데 법적 판단이 이루어진 일부 활동만을 의미하는 것이므로 그와 같은 법적 판단은 헌법 제32조의 근로권에서 도출되어야 한다.

그러나 헌법 제32조는 단지 「근로」라는 용어만 사용하고 있을 뿐, 그 의미에 대해서는 규정한 것이 없기 때문에 기본권의 체계적인 연관성을 고려하여 해석할 수밖에 없다. 헌법 제32조에 규정된 「근로」와 의미관련성을 갖는 기본권은 헌법 제15조에 규정된 「직업선택의 자유」라고 할 수 있으므로, 근로기준법상의 근로는 생존의 필요성을 충족시키는 경제활동의 의미로 이해할 수 있는 것이다. 그리고 근로계약관계는 사용자가 원하는 바에 따라 근로자의 노동력 자체를 전적으로 투입하는 것을 전제로 하는 것이므로, 「근로를 제공한다」라는 의미는 사용자가 지시하는 시간과 장소 또는 방법에 따라 일을 수행하는 것으로 보아야 한다. 이러한 법체계적 해석방법에 의하면, 업무수행 과정에 있어서 사용자의 구체적인 지휘·명령 및 감독이 없다 하더라도 사용자가 지시한 바에 따라 업무를 수행한 경우에는 「근로의 제공」이 있는 것으로 해석해야 한다.

이와 같이 근로기준법 제17조에 의한 「근로계약의 정의규정」과 헌법 제32조에 의한 「근로권」 및 헌법 제15조에 의한 「직업선택의 자유」규정을 종합하여 근로의 제공의 의미를 해석해야 하므로, 근로기준법 제14조상의 근로자 요건으로서의 「근로를 제공하는 자」를 「사용종속노동관계」에 있는 자로 해석할 근거가 없는 것이다.

따라서 사용자가 지시하는 시간과 장소 또는 방법 등에 의하여 업무를 수행하는 경우에는 「근로의 제공」이 있는 것으로 해석함이 타당하고, 사용자에 의한 지시권에의 구속 여부는 사용자의 지시가 어느 정도인지를 기준으로 할 것이 아니고 「사용자의 지시가 있었는지」를 기준으로 판단하여야 한다.[28] 이처럼 「근로의 제공」의 본질을 사용자의 지시권에의 구속이라고 이해할 때, 사용자의 지시권 내용은 계약당사자의 업무내용에 따라 달라질 수 있다.[29] 예컨대, 구체적인 근로제공의 장소가 특정직무로 설정되거나 근로제공의 시간이 사전에 확정될 수도 있고, 전문화·기술화하는 산업사회에서 사용자의 구체적인 지휘·감독을 받지 아니한 상태에서 일정한 성과목표만 부여하고 업무수행 과정을 전적으로 근로자에게 위임되는 경우도 있을 것이다.

---

28) 박종희, 「근로기준법상 근로자 개념」, pp.76-99.

29) 최근 통신·재택 근로의 확산, 기업의 새로운 노무관리방식(업무과정 통제에서 업무결과 통제방식으로의 전환), 새로운 기술의 발전 등으로 인해 사용종속 대 독립의 구별은 경제적·사회적 현실에 부합하지 않으므로 근로자 여부를 판단하는 전통적인 기준인 구체적인 노무제공과정에서의 통제, 근로시간의 구속성, 근무장소에 관한 사용자의 지배는 실제 근로계약의 본질을 구성하지 않는 것으로 보아야 한다(동지 조임영, 「근로계약의 본질과 근로자개념」, p.188 이하; 백준현, 「근로자의 범위」, p.15 이하).

(2) 근로대가로서의 임금 해석론

근로계약은 임금을 목적으로 근로를 제공함을 본질로 하는 것이므로 유상·쌍무계약의 성격을 지니고 있다. 임금의 지급은 근로계약의 성립을 판단하는 데 본질적인 요소를 이루는 것이기 때문에 타인의 지시에 따라 노동력을 제공한다 하더라도 임금이라고 하는 근로의 대가성이 없으면 근로계약이라고 할 수 없으며, 임금의 지급 없이 근로를 제공하는 자는 근로기준법상 근로자로 볼 수 없다.

문제는 근로계약 체결 또는 근로제공 당시 당사자 사이에 임금에 대하여 명시적인 합의가 없는 경우에 근로계약의 성립 또는 근로자성을 인정할 수 있는가의 여부이다. 「보수 또는 보수액의 약정이 없는 때에는 관습에 의하여 지급한다」라고 규정하고 있는 민법 제656조제1항, 최저임금법의 입법취지 등을 고려하면 당사자 간에 명시적인 임금약정이 없는 경우라도 사용자는 최소한 관습에 의한 임금을 지급해야 하고 그 임금의 최저액은 최저임금법에 의하여 보충되는 것으로 해석해야 한다. 따라서 당사자 간에 임금약정이 없더라도 근로계약은 성립한 것이고 근로제공을 한 이상 근로자의 요건을 충족한 것으로 보아야 한다.

「임금」이라 함은 근로의 대가로 지급되는 일체의 금품을 의미하는 것이므로, 근로의 대가성의 요건만 충족되면 임금으로 인정해야 한다. 비록 성과단위로 책정되더라도 그것이 근로의 대가로 인정되는 한 임금으로 인정해야 한다. 다만, 임금이 성과단위로 책정되는 경우에는 최소한의 기본급이나 일정액의 임금이 전제되어야 한다. 왜냐하면 근로계약의 본질은 근로자가 자신의 노동력 자체를 사용자가 처분하도록 하는 것이고, 사용자는 근로자의 노동력을 경영활동 목적에 사용하고 근로의 제공으로 인하여 경영활동 목적에 기여하였는가의 위험은 사용자가 부담해야 하기 때문이다.[30]

이러한 관점에서 보면, 사용자의 지시권에 구속되어 근로제공을 한 경우에는 임금지급 여부에 대하여 당사자 사이에 명시적인 합의가 없고 일

---

30) 박종희, 「근로기준법상 근로자 개념」, pp.105-107.

시적으로 임금을 지급받은 사실이 없다 하더라도 근로자성을 인정해야 한다고 본다.

2) 입법적 개선을 통한 근로자 요건 완화론

엄격한 사용종속노동관계인정기준과 근로의 대가성을 지닌 엄격한 임금성을 기준으로 근로기준법상 근로자 여부를 판단하는 것은 간접고용 또는 독립고용이 일반화되어 있는 현대 산업사회에 부합하지 않으므로 근로자 정의규정을 두고 있는 근로기준법 제14를 개정하여 그 보호범위를 확대해야 한다고 하는 주장이 제기되고 있는데, 최근 논의되고 있는 개정방안을 간단히 소개한다.

첫째는, 근로기준법 제14조의 규정을 제1항으로 하고 제2항을 신설하여 「근로계약을 체결하지 않은 자라 하더라도 특정 사용자의 사업에 편입되거나 상시적 업무를 위하여 노무를 제공하고 그 사용자 또는 노무수령자로부터 대가를 얻어 생활하는 자는 근로자로 본다」라는 문구를 삽입하도록 하는 입법개선안이다.[31)]

둘째는, 근로기준법 제14조의 규정을 제1항으로 하고 제2항을 「근로자가 독립사업자 형태를 띠고 있는 경우에도 독자적인 계산과 능력으로 사업을 운영하는 것이 아니라 특정 사용자에게 소속되어 그 업무를 수행하여 그 대가를 지급받는 경우에는 근로자로 본다」라고 하자는 입법개선안이다.[32)]

셋째는, 위장자영업자에 대한 제도적 개선방향으로서 유사근로자의 개념설정을 통하여 별도의 보호입법을 마련해야 한다고 하는 입법개선안이다.[33)]

넷째는, 입법론적 검토의 필요성을 인정하면서도 특수고용관계에 있는 근로자를 포섭하거나 준근로자(유사근로자)의 개념을 도입하여 근로기준법

---

31) 권두섭, 「비정규직 노동자의 법적 문제(민주노총 입법요구안을 중심으로)」, p.102.
32) 김선수, 「비정규직 근로자의 실태, 법적 보호수준 및 개선방향」, p.49.
33) 노진귀, 「비정규직 노동자 보호를 위한 제도개선 방향」, p.34.

의 적용범위를 확대한다 하더라도 특수고용관계에 있는 자들의 근로실태가 워낙 다양하여 또 다시 법원의 판단에 의존하지 않을 수 없다는 점과 어떤 기준에 따라 보호범위를 정할 것인가의 문제는 여전히 남게 되므로 입법론적으로는 매우 신중하게 접근해야 한다고 하는 견해이다.[34)]

3) 평 가

근로기준법상 근로자의 요건에 대하여 다양한 해석방법과 입법개정론이 대두되고 있는 것은 종래 학설과 판례의 주류가 근로자의 요건을 너무 협소하게 해석한 결과, 근로자 요건을 완화하기 위한 것이다.

그러나 근로자 요건을 완화할 수 있도록 근로기준법을 개정하여 부분적 또는 잠정적으로는 해결될 수 있는 가능성을 배제할 수는 없지만, 근로자 요건에 관한 다툼을 근본적으로 해결하기는 어렵다. 그 이유로서는 ①최근 고용의 유연성과 경영합리화 방안으로서 간접고용 또는 독립고용 등 다양한 고용형태의 출현으로 이들에 대한 보호의 필요성이 높다 하더라도, 입법기술상 다양한 고용실태를 모두 입법화한다는 것은 현실적으로 어렵다고 하는 점, ②특수고용직 종사자는 독립자영업자의 성격과 근로자성을 모두 가지고 있음에도 일률적으로 근로기준법상 근로자의 범주에 포함시키는 것은 민법상 계약의 한 형태로 파악할 수 있는 성격을 무시하는 것이 되어 오히려 법률관계의 전체적인 체제가 무너질 수 있다고 하는 점, ③근로자의 판단기준을 근로기준법의 개정으로 해결한다 하더라도 경제적 우위에 있는 사용자는 다시 근로자 판단기준을 회피하고 민사상 계약의 한 유형처럼 판단될 수 있는 여러 징표를 만들어낼 가능성이 있다고 하는 점 등을 들 수 있다.

만약 사회문제를 완벽하게 해결할 수 있는 입법이 존재한다면, 이미 법학에서의 해석론은 존재할 가치가 없는 것이며 무의미한 것이다. 종래 학

---

34) 김소영, 고용형태의 다양화와 법・제도의 개선과제, p.117.

설과 판례가 제시하고 있는 엄격한 근로자 요건을 완화하기 위한 방안으로서 입법론적 검토가 필요한 것이 사실이지만, 입법론에 너무 집착할 필요성은 없다.[35)]

결국, 근로자의 요건을 너무 협소하게 해석하고 있는 판례와 학설에 문제가 있는 것이므로, 현행 근로기준법에 규정된 근로계약과 근로자 정의 규정에 관한 상호 연관성을 고려하여 현실사회에 부합될 수 있도록 근로자 요건을 완화할 수 있게 탄력적·신축적으로 해석하는 것이 타당하다고 본다.

따라서 「①사업 또는 사업장에서 ②임금을 목적으로 사용자의 지시에 의하여 ③근로를 제공하는 자」에 해당하기만 하면 근로기준법 근로자의 요건을 충족한 것으로 해석함이 타당하다. 여기서 「①사업 또는 사업장」의 의미는 반드시 기업의 경영활동 또는 고정적인 근무장소를 말하는 것이 아니라 사용자의 지시권에 따른 근로제공 그 자체를 의미하는 것으로 해석하여야 할 것이고, ②「근로의 대가성」의 요건만 충족되면 임금으로 해석하고, ③「근로의 제공」은 사용자의 지시권에 구속되어 노동력의 처분을 위탁한 상태를 의미하는 것으로 해석함이 타당하다고 본다. 이처럼 근로자의 요건을 완화하여 해석한다면, 독립고용 또는 간접고용이 일반화되어 있는 현대의 산업사회 현실에 어느 정도 부합할 수 있을 것이다.

---

35) 박수근, 「특수고용형태의 근로자성」, pp.39-40.

제3장 임금 여부의 판단

Ⅰ. 개 설

일반근로자의 산재보상수준은 재해발생 당시의 임금수준에 의하여 결정되는 것이므로, 사용자로부터 지급받는 금품 중에서 어느 범위까지를 임금으로 볼 것인가는 산재보상수준을 결정하는 데 결정적인 영향을 미치게 된다. 따라서 산재보상의 기초이론으로서 임금범위 여부의 판단기준은 매우 중요한 사안이다.[1]

현행 근로기준법 제18조는 「근로자가 근로의 대상으로 근로자에게 임금, 봉급 기타 어떠한 명칭으로든지 지급하는 일체의 금품」을 임금으로 규정하고 있을 뿐, 이에 대한 구체적인 판단기준을 규정하지 않음으로써 노사 간의 대립은 물론 노동부 유권해석과 법원 판례 사이에 있어서도 상당한 입장 차이를 보이고 있으므로 이에 대한 구체적인 이론과 판례 및 유권해석 등을 분석 · 정리할 필요성이 있다.

---

1) 사용자의 귀책사유로 인한 산재의 경우는 사회법상의 산재보상과는 별도로 추가손해에 대하여는 사용자를 상대로 손해배상청구가 가능하다. 실무상 손해배상은 적극적 손해 · 소극적 손해 · 정신적 손해로 구분할 수 있는데, 소극적 손해를 산정함에 있어서는 반드시 필요한 피재근로자의 월 수입액은 보통 재해 당시의 임금수준으로 결정된다. 따라서 임금수준은 손해배상의 산정에 있어서도 막대한 영향을 미치고 있다.

Ⅱ. 임금 여부의 일반적 판단기준

임금이라 함은 「근로자가 근로의 대상으로 근로자에게 임금, 봉급 기타 어떠한 명칭으로든지 지급하는 일체의 금품」을 말한다(§18). 임금에 해당하는지의 판단기준에 관하여 대법원은 「사용자가 근로의 대상으로 근로자에게 지급하는 일체의 금품으로서, 근로자에게 계속적 · 정기적으로 지급되며 그 지급에 관하여 단체협약 · 취업규칙 · 급여규정 · 근로계약 · 노동관행 등에 의하여 그 지급의무가 지워져 있고, 일정 요건에 해당하는 근로자에게 일률적으로 지급한 것이라면 그 명칭 여하를 불문하고 평균임금 산정의 대상이 되는 임금으로 보아야 한다」라고 판시하고 있다(대판 2003. 2. 11. 2002다50826). 따라서 임금 여부를 판단하기 위한 기준은 ① 사용자가 근로자에게 정기적 · 계속적으로 지급하는 금품, ② 근로제공과 관련하여 사용자의 지급의무가 있는 금품일 것, ③ 명칭과의 무관성이라고 할 수 있다.

1. 사용자가 근로자에게 계속적 · 정기적으로 지급하는 금품일 것

임금에 해당하기 위해서는 사용자가 근로자에게 계속적 · 정기적으로 지급하는 금품이어야 하므로 일시적 · 불확정적인 급부에 불과한 실비변상적 금품, 은혜급부적인 금품(경조금 · 장려금 등), 여비, 특별상여금 또는 변동상여금, 출장비, 업무집행권을 가지고 있는 임원의 보수, 고객으로부터 받는 봉사료(tip)[2] 등은 임금에 해당하지 않는다.

---

2) 봉사료가 임금에 해당되는지의 여부에 대하여는 순수하게 고객으로부터 직접 지급받는 경우에는 임금으로 볼 수 없으나, 사용자가 일정률 또는 일정금액으로 정하여진 봉사료를 고객으로부터 직접 받아 예치과정을 거쳐 분배하는 경우에는 임금으로 해석함이 타당하다. 왜냐하면 고객으로부터 일정액 또는 일정률의 봉사료를 책정하여 사용

그러나 「사용자의 지급요건」을 엄격하게 해석하게 되면, 현실적으로 근로계약관계가 성립하였음에도 업무의 특성 등에 따라 월정급여를 낮게 책정하면서 그 이상의 수익금에 대하여는 성과급 형태로 근로자가 직접 수령하도록 하는 경우에는 임금의 범위가 너무 협소하게 되어 부당하다.

따라서 업무의 특수성과 임금관리의 편의를 위한 차원에서 사용자가 직접 지급하지 아니한 금품에 대하여도 근로계약관계가 성립하는 이상 임금으로 보아야 할 것이다. 예컨대, 택시기사처럼 회사에 납입하는 일정액의 사납금을 공제한 잔액을 개인수입으로 하는 경우에는 그 수입을 임금으로 보아야 할 것이다.[3)]

2. 근로제공과 관련한 사용자의 지급의무가 있는 금품

「근로제공」이라 함은 근로계약관계에 있어서 근로자가 자신의 노동력을 사용자의 지배하에 맡기는 것을 말하는 것이므로, 구체적으로 사용자의 지휘·명령을 받으면서 제공한 구체적 노무제공만을 의미한 것은 아니다.[4)] 따라서 계속적·정기적으로 지급되는 금품이라 하더라도 지급의무의 발생이 근로제공과 밀접한 관련성이 있어야만 임금으로 볼 수 있으며, 개

자가 이를 관리한 경우라면 사용종속관계 또는 사용자에의 구속성이 성립한 것으로 보아야 하기 때문이다.

3) 택시기사의 사납금을 공제한 개인수입액이 임금에 해당하는가에 대하여 대법원은 일관성을 보이지 않고 있다. 즉, 성과급여로서 임금에는 해당하나 퇴직금 산정을 위한 평균임금에는 포함되지 않는다고 하는 입장(대판 1999. 4. 23. 98다18568)과 근로의 대가인 임금에 해당하므로 사납금 초과 수입금은 특별한 사정이 없는 한 퇴직금 산정의 기초가 되는 평균임금에 포함된다고 하는 견해(대판 2002. 8. 23. 2002다4399)가 있다. 사납금 초과 수입을 임금으로 보는 이상, 근로기준법상 평균임금에 제외시킬 합리적인 이유가 없으므로 퇴직금 산정을 위한 평균임금에 포함되는 것으로 해석하여야 할 것이다. 다만, 사납금 초과 수입금액에 대하여는 근로자가 입증책임을 하여야 한다.

4) 김형배, 노동법, p.329.

별근로자의 특수하고 우연한 사정에 의하여 좌우되는 경우에는 단체협약 등에 의하여 이루진 경우라도 임금으로 볼 수 없다.

임금은 근로제공과의 관련성 또는 사용자의 지급의무가 없는 순수 복리후생비(학비보조비 · 경조금 등), 노조전임자의 급여, 해고예고수당, 사업주 부담의 건강보험료 등은 임금이 아니다. 일반적으로 정기적으로 지급되는 상여금, 퇴직금, 물가수당, 통근수당, 가족수당, 월동수당, 법정 제수당(연 · 월차휴가수당, 시간외근로수당, 휴업수당, 휴일근로수당 등), 판매수당, 영업수당 등은 근로제공과 관련성이 있는 임금에 해당된다.

3. 명칭과의 무관성

실질적으로 사용자가 근로의 대상으로서 근로자에게 지급의무가 있는 계속적 · 정기적으로 지급하거나 지급하기로 되어 있는 금품이라면 그 금품의 명칭과 상관없이 모두 임금에 해당한다. 따라서 복리후생비, 실비변상비 등의 명칭을 사용하였더라도 임금이 아닌 것으로 단정해서는 안 되고, 사실관계를 종합하여 볼 때 그러한 금품이 실질적으로 실비변상적 또는 복리후생비의 성격이 없거나 적은 경우에는 임금으로 보아야 한다.

Ⅲ. 통상임금과 평균임금

1. 중요성

근로기준법은 임금을 통상임금과 평균임금의 두 가지로 구분한 후, 각종 법정수당과 보상금을 산정함에 있어서 통상임금과 평균임금 중 한 가지를 적용하도록 되어 있으므로 통상임금과 평균임금의 구분과 산정은 매우 중요하다. 또한 근로자가 산업재해로 인하여 손해배상을 청구할 때에는 재해발생 당시의 임금수준을 토대로 일실이익의 손해금을 산정하는 것이므로 통상임금과 평균임금의 이해는 손해배상에서도 매우 중요한 의미가 있다.

[통상임금과 평균임금의 적용례]

통 상 임 금	평 균 임 금
▸해고예고수당(근로기준법§32) ▸휴업수당(근로기준법§45) ▸연장근로수당(근로기준법§55) ▸야간근로수당(근로기준법§55) ▸휴일근로수당(근로기준법§55) ▸연차휴가수당(근로기준법§59) ▸기타 「유급」으로 표시된 보상 또는 수당	▸퇴직금(근로기준법§34 · 근로자퇴직급여 보장법§8) ▸휴업수당(근로기준법§45) ▸연차휴가수당(근로기준법§59) ▸재해보상 및 산재보험급여(근로기준법§81 조이하 · 산업재해보상보험법§38이하) ▸감급의 제한(근로기준법§98) ▸구직급여(고용보험법§35)

그리고 근로기준법은 통상임금과 평균임금의 정의만 규정하고 있을 뿐, 임금 중에서 어느 것이 통상임금과 평균임금에 해당하는지에 대하여는 구체적으로 규정하지 않고 단지 해석의 문제로 남겨 놓고 있다. 이에 노동부는 「통상임금 산정지침(노동부예규 327호, 1997. 3. 28)」을 제정하여 임금행정에 활용하고 있는바, 이의 내용을 소개하면 다음과 같다.

[통상임금과 평균임의 예시]

근로자에게 지급되는 금품의 명칭	평균 임금	통상 임금	기타 금품
1. 소정근로시간에 대하여 정한 후 지급되는 임금 · 기본급 임금	○	○	
2. 일 · 주 · 월 기타 1임금 산정기간 내에의 소정근로시간에 대하여 정기적 · 일률적으로 임금, 주급, 월급 등으로 정하여 지급되는 임금	○	○	
① 금융 · 출납 등 직무수당, 반장, 과장 등 직책수당 등 미리 정하여진 지급조건에 따라 담당하는 업무와 직책의 경중에 따라 지급하는 수당	○	○	
② 물가수당, 조정수당 등 물가변동이나 직급 간의 임금격차 등을 조정하기 지급하는 수당	○	○	

근로자에게 지급되는 금품의 명칭	평균임금	통상임금	기타금품
③ 기술수당, 면허수당, 특수작업수당, 위험작업수당 등 기술이나 자격·면허증 소지자·특수작업종사자 등에 따라 지급하는 수당	○	○	
④ 벽지수당, 한냉지근무수당 등 특수지역에서 근무하는 자에게 일률적으로 지급하는 수당	○	○	
⑤ 승무수당, 항공수당, 항해수당 등 버스, 택시, 화물자동차, 선박, 항공기 등에 승무하여 운행·조정·항해·항공 등의 업무에 종사하는 자에게 근무 일수와 관계없이 일정한 금액을 일률적으로 지급하는 수당	○	○	
⑥ 생산장려수당 등 생산기술과 능률을 향상시킬 목적으로 근무성적에 관계없이 매월 일정한 금액을 일률적으로 지급하는 수당	○	○	
⑦ 기타 제1호 내지 제6호에 준하는 임금 또는 수당	○	○	
3. 실제근로여부에 따라 지급금액이 변동 지급되는 금품과 1임금 산정기간 외 지급되는 금품			
① 근로기준법과 근로자의날제정에관한법률 등에 의하여 지급되는 연장근로수당, 야간근로수당, 휴일근로수당, 연차휴가수당, 월차휴가수당, 생리휴가수당 및 단체협약 또는 취업규칙에 의하여 정하여진 휴일에 근로한 대가로 지급되는 휴일근로수당	○		
② 상여금			
가. 취업규칙 등에 지급조건, 금액, 지급시기가 정해져 있거나 전 근로자에게 관례적으로 지급하는 경우	○		
나. 관례적으로 지급한 사례가 없고, 기업이윤에 따라 일시적·불확정적으로 지급하는 경우			○
③ 근무일에만 일정금액을 지급하는 승무수당, 항공수당, 항해수당, 입갱수당 등	○		
④ 능률에 따라 지급하는 생산장려수당, 장려가급, 능률수당 등	○		
⑤ 월차·연차휴가수당 개념의 개근수당, 근속수당, 정근수당 등	○		
⑥ 일·숙직수당	○		
⑦ 봉사료(팁)	○		
가. 사용자가 일괄관리 배분하는 경우			
나. 고객으로부터 직접 받는 경우			○
4. 근로시간에 관계없이 근로자의 생활보조적, 복리후생적으로 지급되는 금품			
① 통근수당, 사택수당, 월동연료수당, 김장수당으로서			
가. 정기적·일률적으로 전 근로자에게 지급하는 경우	○		
나. 일시적 또는 일부 근로자에게 지급하는 경우			
② 가족수당, 교육수당으로서			
가. 독신자를 포함하여 전 근로자에게 일률적으로 지급하는 경우	○		
나. 가족 수에 따라 가족수당, 본인 또는 자녀교육비 부담 해당자에게만 지급하는 경우			○
③ 급식 및 급식비로서			
가. 단체협약, 취업규칙, 근로계약 등에 규정된 급식비로서 전 근로자에게 일률적으로 지급하는 경우	○		
나. 단순히 후생적으로 지급되는 현물급여			○
④ 별거수당	○		

근로자에게 지급되는 금품의 명칭	평균임금	통상임금	기타금품
5. 임금의 대상에서 제외되는 금품			
① 휴업수당, 퇴직금, 해고예고수당			○
② 단순한 생활보조적·복리후생적으로 보조하거나 혜택을 부여하는 경조비(결혼축의금, 조의금, 재해위로금), 피복비, 의료비, 체력단련비, 일시적으로 지급하는 급식, 통근차 이용, 기숙사, 주택제공			○
③ 임시 또는 돌발적인 사유에 따라 지급되거나 지급조건이 규정되어 있어도 사유발생일이 불확정, 무기한 또는 매우 드물게 나타나는 것(예: 결혼수당, 사상병수당)			○
④ 실비변상적으로 지급되는 출장비, 정보비(활동비), 작업용품대(기구 손실금, 작업복, 작업화 등), 차량 보유자에게 지급되는 차량유지비 등			○
⑤ 손해보험성보험료부담금(운전자보험, 산재보험 등), 건강보험, 국민연금, 재해보상금 등			○

2. 통상임금

1) 의 의

통상임금이라 함은 근로자에게 정기적·일률적으로 소정근로 또는 총 근로에 대하여 지급하기로 정하여진 시간급금액, 일급금액, 주급금액, 월급금액 또는 도급금액을 말한다(시행령§6). 즉, 소정의 근로의 양 또는 질에 대하여 지급하기로 된 임금으로서 실제 근무 일수나 수령액에 구애됨이 없이 정기적·일률적으로 임금 산정기간에 지급하기로 정하여진 고정급 임금을 의미하며, 실제 수령한 임금에 구애됨이 없이 고정적이고 평균적으로 지급되는 일반임금을 의미하는 것이다.

여기서 「일률적」이라 함은 모든 근로자에게 지급되는 것뿐만 아니라 일정한 조건 또는 기준에 달한 모든 근로자에게 지급되는 것을 의미하고, 「정기적」이라 함은 주기적으로 반복되는 특정기일을 말한다.

결국, 통상임금은 소정근로 또는 총 근로의 대상으로 근로자에게 지급되는 금품으로서 정기적·일률적으로 지급되는 고정급을 의미하는 것이므로, 실제의 근무성적에 따라 지급 여부 및 지급액이 달라지는 임금은 통상임금으로 볼 수 없다(대판 2003. 10. 9. 2003다30777).

그러나 근로기준법 시행령에 규정된 통상임금의 정의만으로는 어떠한 임금이 통상임금에 포함되는지에 대하여 명확하지 않으므로, 시행령 규정과 판례를 중심으로 그 판단기준을 설정할 수밖에 없는바, 이를 정리하면 다음과 같다.

- ▸임금요건의 충족
- ▸소정근로의 양 또는 질과의 관련성(소정근로시간의 근로에 직접적 또는 비례적으로 대응되지 않더라도, 소정근로 또는 총근로에 대한 대가성만 있으면 족함[5])
- ▸1임금 산정기간에 지급하기로 정해진 고정성 임금(실제 근무 일수나 수령액에 구애받지 아니함)
- ▸통상임금의 불변성(결근 등의 사유로 인해 임금이 삭감되더라도 변동되지 아니함)

2) 포괄역산임금제에서의 통상임금 여부

매월 정액적으로 시간외근로수당을 지급하는 경우에 이를 통상임금으로 볼 수 있는가의 여부이다. 단지 임금을 보전하기 위한 목적으로 시간외근로여부와 상관없이 명목상으로만 시간외근로수당을 책정한 경우에는 통상임금으로 보아야 하나, 현실적인 시간외근로를 하였음을 전제로 하여 계산의 편의 또는 노무관리상 편의를 위한 목적으로 평균적인 시간외근로시

---

5) 대법원은 「근로자에 대한 임금이 1개월을 초과하는 기간마다 지급되는 것이라도 그것이 일률적·정기적으로 지급되는 것이면 통상임금에 포함될 수 있는 것이고, 소정근로시간의 근로에 직접적으로 또는 비례적으로 대응하여 지급되는 임금이 아니라도 그것이 소정근로 또는 총근로에 대하여 지급되는 임금이 아니라고 할 수 없다」라고 하여 매년 일정시기에 기본급에 대한 일정금액을 지급하는 효도휴가비와 매년 11월에 일정금액의 월동보조비를 통상임금에 포함되는 것으로 보았다(대판 2004. 10. 23. 2003다40859).

간을 산정하여 수당으로 지급하는 경우에는 통상임금으로 볼 수 없다고 보아야 한다. 이에 관하여 대법원은 「현실적으로 시간외근로를 하고 있다는 전제 아래 업무특성상 실제 시간외근로시간을 측정하기 곤란한 사정을 고려하여 근로기준법 제55조의 규정에 의한 수당을 산출하여 정액제 또는 정률제로 지급하기로 한 경우에는 통상임금으로 볼 수 없다」라고 판단하고 있다(대판 2002. 4. 12. 2001다72173).

그리고 근로계약을 체결하면서 상여금을 매월 균등 지급하도록 한 경우에 그 상여금이 통상임금에 해당하는지의 여부이다. 통상임금은 일정한 조건을 갖춘 모든 근로자에게 일률적·정기적으로 지급하는 임금을 말하는 것이므로 상여금 명목으로 매월 정기적으로 지급한 경우라면 통상임금에 해당하는 것으로 해석함이 타당하다고 본다.[6)]

3) 통상임금의 산정

통상임금을 시간급금액으로 산정할 경우에는 다음 각호의 방법에 의하여 산정된 금액으로 한다(시행령§6②).

1. 시간급금액으로 정하여진 임금에 대하여는 그 금액
2. 일급금액으로 정하여진 임금에 대하여는 그 금액을 1일의 소정근로시간 수로 나눈 금액
3. 주급금액으로 정하여진 임금에 대하여는 그 금액을 주의 통상임금 산정기준시간수(법 제20조의 규정에 의한 주의 소정근로시간과 소정근로시간외의 유급 처리되는 시간을 합산한 시간)로 나눈 금액

6) 노동부 유권해석에 의하면, 「상여금을 월 단위로 지급하여 왔더라도 상여금의 결정이 연단위로 정해져 있고 고용계약서상 기본급·제수당과 별도로 상여금분할지급금을 명시한 경우에는 통상임금에 해당하지 않는다」라고 하여 상여금을 연 단위로 결정한 다음 이를 매월 균등분할 지급하는 경우에는 통상임금으로 해석하지 않고 있다(임금68207-162, 2001. 3. 12). 상여금을 연 단위로 결정하였다는 이유로 통상임금으로 보지 않는 것은 합리적인 근거가 없다.

4. 월급금액으로 정하여진 임금에 대하여는 그 금액을 월의 통상임금 산정기준시간수(주의 통상임금 산정 기준시간에 1년간의 평균주수를 곱한 시간을 12로 나눈 시간)로 나눈 금액
5. 일·주·월 외의 일정한 기간으로 정하여진 임금에 대하여는 제2호 내지 제4호에 준하여 산정된 금액
6. 도급금액으로 정하여진 임금에 대하여는 그 임금 산정기간에 있어서 도급제에 의하여 계산된 임금의 총액을 당해 임금 산정기간(임금마감일이 있는 경우에는 임금마감기간을 말한다)의 총근로 시간수로 나눈 금액
7. 근로자가 받는 임금이 제1호 내지 제6호에서 정한 2이상의 임금으로 되어 있는 경우에는 각 부분에 대하여 제1호 내지 제6호에 의하여 각각 산정된 금액을 합산한 금액

이처럼 근로기준법은 시간당 임금을 기준으로 법정제수당을 산정하도록 되어 있으므로 통상임금은 시간급으로 산정하는 것이 원칙이다. 성인근로자 1일 8시간·1주 44시간을 기준으로 하여 이에 대한 구체적인 산정방법을 소개하면 다음과 같다.

일급제의 경우는, 일급금액을 1일의 소정근로시간수[7]로 나눈 금액이 통상시간급이 된다. 여기서 일급금액이라 함은 1일을 단위로 지급하기로 정하여진 통상임금을 말하고, 1일 소정근로시간수는 8시간이 된다(일반근로자 기준).

주급제의 경우는, 주급금액으로 정하여진 임금에 대하여 그 금액을 「주의 소정근로시간수」로 나눈 금액이 통상시간급이다. 주급금액이라 함은 1주를 단위로 하여 지급하기로 정하여진 통상임금을 말하고, 「주의 소정근로시간수」는 근로기준법 제20조의 규정에 의한 주의 법정근로시간과 유급

---

7) 소정근로시간이란 법정근로시간 범위 내에서 근로자와 사용자가 사이에 합의한 시간을 말하는 것이므로, 노사 간의 합의 또는 취업규칙 등에 주당 근로시간을 40시간으로 한 경우에는 주당 소정근로시간은 44시간이 아니고 40시간이 된다.

처리되는 시간을 말한다. 따라서 일반근로자의 「주의 소정근로시간수」는 법정근로시간 44시간과 유급주휴일 8시간을 합하여 총 52시간이 된다.[8)]

월급제의 경우는, 통상임금에 해당하는 월정금액을 「월의 소정근로시간수」로 나눈 금액이 통상시간급이 된다. 그런데 현행 근로기준법은 월의 법정근로시간수를 규정한 것이 없기 때문에 「월의 통상임금 산정기준시간수」를 어떻게 볼 것인가에 대하여 대법원은 1일 8시간 · 주 44시간의 적용을 받는 일반근로자의 경우 「월의 소정근로시간수」를 226시간이라고 판시하고 있다(대판 1998. 4. 24. 97다2842).[9)]

---

8) 주 40시간 · 주5일근무제의 경우에 주당 소정근로시간수를 어떻게 하여야 할 것인가에 대하여는 명문규정을 두지 않고 있다. 이에 대하여는 다음과 같은 해석이 가능할 것이다. 첫째는 현행법상 모두 유급휴일로 하는 경우에 「주의 소정근로시간수」를 56시간으로 보는 견해이다. 이는 법정근로시간 40시간+유급휴일시간 16시간=56시간으로 보아야 한다는 견해이다. 둘째는 모두 모두 유급휴일을 본다 하더라도 토요일의 경우에는 통상 4시간 근무하는 것이 통례이므로 토요일의 유급시간은 4시간으로 보아 주의 법정근로시간 40시간+유급처리시간 12시간=52시간으로 산정해야 한다고 하는 견해이다. 셋째는 1일을 무급휴일로 하는 경우에는 법정근로시간 40시간+유급처리시간 8시간=48시간으로 산정해야 한다고 입장이다. 소정근로시간수를 어떻게 산정할 것인가는 노사당사자에게 아주 민감한 사안이므로 소정근로시간수에 관한 세부적인 규정을 두는 것이 필요하다.

9) 대법원은 「[(주의 소정근로시간수 52시간×52주)+8시간]÷12개월」의 방법에 따라 계산한 226시간을 월 소정근로시간수에 해당한다고 하였다. 주의 소정근로시간 52시간으로 한 것은 법정근로시간수와 유급처리시간 8시간을 포함시킨 것이며, 8시간을 별도로 추가한 것은 1년 365일을 52주로 나누면 1일이 남게 되므로 1일 기준 근로시간 8시간을 추가한 것이다. 1일 8시간 · 주 40시간 · 주 5일근무제를 실시하는 경우에 월 소정근로시간수를 어떻게 산정할 것인가에 대하여 다음과 같은 해석이 가능하다. 첫째는 주 2일 휴무를 모두 유급휴일로 하는 경우에는 「[(주의 소정근로시간 56시간×52주)+8시간]÷12개월=243시간으로 해야 한다고 입장과 토요일은 통상 4시간을 근무하는 것이므로 토요유급휴일인 경우에도 유급처리시간은 4시간으로 한정하여 월 소정근로시간은 226시간으로 해석해야 한다는 입장이 있고, 1일은 무급으로 하고 1일은 유급 처리하는 경우에는 「[(주 소정근로시간 40시간×52주)+8시간]÷12개월=209시간으로 해석하는 견해가 있을 수 있다. 「주 40시간 · 주 5일 근무제」와 관련하여 아직 확립된 판례는 없으나, 소정근로시간은 각종 제수당을 산출하는 중요한 근거가 되므로 이에 대한 입법적 개선이 필요하다.

3. 평균임금

1) 의 의

평균임금이라 함은 이를 산정하여야 할 사유가 발생한 날 이전 3월간에 근로자에게 지급된 임금총액을 그 기간의 총일수로 나눈 금액을 말한다(§19①). 평균임금제도는 근로자가 통상적인 근로를 할 수 없을 때에도 가능한 한 실제 받았던 통상적인 생활임금에 따른 근로자의 생활을 보장하려는 데 제도적 취지가 있다. 따라서 근로자가 정상적인 근로를 하지 않거나 퇴직을 하는 경우 근로자의 정상적인 생활을 보장하기 위하여 지급되는 통상적인 생활임금의 기준액을 평균임금이라고 할 수 있다.

그러나 평균임금이 통상임금보다 저액일 때에는 통상임금을 평균임금으로 하고, 이때의 통상임금은 일급통상임금을 기준으로 한다. 이처럼 평균임금을 통상임금 이상으로 보호하는 이유는 평균임금을 산정하여야 하는 3개월 사이에 결근 등으로 근로일수가 적은 경우, 당해 근로자의 평균임금이 지나치게 낮아지는 것을 막기 위함이다.[10]

2) 평균임금의 산정

(1) 산정방법

평균임금은 「이를 산정하여야 할 사유가 발생한 날 이전 3월간에 근로자에게 지급된 임금총액」을 「그 기간의 총일수로 나눈 금액」을 말하는 것이므로, 평균임금은 「사유발생일 이전 3월간의 임금총액÷사유발생일 이전 3월간의 총일수」의 방법에 의하여 산정한다.

가. 3월간의 임금총액

평균임금의 산정에 있어서 「지급된 임금의 총액」이라 함은 실제로 지급

---

10) 하갑래, 근로기준법, p.488.

된 임금뿐만 아니라, 지급되지 않았다 하더라도 사유발생일에 이미 채권으로 확정된 임금이 있으면 이를 포함하여야 한다. 그러나 평균임금 산정을 위한 임금총액에는 임시로 지불된 임금 및 수당과 통화 외의 것으로 지불된 임금은 이를 산입하지 아니한다(시행령§2②). 「임시로 지불된 임금」이라 함은 임시 또는 돌발적인 사유에 의하여 지급되거나 지급조건은 사전에 규정되어 있어도 지급사유의 발생이 불확실하거나 매우 드물게 발생하는 경우에 지급되는 것을 말하고,[11] 「통화 외의 것으로 지불된 임금」이란 소위 현물급여를 의미한다. 결국, 평균임금의 산정의 기초가 되는 임금총액에는 사용자가 근로의 대상으로 근로자에게 지급하는 금품으로서, 계속적·정기적으로 지급되고 단체협약·취업규칙·근로계약·노동관행 등에 의하여 사용자의 지급의무가 있는 것은 모두 포함된다(대판 2003. 4. 22. 2003다10650).

이처럼 평균임금 산정을 위한 임금총액에는 임시로 지불된 임금과 통화 이외의 것으로 지불된 임금을 제외한 모든 임금이 포함되는 것이나, 평균임금을 산정할 수 없는 특별한 사정이 있는 경우에는 노동부장관이 정하는 바에 의하도록 하고 있다(시행령§4). 여기서 「평균임금을 정할 수 없는 경우」란 기술적으로 불가능할 뿐만 아니라 근로기준법 관계규정에 의하여 평균임금을 산정하는 것이 현저하게 부적당한 경우까지를 포함한다.[12] 평균임금제도는 근로자의 생활임금을 기초로 제 급여를 산정하기 위한 것이므로 특별한 사유로 인하여 통상의 경우보다 현저하게 적거나 많은 경우에는 이를 평균임금의 기초로 삼을 수 없으므로, 근로자의 의도적 행위로 평균임금이 현저하게 높아진 경우에는 그러한 행위가 없었더라면 산정될 수 있었던 평균임금상당액을 평균임금으로 하여야 한다. 그러

---

11) 「임시로 지급된 임금」에 해당하는 대표적인 사례가 해외근무자의 추가임금을 들 수 있다. 해외근무자의 임금총액 중 국내근로자보다 많은 부분은 근로의 대상으로 지급된 것이 아니라 실비변상적이거나 해외근무라는 특수한 조건에 따라 임시로 지급하는 임금으로 보아야 하므로 평균임금에 포함되지 않는다(대판 1990. 11. 9. 다카4683).

12) 하갑래, 근로기준법, p.497; 김형배, 노동법, p.344.

나 근로자의 의도적 행위로 인하여 증액된 임금을 계산하는 것이 어렵기 때문에 그러한 행위가 있었던 기간을 제외한 직전 3월간의 임금총액을 기준으로 평균임금을 산정한다(대판 1995. 2. 28. 94다8613).

임금총액을 산정함에 있어서 문제가 되는 것은 매월 지급되는 것이 아닌 상여금, 정근수당, 연차휴가수당에 대한 임금총액의 산정방법이다.

첫째, 상여금과 정근수당이 미리 지급조건 등이 명시되어 있거나 관례로 매년 정기적으로 지급되어 온 경우에는 사유발생 이전 3개월간에 지급되었는지의 여부와 상관없이 1년에 해당하는 금액에 대한 3월분만 임금총액에 포함하면 될 것이다. 판례도 같은 입장이다.[13)]

둘째, 연차휴가수당에 대한 평균임금 산정방법은 상여금과 마찬가지로 미사용 연차휴가수당의 총액에 대한 3개월분을 임금총액에 포함시키는 견해와 사유발생 이전 1년간의 일부가 평균임금 산정기간인 3월간 내에 포함되지 않는 한 평균임금에 포함시킬 수 없다고 하는 견해가 있다.[14)] 요컨대, 연차휴가는 사유발생 이전 1년간의 근로에 대한 대가로서의 임금이고 당해 연도에 대한 근로의 대가로 평가할 수 없는 것이므로 사유발생 이전 1년간에 발생한 연차휴가가 사유발생 이전 3월간에 걸리지 않는 이상 평균임금에 포함시키지 않는 것이 법리상 타당하다고 본다.[15)]

그리고 임금협약이 임금협약만료일 이후에 체결되면서 구(舊)임금협약

13) 대판 1989. 4. 11. 87다카2901; 대판 1982. 12. 22. 81다472.

14) 노동부 유권해석은 퇴직 당시 사용할 수 있는 미사용 연차휴가수당에 대한 3개월분을 평균임금 산정을 위한 임금총액에 포함시켜야 한다고 입장을 보이고 있고(1993. 9. 23. 임금68027-2056), 대법원은 연차휴가수당은 퇴직하기 전 1년간의 근로의 대상으로 지급되는 것이지 당해 연도의 근로에 대한 대가로 볼 수 없기 때문에 연차휴가를 받게 된 원인이 퇴직하기 전 1년간의 일부가 퇴직한 날 이전 3월간 내에 포함되지 않는 한 연차휴가수당은 퇴직금 산정을 위한 평균임금에 포함시킬 수 없다는 입장으로 보이고 있다(대판 1992. 4. 14. 91다5587; 대판 1991. 12. 21. 90다카24496 등).

15) 그러나 이러한 방식으로 연차수당에 대한 평균임금을 산정한다면, 평균임금 산정을 산정함에 있어서 상당히 복잡·난해하여 적용하는 데 한계가 있다. 따라서 실무적으로는 1년간 미사용연차휴가수당에 대하여 일괄적으로 3개월분을 평균임금에 포함시키고 있다.

만료일까지 소급 적용하기로 하는 경우에 있어서 임금협약 체결 이후에 퇴직한 근로자에게 퇴직금 산정을 위한 임금인상분을 평균임금에 포함할 수 있는가에 대하여는 임금협약에 특별한 정함이 없다면 임금협약의 효력은 체결 당시 재직 근로자에 한하여 그 효력이 있는 것이므로, 이미 퇴직한 근로자에 대하여는 임금인상분을 평균임금에 포함할 수 없을 뿐만 아니라 임금인상분에 대하여는 청구권이 없다고 보아야 한다(대판 1992. 7. 24. 91다34073).

다음으로 회사의 사정에 의한 임금삭감, 대기발령, 징계처분 등으로 종전의 임금수준이 저하된 경우에 저하된 임금을 평균임금 산정을 위한 임금총액으로 보아야 할 것인가가 문제된다.

첫째, 경영악화로 인하여 임금을 삭감하는 것에 동의하는 조건으로 종전 상여금에 대하여는 평균임금에 포함하도록 단체협약을 체결한 경우에 종전 상여금이 평균임금에 포함되는지의 여부이다. 이에 대하여는 평균임금을 기초로 산정하는 제 급여의 성격에 따라 달리 해석해야 할 것이다. 즉, 평균임금의 기초로 산정되는 제 급여가 사용자의 지급의무로 되어 있는 경우에는 당연히 임금총액에 포함하여 평균임금을 계산하는 것이 임금삭감에 따른 근로자의 불이익측면과 임금삭감에 따른 사용자의 보상 정도 사이의 형평성에 부합되는 것이므로 평균임금에 포함해야 할 것이나, 평균임금의 산정기초가 되는 제 급여가 산재보험급여 등과 같이 그 지급의무자가 제3자인 경우에는 근로계약관계가 없는 제3자에게 전가할 수는 없는 것이므로 평균임금에 포함시키는 것은 부당하다고 본다. 이에 대한 명확한 판례는 없으나 대법원은 「산재보험법에 의한 재해보상은 보험사유의 발생시에 근로자가 현실로 지급받았거나 지급받을 것이 확정된 임금의 범위 내에서 보상하여야 하는 것이므로, 단체협약 체결 시 노사 간에 종전보다 상여금을 감축하여 지급하기로 하되, 이로 인한 근로자들의 불이익을 최소화하기 위하여 평균임금 산정 시에는 종전과 같은 상여금을 포함하기로 합의하였더라도, 가공의 상여금에 기하여 산재보험법상 휴업급여의 기초가 되는 평균임금을 산정할 수 없다」라고 판시하여 노사관계의 당사자가 아닌 제3자의 지급의무를 전제로 한 경우에는 삭감된 임금수준을 평균임금으로 산정해야 한다고 해석하고 있다(대판 2003. 6. 27. 2003두2151).

둘째, 대기발령 기간 동안 제수당 등이 지급되지 않음으로써 실질적으로 임금수준이 저하되는 결과를 초래하는데, 저하된 임금수준을 평균임금 산정을 위한 임금총액에 포함할 수 있는가의 여부이다. 임금총액에 포함할 것인가의 여부는 대기발령의 성격에 좌우되는 것으로 보아야 할 것이다. 예컨대, 대기발령이 징계처분의 성격으로 파악하는 경우에는 이에 따른 불이익은 근로자가 부담하여야 할 것이므로 대기발령으로 저하된 임금수준을 평균임금 산정을 위한 임금총액에 포함하여야 할 것이나, 징계처분으로 보지 않는다면 대기발령 전의 임금수준을 임금총액으로 보아야 할 것이다. 그러나 대법원은 대기발령의 성격을 고려하지 않은 채 「통상의 생활임금을 사실대로 반영하는 방법으로 평균임금을 산정하여야 하나, 그 평균임금이 통상의 경우보다 현저하게 적거나 많다고 볼 수 없는 경우에는 원칙에 따라 대기발령기간을 포함하여 퇴직 전 3개월간 지급된 임금을 기준으로 평균임금을 산정하여야 하므로 시간외근무수당을 받아오던 근로자가 대기발령 기간 동안 시간 외 근무수당을 지급받지 못한 상태에서 퇴직한 근로자에 대하여 퇴직금 산정을 위한 평균임금에 대기발령 전의 시간 외 근무수당을 포함시킬 수 없다」라고 판시하였다(대판 2003. 7. 25. 2001다12669).[16] 요컨대, 대기발령 기간 동안 근로자에게 업무를 부여하지 않으면서 기준근로시간에 해당하는 임금만 지급하고 있기 때문에 실질적인 징계처분에 해당하는 것이므로, 대기발령의 정당성 여부에 따라 대기발령기간 동안 저하된 임금을 평균임금으로 포함하여야 할 것인가를 결정해야 할 것이다.

셋째, 근로자가 정당한 징계처분(강등, 강호, 감급 등)을 받아 실질적으로 임금이 저하된 상태에서 평균임금을 산정하기 위한 사유가 발생한

16) 대법원은 대기발령을 징계처분으로 보지 않으면서도 대기발령기간 동안 저하된 임금수준을 평균임금 산정을 위한 임금총액으로 보는 것은 문제가 있다.

경우, 징계처분의 결과 저하된 임금을 임금총액으로 하여야 할 것인가에 대하여 임금저하는 징계처분의 결과에 해당하는 것이므로 당연히 저하된 임금을 기준으로 평균임금을 계산함이 타당하다.[17] 다만, 정당한 징계처분으로 인하여 평균임금이 통상임금보다 저액인 경우에는 높은 통상임금을 평균임금으로 보아 제 급여를 산정해야 한다.

나. 사유발생 이전 3월간의 총일수

평균임금 산정사유발생일 이전 3월간은 사유가 발생한 날의 전일부터 소급하는 역법상의 3월을 말하며, 사유가 발생한 당일은 포함되지 않는다. 취업 후 3월 미만인 경우에는 그 기간만을 대상으로 평균임금을 계산한다.

여기서 「사유가 발생한 날」이라 함은 평균임금 산정을 위한 사유인 퇴직일, 산재가 발생한 날 또는 진단에 의하여 질병이 발생하였다고 확정된 날을 의미하고, 사유발생 이전 3월간의 총일수 계산에 있어서 사유발생일은 근로를 제공하지 않는 것이 통례이므로 사유발생 당일은 포함되지 않는다(대판 1996. 7. 9. 95누5469). 재요양인 경우의 「사유가 발생한 날」은 최초의 재해발생일이 아니고 「진단에 의하여 재요양의 대상이 되는 상병이 발생되었다고 확정된 날」로 보아야 한다(대판 1998. 10. 23. 97누19755).

평균임금을 산정함에 있어서 다음의 기간이 있는 경우에는 그 기간과 그 기간 중 지급된 임금은 평균임금 산정기준이 되는 기간과 임금의 총액에서 제외된다(시행령§2).

- ▸근로기준법 제35조 제5호의 규정에 의한 휴업기간
- ▸근로기준법 제45조의 규정에 의한 사용자의 귀책사유로 인한 휴업기간
- ▸근로기준법 제72조의 규정에 의한 산전·후 휴가기간
- ▸근로기준법 제82조의 규정에 의한 업무수행으로 인한 부상 또는 질

---

17) 그러나 우리나라의 다수설은 징계조치는 그 자체로서 근로자에게 불이익을 주는 데 그쳐야 하고, 과거의 근로의 대가인 퇴직금에 대해서까지 불이익을 줄 수 없다고 하면서 평균임금 산정기간에서 징계처분 기간을 제외하여야 한다고 하는 입장이다(이병태, 노동법, p.664; 김형배, 노동법, p.341).

병의 요양을 위한 휴업기간

▸ 남녀고용평등법 제11조의 규정에 의한 육아휴직기간

▸ 노동조합 및 노동관계조정법 제2조 제6호의 규정에 의한 쟁의행위기간

▸ 병역법·향토예비군설치법 또는 민방위기본법에 의한 의무이행을 위하여 휴직하거나 근로하지 못한 기간(임금을 받은 경우는 제외)

▸ 업무상 부상·질병 기타의 사유로 인하여 사용자의 승인을 얻은 휴업기간

(2) 평균임금 산정의 특례

평균임금은 이를 산정하여야 할 사유의 발생 당시를 기준으로 하여 산정되는 것이 원칙이나, 이와 같은 방법으로 평균임금을 산정하기 곤란하거나 부적당한 경우에는 평균임금 산정의 특례가 인정되고 있다.[18)]

가. 최저보상 및 최고보상제

피재근로자의 최소한의 생활을 보장하기 위하여 해당 근로자의 임금이 너무 낮은 경우에는 노동부장관이 별도로 고시하는 최저보상 기준금액을 피재근로자의 평균임금으로 하고 있다. 산재최저보상제도는 장해급여와 유족급여에 한하여 적용한다. 반면 산재보상제도가 사회보험으로서의 소득재분배의 기능을 도모하고 피재근로자 사이의 위화감 및 도덕적 해이현상을 예방하기 위하여 해당 근로자의 평균임금이 과도하게 높은 경우에는 노동부장관이 고시하는 최고보상기준금액을 평균임금으로 하고 있다. 산재최고보상제는 휴업급여, 장해급여, 유족급여, 상병보상연금에 한하여 적용된다.

산재보상에 있어서 최고보상제 규정이 헌법상 평등의 원칙, 포괄위임금지의 원칙, 재산권 보장원칙에 위반되는가의 여부에 논란이 있을 수 있으나, 헌법재판소는 산재보험의 사회보장적 성격과 보험급부의 목적성을 중시하여 헌법에 위반되지 않는다고 결정하였다(헌재 2004. 11. 25. 2002 헌바52).[19)]

---

18) 이하 근로복지공단, 산재·고용보험실무편람(2006), 2006. 1, p.75 이하.

19) 이에 관한 헌법재판소의 결정요지를 소개하면 다음과 같다.

[산재최저보상 및 최고보상 평균임금기준]

최저보상기준 평균임금		최고보상기준 평균임금	
적용기간	최저보상기준금액	적용기간	최고보상기준금액
2007. 1. 1~2007. 12. 31	46,933원/일	2007. 1. 1~2007. 12. 31	157,220원/일
2005. 9. 1~2006. 12. 31	45,700원/일	2005. 9. 1~2006. 12. 31	155,360원/일
2004. 9. 1~2005. 8. 31	41,869원/일	2004. 9. 1~2005. 8. 31	151,249원/일
2003. 9. 1~2004. 8. 31	37,020원/일	2003. 9. 1~2004. 8. 31	145,800원/일
2002. 9. 1~2003. 8. 31	33,570원/일	2002. 9. 1~2003. 8. 31	133,070원/일
2001. 9. 1~2002. 8. 31	31,000원/일	2001. 9. 1~2002. 8. 31	127,084원/일

A. 재산권의 침해 여부: "당해 사건의 재해근로자는 최고보상제도가 시행된 이후에 업무상 재해를 입었으므로 그가 가지는 산재보험수급권은 최고보상기준금액을 한계로 확정된다. 따라서 재해근로자로서는 이 사건 법률조항에 의하여 비로소 최고보상기준금액을 한계로 한 산재보험수급권을 획득하게 되므로 재산권 침해를 주장할 지위에 있지 않으며, 수급권자의 보험급여를 받을 권리를 대위하여 보험급여의 지급을 구한 청구인 역시 재산권의 침해를 주장할 지위에 있지 않다고 보아야 할 것이므로 이 사건 법률조항은 청구인의 재산권을 침해하지 않는다."

B. 평등권 침해여부: "고임금 근로자를 고용한 경우 사업주가 보다 높은 보험료를 납부한다고 하더라도 이는 한정된 재원으로 보다 많은 재해근로자와 그 유족들에게 적정한 사회보장적 급여를 실시하고 재해근로자 사이에 보험급여의 형평성을 제고하며 소득재분배의 기능을 수행하기 위한 것으로서 최고보상제도를 도입한 입법자의 결정에는 나름대로 합리적인 이유가 있다고 할 것이므로 이 사건 법률조항은 평등원칙에 위반되지 않는다."

C. 포괄위임금지원칙 위반 여부: "이 사건 법률조항은 보험급부를 하는 것을 규율영역으로 삼고 있으므로 위임입법으로서 갖추어야 할 구체성, 명확성의 요구는 완화될 수 있다. 저소득근로자와 고소득근로자 사이에 보험급여의 현격한 차이를 줄임으로써 보험급여수준의 형평성을 제고하고 소득재분배기능을 높이기 위한다는 이 사건 법률조항의 입법목적에 비추어 보아, 최고보상기준금액은 전체근로자의 임금수준, 고임금 근로자의 분포, 임금상승률, 산재보험의 수지현황, 산재보험기금의 상황, 국가의 재정부담능력 등을 기준으로 정하여질 것과 장의비의 경우에는 산업재해보상보험법 제45조 제1항을 그 입법목적과 함께 고려해 볼 때에 종전에 지급한 1인당 장의비의 평균치와 최고보상기준금액 등을 기준으로 정하여질 것임은 쉽사리 예측할 수 있으므로 이 사건 법률조항은 포괄위임금지원칙에 위반되지 않는다."

나. 진폐 등 업무상 질병 이환자에 대한 평균임금 산정의 특례

진폐증 및 업무상 질병 이환자의 경우 직업병의 누적 또는 발견시점에서 결근, 작업능률의 저하 등으로 평균임금이 감소될 우려가 있으므로 평균임금 산정의 특례를 인정하고 있다.

진폐 등 업무상 질병 이환근로자의 평균임금이 매월 노동통계조사보고서상의 임금으로 산정된 평균임금보다 낮은 경우와 소속 사업장이 휴·폐업되거나 퇴직 등으로 평균임금을 산정할 수 없는 경우에 그 특례를 인정하고 있다.

이들에 대한 평균임금은 직업병으로 진단된 날이 속하는 분기의 전전분기의 말일부터 이전 1년간의 매월노동통계조사보고서상의 유사근로자의 월급여총액을 그 기간의 일수로 나누어 산정한다. 여기서 「직업병으로 진단된 날」이라 함은 직업병으로 인한 보험급여액 지급대상이 된다고 확인된 당시의 초진소견서 또는 진단사가 발급된 날을 의미하고, 「유사근로자」의 판단기준은 당해 근로자와 소속 사업장의 업종, 성별, 직종, 규모 등 4요소의 동일성을 갖춘 근로자로 한다.

다. 특수직종 근로자의 평균임금 산정의 특례

1일 단위로 고용되거나 일당형식의 임금지급 등 평균임금을 적용하는 것이 적당하지 아니한 경우의 평균임금은 1개월간의 임금총액을 동기간 동안 실근로일수로 나눈 금액에 노동부장관이 고시한 통상근로계수(73/100)를 곱하여 산정한다. 그리고 평균임금 산정사유발생일 이전 1개월간 당해 사업장에서 받은 임금이 없으나 일당이 미리 정해진 경우에는 일당에 통상근로계수를 곱한 금액을, 임금 또는 일당이 없는 경우에는 동종근로자 일당에 통상근로계수를 곱한 금액을 평균임금으로 한다.

그러나 3월 이상 계속 고용된 경우, 3월간 평균근로일수가 통상근로계수 적용 근로일수 22.3일을 초과한 경우, 근로조건·근로계약형식 등 제반사실을 고려하여 상용근로자와 유사한 경우, 1월 이상 근로한 일용근로자가 이의 신청하면서 제출한 지급받은 임금액에 관한 자료가 명확한 경우에는 통상근로계수를 적용하지 아니한다.

라. 특별한 경우의 평균임금 산정방법

근로기준법 제19조에 의하여 평균임금을 산정할 수 없는 경우에는 노동부장관이 정하는 바에 의하여 평균임금을 정하도록 하고 있다(근로기준법 시행령§4). 이에 따라 2004. 7. 26.「평균임금 산정특례(고시 제2004-22호)」가 고시되었다. 이 고시에 의하면 평균임금을 산정할 수 없는 경우에 평균임금 산정은 다음의 방법에 의한다.

- ▸「평균임금의 계산에서 제외되는 기간이 3월 이상인 경우」에는 근로기준법시행령 제2조제1항의 규정에 의하여 평균임금의 계산에서 제외되는 기간이 3월 이상인 경우에는 제외되는 기간의 최초일을 평균임금의 산정사유가 발생한 날로 보아 평균임금을 산정한다.
- ▸「근로제공의 초일에 평균임금 산정사유가 발생한 경우」에는 그 근로자에게 지급하기로 한 임금의 1일 평균액으로 평균임금을 추산한다. 다만, 산재보험법 제38조 제4항에 의하여 통상근로계수를 적용받는 자는 1일 평균임금에 통상근로계수를 적용하여 평균임금을 산정한다.
- ▸「임금이 근로자 2인 이상 일괄하여 지급되는 경우」에는 근로자의 경력, 생산실적, 실근로일수, 기술·기능, 책임, 배분에 관한 관행 등을 감안하여 근로자 1인당 임금액을 추정하여 그 금액으로 평균임금을 추산한다.
- ▸「임금총액의 일부가 명확하지 아니한 경우」에는 평균임금의 산정기간 중에 지급된 임금의 일부를 확인할 수 없는 기간이 포함된 경우에는 그 기간을 제외한 잔여기간에 지급된 임금의 총액을 잔여기간의 총일수로 나눈 금액을 평균임금으로 본다.
- ▸「임금총액 전부가 명확하지 아니한 경우」에는 다음 각호의 사항을 감안하여 적정하다고 결정한 금액을 당해 근로자의 평균임금으로 본다.
  ① 당해 사업장 소재 지역의 임금수준 및 물가사정에 관한 사항
  ② 당해 근로자에 대한 소득세법령상 기재된 소득자별근로소득원천징수부, 국민연금법·국민건강보험법·고용보험법상 신고된 보수월액·소득월액·월평균임금 등에 관한 사항

③ 당해 사업장 소재 지역의 업종과 규모가 동일하거나 유사한 사업장에서 당해 근로자와 동일한 직종에 종사한 근로자의 임금에 관한 사항

④ 당해 사업장의 근로제공기간 중에 받은 금품에 대하여 본인 또는 그 가족 등이 보유하고 있는 기록(이 경우 사업주가 인정하는 경우에 한한다) 등 증빙서류에 관한 사항

⑤ 노동부장관이 조사 · 발간하는 “임금구조기본통계조사보고서”, “매월노동통계조사보고서” 및 “소규모사업체근로실태조사보고서” 등 노동통계에 관한 사항

(3) 평균임금의 조정

평균임금은 이를 산정하여야 할 사유의 발생 당시를 기준으로 하여 산정되는 것이므로 요양기간이 장기화되거나 연금보험급여인 경우에는 현실과 부합하지 않게 되어 근로자 또는 유족에게 불리한 결과를 초래한다. 이러한 문제점을 해결하기 위하여 근로기준법 시행령 제5조 및 산재보험법 제25조는 동일 사업장의 동종근로자의 통상임금이 5 / 100 이상 변동이 있는 경우에는 그 변동비율에 의하여 인상 또는 인하된 금액을 평균임금으로 조정하도록 하고, 소속 사업 또는 사업장이 폐지된 경우에는 그 근로자의 업무상 부상 또는 질병이 발생한 당시에 그 사업 또는 사업장과 동일한 종류와 규모의 사업 또는 사업장을 기준으로 평균임금을 조정할 수 있도록 하고 있다.

4. 임금범위 축소 또는 임금포기에 관한 합의의 효력

취업규칙, 단체협약, 근로계약서 등에 통상임금과 평균임금의 범위에 대하여 근로기준법에 규정한 것과 다르게 규정한 경우에 그 효력을 인정할

수 있는가의 여부이다. 이에 관하여 대법원은「객관적 성질상 근로기준법 소정의 통상임금에 산입될 수당을 통상임금에서 제외하기로 하는 노사 간의 합의는 근로기준법 제22조 제1항에서 정한 기준에 미달하는 근로조건을 정한 합의로서 무효」라고 해석하고 있다(대판 2003. 10. 23. 2003다40859).

그러나 일부의 수당에 대하여 임금범위에서 제외하기로 노사 간의 합의가 있다 하더라도 그 지급률, 지급일수 등을 법정기준보다 높게 책정함으로써 궁극적으로 근로자에게 불리하지 않는 경우에는 그 합의는 유효하다고 보아야 할 것이다.[20]

Ⅳ. 임금과 관련한 판례분석

1. 임금 여부의 일반적 판단기준

▸계속성 · 정기성의 금품

"임금이라 함은 사용자가 근로의 대가로 근로자에게 지급하는 일체의 금원으로서, 근로자에게 계속적 · 정기적으로 지급되고 그 지급에 관하여 단체협약, 취업규칙, 관행 등에 의하여 사용자에게 지급의무가 지워져 있다면, 그 명칭 여하를 불문하고 모두 포함된다(대판 1999. 9. 3. 98다34393; 대판 2003. 4. 22. 2003다10650)."

▸근로의 대가성

"사용자가 근로자에게 지급하는 금품이 임금에 해당하려면 먼저 그 금

20) 하갑래, 근로기준법, p.476.

품이 근로의 대상으로 지급되는 것이어야 할 것인바, 어떤 금품이 근로의 대상으로 지급된 것이냐를 판단함에 있어서는 그 금품지급의무의 발생이 근로제공과 직접적으로 관련되거나 그것과 밀접하게 관련된 것으로 볼 수 있어야 하고, 이러한 관련 없이 그 지급의무의 발생이 개별근로자의 특수하고 우연한 사정에 의하여 좌우되는 경우에는 그 금품의 지급이 단체협약·취업규칙·근로계약 등이나 사용자의 방침 등에 의하여 이루어진 것이라 하더라도 그러한 금품은 근로의 대상으로 지급된 것으로 볼 수 없다(대판 2004. 5. 14. 2001다76328)."

▸ 지급사유의 확정성

"상여금이 계속적·정기적으로 지급되고 그 지급액이 확정되어 있다면 이는 근로의 대가로 지급되는 임금의 성질을 가지나 그 지급사유의 발생이 불확정하고 일시적으로 지급되는 것은 임금이라고 볼 수 없다(대판 2006. 2. 23. 2005다54029)."

2. 임금성을 인정한 사례

▸ 임금제외규정이 없는 특별상여금·후생적 복지비·연월차휴가수당

"특별상여금이나 후생적 복지비 또는 연월차휴가수당은 근로의 대가인 임금의 성질을 가지는 것으로 당해 사업장의 급여규정에서 특별히 제외하기로 한 바가 없는 이상, 퇴직금의 산정의 기초가 되는 평균임금에 당연히 포함된다(대판 2005. 3. 11. 2003다27429)."

▸ 정기적·일률적으로 지급되는 식대보조비

"출근일에 한하여 제공되거나 구매권으로 지급되는 식대보조비 등을 지급한 경우에도 이는 근로제공과 밀접하게 관련된 것이라 할 것이고, 그것이 정기적·일률적으로 지급되는 한 근로제공과 무관한 단순한 복리후생적이거나 은혜적인 급부라 할 수 없으므로 근로의 대가로서의 임금의 성질을 지닌 것으로 보아야 한다(대판 2001. 5. 15. 2001도1186).”

▸ 근속 1년 단위로 일정액을 가산 지급하는 근속수당

“사용자가 매월 7. 1.을 기준으로 1년 이상 근속한 근로자에게 매 1년 단위로 일정한 금액을 가산하여 지급한 근속수당은 은혜적인 배려에서가 아니라 일정한 근속연수에 이른 근로자에게 실제의 근무성적과 상관없이 매월 일정하게 지급된 것으로서 정기적·일률적으로 지급되는 고정적인 임금이므로 통상임금에 포함된다(대판 2002. 7. 23. 2000다29370).”

▸ 택시기사의 사납금 초과 수입금

“운송회사가 그 소속 운전사들에게 매월 실제 근로일수에 따른 일정액을 지급하는 이외에 그 근로형태의 특수성과 계산의 편의 등을 고려하여 하루의 운송수입금 중 회사에 납입하는 일정액의 사납금을 공제한 잔액을 그 운전사 개인의 수입으로 하여 자유로운 처분에 맡겨 왔다면 위와 같은 운전사 개인의 수입으로 되는 부분 또한, 그 성격으로 보아 근로의 대가인 임금에 해당한다 할 것이므로, 사납금 초과 수입금은 특별한 사정이 없는 한 퇴직금 산정의 기초가 되는 평균임금에 포함된다(대판 2002. 8. 23. 2002다4399).”

▸ 지급 기준과 지급률이 정해진 개인포상금

“포상금 지급은 해마다 그 지급시기는 다르나 매년 한두 차례 시행되는 것이 관례화되어 있음을 알 수 있어 이를 우발적·일시적인 급여라고 할 수 없으며, 회사가 해마다 미리 지급 기준과 지급비율을 정하고 그에 따라 계산된 포상금을 지급하는 것인 이상, 직원들이 그 요건에 맞는 실적을 달성하였다면 회사는 그 실적에 따른 포상금의 지급을 거절할 수 없을 것이므로 이를 은혜적 급부라고 할 수 없다(대판 2003. 2. 11. 2002다388).”

▸퇴직위로금 · 명예퇴직수당

"퇴직위로금이나 명예퇴직수당은 그 직에서 퇴임하는 자에 대하여 그 재직 중 직무집행의 대가로서 지급되는 후불적 임금으로서의 보수의 성질을 아울러 갖고 있다고 할 것이므로 퇴직금과 유사하다 볼 것이고, 따라서 이들은 민사소송법 제579조 제4호 소정의 압류금지채권인 퇴직금 기타 유사한 급여채권에 해당한다(대판 2000. 6. 8. 2000마1439)."

3. 임금성을 부정한 사례

▸경영실적 또는 무쟁의달성여부에 따라 지급 여부나 금액이 달라지는 성과급

"회사가 근로자들에게 지급한 성과금은 경영실적이나 무쟁의 달성 여부에 따라 그 지급 여부나 지급금액이 달라지는 경영성과의 일부 분배로 볼 수 있을 뿐, 근로의 대상으로서의 임금이라 할 수 없으므로, 퇴직금 산정의 기초가 되는 평균임금에 포함되지 않는다(대판 2006. 2. 23. 2005다54029)."

▸개인적인 실적에 따라 결정되는 성과급

"근로자 개인의 실적에 따라 결정되는 성과급은 지급조건과 지급시기가 단체협약 등에 정하여져 있다고 하더라도 지급조건의 충족 여부는 근로자 개인의 실적에 따라 달라지는 것으로서 근로자의 근로제공 자체의 대상이라고 볼 수 없으므로 임금에 해당된다고 할 수 없다(대판 2004. 5. 14. 2001다76328)."

▸구체적인 지급 기준, 지급액, 지급시기 등에 관한 규정이 없는 특별상여금

"특별상여금의 지급 근거가 단지 급여규정에만 있을 뿐 단체협약에는 아무런 규정이 없고 또한 그 급여규정에 의하더라도 특별상여금은 회장이 특히 공로가 있다고 인정하는 직원에 대하여 지급할 수 있다고만 규정되어 있을 뿐, 구체적으로 그 지급 기준, 지급액수, 지급시기 등에 관하여는 아무런 규정이 없어 그 지급이 확정되어 있다고 보기 어려우며, 실제로도 1987년에 처음으로 월 급여액의 30%가 지급되었고, 1988, 1989년에는 지급된 바 없다가, 1990년도에 다시 30%를 지급한 다음, 1991년도에는 2회에 걸쳐 도합 120%, 1992년부터 1994년까지 3년간은 12월에 100%씩 지급되다가 다시 중단되고, 그 지급 명목도 구구하였다면 그 지급 기준과 지급 명목 등에 비추어 특별상여금이 계속적·정기적으로 지급되고 있다거나, 그러한 관례가 성립되었다고 보기는 어려우므로 임금에 속한다고 볼 수 없다(대판 1999. 9. 3, 98다34393)."

▶ 새마을금고 이사장의 퇴직금

"주식회사의 업무집행권을 가진 이사 등 임원은 회사로부터 일정한 사무처리의 위임을 받고 있는 것이므로(상법 제382조제2항) 사용자의 지휘감독 아래 일정한 근로를 제공하고 소정의 임금을 지급받는 고용관계에 있는 것이 아니며, 따라서 일정한 보수를 받는 경우에도 이를 근로기준법 소정의 임금이라 할 수 없고, 회사의 규정에 의하여 이사 등 임원에게 퇴직금을 지급하는 경우에도 그 퇴직금은 근로기준법 소정의 퇴직금이 아니라 재직 중의 직무집행에 대한 대가로 지급되는 보수의 일종이며, 한편 새마을금고법 제24조는 주식회사와 이사의 관계에 대하여 위임에 관한 규정을 준용하도록 한 위 상법 제382조 제2항의 규정을 새마을금고의 임원에 다시 준용하도록 규정하고 있으므로 새마을금고의 이사장의 퇴직금 역시 근로기준법상의 임금에 해당하지 않는다(대판 2001. 2. 23. 2000다61312)."

▶ 실비변상 또는 은혜적인 급부

"특수한 근무조건이나 환경에서 직무를 수행함으로 말미암아 추가로 소요되는 비용을 변상하기 위하여 지급되는 실비변상적 금원 또는 사용자가 지급의무 없이 은혜적으로 지급하는 금원 등은 평균임금 산정의 기초가 되는 임금총액에 포함되지 아니한다(대판 2003. 4. 22. 2003다10650)."

"판공비, 정보비, 차량유지비, 가계보조비 등은 공무원에게 지급되는 보수라기보다는 기관운영 또는 실제 직무를 수행함에 있어서 소용되는 경비를 보전해 주는 실비변상적 급여라고 할 것이므로 이를 일실이익의 산정에 포함시킬 수 없다(대판 1996. 4. 23. 84다446).”

“근로자가 특수한 근로조건이나 환경에서 직무를 수행하게 됨으로 말미암아 추가로 소요되는 비용을 변상하기 위하여 지급되는 이른바 실비변상적 급여는 근로의 대상으로 지급되는 것으로 볼 수 없기 때문에 장래수입상실 손해액 산정의 기초가 되는 임금에 포함될 수 없다고 할 것인바, 차량유지비의 경우 그것이 전 직원에 대하여 또는 일정한 직급을 기준으로 일률적으로 지급되었다면 근로의 대상으로 지급된 것으로 볼 수 있다고 할 것이나 차량 보유를 조건으로 지급되었거나 직원들 개인 소유의 차량을 업무용으로 사용하는 데 필요한 비용을 보조하기 위해 지급된 것이라면 실비변상적인 것으로서 근로의 대상으로 지급된 것으로 볼 수 없다(대판 1997. 10. 24. 96다33037,33044).”

▸ **부양가족이 있는 자에게 지급하는 가족수당**

“부양가족이 있는 경우에 4인을 초과하지 않는 범위 내에서 부양가족 1인당 금 1만 원을 지급하는 가족수당은 근로의 양이나 질에 무관한 요인에 따라 근로자의 일부에 대하여 지급하는 것으로서 통상임금의 범위에 포함시킬 수 없다(대판 2003. 10. 9. 2003다30777).”

4. 판례의 경향

대법원은 일관하여 근로기준법상 임금에 해당하기 위한 요건으로서 「① 근로의 대가성, ②사용자의 지급의무가 있을 것, ③계속적 · 정기적으로 지급되고 지급사유가 확정될 것」 등을 예시하고 있다. 그리고 임금요건으로서 가장 중요한 「근로의 대가성」은 근로제공과 직접적으로 관련되거나 밀접하게 관련되어 있을 것을 요건으로 하고 있다.

위의 임금판단기준에 따라 비록 복리후생 또는 실비변상이라는 명칭을 사용하였더라도, 실질적으로 사용자의 지급의무가 있고 근로의 대가성의 성격을 가지고 있는 택시기사의 사납금초과 수입금, 개인포상금, 근속수당, 식대, 가족수당 등을 임금으로 판단하고 있는 반면, 취업규칙 등에 사용자의 지급의무조항이 없고 경영실적 · 개인적인 능률에 따라 간헐적으로 지급하는 특별상여금, 성과금, 차량유지비, 가계보조비 등은 임금으로 해석하지 않는 경향을 보이고 있다.

V. 평 가

근로기준법상의 통상임금과 평균임금은 제 급여를 산정하는 데 기준이 되고 있는 것이므로 산재보상의 기초이론으로서 매우 중요한 의미를 지니고 있다. 특히 평균임금은 산재보상의 기준과 손해배상산정기초로서의 월수입액을 결정하는 중요한 기준이 되는 것이므로 그 중요성을 간과할 수 없다.

그러나 현행 근로기준법상의 통상임금과 평균임금의 개념과 구별기준 및 그 범위에 관하여 명확한 규정을 두지 않아 혼란을 가중시키고 있음은 물론 유권해석과 대법원의 해석도 상당한 차이를 보이고 있어 실무상 문제점을 드러내고 있는바, 이에 대한 문제점과 개선방안을 제시하고자 한다.

첫째, 통상임금의 범위에 관한 문제이다. 유권해석은 차량유지비, 식대, 가족수당 등은 복리후생적 수당으로 해석하여 통상임금에서 제외시키고 있으나, 대법원은 1996년 이후 복리후생적 급여 내지 고정적 상여금이라도 그 지급이 취업규칙이나 단체협약에 명시되어 있고 일률적으로 지급되는 것으로 볼 수 있는 경우에는 통상임금에 포함되는 것으로 해석하고 있다. 이에 따라 기업에서는 통상임금의 증가를 회피하기 위하여 각종 수당이 신설되고 고정적인 상여금 비중이 기형적으로 증가시켜 임금체계가 매우 복잡하게 되었고, 통상임금이 소정근로시간에 대한 임율(賃率)을 결정하는 기준으로서의 정상적인 역할을 수행하지 못하고 있다. 이에 대한 개선안으로서 변동적으로 지급되는 것을 제외하고 고정적으로 지급되는 모든 급여를 통상임금에 포함시키도록 하는 입법개정이 이루어져야 할 것으로 보인다.[21)]

둘째, 평균임금은 산재보상 및 손해배상액을 결정하는 중요한 기준이 됨에도 현행 근로기준법은 사유발생일 이전 3월간의 임금총액을 사유발생 이전 3월간의 역일수로 나눈 값을 평균임금으로 하고 있어 노사당사자가 이를 악 이용하는 사례가 있을 뿐만 아니라 평상시의 임금수준으로 제 급여를 산정하고자 하는 평균임금의 본래의 취지를 퇴색시킬 우려가 있다. 즉, 현행법처럼 평균임금의 산정기간을 3개월의 단기로 하고 있는 관계로 사용자는 퇴직금 등을 절약하기 위하여 징계처분을 한 후 퇴직 처리하거나 의원 면직하는 사례가 발생할 수 있고, 근로자는 보다 높은 퇴직금을 받기 위해서 의도적 또는 의도적이 아니더라도 평균임금이 가장 높게 되는 시점에서 퇴직하는 경우가 있을 수 있으므로 평균임금 본래의 취지에 부합되지 않는 문제점을 노출하고 있다. 이에 대한 개선방안으로서 평균임금의 산정기간을 현행 3개월에서 1년으로 연장하는 입법개정이 이루어져야 할 것으로 보인다. 평균임금 산정 기간을 1년 단위로 하면 평균임금의 증감에 따른 노사당사자의 부작용을 어느 정도 예방할 수 있고, 근로자의 평상시의 임금수준에 가까운 평균임금으로 산정할 수 있을 것이다.[22)]

---

21) 김형배, 노동법, p.348; 이철수 교수는 통상임금제도는 판단자의 주관이 게재될 요소가 많기 때문에 법적 안정성을 저해하고 실무상의 혼선을 초래하고 있으므로, 법정 제수당을 제외한 일체의 임금에 포함시키는 이른바 「표준임금제도」의 도입을 제안하고 있다(이철수, 「현행 임금제도의 비판적 검토」, p.152 이하).

22) 동지 이철수, 「현행 임금제도의 비판적 검토」, p.155.

제 2 편 산업재해의 유형과 요건

산재보험법 시행규칙 第32조 및 第33조에서는 업무상 재해를「업무상 사고」와「업무상 질병」으로 구분하여「업무상 사고」에 대해서는「업무수행성」과「업무기인성」을 업무상 재해 요건으로 하고,「업무상 질병」에 대해서는「업무기인성」의 범위에 해당하는 경우에 업무상 재해 요건으로 하고 있다. 따라서 산재보험법에 의한 업무상 재해는 다음과 같이 구분할 수 있다.

[업무상 재해의 유형 및 근거 규정]

<table>
<tr><th>구 분</th><th>종 류</th><th>근거 규정 및 세부인정기준</th><th>일반인정
기 준</th></tr>
<tr><td rowspan="6">업무상 사고
(사고성 재해)</td><td>작업시간 중 사고</td><td>산재보험법시행규칙 제34조</td><td rowspan="6">산재보험법시행
규칙 제32조</td></tr>
<tr><td>작업시간 외 사고</td><td>산재보험법시행규칙 제35조</td></tr>
<tr><td>휴게시간 중 사고</td><td>산재보험법시행규칙 제35조의 2</td></tr>
<tr><td>출장 중 사고</td><td>산재보험법시행규칙 제36조</td></tr>
<tr><td>행사 중 사고</td><td>산재보험법시행규칙 제37조</td></tr>
<tr><td>기타 사고</td><td>산재보험법시행규칙 제38조</td></tr>
<tr><td rowspan="3">업무상 질병</td><td>직업성 질병
(직업병)</td><td>산재보험법시행규칙 제33조 제1항
근로기준법시행령 제40조 제1항</td><td rowspan="3">산재보험법시행
규칙 제33조</td></tr>
<tr><td>과로성 질병
(과로성 재해)</td><td>산재보험법 시행규칙 제39조 제1항</td></tr>
<tr><td>사고성 질병</td><td>산재보험법 시행규칙 제33조 제2항</td></tr>
</table>

근로자의 재해가 산재보험법상 업무상 재해에 해당하는가의 여부에 따라 사회법상 산재보상 여부가 결정될 뿐만 아니라 사용자의 귀책사유 여부와도 밀접하게 관련되어 있으므로 손해배상책임요건에도 상당한 영향을 미치게 된다. 따라서 산재보험법상의 산업재해의 재해 유형에 따른「업무상 인정기준」에 관하여는 보다 세밀한 관심이 필요하다.

제2편에서는 편의상 사고성 재해, 과로성 재해, 직업병 등 총 3장으로 구분하여 각종 재해 유형과 업무상 재해 판단기준을 기술한다.

제1장 사고성 재해

Ⅰ. 개 설

업무상 사고(이하 "사고성 재해")라 함은 「사업주의 지배·관리하에서 업무를 수행하던 중 업무와 관련하여 사고가 발생하거나 사업주가 관리하에 있는 시설물의 결함 또는 관리상의 하자로 인한 사고」를 말한다. 산재보험법 시행규칙에서는 사고성 재해에 대하여 「업무상 재해의 기본원칙」과 업무상 사고의 유형별로 구체적으로 업무상 재해인정기준을 규정하고 있다.

업무상 사고는 업무와 직접적으로 관련되거나 사업주의 지배·관리하에서 발생한 사고이기 때문에 업무와 재해 사이의 인과관계 성립을 인정하는 데 큰 어려움은 없다.

Ⅱ. 일반적인 업무상 재해인정기준

업무상 사고가 다음 각호의 요건에 해당되는 경우에는 업무상 재해로 인정하고 있다(시행규칙§32).

1. 근로자가 근로계약에 의한 업무를 사업주의 지배·관리하에 수행하는 상태에서 사고가 발생하거나 사업주가 관리하고 있는 시설물의 결함 또는 관리상의 하자로 인하여 사고가 발생하여 사상하였을 것
2. 사고와 근로자의 사상 간에 상당인과관계가 있을 것
3. 근로자의 고의·자해행위나 범죄행위 또는 그것이 원인이 되어 발생한 사상이 아닐 것. 다만, 업무상 스트레스로 인하여 정신과 치료를 받은 자 또는 업무상 재해로 요양 중인 자가 정신장애로 인하여 정상적인 인식능력이나 행위선택능력 또는 정신적 억제력이 현저히 저하된 상태에서 자살행위로 인하여 사상하였다는 의학적 소견이 있는 경우에는 업무상 재해로 인정한다.

Ⅲ. 유형별에 의한 업무상 재해인정기준

1. 작업시간 중 사고

1) 업무상 재해인정기준

작업시간 중 발생한 사고는 사업주의 지배·관리하에 수행하는 업무성이 강하거나 관리하에 있는 시설물의 결함에 의한 경우가 대부분이므로 사고와 업무와의 인과관계의 성립을 인정하는 데 큰 어려움이 없다. 따라서 근로자가 작업장 내에서 작업시간 중에 ①작업, ②용변 등 생리적 필요행위, ③작업준비 또는 마무리행위 등 작업에 수반되는 필요적 부수행위 등을 하고 있던 중에 발생한 사고로 인하여 사상한 경우에는 업무와 재해 사이에 상당인과관계를 인정할 수 없는 명백한 사유가 없는 한 업무

상 재해로 보고 있다(시행규칙§34①).

여기서 「작업장」이라 함은 생산시설뿐만 아니라 구내도로, 구내식당 내, 구내식당으로 가던 도중, 구내식당에서 근무처로 가는 도중, 기숙사 또는 기업 내 숙소 등 부대시설도 사업주의 지휘·명령의 범위가 미치는 곳이면 작업장 내로 본다. 다만, 사업주가 전세 또는 월세 형식으로 시설물을 대여해 주고 이에 대한 관리권이 근로자 개인에게 전속되어 있는 경우에는 작업 내로 볼 수 없다.[1)]

작업장 내에서의 근무시간 중 사고는 원칙적으로 업무와의 상당인과관계가 추정되는 것이므로 그 사고발생이 근로자의 업무이탈, 자해 또는 순수한 사적 행위로 인하여 발생하였다고 볼 수 있는 증거가 없는 한 업무상 재해로 인정된다.[2)] 또한 비록 작업장 내의 사고가 사적 행위, 자의적 행위 등 업무외적 원인에 의하여 발생한 경우라도 업무외적 원인과 작업장 시설의 하자 등의 원인이 병합하는 경우에는 업무상 재해로 인정될 수 있을 것이다. 그 밖에 근로자가 사업장 내에서 천재지변 또는 화재 등의 돌발적인 사고가 발생하여 사회통념상 예견할 수 있는 구조행위 또는 긴급피난행위를 하고 있을 때 발생한 사고로 인하여 사상한 경우에도 업무상 재해로 인정된다(시행규칙§34②).

2) 판례의 분석

(1) 업무상 재해를 인정한 사례

▶경미한 사적 행위가 있는 경우라도 업무수행 중 발생한 재해

택시운전자인 근로자가 장거리 승객수송을 위한 업무수행 중에 승객의 양해를 얻어 경미한 사적 행위를 하였더라도 전체적으로 업무수행 중에

---

1) 하갑래, 근로기준법, p.893.
2) 김형배, 노동법, p.455.

발생한 사고로 인한 사망은 업무상 재해에 해당한다(대판 1991. 11. 8. 91누3314).

▸ 상사의 지시에 의한 자신의 업무와 직접 관련이 없는 작업을 수행하던 중 발생한 재해

현장에서 사업주를 대신하여 직접적으로 지휘·감독하던 작업반장의 지시 내지 요청에 따라 자신의 업무와 무관한 원목 절단작업을 하다가 부상을 당한 경우라도, 작업반장의 지시를 쉽사리 거절할 처지에 있지 못한 점과 통상 건설현장 내에서 건축자재인 원목을 절단하는 작업은 그 성격상 업무 범위 내에 속하는 점 등에 비추어 작업반장의 지시에 따른 원목 절단작업을 하다가 입은 부상은 업무상 재해에 해당한다(서울고판 1999. 7. 14. 98구28622).

▸ 교통사고가 근로자의 음주에 의해 발생하였다고 볼만한 증거가 없는 경우

농산물을 차량으로 운반하는 행위는 망인의 본래 업무로서 비록 술이 깬 후 출발하라는 상사의 구두 지시에 위배하여 무단 운행했더라도, 음주운전이라 하여 바로 업무수행행위가 부정되는 것이 아닌 데다가 교통사고는 망인의 업무수행을 위한 운전과정에서 통상 수반되는 위험의 범위 내에 있는 점 등에 비추어 보면, 교통사고가 통상적인 운전업무의 위험성과는 별개로 오로지 망인의 음주운전이 원인이 되어 발생한 것이라고 볼만한 뚜렷한 자료가 없는 이상 망인의 사망은 업무수행 중 그에 기인하여 발생한 것으로 보아야 한다(대판 2001. 7. 27. 2000두5562).

(2) 업무상 재해를 부정한 사례

▸ 상사의 문상을 가다가 발생한 교통사고

직장의 상사나 애경사를 담당하는 직원의 요청으로 근무시간 중에 직장

상사의 문상을 갔다 하더라도, 이는 사람이 사회생활을 하면서 원만한 인간관계를 유지하고 서로 부조하기 위한 사적 · 의례적 행위이지, 이를 업무 또는 업무에 준하는 행위라고 할 수 없어 위 문상을 가다가 교통사고로 사망한 경우 업무상 재해로 할 수 없다(대판 1993. 10. 12. 93누14806).

▸사인인 분명하지 않은 사망

업무상 사망으로 인정되기 위해서는 당해 사망이 업무수행 중의 사망이어야 함은 물론이고 업무에 기인하여 발생한 것으로서 업무와 재해 사이에 상당인과관계가 있어야 하고, 이 경우 근로자의 업무와 재해 간의 인과관계에 관하여는 이를 주장하는 측에서 입증하여야 할 것이므로 근로자의 사망이 비록 업무수행 중에 일어났으나 그 사인이 분명하지 않은 경우에 이를 업무에 기인한 사망이 추정된다고 할 수 없다(대판 1990. 10. 23. 88누5037).

(3) 판례의 경향

법원은 일반적으로 작업장 내에서 작업시간 중 업무를 수행하다가 재해가 발생한 경우에 비록 사적인 용무가 게재되어 있다 하더라도 사적인 용무가 재해의 발생에 중대한 원인이 되지 않는 경우에는 업무상 재해로 판단하고 있다. 또한 업무수행의 범위를 피재근로자 본인의 본래의 업무에 국한하지 않고 상사의 지시를 거부할 수 없는 사업의 성격과 특성과 관련한 다른 업무까지 해석하고 있다. 그러나 피재근로자의 업무로 볼 수 없는 애경사 등에 참가하던 중 발생한 재해에 대하여는 업무상 재해로 인정하지 않고 있으며, 근무시간 중에 발생한 재해라도 사인이 분명하지 아니한 사망에 대하여는 업무상 재해로 판단하지 않고 있다.

2. 작업시간 외 사고

1) 업무상 재해인정기준

근로자가 작업장 내에서 작업시간 외의 시간을 이용하여 작업, 용변 등 생리적인 필요행위, 작업준비·마무리행위 등 작업에 수반되는 부수적 행위를 하고 있을 때 발생한 사고에 대하여는 「작업시간 중 사고」에 준하여 업무상 재해로 인정된다(시행규칙§35①).

사업주가 관리하고 있는 시설의 결함 또는 사업주의 시설관리소홀로 인하여 재해가 발생한 때에는 그 재해가 작업시간 외의 시간 중에 발생한 때에는 당해 근로자의 자해행위 또는 사업주의 구체적인 지시사항을 위반한 행위로 인하여 사상한 경우가 아닌 한 이를 업무상 재해로 본다. 다만, 사업주가 제공한 시설의 관리 또는 사용권이 근로자의 전속적 권한에 속하는 시설을 이용하고 있을 때 발생한 사고로 인하여 사상한 경우에는 업무상 재해로 인정되지 않는다(시행규칙§35②).

그리고 휴식시간을 이용하여 사적 행위 또는 작업시간 외 사업장의 시설을 자유롭게 이용하고 있거나 작업장 내에서 출퇴근 중에 잠시 머무르고 있는 중에 태풍, 홍수, 지진, 눈사태 등의 천재지변이나 돌발적인 사고가 발생하여 사상한 경우라도 그러한 행위를 하는 것이 사회통념상 기대할 수 있다고 인정되는 때에는, 업무와 재해 간의 상당인과관계를 인정할 수 없는 명백한 사유가 없는 한 업무상 재해로 본다(시행규칙§35③).

2) 판례의 분석

(1) 업무상 재해 판단기준

사업주가 관리하고 있는 시설의 결함 또는 사업주의 시설관리소홀로 인하여 재해가 발생하거나 그와 같은 시설의 결함이나 관리소홀이 다른 사유와 경합하여 재해가 발생한 때에는 피재근로자의 자해행위 등으로 인한 경우를 제외하고는 이를 업무상 재해로 보아야 할 것이다(대판 1999. 1. 28. 98두10103).

(2) 업무상 재해를 인정한 사례

▸사업주의 타워크레인 관리상의 하자로 인한 기존질환이 있는 근로자가 추락사한 재해

측두엽성 간질을 앓고 있는 근로자가 타워크레인에 올라갔다가 추락하여 사망한 것은 근로자의 업무상 과로 또는 스트레스에 의한 간질증상의 발현과 타워크레인의 관리상의 하자가 경합하여 사고의 원인이 되었다는 이유로 업무상 재해에 해당한다(대판 1999. 1. 28. 98두10103).

▸아파트경비원이 아파트 구내 보도블록 빙판에서 넘어져 발생한 부상

아파트단지 내의 보도블록은 당해 아파트관리사무소가 관리하는 시설물이라고 할 것이고, 혹한기에 결빙되어 빙판이 되어 있는 보도블록에 모래를 뿌리거나 빙판을 제거하는 작업을 하지 않은 것은 위 시설물의 관리를 소홀히 한 것이라고 할 것이므로, 비록 근로자가 직업시간 외에 사고를 당하였더라도 위 사고로 입은 상해는 업무상 재해에 해당한다(서울고판 1996. 11. 19. 96구24264).

▸공사 현장에 작업도구를 옮겨 놓던 중 발생한 재해

건물신축공사 중 미장공사를 하도급 받은 자의 피용인이 하도급계약 개시일 전날 밤에 그 다음 날부터의 작업을 준비하기 위하여 작업도구를 공사 현장에 옮겨 놓던 중 발생한 재해는 업무수행에 수반되는 업무준비 행위로서 업무상 재해에 해당한다(대판 1996. 10. 11. 96누9034).

▸사장이 일으킨 교통사고 뒤처리를 위해 가다가 발생한 교통사고

직원들이 사장이 일으킨 회사 소속 차량의 사고 뒤처리를 위해 회사 소유의 차량을 타고 사고 관할 경찰서로 가는 행위는 업무의 수행 내지는 그 연장이고 이와 같이 가다가 교통사고를 당했다면 설령 그 시간이 통상의 근로무시간이 아니었다 하더라도 이는 업무수행 중의 사고로서 업무상 재해에 해당한다(대판 1993. 11. 9. 92다25851).

▸운전면허정지처분을 받은 후 교통안전교육을 받던 중 발생한 뇌간마비

교통체중으로 인하여 사납금을 채우기 위하여 무리한 운행을 하다가 벌점 초과로 운전면허정지처분을 받고 쉬는 동안에 교통안전교육을 받던 중 뇌지막하출혈로 인한 뇌간마비로 사망한 것은 업무상 재해에 해당한다(대판 1995. 3. 14. 94누7935).

(2) 업무상 재해를 부정한 사례

▸건설현장에서 술을 마신 상태에서 흙더미를 넘던 중 발생한 재해

건설현장은 그 특성상 위험 및 장애가 곳곳에 산재하게 마련이므로 근로자로서는 항상 자신의 안전을 최우선적으로 생각하며 생활해야 하는 점 등을 종합하여 볼 때, 이 사건 사고는 오후 간식시간에 남들보다 늦게까지 남아 술을 마시고 몸을 제대로 가누지 못할 정도로 만취된 상태에서 우수관로 공사구간의 식당 쪽 흙더미를 넘던 중 우수관로의 바닥으로 떨어진 것으로서 공사 현장에서 예견할 수 없는 근로자의 비상적인 행위로 인하여 야기된 것이라 할 것이어서 원심이 원고의 부상을 업무상 재해로 인정한 것은 업무상 재해의 법리를 오해한 것이다(대판 2003. 3. 25. 2002두12311).

▸술에 취한 상태에서 작업장에 들어가 작업하다가 추락사한 재해

사업주의 지시나 승낙도 없이 업무시간 중에 본래의 업무를 하지 않고 근로자들의 휴식장소로 사용하기 위하여 작업장 내의 2층 다락에 사다리와 휴식용 간이침대를 제작하다가 발각되어 그 작업을 중지당하자 퇴근 후 술에 취한 상태에서 작업장에 들어가 그 작업을 계속하다가 다락에서 추락하여 사망하였다면 업무상 재해에 해당하지 않는다(대판 1994. 8. 23. 94누3841).

(3) 판례의 경향

법원은 산재보험법 시행규칙에 정한 「업무상 재해인정기준」에서와 마찬가지로 근무시간 중이 아니라도 작업에 수반되는 부수적 행위를 하고 있을 때 발생한 사고에 대하여는 사적인 이유에 의하여 재해가 발생하였다고 하는 특별한 사정이 존재하지 않는 한 사용자의 지배·관리하에 있는 업무상 재해로 판단하고 있다. 또한 사용자가 관리하고 있는 시설물의 하자 또는 시설물 관리소홀에 의한 재해에 대하여도 사용자의 지배·관리하에서 발생한 업무상 재해로 판단하고 있다.

그러나 사용자의 승낙 또는 명시적 의사에 반하거나 단순한 사적인 이유로 작업시간 외에 통상적으로 예견할 수 없는 상황에서 발생한 재해에 대하여는 사용자의 지배·관리성이 없는 것으로 보아 업무 외의 재해로 판단하고 있다.

3. 휴게시간 중의 사고

1) 업무상 재해인정기준

근로자가 취업규칙을 위반하거나 고의·자해 및 범죄행위 또는 그것이 원인이 되어 사상한 것이 아니고, 사업주가 근로자에게 제공한 휴게시간 중에 사업장 내에서 사회통념상 휴게시간 중에 할 수 있다고 인정되는 행위로 인하여 발생한 사고로 사상한 경우에는 업무상 재해에 해당한다(시행규칙§35의 2).

원칙적으로 휴게시간은 사용자의 지배·관리하에 있다고 볼 수 없으므로 휴게시간 중에 발생한 사고는 업무상 재해로 인정될 수 없다. 그러나 휴게시간 중이라고 근로자의 업무준비·정리행위, 사회통념상 인정되는 생리적 행위·합리적 필요적 행위, 사업주의 지배·관리하에 있다고 볼 수 있는 행위, 사업장 시설물의 하자 등의 사유가 있는 경우에는 업무상 재해로 인정된다.

2) 판례의 분석

판례는 휴게시간 중 발생한 재해가 업무상 재해에 해당하는가의 여부에 대하여, 작업시간 외의 작업장 내의 업무상 재해 판단기준과 마찬가지로 휴게시간 중 사회통념상 허용될 수 있는 업무의 준비·정리행위, 합리적·필요적 행위 등을 하다가 발생한 재해와 회사의 시설물의 하자 또는 관리상의 하자로 인한 재해에 대하여는 사용자의 지배·관리성이 인정되어 업무상 재해로 판단하고 있다.

그러나 취업규칙, 단체협약 등에 사업주의 지배·관리 가능성이 없는 순수한 사적 행위에 의한 재해는 사용자의 지배·관리성이 없는 것으로 보아 업무상 재해로 인정하지 않고 있다.

[관련판례요지]

▶ **업무상 재해의 판단기준**

근로자가 휴게시간 중에 사업장 내 시설을 이용하여 어떠한 행위를 하다가 부상을 입은 경우에 그 부상이 업무상 재해로 인정되기 위해서는 그 행위가 당해 근로자의 본래의 업무행위 또는 그 업무의 준비행위 내지 정리행위, 사회통념상 그에 수반되는 것으로 인정되는 생리적 행위 또는 합리적·필요적 행위이거나, 사업주의 지시나 주최에 의하여 이루어지는 행사 또는 취업규칙, 단체협약 기타 관행에 의하여 개최되는 행사에 참가하는 행위라는 등 그 행위과정이 사업주의 지배·관리하에 있다고 볼 수 있는 경우, 또는 그 이용하는 시설의 하자로 인하여 당해 부상을 입은 경우여야 한다(대판 1996. 8. 23. 95누14633; 대판 2000. 4. 25. 2000다2023).

▸ **회사의 시설물을 이용하던 중 발생한 사고의 업무상 재해인정**
망인이 10분간의 휴게시간을 이용하여 소외회사 정문 옆 구내매점에 간식을 사러 가다가 사고를 당하였고 그 장소가 소외회사의 사업장 시설인 제품하치장인바, 망인이 10분간의 휴게시간 동안에 근로자를 위한 복리후생시설인 구내매점을 이용하여 간식을 사먹는 행위는 근로자의 본래 업무행위에 수반된 생리적, 합리적 행위라고 할 수 있으므로 이 사건은 업무상 재해에 해당한다(대판 2000. 4. 25. 2000다 2023).

▸ **친선축구경기 도중 발생한 사고의 업무상 재해 불인정**
점심시간 중에 사업장 내 축구장에서 노동조합 대의원들끼리 친선 축구경기를 하다가 부상을 입은 경우는 사업주의 지배 · 관리하에 있다고 볼 수 없으므로 업무상 재해에 해당되지 않는다(대판 1996. 8. 23. 95누14633).

4. 출퇴근 도중의 사고

1) 개설

오늘날 출퇴근길의 원거리화 및 교통사고의 증가로 인하여 통근도상의 사회적 위험이 증대됨에 따라 근로자들이 출퇴근 시에 재해를 당하는 경우가 많다. 직장생활에 있어서 출 · 퇴근은 업무를 위한 불가결한 행위이므로 근로자들은 항상 이러한 사고의 위험에 직면해 있고, 그 위험은 근로자들이 안전주의를 하여도 피할 수 없는 경우가 많다. 이와 같이 근로자들이 출퇴근 도중 사고를 당한 경우에 산재보험법상 사회보장 차원에서 어떠한 보호를 행할 것인가가 문제된다.

근로자의 출퇴근 행위는 업무수행을 위한 준비행위 및 마무리행위로서 가정에서의 사적 행위와 회사에서의 업무수행 간에 가교적(架僑的) 사실행위로 평가할 수 있을 뿐만 아니라 업무행위와 밀접불가분의 연관성을 가진 「준업무행위」로 평가할 수 있는 것이므로 보호의 필요성이 있다.[3] 이러한 관점의 견지에서 우선 이와 관련한 입법례와 출퇴근 재해 보호의

3) 졸고, 「산업재해의 구제법리에 관한 연구」, p.179; 박승두, 사회보장법, p.457.

이론적 근거를 살펴본 후 법원의 판례내용을 소개한 다음 이에 대한 평가를 하고자 한다.

2) 입법례

(1) 국제노동기구(ILO)

국제노동기구(ILO)는 1964년 제121호「업무상 재해급여협약 및 권고」의 채택을 통해 출퇴근 재해를 업무상 재해와 동일시하거나 적어도 동일한 취급을 할 것을 공식적으로 결정하였다. 국제노동기구는 협약 121호를 통하여 회원국으로 하여금 다음과 같은 내용을 시행할 것을 권고하고 있다.[4)]

▸출퇴근 재해의 정의를 명시할 것(제7조 제1호).

▸출퇴근재해가 산재보상제도 이외의 다른 사회보장제도의 대상이 되고 이러한 제사회보장제도가 출퇴근 재해에 관해서 지급하는 급여의 합계액이 이 협약에 기초하여 요구되는 급여와 적어도 동일한 경우에는 출퇴근 재해를 산업재해의 정의에 포함시킬 것을 요하지 않음(제7조 제2호).

▸근로자의 주소 또는 거소, 근로자가 통상 식사를 하는 장소, 근로자가 통상임금을 수취하는 장소 사이의 직접적인 도상에서 입은 재해를 업무상 재해로 보호할 것(제5조 C항).

(2) 영미법계 국가

영국, 미국 등 영미법계 국가들은 기본적으로 업무상 재해보상을 손실보상에 입각한 업무상의 개념에 비중을 두어 출퇴근 재해를 취급하고 있다. 이처럼 영미법계 국가들은 형평의 원칙에 입각하여 손실을 공정하게

4) ILO, International Labor Convention and Recommendation(1919-1991), p.793 · 808.

분배하려는 데에 주안점을 두어 출퇴근 재해를 예외적으로 보호하고 있다. 그러나 영미법계 국가들은 다른 국가에 비하여 비교적 사회보장제도가 잘 정비되어 있기 때문에 산재보상을 손실보상에 주안을 둔 것으로 판단되며, 출·퇴근 재해의 범위 확대라고 하는 세계적인 추세에 따라 보호범위를 확대하려고 하고 있다.5)

(3) 대륙법계 국가

독일, 프랑스, 일본 등 대륙법계 국가들은 피재자의 생존권 보장을 지도이념으로 하는 사회보장적인 측면에서 명문의 입법을 통하여 출·퇴근 재해보상을 보장하고 있다. 특히 일본은 이른바 보호통근재해제도를 도입하여 출퇴근 재해를 업무상 재해와는 별도의 제도에 의해 일정한 정도로 보호하고 있다.6)

(4) 우리나라

근로기준법이나 산재보험법상 「업무상 재해」에 대한 일반 규정 이외에 출퇴근 재해에 관한 명문의 규정이 없는 가운데, 산재보험법 시행규칙 제3장 제3절에서 업무상 재해로서의 출퇴근 재해인정에 대한 기본원칙을 제시하고 있다. 구체적으로 ①사업주가 제공한 교통수단 이용 중 발생한 출퇴근 재해(제35조제4항), ②출장에 준한 출퇴근 재해(제36조제2항), ③출퇴근 중 사업주의 시설관리하자로 발생한 재해(제35조제2항), ④천재지변이나 돌발적인 사고가 발생할 우려가 많은 사업장에서의 특례(제35조제3항) 등을 그 보호대상으로 규정하고 있다.

그리고 산재보험법상의 근로자가 아닌 공무원, 사립학교교직원, 군인 등

---

5) 김유성, 「통근도상의 재해」, p.75; 김복기, 「통근재해의 보호의 근거와 보호범위」, p.118.

6) 김유성, 「통근도상의 재해」, p.75; 김복기, 「통근재해의 보호의 근거와 보호범위」, p.118.

에 대하여는 별도의 법령에 근거하여 출퇴근 재해를 보호하고 있다.

공무원의 경우에는 공무원연금법 제25조는「공무원의 공무로 인한 질병·부상과 재해에 대하여는 제34조의 규정에 의한 단기급여를 지급하고, 공무원의 퇴직·폐질 및 사망에 대하여는 제42조의 규정에 의한 정기급여를 지급한다」라고 규정하여 공무원의 공무상 재해에 대한 보호를 하고 있다. 출퇴근 재해와 관련하여 공무원연금법 시행규칙 제14조에서는 출퇴근 중 발생한 재해 중 통상적인 경로 또는 방법에 의한 경우에는 원칙적으로 공무상 재해로 인정하고 있다.

그리고 사립학교교직원연금법에서는 직무상 재해에 관하여 공무원연금법의 관계규정을 준용하는 규정을 두어 공무원과 마찬가지로 원칙적으로 출퇴근 재해를 보호하고 있으며, 군인 및 국가유공자 등의 경우에도 관련 법률 및 행정입법[7]을 통하여 원칙적으로 출퇴근 재해를 공무상 재해의 일종으로 보호하고 있다.

3) 출퇴근 재해의 보호근거

(1) 문제의 제기

일반적으로 근로자의 출퇴근 행위는 본 업무에 대한 부수성, 구속성 및 사업장외성이라는 특질을 가지고 있다. 따라서 출퇴근 재해에 대하여 어느 정도 보호할 것인가의 여부는 산재보상의 성격과 밀접한 관련성이 있다. 즉, 산재보상의 성격을 무과실손해배상책임을 매개로 한 손실전보로 파악한다면 사용자의 지배영역 외에 있는 출퇴근 재해에 대한 보상책임이 발생하지 않으나, 산재보상의 생활보장적 성격을 중시한다면 이의 재해에 대한 보상책임이 발생한다.

---

7) 군인의 경우는 군인연금법 제31조 제1항 및 국방부 훈령 제346호 전공사상자처리규정 [별표1] 전공사상자분류기준표, 국가유공자의 경우는 국가유공자등예우에관한법률 제4조 제1항·제2항 및 동법 시행령 제3조의2 [별표1] 국가유공자요건인정기준표에 의하여 보호받고 있다.

이와 관련한 출퇴근 재해에 대한 보호이론으로서 「사회적 위험설」, 「업무밀접불가분성설」, 「집단책임설」 등이 논의되고 있다.

(2) 학설 및 판례의 검토

가. 학설의 검토

① 사회적 위험설

근로자의 출퇴근 도상의 사회적 위험이 일반시민의 위험보다 가중되어 있기 때문에 특별히 보호할 필요성이 있다는 견해이다. 출퇴근 도상의 교통이 아무리 번잡하더라도 일반시민이 이를 회피하는 것은 비교적 용이한데 반하여, 출퇴근 시간이 의무적으로 정해져 있는 근로자는 이에 구속받게 되어 시차출근을 인정하지 않는 한 위험회피가 매우 어렵다고 하는 점에 착안한 이론이다.[8)]

② 업무밀접불가분설

출퇴근 행위는 근로제공과 밀접불가분의 관계에 있고 사적 행위와는 명확하게 구별되기 때문에 출퇴근 재해는 업무상 재해와 마찬가지로 보호를 받아야 한다는 견해이다.[9)]

③ 집단책임설

산재보상책임을 개개 사업주의 책임이 아니라 전체 사업주의 집단책임으로 파악하여 순전히 사적 행위로 인하여 사고가 아닌 한 업무와 간접적으로 관련이 있는 출퇴근 재해에 대해서는 당연히 재해보상 책임이 발생한다고 하는 견해이다. 이 설은 산재보상의 성격을 사회보장적 측면을 강

---

8) 柵田洋一. 「通勤災害おめぐる社會法理論」, p.238.
9) 김진국, 「출퇴근 중 재해의 업무상 재해 여부」, 1997, p.345.; 김복기, 「통근재해 보호의 근거 및 보호범위」, pp.126-127.

조하여 기본적으로 출퇴근 행위와 업무와의 구별을 부정하는 견해이므로 출퇴근 재해에 대하여 별도의 업무상 재해기준이 필요없다고 하는 입장을 취하고 있다.[10]

나. 판례의 검토

종래 대법원은 대체로 산재보상제도를 손해배상적 성격으로 파악하였으나[11] 최근 손해배상적 성격에 국한하지 않고 적극적으로 생활보장적 성격을 가진 것으로 판시하고 있는 경향이다. 즉, 대법원은 「근로기준법상 실효성을 확보하기 위하여 산재보험법에서 산재보험제도를 마련하고 있는데, 이 보험제도는 상법상의 손해보험적 성격을 넘어 사회보장적 성격도 있다」라고 판시[12]하고 있다. 그러나 대법원은 산재보험제도의 성격을 생활보장보다는 손해배상적 성격이 강한 것으로 판시하고 있는 경향이다.

다. 소 결

산재보상제도의 근간은 사회보험 방식에 의한 산재보험급여가 주된 것이고, 산재보험제도는 사용자로 하여금 일정액의 산재보험료를 부담케 하고 산업재해가 발생한 경우 보험재정으로 보험급여를 지급하는 방식을 취하고 있음으로 볼 때, 산재보상제도는 가해자인 사용자의 손해전보의 성격과 생활보장적 성격을 함께 가지고 있음은 분명하다. 그러나 산재보험급여제도의 기본적인 기능은 피재근로자와 그 가족의 생활의 확보에 있는 것이며, 산재보험급여의 성격은 근로조건보호 및 손해전보적 성격에서 생활보장적 성격으로 이행하고 있다고 보아야 한다.[13]

출퇴근 재해보상 근거에 대한 학설 중 사회적 위험설과 집단책임설은 산재보상의 사회보장화 추세에 비추어 볼 때 이론적인 모델로서 가치가

---

10) 김유성, 「통근도상의 재해」, p.59.
11) 대판 1981. 10. 13. 81다카351; 1983. 7. 26. 82누290 등.
12) 대판 1992. 12. 8. 92다23360; 동지 대판 1994. 5. 24. 93다38826.
13) 김복기, 「통근재해 보호의 근거 및 보호범위」, p.125.

매우 큰 것이지만, 산재보상제도가 사용자의 개별책임 원리를 기초로 하고 있는 현행법의 입장에서는 수용하기 어렵다.

근로자의 출퇴근 행위는 정해진 시간대 및 장소에 있어서 근로를 제공하는 것이 의무로 되어 있고, 그 이행을 위해서는 업무와 직접적인 관련성이 없다 하더라도 업무와는 아주 밀접하게 관련되어 있는 행위임은 분명하다. 근로자의 생존권 보장과 사용자의 손해전보라는 산재보상의 이론적 기반을 조화시킬 수 있는 전제하에서 업무와 밀접하게 관련성이 있는 출퇴근 재해에 대하여는 산재보상을 해야 하는 것이 타당하다고 본다.

따라서 업무상 재해를 광범위하게 확대하는 사회적 위험설과 집단책임설과는 달리 업무와의 관련성에 입각하여 출퇴근 재해의 보호근거를 제시하고 있는 업무밀접불가분성설이 타당하다.

4) 출퇴근 재해의 보호범위

(1) 보호범위의 설정문제

출퇴근 도중의 모든 재해를「업무상 재해」로 인정할 수 없는 것이므로, 업무상 재해로 인정할 수 있는 출퇴근 재해에 대한 기준의 설정이 필요하다. 업무상 재해로서의 출퇴근 재해는 단순히 출퇴근 도중에 발생한 재해를 의미하는 것이 아니라,「출퇴근에 의한」 재해이어야 함은 당연하다. 따라서 업무상 재해로서의 출퇴근 행위와 재해 사이에 어떠한 관련성이 있어야 하는가의 문제로 귀착된다고 할 수 있다.

이에 관한 구체적인 명문규정이 없는 현행 법제하에서는 우선적으로 준거로 삼을 수 있는 것은 공무원의 출퇴근 재해에 대한 대법원의 판례라고 본다. 즉, 출퇴근 재해에 대하여, 일반근로자와 공무원에 대한 차별적으로 취급하는 대법원의 판례는 합리적인 이유가 없으므로 공무상 재해로서의 출퇴근 재해와 관련한 보호요건은 업무상 재해로서의 출퇴근 재해의 보호요건 정립에 유용한 의미를 갖는다고 본다.

대법원은 기본적으로 「공무원이 근무를 하기 위하여 주거지와 근무장소와의 사이를 순리적인 경로와 방법으로 출퇴근하던 중 발생한 재해는 공무수행과 관련하여 발생한 재해로서 공무상 재해에 해당한다」라는 공무상 재해 요건을 밝히고 있다.[14] 대법원 판례에 근거하여 보면, 「근로자가 근무를 하기 위하여 주거지와 근무장소 사이를 순리적인 경로와 방법에 의하여 왕복하는 행위」를 출퇴근으로 정의할 수 있다고 본다.

출퇴근의 정의에 기초하면, 업무상 재해로 보호되는 출퇴근의 범위는 ①당해 행위가 업무와 관련성이 있을 것, ②주거와 근무장소 사이를 왕복하는 행위일 것, ③당해 왕복행위가 순리적인 경로 및 방법에 따라 행해질 것 등이다. 따라서 산재보상수급 요건으로서의 출퇴근 재해라 함은 「근로자가 업무와 관련하여 주거와 근무장소 사이를 순리적인 경로 및 방법에 의하여 왕복하는 행위로 인하여 발생한 재해」라고 할 수 있다.[15]

(2) 업무관련성의 범위

출퇴근은 기본적으로 근로자가 근로제공을 위하여 주거와 근무장소 사이를 왕복하는 행위이므로 구체적으로는 사용자의 지휘·관리권의 범위에서 일탈한 행위로 평가할 수 있다. 따라서 주거와 근무장소와의 왕복행위 도중에 사적 행위가 개입될 여지를 배제할 수 없으므로 출퇴근 행위와 업무와의 관련성을 설정할 필요성이 있다. 즉, 출퇴근 재해가 업무상 재해로 보호받기 위해서는 기본적으로 당해 행위가 「근로를 제공하기 위하여」라고 하는 업무관련성이 전제되어야 한다.

우선 출근행위와 관련하여 출근행위 도중 개인적인 용무를 보기 위하여 정상적인 근무장소로 가는 방법을 선택하지 않은 경우에는 출근행위와 업무와의 관련성을 인정하기 어려운 것이다.

---

14) 대판 1993. 10. 8. 93다16161; 대판 1993. 6. 29. 92누19309; 대판 1997. 4. 11. 96누19840 등.

15) 출퇴근 재해의 보호범위에 관한 내용에 대해서는 주로 김복기, 「통근재해 보호의 근거 및 보호범위」, p.136 이하를 참고하였음.

다음으로 퇴근행위와 관련하여 중요한 사안은 업무 종료 후 근로자가 사업장 내에서 서클활동 등을 하다가 퇴근시간이 늦은 경우일 것이다. 사용자가 사업장 내에서 서클활동을 허용한 것은 근로자의 문화적인 생활의 향상을 지향하는 회사의 복리후생 정책의 일환으로 볼 수 있으므로 서클활동을 허용하는 시간대이고 사용자가 지정한 장소인 경우에는 업무 종료 후 상당한 시간이 넘어도 업무와의 관련성을 인정하여야 할 것이다.[16)]

(3) 주거와 근무장소의 범위

가. 주 거

출퇴근 행위는 주거와 근무장소를 왕복하는 것이므로 업무와의 관련성이 있는 주거와 근무장소의 범위를 설정하여야 한다.

주거의 개념은 단순히 거주 장소 일반을 지칭하는 것이 아니고 취업의 거점으로서의 성격을 가진 것을 말한다. 일반적으로 민법상의 주소 및 거소가 출퇴근 행위의 한 축으로 인정될 수는 있으나, 반드시 이에 한정할 필요는 없고 취업 장소와의 관련성을 종합하여 독자적으로 판단하여야 한다. 출퇴근 재해에 있어서 취업의 거점으로서의 주거라 함은 기본적으로 생활의 중심지이면 족한 것이며, 그곳에서 어떠한 가족관계를 맺고 있는지 또는 주거와 취업 장소와의 거리는 업무상 재해를 판단하는 데 원칙적으로 문제되지 않는다.[17)] 주거에는 주된 주거뿐만 아니라 안정성을 띠는 주차적 주거 또는 가족적인 이유로 근로자가 통상적으로 이동하는 기타의 모든 장소를 포함한다.[18)] 구체적으로 주거의 범위에 포함될 수 있는 장소

16) 이에 더하여 ILO규정과 외국의 입법례를 들어 업무 종료 후의 노동조합 활동도 업무와의 관련성을 인정하여야 한다고 주장하고 있는 견해가 있다. 그러나 헌법상의 노동3권과 노동조합및노동관계조정법상의 노동조합은 기본적으로 노사 간에 대립하는 근로조건 등에 대하여 실질적인 교섭력을 부여함으로써 근로자의 근로조건을 유지·향상을 위한 것이므로 노동조합 활동을 업무와의 관련성을 인정하는 것은 문제가 있다고 본다(김복기, 「통근재해 보호의 근거 및 보호범위」, pp.138-139).

17) 김복기, 「통근재해 보호근거 및 보호범위」, p.140.

로서는 근로자 사생활의 실질적인 본거지가 되는 자택, 하숙 또는 자취집, 조기출근 및 장시간의 잔업이 있는 경우 마련한 별도의 숙소 또는 기숙사 등을 들 수 있다.

출퇴근의 한 축으로서의 주거는 실질적인 생활의 근거지를 의미하는 것이므로 반드시 하나일 필요는 없는 것이고, 복수의 주거가 인정될 수 있다. 최근 교통수단의 발달과 여성들의 취업증가 등으로 가족들과 함께 생활하는 주거지를 피하여 임시로 숙소를 마련한 후 근무장소로 출퇴근하는 등 새로운 근로환경이 급격히 증가하고 있는 현실이다. 특히 주5일제가 정착되면서 주중에는 사업장 근처에 있는 숙소 등에서 머물다가 주말은 가족과 함께 지낸 후 사업장 근처로 이동하던 중 재해를 당한 경우에 업무상 재해로 인정할 것인가가 문제된다. 이것이 단신부임자의 출퇴근 재해인정 여부이다. 이와 관련하여 대법원[19]은 평일에는 군무원독신자 숙소에서 생활하고 주거가 있는 서울에서 가족과 함께 보낸 후 일요일 열차를 타고 부대로 이동하던 중 열차 승강구에서 바람을 쏘이다가 추락하여 사망한 사건에서 「망인의 숙소로의 귀대행위는 근무를 위한 준비행위로서 순리적인 경로 또는 방법을 벗어나지 않은 범주에 속한다고 볼 수 있어 공무상 재해로 인정된다」고 함으로써 가족의 거주지에 대하여 주거성을 인정하였다.[20]

출퇴근 재해 보호를 근로자 및 그 가족의 인간다운 생활을 보장한다고 하는 생존권 성격과 단신부임근로자가 날로 증가하는 현대 사회의 새로운 경향을 고려한다면, 가족의 주거지는 출퇴근 행위의 한 축으로서 주거성

18) 조용만, 「프랑스의 통근재해 보호제도」, p.81.

19) 대판 1993. 6. 29. 92누19309.

20) 이에 대한 입법례로서 독일사회보험법은 「피보험자가 근무장소에서 영속적인 가족의 주거가 떨어져 있기 때문에 근무장소 또는 그 근처에 숙소를 정한 경우」에는 그 가족의 주거를 왕복하는 도중의 재해에 대해서 출퇴근 재해로 보호하고 있으며, 일본 노재보험법 시행규칙에서도 「원칙적으로 1주 1회 이상의 반복・계속성, 편도 3시간 및 200km 이내」라는 시간 및 거리의 두 가지 요건을 충족시키는 조건으로 단신부임자에 대하여 출퇴근 재해로 보호하고 있다(西村健一郎, 「單身赴任者に關する通勤災害の認定どその課題」, pp.99-100).

을 인정해야 한다.[21]

주거의 설정 못지않게 중요한 것은 주거의 어느 지점을 출퇴근 행위의 시·종점의 기준으로 삼을 것인가의 여부이다. 이와 관련하여 프랑스는 이른바 「도어(door)의 원칙」에 따라 일반적으로 주거용 건물의 외측의 문을 경계로 정하고 있으며, 일본은 원칙적으로 일반인이 자유롭게 통행할 수 있는 지점인가의 여부에 의하여 판단하고 있다. 주거용 건물의 외측의 문을 경계로 삼는 것은 주택구조에 따른 판단의 어려움을 해소할 수 있다는 장점이 있으나, 정원이 있는 주택구조의 경우에는 사생활의 영역인 정원에서 발생한 재해까지도 출퇴근 재해로 인정해야 한다고 하는 문제가 발생한다. 따라서 경계의 기준은 일반인이 자유통행 가능성을 기준으로 판단하는 것이 타당하다고 본다.[22] 예컨대, 단독주택의 경우에는 대지 내에 들어오는 지점인 대문이, 공동주택의 경우에는 당해 근로자가 전용하고 있는 출입문이 그 경계가 될 것이다.

나. 근무장소

출퇴근의 시·종점으로서의 근무장소는 근로자가 통상적으로 자신의 업무를 수행하는 장소 또는 사용자의 지시에 따라 업무를 수행하기 위하여 통상적 또는 예외적으로 이동하는 기타의 모든 장소를 의미한다. 따라서 업무상의 필요성 때문에 근로자가 이동한 사용자의 주거, 회사가 개최하는 연구·세미나 등의 장소도 근무장소에 해당한다.[23] 근무장소에서 출퇴근 재해와 일반적인 업무상 재해를 구분하는 경계선은 사용자의 지배관리권이 미치는 영역을 기준으로 하여야 하므로 사업장의 출입구가 원칙적인 경계가 될 것이다. 그러나 사업장 밖이라도 사용자의 지배관리 가능성이 미치는 경우에는 그 장소가 경계가 될 것이다. 예컨대, 근로자들의 주차장

---

21) 김복기, 「통근재해 보호의 근거 및 보호범위」, p.141-142; 柵田洋一, 「통근재해おめくる社會法理論」, p.244.
22) 김복기, 「통근재해 보호의 근거 및 보호범위」, p.142; 김유성, 「통근도상의 재해」, p.68.
23) 조용만, 「프랑스의 통근재해 보호제도」, p.82.

소가 사업장 밖에 위치하고 있더라도, 그 장소의 소유자인 사용자가 상시적으로 관리감독 및 경비의 권한을 가지고 있는 한 출퇴근이 개시되는 출발점은 사업자의 출입구가 아니라 주차장소가 된다.

(4) 순리적인 경로 및 방법

순리적인 경로와 방법이라 함은 주거와 근무장소 사이를 왕복하는 경우에 있어서 그 지역의 교통사정에 비추어 사회통념상 일반적으로 출퇴근시에 근로자가 이용할 것이라고 인정되는 경로와 방법을 말한다. 따라서 근로자가 출퇴근을 중단하거나 일탈하는 동안에 사고가 발생한 경우에는 출퇴근 재해로서 보호를 받지 못한다.[24] 일반적으로 지리적·시간적·경제적 요소 등이 순리적인 경로와 방법을 판단하는 구체적 요소로 작용하게 된다.

「순리적 경로」라 함은 소요시간, 거리 등 제반 교통사정을 감안하여 당해 근로자가 통상 이용하는 것이 합리적인 경로로서 어느 정도 일관된 특정성을 가질 필요가 있다. 여기서 「특정성」이란 반드시 거리상의 최단코스를 의미하는 것이 아니므로 사회통념상 대체성을 가지는 복수의 경로도 포함되는 것으로 해석해야 한다. 예컨대, 교통체증 또는 도로공사 등으로 우회가 불가피한 경우에는 거리상으로는 정상적인 경로보다 먼 거리이지만, 덜 위험성을 줄이거나 시간을 절약하기 위하여 선택한 우회경로는 합리적인 경로로 인정된다.[25] 한편 가정환경 및 사회구조의 변화를 따라 맞벌이부부가 출퇴근길에 유치원에 자녀를 맡기거나 데리러 가는 행위, 동료근로자들 사이의 이른바 Car-pool은 통상의 순리적인 통근경로에 해당하는 것으로 보아야 한다.

「순리적인 방법」이라 함은 사회통념상 출퇴근의 수단으로 적당하고 안

24) 김복기, 「통근재해 보호의 근거 및 보호범위」, p.144; 조용만, 「프랑스의 통근재해 보호제도」, p.85.

25) 김복기, 「통근재해 보호의 근거 및 보호범위」, p.144; 조용만, 「프랑스의 통근재해 보호제도」, p.86.

정하다고 인정되는 교통수단을 이용하는 것을 말하는데, 회사가 제공한 출퇴근 버스, 택시, 지하철, 오토바이, 자가승용차, 자전거 등을 이용한 출퇴근 및 도보출퇴근은 모두 순리적인 방법에 의한 출퇴근 행위에 해당된다.

이처럼 순리적인 경로와 방법에 의한 출퇴근 재해에 대해서만 보호를 받을 수 있는 것이고, 만약 순리적인 경로와 방법을 일탈하거나 중단된 경우에는 법적 보호를 받을 수 없게 된다. 여기서 「일탈」이라 함은 출퇴근 도중 업무 또는 출퇴근 목적과 관계없이 순리적인 경로를 벗어난 행위를 말하고, 「중단」이라 함은 순리적인 경로상에서 업무 또는 출퇴근과 관계없는 행위를 말한다. 출퇴근은 시·종업시간과 근로시간과 밀접한 관련성을 가지고 있는 것이기 때문에, 시·종업시간대, 교통사정 등을 고려하여 통상적인 출퇴근시간 중 재해가 발생한 경우에 비로소 업무상 재해로 인정받을 수 있는 요건이 된다. 따라서 통상 소요되는 출퇴근시간대보다 일찍 주거를 출발하거나 퇴근시간대보다 늦게 귀가하는 도중 사고를 당한 경우에는 업무상 재해로 인정받을 수 없게 된다.[26] 이와 같은 출퇴근의 일탈 또는 중단은 출퇴근 목적과 관계없는 사적인 행위이기 때문에 당해 일탈 또는 중단 중의 행위는 물론이고, 일탈 또는 중단 후에 다시 통근목적에 부합하는 상황으로 되돌아온 경우에 대해서도 출퇴근 행위로 인정할 수 없다고 해석해야 한다.

대법원은 순리적인 경로의 일탈과 관련하여 열차로 출퇴근하는 철도공무원이 퇴근 시 졸다가 다음 하차역에서 내린 후 철로를 걷다가 열차에 치어 사망한 사건에서 「비록 개인적인 용무를 보기 위하여 의도적으로 퇴근경로를 일탈한 것이 아니라 직무상 과로로 인하여 졸다가 원래 하차하여야 할 역을 지나쳐 다음 역에서 하차하게 됨으로서 경로를 일탈한 것이라도, 하차한 후 정상적으로 역사를 통해 빠져나와 다른 교통수단을 이용하여 곧바로 귀갓길에 오르지 아니하고 형사처벌의 대상이 되는 철로무단 통행의 방법을 택한 데다(방법상 일탈), 하차지점으로부터 300m 내지

26) 조용만, 「프랑스의 통근재해 보호제도」, pp.85-86.

400m까지 상당한 거리를 벗어나 있었고(장소적 일탈), 시간상으로도 하차 후 26분 동안이나 통상적인 퇴근경로에서 벗어난 채로 있다가(시간적 일탈) 사고를 당한 이상, 합리적인 퇴근경로로 복귀하기 위하여 부득이한 최소한의 행위에 그쳤다고 볼 수 없으므로 공무상 재해에 해당하지 아니한다」라고 판시하였다(대판 1995. 4. 21. 94누5519).[27)]

(5) 출퇴근 기인성의 범위

기본적으로 「출퇴근에 기인하여」 재해가 발생한 경우에 한하여 산재보상수급요건이 되는 것이므로, 출퇴근과 무관한 위험이 단지 시간적으로 출퇴근 과정에서 발생하였다는 이유만으로 산재보상수급요건을 인정할 수는 없는 것이다. 이러한 「출퇴근 기인성」은 일반적인 업무상 재해인정기준으로서의 「업무기인성」에 상당하는 것인데, 통설과 판례는 출퇴근 재해에 대해서도 「상당인과관계설」을 적용하고 있다.

그러나 출퇴근 재해의 보호목적을 근로자의 생활보장에 있는 것으로 보는 한, 시민법상의 손해배상제도가 채택하고 있는 업무와 재해 간의 「상당인과관계」를 요건으로 할 필요성은 없다고 보며, 출퇴근과정에서 근로자의 자의적인 행위나 중대한 과실이 없고 업무와 밀접불가분의 관계가 성립한다면 산재보상수급권의 요건을 갖춘 것으로 해석함이 타당하다고 본다.[28)]

---

27) 이 판결은 순리적인 경로와 방법에 해당하는가의 여부와 관련하여 종합적인 판단을 한 최초의 사례로서, 출퇴근 재해에 대한 공무상 재해인정기준의 한계와 요건을 분명히 하였던 판례로 평가된다(이성호, 「공무원의 통근재해와 공무상 재해인정의 한계」, p.188).

28) 일본에서는 상당인과관계설에 입각한 출퇴근 재해 보호론에 대한 비판으로서 출퇴근관련성설과 생존권목적관련성설이 대두되고 있다. 이러한 학설은 공통적으로 보호출퇴근 제해의 목적이 근로자의 인간다운 생활을 영위할 수 있도록 보호해 주는데 있는 것이므로, 시민법의 손해배상제도가 채택하고 있는 상당인과관계라는 요건을 필요로 할 합리적인 근거가 없으며, 오히려 근로자의 보호관점에서 법적 구제를 부여하는 것이 합리적인가의 여부를 실질적으로 판단하여 당해 근로자의 자의적인 행위나 중대한 과실에 의한 재해를 제외하고는 대부분 출퇴근 재해를 보호해 주어야 한다고 주장하고 있다(柵田洋一, 「通勤災害おめくる社會法理論」,

5) 판례의 분석

(1) 업무상 재해 판단기준에 관한 사례

▸사업주의 지배관리하에 있는 출퇴근과정

"산재보험법 제4조제1호 소정의 업무상의 재해라 함은 근로자가 사업주와의 근로계약에 기하여 사업주의 지배관리하에서 당해 근로업무의 수행 또는 그에 수반되는 통상적인 활동을 하는 과정에서 이러한 업무에 기인하여 발생한 재해를 말하는데, 근로자의 출퇴근 시에 발생한 재해는 비록 출·퇴근이 노무의 제공이라는 업무와 밀접·불가분의 관계에 있다 하더라도, 일반적으로 출·퇴근 방법과 경로의 선택이 근로자에게 유보되어 있어 통상 사업주의 지배관리하에 있다고 할 수 없으므로, 출·퇴근 중에 발생한 재해가 업무상의 재해가 되기 위해서는 사업주가 제공한 교통수단을 근로자가 이용하거나 또는 사업주가 이에 준하는 교통수단을 이용하도록 하는 등 근로자의 출·퇴근과정이 사업주의 지배관리하에 있다고 볼 수 있는 경우여야 한다(대판 2005. 9. 29. 2005두4458; 대판 1999. 9. 3. 99다24744)."

▸사용자가 제공한 교통수단을 이용하거나 이에 준하는 교통수단의 이용

"출퇴근 중에 발생한 재해가 업무상의 재해로 인정되기 위해서는 사용자가 근로자에게 제공한 차량 등의 교통수단을 이용하거나 사용자가 이에 준하는 교통수단을 이용하도록 하여 근로자의 출퇴근 과정이 사용자의 지배관리하에 있다고 볼 수 있는 경우에 해당되어야 한다(대판 1999. 9. 3. 99다24744)."

▸사용자의 출퇴근과정에 대한 지배관리성의 여부는 산재보험법의 입법취지와 출퇴근이 갖는 사회적 의미 및 공무원연금법과의 형평성을 고려하여 판단

"근로자의 출퇴근과정이 사용자의 지배관리하에 있다고 볼 수 있는 경

p.241; 김복기, 「통근재해 보호의 근거 및 보호범위」, p.151).

우에 해당하느냐의 여부를 판단함에 있어서는 산재보상보험사업을 행하여 근로자의 업무상의 재해를 신속하고 공정하게 보상하고 재해근로자의 재활 및 사회복귀를 촉진하기 위하여 이에 필요한 보험시설을 설치·운영하며 재해예방 기타 근로자의 복지증진을 위한 사업을 행함으로써 근로자 보호에 이바지함을 목적으로 하는 산업재해보상보험법의 입법취지와 오늘날 근로현실에서 출퇴근이 갖는 사회적 의미는 물론 공무원의 출·퇴근 중의 재해와의 형평 등을 종합적으로 고려하여 판단하여야 한다(서울행법 2001. 12. 13. 2001구29373)."

▸순리적인 경로와 방법에 의한 출퇴근 도중의 재해

"공무원이 근무를 하기 위하여 주거지와 근무장소와의 사이를 순리적인 경로와 방법으로 출퇴근하던 중 발생한 재해는 공무수행과 관련하여 발생한 재해로서 공무상 재해에 해당한다(대판 1993. 10. 8. 93다16161; 대판 1993. 6. 29. 92누19309; 대판 1997. 4. 11.96누19840)."

▸시간·장소·방법적으로 순리적인 경로를 일탈하지 않을 것

"비록 개인적인 용무를 보기 위하여 의도적으로 퇴근경로를 일탈한 것이 아니라 직무상 과로로 인하여 졸다가 원래 하차하여야 할 역을 지나쳐 다음 역에서 하차하게 됨으로써 경로를 일탈한 것이라도, 하차한 후 정상적으로 역사를 통해 빠져나와 다른 교통수단을 이용하여 곧바로 귀갓길에 오르지 아니하고 형사처벌의 대상이기까지 한 철로무단통행의 방법을 택한 데다(방법상 일탈), 하차지점으로부터 300m 내지 400m까지 상당한 거리를 벗어나 있었고(장소적 일탈), 시간상으로도 하차 후 26분 동안이나 통상적인 퇴근경로에서 벗어난 채로 있다가(시간적 일탈) 사고를 당한 이상, 합리적인 퇴근경로로 복귀하기 위하여 부득이한 최소한의 행위에 그쳤다고 볼 수 없으므로 공무상 재해에 해당하지 아니한다.'라고 판시하였다(대판 1995. 4. 21. 94누5519)."

▶ 행사과정 및 퇴근과정이 사용자의 지배관리 가능성과 순리적 경로를 이탈하지 않을 것

"근로계약상 통상 종사하여야 할 의무가 없는 행사나 모임에 참가하였다가 귀가 중 당한 재해가 업무상 재해로 인정하려면, 사회통념상 그 행사나 모임의 전반적인 과정이 사용자의 지배나 관리를 받는 상황에 있어야 하고, 근로자가 행사나 모임의 순리적인 경로를 일탈하지 아니한 상태에 있다가 그 모임이 끝난 후 사업주가 제공한 교통수단을 이용하거나 이에 준하는 교통수단을 이용하여 귀가하도록 하는 등 근로자의 퇴근과정이 사업주의 지배관리하에 있다고 볼만한 사정이 있어야 한다(대판 1995. 5. 26. 94누60509; 서울고판 1995. 10. 13. 95구13298)."

(2) 업무상 재해를 인정한 사례

▶ 자신 소유의 오토바이를 이용하여 출근하던 중 산불감시업무수행 중 교통사고를 당한 경우

"일용직 산불감시원이 자기 소유의 오토바이를 타고 출근하다가 산불감시업무 담당구역과 상당히 떨어진 곳에서 중앙선을 침범하여 교통사고로 사망한 사안에서, 망인이 자기 소유의 오토바이를 이용하여 산불감시업무를 수행하는 것을 조건으로 채용되었고, 망인의 집에서 소속 면사무소까지 출근시간에 맞추어 도착할 수 있는 대중교통수단이 없었으며, 망인이 맡은 산불감시대상지역이 매우 넓어 도보나 자전거를 이용한 업무수행이 곤란하고, 망인이 집에서 소속 면사무소로 출근하기 위하여 선택한 경로가 최단경로로서 합리적인 경로라고 볼 수 있는 점 등에 비추어 망인의 사망이 업무상 재해에 해당한다(대판 2005. 9. 29, 2005두4458)."

▶ 사업주의 지시를 받고 다른 사업장의 견인차를 운행하여 고장 차량을 견인하러 가던 중 교통사고를 당한 경우

"자동차종합수리 서비스업을 목적으로 하는 사업장의 근로자가 퇴근 후

위 사업장의 근무자로부터 연락을 받고 같은 장소에서 같은 사업주가 경영하는 특수화물자동차 운수업을 목적으로 하는 다른 사업장의 견인차를 운행하여 고장 차량을 견인하러 가던 중 교통사고로 사망한 경우, 위 자동차종합수리 서비스업을 목적으로 하는 사업장에서의 업무수행성을 인정해야 한다(대판 1999. 4. 9. 99두189)."

▸회사의 차량을 사실상 출퇴근용으로 묵인하여 온 경우

"회사에서 타 용도로 운행하는 차량을 근로자들이 사실상 출근 수단으로 이용하고 있음에도 회사가 이를 묵인하여 온 경우, 근로자가 그 차량에 탑승하고 출근하던 중 일어난 교통사고는 업무상 재해에 해당한다(대판 1999. 9. 3. 99다24744)."

▸자기의 교통수단으로 출근하여 사업장 내에서 사고가 난 경우

"근로자가 자기의 교통수단을 이용하여 출 · 퇴근을 하는 경우 일반적으로는 그 통근과정이 사용자의 지배관리하에 있지 아니하여 그 도중의 재해를 업무상 재해로 인정할 수 없다 하더라도, 일단 사업장 시설에 도착하여 사용자의 지배 · 관리권이 미치는 영역 내로 들어온 경우에는 그 이후의 통근과정에 대하여는 사용자의 지배 · 관리권이 미치는 것이므로 그 이후 일어난 재해에 대하여는 이를 업무상 재해로 인정하는 것이 타당하다(부산고법 1996. 10. 30. 96구358)."

▸출장에 준하는 출퇴근 재해인 경우

"회사 소속 차량의 사고 뒤처리를 위하여 회사 직원들이 일과 후 회사 소유 차량을 타고 관할 경찰서로 가다가 교통사고를 당한 경우에는 업무상 재해에 해당한다(대판 1993. 11. 9. 93다25851)."

(3) 업무상 재해를 불인정한 사례

▸ 근로자 소유차량에 대하여 유류대를 보조하였더라도, 차량에 대한 관리사용권한이 근로자에게 없는 경우

"회사원이 출근방법과 그 경로를 임의로 선택하여 그 소유의 차량을 운전하고 출근하던 도중 중앙선을 침범하는 교통사고를 야기하여 재해를 당한 경우, 비록 회사의 규정에 따라 회사가 그 차량의 유류를 보조하였다 하더라도 차량에 대한 관리·사용권한은 실제로 위 회사원에게 속하여 있었으므로, 사고 당시 위 회사원의 통근과정이 사용자인 회사의 지배관리하에 있었다고 볼 수 없어 위 회사원이 교통사고로 입은 재해는 업무상 재해에 해당하지 않는다(대판 1997. 11. 14, 97누13009)."

▸ 전근지로 자신의 차량을 이용하여 이동하던 중 사고가 난 경우

"근로자가 사업주로부터 전근명령(이동발령)을 받고 신임지로 부임하는 일시, 방법과 그 경로를 임의로 선택하여 자기 소유의 승용차를 운전하고 신임지로 부임하던 도중에 교통사고가 발생하여 재해를 당한 사안에서, 비록 위 사업주의 차량관리요령에 의하면 사업주가 그 차량을 회사의 업무와 대내외 활동을 위하여 운행하게 할 수 있도록 되어 있고 그 차량에 대하여 유지비를 보조하도록 되어 있다고 하더라도, 그 차량에 대한 관리·사용권한은 실제로 근로자에게 속하여 있었던 것이라고 할 것이어서 사고 당시 신임지 부임 과정이 사업주의 지배·관리하에 있었다고 볼 수 없다는 이유로, 그 근로자가 입은 재해는 업무상 재해에 해당하지 않는다(대판 1996. 9. 20, 96누8666)."

▸ 출퇴근용으로 제공한 회사차량에 대한 관리이용권이 근로자에게 전담된 경우

"사업주가 근로자에게 출·퇴근용으로 차량을 제공하였으나 당해 차량에 대한 관리·이용권이 사상한 근로자에게 전담되어 있어 사상한 근로자가 직접 당해 차량을 운전하여 출·퇴근하던 도중 발생한 재해는 업무상 재해에 해당하지 않는다(대판 1997. 9. 12. 97누6339).”

(4) **판례의 경향**

법원의 판례는 대체로 기본적으로 산재보험법 시행규칙에 정한 업무상 재해인정기준을 그대로 적용하는 데 크게 벗어나지 못하고 있다.

첫째, 법원은 사업주가 제공한 교통수단 이용 중 발생한 출퇴근 재해와 관련하여 「근로자의 통근행위는 그 행위가 노무의 제공이라는 업무와 밀접·불가분의 관계에 있다 하더라도 일반적으로 통근방법과 그 경로의 선택이 근로자에게 유보되어 있어 통상 사업주의 지배·관리에 있다고 할 수 없으므로, 단순한 통근 중에 발생한 재해가 업무상 재해로 인정되기 위해서는 사업주가 제공한 교통수단을 근로자가 이용하거나 사업주가 이에 준하는 교통수단을 이용하도록 하는 등 근로자의 통근과정이 사업주의 지배관리하에 있다고 볼 수 있어야 한다」라고 판시함으로써 사업주가 교통수단을 제공한 경우에 한하여 업무상 재해로 인정하고 있다.[29] 더욱이 대법원은 회사가 제공한 차량이라 하더라도, 차량에 대한 관리·이용권이 근로자에게 전담되어 있는 경우에는 출퇴근 재해를 업무상 재해로 인정하고 있지 않는 경향이다.[30]

둘째, 출장에 준한 출퇴근 재해와 관련하여, 회사 소속 차량의 사고 뒤처리를 위하여 회사 직원들이 일과 후 회사 소유 차량을 타고 관할 경찰서로 가다가 교통사고를 당한 경우에는 업무상 재해로 인정하고 있다.[31]

셋째, 출퇴근 중 사업주의 시설관리하자로 발생한 재해와 관련하여 「근로자가 자기의 교통수단을 이용하여 출·퇴근을 하는 경우라 하더라도, 일단 사업장 시설에 도착하여 사용자의 지배·관리권이 미치는 영역 내로 들어온 경우에는 그 이후의 통근과정에 대하여는 사용자의 지배·관리권

29) 대판 1999. 9. 3. 99다24744; 대판 2005. 9. 29. 2005두4458; 대판 1997. 11. 14. 97누13009 등.

30) 대판 1997. 9. 12. 97누6339; 대판 1996. 9. 20. 96누8666.

31) 대판 1993. 11. 9. 93다25851.

이 미친다」라고 판시하고 있다.[32)]

위의 판례들은 산재보험시행규칙상 인정되는 출퇴근 재해 업무상 재해 인정기준과 별다른 차이를 보이고 있지 않으며, 근로자의 출퇴근 재해에 대하여 매우 소극적인 태도를 취하고 있다. 더욱이 법원은 출퇴근 중의 사고를 업무상 재해로 인정한 사안에 있어서도 구체적인 기업시설의 위험의 일종인 교통수단의 제공이나 업무 중 사고이거나 업무수행행위에 착안하여 업무상 재해를 인정하고 있는 경향이다.[33)][34)]

6) 평가

「출퇴근 없으면 업무 없다」라는 말이 있듯이 출퇴근은 업무수행을 위한 필요불가결한 준비행위로서 사적 행위와 업무행위를 연결하는 가교적인 역할을 하므로, 기본적으로 출퇴근 행위는 사적 행위와 업무수행이라고 하는 두 가지 기능이 중첩적으로 병존하게 된다. 출퇴근 재해에 대한 업무기인성의 판단은 이와 같은 출퇴근의 기능 중 어느 것을 중시하느냐에 따라 결론을 달리하게 된다. 결국, 산업재해보상의 본질을 무과실책임을 매개로 하는 하는 손실보상에 중점을 두느냐 아니면 피재근로자의 생활보

32) 부산고법 1996. 10. 30. 96구358.

33) 김복기, 「통근재해 보호의 근거 및 보호범위」, pp.120-121.

34) 그러나 비록 하급심의 판례이긴 하지만, 산재보험의 사회보장적 성격과 출퇴근의 사회적 의미 및 공무원연금법상의 공무상 재해와의 형평성을 고려하여 출퇴근 사고를 업무상 재해의 범위를 넓혀야 한다고 하는 고무적인 판례들도 있다. 사례로서 「산재보험법의 입법취지와 오늘날 근로현실에서 출퇴근이 갖는 사회적 의미는 물론 공무원의 출퇴근 중의 재해와의 형평 등을 종합적으로 고려하여 출퇴근 재해가 업무상 재해에 해당하는지를 판단하여야 한다거나(서울행법 2001. 12. 13. 2001구29373) 통근거리의 원거리화, 통근시간대의 동시성 등으로 인하여 근로자의 주의의무만으로는 통근과정에서 발생하는 재해를 막기 어렵고 근로자가 가정생계를 꾸려 가는 위치에 있는 점에 비추어 출퇴근 재해를 두텁게 보호할 필요성이 있다」라고 하는 판례이다(부산고법 1992. 10. 14. 92구1957). 이러한 하급심 판례는 원칙적으로 출퇴근 재해를 업무상 재해로 인정하지 않는 대법원의 판례와 비교해 볼 때 매우 이례적인 것이다.

장 이념에 중점에 두느냐와 밀접한 관련이 있다.

산재보상제도는 단지 보상의 신속한 확보라는 기술적 차원에서 요구된 것이 아니라 근로자의 생활보장이라고 하는 당위적 요청을 실현하기 위한 제도이므로, 출퇴근 재해가 업무와의 밀접한 관련성이 있고, 순리적인 경로를 일탈하거나 중단되지 않는 한 이를 업무기인성의 재해로 인정하여 출퇴근 재해를 보호할 필요성이 있는 것이다. 이러한 관점에서 산재보상의 대상이 되는 출퇴근 재해의 보호요건은 「근로자가 업무와 관련하여 주거와 근무장소 사이를 순리적인 경로 및 방법에 의하여 왕복하는 행위에 기인한 재해」로 정립할 수 있을 것이며, 그 구체적인 범위에 대한 판단은 각종 업무의 실태와 당해 출퇴근 행위의 제반사정 및 산재보상제도의 사회보장적 성격 등을 구체적으로 고려하여 융통성 있게 판단할 필요성이 있다.

그러나 현행 산재보험법 시행규칙 제35조제4항은 사업주가 출퇴근용으로 제공한 교통수단을 이용하다가 당한 사고, 사업주가 제공한 교통수단에 대한 관리·이용권이 근로자에게 전담되어 있지 아니한 경우에 한하여 출퇴근 재해 보호요건으로 규정하고 있으며, 대법원도 근로자의 출퇴근 전 과정이 사업주의 지배·관리하에 있다고 볼만한 사정이 있는 경우에 한하여 업무상 재해로 인정하고 있다. 이와는 반대로 공무원, 군무원 등 특수신분자인 경우에는 통상적인 경로와 방법에 의하여 출퇴근하거나 임지부임 또는 귀임 중에 발생한 사고에 대하여는 공무상 재해로 인정하고 있어, 그 보호요건을 달리 규정하고 있다.

이는 동일한 사회적 위험에 직면하였음에도 단지 신분상의 이유로 그 보호요건을 달리 정한 것으로서 평등의 원칙에 반하는 것이다.[35] 따라서 평

35) 그러나 일반근로자의 출퇴근 재해의 보호요건을 공무원연금과 차등 적용하는 것이 평등의 원칙에 위반되는가에 대하여 대법원은 「공무원연금법상의 공무상 재해에 관하여는 출근 중의 부상을 공무상 재해로 인정하고 있더라도, 공무원연금법상의 경우는 공무원이 상당한 액의 기여금을 불입하게 되는 데 비하여 산업재해의 경우에는 그와 같은 근로자의 부담이 없는 등 그 성질을 같이하는 것이 아니므로, 그 재해의 기준을 같이 정하지 않는다고 하여 헌법상의 평등의 원칙에 위반된다고 할

등의 원칙에 입각하여 근로자의 출퇴근 재해에 대하여도 공무원연금법에 규정된 보호요건을 동일하게 적용할 수 있는 입법적 개선이 요청된다.[36]

이처럼 피재근로자의 생활보장과 공무원 등과의 평등원칙을 적용하는 차원에서 공무원연금법상의 출퇴근 보호요건과 동일한 수준으로 일반근로자의 출퇴근 재해를 보호하고자 할 때에 필수적으로 논의되는 것이 산재보험재정의 문제이다. 출퇴근 재해는 교통사고에 의한 것이 대부분임을 감안하면 산재보험관장인 근로복지공단이 가해자 또는 자동차보험회사를 상대로 구상권을 철저하게 행사하면 될 것이므로 산재보험재정 악화 우려는 그다지 크지 않을 것으로 판단한다.

5. 출장 중의 사고

1) 업무상 재해인정기준

교통이 급속도로 발달되어 있고 직업의 종류가 다양화되어 있는 오늘날에 있어서 근로자들의 업무는 고정적인 사업장 내에서보다는 사업장 밖에서 업무를 수행하는 경우가 많다. 이처럼 회사의 출장업무를 수행하다가 당한 재해 역시 근로자들이 안전주의의무를 다하였다 하더라도 재해는 필연적이라고 할 수 있다. 그리고 출장행위는 비록 회사의 업무를 사업장 밖에서 수행하더라도 업무를 직접 수행하는 것이므로 업무와 재해 사이에 인과관계가 있는 것이므로 비록 사업주의 구체적인 통제나 지휘를 받지

수 없다」라고 판시함으로써 재정적 기초가 다르다는 이유로 평등의 원칙에 위반되지 않는 것으로 해석하고 있다(대판 1995. 3. 14. 94누15523). 헌법재판소 역시도 「사업주가 제공한 교통수단을 이용하는 경우로서 사용자의 지배관리하에 있는 출퇴근재해에 한하여 업무상 재해로 인정한다고 하여 그것이 곧 합리적인 이유가 없는 차별이어서 평등의 원칙에 반하는 것이라고 보기 어렵다」라고 하고 있다.

36) 조용만, 「프랑스의 통근재해 보호제도」, pp.77-78; 김복기, 「통근재해 보호의 근거 및 보호범위」, p.135-136.

않는다고 하더라도 사고 발생 시 이를 보호할 당위성이 있는 것이다.

따라서 근로자가 작업장을 떠나 출장 중일 경우에는 그 용무의 완성이나 수행방법 등에 있어서 특별한 사정이 없는 한, 출장과정의 전반에 걸쳐서 사용자의 지배관리하에 있는 것으로 보아야 하므로 업무수행성을 인정할 수 있다.[37] 그러나 출장 중의 행위가 출장에 통상적으로 수반하는 범위 내의 행위가 아닌 자의적인 행위·사적인 행위, 사업주의 구체적인 지시를 위반하거나 통상적인 순로 등을 벗어난 상태에서 사고가 발생한 경우에는 업무수행성과 업무기인성을 인정할 수 없다(시행규칙§36).

2) 판례의 분석

(1) 업무상 재해의 판단기준

"근로자가 사업장을 떠나 출장 중인 경우에는 그 용무의 이행 여부나 방법 등에 있어 포괄적으로 사업주에게 책임을 지고 있다 할 것이어서 특별한 사정이 없는 한 출장과정의 전반에 대하여 사업주의 지배하에 있다고 볼 수 있으므로 출장에 당연 또는 통상 수반하는 범위 내의 행위에 대하여는 일반적으로 그 업무수행을 인정할 수 있다 할 것이고, 이 때 그 출장명령의 내용, 출장업무의 성질, 출장에 제공된 교통수단의 종류 기타 당해 사업에 있어서의 관행 등에 비추어 시인할 수 있는 때에는 출장업무를 마친 후 출장지로부터 사무실을 들르지 않고 곧바로 귀가하는 경우에도 그 귀가행위까지 출장과정의 일부로 볼 수는 있다 할 것이지만, 그 경우 출장의 종료시점은 그 업무수행성 인정의 근거가 되는 사업주의 지배관리의 범위를 벗어나 근로자의 사적 영역 내에 도달하였는지 여부를 가지고 판단하여야 할 것이다(대판 2004. 11. 11. 2004두6709)."

37) 하갑래, 근로기준법, pp.893-894.

(2) 업무상 재해를 인정한 사례

▶ 출장 중 과음 후 숙소에서 자다가 두개골 골절상을 입어 사망한 경우

"출장 중 과음 후 지정된 숙소에서 자다가 물을 마시거나 용변을 보기 위한 등의 목적으로 일어나 다니던 도중에 숙소의 벽이나 바닥에 머리가 부딪쳐 두개골골절상을 입어 사망한 것으로 추단되는 경우, 업무상 재해에 해당한다(대판 1997. 9. 26. 97누8892)."

▶ 출장 중 업무와 관련된 사람과 식사 및 음주를 한 후 귀가 중 발생한 동사(凍死)

"거래처들과 업무협의차 저녁식사 겸 반주를 하면서 업무협의를 하였고 저녁식사를 마치고 노래방에 가서 노래를 부르다가 귀가하는 것은 출장에 당연히 수반되는 범위의 행위라 할 것이고, 망인이 당시 음주량이 평소 그의 건강상태 및 주량에 비추어 과다한 것이 아니었고, 노래방에서 술을 마시지 아니한 점 등에 비추어 달리 망인의 자의적 행위나 사적 행위가 개입되었다고 볼만한 아무런 자료가 없는 이상 출장업무수행 중 약간의 음주상태에서 귀가하다가 길에 쓰러져 동사한 것은 출장용무와 상당인과관계에 있는 사망이라고 봄이 상당하다(서울고판 1994. 1. 13. 93구19933)."

▶ 자동차수리공이 다른 사업장의 견인차를 운행하여 고장 차량을 견인하러 가던 중 발생한 교통사고

"자동차종합수리 서비스업을 목적으로 하는 사업장의 근로자가 같은 장소에서 같은 사업주가 경영하는 특수화물자동차 운수업을 목적으로 하는 다른 사업장의 견인차를 운행하여 고장 차량을 견인하러 가던 중 교통사고로 사망한 경우, 위 자동차종합수리 서비스업을 목적으로 하는 사업장에서의 업무수행성이 인정된다(대판 1999. 4. 9. 99두189)."

(3) 업무상 재해를 부정한 사례

▸ 통상 출장업무 범위를 일탈한 사적 행위로 인한 재해

"출장 중의 행위가 출장에 당연 또는 통상 수반하는 범위 내의 행위가 아닌 자의적 행위나 사적 행위일 경우에 한하여 업무수행성을 인정할 수 없고, 그와 같은 행위에 즈음하여 발생한 재해는 업무기인성을 인정할 여지가 없게 되어 업무상 재해로 볼 수 없다(대판 1993. 11. 9. 93다23107)."

"근로자가 업무상 사업장을 떠나 출장 중일 경우 일단 출장과정 전반에 걸쳐 그 업무수행성이 인정된다 하겠으나, 출장 중인 행위가 출장에 당연히 또는 통상 수반되는 범위 내의 행위가 아닌 자의적 행위나 사적 행위인 경우에는 업무수행성을 인정할 수 없는바, 출장 중에 입은 재해이지만 업무와 관계없이 여자들을 태우고 업무수행을 한 것은 사적 행위로 보아야 하므로 업무상 재해에 해당하지 않는다(대판 1992. 11. 24. 92누11046)."

▸ 정상적인 경로를 일탈한 출장 중 재해

"거래처 접대를 마친 후 사업주의 지시대로 대리운전자에게 출장업무에 제공된 차량을 운전하도록 하여 거주아파트 내 지하주차장 입구에 도착한 후 차량을 넘겨받아 직접 지하주차장에 주차시킨 후 시동을 걸어놓은 채로 장시간 잠을 자는 바람에 머플러 과열로 인한 차량 화재로 사망하였다면, 출장업무에 당연 또는 통상 수반하는 정상적 경로에 따른 행위라고는 말할 수 없고, 오히려 사업주의 의사와 무관하게 그의 지배관리를 벗어난 상태에서 행하여진 자의적 또는 사적 행위의 과정에서 자신의 귀책사유로 사망한 것으로 봄이 상당하다(대판 2004. 11. 11. 2004두 6709)."

▸ 출장업무를 수행한 다음 집합장소에서 해산한 후 귀가 도중 발생한 재해

"사업주로부터 출장명령을 받고 각자 일정한 지점에 집합하여 사업주 측이 제공하는 교통수단을 이용하여 업무수행 장소로 이동하게 되어 있는 경우 집합장소에 집합한 후 업무수행 장소로 갔다가 다시 집합장소로 돌아올 때까지를 출장 중이라고 할 것이므로, 근로자가 팀장 등 동료근로자들과 함께 출장업무를 수행한 다음 집합장소로 돌아와 해산한 후에 귀가의 수단으로 근로자 자신의 자가용승용차를 운전하여 가던 중 교통사고로 사망한 경우에는 업무상 재해로 볼 수 없다(대판 2002. 7. 26. 2002두5290)."

▸ 출장업무 종료 후의 사고

"출장업무와 동료직원에 대한 조문을 마치고 자신의 집에 들러 용무를 본 다음 근무처로 출발하였다가 중도에 다시 귀가하여 다음날 출근하던 중 사고가 발생한 경우 그 귀가 시점이 이미 그의 출장근무는 종료되었으므로 그 사고는 단순한 통근 중의 재해로 보아야 한다(대판 1995. 5. 26. 94누2275)."

(4) **판례의 경향**

판례는 근로자가 작업장을 떠나 출장업무를 수행하던 중 발생한 재해에 대하여는 그 출장업무의 완성이나 수행방법 등에 있어서 포괄적으로 사용자가 책임을 진다고 보아야 하므로 특별한 사정이 없는 한 일단 출장과정의 전반에 걸쳐 사업주의 지배하에 있는 것으로 보아 업무상 재해를 인정하고 있다. 그러나 출장 중의 행위가 통상적으로 수반되는 범위 내의 행위가 아닌 사적 행위, 정상적인 출장순로의 일탈행위, 사용자의 지시 위반 등의 원인으로 재해가 발생한 경우에는 업무와의 상당인과관계를 인정할 수 없어 업무상 재해로 인정하지 않고 있다. 또한 판례는 출장 중의 범위를 「집합장소에서 출장업무수행 장소로 갔다가 집합장소로 돌아올 때까지」로 해석하여 출장 중의 범위를 일탈하거나 종료 후에 발생한 재해에 대하여는 사업주의 업무수행성을 인정할 수 없다고 보아 업무상 재해로 인정하지 않고 있다.

6. 행사 중의 사고

1) 업무상 재해인정기준

근로자가 근로계약에 의하여 통상 종사할 의무가 있는 업무로 규정되어 있지 아니한 회사 외의 행사나 모임에 참가하던 중 재해를 당한 경우, 이를 업무상 재해로 인정하려면 우선 그 행사나 모임의 주최자, 목적, 내용, 참가의 강제성 여부, 운영방법, 비용부담 등의 제반사정을 종합하여 사회통념상 그 행사나 모임의 전반적인 과정이 사용자의 지배·관리를 받는 상태에 있어야 하고 그와 같은 행사나 모임의 순리적인 경로를 일탈하지 않아야 한다. 따라서 사용자가 주관하거나 단체협약·취업규칙·법령 등에 회사에서 의무화되어 있거나 사용자의 지시로 행사를 하다가 발생한 재해는 업무상 재해에 해당된다.[38]

근로자가 운동경기, 야유회, 등산대회 등 각종 행사에의 참가 또는 준비연습 중 사고로 인하여 사상한 때에는 사회통념상 당해 행사에 근로자의 참여가 노무관리 또는 사업운영상 필요하다고 인정되는 경우로서 당해 행사와 사고 사이에 상당인과관계가 없음이 명백한 경우가 아닌 한 다음의 요건을 갖춘 경우에는 업무상 재해에 해당된다(시행규칙§37①②).

1. 사업주가 행사에 참여하는 근로자에 대하여 행사 당일날 출근한 것으로 처리하는 경우
2. 사업주가 근로자에 대하여 행사에 참여하도록 지시하는 경우
3. 사업주에게 행사참여에 대한 사전보고를 통하여 사업주의 참가승인을 얻은 경우
4. 기타 위에 준하는 경우로서 통상적·관례적인 행사에 참여하는 경우

38) 하갑래, 근로기준법, pp.895-896.

행사의 기획·운영업무를 담당하고 있는 근로자가 그 행사의 기획·운영업무를 수행하던 중 발생한 사고로 사상한 경우에는 작업시간 중의 사고 또는 출장 중의 사고의 업무상 재해인정기준을 준용한다(시행령§37③).

2) 판례의 분석

(1) 업무상 재해의 판단기준

"근로자가 근로계약에 의하여 통상 종사할 의무가 있는 업무로 규정되어 있지 아니한 회사 외의 행사나 모임에 참가하던 중 재해를 당한 경우, 이를 업무상 재해로 인정하려면, 우선 그 행사나 모임의 주최자, 목적, 내용, 참가인원과 그 강제성 여부, 운영방법, 비용부담 등의 사정들에 비추어, 사회통념상 그 행사나 모임의 전반적인 과정이 사용자의 지배나 관리를 받는 상태에 있어야 하고, 또한 근로자가 그와 같은 행사나 모임의 순리적인 경로를 일탈하지 아니한 상태에 있어야 한다(대판 1995. 5. 26. 94다60509)."

(2) 업무상 재해를 인정한 사례

▸회사의 지원하에 정기적으로 실시되는 동호인 모임에 참석 중 발생한 재해

"회사의 적극적인 지원하에 매년 정기적으로 실시되는 동호인 모임인 낚시회 행사는 비록 참가인은 많지 않았지만 회사의 업무수행의 연장행위로서 사회통념상 그 전반적인 과정이 사용자의 회사의 관리를 받는 상태하에 있었으므로 그 행사에 참가하여 귀가 도중 교통사고로 사망한 것은 업무상 재해에 해당한다(대판 1997. 8. 29. 97누7271)."

▸회사가 경비와 차량을 지원한 야유회에서 물웅덩이에 빠져 사망한 경우

"생산직 사원들의 사기진작과 기업 이전에 따른 노고위로 및 생산직 사원들의 단합을 위한 목적으로 생산직 반장들을 책임자로 지정하여 경비와 차량을 지원하여 사실상 야유회를 개최하였고, 야유회에 생산직 사원 12명 중 10명이 참가하였으므로 사회통념상 위 야유회는 전반적인 과정이 기업의 관리를 받는 상태하에 있었다고 할 것이다(서울고판 1997. 1. 21. 96구23216)."

▸회사의 승인을 받고 회사 소유 승용차로 결혼식에 가다가 발생한 교통사고

"노동조합의 간부인 근로자가 회사의 차량운행 승인을 받고 회사 소속 승용차를 운전하여 동료조합원의 결혼식에 회사의 결혼축의금을 전달하기 위하여 가다가 차량충돌 사고로 사망한 경우 업무상 재해에 해당한다(대판 1991. 4. 9. 90누10483)."

(3) 업무상 재해를 부정한 사례

▸등산대회 참가 중 일부 직원들과 음주한 상태에서 발생한 재해

"회사의 이사 대우부장이 회사가 개최한 등산대회 및 회식에 참석하였다가 공식적인 회식이 끝난 후 분위기에 편승하여 사적으로 일부 직원들과 술집으로 자리를 옮겨 술을 마시던 중 술집계단에서 굴러떨어져 상해를 입은 경우, 업무상 재해로 볼 수 없다(대판 2002. 12. 27. 2000다18714)."

▸통상적인 순로가 아닌 일반인의 접근이 금지된 철로 위를 걷다가 입은 재해

"상급자의 지시에 따라 노임과 노임내역서를 제출하고 회의에 참석하기 위하여 회의장소로 가는 것은 업무를 수행하기 위한 것이었으나, 그 과정에서 여러 차례에 걸쳐 과도하게 술을 마셔 만취된 상태에 이르고 일반인의 접근이 금지된 철로 위를 걸어다닌 행위는 업무에 당연히 또는 통상적으로 수반되는 범위 내의 행위라 할 수 없고 자의적이고 사적인 행위이므로 그로 인하여 열차에 치어 사망한 것은 업무상 재해에 해당하지 않는다(대판 1999. 10. 12. 99두8122)."

▶ 담당주임의 지시로 회사 동료의 이삿짐 운반 중 입은 부상

"담당주임의 지시에 따라 동료 사원의 이삿짐 운반을 돕는 것이 회사의 통상적인 노무관리의 범주 내에 속하거나 달리 회사의 지배·관리를 받는 상태에 있었던 것으로 보기 어려우므로 그 과정에서 사원이 부상을 당하였다 하여 이를 업무수행 중 업무에 기인하여 재해를 입은 것이라고 할 수 없다(대판 1997. 5. 23. 96누18748)."

▶ 행사참가 후 술을 마시기 위해 다른 곳으로 이동하던 중 발생한 사고

"사용자가 주재하던 정례회식을 마치고 참석 근로자들에게 귀가를 지시한 후 먼저 귀가한 다음에도 근로자들이 다른 곳에 가서 술을 더 마시기 위하여 사용자 소유의 차량을 함께 타고 가다가 발생한 교통사고로 인하여 근로자들이 사망하거나 다친 경우, 피해 근로자들이 임의로 자기들만의 모임을 계속한 것은 그들의 사적인 행위에 해당하는 것으로서 이를 가리켜 사용자의 지배관리하의 행사가 계속된 것이라고 볼 수는 없고, 더욱이 피해 근로자들은 당초 행사의 순리적인 경로를 이탈한 것이므로 그 업무수행성을 인정할 수 없어 업무상의 재해에 해당한다고 볼 수 없다(대판 1995. 5. 26. 94다60509)."

▶ 강제성이 없는 동종업체 경영자 가족 간의 친목모임 참석 중 발생한 재해

"사용자가 주말에 자신의 가족과 동종업체 경영자 가족 간의 친목도모를 목적으로 한 모임에 참가를 희망하는 일부 종업원만을 참가시켜 놀러 가다 교통사고가 난 경우, 사용자가 차량 및 비용을 부담했다 하더라도 업무상 재해로 볼 수 없다(대판 1997. 9. 26. 97다4494)."

▶ 회식 후 강제되지 않은 2차 노래방에서 발생한 추락사

"식사를 마친 후 노래연습장으로 자리를 옮긴 것은 직원들의 요청에 의하여 즉석에서 결정된 것으로 그 참석 여부가 강제되지 아니한 임의적 행위로서 업무수행의 연속이라거나 업무수행과 관련한 활동으로 사업주의 지배나 관리를 받는 상태였다고 볼 수 없을 뿐만 아니라 다른 직원들이 노래를 부르고 있는 사이에 노래연습장을 나가 계단 난간에 넘어져 추락한 사고는 회식과정에서 통상 수반되는 위험의 범위 내에 있는 것이라고 보기 어려워 업무상 재해로 볼 수 없다(대판 2001. 5. 8. 2000두10540)."

(3) 판례의 경향

판례는 행사 중의 사고에 대한 업무상 재해 판단기준으로서 「행사나 모임의 주체자 · 목적 · 내용 · 참가인원과 그 강제성 여부 · 운영방법 · 비용부담 등의 사정들에 비추어 사회통념상 그 행사나 모임의 전반적인 과정이 사용자의 지배나 관리를 받는 상태 또는 노무관리상의 필요성이 있어야 하고, 근로자가 행사나 모임의 순리적인 경로를 일탈하지 아니한 상태에 있을 것」을 제시하고 있다.

판례는 위의 업무상 재해 여부의 판단기준을 근거로 회사가 주관하거나 단체협약 · 취업규칙 · 법령 등에 의무화되어 있거나 사용자의 지시 또는 노무관리차원에서 실시되는 각종 행사에 참가하던 중 발생한 재해에 대해서는 재해와 업무와의 상당인과관계가 없음이 명백하지 않는 한 업무상 재해로 인정하고 있다.

7. 기타의 사고

산재보험법시행규칙 第38조에서는 타인의 폭력행위에 의하여 근로자가 사상한 경우, 제3자의 행위에 의하여 발생한 사고로 인하여 사상한 경우, 업무상 재해를 당하여 요양 중에 있는 근로자가 요양과 관련된 행위 중에 발생한 사고로 사상한 경우를 「기타의 사고」로 규정하고 있다. 산재보험법에 의한 「기타의 사고」 이외에 판례에서 인정하고 있는 재해를 함께 살펴보기로 한다.

1) 타인의 폭력행위에 의한 사상

재해발생경위 및 사상한 근로자가 담당한 업무의 성질이 가해행위를 유발할 수 있다고 사회통념상 인정되고, 타인의 가해행위와 해당 근로자의 사상 사이에 상당인과관계가 있는 때에는 산재보험법 제54조의 규정에 의한 제3자의 행위에 의한 업무상 재해로 본다. 그러나 제3자의 가해행위가 피해자의 도발에 의하여 일어난 경우 또는 가해행위가 사회적 상당성을 넘어 업무영역을 벗어난 경우에는 업무상 재해에 해당하지 않는다.

[관련판례요지]

- ▸ 운전기사인 피재자의 가해자인 정비공에 대한 정비요구는 운전업무에 수반되는 행위라고 할 것이나, 정비행위를 둘러싸고 행한 욕설과 폭력행사는 사회적 상당성을 넘어 부수적 의미에서도 업무행위라 볼 수 없고, 욕설이나 폭력행사는 단지 피해자의 자의적인 행위에 불과하고, 피해자가 입은 상해는 피해자의 자의적인 도발에 의하여 촉발된 정비공의 폭행으로 인한 것일 뿐 피해자가 수행하던 업무에 내재하거나 이에 통상 수반되는 위험의 현실화라고 볼 수 없으므로 피해자의 부상은 업무상 재해에 해당하지 않는다(대판 1995. 1. 24. 94누8587).
- ▸ 근로자가 타인의 폭력에 의하여 재해를 입은 경우, 그것이 직장 안의 인간관계 또는 직무에 내재하거나 통상 수반하는 위험의 현실화로서 업무와 상당인과관계가 있으면 업무상 재해로 인정하되, 가해자와 피해자 사이의 사적인 관계에 기인한 경우 또는 피해자가 직무의 한도를 넘어 상대방을 자극하거나 도발한 경우에는 업무기인성을 인정할 수 없어 업무상 재해로 볼 수 없다(대판 1995. 1. 24. 94누8587).

2) 제3자의 행위에 의한 사상

작업장 내에서 작업시간 중에 작업을 하고 있거나 이에 부수된 행위를 하고 있던 근로자가 제3자의 행위로 인하여 사상한 경우에는 산재보험법 제54조의 규정에 의한 제3자의 행위로 인한 업무상 재해로 본다. 그러나 업무와 사상 사이에 상당인과관계가 없음이 명백한 때에는 업무상 재해에 해당하지 않는다.

여기서 가해자로서의 제3자라 함은 재해근로자와 산업재해보상보험관계가 없는 자로서 재해근로자에 대하여 불법행위 등으로 인한 손해배상책임을 지는 자를 말하는 것이므로, 비록 근로자가 동일한 사업주에 의하여 고용된 동료근로자의 행위로 인하여 업무상의 재해를 당한 경우라도, 그 동료근로자는 보험가입자인 사업주와 함께 직·간접적으로 재해근로자와 산재보험관계를 가지는 자이므로 제3자에서 제외된다(대판 2004. 12. 24. 2003다33691).

3) 업무상 요양과 관련된 행위로 인하여 발생한 사상

업무상 부상으로 요양 중에 발생한 사고는 업무와의 인과관계성을 인정하기 어려우므로 업무상 재해에 해당하지 않는 것이 원칙이다. 그러나 업무상 요양 중인 행위와 사고 또는 사고와 새로운 사상 사이에 상당인과관계가 인정되는 때에는 업무상 재해로 인정된다. 예컨대, 디스크수술 후에 그 후유증으로 근로자가 사상한 경우, 외과수술을 받고 요양을 위하여 병원에 입원하고 있던 중에 그 병원에 유행하였던 호흡기질환에 감염되어 사상한 경우는 업무상 재해로 인정될 수 있을 것이다.[39]

[관련판례요지]

▸요양 중 자살의 업무상 재해 판단기준

"근로자의 사망이 업무상 질병으로 요양 중 자살함으로써 이루어진 경우 당초의 업무상 재해인 질병에 기인하여 심신상실 내지 정신착란의 상태에 빠져 그 상태에서 자살이 이루어진 것인 한 사망과 업무와의 사이에 상당인과관계가 있다고 할 것이며, 근로자가 업무상 질병으로 요양 중 자살한 경우에 있어서는 자살자의 질병 내지 후유증상의 정도, 그 질병의 일반적 증상, 요양기간, 회복 가능성 유무, 연령, 신체적 심리적 상황, 자살자를 에워싸고 있는 주위상황, 자살에 이르게 된 경위 등을 종합 고려하여 상당인과관계가 있다고 추단할 수 있으면 그 인과관계를 인정하여야 한다(대판 1993. 12. 14. 93누9392)."

39) 김형배, 노동법, pp.460-461.

"근로자가 업무상 재해를 입고 요양 중 새로운 질병이 발생한 경우 그와 같은 추가질병까지 업무상 재해로 보기 위해서는 적어도 동 추가질병과 당초의 부상 또는 질병과의 사이에 인과관계가 있음이 밝혀져야 한다(대판 1991. 11. 12. 91누5624)."

▶ **업무상 상병을 치료하는 과정에서 발생한 성기능 장애**

"업무상 재해로 인한 상병을 치료하는 과정에서 발생한 요도협착과 이를 치료하기 위한 수술과정에서 발생한 발기부전증이라는 성기능장애도 업무상 재해에 해당한다(대판 2003. 5. 30. 2002두13055).

▶ **장기간 요양에 의한 약물복용에 의한 심장마비**

"망인이 업무상 재해로 인한 상병인 기질적 정신장해를 치료하기 위하여 사망 직전까지 약 7년이라는 장기간에 걸쳐 복용한 약물에 혈압저하, 심전도 이상에 이은 돌연사와 같은 치명적인 부작용이 있고, 망인의 사망원인이 심장마비로 진단되었고, 약물복용에 의한 혈압저하나 심전도 이상은 심장마비와 무관하지 않다고 보이는 점, 최초 재해로 인한 상병과 그 후유증 외에 다른 질병으로 치료받은 사실을 인정할 만한 자료를 찾아볼 수 없는 점 등에 비추어 볼 때, 망인이 장기간 복용하여 온 약물의 부작용에 의하여 사망하였을 가능성이 농후한 것으로 추단된다(대판 2000. 1. 28. 99두10438)."

4) 자해 · 자살행위

근로자가 고의로 재해를 발생하게 한 경우에는 업무와의 상당인과관계를 인정할 수 없으므로 업무상 재해가 될 수 없는 것이 원칙이다. 그러나 비록 근로자의 자발적인 행위가 내재되어 있다 하더라도, 업무상 상병의 결과 심신상실의 상태에 빠지거나 업무상 과로 또는 스트레스 등으로 자해행위를 유발 · 촉진시킨 경우에는 재해경위 등을 종합하여 업무 또는 업무상 상병과의 상당인과관계가 인정될 수 있는 정도에 이른 경우에는 업무상 재해로 인정될 수 있다.

[관련판례요지]

▶ 외국생활과 과중한 업무에 따른 만성적이고 반복적인 스트레스로 인하여 일시적인 정신착란 상태에서 창문을 통하여 아래쪽으로 뛰어내려 사망한 것은 업무와 상당인과관계가 있는 재해로 인정된다(대판 2001. 3. 23. 2000두10281).

▸우울증이 그 발생에 있어서 업무에 따른 스트레스와 상당한 인과관계가 있다고 의학적으로 판명된 질병이고 망인이 업무와 관련된 일 이외에 달리 신변에 심리적 부담을 줄 만한 사정이 없었다면, 망인의 공무와 그가 앓고 있던 위 우울증 사이의 인과관계는 일응 추단된다고 보아야 할 것이다. 특히 자살은 심한 우울증에서 회복될 때 가장 빈번히 일어난다는 것이 정신의학상 인정되고 있음을 알 수 있으므로, 그와 같은 사정과 망인이 자살 당시 보인 증세 및 발병으로부터의 기간 등으로 미루어 볼 때, 공무로 인하여 발생한 망인의 우울증은 이미 위 정신의학에서 말하는 심한 우울증의 상태에까지 진행되어 있었다고 보인다(대판 1999. 6. 08. 99두3331).

5) 노조전임자의 재해

(1) 업무상 재해인정기준

「노조전임자」란 근로자로서의 지위를 그대로 유지하면서 근로계약상의 근로제공을 하지 않으며, 노동조합의 업무만을 전담하는 자를 말한다.[40] 대법원은 「노조전임자의 지위를 휴직상태에 있는 근로자로 보면서 노조전임자가 행하는 노동조합의 활동을 정상적인 근로를 한 것으로 인정하고, 이에 근거하여 출퇴근 등의 업무규율상의 사규가 적용되고 통상적인 노동조합업무를 수행하던 중에 발생한 재해」를 업무상 재해로 인정하고 있다(대판 2004. 2. 27. 2003다51675; 2002. 7. 26. 2002두3331).

대법원이 노조전임자의 법적 성격을 휴직 중인 근로자로 해석하면서도 노동조합 업무수행 중 입은 재해를 업무상 재해로 인정하고 있는 근거로서는 ①노동조합업무는 회사의 노무관리업무와 밀접히 관련되어 있고, ② 노조전임자를 산재보험급여의 수급권자로 보는 것이 근로계약관계에서 생기는 위험으로부터 근로자를 보호하려는 산재보험법의 목적과 취지에 부합된다는 이유를 들고 있다. 대법원이 판시하고 있는 노조전임자의 업무상 재해 판단기준을 소개하면 다음과 같다.

40) 노동조합및노동관계조정법 제24조 제1항은 「근로자는 단체협약으로 정하거나 사용자의 동의가 있는 경우에는 근로계약 소정의 근로를 제공하지 아니하고 노동조합의 업무에만 종사할 수 있다」라고 규정함으로써 명문으로 노조전임자를 인정하고 있다.

[판례에 의한 노조전임자의 업무상 재해 판단기준]

- ▸노조전임자가 노동조합업무를 수행하거나 이에 수반하는 통상적인 활동을 하는 과정에서 그 업무에 기인하여 발생한 재해일 것
- ▸사용자의 사업과는 무관한 상부 또는 사용자와 연합관계에 있는 노동단체와 관련된 활동이나 불법적인 노동조합 활동이 아닐 것
- ▸사용자와 대립관계로 되는 쟁의행위 단계에 들어간 이후의 노동조합 활동 중에 생긴 재해가 아닐 것

(2) 판례의 분석

가. 업무상 재해를 인정한 사례

▸통상적인 노동조합 활동을 수행하다가 발생한 재해

"노조전임자가 근로계약상 본래 담당할 업무를 면하고 노동조합의 업무를 전임하게 된 것이 사용자인 회사의 승낙에 의한 것이라면, 이러한 전임자가 담당하는 노동조합업무는 그 업무의 성질상 사용자의 사업과는 무관한 상부 또는 사용자와 연합관계에 있는 노동단체와 관련된 활동이나 불법적인 노동조합 활동 또는 사용자와 대립관계로 되는 쟁의 단계에 들어간 이후의 활동 등이 아닌 이상, 원래 회사의 노무관리업무와 밀접한 관련을 가지는 것으로서 사용자가 본래의 업무 대신에 이를 담당하도록 하는 것이어서 그 자체를 바로 회사의 업무로 볼 수 있고, 따라서 그 전임자가 노동조합업무를 수행하거나 이에 수반하는 통상적인 활동을 하는 과정에서 그 업무에 기인하여 발생한 재해는 업무상 재해에 해당한다(대판 2002. 7. 26. 2002두3331)."

▸단체교섭 전 결의대회에 사용된 현수막을 철거하던 중 발생한 재해

"회사의 승낙에 의한 노조전임자가 노동조합이 단체교섭을 앞두고 조합

원들의 단결력을 과시하기 위하여 개최한 결의대회에 사용된 현수막을 철거하던 중 재해를 입은 경우, 위 결의대회가 불법적인 것이 아니고 이를 쟁의단계에 들어간 이후의 노동조합 활동이라고 볼 수 없으므로 업무상 재해에 해당한다(대판 1998. 12. 8. 98두14006)."

▸ 노조업무를 수행 중 육체적 · 정신적 과로로 인한 재해

"노조전임자가 근로계약상 본래 담당할 업무를 면하고, 노동조합의 업무를 전임하게 된 것이 사용자인 회사의 승낙에 의한 것이며, 재해발생 당시 근로자의 지위를 보유하고 있었고, 그 질병이 노동조합업무 수행 중 육체적 · 정신적 과로로 인하여 발병된 것이라면, 특별한 사정이 없는 한 이는 산업재해보상보험법 소정의 업무상 재해로 보아야 한다(대판 1994. 2. 22. 92누14502)."

나. 업무상 재해를 부정한 사례

▸ 쟁의기간 또는 상급노동단체와 관련한 활동 중 입은 재해

"업무의 성질상 사용자의 사업과는 무관한 상부 또는 연합관계에 있는 노동단체와 관련된 활동이나 불법적인 노동조합 활동 또는 사용자와 대립관계로 되는 쟁의 단계에 들어간 이후의 노동조합 활동 중에 생긴 재해 등은 이를 업무상 재해로 볼 수 없다(대판 1994. 2. 22. 92누14502; 대판 1997. 6. 10. 96누13866)."

▸ 근무시간 종료 후 노조간부 체육대회 도중 다친 재해

"노동조합의 전임자인 근로자가 임금협상을 앞두고 노동조합 간부들의 단결과시를 위하여 노동조합이 근무시간 종료 후에 개최한 체육대회에 참가하여 경기 도중 부상을 당한 재해는 사회통념상 그 행사의 전반적인 과정이 사업주의 지배관리를 받는 상태에 있다고 볼 수 없어 그와 같은 부상은 노동조합업무의 수행 중 그 업무에 기인하여 입은 것이 아니므로 업무상 재해에 해당하지 않는다(대판 1997. 3. 28. 96누16179).”

다. 판례의 경향

대법원은 원칙적으로 노조전임자의 재해에 대하여 「통상적인 업무활동을 수행하던 중 재해를 입은 경우」에 한하여 업무상 재해로 인정하고 있으나, 당해 노동조합의 상부 또는 연합관계에 있는 노동단체와 관련한 행위이거나 쟁의행위를 수행함으로써 사용자와 대립관계로 들어간 이후의 노조활동 중에 발생한 재해에 대하여는 통상적인 노동조합 활동으로 보지 않아 업무상 재해를 인정하지 않고 있는 경향을 보이고 있다.

그러나 노조전임자도 여전히 근로자의 신분을 유지하고 있으며, 산재보험법의 취지가 근로관계에서 발생되는 위험으로부터 근로자를 보호하는데 있다고 하는 점, 정당한 쟁의활동을 수행하더라도 근로자로서의 신분을 그대로 유지되면서 단지 근로계약상의 주된 권리·의무만이 정지된다는 점, 노동쟁의와 관련된 노동조합 활동이 노동조합의 가장 중요한 목적활동임에 비추어 볼 때 통상적·일반적 노동조합 활동과 쟁의관계 돌입 이후의 노동조합 활동을 구별하여 업무상 재해 여부를 달리 판단하는 것은 논리상 타당하다고 볼 수 없다. 따라서 노조전임자에 대하여 「쟁의행위 돌입 이후에 발생한 재해」에 대하여 업무상 재해를 부정하고 있는 대법원의 판례에 찬동할 수 없다.

제 2 장 과로성 재해

Ⅰ. 개 설

일반적으로 업무상 과로나 스트레스에 의한 사망을 「과로사(karoshi, death of overwork)」라고 부르고 있다.[1] 과로사는 의학적 · 법률적 용어도 아니며, 이에 대한 구체적인 정의도 확립된 것도 아니다. 다만, 현행 산재보험법시행규칙 제39조와 관련하여 뇌혈관질환과 심장질환을 업무상 질병으로 규정하고 업무상 재해를 인정하는 기준으로 「육체적 · 정신적인 과로」라는 용어를 사용하고 있는데, 이를 보통 「과로사」라고 부르고 있는 것이다. 그러나 「과로사」라 하면 과로로 인하여 기초질환이 급속히 악화되거나 질환의 발병으로 사망한 경우를 의미하는 것으로 볼 수 있으므로 과로사 대신 「과로성 재해」 명칭을 사용하는 것이 타당하다.

「과로성 질환」이라 함은 「업무상 과로 또는 업무상 스트레스에 의하여 뇌실질내출혈, 지주막하출혈, 뇌경색, 고혈압성뇌증 등의 뇌혈관질환과 협심증, 심금경색, 해리성 대동맥류 등의 허혈성 질환 또는 심장마비 등의 심장질환을 유발하여 노동장해 또는 사망에 이른 상태」를 의미한다.[2] 이에 대하여 판례는 일반 재해와 구분하여 「과로성 재해」라는 용어를 사용하고 있

---

1) 1982년 일본에서 의사 3명이 공동으로 저술한 「過勞死」라는 책에서는 처음으로 과로사라는 용어를 사용한 후 우리나라에서도 대부분 과로사라는 용어를 그대로 사용하고 있는 것 같다.

2) 김형배, 노동법, p.462.

지 않지만 실질적으로 뇌혈관질환과 심장질환에 국한하지 않고 업무상 과로 또는 업무상 스트레스 등에 의하여 기존의 간질환, 위암, 청장년급사증후군, 폐혈증 및 폐암 등의 질병이 악화된 된 경우까지를 「과로성 재해」로 판단하고 있어 과로성 재해의 범위를 확대하고 있는 경향이다.

이른바 「과로성 질환」이 업무상 과로와 스트레스가 질병을 일으키는 요인인지 아니면 기존질병의 악화 또는 사망에 이르게 한 요인인지에 대한 의학적·법률적인 인과관계가 아직 명확하게 정립된 것이 없다. 따라서 업무상 과로로 인한 사망 또는 질병의 발생인지 또는 기존질병과의 직접적인 인과관계에서 오는 사망인지를 판단하는 데 어려움이 많다. 이러한 측면에서 본다면, 평소에 정상적인 근무가 가능한 기초질병이나 기존질병이 있다 하더라도 업무의 과중이나 스트레스로 인하여 자연적 진행속도 이상으로 급격하게 악화되거나 사망한 경우까지를 「과로성 재해」의 범위에 포함되는 것이다.

「과로성 재해」는 일반적으로 당해 근로자의 성별, 연령, 신체적 조건, 기존질병 등 개인적인 특성에 의하여 발생되는 것이 보통이므로 업무상 과로와 질병의 발생 또는 사망과의 인과관계를 판단하는 데 어려움이 많다.[3] 따라서 「과로성 재해」에 대한 업무상 재해 여부를 판단함에 있어서 업무수행성보다는 주로 업무기인성의 문제로 귀착된다.

Ⅱ. 업무상 과로와 스트레스 정도의 판단

1. 문제의 소재

「과로성 질환」은 업무상 과로 또는 스트레스에 의하여 질병이 발병하거

3) 대한간학회, 간질환관련 업무상 질병인정기준, p.5; 김형배, 노동법, p.462.

나 기존질환이 악화되는 것을 의미하는 것이므로, 업무상 재해에 해당하는가를 판단하기 위해서는 우선적으로 업무의 개념 및 범위와 질병에 영향을 미칠 수 있는 과로와 업무상 스트레스 정도를 판단해야 한다.4)

통상적으로 과로는 만병을 유발시키거나 악화시키는 것으로 알려져 있고, 의학적으로 신체건강에 이롭지 않음은 물론 과로로 인하여 신체기능이 저하되고 질병에 대한 저항능력이 감소되어 질병이 발생된다고 하는 사실이 규명되어 있다. 따라서 근로자가 과로로 인하여 신체기능이 저하되고 질병에 대한 저항능력이 떨어져 질병이 발생하였다면 산재보상을 받아야 함은 당연하다.

그러나 질병 발생은 과로 외에도 여러 가지 요소들이 직접적 혹은 간접적으로 관여하고 있으며, 근로자의 재해발생 당시 과로의 정도, 기초체력, 평소 신체의 단련, 연령, 주변 환경, 과로기간, 음식물 섭취, 기초질환이나 기존질환 유무 등 개인적 여건에 따라 과로에 의한 영향이 달라질 수 있다. 또한 과로의 원인제공이 업무상 생활영역인지 또는 사적 생활영역인지를 분명하게 구분할 수 없다고 하는 특징이 있으므로 어떠한 기준으로 업무상 재해로 판단할 수 있는지가 가장 어려운 과제이다.5)

일반적으로 업무상 과로로 인한 사망은 「업무상 과로⇒생리적 항상성(homeostasis) 변화⇒기초체력 또는 건강상태의 변화⇒면역적 방어기전 또는 체내 환경의 변화⇒발병인자의 활성화⇒기초질병 · 기존질환의 변화 또는 질병 발생⇒악화⇒사망」이라는 일련의 과정을 밟게 되는 것이므로 과로=사망이라는 등식은 성립할 수 없다.6) 반대로 과로 또는 스트

4) 현행 산재보험법 제4조는 단지 업무상 재해를 업무상 사유에 의한 부상, 신체장해 또는 사망이라고 규정하였을 뿐, 업무의 구체적인 개념과 범위 및 업무상 스트레스에 대한 규정이 없는 관계로 업무상 재해로 판단하는 데 자의적인 판단에 의존하고 있는 경향이다. 업무상 재해 요건을 명확히 하기 위해서는 이에 대한 규정을 신설하는 것이 타당할 것이다.

5) 이흥재, 「과로사의 인정기준에 관한 판례의 경향」, p.1; 구건서외, 과로사와 산재보상, p.36.

6) 「과로성 질환」으로 사망한 유족 및 피재근로자들이 "평소 매우 건강한 상태였는데 갑자기 업무상 과로 또는 스트레스로 인하여 질병이 발병하였거나 사망하였다"고 주장하면서 산재보상을 청구하는 사례가 많은데, 평소 건강한 사람이 일시적인 과

레스가 있은 후 충분한 휴식을 취하거나 치료를 받은 경우에는 「과로⇒휴식과 치료⇒인체의 생리적 항상성 유지⇒기초질환이나 기존질병의 회복⇒건강유지」의 과정을 거쳐 건강이 회복될 수 있다.

결국, 업무상 재해 여부를 판단하는 데 있어서 가장 중요한 기준은 재해와 업무상 과로 또는 스트레스 사이에 인과관계를 인정할 수 있는가의 여부, 즉 「업무기인성」의 판단이다. 그러므로 업무상 재해 여부를 판단하는 중요한 기준이 되는 업무의 개념 및 범위, 재해에 영향을 미치는 과로와 스트레스의 개념 및 정도를 구체적으로 규명할 필요성이 있다.

2. 과로의 개념 및 과로의 정도

「업무상 과로[7]」라 함은 자신의 능력을 벗어나 자신의 건강을 회복되는 능력을 초과할 정도의 근로를 의미하는 것으로서 피로보다는 부담이 큰 것을 말한다. 즉, 피로는 계속된 운동이나 작업 등으로 심신기능이 지치고 저하되어 있는 상태를 말하는 것이고, 과로는 피로가 회복되기 전에 다시 피로가 겹쳐 축적된 상태를 의미한다.[8]

로 또는 스트레스로 인하여 사망하였거나 질병이 발생하였다고 하는 것은 의학적으로나 법리적으로 업무와 질환 사이에 상당인과관계를 인정할 여지가 좁을 수밖에 없다. 기존질환으로 인하여 평소보다 감당하기 어려운 업무상 과로 또는 스트레스로 인하여 질병이 악화되어 사망에 이른 것이라고 하는 업무상황, 기존질환의 규명 등이 업무상 재해로 인정받을 가능성이 높다는 것을 유의해야 한다.

7) 보통 육체적 과로와 정신적인 스트레스의 관계는 전혀 별개의 문제로 볼 수 없다. 육체적 과로가 있게 되면 이와 함께 정신적 스트레스를 함께 받게 되는 것이 보통이다. 따라서 근로시간의 장기화에 따른 육체적 과로로 질병이 악화된 경우에는 역시 정신적 스트레스도 당연히 수반되는 것으로 보아야 하므로 과로에는 스트레스도 포괄하는 것으로 해석해도 무방할 것이다. 그러나 육체적 과로와 상관없이 정신적 스트레스만 받는 경우도 있다. 예를 들면, 직장에서의 인간관계의 갈등, 역할의 모호성, 상사와의 갈등, 개인적인 문제 등으로 정신적 스트레스는 있지만 과도한 육체적 과로는 없는 경우이다. 이 경우의 스트레스는 복합적인 원인에 의하여 발생하기 때문에 업무와 재해 간의 인과관계를 판단하는 데 상당한 어려움이 있다.

그러나 의학적으로 어느 정도의 과로가 있어야 질병의 유발 또는 악화로 인정될 수 있는가를 개량적으로 측정할 수 있는 방법은 없고, 특정한 근무량이나 근무시간이 모든 사람에게 동일한 질병을 유발하는 것이 아니므로 각각의 경우마다 상황을 면밀히 검토하여 과로와 질병 간의 인과관계를 밝힐 수밖에 없다.

대법원은 과로로 인하여 새로운 질병에 걸리거나 기존질병이 악화되었는가를 밝히는 것과 관련하여 상당수의 판례를 내놓고 있으나, 그 기준은 사례에 따라 다르게 적용하여 왔다.

첫째는, 과로와 질병 사이의 인과관계를 반드시 의학적·자연과학적으로 명백하게 입증하지 않아도 되는 것이므로, 여러 가지 상황을 고려할 때 과로와 질병 사이의 상당인과관계가 있다고 추단되면 과로를 인정하는 판례이다(대판 2001. 1. 28. 99두10438; 대판 2001. 4. 13. 2000두9922).

둘째는, 질병의 주된 발생원인이 업무수행성과 직접적인 관계가 없더라도 적어도 업무상의 과로나 스트레스가 질병의 주된 발생원인에 겹쳐서 질병을 유발하거나 악화시켰다면 그 사이에 인과관계가 있는 것이고, 평소에 정상적인 근무가 가능한 기초질병이나 기존질병이 업무의 과중 등을 원인으로 자연적인 진행속도 이상으로 급격하게 악화된 때에는 과로로 인정하고 있는 판례이다(대판 1998. 12. 8. 98두12642; 대판 2001. 10. 12. 2001두3730).

셋째는, 과로의 정도를 보통 평균인이 아닌 당해 피재자의 건강과 신체조건을 기준으로 해야 한다고 하는 판례이다(대판 2000. 9. 22. 2000두3627).

업무상 과로가 질병에 어느 정도 기여하여야만 과로와 질병 사이에 상당인과관계가 있느냐를 판단하기 위해서는 의학적인 지식이 절대적으로 필요한 것이므로, 법관이 자의적으로 판단할 사항은 아니다. 따라서 재판실무에서 법관은 의사에 대한 감정촉탁과 사실조회 등을 통하여 얻은 의학적 지식에 근거하여 과로와 질병 사이의 인과관계 유무를 판단하고 있는데, 상반되는 위의 판례 중에서 어느 것을 선택할 것인가는 법관의 재

8) 대한간학회, 간질환관련 업무상 질병인정기준, p.9.

량에 속한다고 볼 수 있다.[9)]

결국, 업무상 과로가 직접적으로 질병을 유발하거나 기존질병을 악화시킬 수 있을 정도의 수준이거나 적어도 이에 상응할 정도의 수준이어야 업무와의 상당인과관계를 인정할 수 있다고 보아야 할 것이며. 질병에 영향을 미칠 수 있는 업무상 과로가 있었는가의 판단은 피재자 본인을 기준으로 해야 한다.[10)]

3. 업무상 스트레스의 개념 및 정도

「업무상 스트레스(work-related stress)」란 직업상의 필요조건에 대해 근로자의 능력이나 재주 또는 필요성이 부합되지 않을 때 발생하는 육체적으로 유해한 반응이나 정서적 반응을 의미하며, 이로 인하여 근로자의 건강이 악화되며 재해발생의 원인이 되는 것으로 알려져 있다. 유해자극에 의하여 생체(生體)가 항상성을 유지하지 못하거나 충분하지 못할 때에는

9) 박상훈, 「판례평석: 과로와 업무상 재해」, p.85.

10) 이에 대하여 산재보험법 시행규칙 제39조 제1항 관련 [별표1] 업무상 재해인정기준에 의하면, 뇌혈관 또는 심장질환의 업무상 재해인정기준으로서의 「급격한 작업환경의 변화」를 뇌혈관 또는 심장혈관과의 정상적인 기능에 뚜렷한 영향을 줄 수 있는 정도의 과중부하라고 규정하고 있고, 「만성적인 과로」를 근로자의 업무량과 업무시간이 발병전일 3일 이상 연속적으로 일상 업무보다 30% 이상 증가되거나 발병 전 1주일 이내에 업무의 양·시간·강도·책임 및 작업환경 등이 일반인이 적응하기 어려운 정도로 바뀐 경우로 규정함으로써 뇌혈관 질환 또는 심장질환과 업무와의 인과관계를 엄격하게 적용하고 있다. 그러나 대법원은 뇌혈관 및 심장질환이 업무상 재해에 해당하는가의 여부를 판단함에 있어서 위의 별표에 규정한 업무상 재해인정기준을 적용하지 않음으로써 업무상 재해인정기준을 폭넓게 해석하고 있는 경향을 보이고 있다. 이는 종전 노동부예규인 「업무상 재해인정기준」은 행정기관 내부의 사무처리준칙에 불과한 것이어서 국민이나 법원을 구속하는 것이 아니라고 하는 대법원의 판례(대판 1990. 9. 25. 90누2727)에 기인한 것으로 것으로서, 비록 종전의 노동부예규인 업무상 재해인정기준에 정한 내용을 위임입법의 형식으로 시행규칙에 규정하였더라도 그 실질적으로는 법규명령의 성격을 지니지 아니한 것으로 해석하고 있기 때문일 것으로 판단된다.

혈압이 상승하여 심장의 박동수를 증가시키게 하며, 혈당의 증가, 골격근에 혈류량의 증가, 피부입모, 비장수축과 같이 신체의 여러 장기에서 스트레스 반응을 일으키게 된다. 스트레스의 강도는 근로자의 개인적인 업무숙달 정도, 흥미, 능력, 정서상태, 질병상태 등 주관적인 특성과 환경에 따라 개인별로 다르게 나타나므로 업무와의 인과관계를 객관적으로 규명하는 것은 매우 어려운 일이다.11)

스트레스는 주관적인 인간과 환경 사이의 특정관계에 의하여 발생되고, 일단 발생한 스트레스는 각 개인이 스트레스에 대하여 느끼는 정도나 환경에 의하여 최종적으로 결정된다. 스트레스는 객관적인 환경, 주관적인 환경, 객관적인 개인, 주관적인 개인에 의하여 좌우된다. 예를 들면, 공구를 생산하는 회사에서 근무하고 있는 근로자는 1시간당 평균 10개의 공구를 생산하여 왔는데(객관적인 환경), 사용자가 1시간당 15개의 공구를 생산하라고 하였다고 가정하자(주관적인 환경). 이 근로자는 열심히 작업을 하여도 1시간 13개의 공구를 만들 수 있는 능력이 있는데도(객관적인 개인), 1시간당 10개를 생산할 수밖에 없다고 생각할 때(주관적인 개인) 개인과 환경 사이의 마찰이 스트레스를 야기시킨다.

일반적으로 산업현장에서 발생하는 스트레스의 요인에는 사업장 내의 구조적인 상호관계, 인간관계, 개인의 역할, 임무, 작업환경, 근로조건 등을 들 수 있다. 작업장 내에서 스트레스에 관여하는 요소로서는 다음과 같은 것이 있다.12)

- ▶ 작업장 내의 구조적 관계에 의한 스트레스 요소: 부서이동, 불충분한 의사소통, 대인 간 갈등, 부서 간 마찰, 상사와의 업무마찰 등
- ▶ 경력에 따른 스트레스 요소: 업무를 조정할 기회가 부족하거나 기회를 부여하지 않는 경우, 하부구조에 대한 새로운 책임, 실직, 승진기회의 탈락, 하부사원의 승진, 임원이 하부사원을 신임하고 본인이 문책되는 경우 등
- ▶ 개인의 역할과 관련한 스트레스 요소: 업무에 대한 갈등, 업무에 대

11) 대학간학회, 간질환관련 업무상 질병인정기준, p.8 이하.
12) 구건서외, 과로사와 산재보상, p.40.

한 불만, 불충분한 대가, 직장 내에서 권위가 없는 경우 등
- ▸임무에 따른 스트레스 요인: 임무가 양적으로 과중하거나 과소한 경우, 부양가족에 대한 책임감, 임무결정권이 없는 지위배정 등
- ▸업무환경에 의한 스트레스 요인: 불결한 작업환경, 육체적으로 직접 불결한 환경에 폭로되는 경우, 과로, 소음, 안전사고 등
- ▸근로조건: 주간·야간 교대 근무, 휴일 또는 연장근무 등

그러나 이와 같은 직업적인 스트레스 요소 이외에 나이, 부양가족, 사회적 위치, 만성질환, 정신적인 문제, 수입, 주거문제 등 개인적인 요인에 의해서도 스트레스를 받을 수 있는데, 이러한 개인적인 스트레스에 의하여 과로성 질환이 발병하거나 기존질환이 악화되었더라도 업무와 질병 사이에 상당인과관계가 성립되지 않아 업무상 재해가 인정되지 않는다. 즉, 스트레스와 과로성 질환과는 상호관련성이 있는 것은 분명하지만, 질환에 영향을 미치는 스트레스가 개인적인 사유에 의하거나 간접적인 영향만 미치는 경우에는 업무와 재해 간에 상당인과관계를 인정할 수 없다.

이론적으로는 업무상 스트레스가 질병에 직접적으로 영향을 미치거나 상당한 영향력이 미친다고 볼 만한 정도의 수준이어야 업무와의 상당인과관계를 인정할 수 있다.

Ⅲ. 간질환과 업무상 재해 여부의 판단

1. 간질환의 이해

간(肝)은 인체 내에서 가장 큰 단일장기로서 인체에 흡수된 각종 유해물

질이나 알코올을 해독할 뿐만 아니라 약제나 인체 내에서 발생하는 각종 유해물질을 해독 또는 대사시키는 기능을 한다. 간질환은 염증발현 시기와 지속기간에 따라 급성간염과 만성간염으로 분류된다. 급성간염은 일반적으로 1-2개월 이내에 회복되고 있으나 약 1%는 다량의 간세포가 동시에 파괴됨에 따라 생명에 위험이 초래되는 전격성 간염(fulminant hepatitis)이 발생되고 있다. 급성간염이 회복되지 않고 간조직 내에서 염증반응이 6개월 이상 지속되는 경우에는 만성간염으로 분류하고 있다.[13)]

실무적으로 평소 B형간염이 있었던 근로자가 근무수행 중 간경변증 또는 간암이 발병하여 사망한 경우에 산재보험법상 업무상 재해에 해당한다고 생각하여 권리구제를 신청하는 경우가 많으므로 간질환과 업무와의 인과관계를 살펴볼 필요가 있다.

2. 업무상 재해인정기준

근로현장에서 나타날 수 있는 간질환은 각종 사고에 의한 간손상, 화학(유해)물질에 의한 독성간염, 약제에 의한 간염, 알코올성 간염, 바이러스성 간염을 들 수 있는데, 이러한 질환에 대한 업무상 재해 여부에 대한 일반적인 기준으로서의 의학적인 측면과 산재보험법상의 인정기준으로 나누어 소개한다.

1) 의학적 측면에서의 인정기준

(1) 사고에 의한 간손상

교통사고, 추락사고, 둔기(鈍器) 등을 사용하거나 주먹을 휘둘러 상복부에 강한 충격이 가해지면(blunt trauma) 피부를 뚫지 않은 상태에서도 간을 싸고 있는 피막이 파열되며 그 안에 있는 간실질이 손상될 수 있다.

13) 대한간학회, 간질환관련 업무상 질병인정기준, p.18.

근로자가 업무와 관련하여 이와 같은 간 손상을 초래할 수 있는 사고가 있는 경우에는 업무상 재해로 인정받을 수 있다.

(2) 알코올성 간염

음주를 하게 되면 인체 내에서 발생되는 알코올의 분해산물로 인하여 간세포가 손상되며 이로 인하여 지방간, 알코올성 간염, 간경변증, 간암을 일으킨다. 섭취한 알코올총량은 「마신 술의 농도(%)×음주량(㎖)×0.78」의 공식으로 계산하고 있다. 간에 영향을 미치는 음주량은 간 해독능력, 성별, 약제의 병용 여부 등 개인별로 차이가 있기 때문에 일반화하기 어려우나 일반적으로 이 공식에 의하여 계산한 섭취알코올량이 1일 최소 약 40-80㎎ 정도이면 알코올성 간질환을 일으키고 그 이상의 음주를 3-5년 이상 계속되는 경우에는 만성과음자로 평가하고 있다. 간경변증 상태에서 계속 음주를 하게 되면 초기간경변증은 더욱 악화되어 말기간경변증 또는 간암으로 악화된다.[14)]

(3) 바이러스성 간염

바이러스간염 중에서 B형간염, C형간염, D형간염, G형간염은 모두 혈액을 통해 전염되며 만성간염의 원인이 된다. 특히, B형간염은 오랜 기간 지속됨에 따라 간경변증, 간암으로 전이되는 것이 보통이다. B형간염 근로자가 업무수행 중 간경변증이나 간암이 발생하는 경우 업무상 과로 또는 스트레스에 의하여 B형간염이 간경변증이나 간암으로 악화되었다고 주장하면서 업무상 재해로 주장하는 경우가 많으므로 우리나라에서 업무상 재해와 밀접한 관련이 있는 간질환은 B형간염과 관련된 질환이라고 할 수 있다. 대법원은 기존 B형간염 질병이 있는 경우에 업무상 과로 또는 스트레스로 인하여 악화된 경우에는 일반적으로 업무상 재해로 인정하여 왔다.[15)]

---

14) 간의학회는 알코올성 간경변증 환자의 약 75%는 간질환으로 사망하게 되는데 이 중 1/3은 간암으로, 2/3는 간경변증 자체의 합병증으로 사망한다고 함으로써 알코올성 간질환을 업무상 재해의 판단기준을 재고해야 한다고 주장한다(대한간학회, 간질환관련 업무상 재해인정기준, p.23).

(4) 유해물질 및 약제 등에 의한 간염

인체의 장관을 통하여 흡수된 각종 음식물, 약물, 화학유해물질, 독소 등은 모두 간에 유입되게 되는데, 이러한 물질을 취급하는 작업환경에서 업무를 수행하던 중 간질환이 발생하는 경우에는 업무상 재해로 판단할 수 있는 근거가 된다. 간질환과 밀접한 관련이 있는 약제 등은 [약제 등에 의한 간질환」표와 같다.

[약제 등에 의한 간질환]

간질환의 종류	용도: 약제
급성간염	마취제: Halothane 항경련제: Phenytoin, Carbamazepine 항고혈압제: Methydopa, Captopril, Enalapril 항생제: Nitrofurantioin 항결핵제: Isonniazid, Riframpin 이뇨제: Chlorothiazide 설사약: Oxyphenisation 항우울제: Ipronizid, Amitriptyline, Imipramine 소염제: Ibuprofen, Indomethacin. Diclofenac, Sulindac 항진균제: Ketoconnazol, Fuuconazol, Itracconazol 항바이러스제: Zidovudine, Dideoxy, Inosine Ca++blocker: Nifedipine, Verapamil, Diltiazem 항납성홀문제: Fultamide
지 방 간	항생제: Tetracycline 항경련제: Sodium valproate 부정맥치료제: Amiodarone 항바이러스제: Zidovudine, Indinavir, Ritonavir 항암제: Asparaginase, Methotrexate

15) 그러나 간의학회는 우리나라의 B형간염의 경로는 모체의 혈액이나 분비물이 존재하는 바이러스가 출산과정에서 혹은 출산 직후 자녀에게 전염되는 모자간 수직감염이 가장 중요한 전염경로인 반면, 사회 생활하는 동안 감염되는 수평감염은 적은 편이고 성인인 경우 약 5% 이내에서 만성간염으로 이행된다고 함으로써 기존 간질환과 관련한 업무상 재해 판례를 부정적으로 평가하고 있다(대한간학회, 간질환관련 업무상 질병인정기준, p.20).

간질환의 종류	용도: 약제
담즙저류 (Cholestasis)	스테로이드: Methyl testosterone 소염제: Sulindac 갑상선치료제: Methymazol 항생제: Erythromycin, Nitrofurantoin, Rrifampin Amoxacillinclavulinic Acid, Oxacillin 경구피임약: Norethynodrel with Mestranol 저혈당제: Chloropropamide 안정제: Chloropromazine 항암제: Anabolic Steroids, Busulfan, Tamoxifen 면역억제재: Cyclosporin Ca++blocker: Nifedipine, Verapamil
간 염 과 담즙저류혼합	면역억제제: Azathioprine 지질강하제: Nicotinic acid, Lovastation Hydrocarbon :Carbon Tetrachloride Netal: Yellow Phosphorus 버섯: Amanita Phalloides 진통제: Acetaminophen 용매제: Dimethylformamide
육 아 종 (Granuloma)	소염제: Phenylbutazone 항생제: Sulfonamide 통풍치료제: Allopurinol 부정맥치료제: Quinidine 항경련제: Carbamazepine
만성간염 간경변증	항결핵제: Isonniazid, Iproniazid 항고혈압제: Methldopa 항생제: Nitrfurantoin 갑상선치료제: Prophlthiouracil 항경련제: Valproic Acid 항암제: Chlorambucil, Busulfan 마취제: Halothane
혈관질환	혈관폐쇄(Veno-occlusive disease), Azathioprine, BCNU Cysteamine, Dacarbazine, Adriamycin, 6-Mercaptopurine Mitomycin, 6-Thioguanine, Vincristine

※ 자료: 대한간학회, 간질환관련 업무상 질병인정기준, 2002.

[유해화학물질의 종류에 따른 사용처 및 유발 간질환]

화학물질	사 용 처	유발 간질환
비소(Arsenic)	구서제, 합금, 염료제조, 세라믹, 약품, 불꽃, 페인트, 잉크, 반도체 등	급성간염, 간경변증, 혈관육종
베리리움 (Beryllium)	합금, 전극판, 세라믹, 전기기구, 미사일, 핵반응기구 등	육아종
사염화탄소 (CCl_4)	소화기, 기름제거, 용매제 제조, 잉크, 살충제, 락커, 곤충기피제, 냉장고, 고무, 왁스, 훈증기 등	급성간염, 간경변증, 간암
다이옥산 (Dioxan)	용매제, 기름제거, 시멘트, 접착제, 냄새제거제, 접착제, 락커, 기름, 페인트, 광택제, 왁스 등	아급성 간염
황인(Phosprous)	화약, 폭발물, 비료, 구서제, 동 합금, 반도체, 투명 코팅, 화학품 제조 등	급성간염
Picric acid, 2,4,6-Trinitrophenol	건전지, 착색유리, 살균제, 약품, 염료, 폭발물, 사진 인화, 무두질 공장 등	급성간염
Polychlorinat-ed biphenyl	전선 절연체, 염료, 전기기구, 제초제, 락커, 종이처리, 레진, 방염, 트랜스 등	아급성간염, 간경변증 간암
2,3,7,8-Tetra-chloro dibenzo-p-dioxin	poly-chlorinated biphenyls, 염화제품 등	포르피리아
Tetraclroetha-ne	드라이크리닝, 훈증기, 용매제, 기름제거, 락커, 페인트, 인, 레진, 왁스 등	급성간염
Tetraclroethy-lene	용매제, 기름제거, 비누, 훈증제, 진공관, cellulose ester, 검, 고무, 왁스 등	급성간염
2,4,5-trinitoto-luene	폭발물	급성간염
염화비닐 (Vinyl chloride)	용매제, PVC제조	섬유화, 문맥압항진증, 간경변증, 간암, 혈관육종

※자료: 대한간학회, 간질환관련 업무상 질병인정기준, 2002.

2) 산재보험법상의 인정기준

산재보험법시행규칙 제39조제1항 관련 [별표1] 「업무상 질병 또는 업무상 질병으로 인한 사망에 대한 업무상 재해인정기준」에서 제시하고 있는 간질환과 관련한 업무상 재해인정기준은 다음과 같다.

(1) 업무상 재해로 인정하는 경우

근로자가 업무와 관련하여 다음과 같은 원인으로 독성간염·급성간염·전격성간염·간농양·만성간염·간경변증·원발성간염이 발생 또는 악화되었거나 이로 인하여 사망한 경우에는 업무상 재해로 인정한다.

가. 작업환경에서 유해물질에 노출 또는 중독된 경우
나. 작업환경에서 병원체(세균·바이러스 등)에 감염된 경우로서 업무활동범위와 해당 병원체의 전염경로가 일치할 것, 재해 전에 해당 병원체의 전염근거가 없을 것, 업무수행 중 해당 병원체에 전염될 만한 명백한 행위가 있을 것, 해당 병원체에 의한 간질환의 임상경과와 근로자의 검사소견이 일치할 것 등의 요건을 모두 충족한 경우
다. 업무상 사고나 유해물질로 인한 후유증 또는 치료과정에서 기존의 간질환이 자연경과속도 이상으로 악화된 것이 의학적으로 인정되는 경우
라. 바이러스성 간질환을 지닌 근로자가 업무와 관련하여 다른 간염바이러스에 중복 감염된 경우

(2) 업무상 재해로 인정하지 않는 경우

그러나 업무외적인 사유에 의한 상습적 과음으로 발생된 알코올성 간질환, 양약·한약·그밖에 검증되지 아니한 물질(민간약·건강보조식품·녹즙 등)의 사용으로 발생된 간질환, 과체중·당뇨병 등의 합병증으로 발생된 지방간·지방간염·간경변증, 자가면역성 간염·유전성 간질환·혈관질환 등으로 발생한 간질환, 간내결석·담도결석·담도암·췌장암 등으로 발생한 간질환, 심장질환·폐질환·위장관질환·혈액성 질환에 의한 간질환, 다른 장기의 악성종양이 간에 전이된 간질환의 경우에는 업무상 재해로 인정하지 않는다.

3. 판례의 분석

간질환이 공무상 재해 또는 업무상 재해에 해당하는가의 여부에 대하여 대법원은 「비록 간질환이 업무와 직접적인 관련성이 없다 하더라도 간염 등이 업무상 과로 내지 스트레스로 인하여 간암 등으로 자연속도 이상으로 악화된 경우에는 업무와 상당인과관계에 있는 것이고, 이에 대한 입증책임은 엄격하게 요구하고 있는 것이 아니라 재해자의 신체적 조건이나 업무의 성격 등을 종합하여 개별적으로 공무와의 인과관계를 인정할 수 있는 개연성만 있으면 입증책임을 다한 것」으로 판시함으로써 다른 과로성 질환과 업무상 재해 요건을 동일시하여 왔다.[16)]

[관련판례요지]

산업재해보상보험법 제4조제1호 소정의 업무상의 재해라고 함은 근로자의 업무수행 중 그 업무에 기인하여 발생한 질병을 의미하는 것이므로 업무와 사망의 원인이 된 질병 사이에 인과관계가 있어야 하지만, 질병의 주된 발생원인이 업무수행과 직접적인 관계가 없더라도 적어도 업무상의 과로나 스트레스가 질병의 주된 발생원인에 겹쳐서 질병을 유발 또는 악화시켰다면 그 사이에 인과관계가 있다고 보아야 할 것이고, 그 인과관계는 반드시 의학적·자연과학적으로 명백히 입증하여야 하는 것은 아니고 제반사정을 고려할 때 업무와 질병 사이에 상당인과관계가 있다고 추단되는 경우에도 그 입증이 있다고 보아야 하고, 또한 평소에 정상적인 근무가 가능한 기초질병이나 기존질병이 직무의 과중 등이 원인이 되어 자연적인 진행속도 이상으로 급격하게 악화된 때에도 그 입증이 있는 경우에 포함된다. 입사 전에 B형 간염에 감염된 근로자가 재직 중 간암으로 사망한 사안에서, 총무부장으로 근무하면서 과로와 업무상 잦은 음주가 기존질병인 간염을 자연적인 진행속도를 넘어 간암으로 급격하게 악화시켰다고 볼 여지가 있다(대판 1998. 10. 25. 98두12642; 대판 1997. 5. 18. 97누10).

그러나 2000년대에 들어오면서 대법원은 종전 입장과는 달리 「업무와 기존질병 악화 사이에 인과관계를 인정하기 위해서는 적어도 업무수행 및

16) 대판 2001. 7. 27. 선고 2000두4538; 대판 1998. 10. 25. 98두12642; 대판 1997. 5. 18. 97누10 등.

이와 관련하여 발생한 사고 등으로 말미암아 기존의 질병이 악화될 수 있다는 개연성이 있음을 전제로 하고 있는 것으로, 만약 당초부터 그러한 개연성이 없고 문제가 된 업무수행 및 이와 관련하여 발생한 사고 등으로는 기존의 질병에 아무런 영향을 미칠 수 없다는 것이 판명되는 경우라면, 비록 실제 업무수행 과정에서 발생한 사고 직후 기존질병의 악화가 발현되었다고 하더라도 업무와 기존질병의 악화 사이에 인과관계를 인정할 수는 없다」라고 판시함으로써 근로자에게 보다 간질환과 업무와의 상당인과관계에 대한 입증책임을 강화하고 있다.[17)]

[관련판례요지]

▸만성바이러스성간염은 과로나 스트레스가 없어도 악화될 수 있고 임상적으로는 과로나 스트레스 없이 악화되는 경우가 더 많으며, 과로나 스트레스 자체가 간질환의 발생이나 악화요인으로 작용한다는 근거를 찾을 수가 없다는 의학적 소견이 있을 경우, 이는 결국 과로나 스트레스로 인하여 간질환이 발생되거나 악화된다는 점을 인정하기 어렵다는 것으로 볼 수 있으므로, 그러한 일반적인 의학적 소견과 다르게 인과관계를 추단하기 위해서는 당해 근로자의 경우 예외적으로 과로나 스트레스로 인하여 만성바이러스성간염이 발생되었거나 기존 만성바이러스성간염이 정상적인 경우보다 더 악화되었다는 점에 관한 자료가 있어야 한다(대판 2002. 10. 25, 2002두5566).

▸B형 간질환의 진행과 과로 및 스트레스의 인과관계가 의학적으로 증명된 바는 없고 B형 간염 바이러스 자체에 의하여 간질환이 악화되며, 간에 유해한 물질이나 과음도 그 한 요인이 된다는 것을 알 수 있는데, 이와 같이 과로나 스트레스가 간질환의 발생이나 그 악화요인으로 작용하는지 여부에 대하여는 일반인의 통념보다 의학적 전문견해를 더 존중하여야 할 것이고, 그러한 의학적 소견과 다르게 인과관계를 추단하기 위해서는 예외적으로 그 인과관계를 추단할 수도 있는 개연성에 관한 특별한 자료가 있어야 한다(대판 2004. 4. 16. 2003두13878).

▸B형 간염이 간경변과 간세포암으로 진행되어 사망한 사건에서, 병원장에 대한 사실조회결과와 대한간학회의 '간질환관련 업무상 질병 인정기준'은 다수의 임상적 실험결과와 의학적 연구결과를 기초로 하여 과로와 스트레스가 B형 간염, 간경변 및 간세포암을 유발 또는 악화시킨다는 의학적·과학적 증거가 없다는 것이고, 나아가 위 사실조회결과는 망인에게 있어서 B형 간염에서 간경변과 간세포암까지의 진행경과가 B형 간염의 자연적인 진행경과라고 하고 있을 뿐이며, 달리 망인에게

17) 대판 2005. 5. 13, 2004두14441; 대판 2004. 04. 16. 2003두13878; 대판 2002. 10. 25. 2002두5566 등.

있어서 B형 간염에서 간경변과 간세포암까지의 진행경과가 B형 간염의 자연적인 진행경과와 다른 진행경과를 거쳤다거나 B형 간염의 자연적인 진행속도 이상으로 급격하게 악화된 것이라고 볼 만한 자료가 없음에도, 원심이 특별한 이유도 없이 위 증거들을 배척하고 과로나 스트레스가 B형 간염을 악화시키는 데 기여할 수는 있다는 내용의 망인을 사망 당시까지 치료한 병원에 대한 사실조회결과를 믿어 망인의 업무와 사망 사이에는 상당인과관계가 있음을 전제로 망인의 사망을 업무상 재해로 본 사실인정과 판단은 채증법칙 위반 또는 심리미진의 위법이 있다(대판 2005. 5. 13, 2004두14441).

4. 평가

종래 대법원은 간질환이 업무상 재해 여부에 대한 판단기준으로서「질병의 주된 발생원인이 업무수행과 직접적인 관계가 없더라도 적어도 업무상 과로나 스트레스가 질병의 주된 발생원인에 겹쳐서 질병을 유발 또는 악화시켰다면 그 사이에 인과관계가 있다고 보아야 할 것이고, 그 인과관계는 반드시 의학적·자연과학적으로 명백히 입증하여야 하는 것이 아니고 제반사정을 고려할 때 업무와 질병 사이에 상당인과관계가 있다고 추단되는 경우에는 그 입증을 다한 것으로 보아야 하며, 평소 정상적인 근무가 가능한 기초질병이나 기존질병이 직무의 과중 등의 원인이 되어 자연적인 진행속도 이상으로 급격하게 악화된 때」라고 판시하였다.

그러나 대법원은 종래 간질환에 대한 업무상 재해 판단기준에서 탈피하여 기존의 판례내용과는 현격한 변화를 보이고 있다. 즉,「업무상 사유」라는 추상적인 용어에 대하여 포괄적이고 융통성 있게 적용하였던 판례에서 탈피하여「업무상」의 성립요건이나 적용한계 등 구체성이나 객관성을 강조하고 있는 추세이다. 이는 종전의 간질환에 대한 업무상 재해에 대한 입증책임 완화방법으로서의「개연성론」과「일응 추정의 원리」를 적용하지 않음으로써 향후 간질환과 관련한 업무상 재해 판단기준은 엄격하게 적용될 것으로 보인다.[18)]

Ⅳ. 뇌혈관질환 및 심장질환과 업무상 재해 여부의 판단

1. 뇌혈관질환과 심장질환의 이해

1) 뇌혈관질환의 이해

뇌혈관질환의 위험요인에는 고혈압, 심장이상, 협심증, 당뇨병, 고지혈증, 흡연 등이 있다. 이 중 우리나라의 경우 고혈압이 가장 중요한 위험인자로 알려져 있는데, 뇌출혈에서는 80%, 지주막하 출혈에서는 66% 이상인 것으로 알려져 있다. 뇌혈관질환은 대체로 다음과 같이 분류한다.

(가) 뇌내출혈 - 뇌실질 내 출혈, 뇌간 출혈
(나) 지주막하 출혈 - 뇌동맥류 출혈
(다) 허혈성 뇌질환 - 혈전성 뇌경색, 색전성 뇌경색(뇌색전증)

「뇌내출혈(뇌출혈)」은 뇌혈관이 터져서 혈액이 대뇌실질 내에 고인 것을 말한다. 원인은 고혈압성이 대부분이고, 베리동맥류의 대뇌출혈, 혈관종양의 2차적 파열, 출혈성 소인, 외상 등에서 다양하게 나타난다. 이 중 특히 고혈압성 뇌출혈은 업무의 과중이나 스트레스에 의하여 발병하거나 악화되는 경우가 많아 업무상 재해와 관련성이 많다. 고혈압이 오래 지속

18) 대한간학회는 2002년 근로복지공단으로부터 용역을 받아 발간한 「간질환 업무상 질병인정기준」에 의하면, 간질환은 업무상 과로나 스트레스에 의하여 발병하거나 악화될 가능성보다는 다른 요인에 의하여 발병하거나 악화될 가능성이 많다고 함으로써 기존의 간질환 업무상 재해 판단기준을 재검토할 필요성을 제기하여 새로운 인정기준을 제시하고 있다. 최근 대법원은 대한간학회의 의견을 대폭적으로 수용하여 업무상 재해 요건을 엄격하게 적용하고 있는 것으로 생각된다.

되면 뇌혈관(동맥)에 미소 동맥류를 형성하게 되는데, 이 동맥류에서 혈액이 누출되거나 출혈되어 발생한다. 과로나 스트레스가 심하면 고혈압 조절이 잘 안되어 출혈이 잘되는 미소동맥류의 발생이 높아질 가능성이 높으며 급격한 과로 등에 의해 혈압이 높아지면 발병할 가능성이 높아지게 된다. 뇌실질 내 출혈, 뇌간출혈도 뇌내출혈과 동일한 질병이며 단지 출혈 부위를 명시한 것에 불과하다.

「지주막하 출혈」은 지주막하에 출혈하는 것을 말하는 것인데, 외상원인으로서는 뇌동맥류, 뇌동정맥 기형, 수막동맥의 고혈압성 병변에 의한 파열 등이 있다. 동맥류의 출혈의 경우 약 95%가 베리 동맥류(Bery, saccular aneurysm)의 파열에 의한 출혈이다. 뇌동맥이 2㎜-3㎜ 정도 크기로 작고 둥그런 모양으로 과리처럼 늘어난 동맥류를 베리 동맥류라고 하는데, 이의 원인은 선천성으로 동맥 근육이 빈약한 부위에 발생하는 기전과 고혈압·동맥경화 등에 의하여 후천적으로 발생하는 2가지 기전이 있다. 출생 시부터 원래 있었던 것보다는 나이가 들면서 발생하게 되는 것이 대부분이고, 기본적으로 동맥의 발달장애와 후천적인 변화가 덧붙여 발생하는 경우가 많다. 지주막하 출혈이 고혈압에 의한 것이라면 업무의 과중이나 스트레스와 밀접한 관련성이 있다.

「허혈성 뇌질환」은 뇌에 혈액이 공급되지 않아 뇌가 부분적으로 죽어버리는 것을 말하는데, 혈전성 뇌경색과 색전성 뇌경색이 있다. 「혈전성 뇌경색」은 뇌혈관(뇌동맥)이 동맥경화에 의하여 좁아(협착)지게 되거나 뇌혈관이 아예 막혀(폐색) 버려 혈액이 뇌에 공급되지 않는 것을 말하고, 「색전성 뇌경색(뇌색전)」은 심장에서 혈전(피덩어리)이 만들어져 뇌에 혈액이 공급되지 않는 것을 말한다. 우리나라에서는 혈전성 뇌경색이 색전성 뇌경색보다 4배에서 12배 정도 많이 발생하고 있다. 혈전성 뇌경색은 보통 동맥경화증 변화에 의해 발생한다. 동맥경화의 3대원인은 고혈압, 흡연, 고지혈증인데, 고혈압은 과로나 스트레스와 관련이 있으므로 의학적으로 업무상 재해 여부를 판단하는 중요한 기준이 된다. 혈전성 뇌경색증은 심장병(류마치스심장병, 판막질환, 심내막염, 심방세동 등)으로 혈전이 만들어져서 발생하거나 경동맥(뇌동맥으로 들어가는 목의 혈관)의 동맥경화변화로 인해 떨어져 나간 혈전에 의하여 발생한다.

2) 심장질환의 이해

심장은 온 몸에 산소를 공급하는 혈액을 보내주기 위하여 24시간 박동을 하는 기관이므로 심장 자신도 많은 산소가 필요하다. 심장질환은 심장이 이러한 본래의 역할을 하지 못함으로써 심근을 흐르는 혈액량이 저하되어 심장에 산소공급부족이 발생하여 심근이 변성되거나 괴사(壞死: 생체조직 국부의 사멸)하는 것을 말하는데, 이를 허혈성 심장질환이라고 한다. 「허혈성 심장질환」은 대부분 관상동맥의 동맥경화증에 의하여 발병된다. 관상동맥은 심장에 산소를 공급하여 주는 기능의 역할을 하는데, 관상동맥이 동맥경화증 변화로 인하여 혈관이 괴사 또는 딱딱하게 되어 혈관이 좁아짐으로써 혈액이 잘 통하지 않을 때 허혈성 심장질환이 발병하게 된다. 허혈성 심장질환은 다음과 같이 분류한다.

[허혈성 심장질환의 분류]

구 분	개 념	유발원인
심 정 지	하등의 전조 없이 갑자기 유효한 심박출량의 상실로 심장기능 정지. -1차성심정지: 원인이 분명하지 않은 것 -2차성심정지: 원인이 분명한 것	출혈, 쇼크, 심근염 등으로 인한 심근의 허혈 또는 산소부족
협 심 증	관상동맥의 기질적 변형 또는 일과성(가역성)의 심근허혈로 인한 흉통 발작	관상동맥 경화에 의한 석회분 · 지방의 침척
심근경색증	관상동맥이 좁아지거나 막혀서 혈액공급의 중단(심근괴사)	〃
허혈성심질환에 의한 심부전	심장의 펌프역할에 장애가 발생하여 장기간 필요로 하는 혈액량을 송출하지 못하게 되어 혈액순환을 하지 못하게 된 상태	심근의 산소결핍상태로 인한 심근의 수축력 감퇴
부 정 맥	심장박동의 규칙적인 조율이 빨라지거나 늦어지게 되어 심장박동이 불규칙적으로 된 상태	심근 일부의 산소결핍, 심근염증, 비대 등

대부분의 허혈성심장질환은 심장에 산소를 공급하는 관상동맥의 경화에

의하여 발병되는데, 관상동맥경화를 일으키는 3대 위험요인은 고혈압, 흡연, 고지혈증이다. 고혈압[19)]은 과로나 스트레스와 밀접한 관련이 있는 질병이므로 기존 고혈압이 있는 근로자가 업무상 과로나 스트레스가 가중되어 발병되거나 악화된 경우에는 업무상 재해로 판단하는 유력한 증거가 된다. 특히 허혈성 심장질환 중에서 「심근경색증」과 「협심증」은 업무상 재해 여부와 관련하여 자주 등장하는 과로성 질환이라고 할 수 있다.

심근경색 또는 협심증은 좁아진 혈관으로 보낼 수 있는 혈액량은 제한되어 있기 때문에 심장의 왕성한 활동으로 인하여 심장에 보내는 혈액이 부족할 때 발병한다. 즉, 심장이 필요로 하는 혈액의 양보다 심장에 보낼 수 있는 혈액의 양이 부족할 때 발병한다. 심근경색증은 심장으로 통하는 관상동맥의 협착으로 심장근육이 혈액을 공급받지 못하게 됨으로써 심장의 운동이 저하되거나 정지되고 심장근육에 괴사가 일어나는 질환으로서, 그 주된 유발인자로는 고연령, 남성, 비만, 고혈압, 당뇨, 흡연 등을 들 수 있다. 특히 지속적인 과로와 스트레스는 고혈압, 기존의 심장질환 등을 악화시켜 심근경색증을 유발할 가능성이 높은 업무상 질환으로 널리 알려져 있는 질병이다.

2. 업무상 재해인정기준

1) 의학적 측면에서의 인정기준

업무와 관련이 있는 뇌혈관질환 및 심장질환은 업무상 부상에 기인하

19) 통상적으로 고혈압이란 확장기 혈압이 90mmHg 이상이거나 수축기 혈압이 160mmHg 이상일 때를 말하고, 악성고혈압이란 확장기 혈압이 115mmHg 이상인 심한 고혈압에 유두부종이 함께한 상태를 말한다. 고혈압이 있는 경우 그 자연경과와 함께 급격한 혈압변동이 뇌출혈 등의 갑작스런 합병증을 야기시킬 수 있으며, 극도의 긴장, 흥분, 공포, 놀람 등의 정신적인 부하를 일으키는 돌발적 또는 예상 곤란한 이상상태, 신체적 부하를 주는 돌발적 상태, 급격하고 현저한 작업환경의 변화에 의해 출혈이 야기될 수 있다(구건서외, 과로사와 산재보상, p.90 이하).

는 질환과 업무에 기인한 질환으로 구분할 수 있는데, 구체적으로 그 내용을 살펴보면 다음과 같다.

(1) **업무상 부상에 기인하는 질환**

업무상 부상에 기인하는 뇌혈관질환 및 허혈성 심장질환 등의 인정에 대하여는 발병 전에 「업무상 부상」의 사실이 존재하고, 더욱이 부상과 뇌혈관 질환 및 허혈성 심장질환 등의 발병과의 의학적 관련성도 명확하게 되기 때문에 업무와 발병 간의 인과관계의 판단은 비교적 용이하다. 요컨대, 업무상 부상의 부위, 성질, 정도 및 증상의 출현까지의 시간적 경과가 의학상 타당한 경우에는 업무와의 인과관계가 인정된다.

(2) **업무에 기인하는 것이 명백한 질환**

뇌혈관 및 허혈성 심장질환 등은 기초가 되는 동맥경화 등에 의한 혈관병변, 동맥류, 심근변성 등의 기초적 병태가 병력의 증가와 일반생활 등에 있어서의 위험 인자에 의해 약화되고, 혈관으로부터의 출혈과 혈관이 폐색된 상태 및 심근의 괴사 등이 발생하여 발병에 이르는 것이 대부분이다. 이를 도표화하면 다음과 같다.

[뇌혈관 질환 및 허혈성심장질환 등의 위험인자]

질환 / 위험요소	연 령	고혈압	고지혈증	흡 연	음 주	당뇨병
뇌출혈	+	+++	−	±	++	+
뇌경색	++	++	+	+	+	+
허혈성심장질환	++	++	+++	++	−	+

※+++: 특히 강한 관계. ++: 강한 관계. +: 관계있음. ±: 별로 관계없음. −: 부(負)

의학적으로 보면, 발병의 기초가 되는 혈관병변 등의 형성에 업무가 직접적으로 관여되는 것이 아니기 때문에 일반적으로 뇌혈관질환 및 허혈성 심장질환 등은 소위 개인적인 질병인 혈관병변이 악화된 결과로서 발병하는 것으로 볼 수 있다. 의학적인 측면에서만 판단한다면, 뇌혈관질환 및 심장질환은 소위 「개인적인 악화형」 질병이고 산재보상에 있어서 일반적으로 취급되는 직업성 질환과는 다른 질병이라고 할 수 있으나, 개인적인 질병을 기초로 한 질병이라도 그 발병 또는 악화에 업무가 상대적으로 유력한 원인을 제공한 것으로 인정할 수 있는 경우에는 업무상 재해로 인정된다.

따라서 의학적으로 뇌혈관질환 및 심장질환이 명백하게 그 자연경과를 초과하여 급격한 혈압변동과 혈관수축에 의해 혈관병변이 현저하게 악화되어 발병하였다고 인정되고, 이 급격한 혈압변동과 혈관수축이 업무에 의해 야기되었다고 인정되는 경우에는 그 발병에 있어서 업무가 상대적으로 유력한 원인이라고 판단된다고 보아 업무상 재해로 인정된다.[20]

2) 산재보험법상의 인정기준

산재보험법시행규칙 제39조제1항 관련 [별표1] 「업무상 질병 또는 업무상 질병으로 인한 사망에 대한 업무상 재해인정기준」에서 제시하고 있는 뇌혈관질환 또는 심장질환과 관련한 업무상 재해인정기준은 다음과 같다.

가. 근로자가 업무수행 중에 다음의 1에 해당되는 원인으로 인하여 뇌실내출혈·지주막하출혈·뇌경색·고혈압성뇌증·협심증·심근경색증·해리성대동맥류가 발병되거나 같은 질병으로 인하여 사망이 인정되는 경우에는 이를 업무상 재해로 본다. 업무수행 중에 발병되지 아니한 경우로서 그 질병의 유발 또는 악화가 업무와 상당인과관계가 있음이 시간적·의학적으로 명백한 경우에도 또한 같다.

(1) 돌발적이고 예측 곤란한 정도의 긴장·흥분·공포·놀람 등과

---

20) 구건서 외, 과로사와 산재보상, pp.44-45.

같이 급격한 작업환경의 변화로 근로자에게 현저한 생리적 변화를 초래한 경우

(2) 업무의 양·시간·강도·책임 및 작업환경의 변화 등 업무상 부담이 증가하여 만성적으로 육체적·정신적인 과로를 유발한 경우

(3) 업무수행 중 뇌실질내출혈·지주막하출혈이 발병되거나 같은 질병으로 사망한 원인이 자연발생적으로 악화되었음이 의학적으로 명백하게 증명되지 아니한 경우

나. 가목(1)에서 "급격한 작업환경의 변화"라 함은 뇌혈관 또는 심장혈관의 정상적인 기능에 뚜렷한 영향을 줄 수 있는 정도의 과중부하를 말한다.

다. 가목(2)에서 "만성적인 과로"라 함은 근로자의 업무량과 업무시간이 발병 전일 3일 이상 연속적으로 일상 업무보다 30% 이상 증가되거나 발병 전 1주일 이내에 업무의 양·시간·강도·책임 및 작업환경 등이 일반인이 적응하기 어려운 정도로 바뀐 경우를 말한다.

3. 판례의 분석

뇌혈관 및 심장질환에 대한 업무상 재해 여부를 판단하는 가장 중요한 기준은 업무상 과로와 질병 사이에 상당인과관계를 인정할 수 있느냐의 여부이다. 뇌혈관 및 심장질환의 특수한 성격상 업무수행성은 엄격하게 판단하지 않고 업무기인성이 인정되면 그 발병 및 사망 장소가 사업장 밖이라도 업무수행성은 추정되는 것이 일반적이다. 이와 관련하여 대법원 판례에서 나타난 업무수행성의 판단기준과 업무기인성의 판단기준, 구체적인 판례의 내용과 판례의 경향을 소개한다.

1) 업무수행성 및 업무기인성 판단기준

대법원은 일관하여 사고성 재해의 경우와 달리 과로성 질환의 업무상 재해 여부를 판단함에 있어서 업무기인성의 판단이 제1차적 기준이 되므로 업무기인성이 인정되면 업무수행성은 추정되는 것으로 판시하고 있다. 따라서 발병 및 사망 장소가 사업장 밖이고 업무수행 중에 발병하거나 사망한 것이 아니라도 업무상 과로 또는 스트레스가 원인이 되면 업무상 재해로 인정된다.

[업무수행성관련판례요지]

- ▸원고의 나이 및 평소의 건강상태, 근무 및 생활환경, 업무의 내용 및 그 정도, 상병의 발생경위 등을 종합하여, 원고는 약간의 감기 증상이 있는 상태에서 평소 누적되어 온 업무상 과로 또는 스트레스가 겹치는 바람에 현기증을 일으켜 자전거와 함께 넘어짐으로써 이 사건 상병이 발생되었다 할 것이므로, 비록 원고가 넘어진 장소가 사업장 밖이었고 업무수행 중 발병한 것이 아니라고 하더라도 이 사건 상병은 업무와 상당인과관계에 있는 질병으로서 업무상 재해에 해당한다(대판 2002. 11. 26. 2002두6811).
- ▸재해인 질병의 주된 발생원인이 업무와 직접 관련이 없다고 하더라도, 업무상의 과로가 질병의 주된 발생원인에 겹쳐서 유발 또는 악화된 경우에도 업무와 사망의 원인이 되는 질병 사이에 인과관계가 있다고 할 것이고, 그와 같이 업무상의 과로가 그 원인이 된 이상 그 발병 및 사망 장소가 사업장 밖이었고 업무수행 중에 발병, 사망한 것이 아니라고 할지라도 업무상의 재해로 보아야 한다(대판 1991. 10. 22, 91누4751).
- ▸업무상 재해의 요건인 업무수행성은 반드시 근로자가 현실적으로 업무수행에 종사할 동안만 인정할 수 있는 것이 아니라 사업장에서 업무시간 중 또는 그 전후에 휴식하는 동안에도 인정할 수 있는 것이므로 주야간이 뒤바뀌는 근무형태가 근로자의 과로원인이 되어 공장사무실에서 잠자다가 급성심장사로 사망한 경우에 업무수행성이 인정된다(대판 1991. 9. 10. 91누5433).
- ▸업무상 재해의 요건인 업무수행성은 반드시 근로자가 현실적으로 업무수행에 종사할 동안만 인정할 수 있는 것이 아니라 업무수행에 수반되는 활동과정에서 일어난 재해도 업무수행성이 인정된다 할 것이므로 택시운전기사가 사납금을 채우기 위하여 무리한 운행을 하다가 벌점 초과로 인해 교통안전교육을 받던 도중 뇌지주막하출혈로 사망한 경우에도 업무수행성이 인정된다(대판 1995. 3. 14. 94누7935).

대법원은 업무기인성의 판단기준으로서 상당인과관계라는 표현을 사용하고 있지만, 상당인과관계의 여부를 판단하는 구체적 기준은 사망의 원인에 기여한 과로의 정도에 따라 달리 파악하고 있는 것으로 보인다. 즉, 업무상 과로가 질병의 주된 발생원인에 겹쳐서 「질병을 유발 또는 악화시킨 경우」에는 업무와의 상당인과관계를 인정하고 있는 것은 과로가 사망의 공동원인 내지 조건적 원인이 되면 생활보장의 법리에 근거하여 업무상 재해로 인정하고 있는 것으로 보이고, 평소에 정상적인 근무가 가능한 기초질병이나 기존질병이 업무상 과로가 원인이 되어 「자연적인 진행속도 이상으로 급격하게 악화된 경우」에는 업무와의 상당인과관계를 인정하고 있는 것은 업무상 과로가 과중부하의 법리에 의하여 사망의 상대적 유력원인이 되어야만 과로사를 인정하는 것으로 여겨진다.

인과관계의 입증의 정도에 대하여 대법원은 「반드시 의학적·자연과학적으로 명백하게 입증되어야 하는 것은 아니고, 제반사정을 고려하여 상당인과관계를 추단할 수 있으면 그 입증이 있는 것」으로 봄으로써 산재보험법의 목적과 취지를 살려 피재자 보호를 위한 규범적 판단을 할 수 있는 탄력적 유연성을 폭넓게 열어놓고 있다.[21] 또한 대법원은 업무와 질병 사이의 상당인과관계의 입증책임을 피재자측에게 지우고 있지만, 상당인과관계의 유무는 「보통 평균인이 아니라 당해 근로자의 건강과 신체조건을 기준」으로 판단해야 한다고 함으로써 피재자의 주관적 상황을 고려하여 구체적 타당성을 확보하려는 기준을 제시하고 있다.

[업무기인성 관련판례 요지]

▸ 산재보험법 제4조제1호가 정하는 업무상 사유에 의한 사망으로 인정되기 위해서는 당해 사망이 업무에 기인하여 발생한 것으로서 업무와 재해 사이에 상당관계가 있어야 하고, 이 경우 근로자와 업무와 재해 사이에 인과관계에 관하여는 이를 주장하는 측에서 입증하여야 할 것이므로 근로자의 사인이 분명하지 아니한 경우에는 업무에 기인한 사망을 추정할 수 없다(대판 2003. 12. 26. 2003두8449).

21) 김유성, 한국사회보장법론, p.290.

▸업무와 사망 사이의 상당인과관계가 있어야 하지만 위 인과관계의 입증을 위해서는 반드시 의학적 감정을 요하는 것은 아니고 제반사정을 고려할 때 업무와 사망 사이에 상당인과관계가 있다는 개연성이 입증되면 족하다(대판 1992. 6. 9. 91누13656).
▸산업재해보상보험법이 정하는 업무상의 재해가 되기 위해서는 업무와 사망의 원인이 된 질병 사이에 인과관계가 있어야 하는 것이지만, 이 경우 사망의 원인이 된 질병의 주된 발생원인이 업무수행과 직접적인 관계가 없다고 하더라도 적어도 업무상의 과로나 스트레스가 질병의 주된 발생원인에 겹쳐서 질병을 유발 또는 악화시킨 경우에도 그 인과관계가 있다고 보아야 할 것이고, 또한 평소에 정상적인 근무가 가능한 기초질병이나 기존질병이 직무의 과중 등이 원인이 되어 자연적인 진행속도 이상으로 급격하게 악화된 때에도 그 입증이 있는 경우에 포함된다(대판 1998. 12. 8. 98두12642; 대판 1997. 5. 28. 97누10; 대판 1996. 9. 6. 96누6103).
▸업무와 재해 사이의 상당인과관계의 유무는 보통 평균인이 아니라 당해 근로자의 건강과 신체조건을 기준으로 하여 판단하여야 하고, 또한 인과관계의 입증 정도에 관하여도 반드시 의학적·자연과학적으로 명백히 입증하여야 하는 것은 아니고 제반사정을 고려할 때 업무와 재해 사이에 상당인과관계가 있다고 추단되는 경우에도 그 입증이 있다고 할 것이다(대판 1999. 1. 26. 98두10103; 대판 1992. 5. 12. 91누10466).

2) 질환 유형별로 본 판례내용

(1) 뇌혈관질환 관련

가. 재해와 업무와의 상당인과관계를 인정한 사례

▸격무로 고혈압 악화되어 뇌경색이 발병된 경우

"운전 및 영업직을 겸임하는 사원이 원래는 건강하였으나 격무로 인한 심신의 피로로 고혈압 증세를 가지게 되고 계속되는 과로로 뇌경색증이 발병된 경우, 이는 업무상의 질병에 해당한다(대판 1992. 4. 14. 91누10015)."

▸고혈압 악화 및 허혈성 뇌졸중이 발병한 경우

"고혈압 증세가 있던 근로자가 직장을 옮긴 후 철선재료 건조작업을 함에 있어 환기시설이 없고 휴식시간과 식사시간이 불규칙하며 2교대 근무로 낮과 밤이 바뀌는 생활을 하게 되는 데다가 월 2회의 철야작업과 월 2회의 일요일 근무를 하는 등 열악한 작업환경 속에서 육체적·정신적으로 과중한 업무를 수행하는 바람에 그 증세가 악화되어 허혈성 뇌졸증이 발생되었다면 이는 업무상 재해에 해당한다(대판 1991. 4. 12. 91누476)."

▸ 기존 고혈압에 겹쳐 뇌교출혈로 사망한 경우

"식당조리원의 근무수행 중 계속적인 심한 과로가 뇌교출혈의 직접적인 원인은 되지 않지만 기존질병인 고혈압에 겹쳐 사망원인인 뇌교출혈의 발생으로 사망한 경우는 업무상 재해에 해당한다(대판 1993. 2. 23. 92누15819)."

▸ 격일근무제 택시기사가 뇌지주막하출혈로 사망한 경우

"영업용 택시기사가 격일근무교대제 아래에서 낮과 밤이 없이 식사도 불규칙하게 하며 과중하게 근무하여 왔고 차량 정체가 심한 교통 현실에서 사납금을 맞추기 위하여 심한 정신적 스트레스를 받아서 정신적·육체적 피로가 누적되었으며 그 택시기사의 그러한 과로는 뇌지주막하의 출혈원인이 된 뇌동맥류 파열의 한 원인으로 작용하였다고 추단할 수 있으므로 그 택시기사의 뇌지주막하출혈을 업무상 재해로 인정하여야 할 것이다(서울고판 1996. 4. 16. 95구27044: 확정)."

나. 재해와 업무와의 상당인과관계를 부인한 사례

▸ 기존질환이 없었던 병원업무과장의 심근경색증 발병

"피재자에게 관상동맥경화 등 기초질병이 있었다고 보이지 않는 이 사건에서 업무상의 과로나 스트레스가 심근경색증을 유발하였다고 보기도 어려울 뿐만 아니라 병원 원무과장으로서 다소 과중한 업무를 처리하고 정신적으로 스트레스를 받은 일이 있었다고 하더라도 병원의 규모나 담당한 업무의 성격, 나이, 평소의 건강상태 등에 비추어 볼 때 업무가 심근경색증을 유발하거나 이를 촉진시킬 정도로 과중하거나 정신적인 스트레스를 초래하였다고는 보이지 아니하므로 이를 업무상 재해에 해당한다고 볼 수 없다(대판 1997. 12. 12. 97누14491).”

▸간헐적인 업무과중과 스트레스가 있는 경우

“피재자가 전산담당자로서 수행한 업무의 내용은 전산담당자가 통상적으로 수행하는 업무의 내용과 다르지 않다고 할 것이고, 사망 3개월 전부터 사망하기까지에는 시간외 근무나 심야근무를 한 바가 없는 점 등에 비추어 보면 업무량이 과도하였다고는 볼 수 없다고 할 것이며, 혈압이 있는 사람에게는 운동 자체가 혈압 상승원인이 될 수 있는 점 등에 비추어 보면 비록 업무를 수행하면서 가끔 육체적 피로나 정신적 압박감을 호소한 경우가 있더라도 그로 인하여 고혈압과 뇌출혈이 유발되거나 악화된 것이라고 보기 어려우므로 피재자의 사망이 업무상의 재해에 해당하지 아니한다(대판 1997. 3, 25. 96누15954).

▸기존질병을 악화시킬 수 있는 과로 등을 인정할 수 있는 증거가 부족한 경우

“피재자와 같이 당뇨와 동맥경화증이 있는 사람이 과로를 하거나 심한 정신적 스트레스를 받게 되면 질병이 악화되어 뇌경색증을 초래할 수 있는데, 피재자의 토지보상관계 업무의 처리량과 근무시간을 감안할 때 정신적 스트레스를 받을 만큼 토지 소유자들로부터 시달림을 받은 것으로 보이지 않은 점 등으로 보아 다발성 뇌경색을 발병시키거나 기존질병을 악화시켜 뇌경색에 이르도록 하였다고 볼 수 없으며, 다발성 뇌경색을 일으킬 만큼 과로하거나 정신적 스트레스를 받았는지에 대해서는 인정할 증거가 없으므로 업무상 재해로 볼 수 없다(대판 1997. 1. 24. 96누14142 판결).”

(2) 심장질환 관련

가. 재해와 업무와의 상당인과 관계를 인정한 사례

▸과로에 시달리던 중 급성심부전증으로 사망한 경우

"망인이 입사 시부터 이 사건 재해발생 전일까지 매일 약 1~2시간 연장근무를 한 점, 특히 이 사건 재해발생 3개월 전부터는 동절기에 대비한 사전예방작업과 동파로 인한 파이프교체작업 등으로 평소보다 업무가 늘어난 점, 재해발생 약 보름 전 6일간의 구정 휴무기간에도 2일간은 출근하여 근무한 점, 재해발생 4일 전인 2001. 2. 4 일요일에도 근무한 점, 망인이 담당한 작업은 그 특성상 공중에 올라가 작업을 해야 하는 경우가 많아 항상 위험이 도사리고 있어 긴장감과 집중력이 요구되었던 점 등을 고려하면, 망인은 오랜 기간 동안 같은 업종에 종사하는 근로자들의 통상적인 업무시간 및 업무내용에 비하여 과중한 업무를 계속하였다고 볼 여지가 있고, 한편 과로 및 스트레스나 질주 등의 갑작스러운 운동은 급성심부전증의 원인이 될 수 있다는 것이 의학적인 소견이므로, 사정이 그러하다면, 망인은 과중한 업무로 인한 과로 및 스트레스가 누적된 상태에 있던 중 통근버스에 탑승하기 위하여 질주한 행위가 유발원인이 되어 급성심부전증 등으로 갑자기 사망한 것으로 추단할 수 있는 반면, 기록상 망인에게 달리 특별한 지병이나 다른 사망원인이 있었다고 볼 만한 사정은 찾아보기 어렵다(대판2003. 11. 14. 2003두5501)."

▸작업환경으로 인한 과로에 의하여 급성심근경색증으로 사망한 경우

"신발 중창의 모형 제작을 담당하던 근로자의 급성심근경색증이 소음, 분진, 고열 등 작업장의 환경으로 인한 육체적 과로와 정신적 스트레스로 유발되었으리라고 추단되므로 위 상병은 업무상 재해에 해당한다(대법원 2000. 5. 12. 99두11424)."

▸휴일 및 연장근로의 반복하던 중 급성심근경색증으로 사망한 경우

"일요일에도 자주 출근하여 작업 상황을 점검하였고, 업무수행을 위하여 연장근무를 하여 온 직물공장의 근로자가 제품 출고를 위하여 지게차를 운전하다가 현기증, 두통, 얼굴 변색 등의 증상이 나타나 휴식을 취하다 병원으로 후송되었으나 심한 관상동맥경화에 의한 급성심근경색으로 사망한 경우에 업무상 과로 또는 스트레스와 관상동맥경화증의 악화 또는 급성심근경색의 발병 사이에 인과관계가 있다고 볼 여지가 있으므로 그 인과관계를 부정한 원심판결을 파기한다(대판 1996. 9. 10. 96누6806)."

▸주야간이 뒤바뀌는 근무형태로 인한 피로 누적으로 급성심장사한 경우

"주야간이 뒤바뀌는 근무형태로 축적된 피로가 망인의 건강과 신체조건으로 보아 과로원인이 될 수 있다면, 망인에게 근무 외에 과로원인이 될 만한 다른 사유가 인정되지 않는 한 망인의 사인인 급성심장사는 위와 같은 근무형태로부터 온 과로에 기인한 것이라고 볼 여지가 있다(대판 1992. 9. 10. 91누5433)."

▸버스운전기사가 평소 누적된 과로로 운전중 심장마비로 사망한 경우

"버스운전사가 1일 16시간 30분씩 3일을 연속 근무하고 1일을 휴무한 뒤 다시 출근하여 버스를 운전하다가 심장마비로 사망하였다면 이는 평소 누적된 과로로 인하여 피곤한 상태에서 육체적 · 정신적으로 긴장을 요하는 버스 운전업무에 종사하다가 심장마비를 일으킨 데 그 원인이 있다(대판 1990. 11. 13. 90누3690)."

▸피로 회복이나 휴식 없는 상태에서 심장성 돌연사한 경우

"근로자가 관상동맥 회선지 형성 부전증이라는 선천성 이상을 가진 상태에서 입사 이래 재해에 이르기까지 지게차 운전과 출하 업무 및 잡일 등을 번갈아 해야 하는 등 업무내용이 고정되지도 아니하고 비교적 힘든 업무를 계속 수행하여 왔을 뿐만 아니라, 근무시간이 끝난 뒤에도 피로

회복이나 휴식이 쉽지 아니한 회사 내의 임시 숙소에서 기거하여 피로가 누적되어 오다가, 사고 당시 업무를 준비하기 위하여 작업복으로 갈아입으려 기숙사로 들어가던 중 순간적으로 그 선천성 이상이 심장성 돌연사를 유발하여 사망에 이르게 되었으므로 그 근로자의 사망과 업무와의 사이에 상당인과관계를 인정하여 업무상 재해로 보아야 할 것이다(서울고판 1996. 11. 15. 선고 96구8354)."

▸ 해외근무근로자가 과로 등으로 심근경색파열로 사망한 경우

"국외 근무근로자가 음주 후 수면 중 관상동맥경화와 그로 인한 심근경색파열 등으로 사망한 경우에 빈번한 연장근무, 장기간의 해외근무 및 독신생활, 현지 근로자들과의 잦은 마찰과 과중한 업무 등으로 인한 정신적 스트레스와 육체적 피로가 관상동맥경화, 심근경색파열 등 심장질환을 유발 · 촉진시키는 원인이 되었다고 볼 수 있으므로 업무와 사망의 원인된 질병 사이에 상당인과관계가 있다고 하여야 할 것이다(대구고판 1998. 10. 29. 98누251)."

▸ 심근경색증외 다른 사망원인이 있다고 볼 만한 사정이 없는 경우 과로 등이 누적되어 사망한 경우

"평소에 건강상 특별한 지병이 없던 기사가 새벽에 흉부통증을 호소하다가 사망하였고, 그 사인이 허혈성 심질환의 하나인 심근경색증으로 추정되었으며, 그 외 다른 사망원인이 있다고 볼 만한 사정이 없다면 망인의 업무시간 및 업무내용 등 제반사정에 비추어, 같은 업종에 종사하는 근로자들의 통상적인 업무시간 및 업무내용에 비하여 과중한 업무를 계속한 결과, 그로 인한 과로 및 스트레스가 누적됨으로써 심근경색증이 유발되어 사망한 것으로 추정된다(대판 2001. 4. 13, 2000두9922)."

"야근근무를 할 정도는 아니었지만, 재해발생 당시까지 하루도 결근 없이 계속되는 개발업무를 처리하려야 할 형편이었던 점, 소음 · 분진 및 고열로 인하여 상당한 육체적 피로와 정신적 스트레스를 가하였으리라고 보이는 점, 육체적·정신적 스트레스가 심근경색의 유발인자가 될 수 있는 점 등의 사정을 종합하여 보면 피재자는 회사의 작업으로 인한 과로나 스트레스가 기존에 보유하고 있던 다른 유발인자와 함께 심근경색을 유발하였을 것으로 넉넉히 추단할 수 있다(대판 2000. 5. 12, 99두11424)."

▸평소 고혈압이 있는 택시기사가 업무과중으로 심근경색(의증)으로 사망한 경우

"심근경색 의증으로 사망한 택시기사가 평소 고혈압 증세와 심장질환을 지닌 상태에서 계속적으로 과중한 택시운행업무를 수행하면서 정신적 부담에 시달려 온 데다가 사망 직전에 휴무 없이 연이어 근무를 하는 바람에 그로 인한 과로와 스트레스로 말미암아 기존의 고혈압, 심장질환이 급격히 악화됨으로써 심근경색을 유발하여 사망에 이르게 된 것이라고 봄이 상당하다(서울행판 1999. 5. 13. 98구10959)."

나. 재해와 업무와의 상당인과관계를 부인한 사례

▸기존 심장질환이 있었는지 알 수 없는 상태에서 급사한 경우

"과로 및 스트레스만으로 평소 심장에 이상이 없던 사람에게 급사에 이를 수 있는 어떤 심장질환이 새롭게 유발될 수 있는지, 혹은 과로 및 스트레스만으로 곧바로 급사에 이를 수 있는지, 설사 그러한 가능성이 있을 수 있다 하더라도 연장근무만으로 심장질환이나 급사의 원인이 될 수 있는지 의문이 있으므로 이 점이 심리 규명되어야 할 것이다. 원심의 취지를 최대한 선해하여 망인이 이미 심장질환을 가지고 있던 중에 과로 및 스트레스가 겹쳐 그 질환을 악화시켜 급사에 이르게 하였다는 취지를 보더라도, 망인은 평소 별다른 질병이 없는 건강체였다는 것인 데다가 망인의 사후에 부검도 하지 않았던 이 사건에서 망인이 기왕에 심장질환을 보유하고 있었다고 인정할 수도 없다(대판 2003. 12. 26. 2003두 8449)."

▸ 심장사와 의학적인 관련성이 입증되지 아니한 기존질환인 경우

"의학적 소견이 망인의 적혈구감소증은 그 정도가 경미하고 심장사의 유발원인이 될 정도는 아닌 것으로 추정된다거나 사망원인인 돌연심장사와는 그 관련성이 없는 것으로 판단하고 있는 사실, 돌연심장사란 심장질환에 의해 갑작스런 증상이 나타난 후 한 시간 이내에 의식을 잃게 되면서 자연사에 이르는 것을 말하는데 그 발병의 가장 많은 원인은 관상동맥질환이고 이러한 질환에 영향을 미치는 인자는 나이, 흡연, 음주, 비만 등이 있으며, 망인의 경우와 같이 과도한 음주와 흡연은 관상동맥질환의 위험인자는 사실을 인정한 다음, 망인의 돌연심장사가 업무상 과실이나 유기용제 중독에 의하여 초래되었다거나 유기용제 중독에 의하여 망인의 기존질환이 자연경과를 초월하여 현저하게 악화되어 사망에 이르렀다고 보기에는 어렵다 할 것이고, 달리 이 사건 재해가 업무상 재해에 해당한다고 인정할 만한 증거가 없다(대판 2002. 8. 23, 2002두4129)."

▸ 과로로 인한 심장마비로 사망한 것으로 볼 만한 증거가 없는 사인미상인 경우

"근로자의 사망이 업무수행 중에 일어났다 하더라도 그 사인이 분명하지 않은 때는 업무에 기인한 사망으로 추정된다고 할 수 없다. 아파트 경비원이 근무 중 사망한 경우, 달리 망인이 과로로 인한 심장마비로 사망한 것이라는 증거가 없어 그 사망원인이 분명하지 않고 가사 사인이 심장마비라 하더라도 망인의 업무가 비교적 단순하고 가벼운 육체노동인 경비업무인 점 등에 비추어 업무상 과로 및 스트레스로 심장마비를 일으켰다고 보기 어려우므로 이는 업무상 재해에 해당하지 않는다(대판 1998. 12. 8. 98두13287)."

(3) 판례의 경향

판례는 간질환과는 달리 뇌혈관질환 및 심장질환에 대하여는 업무와의 상당인과관계를 폭넓게 인정하고 있는 경향을 보이고 있다. 즉, 산재보험법 시행규칙 [별표 1]업무상 재해인정기준에서 정한 엄격한 뇌혈관 및 심장질환의 업무상 재해 요건에서 탈피하여 업무상 과로가 질병이나 사망의

한 원인이 될 수 있다거나 기존질환의 악화원인이 될 수 있다는 의학적 견해만 있으면 업무상 재해로 인정하고 있다.

업무상 과로와 재해 사이의 인과관계 여부에 대한 입증책임에서도 대법원은 「업무와 재해 사이의 상당인과관계는 반드시 의학적·자연과학적으로 명백히 입증하여야 하는 것은 아니고, 제반사정을 고려할 때 상당인과관계가 있다고 추정되는 경우에도 입증이 있는 것으로 보아야 한다」라는 인과관계의 사실상 추정을 전제한 다음, 주방장의 척수허혈성 경색증 마비사건에서 「과로와 과도한 스트레스가 동맥경화를 유발하였다고 볼 수 없다거나 근로자가 기존에 가지고 있던 흡연이나 당뇨 등 다른 유발인자만으로 동맥경화가 발생하였다고 볼 만한 사정을 근로복지공단(피고)이 입증하지 않는 한 인과관계가 인정된다」라고 하는 항소심(고등법원)의 논리를 그대로 수용함으로써 피재자의 입증책임을 완화하고 있다.[22]

또한 대법원은 뇌혈관 질환 및 심장질환 등에 대하여도 일관하여 「업무와 사망과의 인과관계의 유무는 보통 평균인이 아니라 당해 근로자의 건강과 신체조건을 기준으로 판단하여야 한다」라고 판시함으로써 평소에 건강하던 근로자에 비하여 기존질병이 있는 근로자가 보다 쉽게 업무상 재해로 인정받을 수 있게 하였다.[23] 이처럼 대법원이 개별근로자의 주관

---

22) 이 사건은 1일 약 13시간 근무시간과 설날 연휴 3일, 추석연휴 3일 합계 연 6일을 제외하고는 거의 근무한 주방장이 척수허혈성 경색증 마비질환이 발생하자 산재보상을 청구한 사안인데, 근로복지공단과 원심(서울행정법원 2000. 3. 29, 99구19953)은 각 부지급 결정과 기각을 하였으나, 항소심(서울고등법원 2001. 4. 6. 2000누4431)과 상고심(대법원 2001. 10. 12. 2001두3723)에서는 사실상 업무와 재해 사이의 상당인과관계가 없다는 것을 피고(근로복지공단)에게 입증책임을 물은 사건으로 평가된다.

23) 이는 고혈압, 당뇨 등 기존질병을 앓고 있는 근로자가 업무상 과로로 뇌혈관 질환 및 심장질환으로 악화되거나 사망한 경우에 건강한 근로자보다 업무와 재해 간의 상당인과관계가 있는 것으로 사실상 추정되어 쉽게 업무상 재해로 인정받을 수 있을 가능성이 높다고 할 수 있다. 그 결과 사용자는 고혈압, 당뇨 등 기존질병을 가지고 있는 사람들의 채용을 꺼리는 부작용도 낳을 염려도 있으나, 질병은 객관적인 조건뿐만 아니라 주관적 반응 정도에 따라 크게 좌우되기 때문에 해당 근로자의 본인을 기준으로 업무와 재해 간의 상당인과관계를 판단하는 것은 불가피한 선택이다(박상훈, 「판례평석: 과로와 업무상 재해」, p.92).

적인 요소인 평소의 건강상태·신체조건 등 해당 피재근로자 본인을 중심으로 과로와 재해 간의 상당인과관계를 파악하고 있는 것은, 의학적으로 명백하게 과로로 말미암아 질환이 발병된다고 하는 병명은 많지 않은 반면, 과로가 기존질병의 악화원인으로 거론되는 경우가 많기 때문이다.[24]

4. 평가

뇌혈관질환 및 심장질환과 관련한 업무상 재해기준으로서의 현행법 규정과 판례에서 나타난 내용을 근거로 업무상 과로 및 스트레스의 정도, 과로와 질병 사이의 인과관계, 업무기인성 여부의 원칙, 과로성 재해원인에 대한 의학적 판단으로 구분하여 평가하고자 한다.

1) 업무상 과로 및 스트레스의 정도

뇌혈관 및 심장질환이 업무상 재해에 해당하는가에 관한 중요한 판단은 피재근로자가 업무와 관련하여 질병에 영향을 미칠 수 있는 과로가 있었는지의 여부이다.

업무로 인한 과로가 질병의 발생이나 악화에 어느 정도 기여하여야만 상당인과관계를 인정할 수 있는가에 관하여, ①결정적인 것을 요구하는「최유력원인설」, ② 상대적으로 유력하면 된다고 하는「상대적유력원인설」, ③ 공동원인의 하나이면 족하다고 하는「공동원인설」이 논의되고 있다. 대법원이 어느 견해를 취하고 있는가에 관하여는 근로자가 사망 직전에 강도 높은 과로를 하였다는 점을 중시한다고 하여「상대적유력원인설」을 취하고 있다고 분석하는 견해,[25] 과로가 부수적인 원인이라도 업무상 재

24) 박상훈,「판례평석:과로와 업무상 재해」, p.92.
25) 길기봉,「과로사의 법률적 고찰」, p.15; 이상국, 산업재해보상보험법, p.306.

해를 인정하고 있다고 하여 「공동원인설」을 취하고 있다고 분석하는 견해,[26] 업무상 과로가 질병의 주된 원인과 겹친 경우에는 과로를 사망의 공동원인으로 파악하고 과로가 기존질병을 급속히 악화시킨 경우에는 과로를 사망의 상대적 유력원인으로 파악하는 「이원적 입장」을 취하고 있다고 분석하는 견해[27] 등이 있다.

대법원은 마을버스기사의 심근경색증 사망사건[28]에서 과로를 거의 유일한 발병원인으로 판단하였고, 주방장의 척수허혈성 경색증 마비사건[29]에서 기존의 흡연이나 당뇨 등 다른 유발인자와 함께 과로도 동맥경화의 발병원인으로 판단하였으며, 자동차부품공장 과장의 관상동맥경화증 사망사건[30]에서도 기존의 음주, 흡연, 스트레스 등 다른 사정과 경합하여 사망에 이른 것으로 봄으로써 대체로 공동원인설을 취하는 것으로 볼 수 있고, 공동원인설을 발판으로 삼아 업무상 재해의 범위를 넓혀 가고 있다고 할 수 있다.[31] 대법원은 대체로 건강, 신체조건 등 피재근로자 개인을 기준으로 업무상 과로 또는 스트레스만 인정되면 「과로→질병→사망」이라는 인과관계를 인정하고 있는 경향을 보이고 있다.

그러나 산재보험법 제39조제1항 [별표 1]에서는 뇌혈관 및 심장질환과 관련한 업무상 과로에 대한 객관적인 기준을 부여하기 위하여 「급격한 환경의 변화」와 「만성적 과로」에 관한 정의규정을 두어 이에 따라 업무상 재해 여부를 판단하고 있다. 즉, 뇌혈관 또는 심장혈관의 정상적인 기능에 뚜렷한 영향을 줄 수 있는 정도의 과중부하를 「급격한 환경의 변화」라고 정의하고, 「만성적 과로」를 ① 근로자의 업무량과 업무시간이 발병 전 3

26) 박상훈, 「판례평석: 과로와 업무상 재해」, p.91; 사법연수원, 노동법특수이론 및 업무상 재해관련 소송, p.140; 근로복지공단, 2000년 송무세미나자료집-과로성 질환을 중심으로-, p.73.
27) 이흥재, 「과로사의 인정기준에 관한 판례의 경향」, p.19.
28) 대판 2001. 4. 13. 2000두9922.
29) 대판 2001. 10. 12. 2001두3723.
30) 대판 2001. 10. 12. 2001두3730.
31) 박상훈, 「판례평석:과로완 업무상 재해」, p.91.

일 이상 연속적으로 일상 업무보다 30% 이상 증가된 경우, ② 발병 전 1주일 이내에 업무의 양·시간·강도·책임 및 작업환경 등이 일반인이 적응하기 어려울 정도로 바뀐 경우로 정의하고 이에 해당하면 업무상 과로로 인정하고 있다. 산재보험법 시행규칙 제39조제1항 [별표 1]의 기준에 따라 업무상 과로 여부를 판단할 경우, 과로와 재해 사이의 인과관계를 인정될 수 있는 범위는 극히 제한될 수밖에 없다.

대법원은 산재보험법 제39조제1항 관련 [별표1]에 규정한 뇌혈관 및 심장질환에 관한 과로의 기준을 적용하지 않고, 업무상 과로만 인정되면 과로와 질병 사이의 인과관계를 인정하고 있다. 이는 대법원이 대외적으로 법원이나 일반국민을 기속하는 효력을 갖지 못하는 내부의 사무처리준칙 정도에 불과한 것으로 보아 업무상 과로 정도를 독자적으로 파악한 것이라고 볼 수 있다.[32] 따라서 [별표1]의 과로판단기준에 해당하지 않는다고 하여「업무상 과로」가 없다고 보아 과로와 질병 사이의 인과관계를 부정할 이유가 없다. 다만, [별표1]의 기준이 객관적으로 합리적이 아니라거나 타당하지 않다고 볼 만한 특별한 사정이 없는 한 행정청의 의사는 가급적 존중되어야 하므로 [별표1]의 기준에 따라「만성적 과로」에 해당하면 특별한 사정이 없는 한 과로로 인정해야 한다.[33]

따라서 업무상 과로 및 스트레스 여부를 판단함에 있어서 산재보험법

---

32) 대법원은 구 산재보험법시행규칙(1996. 3. 19. 노동부령 제107호로 개정되기 전의 것) 제15조에서 재요양의 인정요건을 규정하고 있는 것과 관련하여「입법형식상 상위법령에 근거를 두지 아니한 것으로서 그 성질 및 내용으로 보아 산재보험법이 정한 요양관리에 관하여 행정내부의 사무처리준칙을 정하고 있는 것에 불과하다」고 판시하였다(대판 1997. 3. 28. 96누18755; 대판 1990. 9. 25. 96누18755). 이에 따라 산재보험법의 개정(1999. 12. 31. 법률 제6100호)으로 제4조 제1호 후문에「업무상 재해인정기준에 대하여는 노동부령으로 정한다」라고 함으로써 위임근거 규정을 신설하였다. 그럼에도 불구하고 대법원이 뇌혈관질환 및 심장질환과 관련하여 현행 산재보험법 시행규칙 제39조제1항 관련 [별표1]에 규정한 업무상 질병의 요건에 구속되어 판결을 하지 않는 것은 형식상 위임입법의 형식을 갖추었더라도 실질적으로는 법규명령으로 해석하고 있지 않기 때문이다(동지 박상훈,「판례평석: 과로와 업무상 재해」, p.88).

33) 박상훈,「판례평석: 과로와 업무상 재해」, p.88.

시행규칙상의 인정기준을 문리적으로만 해석하고 그 기준에 해당하지 않는다는 이유로 업무상 과로 여부를 판단할 것이 아니라, 보통 평균인이 재해를 당한 근로자를 중심으로 근로형태, 연령, 근로조건 및 강도, 작업환경조건, 음주 및 흡연의 여부, 고혈압·고지혈증·당뇨병·관상동맥질환 등 기존질환의 유무 등을 종합적으로 고려하여 판단하여야 한다.

2) 인과관계의 추정

대법원은 업무상 과로로 말미암아 새로운 질병이 발병하거나 기존질병이 악화되었는지에 관하여 일관하여 「업무와 재해 사이의 상당인과관계는 반드시 의학적·자연과학적으로 명백히 입증하여야 하는 것은 아니라고 전제하면서 제반사정을 고려하여 업무와 질병 사이에 상당인과관계가 있다고 추단되는 경우에는 그 입증을 다한 것」으로 해석하고 있다. 피재근로자측에서 업무와 질병 사이의 인과관계를 의학적·자연과학적으로 명백하게 입증한다는 것은 현실적으로 매우 어렵기 때문에, 대법원은 입증책임의 정도를 완화하여 여러 가지 간접사실에 의한 요건사실의 입증을 허용한 것이다. 여기서 「추단」은 경험칙에 의한 사실상의 추정을 의미하고, 이와 같은 추단이 인정되는 경우에는 명백한 반증이 없으면 그대로 인과관계를 인정하는 효과를 가져온다. 따라서 근로복지공단이 과로와 스트레스가 질병을 유발하였다고 볼 수 없다거나 기존질병을 악화시켰다고 볼 수 없다고 하는 반증을 명백히 하지 못하는 한 업무와 재해 사이의 상당인과관계는 인정된다고 보아야 한다.[34)]

3) 업무기인성의 판단

대법원은 「업무상 과로가 질병의 원인이 된 이상, 그 발병 장소가 사업

---

34) 박상훈, 「판례평석: 과로와 업무상 재해」, p.89.

장 밖이었고 업무수행 중 발병한 것이 아니라도 업무상 재해로 보아야 한다」라는 입장을 취함으로써 업무수행성보다 업무기인성을 중심으로 업무상 재해 여부를 판단하고 있다. 우연히 업무수행 중에 발병한 경우라도 업무기인성이 인정되지 않으면 업무상 재해로 보지 않는 반면, 사업장 밖에서 업무수행 중이 아닌 때에 발병한 경우라도 업무기인성이 인정되면 업무상 재해로 인정된다. 업무기인성을 중심으로 업무상 재해성을 판단하는 것은 당연한 법리이다.

이것이 「사고성 재해」와 다른 점이다. 「사고성 재해」의 경우에는 업무수행성이 인정되면 업무기인성을 추정하는 법리가 적용될 수 있음에 비하여 업무상 과로에 의한 질병의 경우에는 증상이 발현된 장소가 사업장 내라거나 증상의 발현 시기가 업무수행 중이었다는 점보다는 업무기인성이 있는지 여부를 기준으로 해야 한다.

4) 업무상 재해 요건의 완화

대법원은 대체로 과로가 질병이나 사망의 한 원인이 될 수 있다거나 기존질환의 악화원인이 될 수 있다는 의학적 견해만 있으면 업무상 재해로 인정하고 있어, 과로의 인정요건을 완화하는 경향을 보여 주고 있다.[35) 예컨대, 대법원이 주방장의 허혈성 척수허혈성 경색증 마비사건에서 「산재보험법에 의한 요양 제도가 손해의 공평한 분담을 목적으로 하는 손해배상과는 달리 사회보장제도의 하나로 실시되는 점, 과로와 스트레스가

35) 그러나 대법원의 입장과는 달리, 근로복지공단은 「과로가 그 질병의 발생에 영향을 미쳤거나 악화시켰다는 주장을 하기 위해서는 막연히 '영향을 주었을 가능성이 있지 않느냐'라는 질문보다는 '어떠한 질병이 있고 어느 정도로 과로한 근로자에게 같은 질병이 있으면서 과로하지 않은 근로자에 비해 질병의 악화가 자연발생적 속도의 두 배 이상으로 높다'라는 신뢰성 있는 역학적 결과를 제시하여야 한다. 그런 근거를 제시하지 못하는 한 과로가 질병의 악화나 진행에 영향을 주었을 가능성은 있지만, 그것이 자연발생적 수준 이상으로 악화시킨 '상당인과관계'가 있는 요인으로 할 수는 없다」라고 함으로써 업무상 재해의 요건을 엄격하게 해석하고 있다(근로복지공단, 2000년 송무세미나자료집-과로성 질환을 중심으로-, p.10)

구체적으로 특정질병의 원인이 되었다는 점을 의학적으로 완벽하게 밝히는 것은 사실상 불가능에 가까운 점을 고려해야 한다」라는 서울고등법원의 원심을 그대로 원용하여 업무상 재해로 인정한 사례를 둘 수 있다.[36]

손해배상의 경우 그 요건을 완화하면 대부분 피해자의 상대방(가해자)에게 무리한 재정적 부담을 지우게 될 염려가 있으므로 항상 손해의 공평한 분담을 염두에 두어야 함은 당연한 것이다. 그러나 산재보험법에 의한 업무상 재해는 사회보장제도의 하나로 실시되고 있는 점, 과로와 질병과의 인과관계에 관한 의학적인 규명이 분명하지 아니한 상황, 가계를 책임지는 근로자가 질병으로 노동능력을 상실하거나 사망한 경우에 이를 보호해 주는 사회안전망이 부족한 우리나라의 현실 등을 감안하면 과로에 의한 업무상 재해의 요건을 완화할 필요성이 있는 것이다.[37][38]

---

36) 이 사건에 대하여 원심은 「척수허혈성 경색증을 유발할 만한 특별한 소인이나 기존질환이 없었으므로, 이 사건 질병이 업무상 과로 또는 스트레스에 의하여 발병하였다거나 평소에 정상적인 근무가 가능한 기존질병이 업무상 기존질환이 업무상 과로 또는 스트레스로 인하여 급속히 악화된 것이라고 보기 어렵다」라고 하여 기각하였으나, 항소심과 상고심은 「산재보험제도의 사회보장적 성격과 과로와 스트레스가 특정질병의 원인이 되었다는 것을 구체적으로 완벽하게 밝히는 것을 어렵다고 하는 이유로 과로와 과도한 스트레스가 동맥경화를 유발하였다고 볼 수 없다거나 다른 요인에 의하여 동맥경화가 발생하였다고 볼 만한 사정이 없다면 업무상 재해로 인정되어야 한다」라고 판시하였다(원심 서울행법 2000. 3. 19. 99구19953; 항소심 서울고법 2001. 4. 6. 2000누4431; 상고심 대판 2001. 10. 12. 2001두3723).

37) 박상훈, 「판례평석: 과로와 업무상 재해」, p.95; 졸고, 「산업재해의 구제법리에 관한 연구」, pp.181-182.

38) 과로 또는 스트레스에 의한 업무상의 요건을 완화하면 근로복지공단의 재정악화 우려, 고혈압·당뇨 등 기왕증 보유자의 취업이 제한될 수 있다고 하면서 이에 반대하는 견해가 있을 수 있다. 그러나 산재보험법의 사회보장제도의 성격을 감안하면 재정악화의 우려를 들어 업무상 재해의 요건이 엄격해야 한다고 하는 주장은 이치에 맞지 않는 것이며, 재정적인 문제는 합리적인 산재보험료의 조정이나 예산의 확보방안을 강구하여 해결할 문제라고 본다. 그리고 사업주가 기왕증 보유자의 취업을 제한한다면 사회적으로 심각한 문제가 아닐 수 없다. 이 점에 대하여는 정년 후 재고용하는 경우 기왕증이 있는 자는 과로 등으로 질병이 촉진되거나 악화될 가능성이 있으므로 어느 정도의 취업제한은 불가피한 것이고, 일반근로자의 경우에는 취업을 제한하는 것이 아니라 오히려 안전배려의무를 강화할 필요가 있다.

Ⅴ. 기타의 질환과 업무상 재해 여부의 판단

1. 개설

주로 과로 등에 의한 업무상 재해와 관련된 질환은 뇌혈관 및 심장관련 질환이라고 할 수 있고, 간질환의 경우에는 종전 뇌혈관 및 심장관련 질환과 같이 업무상 재해 여부를 판단하여 왔으나 최근 업무상 재해의 요건을 다소 엄격하게 해석하고 있는 경향을 보이고 있음은 설명한 바와 같다.

이외에도 과로 등에 의한 질환으로서 사건화되고 있는 질환은 위암, 청장년급사증후근, 패혈증 및 폐암, 버거씨병 등을 들 수 있다. 이하에서는 업무와의 인과관계를 인정한 사례와 부인한 사례로 판례를 검토한 후 이에 대한 평가를 하고자 한다.

2. 판례의 분석

1) 업무와의 인과관계를 인정한 사례

▸폐 절제수술을 받은 공무원이 누적된 피로로 인해 폐결핵으로 사망한 경우

"망인이 폐결핵의 치료를 위하여 폐 절제수술까지 받고 완치되지 아니한 상태에서 군청 가정복지계의 차석으로 근무하면서 출장근무 및 시간외 근무를 하였다면 위와 같은 근무가 설사 보통 평균인에게는 과중한 것이 아니었다고 하더라도 망인의 건강과 신체조건으로 보아서는 쉽사리 피로를 느낄 수 있고 이러한 피로가 누적됨으로 인하여 망인의 폐결핵은 일반적인 자연속도 이상으로 급속히 악화되어 결국 사망하게 된 것이므로 이는 공무상 재해에 해당된다고 할 것이다(대판 1994. 2. 25. 93누19030)."

▶ 과로로 신체의 저항기능이 저하되어 패혈증이 발병한 경우

"망인은 패혈증 발병 직전까지 상당기간 계속하여 시간외 근무 등 공무수행을 하면서 평소보다 과로한 사실이 있다는 것 이외에는 어떤 기존질병이 있는 등 다른 사정이 원인이 되어 신체의 저항력이 약해져 패혈증을 초래한 것으로는 보이지 않고, 폐혈증의 주된 발생원인이 밝혀지지 않았다 하더라도 그 발병 직전의 계속적인 공무상 과로로 인하여 신체의 저항기능이 저하된 것이 주된 발병원인에 겹쳐서 폐혈증으로 진행된 것이라고 추정되므로 이는 공무상 재해에 해당된다(대판 1992. 7. 24. 92누5335)."

▶ 과로한 상태에서 업무수행 중 청장년급사증후군으로 사망한 경우

"면사무소 지방행정 서기로 형사 및 민방위업무를 담당하던 공무원이 밀린 공무를 처리하기 위하여 병력소집통지서 교부, 제1국민역 실시조사, 신규민방위대원 훈련통지서 교부 등 과중한 업무로 과로한 상태에서 비 오는 날 통지서 교부업무를 하던 중 이장이 건네준 소주 한 잔을 2회에 걸쳐 나누어 마시자마자 갑자기 뒤로 넘어져 사망한 경우에 이는 공무상 재해에 해당된다(대판 1993. 5. 11. 91누2243)."

2) 업무와의 인과관계를 부인한 사례

▶ 현대의학상 과로와의 관련성이 입증되지 아니한 위암

"막연히 과로나 스트레스가 일반적으로 질병의 발생·악화에 한 원인이 될 수 있고 업무수행 과정에서 과로를 하고 스트레스를 받았다고 하여 현대의학상 그 발병 및 악화의 원인 등이 밝혀지지 아니한 질병에까지 곧바로 그 인과관계가 있다고 추단하기는 어려우므로 한국방송공사 소속 프로듀서로 근무하던 중 위암으로 인하여 사망한 경우 위 사망은 업무수행 과정에서의 과로 등으로 인한 것으로 보기 어려워 업무상 재해에 해당하지 않는다(대판 1998. 5. 22. 98두4740)."

"교사가 초등학교에 부임하여 6학년 담임을 맡아 격무에 시달리면서도 하루도 결근하지 않고 직무에 충실하였고 부임한 3개월 후에 실시한 건강진단에서도 별다른 이상이 발견되지 않아 정상 판정을 받았는데 그 후 1개월여 뒤에 위암진단을 받아 23일 만에 사망한 경우에 과로가 위암을 발병케 하였다거나 급속히 악화시켜서 망인의 생명을 단축시켰다고 볼 만한 자료는 없으며 일반적으로 과로가 질병의 발생 악화에 한 원인이 될 수 있고 망인이 업무수행 과정에서 과로를 하였다고 해서 곧바로 망인의 위암으로 인한 사망이 과로와 인과관계가 있다고 추단하기 어렵다(대판 1990. 5. 25. 90누295)."

▸ 현대의학상 과로와의 관련성이 입증되지 아니한 폐암

"김포세관 입국검사장에서 여행자 휴대품 검사업무와 무환수입물품의 심사업무를 담당하던 기간 동안 불규칙한 근무시간과 과중한 업무로 인하여 많은 육체적인 피로와 정신적인 스트레스를 받았던 망인이 폐암에 걸려 사망한 경우에 폐암의 확실한 원인은 현대의학상 아직 밝혀지지 않았으나 흡연이 가장 중요한 요인 중의 하나로 믿어지고 그 외 석면 공해물질 등도 가능한 원인으로 추정되고 있으며 폐암이 전이상태로 발견된 때에는 완치가 거의 불가능하고 또 폐암이 과로나 스트레스에 의하여 발병하거나 과로 스트레스가 없으면 효과적인 치료가 가능하다는 의학문헌상의 보고가 없으므로 망인의 사망은 공무로 인한 것이라고 볼 수 없다(대판 1994. 3. 22. 94누408)."

▸ 현대의학상 과로와의 관련성이 입증되지 아니한 버거씨병

"버거씨병은 현대의학상 아직 그 발병원인이 밝혀지지 아니하였고, 버거씨병이 과로로 인하여 발생하였다거나 급속히 악화되어 폐질상태에 이르렀다고 볼 증거가 없다(대판 1993. 4. 23. 92누8545)."

▸ 현대의학상 과로와의 관련성이 입증되지 아니한 급성골수성 백혈병

"외국회사 한국 지사장으로 근무하던 자의 사망원인이 된 급성 골수성 백혈병은 현대의학상 확실한 발생원인이 밝혀지지 아니한 채 다만 바이러스에의 감염, 방사선이나 화공약품 등 유해물질에의 노출 등이 유인으로 되어 발생하는 것으로 추정되고 있으며, 과로나 스트레스가 없으면 백혈병의 효과적인 치료가 가능하다거나 과로나 스트레스로 인하여 폐렴이나 장출혈 등의 합병증이 유발된다는 점을 인정할 아무런 자료가 없다면 외국회사 한국 지사장의 업무수행으로 인하여 그의 기존질병인 급성 골수성 백혈병이 급격히 악화되고 이에 따른 합병증이 유발되어 망인의 생명을 단축시켰다고 단정할 수도 없는 것이며, 일반적으로 과로와 스트레스가 질병의 발생, 또는 악화의 한 원인이 될 수 있다는 이유만을 들어 위 망인의 스트레스와 과로가 기존의 질병을 급속하게 악화시킨 원인이 된 것이라고 단정할 수도 없어 그의 백혈병 발병이나 그 악화로 인한 사망은 업무상 재해로 인한 사망으로 볼 수 없으므로 이와 달리 판단한 원심판결을 파기한다(대판 1997. 8. 29. 95재누91)."

▸사인이 불분명하고 과로로 발병하였다고 볼 수 없는 청장년급사증후군

"근로자가 회사 열처리반에서 근무하여 오던 중 야간근무를 마친 후 귀가하여 잠을 자다가 사망하였으나 그 사인이 불분명하고 평소의 업무내용이 신체적으로 크게 힘든 것도 아니며 위 근로자가 당시 업무의 과중으로 인한 과로나 정신적 스트레스가 지속되는 상태였다고 볼 아무런 증거가 없다면, 위 근로자가 청장년 급사증후군으로 인하여 사망하였다고 보기 어렵고, 설사 청장년 급사증후군으로 사망하였더라도 그것이 과중한 업무에 기인한 것이라고 보기 어려우므로 위 근로자의 사망은 업무상 재해에 해당하지 않는다(대판 1998. 4. 24. 98두3303)."

3. 평가

대법원 판례의 일반적인 경향은 업무상 과로와 질병 사이의 인과관계를 제일차적 판단기준으로 하고 그 인과관계가 인정되면 발병 및 사망 장소가 사업장 밖이고 업무수행 중에 발병 사망한 것이 아니더라도 업무상 재해로 인정한다.

그러나 대법원은 통일적 입장을 취하지 않으면서 사안을 크게 두 가지 범주로 구분하여 업무상 과로가 질병의 주된 발생원인에 겹친 경우에는 과로를 사망의 공동원인으로 파악하고, 과로가 기존질병을 급속하게 악화시킨 경우에는 과로를 사망의 상대적 유력원인으로 파악하는 이분적 입장을 취하는 것으로 보인다. 그 인과관계의 입증의 정도에 대하여 판례는 의학적 자연과학적인 입증이 아니라 제반사정을 고려한 개연성만 있으면 족하다는 입장이고 또한 판례는 입증부담을 과로사를 주장하는 측에 지우고 있지만 상당인과관계의 유무는 보통 평균인이 아니라 당해 근로자의 건강과 신체조건을 기준으로 판단해야 한다고 한다.

대법원이 위암이나 폐암 등 질병에 대하여 현대의학상 그 발병원인과 과로와의 관련이 입증되지 않는다는 것을 이유로 업무상 재해로 인정하지 않는 것은, 반드시 의학적 인과관계를 명백하게 요구하지 않는 업무상 질병의 인정기준 판례원칙과 모순되지 않는가 하는 의문이 든다. 또한 위암 및 폐암 등 질병의 경우에 대법원은 구체적으로 과로한 사실을 인정하면서도 의학상의 입증 결여를 근거로 업무상 재해를 인정하지 않는 것은 과로를 공동원인 내지 유력 원인으로 판단하여 간암 및 폐질환 등의 질병에 그 인과관계를 인정한 판례의 일반적인 경향과 형평성을 결여한 것이 아닌지 의심스럽다.

대법원은 일반근로자의 청장년급사증후군의 경우, 그 사인이 불분명하다는 것을 이유로 인과관계를 부정하고 있는데 먼저 제반사정을 고려하여 과로의 사실을 추정할 수 있으면 비록 사인이 불분명한 경우에도 과로사를 인정하여야 될 것이라고 생각한다. 왜냐하면, 새로운 기술 및 기계의 도입이나 신물질의 사용 등으로 초래된 작업환경과 작업방법의 변화로 인해 근로자는 새로운 유해물질에 폭로될 위험이 커짐에 따라 과로와 스트레스를 유발하여 원인불명의 질병에 이환되거나 기초질병이 악화되어 사망하는 경우가 많을 것이기 때문이다.[39]

39) 이흥재, 과로사의 인정기준에 관한 판례의 경향, pp.18-19.

제 3 장 직업성 질병

Ⅰ. 개 설

일반적으로 업무에 기인하는 질병을 「업무상 질병」이라고 말한다. 업무상 질병은 발병의 상태 또는 그 성질에 따라 크게 「사고성 질병」과 「직업성 질병」으로 구분할 수 있다.

「사고성 질병」은 사고의 원인이 되는 사실이 돌발적으로 발생하여 그 사실의 직접적인 결과로서 질병이 발현되거나 기초질병이 악화되는 것을 말하는 것이므로, 그 발생상황을 시간적 및 장소적으로 분명하게 알 수 있어서 업무와 질병 사이의 인과관계를 인정하는 데 큰 어려움이 없다. 즉, 「사고성 질병」은 당해 질병이 업무와의 인과관계성을 인정할 수 없는 명백한 증거가 없는 한 업무수행 중 사고로 발현되거나 기초질병이 급속도로 악화된 경우에는 업무상 재해로 인정된다.

그러나 「직업성 질병」은 직업에 내재된 유해물질 등의 질병원인이 누적되어 발생하고 그 위험원인이 완만하게 지속적으로 작용하여 발생하기 때문에 개인적인 질병으로 보기 쉽고 업무와의 상당인과관계를 입증하는 것이 매우 어렵다.[1] 따라서 「직업성 질병」에 대한 업무상 재해 여부는 질병과 업무와의 인과관계를 밝히는 것이 매우 중요한 과제이다.

요컨대, 「사고성 질병」은 업무상 사고에 대한 업무상 재해인정기준을

1) 김형배, 노동법, p.461; 이병태, 최신노동법, p.830.

준용하면 별 문제가 없을 것으로 보이나, 「직업성 질병」에 대한 업무상 재해 여부의 판단은 자세한 검토가 필요할 것으로 보아 여기서는 주로 직업성 질병을 중심으로 서술하기로 한다.

Ⅱ. 직업성 질병의 종류

직업성 질병의 종류에 대하여는 근로기준법 시행령 제40조제1항 [별표 3]에 자세하게 규정하고 있다.

[직업성 질병의 범위(근로기준법시행령§ 40①관련)]

1. 업무상 부상에 기인하는 질병
2. 무겁고 힘든 업무로 인한 근육 · 건 · 관절의 질병과 내장탈장
3. 고열 · 자극성의 가스나 증기 · 유해광선 또는 이물질로 인한 결막염 기타의 안질환
4. 라듐방사선 · 자외선 · 엑스선 기타 유해방사선으로 인한 질병
5. 덥고 뜨거운 장소에 있어서의 업무로 인한 열사병 등 열중증
6. 덥고 뜨거운 장소에 있어서의 업무 또는 고열물체를 취급하는 업무로 인한 제2도 이상의 화상 및 춥고 차가운 장소에 있어서의 업무 또는 저온물체를 취급하는 업무로 인한 제2도 이상의 동상
7. 분진을 비산하는 장소에 있어서의 업무로 인한 진폐증 및 이에 따르는 폐결핵 등 합병증
8. 지하작업으로 인한 안구진탕증
9. 이상기압하에 있어서의 업무로 인한 감압병 기타의 질병
10. 제사 또는 방적 등의 업무로 인한 수지봉와직염 및 피부염
11. 착암기 등 진동발생도구 취급 작업으로 인하여 유발되는 신경염 기타의 질병
12. 강렬한 소음을 발하는 장소에 있어서의 업무로 인한 귀 질환
13. 영상표시단말기(VDT) 등 취급자에 나타나는 경견완증후군
14. 납 · 그 합금 또는 그 화합물로 인한 중독 및 그 속발증
15. 수은 · 아말감 또는 그 화합물로 인한 중독 및 그 속발증
16. 망간 또는 그 화합물로 인한 중독 및 그 속발증

17. 크롬 · 니켈 · 알루미늄 또는 이상의 화합물로 인한 궤양 기타의 질병
18. 아연 기타의 금속중기로 인한 금속열
19. 비소 또는 그 화합물로 인한 중독 및 그 속발증
20. 인 또는 그 화합물로 인한 중독 및 그 속발증
21. 초산염가스 또는 아황산가스로 인한 중독 및 그 속발증
22. 황화수소로 인한 중독 및 그 속발증
23. 2황화탄소로 인한 중독 및 그 속발증
24. 일산화탄소로 인한 중독 및 그 속발증
25. 청산 기타의 시안화합물로 인한 중독 및 그 속발증 또는 기타의 질병
26. 광산 · 가성알칼리 · 염소 · 불소 · 석탄산 또는 이상의 화합물 기타 부식성 또는 자극성의 물체로 인한 부식 · 궤양 및 염증
27. 벤젠 또는 벤젠의 동족체와 그 니트로 및 아미노 유도체로 인한 중독 및 그 속발증
28. 에세톤 또는 기타의 유기용제로 인한 중독 및 그 속발증과 기타의 질병
29. 제27호 및 제28호 외의 지방족 또는 방향족의 탄화수소화합물로 인한 중독 및 그 속발증 또는 기타의 질병
30. 매연 · 광물유 · 동유 · 칠 · 타르 · 시멘트 등으로 인한 봉와직염 · 습진 기타 피부질환
31. 매연 · 타르 · 핏치 · 아스팔트 · 광물유 · 파라핀 또는 이상의 물질을 포함하는 것으로 인한 원발성 상피암
32. 제14호 내지 제31호에 기재된 것 외에 독성 · 극성 기타 유해물로 인한 중독 및 그 속발증 또는 피부 및 점막의 질환
33. 환자의 검진 · 치료 · 간호 기타의 병원체로 인하여 오염될 우려가 있는 업무로 인한 각종 전염성 질환
34. 습윤지에 있어서의 업무로 인한 와일씨병
35. 옥외노동에 기인하는 쯔쯔가무시병
36. 동물 또는 시체, 짐승의 털, 피혁 기타 동물성의 물체 및 넝마 기타 고물의 취급으로 인한 탄저병 · 단독 및 페스트
37. 제1호 내지 제36호 외에 중앙노동위원회의 동의를 얻어 노동부장관이 지정하는 질병
38. 기타 업무로 기인한 것이 명확한 질병

Ⅲ. 업무상 재해인정기준

산재보험법시행규칙은 근로기준법시행령 제40조제1항 [별표3]에 규정된

「직업성 질병」과 동 [별표3]에 규정된 이외의 「직업성 질병」으로 구분하여 업무상 재해인정기준을 다르게 적용하고 있는데, 전자를 「예시된 직업성 질병」이라 하고 후자를 「예시되지 않은 직업성 질병」이라고 한다. 또한 「사고성 질병」에 대한 업무상 재해인정기준을 별도로 규정하고 있다.

1. 예시된 직업성 질병의 업무상 재해인정기준

「예시된 직업성 질병」은 법령에 직업성의 질병에 관하여 구체적으로 열거하고 있기 때문에 피재근로자가 일정한 업무에 종사하고 그 업무에 대응하는 소정의 질병에 이환된 사실만 입증하면 업무기인성이 추정된다고 할 수 있다. 즉, 당해 질병의 업무기인성을 부정하는 특별한 반증이 없는 한 「업무상 질병」으로 인정된다.

따라서 근로기준법시행령 제40조제1항에 의한 질병의 범위에 속하는 경우에는 다음의 요건에 해당되고 업무상 요인에 의하여 이환된 질병이 아니라는 명백한 반증이 없는 한 업무상 질병으로 인정하고 있다(시행규칙§33①).

[예시된 직업성 질병의 업무상 재해인정기준]

1. 근로자가 업무수행 과정에서 유해요인을 취급하거나 이에 노출된 경력이 있을 것
2. 유해요인을 취급하거나 이에 노출될 우려가 있는 업무를 수행함에 있어서 작업시간·종사기간·노출량 및 작업환경 등에 의하여 유해인자의 노출 정도가 근로자의 질병 또는 건강장애를 유발할 수 있다고 인정될 것
3. 유해요인에 노출되거나 취급방법에 따라 영향을 미칠 수 있는 신체부위에 그 유해인자로 인하여 특이한 임상증상이 나타났다고 의학적으로 인정될 것
4. 질병에 이환되어 의학적인 요양의 필요성이나 보험급여 지급사유가 있다고 인정될 것

2. 예시되지 않은 직업성 질병의 업무상 재해인정기준

1) 의의

「예시되지 않은 직업성 질병」은 「예시된 직업성 질병」과는 달리 업무와 상당인과관계가 추정되지 않아 오히려 피재근로자 측에서 업무와 질병 사이의 상당인과관계가 있음을 입증하여야 하므로 업무상 질병으로 인정될 가능성이 훨씬 희박하다.

그러나 의학의 발달에 의하여 업무와의 관련성이 새로이 인정될 수 있는 질병에 대응하기 위해서는 근로기준법 제40조제1항 관련 [별표3]의 「업무상 질병의 범위」에 규정된 포괄규정, 즉 「기타 업무에 기인한 것이 명백한 질병」 규정은 또 다른 「직업성 질병」의 인정범위를 결정하는 중요한 역할을 담당하고 있으며, 「직업성 질병」을 둘러싼 해석론은 포괄규정을 둘러싼 「예시되지 않은 질병」에 초점이 맞추어지고 있다.[2)]

「예시되지 않은 직업성 질병」의 업무상 재해인정기준에 관하여는 산재보험법시행규칙 제39조에 규정되어 있는데, 구체적인 인정기준은 시행규칙 [별표1] 「업무상 질병 또는 업무상 질병으로 인한 사망에 대한 업무상 재해인정기준」에 의하되, 재해 여부를 결정하는 경우에는 [별표1]의 인정기준 외에 당해 근로자의 성별·연령·건강 정도 및 체질 등을 참작하도록 하고 있다.

2) 업무상 재해인정기준

(1) 물리적 인자로 인한 질병

물리적인 인자에 노출되는 상태에서 업무를 수행하는 근로자에게 다음에 해당되는 증상 또는 소견이 나타나는 경우에는 이를 업무상 질병으로

---

2) 이상국, 산업재해보상보험법, pp.243-244.

본다.

가. 자외선에 노출되는 업무로 인한 전안부(前眼部)질환 또는 피부질환
나. 적외선에 노출되는 업무로 인한 망막화상·백내장 등의 안질환
다. 레이저광선에 노출되는 업무로 인한 망막화상 등의 안질환 또는 피부질환
라. 마이크로파에 노출되는 업무로 인한 백내장 등의 안질환
마. 유해방사선에 노출되는 업무로 인한 급성방사선증·피부궤양 등의 방사선 피부장애·백내장 등의 방사선 안질환·방사선 폐렴·재생불량성빈혈 등의 조혈기장애·골괴사 또는 기타의 방사선 장애
바. 덥고 뜨거운 장소에서의 업무로 인한 일사병 또는 열사병
사. 고열물체를 취급하는 업무로 인한 제2도 이상의 화상
아. 춥고 차가운 장소에서의 업무 또는 저온물체를 취급하는 업무로 인한 제2도 이상의 동상

(2) **이상기압으로 인한 질병**

잠수작업·잠함실내종사·고공종사 등으로 대기압보다 높거나 낮은 환경압조건에 노출되고 있는 근로자에게 다음에 해당되는 증상 또는 소견이 나타나는 경우에는 이를 업무상 질병으로 본다.

가. 고기압 또는 저기압조건에 노출된 후 6시간 내지 12시간 이내에 나타나는 다음의 1에 해당되는 장해
(1) 폐·중이·부비동 또는 치아 등에 발생한 압착증
(2) 물안경 또는 헬멧 등과 같은 잠수기기에 의한 압착증
(3) 질소마취현상 또는 중추신경계 산소독성으로 속발된 건강장해
(4) 피부·근골격계·호흡기·중추신경계 또는 내이 등에 발생한 감압병
(5) 뇌동맥 또는 관상동맥에 발생한 공기색전증
(6) 기흉·혈기흉·종격동·심낭 또는 피하기종

(7) 배부 · 복부의 통증 또는 극심한 피로감

나. 고압노출작업환경에 2개월 이상 종사하고 있거나 그 업무를 떠난 후 5년 전후에 나타나는 무혈성골괴사의 만성장해. 다만, 만성알코올중독 · 매독 · 당노병 · 간경변증 · 간염 · 류마티스성관절 · 고지질혈증 · 혈소판감소증 · 통풍 · 레이노증후군 · 결절성 다발성동맥염 · 알캅톤뇨증 및 약물치료 등 다른 원인에 의한 경우를 제외한다.

(3) 소음성 난청

① 인정기준

가. 연속음으로 85dB(A) 이상의 소음에 노출되는 작업장에서 3년 이상 종사하거나 종사한 경력이 있는 근로자로서 한 귀의 청력손실이 40dB 이상이 되는 감각신경성 난청의 증상 또는 소견이 있을 것

나. 가의 규정에 의한 근로자의 증상이 다음의 요건을 충족할 것

(가) 고막 또는 중이에 뚜렷한 병변이 없을 것

(나) 순음청력검사결과 기도청력역치(氣導聽力閾値)와 골도청력역치(骨導聽力閾値) 사이에 뚜렷한 차이가 없어야 하며, 청력장해가 저음역보다 고음역에서 클 것

(다) 내이염 · 약물중독 · 열성질환 · 메니에르씨증후군 · 매독 · 두부외상 · 돌발성난청 · 유전성난청 · 가족성난청 · 노인성난청 또는 재해성 폭발음 등에 의한 난청이 아닐 것

② 난청의 측정방법

가. 24시간 이상 소음작업을 중단한 후 공단이 정하여 고시한 검사항목에 대하여 공단이 정하여 고시한 인력 · 시설을 갖춘 의료기관에서 500(a) · 1,000 (b) · 2,000(c) 및 4,000(d)㎐의 주파수음에 대한 청력역치를 측정하여 6분법(a+2b+2c+d / 6)으로 판정한다. 이 경우 순음청력계

기는 ISO(International Organization for Standardization)기준으로 보정된 계기를 사용하여야 한다.

나. 순음청력검사는 의사의 판단에 따라 3~7일간의 간격으로 3회 이상(음향외상성난청에 대하여는 요양종결 후 30일 간격으로 3회 이상) 실시하여 검사의 유의차(有意差)가 없는 경우 그중 최소가청력치를 청력장해로 인정하되, 검사결과가 다음의 모든 요건을 충족하지 아니하는 경우에는 1월 후 재검사를 실시한다.

(가) 기도청력역치와 골도청력역치의 차이가 각 주파수마다 10dB 이내일 것

(나) 상승법 · 하강법 · 혼한법 각각의 청력역치의 차이가 각 주파수마다 10dB 이내일 것

(다) 각 주파수마다 하강법의 청력역치가 상승법의 청력역치에 비해 낮거나 같을 것

(라) 반복검사 간 청력역치의 최대치와 최소치의 차이가 각 주파수마다 10dB 이내일 것

(마) 순음청력도상 어음역(500, 1000, 2000㎐)에서의 주파수 간 역치변동이 20dB 이내이면 순음청력역치의 3분법 평균치와 어음청취역치의 차이가 10dB 이내일 것

(4) 신체에 과도한 부담을 주는 작업으로 인한 질병

가. 작업자세 및 작업강도 등에 의하여 신체에 과도한 부담을 줄 수 있는 작업을 수행한 근로자가 다음에 해당되는 질병에 이환된 경우에는 이를 업무상 질병으로 본다. 다만, 선청성이상 · 류마티스관절염 · 퇴행성 질환 · 통풍 등 업무상 질병에 의하지 아니한 장해의 경우에는 그러하지 아니하다.

(가) 근육 · 건 · 골격 또는 관절의 질병

(나) 내장탈(장기 또는 조직의 일부가 자기의 위치에서 다른 부위로 이탈하는 증상)

(다) 경견완증후군으로서 다음에 해당되는 질병

A. 경추부의 신경 또는 기능장애

B. 견갑부의 극상근증후군 · 건초염 · 활액낭염

C. 상완 및 전완부의 상과염을 포함한 건초염 · 수근관증후군

D. 수지의 압통과 부종을 동반한 운동기능장애

나. 「경견완증후군」이라 함은 상지에 반복적으로 무리한 힘을 가하는 업무에 6월 이상 종사한 근로자에게 나타나는 경부 · 견갑부 · 상완부 · 주관절 · 전완부 및 그 이하에서 발생된 근골격계질환을 말한다.

(5) 진동장해

착암기 · 병타기 · 동력사슬톱 등의 진동공구를 취급하여 신체국부에 진동을 받는 업무에 상당기간 종사하고 있거나 종사한 경력이 있는 근로자에게 다음에 해당되는 증상 또는 소견이 나타나는 경우에는 이를 업무상 질병으로 본다.

가. 손가락 · 팔목 등에 저림 · 통증 · 냉감 · 빼근함(뻣뻣함) 등의 자각증상이 지속적 또는 간헐적으로 나타나고, 다음에 해당하는 장해가 나타나거나 그중 어느 하나가 뚜렷이 나타나는 경우

(가) 수지 · 전완 등의 말초순환장해

(나) 수지 · 전완 등의 말초신경장해

(다) 수지 · 전완 등의 골 · 관절 · 근육 · 건 등의 이상으로 인한 운동기능장애

나. 레이노현상의 발현이 인정된 질병

(6) 요 통

① 업무수행 중 발생한 사고로 인한 요부의 부상(급격한 힘의 작용에 의한 배부 · 연부조직의 손상을 포함한다)으로 인하여 다음에 해당

되는 요통이 나타나는 경우에는 이를 업무상 질병으로 본다.

가. 통상의 동작과 다른 동작에 의해 요부에 급격한 힘의 작용이 업무수행 중에 돌발적으로 가하여져서 발생한 요통

나. 요부에 작용한 힘이 요통을 발생시켰거나 요통의 기왕증 또는 기초질환을 악화시켰음이 의학적으로 인정되는 요통

② 요부에 과도한 부담을 주는 업무에 비교적 단기간(약 3월 이상) 종사하는 근로자에게 나타난 요통 또는 중량물을 취급하는 업무 또는 요부에 과도한 부담을 주는 작업상태의 업무에 장기간(약 5년 이상)에 걸쳐서 계속하여 종사하는 근로자에게 나타난 만성적인 요통은 이를 업무상 질병으로 본다. 다만, 방사성학적 소견상 변형성척추증·골다공증·척추분피증·척추체전방전위증 및 추체변연융기 등 일반적으로 연령의 증가에 따른 퇴행성 척추변화의 결과로 발생되는 경우를 제외한다.

③ 「중량물을 취급하는 업무」라 함은 30㎏ 이상의 중량물을 노동시간의 1/3 이상 취급하는 업무 또는 20㎏ 이상의 중량물을 노동시간의 1/2 이상 취급하는 업무를 말한다.

(7) 화학물질로 인한 중독 또는 그 속발증

화학물질을 취급하거나 이에 노출되는 업무에 종사한 경력이 있는 근로자에게 다음에 해당되는 증상 또는 소견이 나타나는 경우에 이를 업무상 질병으로 본다.

① 아연·구리 등의 금속흄으로 인한 금속열

② 불소수지·아크릴수지 등 합성수지의 열분해 생성물로 인한 안점막의 염증 또는 기도점막의 염증 등의 호흡기질환

③ 검댕·광물유·옻·시멘트 등에 의한 봉와직염·습진·기타의 피부

질환
④ 검댕 · 타르 · 피치 · 아스팔트 · 광물유 · 파라핀 등으로 인한 원발성 상피암
⑤ 목재분진 · 짐승털의 먼지 · 항생물질 등에 의한 알레르기성비염 · 기관지천식 등의 호흡기질환
⑥ 공기 중의 산소농도가 부족한 장소에서의 산소결핍증

(8) 염화비닐로 인한 증상 또는 그 속발증

① 염화비닐에 노출되는 업무에 종사하거나 종사한 경력이 있는 근로자에게 다음에 해당되는 증상 또는 소견이 나타나는 경우에는 이를 업무상 질병으로 본다.
가. 간비장증후군(간섬유화 · 비장종대 · 혈소판감소증 등)
나. 지골단 용해증
다. 경피증
라. 레이노현상

② 염화비닐에 노출되는 업무에 4년 이상 종사한 근로자에게 원발성간혈관육종의 증상이 나타나는 경우에는 이를 업무상 질병으로 본다.

③ 일시적으로 다량의 염화비닐에 노출되는 업무에 종사하는 근로자에게 다음의 1에 해당되는 증상 또는 소견이 나타나는 경우에는 이를 업무상 질병으로 본다.
가. 중추신경계장해
나. 급성 호흡부전

(9) 타르로 인한 중독 또는 그 속발증

① 타르에 노출되는 업무에 종사하거나 종사한 경력이 있는 근로자에게

다음에 해당되는 증상 또는 소견이 나타나는 경우에는 이를 업무상 질병으로 본다. 다만, 타르 외의 원인에 의한 피부질환 및 안과질환의 경우에는 그러하지 아니한다.

가. 접촉피부염

나. 광과민피부염(광독성 · 광알레르기성)

다. 피부색소이상

라. 타르에 의한 염소여드름

마. 국소모세혈관확장증

바. 타르에 의한 사마귀

사. 각막 위축증 · 각막 궤양

② 타르에 노출되는 업무에 10년 이상 종사한 근로자에게 다음의 1에 해당되는 증상 또는 소견이 나타나는 경우에는 이를 업무상 질병으로 본다.

가. 원발성폐암

나. 원발성피부암(편평세포암 · 기저세포암)

(10) 망간 또는 그 화합물로 인한 중독 또는 그 속발증

① 망간 또는 그 화합물에 노출되는 업무에 2월 이상 종사하거나 종사한 경력이 있는 근로자에게 다음의 1에 해당되는 증상 또는 소견이 나타나는 경우에는 이를 업무상 질병으로 본다. 다만, 뇌혈관장해 · 일산화탄소중독후 후유증 · 뇌염 또는 뇌염 후 후유증 · 다발성경화증 · 윌슨병 · 척수소뇌변성증 · 뇌매독 및 원인이 명확한 말초신경염 등 망간 외의 원인에 의한 질환의 경우에는 그러하지 아니하다.

가. 망간정신병

나. 파킨슨증후군

다. 근이긴장증

② 일시적으로 다량의 망간 또는 그 화합물에 노출되어 폐렴 혹은 폐실질염에 해당하는 증상이나 소견이 나타나는 경우에는 이를 업무상 질병으로 본다.

(11) 연·연합금 또는 그 화합물로 인한 중독 또는 그 속발증

① 연·연합금 또는 그 화합물(유기연 제외)에 노출되는 업무에 종사한 경력이 있는 근로자에게 다음에 해당되는 증상 또는 소견이 나타나는 경우에는 이를 업무상 질병으로 본다.

가. 신근마비

나. 빈혈(철결핍빈혈 제외)

다. 만성신부전증

라. 혈중 연농도가 혈액 100밀리리터 중 40㎍ 이상 검출되고 연중독의 증상이나 소견이 나타나는 경우. 다만, 혈중 연농도가 40㎍ 미만으로 나타나는 경우에는 요중연·ZPP·δ-ALA등의 검사결과를 참고로 한다.

② 일시적으로 다량의 연·연합금 또는 그 화합물(유기연을 제외한다)에 노출되어 연창백·복부산통·관절통 등의 급성중독현상이 나타나는 경우에는 이를 업무상 질병으로 본다.

(12) 수은·아말감 또는 그 화합물로 인한 중독 또는 그 속발증

① 수은·아말감 또는 그 화합물(유기수 제외) 또는 그의 증기나 분진 등에 노출되는 업무에 종사하고 있거나 종사한 경력이 있는 근로자에게 다음에 해당되는 증상 또는 소견이 나타나는 경우에는 이를 업무상 질병으로 본다.

가. 국소 또는 전신진전 · 보행장해 · 말하는 기능의 장해 등 신경계증상 또는 감정의 항진 · 성격변화 등 정신장애가 인정되는 경우(전신마비 · 알코올중독 · 망간중독증 등 다른 원인에 의한 정신신경질환 제외)

나. 궤양성 구내염 · 과다한 타액분비 · 치은염 · 치주농양 등의 구강내질환이 인정되는 경우

다. 안과용 세극 등 검사에서 수정체 전낭에 적회색의 침착이 일측 또는 양측성으로 확인될 경우

라. 단백뇨 등 신장장해가 인정되는 경우(다른 원인에 의한 단백뇨 등 신장질환 제외)

② 일시적으로 다량의 수은 · 아말감 또는 그 화합물(유기수은을 제외한다) 또는 그의 증거나 분진 등에 노출되어 한기 · 고열 · 치조농루 · 설사 · 단백뇨 등의 신증상 그 밖의 급성중독현상이 나타나는 경우에는 이를 업무상 질병으로 본다.

(13) **크롬 또는 그 화합물에 의한 중독증 또는 그 속발증**

① 크롬 또는 그 화합물에 노출되는 업무에 2년 이상 종사한 경력이 있는 근로자에게 다음에 해당되는 증상 또는 소견이 나타나는 경우에는 이를 업무상 질병으로 본다. 다만, 흡연 등 크롬 또는 그 화합물이 아닌 원인에 의한 경우에는 그러하지 아니한다.

가. 비중격궤양 및 천공, 크롬에 의한 기관지천식 등 비강 및 호흡기질환

나. 크롬으로 인한 접촉피부염

다. 결막염 · 결막궤양 등의 안장해

라. 구강점막장해 또는 치근막염

마. 원발성 폐암

바. 비강·부비강·후두의 원발성암

② 일시적으로 다량의 크롬 또는 그 화합물에 노출된 근로자에게 나타나는 급성장해로 다음에 해당되는 증상 또는 소견이 나타나는 경우에는 이를 업무상 질병으로 본다.

가. 급성 호흡기질환

나. 급성 신장장해 등 급성중독

(14) 카드뮴 또는 그 화합물로 인한 중독 또는 그 속발증

① 카드뮴 또는 그 화합물에 노출되는 업무에 2년 이상 종사한 경력이 있는 근로자에게 다음의 1에 해당되는 증상 또는 소견이 나타나는 경우에는 이를 업무상 질병으로 본다.

가. 세뇨관성 신질환 및 그 결과로 인한 골연화증

나. 폐기종

다. 후각신경마비(무후각증)

② 일시적으로 다량의 카드뮴 또는 화합물에 노출된 근로자에게 다음에 해당되는 증상 또는 소견이 나타나는 경우에는 이를 업무상 질병으로 본다.

가. 폐렴 혹은 폐실질염

나. 급성 위장관계질환

(15) 벤젠으로 인한 중독 또는 그 속발증

① 벤젠에 노출되는 업무에 종사하고 있거나 종사한 경력이 있는 근로자에게 다음에 해당되는 증상 또는 소견이 나타나는 경우에는 이를 업무상 질병으로 본다. 다만, 혈액질환과 피부질환의 경우에는 소화

기질환·철분결핍성빈혈 등 영양부족 및 만성소모성질환 등 다른 원인에 의한 경우에는 그러하지 아니하다.

가. 빈혈·백혈구감소증·혈소판감소증·범혈구감소증

나. 급성 또는 만성 피부염

② 1ppm 이상의 농도에 10년 이상 노출된 근로자에게 다음에 해당하는 조혈계질환이 나타나는 경우에는 이를 업무상 질병으로 본다. 다만, 노출기간이 10년 미만이더라도 누적 노출량이 10ppm 이상인 경우나 과거 노출력에 대한 기록이 불분명하여 현재의 노출농도를 기준으로 10년 이상 누적 노출량이 1ppm 이상인 경우에는 이를 업무상 질병으로 본다.

가. 백혈병

나. 골수형성이상증후군

다. 다발성 골수종

라. 재생불량성 빈혈

③ 일시적으로 다량의 벤젠증기를 흡입하여 두통·현기증·구역·구토·흉부압박감·흥분상태·경련·섬망·혼수상태 기타 급성중독 증상이 나타나는 경우에는 이를 업무상 질병으로 본다.

(16) 지방족 및 방향족 화합물중 유기용제로 인한 중독 또는 그 속발증

① 지방족 및 방향족 화합물중 유기용제(톨루엔·크실렌·스티렌·사이클로 헥산·노말 헥산 등)에 노출되는 업무에 종사하거나 종사한 경력이 있는 근로자에게 다음에 해당되는 증상 또는 소견이 나타난 경우에는 이를 업무상질병으로 본다.

가. 접촉피부염(업무를 떠난 후 3월이 경과되지 아니한 경우에 한함)

나. 결막염 · 각막염 또는 비염 등 점막자극질환(업무를 떠난 후 3월이 경과되지 아니한 경우에 한함)
다. 중추신경장해(뇌손상 · 간질 · 알코올이나 약물중독 및 동맥경화증 등에 의한 질환 제외)
라. 말초신경병증(당뇨병 · 알코올 · 척추손상 · 연 · 비소 · 아크릴아미드 · 이황화탄소 및 신경포착 등 다른 원인에 의한 질환 제외)
마. 만성신부전 혹은 급성세뇨관괴사(고혈압 · 당뇨병 등 다른 원인에 의한 질환 제외)
바. 전신성 경화증. 다만, 유전적 소인 및 다른 원인에 의한 질환을 제외한다.

② 일시적으로 다량의 유기용제를 흡입하여 의식장해 · 경련 · 심장질환 · 급성중독 증상 등이 나타나는 경우에는 이를 업무상 질병으로 본다.

(17) 트리클로로에틸렌으로 인한 중독 또는 그 속발증

① 트리클로로에틸렌에 노출되는 업무에 종사하고 있거나 종사한 경력이 있는 근로자에게 다음에 해당되는 증상 또는 소견이 나타나는 경우에는 이를 업무상 질병으로 본다.
가. 접촉피부염(업무를 떠난 후 3월이 경과되지 아니한 경우에 한함)
나. 결막염 · 각막염 또는 비염 등 점막자극질환(업무를 떠난 후 3월이 경과되지 아니한 경우에 한함)
다. 독성간염(약물 · 알코올 등 다른 원인에 의한 질환과 업무를 떠난 후 3월이 경과된 경우는 제외)
라. 삼차신경마비(바이러스 감염 · 종양 등에 의한 질환과 업무를 떠난 후 3월이 경과된 경우는 제외)
마. 다형홍반 및 스티븐스존슨 증후군(약제 · 감염 · 후천성면역결핍증 ·

악성종양 등 다른 원인에 의한 질환과 업무를 떠난 후 3월이 경과된 경우는 제외)

바. 중추신경장해(뇌손상·간질·알코올이나 약물중독 및 동맥경화증 등에 의한 질환 제외)

사. 말초신경병증(당뇨병·알코올·척추손상 등 다른 원인에 의한 질환 제외)

아. 만성신부전 및 급성세뇨관괴사(고혈압·당뇨병 등 다른 원인에 의한 질환 제외)

② 일시적으로 다량의 트리클로로에틸렌을 흡입하여 의식장해, 경련, 심장질환 그 밖의 급성중독 증상이 나타나는 경우에는 이를 업무상 질병으로 인정한다.

(18) 디이소시아네이트로 인한 중독 또는 그 속발증

디이소시아네이트(TDI·MDI·HDI 등)에 노출되는 업무(도장작업·가구제조·폴리우레탄제조·인조피혁 제조 등)에 종사한 경력이 있는 근로자에게 다음에 해당되는 증상 또는 소견이 나타나는 경우에는 이를 업무상 질병으로 본다. 다만, 내인성천식 또는 다른 항원물질에 외인성천식 등 다른 원인에 의한 질병의 경우에는 그러하지 아니한다.

가. 피부염 또는 알레르기 접촉피부염 등 피부질환

나. 각막염 또는 결막염 등 안질환

다. 기관지천식·반응성 기도 과민증후군·과민성 폐장염 등 호흡기질환

라. 디이소시아네이트 특이항원(Specific lgE)이 발견되고, 작업에 따른 최고호기 유속의 변화를 나타내며, 메타콜린 유발시험에 양성인 기관지천식

마. 원인물질에 의한 유발시험에 양성인 기관지천식

(19) 이황화탄소(CS2)로 인한 중독 또는 그 속발증

① 10ppm내외의 CS2증기에 노출되는 업무에 2년 이상 종사한 근로자에게 다음에 해당되는 증상 또는 소견이 나타나는 경우에는 이를 업무상 질병으로 본다.

가. 망막의 미세혈관류 · 다발성뇌경색증 · 신장조직검사상 모세관간사구체경화증 중 하나가 있는 경우(당뇨병 · 고혈압 · 혈관장해 등 CS2 외의 원인에 의한 질병 제외)

나. 미세혈관류를 제외한 망막병변 · 다발성말초신경병변 · 시신경염 · 관상동맥성 심장질환 · 중추신경기능장애 또는 정신장애 중 2가지 이상이 있는 경우(당뇨병 · 고혈압 · 혈관장해 등 CS2외의 원인에 의한 질병 제외)

다. (나)의 장해 중 1가지가 있고, 신장장해 · 간장장해 · 조혈계장해 · 생식계장해 · 감각신경성난청 · 고혈압증 중 1가지 이상이 있는 경우

② 20ppm 이상의 CS2증기에 2주 이상 노출되고 있는 근로자에게 의식혼탁 · 섬망 · 정신분열증 및 조울증과 같은 정신이상증세가 갑작스럽게 나타나는 경우에는 이를 업무상 질병으로 본다.

③ 대량 또는 고농도의 CS2증기에 노출되어 의식장해 등의 급성중독증상이 나타나는 경우에는 이를 업무상 질병으로 본다.

(20) 석면으로 인한 질병

석면에 노출되는 업무에 종사한 경력이 있는 근로자에게 다음에 해당되는 증상 또는 소견이 나타나는 경우에는 이를 업무상 질병으로 본다.

① 석면폐증

② 원발성 폐암 또는 악성 중피종증 다음에 해당되는 경우

가. 석면폐증과 동반한 경우
나. 늑막비후 · 초자성비후 · 판상석회화 · 담액증 · 석면소체 또는 석면섬유를 동반하거나 발견되는 경우
다. 가 또는 나의 소견은 없지만 석면에 10년 이상 노출된 경우(노출기간이 10년 미만인 경우에도 흡연력 · 석면노출력 · 노출 후 발병까지의 기간 등을 참작하여 석면으로 인한 질병으로 인정되는 경우 포함)

(21) 세균 · 바이러스 등의 병원체로 인한 질병

병원체에 의한 감염이 확인되고 감염균 또는 감염원에 대하여 의학적으로 의미 있는 접촉이 있으며 접촉 후 감염발생에 필요한 충분한 잠복기가 있는 경우 이러한 감염의 발생이 업무와 관련이 있다고 판단되는 경우 이를 업무상 질병으로 본다.

① 보건의료 및 집단수용시설 종사자의 감염
가. B형간염 · C형간염 · 매독 · 후천성면역결핍증 등의 혈액전파성 감염질환에 이환된 경우
나. 결핵 · 풍진 · 홍역 · 인플루엔자 등의 공기전파성 질환에 이환된 경우
다. A형간염 등 그 밖의 전염성 질환에 이환된 경우

② 비보건의료 종사자의 감염
가. 습윤지에서 업무로 인한 렙토스피라증
나. 옥외노동에 기인하는 쯔쯔가무시병
다. 동물 또는 그 사체 · 짐승의 털 · 피혁 그 밖의 동물성의 물체 및 넝마, 고물의 취급으로 인한 탄저병 · 단독 · 브루셀라증
라. 유행지역에서 야외활동이 많은 직업종사자, 유행지역에서 업무

수행을 위한 출장 근로자 및 실험실 근무자 등에게 발병된 유행성 출혈열 · 말라리아

마. 오염된 냉각수 등으로 인한 레지오넬라 감염

(22) **직업성 피부질환**

근로자가 업무와 관련하여 다음에 해당되는 증상 또는 소견이 나타나는 경우에는 이를 업무상 질병으로 본다.

가. 고온 작업 및 고열물체 취급으로 인한 화상

나. 고온 및 고열작업으로 인한 한진

다. 한랭작업 및 저온물체 취급으로 인한 동창 · 동상 및 레이노병

라. 햇빛에 노출되는 옥외작업에 의한 일광화상 · 만성관성피부염 · 광선각화증

마. 전리방사선을 취급하는 업무로 인한 급 · 만성 방사선피부염

바. 유리섬유 · 대마 등 피부에 기계적 자극을 주는 물질을 취급하는 업무로 인한 피부염

사. 자극성 성분 · 알레르겐 성분 · 광독성 성분 · 광알레르겐 성분을 포함하는 물질에 노출되어 발생하는 접촉피부염

아. 세균 · 바이러스 · 곰팡이 · 기생충 등을 직접 취급하거나 이들 생물학적 인자에 감염된 물질을 취급하는 업무로 인하여 발생한 감염성 피부질환

자. 페놀류 및 하이드로퀴논류를 포함하는 물질에 의한 백반증

차. 산 · 염기를 비롯한 화학물질에 의한 화학적 화상

카. 그 밖에 위에서 언급되지 아니한 물리적 · 기계적 인자에 노출되는 업무로 인한 피부질환

3. 사고성 질병의 업무상 재해인정기준

「사고성 질병」은 업무상 사고로 인하여 질병이 발현되거나 기초질병이 악화되는 경우를 말하는 것이므로, 당해 사고와 발현된 질병 또는 기초질병의 악화가 의학적으로 관련성을 인정할 수 있는 정도이면 업무상 질병으로 인정한다. 따라서 업무상 부상(사고)으로 인하여 질병에 이환된 경우에는 ① 부상으로 인한 신체의 손상과 질병 간에 신체부위 및 시간적 · 기능적 관련성이 의학적으로 인정될 것, ② 부상의 원인 · 정도 및 상태 등이 질병의 원인임이 의학적으로 인정될 것, ③ 기초질환 또는 기존질병이 있는 근로자의 경우 그 질환 또는 질병이 자연발생적으로 나타난 증상이 아닐 것 등의 요건이 충족되면 업무상 질병으로 인정한다(시행규칙§33②).

Ⅳ. 직업성 질병과 업무와의 인과관계의 입증 정도

입법에 의하여 직업성 질병의 범위를 어떻게 규정하고 있는가에 의하여 직업성 질병과 업무와의 인과관계에 대한 입증 정도가 다르다. 직업성 질병의 범위를 정하는 입법례는 개괄주의, 제한열거주의, 예시열거주의로 대별할 수 있다.

「개괄주의」는 직업성 질병에 관한 일반적인 정의규정만 두고 구체적으로 문제가 된 질병이 그 정의규정에 해당하는가의 여부를 판단하는 입법례를 말한다. 이 방식은 직업성 질병의 범위가 한정되어 있지 않고 새로운 질병도 직업성 질병에 대응시킬 수 있는 장점을 지니고 있으나, 새로운 질병이 직업성 질병에 해당하는가에 대한 입증책임이 근로자에게 있기 때문에 문제화된 질병이 업무와의 인과관계성을 인정받는 데 어렵다고 하는 단점이 있다.

「제한열거주의」는 어떤 시점에서 의학적 지식에 비추어 일정한 직업이나 산업공정 등에 있어서 각종의 독물이나 유해물질에 폭로되어 발생하는 질병을 관계법령에 업종별·직종별로 직업성 질병을 특정하여 열거하고, 이에 해당하는 질병에 한해서만 업무상 질병으로 보상하는 입법례를 말한다. 이 방식은 관계법령에 열거한 직업성 질병과 요건만 충족하면 근로자가 별도로 질병과 업무와의 인과관계에 대하여 입증하지 않아도 되므로 근로자에게 유리하지만 직업성 질병이 한정되어 새로운 질병에 대하여 직업성 질병으로 인정하기 어렵다고 하는 단점이 있다.

「예시열거주의」는 개괄주의와 제한적 열거주의의 장점을 살리고 단점을 보완한 것으로서 관계법령에 직업성 질병으로 규정된 질병에 해당하면 근로자는 당해 질병과 업무기인성과의 인과관계에 대한 입증책임을 면하고, 직업성 질병으로 지정되지 아니한 질병에 대하여는 근로자가 당해 질병과 업무와의 기인성을 입증해야 한다고 하는 입법례를 말한다. 이 방식은 근로자의 입증책임부담을 경감시키고 새로운 직업성 질병의 발생에도 신속하게 대응하고 그 범위를 넓게 절충하는 것이 가능하다.

우리나라는 위의 입법례 중에서 예시열거주의를 채택한 것으로 볼 수 있다. 즉, 산재보험법시행규칙 제33조는 근로기준법 제81조 제2항에 의거한 근로기준법시행령 제40조 관련 [별표1]에서 구체적으로 직업성의 질병의 범위를 규정함으로써 직업성 질병에 해당하고 산재보험법시행규칙 제33조의 요건을 충족하기만 하면 당해 질병과 업무와의 인과관계는 추정되는 것이고, 기타의 질병에 대하여는 업무와의 기인성에 대한 입증을 근로자가 입증해야 한다.

V. 판례의 분석

1. 업무상 재해의 판단기준

▸ 직업병이 발생할 우려가 있는 2 이상 사업장에서 종사한 경우, 모든 작업장의 자료 판단

"여러 개의 사업장을 옮겨다니며 근무한 근로자가 업무상 질병에 걸리고 그 2이상의 사업장에서 당해 질병이 발생할 우려가 있는 업무에 종사하고 있었던 경우에 업무상 질병을 인정할 때에는 당해 근로자가 복수의 사용자 아래서 경험한 모든 업무를 포함시켜 그 자료를 삼아야 하고 근로자가 산재보험법상의 보험급여를 받을 권리는 산재보험제도의 본질에 비추어 산재보험가입자인 사업주와 근로계약관계의 존재를 전제로 하여 업무상 재해가 생겼을 때 자동적으로 발생하며 수급권은 그 퇴직을 이유로 소멸되지 않으므로 계약관계 종료 후에 새로이 발생한 질병 등도 근로계약관계 중에 그 원인이 있다고 인정되는 경우에는 수급권이 있다 할 것이다(대판 1992. 5. 12. 91누10466)."

▸ 인과관계의 추정 정도

"당해 근로자의 건강과 신체조건을 기준으로 하여 취업 당시의 건강상태, 기존질병의 유무, 종사한 업무의 성질 및 근무환경, 같은 작업장에서 근무한 다른 근로자의 동종 질병에의 이환 여부 등의 간접사실에 의하여 업무와 재해 사이의 상당인과관계가 추단될 정도로 입증되면 족하지만, 이 정도에 이르지 못한 채 막연히 과로나 스트레스가 일반적으로 질병의 발생·악화에 한 원인이 될 수 있고 업무수행 과정에서 과로를 하고 스트레스를 받았다고 하여 현대의학상 그 발병 및 악화의 원인 등이 밝혀지지 아니한 질병에까지 곧바로 그 인과관계가 있다고 추단하기는 어렵다(대판

2002. 7. 26. 2002두3331).”

2. 업무상 재해를 인정한 사례

▸ 퇴행성 질환이라도 업무수행 중 사고로 발현 · 악화된 경우

“치료종결 당시 남아 있던 요추간다발성수핵탈출증 및 요추부협착증이 본래 퇴행성 질환이라 하더라도 사고경위 등에 비추어 그 증상이 업무수행 중의 사고로 인하여 발현된 것이거나 급속히 악화된 것이라고 인정되면 업무상의 질병에 해당한다(대판 1994. 11. 8. 93누21927; 대판 2001. 11. 27. 2000두2242).”

▸ 택시운전사의 LPG중독증

“원고들의 두통, 현훈, 전신피로감 등이 LPG중독증세로서 LP가스의 흡입을 유일한 원인으로 발생한 것이라고 단정할 수 없다 하더라도, 적어도 업무상의 육체 · 정신적 과로 및 위 고혈압이란 기초질병이 장시간에 걸친 LP가스의 흡입과 공동원인이 되었거나 그렇지 않더라도 위와 같은 과로 및 LP가스의 흡입이 기초질병인 고혈압증의 진행을 촉진시키고 증세를 악화시켜 두통, 현훈, 전신무력감 등이 발생하였다 할 것이므로 이는 업무와 상당인과관계가 있는 업무상 재해로 보아야 할 것이다(부산고법 1991. 12. 27. 90구1809).”

▸ 벤젠에 노출되어 발생한 백혈병

“회사에 입사하여 9년간 성형과 및 비드실에서 근무하는 과정에서 발암물질로서 백혈병을 유발하는 벤젠에 노출되어 왔고, 그 노출 정도가 한국산업안전공단 보건연구원의 측정결과 노출허용기준을 초과하지 않으나, 노출수치가 낮더라도 장기간에 걸쳐 벤젠에 노출됨으로써 이 사건 상병의 유발인자로 작용하기에 충분하므로 상병이 다른 원인에 의해 발병되었다는 특별한 사정이 없는 이상 이 사건 상병은 위와 같은 업무수행 중 벤젠 등 유기용제에 노출되어 발병한 것이거나 적어도 그것을 발병을 촉진한 하나의 원인이 되었다고 추단할 수 있다(대판 2004. 4. 9. 2003두12530)."

▶ **부상 이후 시력저하에 의한 일스씨병**

"군 입대 시 시력에 아무런 문제가 없었던 자가 사격훈련으로 인해 입은 부상 이후 시력이 저하되는 등 일스씨병의 증상이 처음 발현되어 그 질병이 자연적인 속도 이상으로 급속히 악화되어 의병 전역했다면 이는 국가유공자예우및지원에관한법률 소정의 공무상 질병에 해당한다(서울행판 2003. 4. 15. 2002구합14102)."

▶ **이황화탄소의 중독에 의한 고혈압이 악화되어 뇌출혈로 사망한 재해**

"입사 당시 건강에 아무런 이상이 없었던 사람이 이황화탄소의 중독위험이 높은 작업장에서 6년간 근무한 후 고혈압, 손발저림, 발음장애 등 이황화탄소 중독환자의 일반적 임상증상을 보이다가 고혈압이 악화되어 뇌출혈로 사망하였다면 그 사망과 업무수행과의 사이에 상당인과관계가 있는 업무상 재해에 해당한다(서울고판 1993. 3. 19. 92구9731)."

3. 업무상 재해를 부정한 사례

▶ **업무수행과 인과관계가 없는 추간판팽륜증**

"추간판팽륜증은 나이를 먹으면서 척추간판의 수분이 감소되고 탄력성이 감퇴되면서 척추간판의 중심부인 수핵을 둘러싸고 있는 섬유륜이 전반적으로 부풀어 오르고 튀어나와 척추골체부의 외연을 넘게 되는 현상으로

10대부터 시작되는 퇴행성 변화로서 나이를 먹을수록 심해지는 일종의 노화현상이고 외부적 요인과는 관계가 없다는 것이므로, 비록 추간판팽륜이 사고 이후 그 증상이 비로소 발현되었다 하더라도 원고의 업무수행 및 이와 관련하여 발생한 이 사건 사고와 위 추간판팽륜증의 악화 사이에 인과관계를 인정할 수 없다(대판 2001. 2. 27. 2000두8592)."

▶ 병원 사무장에게 발생한 대퇴골두 부위 무혈증 괴사증

"병원 사무장에게 발생한 대퇴골두 부위 무혈증 괴사증은 빈번한 업무의 음주, 장시간 의자에 앉아서 하는 서류작성, 무거운 병원용품의 운반 등의 업무환경과 상당인과관계가 없다(대판 2002. 3. 29. 2002두400)."

▶ 전자파 노출에 의한 백혈병

"망인이 근무하던 TV송출 기술부에 많은 방송장비와 모니터 등이 설치돼 있어 여타 작업장이나 일상생활 환경에 비해 상대적으로 많은 양의 전자파가 방출되었을 것으로 보이기는 하지만, 전자파 노출이 백혈병 발병에 나쁜 영향을 미친다고 볼 의학적 근거가 뚜렷하지 않고, 업무상 과로나 스트레스로 인해 백혈병이 자연적인 속도 이상으로 급격히 악화된다거나 과로나 스트레스가 없다면 백혈병의 효과적인 치료가 가능했을 것이라고 인정할 근거도 없으므로 망인의 병이 업무와 상당인과관계가 있다고 보기 어렵다(대판 2001. 3. 9. 2000두8806)."

4. 판례의 경향

법원은 「직업성 질병」과 「과로성 질병」을 엄격하게 구분하여 업무상 재해를 판단하고 있지 않고 포괄적으로 「업무상 질병」의 한 종류로 보아 구체적인 사정을 종합하여 업무상 재해 여부를 판단하고 있다. 그리고 법원은 「예시된 직업성 질병」과 「예시되지 않은 직업성 질병」을 구분하여 명백하게 업무상 재해 판단기준을 달리 적용하거나 업무와 상당인과관계에 관한 입증책임의 정도를 달리 적용해야 한다고 하는 판시의 내용도 찾아볼 수 없다.

그러나 법원은 직업성 질병에 대한 업무상 재해 판단기준으로서 「두 개 이상의 사업장에서 질병이 발생할 우려가 있는 업무에 종사하고 있었던 경우에 이들 사업장에서 근로자가 담당한 업무가 당해 질병을 유발하였는지에 대한 모든 자료, 의학상 해당 질병에 폭로될 개연성이 있는 작업에의 근무 경력 등을 종합하여 업무상 질병 여부를 판단해야 하고, 현대의학상 질병 및 악화의 원인이 밝혀지지 아니한 질병은 업무와의 인과관계가 추정되지 않는다」라고 함으로써 간접적으로 법령에 규정되지 아니한 질병에 대하여는 업무와의 인과관계의 성립을 엄격하게 적용하고 있는 반면, 직업성 질병과 업무와의 인과관계의 성립에 대하여 의학적으로 검증된 「예시된 직업성 질병」에 대하여는 업무기인성의 요건을 완화하고 있는 경향을 보이고 있다.

제 3 편 현행법상 산업재해구제제도

현행법상 대표적인 산재구제제도로서는 근로기준법에 의한 재해보상, 산재보험법에 의한 산재보험급여제도, 민사법에 의한 손해배상제도 등이 있다. 산업재해는 취업 중에 사업주의 과실 또는 사업주가 관리 · 지배하는 공작물의 하자로 인하여 발생하거나 출장 중 교통사고가 발생한 경우에는 위의 각종 청구권이 경합하거나 중복될 수 있다.

재해보상과 산재보험급여의 요건 및 적용범위는 거의 동일하고 산재보험급여가 재해보상 보다 보상수준이 높을 뿐만 아니라 재해보상과 산재보험급여가 경합하게 된 때에는 산재보험급여가 우선적으로 지급하도록 하고 있어 재해보상은 현실적으로 산재보험급여로 거의 흡수 통합되어 있다고 할 수 있다. 따라서 사회법상 산재구제제도의 근간은 사회보험 방식에 의한 산재보험급여라고 할 수 있다. 그러나 동일한 재해로 산재보험급여와 민사상 손해배상청구권이 경합하게 된 경우에는 그 법적 근거와 보상 및 배상 범위가 다르기 때문에 이에 대한 충분한 검토가 필요하다.

제3편에서는 사회법상의 재해보상과 산재보험급여제도, 민사상 산재배상제도, 구제절차로 구분하여 이론을 전개하였다. 특히 산재보험급여와 손해배상제도는 산재보상의 핵심이므로 이에 대한 자세한 이해가 필요하다.

제1장 사회법상 산업재해구제제도

Ⅰ. 개 설

사회법상 대표적인 산업재해구제제도는 근로기준법에 의한 재해보상제도와 산재보험법에 의한 산재보험급여제도를 들 수 있다.[1)]

재해보상제도는 근로자의 「업무상 재해」에 대한 사용자의 무과실책임주의를 바탕으로 하는 사용자의 직접보상 형태이다. 그런데 최근 각국의 산재보상제도는 사용자의 직접보상을 기초로 하는 재해보상 책임을 지양하고, 이를 국가의 사회보장제도에 편입함으로써 사회보험 형태로 발전하고 있다. 현행 산재보험법에 의한 산재보험급여제도는 이러한 시대적 요청에 의해 생성된 것이다.

그런데 산재보험법은 근로기준법상의 재해보상과 거의 동일하게 보상내용과 적용범위를 규정하고 있으며, 산재보험급여가 재해보상보다 높은 수준일 뿐만 아니라 근로자의 중대한 과실로 인한 재해보상면책조항이 적용될 여지가 없으므로 현실적으로 근로기준법상의 재해보상이 적용될 가능성이 희박하다고 할 수 있다. 또한 재해보상과 산재보험급여가 경합하게 된 때에는 산재보험급여가 우선적으로 지급하도록 하고 있어(§48①), 재해보상은 현실적으로 산재보험급여로 거의 흡수 통합되어 있다고 할 수 있다. 따라서 사회법에 의한 산재구제

---

1) 일반근로자의 산재보상에 관하여는 근로기준법과 산재보험법이, 선원의 산재보상에 관하여는 선원법과 선원보험법이, 공무원과 사립학교교원의 산재보상에 관하여는 공무원연금법과 사립학교교원연금법이 각각 적용되나, 여기서는 일반근로자의 산재보상으로서의 재해보상과 산재보험급여만을 다루기로 한다.

제도의 근간은 사회보험 방식에 의한 산재보험급여라고 할 수 있다.

따라서 여기서는 재해보상제도에 관해서는 간단한 언급만 하고, 주로 산재보험급여제도를 보다 자세하게 기술하기로 한다.

Ⅱ. 재해보상제도

1. 재해보상의 종류와 보상범위

근로기준법은 재해보상으로서 요양보상 · 휴업보상 · 장해보상 · 유족보상 및 장사비의 다섯 가지 내용을 규정하고 있다.

1) 요양보상

요양보상은 근로자가 업무상 부상 또는 질병에 걸린 경우에 사용자의 비용으로서 필요한 요양을 행하거나 필요한 요양비를 부담하는 것을 말한다(§81①). 요양의 범위는 진찰, 약제 또는 진료재료와 의지 기타 보철구의 지급, 처치 · 수술 기타의 치료, 의료시설에의 수용, 개호, 이송 등이다(시행령§40①).

2) 휴업보상

휴업보상은 업무상 부상이나 질병으로 요양 중에 있는 근로자에 대하여 요양기간 중 평균임금의 100분의 60 이상의 금액을 지급하는 보상을 말한다(§82).

3) 장해보상

장해보상은 업무상의 부상 또는 질병에 걸린 근로자가 요양 후 완치하였으나, 신체적 장해가 남아 있는 경우에 그 장해의 정도에 따라 지급하는 보상을 말한다(§83). 장해보상은 동법 시행령 별표4의 신체장해 등급에 따라 지급되는데, 그 등급에 따라 최고 1,340일분(제1급)에서부터 최저 50일분(제14급)의 금액을 일시금으로 지급한다.

4) 유족보상

유족보상은 근로자가 업무상 사망한 경우에 그의 유족에게 지급하는 보상을 말하는데, 그 보상액은 평균임금의 1,000일분이다(§85).

5) 장사비

장사비는 근로자가 업무상의 재해로 인하여 사망한 경우에 유족보상과는 별도로 실제로 장제를 행하는 자에게 지급하는 보상을 말하는데, 그 보상액은 평균임금의 90일분이다(§86).

2. 재해보상의 지급제한 및 면제

근로자의 중대한 과실로 인하여 업무상 재해가 발생하였을 때에는 사용자가 노동위원회의 인정을 받은 경우에는 휴업보상 또는 장해보상을 지급하지 않아도 무방하다(§84). 요양보상에 관해서는 명문규정이 없으나 대법원은 근로자에게 중대한 과실이 있다고 하더라도 사용자는 요양보상을 지급하여야 한다고 판시하고 있다(대판 1983. 4. 12. 82다카1702). 여기서 과실이란 사용자가 충분히 위해를 방지하는 시설을 정비하고, 근로자가 위해를 받지 않도록 주의시켰음에도 불구하고 근로자가 이러한 주의를 하지 아니한 경우를 의미하는 것이다. 따라서 사용자가 안전기준에 위반하고 있거나 휴게시간 중의 작업, 담당 외 작업, 안전보건규칙위반의 작업 등에 의한 재해라도 사용자가 보통 묵인하는 관례가 있는 경우에는 근로자의 과실을 인정하지 않는 것으로 해석한다.

사용자가 요양보상을 받는 근로자가 요양개시 후 2년이 경과하였음에도 불구하고 완치되지 않을 때 평균임금 1,340일분의 일시보상을 행하게 되면 사용자는 동법에 의한 일체의 보상책임이 면제되고(§87), 당해 근로자를 해고할 수 있다(§30②).

Ⅲ. 산재보험급여제도

1. 산재보험급여제도의 특징

1) 무과실책임

시민법상의 손해배상제도는 사용자의 고의 또는 과실을 요건으로 하나, 산재보험법에 의한 산재보상급여제도는 사용자의 고의 또는 과실을 요건으로 하지 않는다.[2] 따라서 업무상 재해가 발생하기만 하면 사용자의 고의 또는 과실을 불문하고 피재근로자는 산재보험급여를 국가(공단)에 청

2) 산재보상에 대한 사용자의 무과실책임의 인정근거에 관하여 여러 가지 견해가 있으나 이는 기업의 위험책임, 근로자의 생활보장책임의 관점에서 유래되는 시각의 차이에 불과하다(김유성, 사회보장법, p.243-244).

구할 수 있다. 따라서 산재보험급여청구권은 단순히 사용자의 개인적 책임을 추궁하는 시민법적 원리의 연장으로서 인정되는 것이 아니고, 산재를 당한 노동력 그 자체에 대한 보상을 목적으로 하는 사회법상의 특수한 권리라고 볼 수 있다.[3)]

2) 산재보험급여의 정액화

산재보험법상의 산재보험급여는 산재로 인하여 현실적으로 발생한 피재근로자의 전 손해에 대한 전보가 아니고 그 재해 당시 평균임금을 기초로 법령에 의한 정률보상 방식에 따라 산정되는 것이므로 그 보상액이 정형화되어 있다.[4)] 따라서 손해액의 산정이나 입증을 요하지 않으며 보상액에는 정신적 손해의 전보를 포함하지 않는다.

3) 사회보험화

산재보험법상의 보험급여는 일종의 사회보험이므로, 산재보험급여는 국가가 피재근로자에게 지급한다. 단지 사용자는 보험료의 납부의무만을 부담하고 있을 뿐이다. 따라서 산재보험급여관계의 당사자는 근로자와 국가이다. 이에 반하여 근로기준법상의 재해보상은 사용자의 직접보상 체계를 채택하고 있기 때문에 그 보상관계의 당사자는 근로자와 사용자이다.

4) 전문심사제도

산재보험급여절차는 일반적으로 행정위원회에 의하여 행해지고, 그 절

---

3) 권용우, 「사용자배상책임」, p.589; 김상용, 불법행위법, p.412.
4) 이론상 민사법상의 손해배상이 전 손해의 배상이라고 하지만, 실무에서는 손해배상액의 산정방식이 정형화되어 있어 어느 정도 정액배상제도에 가깝게 운영되고 있다.

차의 규칙, 증거법칙, 적용법규의 결정 등은 그 입법목적의 달성을 용이하게 하기 위하여 엄격성이 완화되어 있다. 현행 산재보험법에서는 산재보험급여와 관련되는 법적 분쟁을 신속하고 전문적으로 처리하기 위하여 산재심사위원회라는 특별행정기구를 설치·운영하고 있다. 이는 산재보험급여결정이 전문기술적인 성질을 지니고 있기 때문에 신중하고 신속한 결정을 하게 함으로써 피재근로자의 생활안정을 확보하려는 데 그 취지가 있는 것이다.

5) 과실상계의 미적용

시민법상의 손해배상액을 산정함에 있어서는 비록 사용자의 불법행위 등으로 근로자가 손해를 입었다고 하더라도, 근로자의 과실이 있는 경우에는 그 손해액에서 과실상계를 인정하고 있다. 그러나 산재보험법 또는 근로기준법에 의한 산재보상에 있어서는 근로자의 기여과실이 있더라도 산재보상청구권한은 감축되지 않고 산재보상액을 결정하는 데 있어서도 대체로 근로자의 과실 여부는 문제되지 않는다.[5]

근로기준법 제84조는 업무상 재해에 대해 근로자의 중대한 과실이 있는 경우에 사용자에게 휴업보상 또는 장해보상이 면책되도록 규정하고 있는데, 이것이 시민법상의 과실상계의 이론에 의한 것이냐의 여부에 대하여 논란이 있다. 그러나 근로자의 중대한 과실이 있는 경우에 보상을 제한하는 것은 시민법상의 과실상계의 적용이 아니라 산재예방의 실효성을 확보하기 위한 사회법상의 특유한 것으로 인정된 것이다.[6] 그 이유는 노동위원회의 인정을 받아 획일적으로 휴업보상 또는 장해보상을 선택하여 전적으로 면책받게 되며, 중대한 과실이 있더라도 요양급여나 유족급여 또는 장의비는 지급되기 때문이다.[7]

5) Larson, The Law of Worker's Compensation, pp.1-2.
6) 荒本誠之, 勞働條件形成の法理, p.182.
7) 이학춘, 「업무상 재해와 구제제도에 관한 연구」, p.61.

2. 산재보험법의 적용범위

1) 인적 적용범위

산재보험법의 인적 적용범위는 업무상 재해가 발생한 경우에 산재보험급여수급권자로서의 근로자와 산재보험가입자로서의 사업주이다.

산재보험법상 근로자의 요건과 범위에 대하여는 원칙적으로 근로기준법 제14조에 의한 근로자와 동일한 개념이다. 근로자의 개념과 범위에 대하여는 이미 제1편 2장에서 구체적으로 기술한 바 있으므로 여기서는 산재보험법상 특례가 인정되는 내용만 기술하기로 한다.

첫째, 해외파견근로자가 산재보험급여를 지급받기 위해서는 산재보험가입자인 소속 사업주가 공단에 보험가입 신청을 하여 승인을 얻어야 한다(§105의2①).[8] 해외파견의 경우는 일반적으로 해외사업장에 소속되고 당해 해외사업장 사용자의 지휘에 따라 근무하는 것이므로 산재보험법상의 해외파견특례조항에 따른 보험가입 절차를 거치지 않으면 산재보험법의 적용을 받을 수 없다. 그러나 해외파견의 형식을 띠고 있더라도 근무의 실태를 종합적으로 검토해 볼 때, 단순히 근로의 장소가 해외에 있는 것에 불과하고 실질적으로 국내의 사업에 소속되어 당해 사업의 사용자의 지휘·감독을 받는 경우에는 산재보험법의 적용을 받는 것으로 해석해야 한다.[9] 이와 관련하여 대법원은「국내에서 행하여지는 사업의 사업주와의 사이에 산재보험관계가 성립한 근로자가 국외에 파견되어 근무하게 되었다고 하더라도 그 근무의 실태를 종합적으로 검토하여 보았을 때 단순히 근로의 장소가 국외에 있는 것에 불과하고 실질적으로는 국내의 사업에 소속하여 당해 사업의 사용자의 지휘에 따라 근무하는 경우라면 국내 사

8) 해외파견이 아닌 해외출장의 경우는 국내 사업에 소속된 근로자가 해외출장 전반의 과정에 걸쳐 국내 사업주의 지배하에 있다고 할 수 있으므로 당연히 국내의 사업장에서 발생한 업무상 재해로 해석해야 한다.

9) 김형배, 노동법, p.468.

업의 사업주와의 사이에 성립한 산재보험관계가 여전히 유지되므로 산재보험법의 적용을 받는다고 보아야 한다」라고 판시함으로써 예외적으로 국내 사업장의 사용자의 지휘를 받는 경우에는 공단의 승인을 별도의 산재보험가입을 하지 않아도 산재보상을 받을 수 있다고 해석하고 있다(대판 2000. 10. 24. 98두18503).

둘째, 보험가입자로서 50인 미만의 근로자를 사용하거나 근로자를 고용하지 않고 자동차를 사용하여 여객 또는 화물운송 사업을 행하는 사업주는 공단의 승인을 얻어 사업주 본인 또는 유족을 보험수급자로 하여 산재보험에 가입할 수 있다(§105의4). 산재보험가입자인 사업주는 근로자가 아니므로 원칙적으로 산재보험수급대상자가 될 수 없는 것이나, 현실적으로 영세사업주는 일반근로자와 마찬가지로 노동에 의존하여 사업을 경영하는 것이 많으므로 이들 사업주가 산재보험수급자로 가입 신청하여 공단의 승인을 얻은 경우에는 예외적으로 산재보험수급대상자로 인정한 것이다.

셋째, 산업연수생의 경우는 중소기업협동조합중앙회장 또는 대한건설협회가 추천하는 경우에는 산재보험을 적용받게 된다.[10] 공단은 산업연수생에 대하여 제한적으로 산재보험을 적용하여 오다가 대법원이 1995. 9. 15. 「출입국관리법에서 외국인 고용제한규정이 이와 같은 입법목적을 지닌 것이라고 하더라도 이는 취업자격 없는 외국인의 고용이라는 사실적 행위자체를 금지하고자 하는 것뿐이지 나아가 취업자격이 없는 외국인이 사실상 제공한 근로에 따른 권리나 이미 형성된 근로관계에 있어서의 근로자 신분에 따른 노동관계법상의 제반권리 등의 법률효과까지 금지하려는 규정으로 보기 어렵다」라고 판시(대판 1995. 9. 15. 94누12067)한 이후 산재보험급여수급권자로 인정하고 있다.[11]

---

10) 정부는 중소기업의 인력난을 해소하기 위하여 1992년부터 「외국인산업연수생제도」를 도입·운영하여 왔는데, 공단은 1994년 이후 중소기업협동조합중앙회장이 추천하는 산업연수생에 한하여 산재보험을 적용하여 오다가 1998. 2. 23.부터 대한건설협회가 추천하는 산업연수생도 산재보험을 적용받도록 하고 있다.

11) 국내에 거주하고 있는 외국인도 원칙적으로 우리나라의 통치권의 대상이 되고 법령 또는 조리상 외국인에 대하여 공·사법상의 권리가 특별히 제한받지 않는 이상

산재보험법상 당연적용 사업 또는 사업장인 경우에는 그 사업주는 산재보험가입자가 된다. 여기서 사업주란 법인 경우에는 법인 그 자체가, 개인사업체인 경우에는 자연인인 대표자를 말한다. 당연적용 사업주는 자신의 가입의사와 상관없이 당연히 산재보험가입자가 되며, 산재보험료의 신고·납부의무가 있다. 임의가입사업주는 공단의 승인을 얻은 경우에 한하여 산재보험법상 보험가입자가 된다. 그러나 예외적으로 도급계약의 형식으로 수차의 하도급이 이루어진 건설공사의 경우에는 원수급인이 서면계약으로 하수급인에게 보험료의 납부를 인수하게 하고 원수급인의 신청에 의하여 공단을 승인을 얻지 않는 이상 원수급인이 산재보험가입자가 된다.

2) 사업 또는 사업장의 적용범위

산재보험법의 적용대상은 근로자를 사용하는 모든 사업이며, 그 적용단위는 사업 또는 사업장이다. 여기서 「사업」이란 어떤 목적을 위하여 업(業)으로 행해지는 계속적·사회적·경제적 활동단위로서 영리성 여부와는 아무런 관계가 없다. 그리고 「사업장」이란 사업을 행해지고 있는 사람과 물건이 존재하는 장소적 범위를 중심으로 본 개념이다. 계속 사업에 있어서 동일한 장소에 있는 것은 하나의 사업으로 하고 장소적으로 분리되어 있는 경우에는 별도의 사업으로 적용함이 원칙이다.

산재보험법상 적용사업은 당연적용 사업과 임의적용 사업으로 구분한다. 「당연적용 사업」이란 사업이 개시되어 적용요건을 충족하게 되었을 때 사업주의 의사와는 관계없이 자동적으로 산재보험관계가 성립하는 사업을 말하는 것으로서, 산재보험법시행령 제3조에 규정된 적용제외사업에

내국인과 동일한 보호를 받는다고 하는 것은 당연하다. 「사용자는 국적(외국인)을 이유로 근로조건에 대해 어떠한 차별적 대우를 하지 못한다」라고 하는 근로기준법 제5조의 규정은 외국인도 근로기준법의 적용대상자임을 분명히 한 것이다. 결국, 외국인 취업자도 취업형태와 관계없이 근로기준법 제14조의 요건을 갖춘 이상 비록 불법체류자라 할지라도 국내 사업장에서 고용되어 근무하다가 재해를 당한 경우에는 산재보험수급권자가 됨은 당연하다.

해당하지 않는 이상 상시 근로자 1인 이상을 사용하는 모든 사업 또는 사업장은 당연적용 대상에 해당된다. 당연적용 사업의 경우에는 사업주의 보험관계 성립신고 여부와 관계없이 사업을 개시한 날 또는 당연적용 사업에 해당되는 날 이후에 업무상 재해를 당한 근로자는 산재보상을 받을 수 있다.

[산재보험적용제외사업의 범위]

1. 공무원연금법 또는 군인연금법에 의하여 재해보상이 행하여지는 사업
2. 선원법 · 어선원및어선재해보상법 또는 사립학교교직원연금법에 의하여 재해보상이 행하여지는 사업
3. 주택법에 의한 주택건설사업자, 건설산업기본법에 의한 건설업자, 전기공사업법에 의한 공사업자, 정보통신공사업법에 의한 공사업자, 소방법에 의한 소방시설공사업자 또는 문화재보호법에 의한 문화재수리업자가 아닌 자가 시공하는 다음 각목의 어느 하나에 해당하는 공사
   가. 총공사금액이 2천만 원 미만인 공사
   나. 연면적 330제곱미터 이하인 건축물의 건축 또는 대수선에 관한 공사
4. 가사서비스업
5. 제1호 내지 제5호의 사업 외의 사업으로서 상시근로자수가 1인 이상이 되지 아니하는 사업
6. 농업 · 임업(벌목업 제외) · 어업 · 수렵업 중 법인이 아닌 자의 사업으로서 상시근로자수가 5인 미만인 사업

여기서 「총 공사금액」은 계약상의 도급금액을 기준으로 산정하는 것이 원칙이나, 발주자로부터 별도로 자재를 공급받은 경우에는 그 재료의 평가액을 포함한다. 최종 목적물의 완성을 위하여 행하여지는 일체의 작업에 소요되는 총 공사금액을 기준으로 당연적용 여부를 판단하는 것이 원칙이나, 공사 장소가 여러 개인 건설공사를 1건으로 계약 체결한 도급공사가 장소적으로 분리되어 시공되는 경우로서 최종 목적물이 수개에 해당한다면 각각의 최종 목적물의 단위별 공사금액을 기준으로 판단한다. 그러나 장소적으로 분리된 각각의 공사가 모두 완성되어야만 비로소 그 공사의 기능을 발휘할 수 있도록 유기적인 관계로 연관되어 있는 경우에는 예외적으로 계

약 체결된 도급금액 총액을 기준으로 총 공사금액을 산정한다.[12)]

상시근로자 1인 이상의 적용은 당해 사업개시일 이후 근로자수가 최초로 1인 이상 된 날부터 당해 사업의 가동기간 30일 동안 사용한 연인원을 30일로 나누어 1인 이상이 된 날부터 적용한다(시행규칙§3). 상시근로자의 산정에 포함되는 근로자에는 고용형태를 불문하고 사실상 고용된 모든 근로자이다.

「임의적용 사업」이라 함은 당연적용 대상 사업이 아닌 사업으로서 보험가입 여부가 사업주의 자유의사에 일임되어 있는 사업을 말한다. 임의적용 사업은 사업주가 공단의 승인을 얻어 산재보험에 가입할 수 있다. 임의적용 사업에 근무한 근로자가 비록 업무상 재해를 당한 경우라도 산재보험법상 산재보상 대상이 될 수 없고, 단지 민사상 손해배상만 가능할 뿐이다.

3. 산재보험급여의 종류와 보상범위

산재보험법은 산재보상의 성격을 가지고 있는 보험급여로서 요양급여·휴업급여·장해급여·간병급여·유족급여 및 장의비 등을 규정하고 있고, 피재근로자 및 가족의 생활안정을 위해 상병보상연금과 민사배상에 갈음하는 특별급여를 규정하고 있다. 아래에서는 산재보험급여를 산재보상에 해당되는 산재보험급여와 민사배상에 갈음하는 특별급여로 나누어 기술한다.

1) 산재보상에 해당되는 산재보험급여

(1) 요양급여

요양급여란 근로자가 업무상 부상 또는 질병에 걸린 경우에 보험관장

12) 노동부·근로복지공단, 산재·고용보험실무편람, p.6.

자가 설치한 보험시설 또는 지정의료기관에 요양하게 하고, 부득이한 사정이 있는 경우에 요양비를 지급할 수 있는 보험급여를 말한다(§40). 요양급여는 다른 보험제도와는 달리 재해발생일로부터 상병이 치유될 때까지 기간의 정함이 없이 요양비 전액을 지급한다.

요양급여의 대상은 근로기준법 및 산재보험법이 공통적으로 진찰·약제 또는 진료재료와 의지 기타 보철구의 지급, 처치·수술 기타의 치료, 의료시설에의 수용, 개호, 이송 등이다. 다만, 산재보험법에서는 이외에 노동부령이 정하는 사항을 추가하고 있다. 그리고 양방요법으로 외과적 치료를 받은 후 한방요법에 의한 요양이 필요한 외상, 요통, 염좌, 근골격계 질환, 뇌혈관 및 심장질환 등 업무상 질병, 기타 한방요양의 필요성이 인정되는 내과질환인 경우에는 양방에 의한 요양급여 이외에 한방요양급여를 지급하고 있다. 한방요양급여의 대상은 진찰료, 입원료, 투약(가미소요산 등 56종) 및 처방조 제료, 침술, 구술. 부항술 처치료, 양도락검사, 맥전도검사, 경락기능검사 등이다. 그러나 한방의 첩약, 물리치료는 한방요양급여 대상이 아니다. 요양급여액은 근로자가 업무상 부상 또는 질병이 4일 이상의 요양을 요하는 경우의 요양비 전액을 기준으로 한다.

그리고 업무상 부상으로 치유가 종결된 후 최초의 상병이 악화되어 적극적인 치료가 필요한 경우에는 재요양을 신청할 수 있다. 재요양의 요건은 최초의 상병과 재요양 신청한 상병과 사이에 의학상 상당인과관계가 인정되고 당초의 상병의 치료종결 시 또는 장해급여 지급 당시의 상병상태에 비하여 그 증상이 악화되어 재요양을 함으로써 치료효과가 기대될 수 있다는 의학적 소견이 있다는 것으로 족하나, 최초의 상병과 재발된 상병이 조건적 인과관계가 의학적으로 명백히 부정되지 않는다고 하여 곧바로 상당인과관계를 인정할 수는 없다(대판 1997. 3. 28. 96누18755; 대판 1997. 11. 14. 97누13573).

[관련판례요지]

▶ 재요양의 요건으로는 요양의 요건 외에 당초의 상병과 재요양 신청한 상병과 사이에 의학상 상당인과관계가 있다고 인정되고 당초의 상병의 치료종결 시 또는 장해급여 지급 당시의 상병상태에 비하여 그 증상이 악화되어 재요양을 함으로써 치료효과가 기대될 수 있다는 의학적 소견이 있다는 것으로 족하고, 여기서 말하는 의학상 상당인과관계란 의학적 입장에서 볼 때 최초의 상병이 요양 신청한 상병에 대하여 조건관계에 있을 뿐만 아니라 경험칙상 상대적으로 유력한 원인이 되는 관계가 있다는 뜻이고, 그 입증의 방법 및 정도는 반드시 직접 증거에 의하여 의학적·자연과학적으로 명백히 증명되어야만 하는 것은 아니고 간접사실에 의하여 일정한 개연성이 추단될 정도로 입증되면 족하다(대판 1997. 11. 14. 97누13573).

▶ 재요양의 요건으로서의 의학상 상당인과관계의 입증방법 및 정도는 당해 근로자의 건강과 신체조건을 기준으로 간접사실에 의하여 추단될 정도로 입증되면 족할 것이지만, 이 정도에 이르지 못한 채 단순히 최초의 상병이 일반적으로 재발될 가능성이 있는 것만으로 상당인과관계를 인정할 수 없음은 물론, 조건적 인과관계가 의학적으로 명백히 부정되지 않는다고 하여 곧바로 상당인과관계를 인정할 수는 없다(대판 1997. 3. 28. 96누18755).

(2) 휴업급여

휴업급여란 근로자가 업무상 재해에 따른 요양으로 인하여 취업할 수 없는 기간 동안 임금을 받지 못하는 피재근로자에게 지급되는 보험급여이다(§41). 여기서 「요양으로 인하여 취업할 수 없는 기간」이라 함은 근로자가 업무상 부상으로 요양을 하기 위하여 근로를 제공할 수 없었기 때문에 임금을 받지 못한 기간을 의미하는 것이므로 근로자가 의료기관에서 업무상 부상을 치료받은 기간뿐만 아니라 자기 집에서 행한 요양으로 인하여 취업하지 못한 기간도 포함된다. 휴업급여는 단기적 근로불능에 대한 소득보장급여로서의 성격을 가지고 있고, 피재근로자와 그 가족의 최저생활을 보장하는 데 있다. 휴업급여는 1일마다 지급사유가 발생하는 것이나, 요양개시 후 1개월 이내에 치료 종결된 경우에는 종결 즉시, 장기요양일 경우에는 1개월분을 모아서 청구하는 것이 일반적이다.

휴업급여는 ① 업무상 재해로 인한 요양으로 4일 이상 취업하지 못하고, ②

요양기간 동안 사용자로부터 임금을 지급받지 못한 경우에 지급된다.

휴업급여는 요양으로 인하여 취업할 수 없는 기간(휴업기간) 중 1일당 평균임금의 100분의 70에 상당하는 금액으로 한다(§41①). 그러나 휴업급여가 최저임금액에 미달한 때에는 그 최저임금액을 당해 근로자의 1일당 휴업급여 지급액으로 한다(§41③). 장기요양 중인 근로자의 경우 동일한 직종의 근로자에게 지급하는 통상임금이 변동되거나 사업의 폐지 기타 부득이한 사유가 있을 때에는 증감의 정도에 따라 평균임금을 조정하고 있다.

(3) 장해급여

장해급여란 근로자가 업무상 부상 또는 질병에 걸려 치유 후에도 신체에 장해가 있는 경우에 그 장해의 정도에 따라 지급되는 산재보험급여이다. 여기서 「치유」라 함은 부상 또는 질병이 완치되거나 부상 또는 질병에 대한 치료의 효과를 더 이상 기대할 수 없게 되어 그 증상이 고정된 상태에 이르게 된 것을 의미한다.[13] 이처럼 장해급여는 완치되거나 더 이상 치료의 효과를 기대할 수 없게 된 후 고정된 장해에 대하여 지급하는 보험급여이므로, 상병부위가 2개 이상이고 그 중 일부 부위에 대하여 치료가 종결되어 증상이 고정되었다 하더라도 다른 부위가 치유되지 아니한 경우에는 신체부위별로 치료가 종결되어 증상이 고정되었음을 이유로 별도로 장해등급을 판정할 수 없다(대판 2000. 2. 25. 97누13702).

장해급여는 업무상 재해에서 비롯된 소득능력의 상실에 대한 소득보장급여로서의 성격을 갖고 있다. 산재보험법에서는 일시금만을 규정하고 있는 근로기준법상의 장해보상과는 달리 수급권자의 선택에 따라 장해보상일시금 또는 장해보상연금(신체장해7등급 이상) 중 원하는 보상을 지급받을 수 있다(§42①). 다만, 노동능력을 완전히 상실한 신체장해1등급 내지 3등급에 해당되는 장해에 대해서는 장해보상연금으로 지급하도록 규정하고 있다(§42②단서).[14] 수급권자는 그의 선택에 따라 신체장해3등급 이상

13) 교통·산재손해배상실무연구회, 손해배상소송실무(교통·산재), pp.554-556.

14) 산재보험법에서 신체장해 3등급 이상인 경우에는 연금방식으로 지급하도록 규정하

인 경우에는 최초 1년 내지 4년분을, 그 이외의 경우에는 최초 1년 내지 2년분을 선급할 수 있다(§42③). 장해보상연금 수급권자가 사망한 경우에는 이미 지급한 연금의 합계액이 장해보상일시금에 미달한 때에는 그 미달하는 일수에 사망 당시의 평균임금을 곱하여 산정한 차액을 유족에게 일시금으로 지급하여야 한다(§42④). 장해급여액은 장해보상연금과 장해보상일시금에 따라 그 산정방법이 다른데, 그 급여수준은 다음과 같다.

[장해급여수준(평균임금기준)]

장해등급	장해보상연금	장해보상일시금	장해등급	장해보상연금	장해보상일시금
제1급	329일분	1,474일분	제8급	-	495일분
제2급	291일분	1,309일분	제9급	-	385일분
제3급	257일분	1,155일분	제10급	-	297일분
제4급	224일분	1,012일분	제11급	-	220일분
제5급	193일분	869일분	제12급	-	154일분
제6급	164일분	737일분	제13급	-	99일분
제7급	138일분	616일분	제14급	-	55일분

장해급여는 신체장해의 정도에 따라 지급되는 보험급여이기 때문에 장해등급의 결정은 매우 중요한 것이므로, 산재보험법에서는 신체장해를 계열별로 1등급에서 14등급으로 분류하는 동시에 중복장해와 가중장해의 경우 일정한 원칙에 따라 장해등급을 상향 또는 하향 조정하고 있다.[15]

고 있음에도, 장배보상일시금한도액을 정한 것은 산재보험급여와 손해배상청구권이 경합하게 된 경우 산재배상액에서 이를 조정하고, 연금을 받고 있다가 사망한 경우 기지급한 연금액이 일시금에 미달하게 될 때에 그 차액을 지급하기 위한 것이다.

15) 중복장해란 업무상 상병으로 인하여 계열을 달리하는 신체장해가 2개 이상 있는 경우를 말하는 것이고, 가중장해란 이미 신체장해가 있던 자가 업무상 상병으로 인하여 동일부위에 장해의 정도가 가중된 것을 말한다.

[장해등급의 조정]

조정 사유	등급조정	비 고
제5급 이상 장해가 2 이상인 경우	3개 등급인상	장해등급조정 결과 제1급을 초과하는 경우는 1급으로 함
제8급 이상 장해가 2 이상인 경우	2개 등급인상	
제13급 이상 장해가 2 이상인 경우	1개 등급인상	

(4) **간병급여**

간병급여는 요양을 종결한 산재근로자가 치유 후 의학적으로 상시 또는 수시로 간병이 필요하며 실제로 간병을 받는 자에게 지급하는 보험급여이다. 간병급여는 「상시간병급여」와 「수시간병급여」가 있는데, 그 요건은 다음과 같다.

[간병급여의 종류와 지급요건]

종 류	지 급 요 건
상시간병급여	▸신경계통의 기능, 정신기능 또는 흉복부장기 기능의 장해가 장해등급 제1급에 해당하는 자 ▸두 눈, 두 팔 또는 두 다리의 장해가 장해등급 제1급에 해당하는 장해와 함께 그 외의 부위에 장해등급 제7급 이상에 해당하는 장해가 있는 자
수시간병급여	▸신경계통의 기능, 정신기능 또는 흉복부장기기능의 장해가 장해등급 제2급에 해당하는 자 ▸상시 간병대상자가 이외의 장해등급 제1급에 해당하는 장해가 있는자(조정장해 제1급 포함) ▸두 눈, 두 팔 또는 두 다리의 장해가 장해등급 제2급에 해당하는 장해와 함께 그 외의 부위에 장해등급 제7급 이상에 해당하는 장해가 있는 자 ▸두 손의 손가락을 모두 잃어 혼자의 힘으로 식사를 할 수 없는 자로서 수시 간병을 받아야 하는 자 ▸업무상 질병으로 신체가 몹시 허약하여 다른 사람의 도움 없이는 거동이 전혀 불가능한 자

상시간병급여수준은 노동부장관이 고시한 금액의 전액을 지급하고, 수시간병급여수준은 상시간병급여의 3분의 2를 지급한다. 그러나 간병급여의 대상자가 무료요양소 등에 입소하여 간병비용을 지출하지 아니하거나

실제 간병비용으로 지급한 금액이 간병급여액에 미달하는 경우에는 간병급여를 지급하지 아니하거나 실제 지출된 간병비용만 지급한다.

[간병급여수준]

적용기간	상시간병	수시간병
2007. 1. 1~2007. 12. 31	38,240원 / 일	25,490원 / 일
2005. 9. 1~2006. 12. 31	37,420원 / 일	24,940원 / 일
2004. 9. 1~2005. 8. 31	34,977원 / 일	23,318원 / 일
2003. 9. 1~2004. 8. 31	33,600원 / 일	22,400원 / 일
2002. 9. 1~2003. 8. 31	31,900원 / 일	21,270원 / 일
2001. 9. 1~2002. 8. 31	29,000원 / 일	19,330원 / 일

(5) 유족급여

① 의 의

유족급여란 업무상 재해로 인하여 사망한 경우에 피재근로자의 유족에게 지급되는 산재보험급여를 말한다. 유족급여는 수급권자의 선택에 따라 유족보상일시금 또는 유족보상연금으로 지급한다(§43). 유족급여는 사망한 피재근로자가 생존시에 부양하고 있었던 가족의 생활을 보장하고자 하는 취지에서의 보상, 즉 상실된 부양이익의 전보로서의 의미를 지니고 있다. 이 점에 있어서 생명의 침해에 대한 민사배상에 의한 사자(死者)의 일실이익의 보전으로서의 성격과는 본질적으로 다르다. 따라서 비록 피재근로자의 과실이 있다 하더라도 그 과실에 해당하는 부분을 손익상계할 수 없고, 유족급여액이 손해배상액을 초과하더라도 부당이득반환청구권이 발생하지 않는다(대판 1981. 10. 13. 80다2928).

[관련판례요지]

근로자가 업무상 사망한 경우에 사용자나 근로자의 과실유무를 불문하고 근로자의 재산상 손해를 전보하기 위하여 무조건 일정액을 지급하도록 되어 있는 것으로서, 이는 민법상의 손해배상과는 성질을 달리하고 있으므로 사망한 근로자의 과실여부를 가려 그 과실에 해당하는 부분만큼을 손익상계할 수는 없고, 민법 기타의 법령에 의하여 산출된 재산상 손해배상액을 초과하는 경우가 생긴다 하더라도 그 부분에 대하여 부당이득반환청구권이 발생할 여지는 없다(대판 1981. 10. 13. 80다2928).

② 유족급여의 요건

유족급여의 요건에 해당하기 위해서는 근로자가 업무상의 사유로 사망하거나 사망으로 추정되는 사유가 있어야 한다. 업무상 사망은 업무상 사유로 인하여 근로자가 즉사한 경우뿐만 아니라, 부상 또는 질병이 악화되어 사망한 경우는 물론 일단 치유되었던 부상 또는 질병이 재발·악화되어 사망한 경우를 포함한다. 사망으로 추정되는 자는 사고가 발생한 날 또는 행방불명된 날에 사망한 것으로 추정되고, 사망추정의 요건은 다음과 같다.

[사망추정의 요건]

▸ 선박이 침몰·멸실 또는 행방불명되거나 항공기가 추락·멸실 또는 행방불명된 경우에 그 선박 또는 항공기에 타고 있던 근로자의 생사가 사고가 발생한 날로부터 3월간 불명한 경우
▸ 항해 중의 선박 또는 항공기에 타고 있던 근로자가 행방불명되어 그 생사가 행방불명된 날로부터 3월간 불명한 경우
▸ 천재·지변·화재, 구조물 등의 붕괴, 기타 각종 사고의 현장에 있던 근로자의 생사가 사고가 발생한 날로부터 3월간 불명인 때

③ 유족급여의 종류 및 보상수준

유족급여는 유족보상연금으로 지급함이 원칙이나, 근로자 사망 당시 연금수급자격자가 없는 경우 또는 연금수급권자가 외국에 거주하는 경우에

는 예외적으로 유족보상일시금으로 지급한다(§43②·시행령§32). 다만, 연금수급권자가 연금과 일시금을 원하는 경우에는 유족보상일시금(평균임금의 1,300일분)의 50%를 일시금으로 지급하고 유족보상연금은 50%를 감액하여 지급한다(§43③).

유족보상연금을 받을 수 있는 유족을 유복보상연금의 수급자격자로라고 하는데, 유족보상연금수급자격자는 유족으로서 근로자 사망 당시 그에 의하여 부양되고 있던 자 중 처(사실상 혼인관계에 있는 자 포함)와 남편·자녀·부모·손·조부모 또는 향제자매 중 근로자 사망 당시 다음과 같은 요건을 갖춘 자이다(§43의2).

[유족보상연금수급자격자]

<table>
<tr><th>순 위</th><th>신분관계</th><th>연령 요건</th><th>신체장애 요건</th><th>비 고</th></tr>
<tr><td rowspan="2">1</td><td>처</td><td>-</td><td rowspan="8">18세 이상 60세 미만의 자로서 장애인복지법에 의한 장애등급 제2급 이상 또는 시각장애 제3급인 자</td><td rowspan="8">태아는 출생한 때로부터 근로자의 사망 당시 그에 의하여 부양되고 있던 자로 간주/양부모·양부모의 부모가 실부모·실부모의 부모보다 우선함</td></tr>
<tr><td>남 편</td><td>60세 이상</td></tr>
<tr><td>2</td><td>자 녀</td><td>18세 미만 또는 태아</td></tr>
<tr><td>3</td><td>부 모</td><td>60세 이상</td></tr>
<tr><td>4</td><td>손</td><td>18세 미만</td></tr>
<tr><td>5</td><td>조부모</td><td>60세 이상</td></tr>
<tr><td>6</td><td>형제자매</td><td>60세 이상
또는 18세 미만</td></tr>
</table>

유족보상연금액은 기본금액과 가산금액을 합산한 금액으로 한다. 「기본금액」이라 함은 급여산정의 기초가 되는 금액으로서 평균임금에 365를 곱한 금액을 말하고, 「가산금액」이라 함은 유족보상연금의 수급권자 및 그에 의하여 부양되고 있던 유족보상연금의 수급자격자 1인당 급여기초연액의 100분의 5에 해당하는 금액의 합산액을 말한다. 가산금액의 합산액이 급여기초연액의 100분의 20을 넘을 때에는 그 금액을 한도로 한다. 따라서 유족보상연금액은 최소 평균임금의 52%부터 최대 67%까지이다. 즉, 유족보상연금={평균임금×365×[(47 / 100+5 / 100)×수급권자수]}의 등식관

계가 성립한다.

④ 수급권의 실격 및 유족보상연금 차액일시금 지급

유족급여를 받을 권리는 선순위자의 사망 또는 사망근로자의 배우자가 혼인 등의 사유로 수급자격을 잃게 되는 때에는 같은 순위자가 있는 경우는 같은 순위자에게, 같은 순위자가 없는 경우에는 다음 순위자에게 이전된다(§43의3). 그리고 수급권자가 사망 등 그 수급자격을 잃은 경우 다른 수급자격자가 없고 이미 지급한 연금액을 지급 당시 각각의 평균임금으로 나눈 일수의 합계가 1,300일분에 미달되는 일수에 대하여는 수급자격 상실 당시의 평균임금을 곱한 금액을 유족보상연금 수급자격자가 아닌 사망근로자의 다른 유족에게 지급한다(§43④).

유족보상수급권자의 선택에 의하여 연금과 일시금을 각 50%씩 분할하여 유족급여를 수령하여 오다가 이를 전액 일시금 또는 연금으로 전환할 수 있는가. 산재보험법은 연금방식으로 유족급여를 수령하여 오던 중 연금수급권자 사망한 경우 이미 지급한 연금액의 합계가 유족보상일시금에 미달된 때에는 다른 유족에게의 일시금차액을 지급하도록 되어 있으므로 연금방식에서 일시금방식으로의 전환은 가능한 것이나, 연금과 일시금을 각각 50%씩 분할하여 수령하여 오다가 전액 연금으로의 전환은 어렵다고 보아야 한다. 왜냐하면, 지급받은 유족보상일시금에 대한 수급권은 소멸한 것으로 보아야 하기 때문이다. 대법원 역시도「산재보험법상 유족급여 수령방식을 일시금 반(50%)·연금 반(50%) 방식으로 선택하여 유족보상일시금을 수령한 후에는 유족보상일시금 상당액 부분에 대한 수급권은 이미 소멸하였으므로 그 반환을 조건으로 수령방식을 전액 연금 방식으로 변경할 수는 없다」라고 함으로써 일시금에서 연금으로의 전환을 인정할 수 없다고 판단하고 있다(대판 2005. 7. 8. 2003두13700).

(6) 상병보상연금

상병보상연금이란 업무상 재해로 인하여 피재근로자의 요양이 장기화되어 요양개시 후 2년이 경과된 날 또는 2년 이후에 상병이 치유되지 않은 상태에 있고 당해 상병에 의한 폐질의 정도가 폐질등급표상 제3급 이상에 해당되는 경우에 요양급여 외에 지급되는 연금급여를 말한다(§44). 산재보험법시행령 제39조 관련 폐질등급표에서 규정하고 있는 폐질등급과 상병보상연금은 다음과 같다.

[폐질등급과 상병보상연금]

등급	상 병 보상연금	폐 질 요 건
제1급	평균임금의 329일분	1. 두 눈이 실명된 사람 2. 말하는 기능과 음식물을 씹는 기능을 모두 영구적으로 완전히 잃은 사람 3. 신경계통의 기능 또는 정신기능에 뚜렷한 장해가 있어 항상 간병을 받아야 하는 사람 4. 흉복부장기의 기능에 뚜렷한 장해가 있어 항상 간병을 받아야 하는 사람 5. 두 팔을 팔꿈치관절 이상에서 잃은 사람 6. 두 팔을 영구적으로 완전히 사용하지 못하게 된 사람 7. 두 다리를 무릎관절 이상에서 잃은 사람 8. 두 다리를 영구적으로 완전히 사용하지 못하게 된 사람 9. 제1호 내지 제8호에 정한 것과 같은 정도 이상의 폐질의 상태에 있는 사람
제2급	평균임금의 291일분	1. 두 눈의 시력이 각각 0.02 이하로 된 사람 ※ 시력의 측정은 국제적 시력표에 의하며 굴절 이상이 있는 사람에 대하여는 원칙적으로 교정시력을 측정함. 2. 신경계통의 기능 또는 정신기능에 뚜렷한 장해가 있어 수시로 간병을 받아야 하는 사람 3. 흉복부장기의 기능에 뚜렷한 장해가 있어 수시로 간병을 받아야 하는 사람
	평균임금의 291일분	4. 두 팔을 손목관절 이상에서 잃은 사람 5. 두 다리를 발목관절 이상에서 잃은 사람 6. 제1호 내지 제5호에 정하는 것과 같은 정도 이상의 폐질의 상태에 있는 사람

등급	상 병 보상연금	폐 질 요 건
제3급	평균임금의 257일분	1. 한 눈이 실명되고 다른 눈의 시력이 0.06 이하로 된 사람 2. 말하는 기능 또는 음식물을 씹는 기능을 영구적으로 완전히 잃은 사람 3. 신경계통의 기능 또는 정신기능에 뚜렷한 장해가 있어 상시 노무에 종사하지 못하는 사람 4. 흉복부장기의 기능에 뚜렷한 장해가 있어 상시 노무에 종사하지 못하는 사람 5. 두 손의 손가락을 모두 잃은 사람 ※ 손가락을 잃은 것이란 엄지손가락에 있어서는 지관절, 기타의 손가락에 있어서는 제1지관절 이상을 잃은 경우를 말함. 6. 제3호 및 제4호에 정한 장해 외의 장해로 상시 노무에 종사하지 못하는 사람 7. 제1호 내지는 제6호에 정한 것과 같은 정도 이상의 폐질의 상태에 있는 사람

상병보상연금을 받던 65세 미만인 재해근로자가 65세에 도달한 때에는 연금액의 95%를 지급한다. 그러나 65세 이후 취업 중인 근로자가 업무상 재해로 인하여 요양하는 경우에는 상병보상연금 개시일로부터 1년간 감액하지 아니한다(§44③ · 시행령§39의2).

상병보상연금은 업무상 재해로 인한 장기적 근로불능에 대한 소득보장적 급여로서 의료보장과 생활의 안정을 위하여 휴업급여보다 높은 보상을 보장하고 있다. 따라서 상병보상연금을 지급받고 있는 근로자에 대해서는 필요한 요양급여는 계속 행해지나 휴업급여는 지급되지 않는다. 그리고 요양개시 후 3년이 경과된 날 이후에 상병보상연금을 지급받고 있는 경우에는 근로기준법상의 일시보상을 지급한 것으로 간주하여 장기요양 근로자의 고용관계를 정리할 수 있다(§48④).

(7) 장의비

장의비는 업무상 재해로 사망한 경우에 장례에 소요되는 비용을 지급하는 산재보험급여를 말한다(§45). 장의비는 실질적으로 장례를 위한 비용을 보상하는 것이므로, 수급권자는 반드시 유족급여의 수급권자인 유족에 한정하는 것은 아니고 실제 장제를 실행하는 자이다. 장의비의 금액은 사망근로자의 평균임금의 120일분을 원칙으로 하나, 노동부장관이 고시하는 최고금액을 초과하거나 최저금액에 미달하는 경우에는 그 최고금액 또는 최저금액을 각각의 장의비로 한다(§45 · 시행령§40의2).

[장의비지급 기준]

적용기간	최고금액	최저금액
2007. 1. 1~2007. 12. 31	11,176,020원	7,867,410원
2005. 9. 1~2006. 12. 31	10,814,947원	7,525,147원
2004. 9. 1~2005. 8. 31	10,360,275원	7,078,875원
2003. 9. 1~2004. 8. 31	9,932,840원	6,669,440원
2002. 9. 1~2003. 8. 31	9,264,595원	6,279,595원
2001. 9. 1~2002. 8. 31	8,904,939원	6,022,419원

2) 민사배상에 갈음하는 특별급여

(1) 의의

사업주의 고의 또는 과실로 인하여 업무상 재해가 발생하였을 경우에는 사회법상의 산재보상책임과 민사법상의 불법행위에 의한 배상책임이 발생하게 된다. 이러한 경우 수급권자가 민사배상청구에 갈음하여 별도의 예외적인 급여를 받을 수 있도록 함으로써 민사소송을 거치지 아니하고 노사간의 배상문제를 신속·간편하게 해결하기 위한 것이 산재보험법상의 특별급여제도이다. 특별급여는 산재보험법상의 보험급여의 일종이지만, 민사배상액에 갈음하여 노동부장관이 보험기금에서 일시적으로 대체하는 제도이기 때문에 산재보상으로서의 보험급여와는 그 성질이 다르다. 현행 산재보험법상의 특별급여에는 장해특별급여와 유족특별급여의 두 가지가 있다(§46-47).

(2) 지급요건

특별급여는 ①보험가입자의 고의 또는 과실로 인하여 피재근로자가 사망하거나 신체장해 등급 제1급 내지 제3급에 해당하는 장해를 입어야 하고, ②보험가입자와 피재근로자간에 특별급여를 청구하는 경우에는 민법 기타 법령에 의한 신체적 · 정신적 손해에 대한 손해배상을 청구하지 아니한다는 합의가 있어야 하고, ③수급권자가 민사배상청구에 갈음하여 특별급여를 청구하여야 한다.

(3) 특별급여지급의 효과

특별급여는 민사배상에 갈음하는 보험급여이기 때문에, 수급권자는 동일한 사유로 민법 기타 법령의 규정한 손해배상을 청구할 수 없고 보험가입자인 사업주는 특별급여에 해당하는 금액을 보험관장자에게 납부하여야 한다. 보험료의 납부는 특별급여의 지급일로부터 1년간 4회 분할 납부할 수 있다. 이처럼 특별급여는 보험가입자에게는 모든 법령상의 배상의무를 면제받게 됨으로써 심리적 안정과 금전적 부담을 덜어주게 되고, 수급권자에게는 민사소송절차를 거치지 아니하고 간이 · 신속하게 보상받을 수 있다.

(4) 특별급여의 범위

장해특별급여액은 평균임금의 30일분에 신체장해 등급에 해당하는 노동력상실률과 취업가능기간에 상응하는 라이프니츠계수를 곱하여 산정한 금액에서 장해급여를 공제한 액으로 한다.[16] 이 경우의 노동력상실률은 신체장해 등급 제1등급 내지 제3등급은 모두 100%이고, 취업가능기간은 신체장해가 판정된 날로부터 단체협약 또는 취업규칙에 정하는 취업정년으로 하나 이에 관한 규정이 없으면 만 55세까지로 한다(시행령§41③).

16) 장해특별급여는 「(평균임금×30일분×노동력상실률×취업 가능기간에 상응하는 라이프니츠계수) − 장해급여일시금」의 산식에 의하여 계산한다.

그리고 유족특별급여액은 평균임금의 30일분에서 사망자 본인의 생활비를 공제한 후 취업 가능기간에 대응한 라이프니츠계수를 곱하여 산정한 액에서 유족급여를 공제한 금액으로 한다.[17] 사망자 본인의 생활비 비율은 부양가족이 없는 경우에는 40%, 부양가족이 있는 경우에는 35%, 부양가족이 2인인 경우에는 30%, 부양가족이 3인 이상인 경우에는 25%이다. 부양가족의 범위는 민법에 의하되 사실상 혼인관계에 있는 자도 포함된다.

4. 산재보험급여의 지급제한 및 징수

산재보험급여의 지급제한이란 근로자가 업무상 재해를 입은 경우 그 수급권자의 청구에 따라 산재보험급여를 지급하는 것이지만, 일정한 사유가 있는 때에는 산재보험급여의 전부 또는 일부를 지급하지 않는 것을 말한다. 근로기준법상의 재해보상과는 달리 산재보험법은 근로자의 중대한 과실로 업무상 재해가 발생한 때에 산재보험급여를 제한하는 규정이 없기 때문에, 산재보험급여는 근로자의 중대한 과실과 상관없이 지급된다. 그러나 근로자가 정당한 이유 없이 요양에 관한 지시를 위배하여 재해를 악화시키거나 그 치유를 방해한 것이 명백한 경우에는 그 위반사항 1건에 대하여 휴업급여 또는 상병보상연금의 20일 범위 내에서 제한할 수 있다(§52 · 시행규칙§61). 또한 공단은 산재보험급여를 받고자 하는 자가 정당한 이유 없이 산재보험법에 의한 보고제출의무 또는 공단이 요구하는 사항을 이행하지 아니하는 경우에는 산재보험급여의 지급을 일시 중지할 수 있다(§104).

「고용보험 및 산업재해보상보험의 보험료징수 등에 관한 법률(이하 "보험료징수법"」 제26조 및 시행령 제34조는 사업주가 산재보험가입신고를 게

17) 유족특별급여는 「[(평균임금×30일분) - (평균임금×30일분 - 본인의 생활비공제비율)×취업 가능기간에 상응하는 라이프니츠계수] - 유족급여일시금」의 산식에 의하여 계산한다.

을리한 기간 중에 발생한 재해 또는 사업주가 산재보험료의 납부를 게을리 한 기간 중에 발생한 재해에 대하여는 공단이 산재보험급여의 50 / 100에 해당하는 금액을 사업주에게 징수할 수 있도록 규정하고 있다. 이 규정은 산재보험가입의무가 있는 사업주에게 산재보험 미가입 또는 보험료의 납부를 태만히 한 기간 중에 발생한 산재에 대하여 과중한 재정적 부담을 지움으로써 산재보험가입 및 보험료의 성실납부를 유도하기 위한 것이다.[18] 그런데 보험료징수법 제9조는 건설업 등 사업이 수차에 걸쳐 도급에 의하여 행해지는 사업의 경우에는 원칙적으로 원수급인이 보험가입의무자로 규정하고 있기 때문에 원수급인이 보험가입을 게을리한 상태에서 하수급인의 소속 근로자가 산재사고를 당한 경우에도 원수급인이 산재보험급여의 50 / 100에 해당하는 금액을 부담하게 됨으로써 헌법상의 재산권 보장과 평등의 원칙에 위반되는가의 여부가 문제될 수 있다. 헌법재판소는 원수급인이 재산권을 침해하고 과잉금지원칙 및 평등의 원칙에 위반된다고 헌법소원을 제기한 사건에 대하여 「원수급인을 산재보험법상 사업주로 하는 것이 피재근로자의 보호를 위한 상당한 수단이라고 하는 점, 원수급인이 부담하게 될 산재보험료 납부의 경제적 부담은 상당부분을 하수급인에게 부담시키는 약정을 통하여 완화 내지 조정이 가능한 점을 이유로 헌법에 위반되지 않는다」라고 결정하였다(헌재 2004. 10. 28. 2003헌바70).

[관련결정요지]

원수급인을 산재보험법상 사업주로 하는 것이 피재근로자의 보호를 위한 상당한 수단이란 점, 원수급인이 부담하게 될 산재보험료 납부의 경제적 부담은 하도급계약을 체결하면서 이 부담의 상당부분을 하수급인에게 부담시키는 약정을 통하여 완화 내지 조정이 가능하게 되므로 이 부담을 과도한 것이라 보기는 어렵다는 점을 고려할 때 원수급인에 대한 징수조항은 포괄위임금지원칙, 재산권 침해, 평등원칙에 어긋난다고 볼 수 있는 근거를 찾을 수 없다(헌재 2004. 10. 28. 2003헌바70).

---

18) 그러나 산재보험의 미가입 또는 보험료의 납부를 태만히 한 기간 중에 발생한 재해에 대하여 사업주가 과도한 재정적 부담을 우려하여 오히려 피재근로자와 합의를 하거나 산재를 은폐하는 등의 부작용을 낳을 수 있다.

5. 산재보험급여의 수급권보호제도

산재보험이란 산업재해에 관하여 국가(공단)가 보험자로서 산재보상책임을 져야 할 각 사업주를 보험가입자로 하고 산재보상청구권자인 재해근로자를 수급권자로 하여 산업재해 발생 시 사업주가 낸 보험료로 재해근로자에게 신속·확실하게 산재보상을 실시하는 보험제도의 일종으로서, 단순한 책임보험 또는 손실전보에서 벗어나 재해근로자 또는 그 유족의 생활을 보장하고자 하는 사회보장의 성격을 지니고 있다. 따라서 산재보험법에 의한 산재보험급여는 재해근로자 또는 그 유족들의 생활보호를 위하여 절대적으로 필요한 것으로서 산재보험급여의 수급권은 일반채권과는 달리 강력한 보호가 요청된다. 이에 산재보험법은 다음과 같은 수급권자를 위한 각종 보호제도를 규정하고 있다.

1) 수급권의 불변경성

산재보험급여의 수급권은 퇴직을 이유로 소멸되지 않으므로 산재보험급여를 받는 도중 재해근로자가 퇴직하더라도, 계속하여 보험급여를 지급받게 된다(§55①). 「퇴직을 이유로 보험급여가 소멸되지 않는다」는 것은 퇴직으로 인하여 보험급여를 받을 권리 그 자체가 소멸되거나 축소되거나 변경되지 않음을 의미한다. 그리고 퇴직하게 된 이유를 불문하므로 근로자의 자의에 의한 임의퇴직, 사용자의 일방적인 의사표시에 의한 해고, 계약기간 만료에 의한 근로계약관계의 종료, 해당 사업 또는 사업장이 폐지되어 퇴직한 경우에도 당연히 산재보험급여수급권은 보호받는다.

산재보험급여의 수급권은 퇴직을 이유로 소멸되지 않기 때문에 근로계약 종료 후 새로이 발생한 질병이 근로계약 존속 중에 그 원인이 되어 발병된 경우에는 수급권은 보호받게 된다(대판 1992. 5. 12. 91누10466).

[관련판례요지]

산재보험급여를 받을 권리인 수급권은 보험가입자인 사업주와 근로계약관계의 존재를 전제로 하여 업무상 재해가 생겼을 때 자동적으로 발생하며 수급권은 그 퇴직을 이유로 소멸되지 아니한다고 규정하고 있으므로, 계약관계 종료 후에 발생한 질병 등도 근로계약관계 중에 그 원인이 있다고 인정되는 경우에는 수급권이 있다 할 것이다(대판 1992. 5. 12. 91누10466).

2) 수급권의 양도 및 압류금지

「수급권의 양도」라 함은 산재보험급여를 받을 자가 그 권리를 계약에 의하여 제3자에게 이전하는 것을 말한다. 산재보험법은 수급권자의 생활안정을 위하여 수급권의 양도를 금지하고 있다(§55②). 산재보험급여수급권의 양도금지의 취지에 비추어 볼 때, 수급권의 양도뿐만 아니라 질권의 목적물로 설정할 수 없으며 권리의 포기 기타 위임형식에 의한 권리의 담보 등 일체의 법률행위가 금지되는 것으로 해석해야 한다. 제3자에게 산재보험급여가 제한 없이 지급된다면 수급권 양도금지 규정의 존재의의가 무의미하게 되기 때문에 수급권 양도금지의 실효성을 거두기 위해서는 보험급여의 제3자에 대한 지급이 금지되어야 한다. 수급권자가 수급권 양도의 금지 규정에 위반하여 이를 양도한 경우에는 양수자는 이 양도계약을 근거로 보험관장자에게 보험금여를 청구할 수 없음은 물론 그 양도계약은 강행법규에 위반되어 당연 무효로 해석해야 한다.

산재보험급여의 전액을 재해근로자 또는 그 유족으로 하여금 확실하게 수령하게 하기 위하여 보험급여를 받을 권리에 대하여는 압류가 금지된다(§55②). 여기서 「압류금지」라 함은 채무자의 일정한 재산을 강제집행의 목적물로서 압류하는 것을 법률상 또는 재판상 금지하는 것을 말한다. 산재보험급여청구권은 민사상의 강제집행, 세무상의 체납처분에 의하여 압류할 수 없으므로 이 권리에 대한 압류는 무효이며 상계도 금지된다. 산재보험급여청구권의 상속에 관하여 명문규정이 없으나. 산재보험급여청구권은 민사법상 재산권에 해당되므로 상속의 대상에 해당하는 것으로 보아야 한다.

3) 조세 기타 공과금의 면제

산재보험급여로 지급된 금품에 대해서는 조세 기타 국가 또는 지방자치단체의 공과금을 부과할 수 없다(§56). 산재보험급여는 재해근로자와 그 유족의 생활보호를 목적으로 하고 있는 것이므로, 산재보험급여로서 지급된 금품에 대하여 조세 및 공과금을 부과할 수 없도록 한 것은 당연한 입법조치이다.[19)]

조세 및 공과금의 면제대상이 되는 것은 산재보험급여로서 지급된 금품이나, 형식상 산재보험급여로 되어 있으나 재해근로자 또는 그 유족에게 귀속되지 않는 진료비 또는 개호료 등은 과세의 대상이 된다. 왜냐하면 진료비 또는 개호료는 의료기관의 입장에서 볼 때 의료행위에 의한 소득의 일부분이 되기 때문이다.

4) 미지급 보험급여의 지급

「미지급보험급여」라 함은 보험급여의 수급권자가 보험급여를 지급받기 전에 사망한 경우, 수급권자에게 지급할 보험급여를 말한다. 산재보험법 제50조는 수급권자가 보험급여청구 전에 사망하였거나 수급권자가 청구하였으나 보험급여를 수령하기 전에 사망한 경우에는 미지급보험급여를 그 유족에게 지급하도록 규정함으로써 수급권자의 사망 등 사정변경이 있다 하더라도 그 권리를 소멸시키거나 제한하지 않고 차순위 유족에게 미지급 보험급여를 귀속시키고 있다.[20)]

---

19) 근로기준법상의 재해보상금에 대하여 조세 및 공과금을 면제한다고 하는 명문규정을 두고 있지 않으나, 소득세법 제5조 및 시행령 제8조에서는 재해보상금을 실비변상적 성질의 급여로 인정하여 소득세를 부과하지 아니하도록 하여 재해근로자와 그 유족의 생활을 보호하고 있다.

20) 산재보험급여여의 수급권은 민법상 재산권에 해당하는 것이므로 미지급 보험급여는 재산상속인에게 귀속되어야 하는 것이나, 미지급 보험급여의 지급제도는 유족의 생활안정을 도모하고자 하는 것이므로 민법의 상속에 관한 규정의 적용이 배제된다.

제 2 장 민법상 산재배상제도

Ⅰ. 개 설

산재사고는 일반적으로 피해자인 근로자와 계약관계 또는 이와 유사한 관계에 있는 사용자 또는 동료근로자가 가해자이기 때문에 손해배상책임의 성립과 범위를 판단함에 있어서 이와 같은 가해자와 피해자 사이의 인적 관계를 충분히 고려하여야 하고, 사고의 원인에 따라 불법행위책임 또는 채무불이행책임이 성립하기도 한다. 또한 산재사고로 피해를 입은 근로자는 산재보험법상 보험급여청구권과 근로기준법상의 재해보상청구권이 발생하는 것이 보통이므로 손해배상액을 계산함에 있어서 다른 법령에 의한 보상액을 충분히 참작하여야 한다.[1)]

이와 같이 사회법상의 산재보상책임과 사용자에게 손해배상청구를 병존적으로 인정하고 있는 이유는 ① 사회법상의 산재보상제도는 피재근로자의 생활보장을 위한 최저수준의 물질적 손해전보임에 대하여 손해배상청구의 경우에는 형평의 원리에 의하여 일실이익 등 완전한 손해전보뿐만 아니라 정신적 손해에 대한 위자료를 청구할 수 있다는 점, ② 사회법상의 산재보상의 요건인 「업무상 사유」의 판단과 손해배상청구소송에 있어서 인과관계의 입증이 실무상 다르게 적용된다고 하는 점, ③ 산재보상책

1) 실무적으로 산재사고를 당한 근로자는 우선적으로 산재보험법에 의한 보험급여를 청구한 다음 추가손해에 대하여 사용자를 상대로 손해배상청구를 하는 것이 일반적이다.

임에 있어서 개별기업의 책임구조를 명확히 함으로써 산재예방효과를 얻을 수 있다는 점, ④ 산재배상액을 산정함에 있어서 산재보험급여와는 달리 가동연한과 노동력 상실률 및 피재근로자의 과실을 상계한다고 하는 점 등을 들 수 있다.[2)]

산재사고에 대하여 민사상의 손해배상책임을 인정하는 법적 이론으로서는 채무불이행책임론과 불법행위책임론을 들 수 있다.

첫째, 채무불이행책임론은 사용자는 근로계약상 근로자의 생명 · 건강에 위험이 생기지 않도록 작업상의 안전을 배려할 의무를 인정하고, 그 의무의 위반으로 산재가 발생한 경우에는 사용자는 불법행위가 아닌 채무불이행에 의한 배상책임을 져야 한다는 이론이다.[3)] 사용자의 채무불이행책임은 사용자의 직접적인 안전배려의무 위반에 의한 경우는 물론(민법§390) 그의 이행보조자의 고의 또는 과실에 의한 안전배려의무 위반의 경우에도 적용된다(민법§391). 일본에서는 사용자의 안전배려의무 위반을 이유로 한 채무불이행책임을 묻는 것이 산재배상청구소송에 있어서 주된 법리로 되어 있고,[4)] 우리나라에서도 학설과 판례는 근로계약상 사용자에게 안전배려의무가 있다는 점에 관해서는 이설 없이 받아들여지고 있다.[5)]

둘째, 불법행위책임론은 사용자의 고의 또는 과실로 인한 위법행위로 근로자에게 산재에 의한 손해를 입힌 것이므로 그에 따른 손해를 배상할 책임이 있다고 하는 이론이다. 이 이론에 의하면, 피재근로자가 배상을 청구함에 있어서는 사용자의 고의 또는 과실을 입증해야 한다. 그러나 전통적인 과실책임주의에 입각한 불법행위론으로서는 그 입증이 용이하지 않아 피재근로자의 구제가 곤란하므로, 무과실책임주의를 원용한 불법행위

2) 졸고, 「산업재해의 구제법리에 관한 연구」, p.42; 김교숙, 「산재보상법리에 관한 연구, p.123; 加藤一朗, 「労働災害と民事責任」, p.4-5; 박홍규, 고용법 · 근로조건법, p.487.

3) 岩村正彦, 労災補償と民事責任, p.7.

4) 이호준, 「산재 · 직업병에 대한 사용자의 민사책임론 - 불법행위책임구성과 채무불이행책임구성의 비교 - 」, p.363; 박홍규, 고용법 · 근로조건법, p.488.

5) 이상원, 「안전배려의무에 관하여」, p.62.; 윤진영, 「재해보상과 과실책임」, p.137.

론에서 산재배상책임의 근거를 구하는 것이 일반적이다.[6] 민법상 불법행위에 의한 산재배상책임의 근거 규정으로서는 법인의 불법행위책임(제35조), 불법행위책임(민법§750), 사용자책임(민법§756), 도급인의 책임(민법§757), 공작물책임(민법§758) 등이 있다.

Ⅱ. 채무불이행책임

1. 사용자의 안전배려의무 위반에 의한 채무불이행책임

1) 안전배려의무의 의의

「안전배려의무」라 함은 근로자가 사용자의 지휘·명령하에서 근로를 제공하는 과정에서 사용자가 근로자의 생명과 신체를 위험으로부터 보호할 의무를 말한다.[7] 근로자가 부담하는 근로제공의무의 대상은 근로자 자신의 노동력에 불과한 것이지만, 그 노동력은 근로자의 인격과 불가분의 관계를 이루고 있기 때문에 근로자가 근로제공의무를 이행하기 위해서는 자신의 생명·신체·건강까지도 사용자의 지배하에 두지 않으면 안된다. 따라서 사용자는 근로계약상 임금지급이라는 주된 급부의무 이외에 안전배려의무를 부담한다. 사용자의 안전배려의무는 산재에 있어서 사용자에게 배상책임을 묻는 중요한 역할을 한다.

---

6) 窪田 集入, 「勞災補償の本質」, 勞働災害補償法論, p.11.

7) 안전배려의무는 학문상 정립된 용어라고 할 수 없다. 우리나라의 경우 민법상으로는 안전의무·안전보호의무라고 불리며, 노동법상으로는 안전배려의무로 파악하고 있다. 그리고 일본에서는 안전배려의무·안전보호의무·노동위생의무·안전보지의무로 불리고 있다(김성환, 「산업재해와 손해배상에 관한 고찰」, p.215).

종래 산재에 대한 사용자의 안전배려의무는 산재방지를 위한 산업안전보건법상의 안전과 보건에 관한 규정과 같은 노동보호법상의 공법적 의무로만 이해되었기 때문에, 안전위생에 관한 최저기준과 이와 관련한 행정감독적인 면만 문제시되었다. 따라서 사용자의 안전배려의무의 위반은 공법적인 노동보호법상의 행정명령위반에 따른 벌금을 부과하는 데 지나지 않았다.[8)] 그러나 최근의 학설과 판례에서는 사용자의 안전배려의무를 공법상의 행정책임뿐만 아니라, 계약상의 의무내용으로서 산재의 위험으로부터 근로자를 안전하게 보호하여야 할 안전배려의무가 있다는 점을 확인하고 이러한 의무 위반에 대하여 배상책임을 부과하고 있다. 그리고 노동법상 산업안전보호에 관한 공법상의 규정들은 사용자의 안전배려의무를 구체화한 것으로 이해하고 있다.[9)]

이러한 사용자의 안전배려의무는 오늘날 근로계약에 있어서 당사자는 주된 급부의무뿐만 아니라 이에 부수되는 의무까지도 부담해야 한다는 채권관계의 중층적 구조가 승인됨에 따라 근로계약상 내재하는 부수적 의무[10)]로 보는 것이 다수설과 판례[11)]의 입장이라고 할 수 있다. 그러나 안전배려의무는 근로자의 생명, 신체, 건강을 침해해서는 안된다고 하는 소극적인 의무보다는 예상되는 시설의 위험으로부터 근로자를 안전하게 보호하기 위하여 적절한 조치를 강구해야 할 적극적인 의무로서 근로계약상의 본질적 의무로 파악하는 것이 타당하다.

---

8) 이호준, 「산재 · 직업병에 대한 사용자의 민사책임론－불법행위책임과 채무불이행책임구성의 비교」, p.365; 김동준, 손해배상실무요해, pp.92-93.

9) 김형배, 노동법, pp.470-471.

10) 안전배려의무를 근로계약의 부수적 의무로 파악하는 견해로서는 김형배, 노동법, p.470; 이은영, 채권총론, p.174; 곽윤직, 채권총론, p.150; 김준호, 민법강의, p.1413 등이 있다. 반면 근로계약상의 본질적인 의무로 파악하는 견해서는 이호준, 「산재 · 직업병에 대한 민사책임론」, pp.370-371; 김유성, 「사용자의 안전배려의무(상)」, p.77 등이 있다.

11) 대법원은 「사용자는 근로계약에 수반되는 신의칙상 부수적 의무로서 피용자가 노무를 제공하는 과정에서 생명 · 신체 · 물적 환경을 정비하는 등 필요한 조치를 강구하여야 할 보호의무를 부담하고 이러한 보호의무를 위반함으로써 피용자가 손해를 입은 경우 이를 배상할 책임이 있다」라고 판시하고 있다(대판 2001. 7. 27. 90다56734).

2) 법적 근거

안전배려의무 위반에 따른 산재에 대한 사용자의 배상책임을 계약책임으로 이해할 경우, 계약상 안전배려의무의 근거를 민법상의 고용계약에 의할 것인가 아니면 노동법상의 근로계약에 의할 것인가가 문제시된다. 우리나라 대다수의 민법학자들은 민법상의 고용계약과 노동법상의 근로계약을 동일한 것으로 이해하여, 사용자의 안전배려의무를 고용계약에 근거를 두고 있다.

그러나 노동법상의 근로계약은 대등적 · 독립적인 자유로운 노무제공을 본질로 하는 민법상의 고용계약과는 달리 근로자의 생존권확보라는 이념에 근거를 둔 종속적 근로제공을 본질로 하는 것이므로, 고용계약과 근로계약은 구별되어야 한다. 따라서 안전배려의무는 노동법상의 근로계약에 그 근거를 두어야 한다. 그리고 근로계약에 있어서 근로자는 사용자가 관리하는 기업시설, 설비기계, 인적 조직 등의 종합적인 생산체제하에서 사용자의 지휘명령에 따른 노동력을 제공할 의무를 부담하고 있는 이상, 사용자에게는 인적 · 물적 환경에 대하여 최저한의 전제조건으로서 근로자의 생명 · 신체 · 건강을 보호하여야 할 안전배려의무가 있다.

3) 외국의 입법례

(1) 독일

독일에서의 안전배려의무는 원래 게르만법상 근로관계에서 근로자의 충실의무(Freupflicht)와 사용자의 배려의무(Fürsorgepflicht)를 강조하는 법사상에서 유래되었고, 근대 독일법학자 오토 폰 기르케(Otto v. Gierke)에 의한 인법상 공동체관계이론의 한 내용으로서 전개되어 온 이후로 근로계약상 사용자의 안전배려의무가 존재한다는 것이 독일의 통설로 인정되어 왔다.

독일에서의 안전배려의무는 게르만법의 가내노동에 관한 충실근무계약의 고용관에 기초를 둔 것으로 항상 피용자의 사용자에 대한 충실의무와 대응관계에 선다는 점이 특색이다. 그리고 독일민법은 사용자에게 근로자의 건강 등을 배려할 의무를 명문으로 규정하고 있고, 계약상의 의무와 관련하여 안전배려의무를 이해하고 있다. 즉, 독일민법 제618조는 「①근무권리자(사용자)는 노무급부의 성질상 허락할 수 있는 한도에서 생명 및 건강의 위험으로부터 의무자(근로자)를 보호하기 위하여 노무집행을 위하여 공여한 장소·장치 또는 기구를 적당히 설비 및 유지하며 또 자기의 명령 또는 지시하에 할 노무급부를 적당히 규율하여야 한다. ②의무자가 가정협동체에 가입한 때에는 노무권리자는 거실과 침실, 급식 및 근로시간과 휴식시간에 관하여 노무자의 건강·풍습 및 종교상 필요한 시설 및 규율을 하여야 한다. ③근무권리자가 의무자의 생명 및 건강에 관하여 부담하는 의무를 이행하지 않는 때에는 그 자의 손해배상에 관하여 불법행위에 관한 제842조 내지 846조의 규정을 준용한다」라고 규정함으로써 사용자의 안전배려의무를 명문으로 규정하고 있다.[12]

(2) 일본

일본에서의 안전배려의무는 근로계약에서뿐만 아니라 1960년대 후반부터 제기된 노동조합에 의한 산재권리투쟁을 계기로 상당한 이론과 판례의 발전을 보았다. 최고재판소는 1975. 2. 25. 육상자위대팔호주둔지차륜 재해사건에서 「안전배려의무는 어떤 법률관계에 기인하여 특별한 사회적 접촉관계에 들어간 당사자 사이에 있어서 당해 법률관계의 부수적 의무로서 또는 당사자의 일방 또는 쌍방이 상대방에 대하여 신의칙상 부담하는 의무로서 일반적으로 인정되어야 할 것」이라고 하여 안전배려의무를 인정하였다.[13] 그 후 학설과 판례는 「근로계약상 사용자가 근로자에 대하여 부

12) 이영희, 「근로계약의 법적 성격과 제약구조에 관한 연구」, p.183; 김성환, 「산재사고와 손해배상에 관한 고찰」, pp.215-216; 박홍규, 고용법·근로조건법, p.689.

13) 林弘子, 「安全配慮義務の再検討」, p.63.

담하는 의무는 근로제공에 대한 대가의 지불에 그치지 아니하고 근로제공 과정에서 근로자의 신체·생명에 관한 위험으로부터 근로자를 보호해야 할 의무도 포함되기 때문에 사용자는 이를 위한 필요한 작업환경의 안전을 도모하여야 한다.」고 함으로써 일반적으로 사용자의 안전배려의무를 인정하게 되었다.[14)]

이처럼 일본의 경우에는 안전배려의무에 관하여 명문규정은 없지만, 판례를 통해서 그 구체적인 내용과 이론이 정립되었다고 볼 수 있다.

4) 안전배려의무의 내용

사용자의 안전배려의무를 인정하더라도, 민법상 안전배려의무에 관한 명문규정이 없기 때문에 구체적인 경우에 어떠한 내용의 의무를 부담하는가는 일률적으로 설명하기는 어렵다. 그러나 산업안전보건법상의 안전·보건에 관한 사용자의 조치는 안전배려의무의 중요한 근간을 이루고 있다고 보아야 한다. 산업안전보건법이 규정하고 있는 사업주의 안전배려의무의 내용은 다음과 같다.

① 사업주는 기계·기구 기타 설비에 의한 위험, 폭발성·발화성 및 인화성 물질 등에 의한 위험, 전기·열 기타 에너지에 의한 위험을 예방하기 위하여 필요한 위험예방조치를 취할 의무가 있다(§23①).

② 사업주는 안전보건관리책임자, 안전관리자, 보건관리자, 안전보건총괄책임자 등을 선임하여 그들로 하여금 안전보건관리를 수행토록 해야 한다(§13-18).

③ 사업주는 인체에 해로운 작업장에 대해서 전문가로 하여금 작업환경을 측정·평가해야 하며, 근로자대표의 요구가 있을 때에는 작업환경측정 시 근로자대표를 입회시켜야 한다(§42).

④ 이외에 사업주는 근로자의 건강진단(§43), 질병자의 근로금지 및 제

---

14) 井上克樹, 「安全配慮義務おのめぐる義務法律問題－豫見可能性, 業務上認定とそ 關係」, p.13.

한(동법 제45조), 근로시간연장의 제한(§46) 등을 실시하여야 한다.

이러한 산업안전보건법상의 사업주의 의무는 산재 가운데서도 가장 중요한 것만을 규제하고 있는 것이기 때문에 안전관리상 최저한의 기준을 법정화한 것에 불과하다. 따라서 안전배려의무의 구체적인 내용은 직종, 관습, 신의칙, 근로내용, 장소 등 구체적인 상황에 따라 각각 다를 수 있는 것이므로, 산업안전보건법상의 내용에 한정되는 것은 아니다.15)

그런데 산업안전보건법상의 사업주의 의무에 관한 법적 성질을 어떻게 볼 것인가에 대해서 법정의무로 보는 견해와 근로계약상의 의무로 보는 견해가 있다. 법정의무로 보는 견해는 산업안전보건법상 사업주의 의무는 근로조건 및 안전기준을 확보하여 산재를 예방하기 위해서 벌칙과 감독의 수단으로 국가가 사용자에게 과하는 의무로 파악한다.16) 이 견해에 의하면, 사업주가 산업안전보건법상의 안전기준을 위반하게 되면 공법상의 규제만 받으면 된다고 한다. 이에 대하여 근로계약상의 의무로 보는 견해는 산업안전보건법상 안전에 관한 규정이 있기 때문에 사업주에게 사법상의 의무가 발생하는 것이 아니라, 본래 사업주가 근로계약상 부담하는 안전배려의무내용의 일부가 공법적 명령규범의 형태로 표현되었다고 한다.17)

생각건대, 산업안전보건법상의 안전배려의무는 법률의 규정에 의해서 비로소 창설된 것이 아니고, 본래 사업주가 부담하는 안전배려의무 중에서 가장 중요한 일부분을 국가가 부분적으로 확인하고 이를 강제하고 있는 것에 불과한 것이다. 따라서 산업안전보건법상의 안전배려의무규정은 공법상의 효과뿐만 아니라 안전배려의무의 구제화로서의 사법적 효과도 아울러 가지고 있는 것으로 이해해야 한다. 이때의 사법적 효과는 시민법상 고용계약상의 효과가 아니라 노동법상 근로계약상의 효과를 의미하는 것으로 이해하여야 한다. 결국 산업안전보건법상 안전배려의무를 이행하

15) 이은영, 「산업재해와 안전의무」, p.26; 이상원, 「산업재해소송에 있어서의 몇 가지 문제」, p.40; 이광택, 「산업재해의 보상과 예방」, p.114.

16) 柔原昌廣, 勞働災害と日本の勞働法, p.233.

17) 荒本誠之, 「勞働災害と親企業の責任」, p.24.

는 것만으로는 벌칙만 면할 뿐이고, 사업주가 근로계약상 부담하는 안전배려의무로부터 전면적으로 해방될 수는 없다.

5) 안전배려의무 위반의 효과

사용자의 안전배려의무 위반으로 근로자가 업무상 재해를 당한 경우 피재근로자는 사용자에 대하여 그 책임을 물을 수 있다. 우선 피재근로자는 노동법상의 각종 재해보상과 산재보험급여를 청구할 수 있음은 물론 안전배려의무를 위반한 사용자에게 행정상 징역·벌금의 형벌을 과하거나 과태료를 부과함으로써 그 준수를 강제할 수 있다. 그리고 민법상 사용자가 안전배려의무를 위반한 경우 근로자는 안전배려의무의 이행을 청구하거나 위험가능성이 있는 근로의 제공을 거절할 수 있을 뿐만 아니라 안전배려의무 위반으로 생긴 근로자의 인적 손해에 대하여 손해배상을 청구할 수 있다.

(1) 안전배상의무의 이행청구와 근로제공거절권

안전배려의무는 근로자가 안전한 작업조건하에서 작업할 권리에 상응하는 사용자의 의무이고, 근로자의 근로제공이라는 채무이행은 사용자의 작업시설, 재료, 장소, 작업방법 등의 협력이 있어야 이행할 수 있는 성질을 갖는다. 따라서 사용자가 안전배려의무를 다하지 않는 경우에 근로자는 근로를 제공함에 있어서 안전한 작업환경과 작업조건하에서 작업할 것을 사용자에게 요구할 수 있다.

또한 사용자가 안전배려의무를 다하지 않은 경우, 근로자는 사용자에 대하여 근로제공거부권을 행사할 수 있다. 이러한 근로제공거부권은 사용자의 안전배려의무의 이행과 동시이행의 항변관계에 있는 것은 아니다. 그러나 사용자의 안전조치는 근로제공을 보완하는 전제조건이 된다. 그러므로 근로제공거부권과 안전배려의무는 동시이행항변권과 유사한 성격을 가진 것으로 해석해야 한다.[18] 따라서 근로자가 근로제공을 위한 변제의 제공을 했음에도 불구하고 작업을 위한 사용자의 안전조건이 갖추어지지 않아 작업이 개시되지 않거나 완료되지 못한 경우에 사용자는 근로자에게 채무불이행책임을 물을 수 없다(민법§461). 그리고 사용자의 안전배려의무는 근로계약상 내재하는 사용자의 의무이므로, 그의 위반으로 근로자가 이행기에 이행할 수 없게 되는 때에는 사용자는 채권자지체에 따른 불이익을 입게 된다(민법§400 이하).[19)]

(2) 손해배상청구권

① 학설

사용자의 안전배려의무 위반으로 근로자의 생명이나 건강에 침해를 입은 경우에 피재근로자는 노동법상의 산재보상을 받는 것 이외에 민법상의 손해배상청구권을 취득하게 된다. 그런데 그 손해배상의 근거를 어디에 둘 것인가에 대하여 불법행위책임설과 채무불이행책임설이 대립한다.

불법행위책임설은 사용자의 안전배려의무 위반으로 인한 손해는 불법행위책임의 문제로 되고, 단지 그 책임요건인 과실과 위법성을 판단함에 있어서 안전배려의무 위반의 여부가 문제될 따름이라고 한다.[20)] 그 구체적인 근거로서 ①안전배려의무는 고용계약의 주된 의무가 아니고 근로계약 밖에 있는 부수적 의무에 불과하기 때문에 그의 위반으로 인한 손해는 불법행위책임의 문제로 된다는 점, ②일본민법은 권리침해를 불법해위요건으로 하기 때문에(일본민법§709) 업무상 재해만으로 곧바로 권리침해의 요건을 충족시키지 않는 경우가 많으나, 우리 민법은 불법행위요건으로서

18) 동시이행항변권은 근로자의 근로제공과 사용자의 임금지급의무 등과 같은 상호교환적인 상환채무 사이의 관계에서 발생하는 것이나, 사용자의 안전조치의무는 근로자의 근로제공을 보완하는 전제가 되는 것으로 보아야 하므로 근로제공거절권과 안전배려의무의 관계는 민법상 동시이행항변권과 유사한 성격을 갖는 것으로 해석할 수 있다.

19) 이은영, 「산업재해와 안전의무」, p.988.

20) 불법행위책임설을 지지하는 견해로서는 이은영, 「산업재해와 안전의무」, p.28; 조규창, 「민법 제390조와 적극적 계약침해」, p.353; 김준호, 민법강의, p.577 등이 있다.

위법성이라는 포괄적인 개념을 도입하고 있으므로 안전배려의무 위반에 의한 산재는 사용자의 과실과 더불어 위법성의 요건을 충족시키게 된다는 점, ③전통적으로 사법의 체계는 계약이 성립한 때를 기준으로 하여 그 이전단계는 불법행위책임에 관한 규정에 의해 규율되고 그 이후의 단계는 채무불이행책임에 관한 규정에 의하여 규율되는 책임체계를 취하고 있는데, 근로계약 체결과정 중에도 안전배려의무를 채무에 포함시켜 그 위반에 대해 채무불이행책임을 묻는 것은 전통적인 책임체계에 위반된다는 점 등의 이유를 들고 있다.[21] 불법행위책임을 근거로 손해배상을 청구하는 경우에는 3년의 단기 소멸시효가 적용되고, 피해 근로자와 가족관계에 있는 사람들도 손해배상을 청구할 수 있다.

이에 반하여 채무불이행책임설은 안전배려의무를 위반하여 근로자가 산재를 입었을 경우에, 불법행위성립 이전에 채무불이행으로 인한 배상청구가 가능하다고 하는 견해로서 다수설이다. 그 구체적 근거로서는 ①안전배려의무는 근로계약의 성립을 전제로 하여 근로자가 사용자의 경영체 또는 사업장 내에 현실적으로 편입된 후 노무급부과정에서 인정되는 것이므로, 그 의무의 위반은 근로계약상의 채무불이행이 된다는 점, ②안전배려의무를 채무불이행책임으로 구성해야지만, 안전배려의무 위반에 대한 입증책임이 사용자에게 전환되고 소멸시효의 장기화로 피재근로자를 보다 두텁게 보호할 수 있다는 점, 즉 안전배려의무 위반을 불법행위로 처리하게 되면 사용자의 면책 가능성, 단기의 소멸시효 등에 의한 구제상의 장벽 때문에 충분히 피재근로자를 보호할 수 없게 된다는 점 등을 들 수 있다.[22] 채무불이행책임을 근거로 손해배상을 청구하는 경우에는 10년간의 소멸시효가 적용되고, 계약관계 또는 이에 준하는 관계에 있는 피해 근로자를 제외한 사람들은 사용자에게 손해배상을 청구할 수 없으며, 중간관리자 또는 동료근로자에게 과실이 있는 경우에도 중간관리자나 동료근로자는 사용자의 이

---

21) 이은영, 「산업재해와 안전의무」, pp.990-991; 김준호, 민법강의. p.577.
22) 荒本誠之, 労災補償法害の研究, p.176; 佐藤進, 「使用者の安全配慮義務」, p.121; 이상국, 「산재보험급여의 구상권에 관한 연구」, p.43.

행보조자에 해당하므로 사용자에게 채무불이행책임을 물을 수 있다.[23)]

② 판례

사용자의 안전배려의무의 위반을 이유로 하는 손해배상책임의 본질은 채무불이행책임이므로 그 손해배상책임은 채무불이행의 법리에 의하여 규율되어야 한다고 하는 것이 우리나라의 다수설이라고 할 수 있다. 그러나 대법원은 안전배려의무 위반에 의한 손해배상책임의 본질에 대하여 채무불이행책임과 불법행위책임이 동시에 성립한다고 하는 견해와 불법행위책임이 성립한다고 하는 견해 등 다양한 판결을 내리고 있다.

[관련판례요지]

▸채무불이행책임과 불법행위책임이 동시에 성립된다고 하는 판례

건축공사의 일부분을 하도급받은 자가 구체적인 지휘·감독권을 유보한 채, 재료와 설비는 자신이 공급하면서 시공 부분만을 시공기술자에게 재하도급하는 경우와 같은 노무도급의 경우, 그 노무도급의 도급인과 수급인은 실질적으로 사용자와 피용자의 관계에 있다. 이 경우 도급인은 수급인이 노무를 제공하는 과정에서 생명·신체·건강을 해치는 일이 없도록 물적 환경을 정비하고 필요한 조치를 강구할 보호의무를 부담하며, 이러한 보호의무는 실질적인 고용계약의 특수성을 고려하여 신의칙상 인정되는 부수적 의무로서 산업안전보건상 사업주의 안전상 조치의무가 적용되지 아니하는 사용자일지라도 마찬가지로 인정된다고 할 것이고, 만일 실질적인 사용관계에 있는 노무도급인이 고의 또는 과실로 이러한 보호의무를 위반함으로써 노무수급인의 생명·신체·건강을 침해하여 손해를 입힌 경우 노무도급인은 노무도급계약상의 채무불이행책임과 경합하여 불법행위로 인한 손해배상책임을 부담한다(대판 1997. 4. 25. 96다53086).

▸불법행위책임이 성립한다고 하는 판례

소음성 난청은 업무상 질병의 하나로 법정되어 있고 실제로도 그 발병률이 높았던 점에 비추어 굴진광부들이 청력손실의 인체손해를 입을 위험의 개연성이 상당히 높았다면 사업주로서는 이러한 위험발생의 예견가능성이 있었고, 산업안전보건법령 소정의 조치를 취함으로써 그 위험의 회피가능성이 있었다 할 것이므로, 그와 같은 산재예방을 위하여 필요한 주의의무를 다하지 못한 사용자는 근로자의 질환에 대하여 노동법상 산재보상책임이 있음은 별론하고 산업안전보건법상 안전보건규정의 위반에 대한 과실이 있는 것이므로, 불법행위법상 책임을 면할 수 없다(대판 1989. 8. 8. 88다카33190).

---

23) 교통·산재손해배상실무연구회, 손해배상소송실무(교통·산재), p.513.

이와 관련하여 일본 법원은 「피용자에 대하여 사용자는 고용계약상의 안전배려의무가 있고 이에 위반하여 피용자가 피해를 입었을 경우에 불법행위 성립 이전에 사용자는 안전배려의무 위반이라는 채무불이행책임이 있고, 안전배려의무에는 산업안전위생법법상 사용자가 부담하는 제 의무가 포함된다」라고 판시함으로써 안전배려의무 위반에 따른 손해배상의 근거를 채무불이행책임에 두고 있다.[24)]

③ 법적 평가

사용자의 안전배려의무는 자본주의 경제의 발달과 더불어 변천하여 왔음은 말할 필요도 없다. 즉, 산업자본주의하에서의 근대시민법은 단지 사용자의 안전배려의무를 고용계약 또는 근로계약 밖에 존재하는 부수적 의무로 이해하여 그 위반에 대한 산재배상책임을 불법행위책임으로만 파악함으로써 산재가 빈발·심화됨에도 불구하고 피재근로자는 산재배상을 거의 받을 수 없었다. 그러나 오늘날 산재배상의 실효성을 확보하기 위해서 사용자는 임금지급의무라는 주된 의무 이외에 안전배려의무도 근로계약상 존재하는 부수적 의무로 인정하기에 이르렀다. 따라서 안전배려의무에 관한 명문규정이 없더라도 신의칙상 근로계약상 내재하는 사용자의 부수적 의무로 보아야 하므로, 안전배려의무의 위반으로 산재가 발생한 경우에 피재근로자는 사용자를 상대로 채무불이행책임을 물을 수 있다고 보아야 한다.[25)] 이처럼 안전배려의무 위반을 채무불이행책임으로 처리해야지만, 산재의 궁극적인 책임자라고 할 수 있는 사용자측으로 하여금 구체적인

---

24) 안전배려의무 위반에 따른 손해배상책임의 근거를 채무불이행책임으로 본 일본의 대표적인 판례로서는 1974. 3. 12. 시오하마운송사건(津地方裁判日市支部判決)과 1981. 10. 30. 昭和電極事件(고베地方裁判所나자끼支部判決) 등이 있다(노동부산업안전국, 한·일 산업안전보건판례집, p.39).

25) 안전배려의무는 사용자와 근로자 사이의 근로계약관계가 존재하는 동안만 존속하는 것이기 때문에 사용자와의 근로계약관계가 소멸하면 사용자의 안전배려의무도 소멸하게 된다. 근로계약관계가 소멸한 이후 비록 사용자의 고의 또는 과실로 인하여 산재사고가 발생하였더라도 사용자는 피해 근로자에게 채무불이행책임을 부담하는 것이 아니라 불법행위책임을 부담한다.

산재회피조치를 강구하게 하는 효과를 기대할 수 있고, 근로기준법상 「예시되지 않은 질병」에 대하여도 업무상 재해로 인정할 수 있는 국가의 적극적인 노동행정을 수행하게 할 수 있다.[26]

물론 사용자의 안전배려의무 위반이 불법행위의 요건을 갖춘 경우에는 불법행위책임도 물을 수 있고, 양 책임은 경합한다. 이 경우 산재는 근로계약상의 이행과정에서 발생하는 현상이기 때문에 채무불이행의 법리에 따라 손해배상을 묻는 것이 합리적이다.

6) 안전배려의무 위반의 입증책임

안전배려의무 위반으로 업무상 재해가 발생한 경우에 그 입증책임을 누가 부담하느냐가 문제된다.

미국에서는 안전배려의무 위반으로 발생한 산재의 피재근로자는 ①사용자의 안전의무가 존재할 것, ②안전의무에 위반한 사용자의 과실행위가 존재할 것, ③과실과 손해간에 인과관계가 있을 것 등을 입증해야 한다는 것이 지배적인 견해이다.[27] 독일에서는 「근로자는 안전배려의무 위반의 사실과 손해, 안전배려의무 위반과 손해와의 인과관계에 대하여 입증책임을 부담하고, 사용자는 귀책사유의 부존재에 대하여 입증책임을 부담한다」고 하는 것이 지배적인 견해이다.[28] 일본의 판례와 다수설은 「사용자는 안전배려의무를 다하였다는 점, 즉 산재가 사용자 스스로의 잘못에 돌릴 사유에 의한 것이 아니라는 것을 입증하지 못하는 한 배상책임을 면할 수 없다」라고 봄으로써 안전배려의무 위반에 관한 입증책임을 사용자에게 부담시키고 있다.[29] 그러나 최근의 판례는 「안전배려의무 위반의 유무의 다툼이 있는

26) 김유성, 「사용자의 안전배려의무(하)」, p.64.
27) William L. Prosser, Handbook of the Law of Tort, p.526.
28) 이호준, 「산재・직업병에 대한 사용자의 민사책임론」, p.382.
29) 1974. 3. 27. 平田プレス事件判決에서 「사용자가 안전배려의무에 위반하였는지의 여부에 대한 입증책임은 채무불이행의 원칙에 따라 피고(사용자)에게 귀속한다」라고 판시하였다(1974. 3. 27. 田橋地判, 判例時報748호, p.119)..

경우에는 우선 근로자측에서 사고의 구체적 내용을 주장·입증하고, 그 결과 특정한 사실관계를 전제로 하여 사용자의 구체적인 안전배려의무의 내용을 먼저 인정하여야 하고, 이러한 구체적 의무내용의 인정에 있어서는 사고내용 외에 사업의 종류·근로제공의 방법·직장환경 등의 제반사정을 종합하여 판단하여야 하는데 이에 관한 입증책임은 근로자가 부담하여야 한다」라고 판시함으로써 안전배려의무 위반에 관한 입증책임을 근로자에게 전환시키는 방향으로 가고 있다.[30)]

우리 대법원은「근로자의 신체상의 재해가 발생하지 않도록 안전조치를 취하지 않은 과실의 존재는 피해근로자에게 입증책임이 있다」라고 판시하여 안전배려의무 위반에 대한 입증책임을 근로자에게 묻고 있다(대판 2000. 3. 10. 99다60115).

[관련판례요지]

근로계약에 수반되는 신의칙상의 부수적인 의무로서 근로자에 대한 보호의무를 부담하는 사용자에게 근로자가 입은 신체상의 재해에 대하여 민법 제750조 소정의 불법행위책임을 지우기 위해서는 사용자에게 당해 근로로 인하여 근로자의 신체상의 재해가 발생할 수 있음을 알았거나 알 수 있었음에도 불구하고 그 회피를 위한 별다른 안전조치를 취하지 않은 과실이 있음이 인정되어야 하고, 위와 같은 과실의 존재는 손해배상을 청구하는 근로자에게 그 입증책임이 있다(대판 2000. 3. 10. 99다60115).

사용자의 안전배려의무는 근로자의 생명·신체의 안전 그 자체를 확보한다는 고차원적인 의무인 동시에 근로계약 자체에 당연히 내재하는 사용자의 부수적 의무이므로 안전배려의무 위반에 관한 입증책임은 채무불이행의 원칙에 따라 해결해야 한다. 따라서 피재근로자는 사용자의 근로계약 위반으로 인한 손해가 발생하였다는 사실을 입증하는 것으로 충분하다. 이에 반하여 사용자가 피재근로자의 주장에 따른 책임을 면하기 위해서는 안전배려위무가 존재하지 않는다고 하는 사실, 안전배려의무에 따른

---

30) 安成工業事件 1980. 11. 14. 名古屋地判, 勞判355號, p.60.

제반조치를 모두 이행하였다는 사실 또는 산재가 근로자 자신의 귀책사유 또는 불가항력과 같은 사유에 의하여 발생하였다는 사실 등을 입증하지 않으면 안 된다.[31]

2. 이행보조자의 안전배려 의무 위반에 의한 채무불이행책임

1) 의 의

채무불이행의 요건인 「사용자(채무자)의 귀책사유」는 사용자 자신의 고의 또는 과실은 물론 그 밖에 사용자를 위하여 이행행위를 하는 자, 즉 「이행보조자」의 고의 또는 과실도 포함하는 개념이다. 이처럼 사용자를 위하여 이행행위를 하는 자로서 그의 과실이 사용자의 귀책사유인 과실에 포함시키게 되는 자를 이행보조자라고 한다. 민법 제391조는 이행보조자의 고의 또는 과실을 사용자(채무자)의 고의 또는 과실로 본다고 규정함으로써 채무불이행책임에 있어서 사용자의 귀책사유를 확장시키고 있다. 따라서 안전배려의무를 이행함에 있어서 이행보조자의 지위에 있는 제3자의 고의나 과실에 의하여 산재가 발생한 경우에, 사용자의 채무불이행으로 귀속되어 사용자는 피재근로자에 대하여 산재에 의한 배상책임을 부담하여야 한다.

2) 법적 근거

이행보조자의 고의나 과실로 인한 산재에 대해 사용자가 그에 따른 배상책임을 부담하는 근거는 사용자가 근로계약상의 의무이행과정에서 제3자를 사용함으로써 자신의 사업영역을 확대하여 분업의 이익을 누리는 반면, 이행보조자의 사용에 수반되는 인적 위험을 부담해야 한다는 데 있

31) 김형배, 노동법, p.470-471; 官野和夫, 勞働法, p.298 이하.

다.[32] 결과적으로 이행보조자의 고의 또는 과실에 의한 안전배려의무 위반을 사용자의 고의나 과실과 동일시하여 사용자가 산재에 따른 피재근로자의 손해에 대하여 채무불이행책임을 진다는 점에서, 무과실의 담보책임의 성격을 가지고 있는 것이다. 다만, 그것이 과실책임인 채무불이행책임의 형식을 취하고 있으므로 사용자의 담보적 의사를 추론하는 방법을 취하고 있을 뿐이다.[33]

3) 법률상의 요건

① 근로계약상의 의무이행과정에서 이행보조자의 고의나 과실에 의하여 산재가 발생하여야 한다. 이행보조자에는 법정대리인과 협의의 이행보조자가 있다.

법정대리인은 사용자를 위하여 대리행위를 할 권한이 법률의 규정에 의하여 주어진 자를 말한다. 사용자의 법정대리인은 근로계약상 이행행위를 하는 과정에서 사용자의 위임을 받지 않았더라도 당연히 사용자의 이행보조자가 된다. 그러나 법인기관의 고의나 과실에 의한 산재의 경우에는 이행보조자에 관한 민법 제391조가 적용되지 않는다. 왜냐하면 법인기관의 행위는 법인 스스로의 행위로 다루어지는 것이므로, 근로계약상 이행과정에서 법인기관의 과실행위는 곧바로 법인의 과실행위로 되기 때문이다.[34] 이러한 법정대리인이 사용자의 이행보조자가 되는 경우는 친권자(민법§932), 후견인(민법§932), 법원에 의해 선임된 재산관리인(민법§22) 등과 같은 포괄적 대리권한을 갖는 법정대리인과 상속재산관리인(민법§1023), 파산관재인(파산법§147) 등과 같은 한정된 업무만을 대리하는 법정대리인이 있다.

협의의 이행보조자는 사용자의 의사에 의해 근로계약상 그의 이행행위

32) 이은영, 채권총론, p.193; 곽윤직, 채권총론, p.130.
33) 이은영, 채권총론, p.194.
34) 이은영, 채권총론, p.194; 곽윤직, 채권총론, p.129.

의 보조자로서 사용하는 자를 말한다. 협의의 이행보조자에는 사용자의 지휘나 명령에 따라 행위하는 자와 독립한 사업으로서 이행보조행위를 하는 자가 있다. 전자는 고용·위임·도급 등의 노무공급계약에 기초하여 사용자를 위하여 이행보조행위를 하는 자이고, 후자는 하수급업자·운송업자 등의 이행대행업자이다.

다수설은 이행보조자가 되기 위해서는 그의 행위에 대하여 사용자가 간섭할 수 있는 가능성, 즉 그 보조자에 관하여 선임·지휘·감독 등을 할 수 있어야 한다고 한다. 그러나 이행보조자의 임무수행에 대해 사용자의 간섭 가능성은 요구되지 않는다고 해석하여야 한다. 왜냐하면, 근로계약상 사용자의 의무이행의 일부나 전부를 제3자에게 맡긴 상태에서 그의 과실에 의하여 산재가 발생한 경우에 그 배상책임을 그에게 전가시키는 것은 부당하기 때문이다. 결국 근로계약상의 이행과정에서 타인을 사용한 상태에서 산재가 발생한 경우에는 사용자가 불가항력의 경우를 제외하고는 민법 제391조의 이행보조자책임에 의하여 그 배상책임을 부담하여야 한다.

일반적으로 근로계약상의 주의의무는 사용자와 이행보조자가 협력하여 완수하여야 하는 것이므로, 근로계약상의 의무이행과정에서 요구되는 이행보조자의 과실판단은 단지 사용자 또는 이행보조자만을 기준으로 할 것이 아니라 객관적으로 근로계약상 이행행위의 성질, 업무의 성질 및 기대되는 능력 등 제반사정에 비추어 판단된다. 따라서 사용자가 무능력자인 경우에도 그 주의의무가 경감되지 않으며, 사용자가 기술이나 경험이 부족한 이행보조자를 사용한 상태에서 그의 개인능력으로서 최선을 다했더라도 사용자의 기준에 미달했다면 사용자의 과실이 존재한 것으로 된다.[35)]

② 피재근로자가 사용자를 상대로 이행보조자책임을 묻기 위해서는 「이행보조자의 행위가 근로계약상의 의무이행과 관련성」이 있어야 한다. 여기서 「근로계약상 의무이행과의 관련성」은 이행보조자의 과실행위가 그의 이행보조 업무와 관련성을 갖는다고 객관적으로 판단되는 경우를 의미한다.[36)]

---

35) 이은영, 채권총론, p.199.
36) 이운영, 채권총론, p.196.

예컨대, 안전담당직원이 그의 업무수행 과정에서 안전조치의무를 소홀히 하여 산재가 발생한 경우, 그러한 안전담당직원의 주의의무 위반은 사용자의 과실행위로 되어 사용자가 피재근로자에 대해 채무불이행책임을 부담한다.

4) 법적 효과

이행보조자의 고의·과실은 사용자의 고의·과실로 간주되기 때문에, 이행보조자의 고의·과실로 인하여 산재가 발생한 경우에 사용자는 피재근로자의 손해에 대해 채무불이행책임을 지게 된다(민법§390·391). 이행보조자의 과실행위에 의한 산재배상책임은 원칙적으로 채무자인 사용자와 채권자인 피재근로자 사이의 관계에 대해서만 부과되고, 이행보조자는 피재근로자에 대해서는 채무불이행책임을 지지 않는다. 단지 사용자는 산재배상위무가 있는 이행보조자에 대하여 구상권만 가질 뿐이다.

이행보조자가 그의 업무집행과정에서 산재를 발생시키게 된 때에는 사용자는 피재근로자에 대하여 민법 제391조의 이행보조책임과는 별도로 민법 제756조의 사용자책임을 부담한다. 이 경우 사용자는 피재근로자에 대해 채무불이행책임과 불법행위책임의 요건을 모두 충족하게 되는데, 그 결과 피재근로자에게 어떤 청구권이 발생하는가에 대해서는 청구권의 경합문제로 다루어진다.

3. 판례의 분석

1) 안전배려의무 위반의 판단기준

보호의무 위반을 이유로 사용자에게 손해배상책임을 인정하기 위해서는 특별한 사정이 없는 한 그 사고가 피용자의 업무와 관련성을 가지고 있을 뿐 아니라 그 사고가 통상 발생할 수 있다고 하는 것이 예측되거나 예측할 수 있는 경우이어야 할 것이고, 그 예측 가능성은 사고가 발생한 때와 장소, 가해자의 분별능력, 가해자의 성행, 가해자와 피해자의 관계 기타 여러 사정을 고려하여 판단하여야 한다(대판 2001. 7. 27. 99다56734; 대판 2006. 9. 28. 2004다44506).

2) 안전배려의무 위반을 인정한 사례

- ▸사용자가 근로자로 하여금 주야간으로 일을 하게 하고 과로와 수면부족 상태를 초래하고 그러한 상태에서 장거리운전까지 하게 함으로써 교통사고를 일으켜 상해를 입은 경우(대판 2000. 5. 16. 99다47129).
- ▸인화성 물질 등이 산재한 밀폐된 신축 중인 건물 내부에서 용접작업 등 화재발생 우려가 많은 작업을 하던 중 화재가 발생하여 근로자가 사망한 경우(대판 1999. 2. 23. 97다12082).
- ▸2층 기둥에 대한 형틀작업 중 사다리를 놓고 합판에 못을 박는 작업을 하다 사다리가 미끄러지면서 몸의 균형을 잃고 지상으로 추락한 경우(대판 1998. 2. 27. 97다50145).
- ▸예정된 공사일정보다 앞당겨 전기를 사용하는 공사를 하게 하면서도 현장을 확인하지 않아 노무하수급인이 물기가 남아 있는 장소에서 임시로 가설된 전기시설을 이용하여 공사를 하다가 감전되어 사망한 경우(대판 1997. 4. 25. 96다53086).

3) 안전배려의무 위반을 부정한 사례

- ▸사고 당일 직원들끼리 회식을 한 후 다음날 출차한다는 조건으로 주변 주차장에 주차되어 있던 위 업무용차량을 임의로 출차하여 술에 취한 상태에서 운전하여 퇴근하다가 도로의 연석을 충돌하고 전복되는 사고를 일으켜 차량에 적재되어 있던 인화성 물질로 인한 화재로

말미암아 사망한 사건(대판 2006. 9. 28. 2004다44506).

▸근로자가 수행한 작업이 경험칙에 비추어 보통의 성년 남자가 혼자서 별다른 무리나 부상 없이 수행할 수 있다고 보아 그에게 발생한 허리 통증이 발생한 사고(대판 2000. 3. 10. 99다60115).

▸야간에 회사 기숙사 내에서 입사자들 사이에 발생한 구타행위(대판 2001. 7. 27. 99다56734).

▸생산직 사원이 평소 1일 3교대로 근무하다가 추석연휴기간 동안 1일 2교대로 작업을 한 후 밤 11시에 귀가하여 잠을 자다가 심장마비로 사망한 경우(대판 2004. 7. 22. 2003다20183).

▸평소 고혈압이 있던 31세의 근로자가 그와 같은 지병을 알리지 않은 채 근무를 하던 중 자정 무렵까지 야근을 하다가 피곤하여 스스로 잠자리에 들 것을 요구하여 자다가 고혈압으로 인한 대동맥류파열로 사망한 경우(대판 2002. 6. 25. 2000다14873).

▸어느 피용자의 다른 피용자에 대한 성희롱 행위가 그의 사무집행과는 아무런 관련이 없을 뿐만 아니라, 가해자의 성희롱 행위가 은밀하고 개인적으로 이루어지고 피해자로서도 이를 공개하지 아니하여 사용자로서는 이를 알거나 알 수 있었다고 볼 수 없는 경우(대판 1998. 2. 10. 95다39533).

4) 판례의 경향

대법원은 안전배려의무 위반 여부의 판단기준으로서 ① 업무와의 관련성, ② 통상적인 사고 발생의 예견 가능성을 제시하면서 업무와의 관련성이 없거나 사용자가 사고의 발생을 예상할 수 없는 사유가 있는 경우에는 사용자의 근로자에 대한 안전배려의무를 부정하고 있다. 또한 안전배려의무는 법령상의 안전보호 의무에 국한하지 않고 근로계약에 수반되는 신의칙 위반도 안전배려의무 위반으로 해석하고 있다.

Ⅲ. 불법행위책임

1. 민법 제35조에 의한 법인의 불법행위책임

법인대표기관의 직무행위에 의하여 산재사고가 발생한 경우에는 법인의 불법행위가 성립하므로 피재근로자는 법인을 상대로 그에 따른 손해배상을 청구할 수 있다. 그러나 법인의 대표기관이 아닌 피용자의 직무행위에 의하여 산재가 발생한 경우에는 법인의 불법행위는 성립하지 않으나, 기업은 민법 제756조에 의한 사용자책임을 부담한다.

그리고 대표기관의 행위에 의한 산재사고가 발생한 것이라도 그것이 직무행위 범위를 일탈하여 발생한 것이라면, 법인의 불법행위는 성립하지 않으므로 그 대표기관만이 산재배상책임을 부담한다. 그러나 피재근로자를 두텁게 보호하기 위해서 민법은 그 사항의 의결에 찬성한 사원과 이사 그리고 그것을 집행한 대표기관은 연대하여 산재배상책임을 부담한다(민법§35②).

2. 민법 제750조에 의한 불법행위책임

민법 제750조는 「고의 또는 과실로 인한 위법행위로 타인에게 손해를 가한 때에는 그 손해를 배상할 책임이 있다」라고 규정하고 있다. 따라서 사용자의 불법행위로 인하여 근로자가 산재사고를 당한 경우, 피재근로자는 사용자를 상대로 이에 따른 손해배상을 청구할 수 있다.

산재사고가 일반불법행위로 성립하기 위해서는 가해자의 고의 또는 과실, 가해자의 책임능력, 가해행위의 위법성, 가해행위에 의한 손해 등의 요건을 갖추어야 한다. 불법행위요건으로서 가장 중요한 것은 산재사고에 있어서의 과실문제이다. 여기서 「과실」이란 일정한 결과가 발생한다는 것을 알고 있어야 함에도 불구하고 부주의로 그것을 예견하지 못하고 어떤 행위를 하는 심리상태를 말한다. 과실이 민사책임의 원인으로서 비난성과 책임성을 지녔다는 것은 그 결과를 방지할 수 있었음에도 불구하고 그것을 방지하지 못했다는 데 있다. 이러한 결과 발생방지의무는 적정한 결과를 회피하여야 할 수단의 강구를 내용으로 한다. 그러나 결과회피의무만으로 과실책임을 부담하는 것이 아니라, 행위자에 대하여 객관적으로 예견할 수 없었던 우연한 경우라면 과실로 되지 않는 것으로 보아야 한다. 따라서 산재배상책임의 성립요건으로 예견가능성이 있었음에도 불구하고 예견하지 못하여 결과회피를 해태한 경우에도 과실이 있다고 보아야 한다.[37)]

업무상 재해가 민법 제750조의 불법행위의 요건을 갖추게 되면, 피재근로자는 산재보상과는 별도로 사용자에게 손해배상책임을 물을 수 있다. 이때 피재근로자는 본인이나 그의 법정대리인이 그 손해 및 가해자를 안 날로부터 3년 이내, 불법행위를 한 날로부터 10년 이내에 행사하지 않으면 배상청구권은 소멸한다(민법§766). 이러한 손해배상청구권의 행사기간에 관한 전자의 기간은 소멸시효기간이고, 후자의 기간은 제척기간으로 해석하는 것이 일반적이다.

사용자와 제3자의 고의나 과실에 의하여 산재사고가 발생한 경우에 피재근로자는 사용자와 제3자를 상대로 공동불법행위책임을 물을 수 있다. 이때 사용자와 제3자는 피재근로자에 대하여 연대배상책임을 부담하는데, 여기서의 연대책임은 부진정연대채무이다. 사용자나 제3자 중 일방이 변제 기타 자기의 출재로 공동 면책된 때에는 타방의 부담부분에 대하여 구상권을 행사할 수 있는데, 공동불법행위자인 사용자와 제3자의 부담부분은 각 사항별로 각자의 고의·과실의 정도, 위법성의 정도, 손해와의 인과관계의 밀접성, 변제능력 등을 고려한 규범적 판단에 의해 결정된다.[38)] 이러한 원칙에 의해서도 각자의 부담부분을 결정할 수 없는 경우에는 사

37) 김대연, 「불법행위책임의 본질에 관한 연구」, 1991, p.46; 김성한, 「산업재해와 손해배상에 관한 고찰」, pp.219-220.

38) 이은영, 채권총론, p.62.

용자와 제3자의 부담부분은 균등한 것으로 추정된다(민법§424).

3. 민법 제756조에 의한 사용자책임

1) 의의

「사용자책임」이란 사용자와 피용자간의 사용관계에서 피용자가 그의 사무집행에 관하여 제3자에게 손해를 가한 경우에 사용자가 그 피용자의 선임·감독에 과실이 없었음을 입증하지 못하는 한, 그 손해를 피용자인 제3자에게 직접 배상하여야 하는 배상책임을 말한다.[39] 사용자책임은 기업이 많은 피용자를 고용하여 기업활동을 하는 과정에서 피용자가 제3자에게 준 손해에 대해서 기업책임을 물을 수 있는 근거가 된다.[40]

민법 제756조는 사용자책임에 관하여 타인을 사용하여 어떤 사무에 종사하게 한 자 및 사용자에 갈음하여 그 사무를 감독하는 자는 피용자가 그 사무집행에 관하여 제3자에게 손해를 준 때에는 그 피용자의 선임 및 사무감독을 게을리하지 않았음을 입증하지 못하는 한 배상책임이 있고, 사용자가 피용자인 제3자에게 손해를 배상한 때에는 피용자에 대하여 구상할 수 있도록 규정함으로써 사용자책임을 인정하고 있다. 따라서 피용자가 그 업무집행에 관하여 제3자에게 산재사고를 발생시키게 한 경우, 피용자인 제3자는 사회법상의 산재보상과 민법 제756조를 근거로 사용자에게 직접손해배상을 청구할 수 있다.

민법은 사용자책임을 규정함에 있어서 사용자 자신의 과실배상책임으로 구성하고 있으나, 피용자의 선임·감독에 관하여 과실이 없다는 입증책임이 사용자에게 있다는 점에서 과실책임 또는 결과책임이 아닌 중간책임이

39) 김상용, 불법행위법, p.162.
40) 김준호, 민법강의, p.1559.

라는 것이 우리나라의 통설이다. 그러나 판례에서는 피용자의 선임 및 사무감독에 관한 주의의무 위반의 입증책임을 사용자에게 전환시키고 사무집행의 범위를 폭넓게 인정함으로써 사용자의 면책을 거의 인정하지 않기 때문에 실질적으로 무과실책임에 가깝게 운용되고 있다.[41]

[관련판례요지]

사용자가 피용자의 선임 및 그 사무감독에 상당한 주의를 하였다는 것을 이유로 하여 그 손해배상책임을 면하려면 그 선임감독에 상당한 주의를 하였다는 사실을 주장 입증하여야 한다(대판 1971. 10. 11. 71다1641).

2) 법적 근거

사용자가 피용자의 불법행위에 의한 산재배상 책임을 부담하는 근거에 대해서는 보상책임설, 위험책임설, 기업책임설, 사회정책적 고려설 등의 견해가 대립하고 있다.

「보상책임설」은 사용자가 피용자를 그의 지배영역에 둠으로써 그 활동범위를 확장하고 그로 인하여 이익을 확대하는 것이므로 이익이 있는 곳에 손해도 귀속하게 하는 것이 공평의 원칙에 합치된다고 하는 견해이고, 「위험책임설」은 사회생활을 함에 있어서 위험을 만들어 낸 자는 그 위험의 실현에 대해서 책임을 져야 한다는 견해이다. 그리고 「기업책임설」은 기업의 설비는 물적 설비와 인적 설비로 구성되고 양자는 밀접하게 결합되어 일체를 이루는 것이므로, 피용자의 행위로 인한 손해는 인적 하자로 인한 것인 만큼 물적 하자와의 경우와 마찬가지로 사용자가 배상책임을 져야 한다는 견해이다. 마지막으로 「사회정책적 고려설」은 보상책임설 및 위험책임설만으로는 완전히 사용자책임의 근거를 규명할 수 없으므로, 사용자책임의 근거

41) 이주흥, 실무손해배상책임법, p.173; 김상용, 불법행위법, p.166; 지원림, 민법강의, p.1392; 김준호, 민법강의, p.2560.

는「사회에서 생긴 손실의 분배」라는 정책적 고려에 있다고 하는 견해이다. 위의 학설 중 보상책임설이 우리나라의 다수설을 차지하고 있고, 판례는 보상책임설[42]에 의한 것이 다수이나 위험책임설[43]에 의한 것도 있다.

생각건대, 사용자책임의 근거는 다수설과 판례처럼 보상책임설에서 찾을 수 있는 것이지만, 실제적인 근거로서는 자력자인 사용자가 피용자에게 배상함으로써 피용자의 보호에 충실해야 한다는 현실의 고려와 손실의 사회적 분배라는 정책적 고려도 함께 중시해야 할 것이다.[44]

3) 사용자책임의 요건

(1) 사용관계

사용자책임이 성립하기 위해서는 그 책임주체인 사용자와 가해자인 피용자 사이에 사용관계가 있어야 한다. 이러한 사용관계는 근로계약에 의하여 성립하는 것이 보통이지만, 위임·조합 기타의 어떠한 관계라도 실질적인 지휘감독관계가 있는 것만으로 족하다.[45] 또한 사용관계는 반드시 법률적으로 유효한 계약관계가 있어야 하는 것은 아니므로 선임감독관계는 객관적·종합적으로 지휘·감독할 수 있는 관계가 있는 것으로 족하고, 명시에 의한 경우뿐만 아니라 묵시에 의한 경우에도 선임·감독관계가 성립할 수 있다.[46] 따라서 당해 기업의 기관, 사업주, 경영담당자, 중간관리자 및 피재근로자 이외의 모든 근로자 등 사용자가 기업의 배상책임을 부담하는 불법행위의 가해자가 될 수 있다.[47] 또한 피용자는 사용자

42) 보상설에 입각한 판례로서는 대판 1959. 7. 16. 4291민상720; 대판 1968. 5. 28. 68다508; 대판 1974. 5. 28. 73다935; 대판 1977. 6. 7. 76다1869; 대판 1981. 7. 28. 81다281 등이 있다.

43) 위험책임설에 입각한 판례로서는 대판 1961. 11. 23. 60민상977이 있다.

44) W. V. H. Rogers, Windfield and Jolowicz on Tort, pp.579-580; 권용우,「사용자배상책임」, p.637.

45) 지원림, 민법강의, p.1393.

46) 대판 1982. 11. 23. 82다카1890; 대판 1994. 9. 30. 94다14148; 대판 2003. 12. 26. 2003다49542 등.

의 사실상 지배하에 있으면 족하는 것이기 때문에 근로관계의 성질과 기간 내지 계속성·보수와도 무관하다.[48)]

사용관계가 성립하기 위해서는 사용자가 불법행위자를 실질적으로 지휘·감독하는 관계에 있거나 객관적으로 불법행위자를 지휘·감독할 지위에 있어야 한다. 여기서 「실질적으로 지휘·감독하는 관계」라 함은 불법행위자와 사용자 사이에 형식적인 고용관계에 있지 않더라도 실질적으로 사용자가 불법행위자를 지휘·감독을 하고 있는 경우를 말하고, 「객관적으로 사용자가 불법행위자를 지휘·감독할 지위」라 함은 실질적으로는 지휘·감독을 하고 있지는 않으나 사용자가 그러한 지휘·감독할 지위에 있다고 하는 외관에 의하여 대외적으로 불법행위자를 지휘·감독할 지위가 있는 것으로 인정되는 경우를 말한다.[49)] 따라서 도급인이 실질적으로 수급인을 지휘·감독하는 노무도급의 경우는 사용자배상책임이 발생하고, 지입회사가 대외적으로 지입차량의 소유자로 외관을 갖추고 있으므로 지입회사가 사용자책임을 부담해야 한다. 또한 「파견근로자보호 등에 관한 법률」에 의한 파견사업주와 파견근로자 사이에는 민법 제756조의 사용관계가 인정되어 파견사업주는 파견근로자의 파견업무와 관련한 불법행위에 대하여 사용자책임을 지는 것이지만, 파견사업주가 근로자의 선발 및 일반적인 지휘·감독권의 행사에 주의의무를 다하였다면 사용사업주가 사용자책임을 부담해야 한다고 보아야 할 것이다.

(2) 업무집행관련성

사용자는 피용자가 그의 업무집행에 관하여 제3자에게 손해를 발생케 하였을 때 비로소 배상책임을 지게 되는 것이므로, 사용자책임에 있어서 피용자의 가해행위가 업무집행에 관한 행위인지의 여부는 매우 중요하다.

「업무집행에 관하여」라 함은 피용자 본래의 사무뿐만 아니라 객관적으

47) 김성한, 「산업재해와 손해배상에 관한 고찰」, pp.221-222.
48) 대판 1979. 2. 13. 78다2245; 대판 1977. 6. 7. 76다1869 등.
49) 교통·산재손해배상실무연구회, 손해배상소송실무(교통·산재), pp.515-516.

로 행위의 외형상 사무의 범위 내라고 인정하는「외형표준이론」에 의하는 것이 지배적인 견해이다. 대법원도「업무집행관련성에 있어서의 업무의 범위는 피용자의 직무집행행위 자체는 아니나, 그 행위를 외형으로 관찰하여 객관적으로 마치 직무의 범위 내에 속하는 것과 같이 보이는 행위도 포함된다」라고 하여 외형표준이론에 따라 업무집행관련성을 파악하고 있다.[50]

이러한「외형표준이론」은 사용자책임의 부과에 있어서 사용자와 관계된 상대방의 신뢰를 보호하려는 배려에서 출발한 이론이라고 할 수 있다. 따라서「외형표준이론」에 입각한다 하더라도 피용자가 그의 업무행위가 직무행위에 속하지 않음을 고의 또는 중대한 과실로 알지 못했을 때에는 비록 외관상 직무행위라고 볼 수 있어도 사용자에게 배상책임을 물을 수 없다.[51]

(3) 피용자에 의한 제3자의 손해

사용자가 제3자에게 손해를 준 때에 사용자책임은 발생한다. 여기서「제3자」란 사용자와 직접 가해행위를 한 피용자를 제외한 모든 사람을 포함한다. 그러나 업무상 재해에 있어서의 제3자는 당해 기업과 근로관계를 맺고 있는 근로자로서 업무상 재해를 입은 자를 의미하며, 피재근로자인 제3자는 동료근로자이든 부하근로자이든 구별하지 않는다.[52]

(4) 가해피용자의 유책성

민법상 사용자책임을 부담케 하는 전제로서 피용자의 가해행위가 불법행위의 일반요건, 즉 피용자가 고의·과실이나 책임능력을 갖추고 있어야 하느냐의 여부는 불분명하다.[53]

---

50) 대판 1985. 8. 13. 84다카979; 대판 1999. 1. 26. 98다39930.

51) 대판 1992. 7. 28. 92다10531; 대판 1976. 9. 14. 75다1219.

52) 이학춘,「업무상 재해와 구제제도에 관한 연구」, p.33.

53) 사용자책임을 규정한 독일민법 제831조의 해석론으로서는 피용자의 가해행위가 위법한 것은 필요하지만, 피용자의 고의·과실 및 책임능력이 있을 필요는 없다고 해석한다. 그리고 일본의 다수설은 피용자의 고의·과실·책임능력은 필요한 것으로 보지만, 피용자의 고의·과실·책임능력이 없어도 사용자가 책임을 져야 한다고

우리나라의 다수설은 사용자는 피용자의 무과실에 의한 행위에 대해서도 책임을 진다는 것은 너무 가혹하고, 민법 제756조 제3항이 사용자의 피용자에 대한 구상권을 규정하고 있는 점에 비추어 보더라도 피용자의 행위는 일반불법행위의 요건을 갖추고 있어야 한다고 한다.[54] 대법원 역시도「피용자에게 고의 내지 과실, 책임능력이 인정됨으로써 별도로 불법행위의 요건을 충족한 때에만 사용자는 사용자책임을 지게 된다」라고 판시하고 있다.[55]

그런데 산재사고와 같은 기업책임의 경우에는 피용자의 과실을 폭넓게 인정함으로써 기업의 책임범위를 넓히려는 경향이 있다. 예컨대, 피고회사의 피용자인 영업부직원의 지시에 따라 음료수상자 배달 작업을 하던 피용자가 혼자 무리하게 상자 3개를 한꺼번에 들어올려 놓으려다 요추손상의 산재를 입은 사고에 대하여 대법원은「물건의 운반배달은 일용종업원들의 단순한 일이기는 하나, 피용자가 작업량에 쫓겨 무리하게 일을 하다가 허리 등에 부상을 입을 위험이 있으므로 피고회사의 영업부사원은 인원보충이 안 된 상태에서 피용자에게 일을 시키려면 피용자로 하여금 자기의 체력에 맞춰 적당한 양의 음료수상자를 들어 올리도록 감독할 의무가 있음에도 이와 같은 조치를 취하지 않은 것은 피용자의 과실」이라고 하여 사용자책임을 인정하였다(대판 1991. 7. 23. 91다12325).

이에 대하여 민법 제756조제3항의 구상권 조항은 사용자와 피용자간의 대내관계에 관한 규정에 불과하고, 대외관계에 있어서의 사용자책임과는 무관하다고 하여 피용자의 일반불법행위의 요건은 필요치 않다고 하는 견해도 있다.[56]

생각건대, 우리나라의 사용자책임은 독일민법과는 달리 사용자의 피용자에 대한 구상권을 규정하고 있으므로, 피용자의 고의·과실 및 책임능력은 사용자책임의 성립요건이 되어야 한다고 본다.

하는 기업책임설과 과실의 개념을 주관적 과실로 이해하여 과실 및 책임능력은 필요하지 않다고 하는 견해가 대두되고 있다(이주흥, 실무손해배상책임법, pp.169-170).

54) 김상용, 불법행위법, p.184; 곽윤직, 채권각론, p.685.

55) 대판 1981. 8. 11. 81다298; 대판 1955. 5. 5. 4287민상271.

56) 이은영, 채권각론, p.181.

(5) 사용자의 면책사유가 없을 것

사용자는 피용자의 선임 및 사무감독에 상당한 주의를 한 때 또는 상당한 주의를 하여도 손해가 발생한 때에는 면책된다(민법§756①단서). 그리고 이러한 면책사유에 대한 입증책임은 사용자가 부담하게 되므로, 사용자의 면책사유는 그것의 부존재가 사용자책임의 적극적인 성립요건이 아니라 사용자가 면책사유 있음을 입증하지 못하는 한 사용자의 책임이 인정되는 소극적인 성립요건이다.[57] 판례에서는 사용자에게 면책사유를 거의 인정하지 않기 때문에 사용자책임은 실제로 무과실책임으로 운용되고 있다.

4) 사용자책임의 효과

(1) 배상책임자

민법 제756조에 의하여 배상책임을 부담하는 자는 사용자와 대리감독자이다. 여기서 「사용자」란 피용자를 자기의 사무를 위하여 사용하는 관계에 있는 자를 가리키는 것으로서 자연인이든 법인이든 불문한다. 그리고 「대리감독자」란 사용자에 갈음하여 그 사무를 감독하는 자로서 공장장, 현장소장 등 일정한 작업장에서 최종적인 감독책임을 부담하는 자를 말하는 것이므로 중간감독자 및 보조감독자는 이에 해당되지 않는다.[58]

사용자와 대리감독자가 함께 책임을 부담하는 경우에 양자의 책임관계는 부진정연대채무이고, 사용자와 피용자와 공동으로 불법행위를 한 경우에는 사용자로서의 책임 이외에 민법 제750조에 의한 일반불법행위책임을 부담한다.

(2) 피용자 자신의 책임

사용자책임이 생기더라도 피용자에 관해서는 별도로 불법행위가 성립하

57) 김상용, 불법행위법, pp.184-185.

58) 김상용, 불법행위법, p.185.

므로 피용자 자신도 불법행위책임을 부담하게 된다. 사용자의 배상책임과 피용자의 일반불법행위책임이 성립하는 경우에 양자의 책임은 독립적 공동 불법행위책임으로 이해한다.

대법원은 양자의 책임을 독립적 공동불법행위책임으로 보고 있으면서도, 사용자와 피용자의 공동불법행위는 민법 제760조의 공동불법행위와는 다른 공동불법행위이며 사용자의 배상의무와 피용자의 배상의무는 각각 별개의 채무라고 한다. 그리고 피용자의 피해자에 대한 불법행위 시에 피해자에게도 과실이 있는 경우에 피용자의 배상책임에는 과실상계를 인정하지 아니하고 피해자에 대한 직접 불법행위자가 아닌 사용자의 배상책임에서만 과실상계를 인정하고 있다.[59)]

[관련판례요지]

- 고의 또는 과실로 인한 위법행위로 타인에게 직접 손해를 가한 피용자 자신의 손해배상의무와 그 사용자의 손해배상의무는 별개의 채무일 뿐만 아니라 불법행위로 인한 손해의 발생에 관한 피해자의 과실을 참작하여 과실상계를 한 결과, 피용자와 사용자가 피해자에게 배상하여야 할 손해액의 범위가 각기 달라질 수 있다(대판 1994. 2. 22. 93다53696).
- 공동불법행위자의 피해자에 대한 과실비율이 달라 배상할 손해액의 범위가 달라지는 경우에는 적은 손해액을 배상할 의무가 있는 자가 불법행위의 성립 이후에 손해액의 일부를 변제한 경우에는 많은 손해액을 배상할 의무 있는 자의 채무가 그 변제금 전액에 해당하는 부분이 소멸하는 것은 물론이나, 많은 손해액을 배상할 의무가 있는 자가 손해액의 일부를 변제하였다면 그중 적은 범위의 손해액을 배상할 의무가 있는 자의 채무는 그 변제금 전액에 해당하는 채무가 소멸하는 것이 아니라 적은 범위의 손해배상책임만을 부담하는 쪽의 과실비율에 상응하는 부분만큼만 소멸하는 것으로 보아야 할 것이다. 이러한 이치는 사용자의 손해배상책임에 있어서 피용자 본인이 손해액의 일부를 변제한 경우에도 동일하므로 그 변제금 중 사용자의 과실비율에 상응하는 부분만 채무소멸의 효과가 있다(대판 1995. 7. 14. 94다19600; 대판 1995. 3. 10. 94다5731).

59) 대판 1995. 7. 14. 94다19600; 대판 1995. 3. 10. 94다5731; 대판 1994. 2. 22. 93다53696.

▸ 불법행위를 저지른 피용자 본인은 내세울 수 없는 사정을 참작하여 사용자가 배상하여야 할 손해의 금액을 감할 수 있도록 과실상계를 허용하는 취지는, 궁극적으로 피용자 본인이 손해를 배상할 자력이 없는 경우 피해자와 사용자 사이에 그로 인한 손해를 공평 타당하게 분담하도록 하려는 데 있으므로, 피용자 본인이 손해액의 일부를 변제한 경우에는 그 변제금 중 사용자의 과실비율에 상응하는 만큼은 사용자가 배상하여야 할 손해액의 일부로 변제된 것으로 봄이 상당하고, 따라서 사용자의 손해배상책임이 그 범위 내에서는 소멸되는 것으로 보아야 한다(대판 1994. 2. 22. 93다53696).

(3) 피용자에 대한 구상권

민법 제756조제3항은 피용자에 대한 사용자의 구상권을 인정하고 있으므로, 피용자의 불법행위로 인한 최종적인 책임은 피용자 자신의 책임으로 귀착하게 된다. 그 결과 사용자는 피용자에 대하여 구상권을 행사할 수 있을 뿐만 아니라 사용자와 피용자 사이의 고용·위임 기타의 내부적인 계약관계가 있으면, 피용자는 사용자가 입은 손해를 배상할 책임을 지게 된다.

따라서 민법 제756조제3항의 구상권의 규정은 보상책임의 원리에 철저하지 못하다고 비판하면서 사용자의 피용자에 대한 구상권을 제한하고자 하는 주장이 있다. 일반적으로 학설은 사용자의 피용자에 대한 구상권을 제한하고자 하는 법적 근거로서는 행위자의 고의·중과실이 있는 경우에만 구상권을 인정하자고 하는 「경과실면책론」과 과실상계의 법리를 유추 적용하여 구상권을 제한하자고 하는 「과실상계론」이 대두되고 있으며,[60] 대법원은 신의칙 등 일반조항을 적용하여 구상권을 제한하고 있다.[61]

---

60) 과실상계론에 따라 구상권을 제한하고자 하는 견해로서는 이은영, 채권각론, p.638; 김형배, 「사용자책임과 구상권의 제한」, p.48; 김학세, 「사용자의 피용자에 대한 구상권의 제한」, p.305 등이 있다. 그리고 경과실면책론에 따라 구상권을 제한하고자 하는 견해로서는 곽윤직, 채권각론, p.688; 김석우, 채권각론, p.531; 김증한, 채권각론, p.497 등이 있다.

61) 대판 1994. 12. 13. 94다17246; 대판 1991. 5. 10. 91다7255; 대판 1992. 9. 25. 92다25595 등

[관련판례요지]

▸ 사용자와 피용자 쌍방의 과실의 경중, 곤돌라 기사인 피용자의 근무조건과 그러한 근무조건이 사고발생에 미친 영향의 정도, 피해자가 사고를 당하게 된 경위, 사용자의 노무자에 대한 인력관리상황, 사고 후 피용자가 실형을 복역한 후 현재 면직되어 있음에 반하여, 사용자는 국내 유수의 공동주택관리업체로서의 지위를 그대로 유지하고 있는 점 등 제반사정을 참작하여 사용자의 피용자에 대한 구상권 행사가 신의칙에 반하여 허용되지 아니한다(대판 1994. 12. 13. 94다17246).

▸ 다함께 회사의 야간경비원이 업무수행과 관련하여 회사 소유의 다함께를 운전하다가 일으킨 교통사고로 인하여 회사가 사용자로서 손해배상책임을 부담한 경우에 있어, 피용자인 위 경비원의 가해행위가 지니는 책임성에 비하여 사용자의 가해행위에 대한 기여도 내지 가공도가 지나치게 큰 점 등에 비추어 사용자로서의 피용자의 상속인과 그 신원보증인에 대한 구상권 행사가 신의칙상 부당하다(대판 1991. 5. 10. 91다7255).

5) 판례의 분석

(1) 사용자책임 여부의 판단기준

▸ 민법 제756조가 규정하고 있는 사용자책임의 요건으로서의 사용관계가 있느냐 여부는 실제적으로 지휘·감독을 하였느냐의 여부에 관계없이 객관적·규범적으로 보아 사용자가 그 불법행위자를 지휘·감독해야 할 지위에 있었느냐의 여부를 기준으로 결정하여야 한다(대판 2001. 8. 21. 2001다3658).

▸ 민법 제756조에 규정된 사용자책임의 요건인 「사무집행에 관하여」라는 뜻은 피용자의 불법행위가 외형상 객관적으로 사용자의 사업활동 내지 사무집행행위 또는 그와 관련된 것이라고 보일 때에는 행위자의 주관적 사정을 고려함이 없이 이를 사무집행에 관하여 한 행위로 본다는 것이고, 외형상 객관적으로 사용자의 사무집행에 관련된 것인지 여부는 피용자의 본래 직무와 불법행위와의 관련 정도 및 사용자에게 손해발생에 대한 위험창출과 방지조치 결여의 책임이 어느 정도 있는지를 고려하여 판단하여야 한다(대판 1999. 1. 26. 98다39930).

▶ 피용자의 불법행위가 외관상 사무집행의 범위 내에 속하는 것으로 보이는 경우에 있어서도 피용자의 행위가 사용자나 사용자에 갈음하여 그 사무를 감독하는 자의 사무집행행위에 해당하지 않음을 피해자 자신이 알았거나 중대한 과실로 인하여 알지 못한 경우에는 사용자책임을 물을 수 없다고 할 것인바, 이 경우 「중대한 과실」이라 함은 거래의 상대방이 조금만 주의를 기울였더라면 피용자의 행위가 그 직무권한 내에서 적법하게 행하여진 것이 아니라는 사정을 알 수 있었음에도 만연히 이를 직무권한 내의 행위라고 믿음으로써 일반인에게 요구되는 주의의무에 현저히 위반하는 것으로 거의 고의에 가까운 정도의 주의를 결여하고, 공평의 관점에서 상대방을 구태여 보호할 필요가 없다고 봄이 상당하다고 인정되는 상태를 말한다(대판 1999. 1. 26. 98다39930).

(2) 사용자책임을 인정한 사례

▶ 도급인이 수급인을 지휘 · 감독한 경우

"도급인은 도급 또는 지시에 관하여 중대한 과실이 없는 한 수급인이 그 일에 관하여 제3자에게 가한 손해를 배상할 책임이 없으나, 도급인이 수급인의 일의 진행 및 방법에 관하여 구체적인 지휘 · 감독권을 유보한 경우에는 도급인과 수급인의 관계는 실질적으로 사용자 및 피용자와의 관계와 다를 바 없으므로 수급인이 고용한 제3자의 불법행위로 인한 손해에 대하여 사용자책임을 면할 수 없다(대판 1993. 5. 27. 92다48109)."

▶ 명의대여자

"타인에게 어떤 사업에 관하여 자기의 명의를 사용할 것을 허용한 경우에 그 사업이 내부관계에 있어서는 타인의 사업이고 명의자의 고용인이 아니라 하더라도 외부에 대한 관계에 있어서는 그 사업이 명의자의 사업이고 또 그 타인은 명의자의 종업원임을 표명한 것과 다름이 없으므로, 명의사용을 허용받은 사람이 업무수행을 함에 있어 고의 또는 과실로 다른 사람에게 손해를 끼쳤다면 명의사용을 허용한 사람은 민법 제756조에 의하여 그 손해를 배상할 책임이 있다(대판 2001. 8. 21. 2001다3658)."

▸지입중기회사

"지입중기회사 명의로 등록된 중기를 그 사실상의 소유자로부터 그 운전기사와 함께 일시 임차하여 공사 현장에 사용하였다면 특별한 사정이 없는 한 위 지입중기회사와 사실상 소유자의 위 운전기사에 대한 사용자로서의 지위는 위와 같은 일시대여 상태에서도 유지된다고 보아야 할 것이므로, 공사 현장에서의 작업 중 위 운전기사의 과실로 인하여 망인과 그 유족들이 입은 손해에 대하여 위 지입중기회사와 사실상의 소유자는 사용자로서의 배상책임을 면할 수 없다(대판 1995. 4. 7. 94다3872)."

▸차량임차인이 일시 고용한 근로자의 행위로 인한 상병

"차량을 임차한 자로서는 그 임차기간 중 운전수를 직접 지휘·감독하여 화물운송에 종사케 한 이상, 비록 일시 차용이라도 피해자에 대한 관계에서는 사용자로서의 배상책임이 있다(대판 1992. 3. 31. 91다39849)."

(3) 사용자책임을 부정한 사례

▸은밀하게 이루어진 직장 내 성희롱

"어느 피용자의 다른 피용자에 대한 성희롱 행위가 그의 사무집행과는 아무런 관련이 없을 뿐만 아니라, 가해자의 성희롱 행위가 은밀하고 개인적으로 이루어지고 피해자로서도 이를 공개하지 아니하여 사용자로서는 이를 알거나 알 수 있었다고 보이지 아니하다면, 이러한 경우에서까지 사용자책임을 물을 수 없다(대판 1998. 2. 10. 95다39533)."

▸인격 등의 침해에 대항행위로서의 살해행위

"사적인 전화를 받던 레스토랑 종업원이 지배인으로부터 욕설과 구타를 당한 후 레스토랑을 나가 약 8시간 동안 배회하다가 과도를 사 가지고 레스토랑에 들어왔는데 다시 지배인으로부터 욕설과 구타를 당하자 이에 대항하여 지배인을 과도로 찔러 사망에 이르게 한 경우, 개인의 인격과 신체에 대한 침해행위에 대항하여 살해행위를 저질렀다고 봄이 상당하고 종업원의 위 불법행위를 외형적·객관적으로 보아도 이를 사용자의 사무집행과 관련된 행위로 볼 수는 없다(대판 1994. 11. 18. 94다34272)."

▸ 피해자가 사무집행행위에 해당하지 않음을 중대한 과실로 알지 못한 경우

"피용자의 행위가 사용자나 사용자에 갈음하여 그 사무를 감독하는 자의 사무집행행위에 해당하지 않음을 피해자 자신이 알았거나 중대한 과실로 인하여 알지 못한 경우에는 사용자책임을 물을 수 없다(대판 1999. 1. 26. 98다39930)."

(4) 판례의 경향

대법원은 「피해자가 피용자의 불법행위가 사무집행과 관련성이 없음을 알았거나 중대한 과실로 알지 못한 경우가 아닌 한 행위자의 주관적인 사정을 고려하지 않고 객관적으로 사용자의 사무집행행위 또는 그와 관련된 것이라고 외형을 갖춘 경우나 형식적인 고용관계에 있지 않더라도 실질적으로 불법행위자를 지휘·감독하는 경우」에는 사용자책임을 인정하고 있다.

대법원은 위의 사용자책임요건을 기준으로 하여 비록 법률상 사용자가 아닌 지입차량회사 및 명의대여자라도 대외적으로 사용자로서의 외관을 갖춘 이상 사용자책임을 인정하고 있고, 사용자가 아니더라도 피용자의 소속 사용자를 실질적으로 지휘·감독을 하는 경우에는 사용자책임을 인정하고 있다.[62] 그러나 불법행위자와 사용자와의 사용(고용)관계가 성립되

62) 이러한 판례의 경향은 비록 산재보상의 요건으로서 근로자에 해당하지 않거나 근로자에 해당하더라도 소속 사용자가 다르기 때문에 산재보상을 받지 못하게 되는 경우, 피해자가 손해배상을 받을 수 있는 유일한 방법이므로 실무상 시사하는 바가 크다. 예컨대, 판례법상 지입차주는 피용자가 아니나 지입차주의 행위에 의하여 피해

어 있다 하더라도 외형적·객관적으로 업무집행관련성을 인정할 수 없는 경우에는 사용자책임을 부정하고 있으며, 외형적으로 업무관련성이 있다 하더라도 사무집행행위에 해당하지 않음을 피해자 자신이 알았거나 중대한 과실로 인하여 알지 못한 경우에는 사용자책임을 부정하고 있다.

4. 민법 제757조에 의한 도급인의 책임

1) 의의

「도급」이라 함은 당사자의 일방(수급인)이 어느 일을 완성할 것을 약정하고, 상대방(도급인)이 그 일의 결과에 대하여 보수를 지급할 것을 약정하는 도급인과 수급인간의 계약을 말한다(민법§664). 그리고 「하도급」이라 함은 수급인이 도급인으로부터 맡은 일을 자기가 스스로 완성시키지 않고 제3자에게 그 일을 맡겨서 완성시키는 것을 말하는데, 이것 역시 원수급인과 하수급인이 체결한 하나의 도급계약이다.

일반적으로 수급인은 도급인과는 독립된 지위에서 자기의 책임으로 업무를 수행하는 것이므로 도급인과 수급인 사이에는 지휘·감독관계가 존재하지 않는다. 따라서 도급인은 수급인이나 수급인의 피용자의 불법행위에 대하여 사용자책임을 지지 않는 것이 원칙이다.[63]

2) 도급인의 책임요건

도급인의 책임과 관련하여 실무상 문제가 되는 것은 수차에 걸쳐서 하

를 받은 자는 지입회사를 상대로 사용책임을 근거로 직접 지입회사에 손해배상을 청구할 수 있으며, 건설하도급 공사에 있어서 하수급인 특히 건설오야지에 고용된 근로자가 산재사고를 당한 경우 직접 도급인을 상대로 손해배상의 청구가 가능하다.

63) 김동준, 손해배상실무요해, pp.104-105.

도급이 이루어지고 있는 건설공사관계에 있어서, 하도급업자에 고용된 근로자가 직접 근로계약관계에 있는 하도급업자 또는 하도급업자 소속 피용인의 과실에 의하여 산재사고가 발생한 경우, 피해 근로자가 사용자인 하도급업자보다 재력이 양호한 도급인을 상대로 사용자책임을 묻는 경우이다. 원칙적으로 도급인은 사용자에 해당되지 않기 때문에 사용자책임을 부담하지 않는 것이나, 예외적으로 다음의 요건에 해당하는 경우에는 도급인이 사용자책임을 부담한다.[64)]

첫째, 도급인이 수급인의 일에 대하여 감리를 초월하여 감독하였을 때에는 도금인은 수급인의 사용자로서 책임이 있다. 즉, 도급인의 감독하에서 공사를 진행하던 중 산재사고가 발생하게 되면 도급인은 수급인의 사용자로서 손해를 부담하게 된다. 여기서 「감독」이라 함은 시공관리라고 불리는 것으로서 원칙적으로 현장에 상주하여 시공에 관한 구체적인 사항을 사전에 승인 또는 금지하고 공사의 운영시공이 계약대로 실시되고 있는지의 여부를 직접 상세하게 감시·지도·독려·감사하고 필요한 경우 시정 조치하는 것을 말한다. 반면 「감리」라 함은 공사의 운영 및 시공의 정도가 설계도면대로 실시되고 있는지의 여부를 감리자의 책임하에 확인하는 것을 말한다.

둘째, 노무도급에 있어서 도급인이 수급인의 일의 진행 및 방법에 관하여 구체적인 지휘감독권을 가지고 있는 경우에는 도급인과 수급인의 관계는 실질적으로 사용자 및 피용자의 관계와 다를 것이 없으므로, 수급인이나 하수급인이 고용한 제3자의 불법행위로 인한 손해에 대하여 도급인이 사용자책임을 부담한다.

셋째, 업무상 재해가 도급인의 잘못된 수급인의 선임 또는 잘못된 작업계획서에 의하여 발생하였을 때, 도급인이 재료제공을 하였는데 그 재료의 하자·부적당함으로 인하여 사고가 발생한 때에는 도급인은 사용자책임을

---

64) 이하 교통·산재손해배상실무연구회, 손해배상소송실무(교통·산재), p.515-517 및 김동준, 손해배상실무요해, p.104-105; 이상원, 「수급인(하수급인) 또는 그 피용자의 불법행위에 대하여 도급인이 책임을 지는 경우」 참조.

지게 된다.

넷째, 사업이 수차의 도급에 의하여 행해지는 경우에는 재해보상에 대하여 원수급인(도급인)을 사용자로 보게 되어 원수급인이 재해보상 책임을 부담한다(근로기준법§93). 이는 사업이 수차의 도급에 의하여 행해지는 때에 산재가 발생한 경우, 재해보상에 대한 하수급인의 무자력 상태에 대비하여 비록 근로계약의 당사자는 아니더라도, 재해보상능력을 지닌 원수급인을 원칙적인 재해보상의무자로 하여 피재근로자를 보호하기 위한 것이다. 그러나 원수급인이 서면상 계약으로 하수급인에게 재해보상을 담당하게 하는 경우에는 그 수급인이 재해보상 책임을 부담한다. 다만, 이 경우에도 하수급인이 파산선고를 받거나 행방이 알려지지 아니한 때에는 원수급인이 재해보상 책임을 부담한다.

이와 같이 도급인의 사용자책임 요건이 충족되면 피재근로자의 사용자인 수급인과 도급인은 공동불법행위자로서의 부진정연대채무를 부담하게 된다. 따라서 공사도급계약을 체결하면서 그 공사 중 발생한 인명피해에 대하여는 수급인이 부담하기로 약정한 경우라도 그 약정은 도급인과 수급인 사이에서만 효력이 발생할 뿐 피재근로자에 대하여는 효력이 없다.[65)]

3) 판례의 분석

대법원은 도급인과 하수급인 사이에 체결한 도급계약서를 기준으로 형식적으로 사용관계 여부를 판단하지 않고, 실질적으로 도급인이 수급인을 지휘·감독하고 있는가의 여부에 따라 도급인의 사용자책임 여부를 판단하고 있다. 이러한 사용자책임 여부 판단기준에 따라 단순한 노무도급 또는 감리차원을 넘어 도급인이 감독하는 관계가 성립하면 도급인에게 사용자책임을 묻고 있을 뿐만 아니라 도급인과 수급인에게 부진정연대채무가 성립한 것으로 판단하여 피재근로자를 두텁게 보호하고 있다.

---

65) 교통·산재손해배상실무연구회, 손해배상소송실무(교통·산재), p.517.

[관련판례요지]

▶ **도급인의 사용자책임 여부의 판단기준**

"도급인은 도급 또는 지시에 관하여 중대한 과실이 없는 한 수급인이 그 일에 관하여 제3자에게 가한 손해를 배상할 책임이 없으나, 도급인이 수급인의 일의 진행 및 방법에 관하여 구체적인 지휘 · 감독권을 유보한 경우에는 도급인과 수급인의 관계는 실질적으로 사용자 및 피용자와의 관계와 다를 바 없으므로 수급인이 고용한 제3자의 불법행위로 인한 손해에 대하여 사용자책임을 면할 수 없고, 이러한 이치는 하도급의 경우에도 마찬가지이다(대판 1993. 5. 27. 92다48109)."

▶ 도급인이 수급인에게 노무도급을 주면서 현장소장을 상주시킨 한 경우

"피고가 빌딩신축공사 중 미장공사부분을 甲에게 도급 주면서 미장에 필요한 건축자재를 직접 공급하고, 그 공사장에 乙을 현장소장으로 상주시켜 전반적인 작업의 시행에 관하여 작업원들을 구체적으로 지휘. 감독하였고, 甲은 그 미장공사 중 옥상으로의 모래운반 작업을 丙에게 노무하도급 주어 丙이 원고와 윈치공 丁을 일당으로 고용하여 작업을 하던 중 丁의 업무집행상의 과실로 원고가 상해를 입은 경우 피고는 그의 현장소장인 乙을 통하여 노무하도급 받은 丙 및 그 작업원들을 직접 지시 · 감독하는 관계에 있었으므로 이들에 대한 사용자로서 丁의 업무집행상의 과실로 인하여 원고가 입은 손해를 배상할 책임이 있다(대판 1990. 11. 27. 2001다57532)."

▶ **단순 노무도급인 경우**

"건축공사의 일부분을 하도급받은 자가 구체적인 지휘 · 감독권을 유보한 채, 재료와 설비는 자신이 공급하면서 시공 부분만을 시공기술자에게 재하도급하는 경우와 같은 노무도급의 경우, 그 노무도급의 도급인과 수급인은 실질적으로 사용자와 피용자의 관계에 있다(대판 1997. 4. 25. 96다53086)."

▶ **도급인의 인명피해 면책 약정의 효력**

"공사도급계약을 체결하면서 그 공사 중 발생한 인명피해에 대한 책임은 수급인이 부담하기로 약정한 경우에 그 약정은 도급인과 수급인 사이에서만 효력이 발생할 뿐 제3자에 대한 관계에서는 효력이 없다(대판 1981. 1. 13. 80다2140)."

▶ **도급인과 수급인과의 사용자책임 부담 정도**

"동일한 가해자를 지휘 · 감독하는 복수의 사용자가 각각 손해배상책임을 부담하는 경우에 있어서도 각 사용자 사이의 책임의 내부적 부담의 공평을 꾀하기 위하여 구상이 인정되어야 할 것인데, 그 구상의 전제로 되는 각 사용자의 책임비율은 피용자인 가해자의 가해행위의 태양 및 각 사용자의 사업의 집행과의 관계 정도, 가해자에 대한 각 사용자의 지휘 · 감독의 강약 등을 고려하여 정하여야 하는 것이고, 사용자의 일방은 당해 가해자의 위 과실비율에 따라 정해진 부담부분을 넘어 손해를 배상한 때는 그 넘는 부분에 관하여 다른 사용자에 대한 위 책임의 비율에 따라 정해진 부담부분의 한도에서 구상할 수 있다고 하는 것이 상당하다(대판 1994. 12. 27. 94다4974)."

5. 민법 제758조에 의한 공작물책임

1) 의의

「공작물책임」이란 공작물의 점유자 및 소유자가 공작물의 설치 또는 보존의 하자로 타인에게 입힌 손해를 배상할 의무를 지는 것을 말한다(민법 §758①). 공작물책임을 지는 자는 그 점유자와 소유자이나, 점유자는 손해의 방지에 필요한 주의를 다한 것을 입증하면 면책되는 데 반하여, 소유자에게는 면책이 인정되지 않는다. 따라서 점유자의 책임은 사용자의 책임과 마찬가지로 과실의 입증책임이 전환된 이른바 「중간적 책임」이나, 소유자의 책임은 「무과실책임」이라고 할 수 있다.[66]

2) 법률상의 요건

「공작물책임」의 성립요건은 첫째, 공작물의 설치·보존의 하자가 존재하고, 둘째 공작물의 하자로 인한 업무상 재해가 발생하여야 한다. 여기서 하자란 공작물이 현실적으로 설치되어 사용되고 있는 상황에서 그 공작물에 통상 요구되는 안전성의 결여를 말하는 것이고, 과실유무는 객관적으로 판단하여야 한다. 그런데 최근에는 공작물책임과 국가배상법상의 영조물책임을 과실책임과의 연속선상에서 그 요건인 하자를 주의의무 위반으로 평가하고자 하는 의무위반설이 유력하게 제기되고 있다. 「의무위반설」에 의하면, 하자란 공작물 그 자체의 성상에 결함이 있는 경우는 물론 위험방지를 위한 조치에 대한 불비 내지 결함도 포함된다. 즉, 하자를 설치·보존자가 부담해야 할 안전 확보의 위반으로 본다.

생각건대, 공작물의 설치·보존의 하자 여부는 그 공작물이 본래 갖추어야 할 성질이나 설비를 갖추고 있는지의 여부뿐만 아니라 당해 공작물의

66) 이주흥, 실무손해배상책임법, p.197.

설치·보존에 관하여 산업안전보건법상 안전조치의무의 준수 여부를 감안하여 위험책임의 원리와 보상책임의 원리에 입각하여 객관적으로 판단해야 하고, 위험성의 대소와 피침해이익과 안전성 확보를 위하여 희생되는 이익과의 종합적 판단에 의하여 결정되어야 한다.[67)]

[관련판례요지]

▸ 공작물의 설치보존상의 하자란 공작물이 그 용도에 따라 통상 갖추어야 할 안전성을 갖추지 못한 상태에 있음을 말하는 것이고, 공작물의 설치 및 보존에 있어서 항상 완전무결한 상태를 유지할 정도의 고도의 안전성이 언제나 요구되는 것은 아니고, 공작물의 설치보존자에게 부과되는 방호조치의무의 정도는 그 공작물의 위험성에 비례하여 사회통념상 일반적으로 요구되는 정도의 것을 말한다(대판 1992. 4. 24. 91다37652).

▸ 공작물에서 발생한 사고라도 그것이 공작물의 통상의 용법에 따르지 아니한 이례적인 행동의 결과 발생한 사고라면, 특별한 사정이 없는 한 공작물의 설치보존자에게 그러한 사고에까지 대비하여야 할 방호조치의무가 있다고 할 수는 없다(대판 1998. 1. 23. 97다25118).

3) 입증책임

민법상 하자에 대한 입증책임은 피해자인 피재근로자가 부담한다. 그러나 공작물사고의 경우는 당해 사고가 공작물의 하자에 의하여 발생하였다는 것을 입증하는 데 곤란한 경우가 많다. 따라서 경험상 특이하다고 할 수 없는 자연 상황 속에서 시설물이 붕괴된 경우 등에는 사고의 발생이라는 사실로부터 하자의 존재가 추정된다고 하는 것이 학설[68)]과 판례[69)]의 태도이다.

67) 김성한, 「산업재해와 손해배상에 관한 고찰」, p.223.

68) 지원림, 민법강의, p.1401; 이주흥, 실무손해배상책임법, p.204; 곽윤직, 채권각론, p.692; 이은영, 채권각론, p.643; 홍춘의, 「공작물책임」, p.48.

69) 대법원은 법령, 규칙 등 관계규정에 따른 의무를 이행하지 않으면 하자가 있는 것으로 추정하고 있다(대판 1994. 10. 28. 94다16328; 대판 1979. 4. 10. 78다2151; 대판 1978. 12. 26. 78다1967; 대판 1974. 11. 26. 74다246).

그런데 오늘날 공장이나 산업현장에서 아무리 안전상의 조치를 다하여도 완전히 산재의 위험을 제거하는 것은 불가능하다. 위험부분은 있지만 사회생활상 어찌할 수 없는 위험의 창출은 적법인 것으로 허용되고, 만일 그 결과 재해가 발생하여도 이에 기한 것이라면 입증책임을 묻지 않는다고 하는 「허용된 위험의 법리」가 대두되고 있다.[70] 만약 당해 공작물의 점유자였던 피재근로자가 재해방지에 필요한 주의를 해태하지 않았음을 입증하지 못하여 당해 재해로 인한 손해를 점유자인 피재근로자가 스스로 감수해야 한다는 것은 허용된 위험의 법리와 위험책임 및 보상책임의 원리상 공평을 잃은 것이라고 볼 수 있다.[71] 또한 피재근로자가 재해방지에 필요한 주의를 해태한 사실이 있다면, 이는 기업 측에서도 법령상 안전교육의무 내지 재해방지를 위한 감독업무를 수행할 안전관리책임자를 선임할 의무를 다하지 못한 과실이 있다고 할 수 있으므로 기업 측에게도 사용자책임에 의한 불법행위가 성립한다. 따라서 사용자에게 피재근로자의 부주의를 입증시키게 하는 입증책임의 전환이 이루어져야 하며, 이때 과실이 입증되면 과실상계가 이루어지고 피재근로자가 공작물 보존의 하자를 고의로 유발하거나 은폐시킨 것이 입증되면 피재근로자가 그 손해를 감수해야 한다.[72]

4) 법적 효과

공작물의 설치·보존의 하자로 업무상 재해가 발생한 경우 1차적으로는 당해 점유자가, 2차적으로는 소유자가 그 손해를 배상할 책임이 있다. 그리고 점유자가 그 손해의 방지에 필요한 주의를 다한 것을 입증하면 면책되나, 소유자는 면책되지 않는다. 따라서 점유자가 면책된 경우에는 피재

70) 이상원, 「허용된 위험과 근로자의 자기안전의무」, p.11.
71) 김성한, 「산업재해와 손해배상에 관한 고찰」, pp.224-225.
72) 이학춘, 「업무상 재해와 구제제도에 관한 연구」, pp.210-211; 김성한, 「산업재해와 손해배상에 관한 고찰」, p.225.

근로자는 소유자로부터 배상을 받을 수 있다.

이처럼 점유자를 1차 책임자로 하여 중간책임을 지우고, 소유자를 2차 책임자로 무과실책임을 지움으로써 피재근로자는 1차적으로 점유자를 상대로 배상청구의 소를 제기한 후 점유자의 면책항변이 인정되어 패소한 후에야 비로소 소유자를 상대로 배상청구의 소를 제기할 수 있다. 결국 소유자가 책임을 질 것임에도 불구하고 피재근로자는 점유자를 상대로 한 무익한 소를 제기해야 하는 문제점이 있다.[73] 따라서 양자의 책임을 병존적 책임으로 인정하여 피해자는 점유자 또는 소유자를 상대로 하는 손해배상청구의 소를 제기할 수 있도록 하는 입법적 장치가 필요하다고 본다.

Ⅳ. 산재배상의 범위

1. 손해의 의의

손해란 법익에 대한 불이익, 즉 법적으로 보호되고 있는 이익에 대한 침해로 인하여 입은 모든 불이익을 말한다. 손해는 이를 산정할 수 있는 재산상의 손해와 이익의 개념이 결합되어 있다.

안전배려의무 위반에 의한 손해배상 범위의 결정기준에 대한 민법 제393조제1항은 「채무불이행으로 인한 손해배상은 통상의 손해(통상손해)를 그 한도로 한다」라고 규정하고, 제2항은 「특별한 사정으로 인한 손해(특별손해)는 채무자가 그 사정을 알았거나 알 수 있었을 때에 한하여 배상의 책임이 있다」라고 규정하고 있다.[74] 그리고 민법 제763조는 채무불이

73) 김상용, 불법행위법, p.196.

74) 「통상손해」란 특별한 사정이 없는 한 그러한 불법행위나 안전배려의무 위반이 있

행에 의한 손해배상에 관한 규정의 대부분을 불법행위에 의한 손해배상에도 준용하고 있기 때문에, 안전배려의무 위반에 의한 채무불이행과 불법행위에 의한 손해배상은 모든 실 손해의 전보를 목적으로 하여 손해배상 범위를 동일하게 규정하고 있다.

산재는 「업무상 사유에 의한 근로자의 부상·질병·신체장해 또는 사망」을 의미하는 것이므로, 불법행위나 안전배려의무 위반에 의한 산재는 인신상해에 따른 손해배상에 국한된다. 손해배상의 방법은 원상회복주의를 취하는 독일과는 달리, 우리 민법은 금전배상의 방법에 의존할 수밖에 없다.

그러나 산재가 사용자의 불법행위 또는 안전배려의무 위반으로 인하여 발생한 경우, 그 손해배상의 범위와 결정기준을 어떻게 설정할 것인가가 문제된다. 아래에서는 산재에 따른 손해배상에 있어서 중요시되고 있는 손해배상의 범위에 관한 학설과 판례 그리고 손해배상액의 산정에 대해서 기술하고자 한다.

2. 손해배상 범위의 결정기준

손해배상 범위를 결정하는 기준에 관해서 지금까지 인과관계론의 문제로 파악하여 왔다. 손해배상의 인과관계는 결과 발생의 원인이 된 모든 조건에 있는 인과관계를 인정하여 자연법칙상의 인과관계가 인정되는 손해를 모두 배상케 하려는 「조건설」에서, 결과 발생의 원인이 된 상당한 조건만을 법률적으로 평가하여 인과관계를 인정하려는 「상당인과관계설」로 발전하여 왔다. 특히 완전배상주의를 취하고 있는 독일에서는 가해행

으면, 사회일반의 관념에 비추어 평균인이 객관적으로 예측할 수 있는 경우에 현실적으로 발생한 것으로 생각되는 범위의 손해를 말하고, 「특별손해」는 안전배려의무 위반이나 불법행위 시에 특별한 사정을 알았거나 알 수 있을 때에 한하여 발생한 손해를 말한다(조중현, 「민법상 손해배상의 범위의 인과관계에 관한 고찰」, pp.499-500).

위와 인과관계에 있는 손해는 모두 배상하여야 한다는 법리가 확립되어, 그 이론이 일본과 우리나라에 영향을 줌으로써 일본과 우리나라에서도 손해배상의 범위를 인과관계의 법리에 따라 결정하여 왔다.[75]

그러나 고도로 발달된 현대의 과학문명에 기초한 산업구조와 소비구조의 급격한 변화로 인하여 근대시민법이 전혀 예상하지 못했던 침해유형이 발생되어 상당인과관계설로서는 실절적인 피해를 구제할 수 없다는 미비점이 지적된 후, 「규범목적설」과 「위험(위법)성관련설」이 주장되고 있다.

1) 학설의 검토

(1) 상당인과관계설

이 설은 원인·결과의 관계를 구체적인 사건을 떠나 일반적으로 타당한 경우에 한하여 원인·결과의 인과관계를 인정하며, 손해배상의 범위는 가해행위와 상당인과관계에 있는 손해로 한다는 견해이다. 이 설은 독일에서 형성된 손해배상 범위의 결정이론이었고, 우리나라와 일본에서의 통설이다. 이 설은 위법행위와 상당인과관계에 있는 전 손해를 배상케 하려는 입장으로서, 우연한 사실 또는 특수한 사정은 위법행위에서 제외시켜 손해의 타당·공평한 분담을 목적으로 한다.[76] 이 설에 의하면, 민법 제393조가 규정하고 있는 「통상손해」는 불법행위와 상당인과관계에 있는 손해이며, 「특별손해」는 특별사정과 상당인과관계에 있는 손해로서 가해자가 특별사정에 대한 예견가능성이 있었을 때에 한하여 배상해야 한다고 한다. 이 설 중에도 상당성의 판단기준을 어디에 둘 것이냐에 따라 가해자가 불법행위 당시에 인식한 사정하에서 발생한 손해만을 배상의 범위로 하자는 「주관설」, 객관적인 제3자가 일반적 지식으로 알 수 있는 모든 사정을 기초로 하여 발생한 손해만을 배상의 범위로 하자는 「객관설」, 불법

75) 김상용, 불법행위법, pp.442-444.
76) 조중현, 「민법상 손해배상의 범위의 인과관계에 관한 고찰」, p.484.

행위 당시에 보통 사람이 알 수 있었던 사정과 가해자가 알고 있었던 사정을 모두 고려하여 손해의 범위로 하자는 「절충설」이 대립한다.

그러나 이 설은 이익공제와 손해배상의 정형화 현상을 설명할 수 없고, 불법행위에 있어서 침해된 규범이 규정하고 있는 유책성, 위법성의 내용, 행위의 위험성을 고려하지 않기 때문에 책임의 귀책이론으로서는 부적합하다고 하는 비판을 받고 있다.[77)]

(2) **규범목적설**

이 설은 손해배상책임의 기초로 되는 규범보호목적과 보호범위에 따라 그 안에 포함하는 손해만을 행위자에게 귀속시켜 손해배상 범위를 결정하여야 한다는 견해인데, 최근 유력한 지지를 얻고 있다. 이 설의 근본사상은 모든 규범과 계약은 일정한 범위의 이익을 보호하고 있으며, 손해배상의무자는 이와 같이 보호받는 범위의 이익의 침해에 대해서만 책임을 져야 한다는 데 있다.[78)] 따라서 손해배상의 범위는 결국 규범의 해석에 의하여 보호목적의 범위 내에서 결정된다고 한다.

그런데 이 설은 위험책임과 보호법규위반의 경우에는 규범의 보호목적을 확실히 밝힐 수 있으므로 손해배상의 범위를 결정하는 데에는 적절하지만, 규범이 보호범위를 규정하지 않고 있는 경우에는 손해배상의 범위를 결정할 수 없게 된다는 문제점이 있다.[79)]

(3) **위험(위법)성 관련설**

이 설은 불법행위로 인하여 발생한 손해를 「일차손해」와 「후속손해」로 분류하여 「일차손해」는 언제나 배상시키고 「후속손해」는 일차손해 사이에 위험(위법)성 관련이 있는 경우에만 배상시키는 방법으로 손해배상 범위를 결정하여야 한다는 견해이다. 즉, 「일차손해」는 책임원인행위와의 사이

---

77) 김상용, 불법행위법, p.445; 임종윤, 「인과관계와 손해배상의 범위」, p.9.
78) Hans Brox, Allgemeines Schuldrecht, Rn 331.
79) 김상용, 불법행위법, p.447.

에 인과관계가 존재하는 손해를 말하고, 「후속손해」는 직접 책임원인에 의해서 야기된 것이 아니라 일차손해에 의해 후속적으로 조건 지워진 것이므로 양자는 반드시 구별하여 그 효과를 달리해야 한다는 것이다.[80)]

이 설은 일차손해의 책임근거 규정은 민법 제390조와 제750조이며, 후속손해의 책임근거 규정은 민법 제393조 또는 제763조라고 이해하며, 후속손해는 다시 통상손해와 특별손해로 나누어진다고 이해한다.[81)] 이 설에 의하면, 민법 제393조제1항의 통상손해는 어떤 사정에 관한 인식가능성을 문제삼지 않고 위험성관련이 인정되는 손해로서 손해배상의 범위에 포함되고, 제2항의 특별손해는 어떤 사정에 관한 채무자의 인식 가능성이 있을 때 비로소 위험관련성이 인정되는 손해라고 한다.

그러나 이 설은 위험성관련의 개념과 내용이 불명확하고, 민법 제390조 및 제750조는 손해배상책임의 성립요건에 관한 규정임에도 이를 손해배상의 범위에 관한 규정으로 이해한 것은 잘못이라는 비판을 받고 있다.[82)]

2) 평가

대법원은 「상당인과관계설」에 따라 손해배상의 범위를 결정하여 왔고, 상당인과관계의 유무를 판단함에 있어서 일반적인 결과 발생의 개연성은 물론, 같은 법조의 입법목적과 보호법익, 법령위반행위의 태양 및 피침해이익의 성질 등을 종합적으로 고려하여 판단하여야 한다고 함으로써 상당인과관계의 판단기준에 규범목적을 참작하도록 하고 있다.[83)] 그러나 이러한 인과관계에 관한 대법원의 태도는 「손해배상책임의 성립요건과 손해배상 범위 결정을 위한 인과관계는 그 성질이 다르고 동일한 인과관계의 법리가 적용될 수 없음에도 불구하고 동일하게 다룬 것」은 잘못이라는 비판

80) 이은영, 채권총론, p.247.
81) 이상태, 「불법행위에 있어서의 손해배상의 구조와 인과관계」, p.133.
82) 김상용, 불법행위법, p.448.
83) 대판 1995. 1. 12. 94다21320; 대판 1994. 12. 27; 94다36285.

을 받고 있다.[84)]

손해배상책임의 성립요건으로서의 인과관계와 손해배상 범위의 결정기준으로서의 인과관계는 구분되어야 한다. 즉, 책임성립요건으로서의 인과관계는 자연적 인과관계인 「조건설」로써 충분하며, 손해배상 범위의 결정기준으로서의 인과관계는 「상당인과관계」에 의하는 것이 타당하다고 본다. 물론 「상당인과관계설」이 규범의 목적 · 가해행위의 유책성의 정도 등을 고려하지 않은 문제점이 있긴 하지만, 이러한 비판의 결과로 주장된 규범목적설이나 위험성관련설도 모든 손해배상의 범위를 결정하는 기준으로 사용하기에는 결함이 있는 것도 사실이다. 따라서 「상당인과관계설」을 기본적인 손해배상 범위 결정의 기준으로 하고, 규범의 보호목적 또는 위험성관련 등을 상당성 판단의 요소로 삼아야 한다고 본다. 왜냐하면 손해배상제도의 근본사상이 발생된 손해의 전보에 의해서 피해자로 하여금 가해행위 이전의 생활상태를 유지케 하고 위법한 가해행위의 예방에 있는 것이므로, 상당인과관계의 판단에 규범의 목적 · 위험성관련 등을 폭넓게 고려하는 것이 타당하기 때문이다.

3. 손해의 종류

민법상의 손해는 적극적 손해와 소극적 손해, 직접손해와 간접손해, 통상손해와 특별손해로 구분되나, 판례는 적극적 손해 · 소극적 손해 · 정신적 손해(위자료)의 세 개의 소송물로 구성된다는 3분설을 취하고 있다. 판례에 의하면 산재의 민사배상액은 적극적 손해로서의 치료비 · 보조구입비 · 개호비, 소극적 손해로서의 일실소득액 · 일실퇴직금 · 휴업손해, 정신적 손해로서의 위자료를 모두 합한 금액에서 지급받은 산재보험급여액을 공제한 것이 실제 민사배상액이 된다. 아래에서는 판례의 분류에 따라 손

84) 김상용, 불법행위법, p.449.

해를 소극적 손해, 적극적 손해, 정신적 손해로 구분하여 산재가 발생한 경우의 손해배상의 범위에 대하여 기술한다.

1) 소극적 손해

불법행위에 의한 피재근로자의 상병으로 인하여 장래 근로할 수 없거나 가동능력이 상실되어 장래에 얻을 수 있는 수입이 감소된 경우, 이러한 소극적 재산상의 손해를 일실이익이라고 하고 가해자는 이를 배상하여야 한다. 일실이익은 생명, 신체의 침해로 인한 손해배상액의 대부분을 차지하고 있으며, 손해배상청구소송과 손해배상이론의 중심부분을 이루고 있다. 이론적으로는 일실퇴직금, 휴업손해를 일실이익에 포함되는 것이나, 실무에서는 이를 구분하여 별도의 항목을 설정하여 소장과 결정문을 작성하고 있다. 여기서는 편의상 일실이익을 일실월소득액, 일실퇴직금, 휴업손해로 구분하여 기술한다.

(1) 배상기준이론

일정한 직업에 종사하여 수입을 얻고 있던 근로자가 업무상 재해로 인한 부상으로 신체기능에 장해가 생긴 경우, 일실이익의 산정기준에 관해서는 「소득상실설(차액설)」과 「가동능력상실설(평가설)」이 대립한다.

「소득상실설」은 산재사고로 인하여 근로능력의 전부 또는 일부를 상실한 경우에, 피재근로자의 손해는 재해가 없었더라면 그가 얻을 수 있을 것이라고 생각되는 소득의 합계로 본다. 그 논리적 근거는 손해배상제도는 피해자에게 발생한 현실의 손해를 전보하는 것을 목적으로 하는 것이기 때문에 노동력상실에도 불구하고 손해가 발생하지 않은 경우에는 그것을 이유로 배상 청구할 수 없음은 당연하다고 한다.[85] 이 설에 의하면, 손해액의 산정은 구체적인 실측주의(實測主義)에 의하여 이루어지기 때문

85) 황병일, 「산업재해로 인한 손해배상액결정의 몇 가지 문제점」, p.33.

에 그때의 구체적인 소득에 대해서는 피재근로자가 입증하여야 한다. 이 설은 사상 그 자체를 손해로 보는 것이 아니라 사상의 결과로 생긴 현실적 손해인 금전적 소득의 감소를 손해로 파악한다는 점에서 현실손해설이라고도 하고, 산재로 인한 사상 전후의 소득의 차액을 손해액으로 본다는 점에서 차액설이라고도 한다. 이 설은 재해발생 전보다 소득이 감소된 경우에 있어서는 사실에 가깝게 산정할 수 있고 산정방법이 간편하나, 산재로 인하여 노동능력이 감소되더라도 산재전후의 수입을 비교하여 재해 전보다 많은 수입을 얻거나 수익의 감소가 없는 경우에는 손해배상청구가 인정되지 않는다는 문제점이 있다.[86)]

「가동능력상실설」은 피재근로자의 생명, 신체의 상해로 인한 일실수입의 본질은 노동력상실 그 자체이고, 소득은 노동력의 평가 자료이며 손해는 일실하게 된 노동능력에 대한 총평가액으로 보는 견해이다. 이 설은 산재사고로 인한 소득의 차이를 손해로 보는 것이 아니라, 그러한 결과를 가져오게 한 노동력의 상실·감소 그 자체를 손해로 본다는 점에서 사상손해설이라고도 하며, 노동능력 자체를 금전적으로 평가한다는 점에서 평가설이라고도 한다. 이 설에 의하면, 손해액의 산정은 노동력의 상실에 대한 평가에 의하여 이루어지고 구체적인 소득은 노동력을 평가하기 위한 자료에 불과하기 때문에, 피재근로자는 가동능력의 상실만 입증하면 되고 재해 당시의 소득액에 대해서는 입증하지 않더라도 변론에 나타나 있으면 된다.[87)]

종래 대법원은 종전 직업의 소득으로부터 잔존한 신체기능을 가지고 다른 직업에 종사하여 얻을 수 있을 것으로 예상되는 향후소득을 공제하는 소득상실설에 따라 일실이익을 산정하여 왔으나. 최근에는 소득상실설의 부당함을 지적하면서 소득상실설에 의할 수 있음은 물론 종전 직업의 소득에 피해자의 노동력상실비율을 곱하는 방법으로 일실이익을 산정할 수 있다고 하여 가동능력상실설도 함께 손해액 산정의 방법으로 이용하고

86) 이용우, 「일실이익의 산정(상)」, 법률신문, 1989. 11. 13.자; 김상용, 불법행위법, p.473.

87) 김동준, 손해배상실무요해, p.126.

있다.[88] 즉, 대법원은 피해자의 일실이익을 산정함에 있어서 당해 사건의 구체적 사정을 기초로 합리적이고 객관성이 있는 방법으로 산정하기만 하면 족하는 입장이다.

(2) **일실월소득액**

① 산정기준

소득상실설과 가동능력상실설의 어느 학설을 취하든 산재사고 당시의 월소득액이 일실이익손해산정의 제1차적 기준이 된다. 종래의 판례이론에 의하면, 소득액은 원칙적으로 피해자가 사고 당시 종사하고 있었던 업무로부터 얻고 있던 수입액을 기준으로 산정하여야 하고, 다만, 장차 그 수입이 증가될 것이 확실히 예측되는 객관적인 자료가 있는 경우에 한하여 그 증가될 수익을 소득으로 보았다. 따라서 인상된 임금부분을 청구한 사건에 있어서 피재근로자가 근무하고 있는 회사에서 임금을 일률적으로 인상하였더라도 사고 당시 통상적으로 예견할 수 없었다면 인상된 임금부분을 상실하게 된 손해는 특별손해에 해당하여 그 배상을 청구할 수 없었다(대판 1987. 9. 8. 86다카6761).

그런데 1989. 12. 26 전원합의체판결에서 「장차 증가될 수익으로 인한 손해도 사회통념상 통상손해」라고 판시한 이래, 산재사고 이후 임금이 인상될 것이라는 점에 관해 변론종결 시까지 이를 인정할 만한 확실한 증거를 제출한 경우 그 인상된 임금을 기준으로 일실수입을 산정할 수 있게 되었다(대판 1989. 12. 26. 88다카6761). 따라서 피재근로자가 근무한 회사의 취업규칙과 단체협약에 매년 단체교섭을 통하여 임금인상을 결정·시행하도록 되어 있고, 단체협약에 의하여 매년 임금인상이 되어 온 경우는 장차 임금이 인상될 개연성이 높으므로 재해 후 체결된 임금협약서에 의하여 인상된 임금에 따라 일실이익을 산정할 수 있다.[89]

---

88) 대판 1996. 5. 31. 96다5452; 대판 1986. 3. 25. 85다538; 대판 1984. 10. 23. 84다카325; 대판 1992. 5. 22. 91다39320; 대판 2002. 9. 4. 2001다80778 등.

[관련판례요지]

▸ 불법행위로 인하여 노동능력을 상실한 급여소득자의 일실이득은 원칙적으로 노동능력상실 당시의 임금수익을 기준으로 산정할 것이지만 장차 그 임금수익이 증가될 것을 상당한 정도로 확실하게 예측할 수 있는 객관적인 자료가 있을 때에는 장차 증가될 임금수익도 일실이득을 산정함에 고려되어야 할 것이고, 이와 같이 장차 증가될 임금수익을 기준으로 산정된 일실이득 상당의 손해는 당해 불법행위에 의하여 사회관념상 통상 생기는 것으로 인정되는 통상손해에 해당하는 것이라고 볼 것이므로 당연히 배상 범위에 포함시켜야 하는 것이고, 피해자의 임금수익이 장차 증가될 것이라는 사정을 가해자가 알았거나 알 수 있었는지의 여부에 따라 그 배상 범위가 달라지는 것은 아니다(대판 1989. 12. 26. 88다카6761).

▸ 수입의 상실액은 원칙적으로 그 불법행위로 인하여 손해가 발생할 당시에 그 피해자가 종사하고 있었던 직업의 소득을 기준으로 하여 산정하여야 하고, 피해자가 사고 당시 일정한 직업상 소득이 없는 사람이라면 그 수입 상실액은 보통 사람이면 누구나 종사하여 얻을 수 있는 일반노동임금을 기준으로 하되, 특정한 기능이나 자격 또는 경력을 가지고 있어서 장차 그에 대응한 소득을 얻을 수 있는 상당한 개연성이 인정되는 경우에 한하여 그 통계소득을 기준으로 산정할 수 있다(대판 2001. 8. 21. 2001다32472).

② 소득액의 범위

월급근로자의 소득인정은 직장에서 지급한 급여에 대한 원천징수영수증과 같은 세무자료나 임금대장에 의하면 되므로 별 문제가 없으나, 이러한 자료가 없는 영세소규모업체에서의 근로자일 때에는 피재근로자의 소득을 입증하는 자료로 제출된 사문서의 기록이나 증인의 증언을 신뢰하기 어려울 때가 많다. 이러한 경우 농협조사월보, 건설물가월보, 임금구조기본조사통계보고서 등의 각종 임금통계자료를 활용하는 경우가 있다. 일실수입은 상실된 노동력에 대한 것이므로 순수한 근로소득에 한정된다.

여기서 급여소득자의 근로소득은 사용자가 근로의 대상으로 근로자에게 임금, 봉급 기타 여하한 명칭으로든지 지급하는 일체의 금품을 말한다(근로기준법§18). 따라서 고정적·일률적으로 지급하는 각종 수당, 단체협약 등

89) 대판 1990. 12. 11. 90다카28191; 대판 1993. 7. 16. 92다27775; 대판 1993. 7. 16. 93다9880; 대판 2004. 2. 27. 2003다6873 등.

에 지급 근거가 있고 매년 실제 계속적 · 정기적 · 일률적으로 지급해 온 상여금도 근로소득에 포함된다.[90] 또한 향후소득에 관한 입증은 과거사실에 대한 입증보다 이를 경감하여 피해자가 현실적으로 얻을 구체적이고 확실한 소득의 증명이 아니라, 합리성과 객관성을 잃지 않는 범위 안에서 상당한 개연성이 있는 소득의 증명만으로 족한 것이므로 시간 외 · 야간 · 휴일근로수당, 연월차수당 등 각종 법정수당이 지급 근거가 마련되어 있고 계속적 · 정기적으로 지급된 것이라면 이를 월수입액에 산정하여야 한다.[91]

[관련판례요지]

▸ 향후의 예상수익에 관한 입증의 정도는 과거사실에 대한 입증에 있어서의 입증보다 이를 경감하여 피해자가 현실적으로 얻을 수 있을 구체적이고 확실한 수익의 증명이 아니라 상당한 개연성이 있는 수익의 증명으로 족한 것이나, 이 경우에도 예상수익의 증명은 객관적으로 입증된 근거사실에 기하여 합리성과 객관성을 잃지 않는 범위 내에서 이루어져야 한다(대판 2003. 7. 25. 2002다39616).

▸ 망인이 이 사건 사고 이전의 수년 동안 위 집행지침에 정한 기준에 따라 거의 빠짐없이 매월 상당한 정도의 시간 외 근무 및 휴일근무를 하고 그에 상응하는 초과근무수당을 계속적 · 정기적으로 지급받아 왔다면, 다른 특별한 사유가 없는 한 망인의 경우 이 사건 사고 이후 정년에 이를 때까지도 계속 종전과 같은 수준의 초과근무를 하고 그에 상응한 초과근무수당을 계속적 · 정기적으로 지급받았을 개연성이 있다고 판단되므로 향후 기대되는 평균적 초과근무시간에 상응하는 초과근무수당을 망인의 일실수입 산정에 포함하여야 한다(대판 2000. 3. 14. 99다14402).

▸ 불법행위로 인하여 사망하거나 신체상의 장해를 입은 급여소득자가 장래 얻을 수 있는 수입의 상실액은 상실되거나 감퇴된 노동능력에 관한 것이므로 사용자에 의하여 근로의 대상으로 계속적 · 정기적으로 지급되는 금품이라면 그 명칭이나 그 지급 근거가 급여규정에 명시되어 있는지 여부에 구애받지 않고 이에 포함되지만, 지급의무의 발생이 개별근로자의 특수하고 우연한 사정에 의하여 좌우되는 것이거나 업무를 수행함에 있어 소요되는 경비를 보전해 주는 실비변상적인 성격을 가지는 것은 일실수입 산정의 기초가 되는 급여소득에서 제외된다(대판 1998. 4. 24. 97다58491).

90) 김상용, 불법행위법, p.477; 이주흥, 실무손해배상책임법, p.290; 김동준, 손해배상실무요해, p.133.

91) 이주흥, 실무손해배상책임법, p.291.

▸특별상여금의 지급 근거가 급여규정에만 있을 뿐 단체협약에는 아무런 규정이 없고, 그 지급 기준이나 액수, 시기 등이 확정되어 있지 않으며 실제로도 지급 기준과 명목 등에 비추어 계속적·정기적으로 지급되고 있다고 보기 어렵다는 이유로 그 특별상여금이 임금에 속하지 않는다(대판 1999. 9. 3. 98다34393).

▸국회 소속 공무원의 승진은 국가공무원법 제40조, 국회인사규칙 제31조, 제35조 등에서 규정하고 있는 능력, 경력, 적성 등의 주관적인 조건과 상위계급의 결원 유무, 결원 정도, 승진대상자의 수 등의 객관적인 조건에 따라 임용권자의 재량에 의하여 결정되는 것이므로, 일정한 기간이 지나면 자동으로 승진된다거나 장차 승진될 것이 상당한 정도로 확실하게 예측할 수 있다는 등의 특별한 사정이 없는 한, 승진으로 장차 증가될 보수는 통상손해에 해당된다고 볼 수 없어 이를 일실수입의 산정에 있어서 포함시켜서는 안 된다(대판 1996. 4. 23. 94다446).

▸판공비, 정보비, 차량유지비, 정액급식비, 가계보조비 등은 공무원보수규정, 국회공무원수당규정 등에 근거하여 지급되는 보수가 아니라 이와는 별도로 매회계연도별로 경제기획원에서 시달되는 세출예산비목별 집행관리지침에 의하여 국회공무원에게 매월 고정적으로 지급되는 급여로서, 그 지급규정 및 지급 실태에 비추어 보면 위 각 급여는 근로제공의 대가로서 국회공무원에게 지급되는 보수라기보다는 기관운영 또는 실제 직무를 수행함에 있어 소요되는 경비를 보전해 주는 실비변상적 급여라고 할 것이므로 이를 일실이익의 산정에 포함시킬 수는 없다(대판 1996. 4. 23. 94다446).

상용근로자의 경우는 갑종근로소득세 등의 납세자료에 근거하여 1년간 수령한 총 급여액수를 12월로 나누어 월급여액을 일실수입의 산정기초로 삼는 것이 일반적이나, 월급여액이 일정치 않고 변동이 심할 때에는 평균임금에 의하여 일실수입을 산정한다. 그리고 재해 당시 특정업체에 고용되어 있는 점은 명백하나 그 수입액을 인정할 만한 객관적 자료가 없거나 신빙성이 없는 경우에는 노동부발행의 임금구조기본통계조사보고서상의 직종 중 분류별, 경력연수별, 성별 또는 산업별, 학력별 통계임금을 기준으로 일실수입을 산정한다.[92]

일용근로자의 경우에는 평균임금을 기준으로 한 일실이익의 산정은 그 공사기간이 끝날 때까지로 한정하고, 공사기간 이후부터 가동연한까지는 도시근로자의 경우는 대한건설협회에서 발간하는 「건설임금실태조사보고서」의 해당 직종 임금액을, 농촌근로자의 경우는 농업협동조합 중앙회에

92) 김동준, 손해배상실무요해, p.139.

서 발간하는 「농협조사월보」의 해당 직종 임금액을 임금으로 하여 여기에 가동일수 22일을 곱하여 월수입액으로 산정한다.[93] 그러나 일용근로자의 수입이 보통인부의 임금보다 적은 경우라도 장차 보통인부의 노동에 종사하리라는 개연성이 농후하다는 이유로 보통인부 임금 상당의 손해금을 청구할 수 있다(대판 1990. 2. 26. 89다1899 전원합의체).

③ 노동력상실률의 계산

「노동력상실률」이란 피재근로자가 재해로 인하여 부상하여 치료를 받은 결과 신체에 정신적 또는 육체적 훼손상태가 영구적으로 잔존하게 되어 생긴 노동력의 감소를 말한다. 「영구적」이란 원칙적으로 치료종결 후에도 장래 더 이상의 치료의 효과를 기대할 수 없는 상태를 의미한다. 신체장해로 인한 노동력상실이 재해로 입은 당해 부상과의 사이에 상당인과관계가 있어야 하고, 산재로 입은 부상과 관련 없는 신체장해는 고려될 수 없다.[94]

「차액설」에 의하면 노동력상실이 있더라도 수입의 감소가 없으면 손해가 없는 것으로 되고 노동력상실이 없더라도 수입의 감소가 있으면 손해가 발생한 것으로 되나, 「평가설」에 의하면 노동력상실이 있으면 그 자체가 손해가 되므로 비록 수입의 감소가 없더라도 손해는 발생한 것이 되고 노동력상실이 없으면 원칙적으로 손해는 없는 것으로 된다.

대법원은 종래 전통적인 차액설에 의하여 일실수입을 산정하였으나, 최근에는 평가설의 입장에서 노동력상실률은 피재근로자의 연령, 교육정도, 종전에 종사하였던 직업의 성질 및 경력과 기능의 숙련정도, 신체적 기능의 장해 정도와 유사한 직종이나 다른 직종으로의 전업 가능성 및 그 확률, 기타 사회적·경제적인 조건 등을 모두 참작하여 경험칙에 따라 노동력상실률을 결정하고 있다.[95] 생각건대, 산재발생 당시의 현실적인 수입

---

93) 황병일, 「산업재해로 인한 손해배상액결정의 몇 가지 문제점」, p.34.

94) 이주흥, 실무손해배상책임법, p.335.

95) 대판 1996. 5. 31. 96다5452; 대판 1994. 8. 26. 94다25810; 대판 1994. 9. 30. 93다5884; 2004. 2. 27. 2003다6873 등.

감소가 없더라도, 산재로 인한 노동력감퇴를 이유로 하여 향후 승급·승진 등의 기회에 있어서 불리한 위치에 놓이게 될 개연성이 있으므로, 평가설의 입장에서 노동력상실률을 결정해야 할 것이다.

그리고 일실수입손해의 산정은 종전 소득에 노동력상실률을 곱하는 방식으로 행하여지기 때문에 노동력상실 정도를 정확하게 판정하는 것이 매우 중요하다. 보통 노동력상실률의 계산은 종합병원 의사에 의한 신체감정이나 감정촉탁 결과에 의하여 얻어진 신체장해율을 참고하여 법관이 결정하게 된다.[96]

④ 가동기간의 계산

가동기간이란 피재근로자가 산재가 없었다면 수입을 올릴 수 있는 기간을 말하는데, 가동기간의 계산은 기대여명(평균여명)의 범위 내에서 취업정년, 가동종료연령, 산재사고 시 연령 등을 기준으로 하여 개월수로 환산하여 결정한다.

가동기간을 정하기 위해서는 우선 그 전제로서 기대여명을 확정해야 하는데, 우리나라의 기대여명은 통계청이 발행한 「한국인의 간이생명표」에 의한 기대여명을 법원이 현저한 사실로 받아들이고 있다.[97] 그러나 특

96) 의사의 감정결과는 단지 노동력상실률을 결정하기 위한 보조 자료에 불과한 것이기 때문에 법원이 이에 구속되는 것은 아니나, 노동력상실률에 대한 규범적 평가는 어느 정도 의학적 식견이 있음을 전제로 하는 것인데 현실적으로 법관은 그러한 식견이 없어 의사의 감정결과를 기계적으로 적용하는 것이 소송실무관행이었다. 그러나 불법행위로 인한 피해자에 대한 김정인의 부당감정이 심심치 않게 발생하여 손해배상청구소송에 있어서 커다란 문제점으로 지적되자, 서울지방법원은 노동력상실률의 계산방법으로 직업·연령·장해부위·왼손잡이 여부 등을 맥브라이드표에 의한 상실률의 가감요소로 하여 그 각 항목의 장해비율만을 대상으로 신체감정을 의뢰하고 그 장애비율에 대한 노동력상실률을 전산화하였다(김동준, 손해배상실무요해, p.189; 황병일, 「산업재해로 인한 손해배상액결정의 몇 가지 문제점」, p.37).

97) 산업재해와 같은 인신사고로 인한 손해배상사건의 경우에는 일실수입의 산정기초로서 가동연한은 대개 60세로 보기 때문에 일실수입을 산정함에 있어서는 통계청의 생명표에 의한 기대여명은 실익이 없으나, 평생개호비, 치료비 등을 산정하는 자료로서 중요한 역할을 한다.

수한 경우로서 피재근로자가 일반노동력을 완전히 상실하고 생명의 보존을 위하여 평생치료를 하여야 할 정도로 중상을 입은 경우 특단의 사정이 없는 한 위의 기대여명을 누릴 수 없다고 보기 때문에, 법원은 전문가의 감정을 받아 기대여명을 단축할 수 있다. 결국 상해의 후유증으로 기대여명이 얼마나 단축될 것인가는 그 후유증의 구체적인 내용에 따라 의학적 견지에서 개별적으로 판단해야 할 것으로써, 특별한 사정이 없는 한 감정인의 의학적 판단을 존중해야 할 것이다.

피해자가 중상을 입은 경우에는 향후 용태의 호전이 예상되는 등 특별한 사정이 없는 한 일반 건강인과 같은 평균여명을 누릴 수 있다고 볼 수 없다. 상해의 후유증이 평균여명에 어떠한 영향을 미쳐 평균여명이 얼마나 단축될 것인가는 후유증의 구체적 내용에 따라 의학적 견지에서 개별적으로 판단할 수밖에 없는 것으로서, 그 여명의 단축 여부에 대하여는 전문가의 감정을 받아야 하며 특별한 사정이 없는 한 그에 관한 감정인의 의학적 판단은 존중되어야 한다. 그러나 여명단축을 판단함에 있어서 법원의 신체감정촉탁 결과만이 유일한 판단근거가 될 수 없고, 다른 구체적인 사정 등도 함께 고려하여 판단하여야 한다.[98]

가동 개시연령은 원칙적으로 성년이 되는 20세부터이고, 남자의 경우에는 현역이 면제되는 특별한 사정이 없는 한 병역복무기간이 가동기간에서 제외된다(대판 2000. 4. 11. 98다33161). 그러나 미성년자라도 사고 당시 현실로 수입을 얻고 있었고 그러한 수입을 계속 얻을 수 있으리라는 사정이 인정되는 경우 재해 당시부터 수입 상실을 인정한다(대판 1970. 8. 18. 70다999).

정년제가 있는 직종의 경우에는 그 정년에 도달한 날을 가동연한으로 산정하면 되나, 그 밖의 경우는 사고 당시 피재근로자의 건강상태, 신체조건, 연령, 직업, 경력에 따라 수년의 범위 내에서 법원의 재량에 따라 증감할 수 있다.

그리고 실무상 일용근로자의 월 가동일수에 관하여 도시일용근로자의

---

98) 교통・산재손해배상실무연구회, 손해배상소송실무(교통・산재), p.249.

경우에는 월 22일로 보고 있다.[99] 그러나 경험칙상 일반적으로 육체노동에 종사하는 근로자의 월 가동일수가 22일 내지 25일로 추정된다고 하여도 구체적으로 당해 사건에 적용하거나 원용하기에 적합한 통계 기타의 자료 등이 나타나면 이에 의하여 종전 경험칙상 추정되는 월 평균가동일수와 다르게 인정할 수 있다(대판 2003. 10. 10. 2001다70368).

[판례에 의한 직종별 가동연한]

※ 대판 1989. 12. 26. 88다카16867 전원합의체판결 이후

가동연한	직 종
35세 도달	–다방종업원(대판 1991. 5. 28. 91다9596) –호스티스(서울고판 1990. 11. 29. 90나19291)
35세 종료	골프장 캐디(서울고판 2002. 9. 11. 2002나24906)
40세 도달	프로야구투수선수(대판 1991. 6. 11. 91다7385)
40세 종료	스탠드바 코너 담당자(서울고판 1987. 10. 29. 87나1745)
50세 도달	다방카운터 종사자(서울고판 1990. 5. 3. 89나44345)
57세 도달	공무원에 준하는 민간보육시설 보육교사(대판2001. 3. 9. 2000다59920)
60세 도달	–민요풍 가요 가수(대판 1991. 4. 23. 91다3888) –피복판매상(대판 1991. 8. 13. 91다14499) –의복제조 임가공업자(대판 1991. 11. 12. 91다19494) –활어구매 및 운송업자(대판 1993. 6. 8. 93다6546) –식품소매업자(대판 1993. 6. 8. 93다12749) –보험모집인(대판 1994. 9. 9. 94다28536) –콘크리트 펌프카 조수(대판 1996. 12. 10. 95다24364) –송전전공(대판 1999. 5. 11.99다6302) –가스도소매업자(서울고판 2004. 11. 11. 2004다3491) –다단계판매회사의 판매원(부산고법 2004. 11. 3. 2003나7234) –특수자동차 운전원(서울고판 2004. 7. 27. 2004나8885 · 8892) –실내장식 인테리어 디자이너(서울고판 2003. 12. 12. 2002나62083) –일용근로자(대판 1989. 12. 26. 88다카16867 전원합의체)

99) 대판 1999. 2. 9. 98다53141; 대판 1998. 7. 10. 98다4774.

가동연한	직 종
60세 도달	-식품소매업(대판 1993. 6. 8. 93다12749) -의복제조·임가공업(대판 1991. 11. 12. 91다19494) -일반목공(서울고판 1990. 3. 22. 89나48439) -형틀목공(서울고판 1990. 12. 26. 90다10629) -자동차운전(서울고판 1990. 4. 12.89나38449) -공산품 및 농산물 행상(서울고판 1990. 3. 22. 89나34782) -용접 및 샷시공(서울고판 1990. 6. 7. 89나50302) -TV연기자(서울고판 1990. 5. 3. 89나21577) -가축사육종사자(서울고판 1990. 5. 24. 90나778) -피아노 개인교사(서울고판 1990. 10. 11. 90나33211) -귀금속 및 금속제품 디자이너(서울고판 1990. 11. 15. 90나32935)
60세 종료	-개인택시 운전사(대판 1991. 12. 27. 91다35243) -농산물도매업(서울고판 1990. 5. 24. 90나4923) -대중음식점 경영자(서울고판 1990. 5. 31. 90나3319) -활제조·판매자(중요문화재후보자)(서울고판 1990. 9. 20. 90나11884)
63세 도달	농민(대판 1997. 3. 25. 96다49360) -수산시장 소속 수산물 중매인(대판 1992. 11. 24. 92다38034) -지물포 소매업 종사자(대판 1980. 12. 23. 80다934) -소규모 주식회사 대표이사(대판 1992. 12. 8. 92다24431) -소설가(대판 1993. 2. 9. 92다43722)
65세 도달	-의사(대판 1998. 4. 24. 97다58491; 대판 1993. 9. 14. 93다3158) -한의사(대판 1997. 2. 28. 96다54560) -치과의사(대판 1996. 9. 10. 95다1361)
70세 도달	-법무사(대판 1992. 7. 28. 92다7269) -변호사(대판 1993. 2. 23. 92다37642) -목사(대판 1997. 6. 27. 96다426)

⑤ 피재근로자의 생계비율의 계산

피재근로자가 사망하거나 기대여명이 가동기간 내로 단축된 경우에는 생명침해에 의하여 얻을 수 있는 이익을 상실하는 동시에 생존한다면 장래 지출하여야 할 생계비를 면하게 되므로, 일실수입으로부터 그것을 공제하여야 한다.

생계비는 사람이 사회생활을 영위하는 데 필요한 비용으로서 수입의 정도에 따라 그 비용이 달라지게 되므로, 구체적인 생계비소요액은 사실적인 증거에 의하여 산정하는 것이 바람직하다. 그러나 개개인의 생계비 소요액을 증거조사에 의하여 정확히 파악한다는 것은 어렵다. 따라서 피재근로자의 연령, 수입, 가족수, 직업, 사회적 지위 등을 평가하여 생계비를 유형화시킬 필요가 있다.[100] 판례에서는 대체로 수입의 3분의 1을 다툼 없는 사실로 인정하고 있다.

⑥ 현가액의 산정(중간수입의 공제)

산재사고로 인한 근로자의 생명·신체의 일실이익의 배상을 정기금 또는 일시금으로 할 것인가는 피해자가 선택하여 청구할 수 있는데, 이 경우 법원은 그 판단에 따라 정기금 또는 일시금의 지급을 명할 수 있다.[101] 일시금 배상방식은 피해자에게 일시에 많은 배상금을 지급하기 때문에 피해자의 감정을 회복시키고 가해자의 자력변동에 따른 배상금을 이행할 수 없게 되는 위험성이 정기금 배상방식보다 적다고 하는 장점이 있다. 그러나 일시금 배상방식은 향후치료비와 개호비 등을 일시에 지급받은 후 이를 일시에 소진하여 치료를 제대로 받지 못하게 될 위험성이 있고, 장래의 불확실한 사실인 치료 및 개호의 필요성, 여명 등을 현재 나타난 자료만으로 추정하여 배상을 명하므로 과다한 배상 또는 과소 배상의 문제가 발생할 수 있다고 하는 단점이 있다.[102] 이러한 일시금 배상방식의 단점을 고려하면 정기금 배상방식을 적극적으로 활용하는 것이 바람직하다.[103] 다만, 배상금의 이행확보는 자력이 불확실한 가해자를 상대로 하는 경우에는 적절한 담보를 제공하게 함으로써 해결해야 할 것이다.

---

100) 국가배상법시행령 별표7]과 산재보험법시행령 별표6]에서는 부양가족의 수를 기준으로 피해자의 생계비율을 정하고 있다.

101) 대판 1992. 10. 27. 91다39368.

102) 교통·산재손해배상실무연구회, 손해배상소송실무(교통·산재), p.260.

103) 일시금 배상방식은 피해자의 보호에 소홀할 수 있기 때문에 산재보험법은 피해자의 보호가 절실한 중증(신체장애1-3급)의 장해에 대한 장해급여는 일시보상을 금지하고 연금으로만 지급하도록 규정하고 있으며. 간병급여와 요양급여는 정기금의 형태로만 지급하도록 규정하고 있다.

일시금배상으로 지급할 경우에는 장래 얻을 수 있는 이익의 현재가액을 계산하기 위해서는 중간이자를 공제하여야 한다. 만약 이러한 중간이자를 공제하지 않으면, 장래의 수입을 현재 얻게 된 피재근로자가 그 금전을 이용하여 이식함으로써 결과적으로 손해 이상의 배상을 받는 것으로 되어 불합리하기 때문이다.[104] 중간이자의 공제방식에 관해서는 가르프쵸방식, 호프만방식, 라이프니츠방식이 있다.[105]

첫째, 가르프쵸방식은 장래의 수입액으로부터 수익에 대한 현재 이후 수익기말기까지의 법정이자를 공제하는 방식으로서, $Sn=S(1-ni)$라는 산식으로 표시된다. 여기서 S는 장래의 손해액을, n은 수입기간을, i는 이율을, Sn은 배상액의 현가를 말한다. 이 방식은 계산이 간편하다는 장점이 있으나, 중간이자의 공제액이 너무 크다는 단점이 있다. 예컨대, 연 5%의 이율을 적용할 때 기간이 20년이면 장래 손해액의 현가는 0이 되어 피해자에게 너무 불공평하다.

둘째, 호프만방식은 단리계산으로 중간이자를 공제하는 방식인데, 산식은 $Sn=S/1+ni$으로 표시된다. 가동능력기간의 최종시에 기대수익이 일시에 발생하는 것으로 간주하여 중간이자를 공제하여 현가액을 구하는 단식호프만방식과 가동능력기간을 기별로 나누어 각 기말마다 분할적으로 기대수익을 얻는 거으로 보고 그때마다 중간이자를 공제한 잔액을 합산하여 현가를 구하는 복식호프만방식이 있다. 이 방식에 의하여 산출된 현가액은 장래에 기대수익을 만족시키고도 남게 되어 과잉배상의 결과를 가져온다. 예컨대, 가동능력기간이 36년이 되면 현가의 이자만으로 기별손해를 충당하게 되고 현가인 원금은 영원히 남게 된다.

셋째, 라이프니츠방식은 복리계산으로 중간이자를 공제하는 것으로서 산식은 $Sn=S/(1+i)^n$으로 표시한다. 이 방식은 호프만방식과는 달리 화폐

---

104) 조일환, 「불법행위로 인한 손해배상액의 정형화·유형화에 관한 연구-공평이념을 중심으로-」, p.476.

105) 이하의 내용에 대하여는 김현, 「인신손해액의 산정에 있어서 손익상계에 관한 연구, p.77 이하; 김동준, 손해배상실무요해, p.166 이하; 조일환, 「불법행위로 인한 손해배상액의 정형화·유형화에 관한 연구-공평이념을 중심으로-」, p.476 이하 참조.

자본이 복리법으로 이식(利殖)되는 것을 전제로 한 것이므로 중간이자를 호프만방식보다 더 공제하게 된다.

대법원은 종래 단리계산법인 호프만방식을 사용하여 왔으나, 1983. 6. 28. 「라이프니츠식 계산법은 불법행위의 피해자의 장래 얻을 수 있는 이익을 사고 당시의 현재가액을 환산하기 위한 중간이자의 공제방법으로서 반드시 불합리한 것이라고 할 수 없을 뿐 아니라, 소론 인용의 당원 판례들은 호프만식 계산법 이외의 계산법에 의한 산정방식을 부정한 것이 아님이 명백하여, 라이프니츠식 계산법에 의하여 장래 일실이익을 산정한 원심에 소론 판례위반의 위법이 있다고 할 수 없다」라고 판시함으로써 처음으로 라이프니츠식 계산법의 사용을 긍정하였다(대판 1983. 6. 28. 83다191). 그 후 대법원은 계속하여 호프만식 계산법이나 라이프니츠식 계산법 중 어느 방식에 의하더라도 불합리한 것은 아니라는 태도를 견지해 오고 있다.[106] 그러나 단리계산법인 호프만방식을 사용하여 현가액을 산정하더라도, 피재근로자가 과잉배상을 받지 않도록 중간이자 공제기간이 414개월을 초과하여 월단위 수치표상의 단리연금현가율이 240을 넘게 되면 모두 240을 적용하고 있다.[107]

(3) 일실퇴직금

근로자가 직장에서 근무하다가 산재사고로 사망 혹은 상해로 부득이 퇴직함으로써 퇴직금을 못 받게 되거나 보다 적은 액수의 퇴직금밖에 받지 못한 경우, 피재근로자는 가동연한까지 지급받게 될 퇴직금을 일실퇴직금으로 청구할 수 있다. 그러나 피재근로자가 재해 이전의 업무를 계속할 수 있음에도 자진하여 퇴사한 경우에는 장래 근속할 수 있음을 전제로 한 일실퇴직금은 청구할 수 없다.

퇴직금제도는 노사의 자율적인 결정에 따라 단체협약, 취업규칙 등을

106) 대판 1988. 6. 28. 87다카1858; 대판 1986. 3. 25. 85다카2375; 대판 1985. 10. 22; 85다카819 등.

107) 대판 1994. 11. 25. 94다30065; 대판 1992. 7. 10. 92다15871; 대판1991. 6. 14. 90다15013; 대판 1987. 4. 14. 86다카1009 등.

통해서 규율되는 것이 원칙이나, 이와 같은 퇴직금지급규정이 없는 경우에는 근로자퇴직급여보장법 제8조에 규정된 법정퇴직금을 지급하여야 한다. 사용자는 퇴직하는 근로자에게 계속근로연수 1년에 대하여 30일분 이상의 평균임금에 해당하는 금액을 퇴직금으로 지급하도록 되어 있으므로 일실퇴직금을 산정할 때에는 계속근로연수와 평균임금을 산정하여야 한다. 여기서 「계속근로연수」란 일반적으로 입사 시부터 근로관계 종료일까지의 기간을 의미하고, 평균임금이란 이를 산정하여야 할 사유가 발생한 날 이전 3월간에 그 근로자에게 지급된 임금의 총액을 그 기간의 총일수로 나눈 금액을 말하나 평균임금이 통상임금보다 저액일 때에는 통상임금을 평균임금으로 한다(근로기준법§19②).

(4) 휴업손해

휴업손해란 피재근로자가 치료기간 동안 일하지 못함으로써 입게 된 손해를 말하는데, 이는 휴업기간 동안의 일실수입이라고 할 수 있다. 휴업손해의 산정은 재해 당시의 매일 또는 매월의 순수입에 휴업한 일수 또는 월수를 곱하여 산출하고, 치료기간 중의 노동력상실률은 미확정상태이나 가동능력이 100% 상실된 것으로 계산한다(대판 2003. 12. 12. 2003다49252).

[관련판례요지]

치료가 당해 사고와 관계없는 상황에 대한 것이거나 의학적으로 입원치료가 필요하지 않음에도 치료를 빙자하여 입원을 한 것이라거나 상해의 부위나 정도, 치료의 경과 등에 비추어 입원기간이 명백하게 장기어서 과잉진료로 인정되는 사정이 있다는 등 그 입원치료의 전부 또는 일부가 상당하지 아니한 것으로 볼 만한 특별한 사정이 없는 한, 사고로 인한 입원기간 동안에는 노동능력을 전부 상실하였다고 보아야 한다(대판 2003. 12. 12. 2003다49252).

민법상의 휴업손해는 산재사고로 인한 치료기간 중 일하지 못한 실손해의 전보이나, 산재보험법 제41조에서는 산재사고 당시 피재근로자의 평균임금의 70%를 휴업급여로 지급하고 있다.

산재사고 후 입원 중 피재근로자가 종전 직장에 계속 근무하는 것으로 처리되어 동일한 보수를 지급받고 있는 경우, 입원으로 인한 휴업손해를 어떻게 정할 것인가가 문제된다. 이에 관하여 「차액설」에 의하면 현실손해는 없는 것으로 보아야 할 것이나, 「평가설」에 의하면 정상적인 근무를 하였을 때 받을 수 있는 급여상당액을 휴업손해로 산정해야 한다고 보고 있다.[108] 대법원은 종전 차액설에 근거하여 휴업손해가 없는 것으로 보았으나, 최근에는 평가설에 입장에서 휴업손해를 인정하고 있는 경향이다.[109]

[관련판례요지]

- ▸교통사고로 인하여 입은 상해 때문에 입원하거나 휴직한 기간 동안 종전 직장에서 급여를 계속 받아 왔다 할지라도, 특단의 사정이 없는 한 피해자는 위 기간 동안 근로를 하지 못한 상태가 됨으로써 정상적인 근무를 하였을 때 받을 수 있는 급여 상당을 상실하는 손해를 입게 된다고 평가하여야 할 것이다(대판 2003. 12. 12. 2003다49252; 대판 2003. 3. 28. 2002다55144).
- ▸피해자의 입원기간 동안의 노동능력상실률을 100%로 평가하여 입원기간 동안의 일실수입을 계산하고 입원기간 동안 직장에서 받은 급여가 공제되어야 한다는 가해자의 주장을 배척한 원심의 판단이 정당하다(대판 2002. 9. 4. 2001다80778).

2) 적극적 손해

불법행위로 산재가 발생한 경우의 적극적 손해의 범위에는 치료비, 개호비, 보조기구구입비, 장례비, 기타의 부대비용(진단서비용, 신체감정비용, 변호사비용 등) 등이 포함된다.

---

108) 교통・산재손해배상실무연구회, 손해배상소송실무(교통・산재), p.242.

109) 차액설의 입장에 의한 판례로서는 대판 1990. 8. 28. 90다카15195; 대판 1979. 12. 28. 79다1727 등이 있으며, 평가설의 입장에 의한 판례로서는 대판 2003. 12. 12. 2003다49252; 대판 2003. 3. 28. 2002다55144; 대판 2002. 9. 4. 2001다80778 등이 있다.

(1) 치료비

치료비는 그 성질에 따라 입원치료비와 같은 통상적인 치료비와 교통비, 숙박비 등과 같은 부대비용으로써 변론종결 시점을 기준으로 그 이전에 발생한 기왕의 치료비와 그 이후에 발생할 향후치료비로 구분할 수 있다. 치료비는 불법행위와 상당인과관계가 있음을 요하고 그 상당성의 판단에 있어서는 당해 치료행위의 필요성 및 치료행위에 대한 보수액의 상당성이 검토 대상이 된다. 따라서 기왕의 치료비라도 사고 이전부터 가지고 있던 기왕증의 치료를 위한 비용이라든가 과잉치료비는 재해와 상당인과관계가 없는 손해로서 그 청구가 기각된다. 의료수가는 의료사회일반의 보편적인 진료비수준인 의료보험수가를 기준으로 하는 것이 바람직하나, 현실적으로 병원측에서 자의적으로 정한 치료비가 책정되고 있다.[110]

향후치료비에는 부상이 치유된 후 남아 있는 반흔 등을 제거하는 성형수술, 골절고정에 사용된 내고정금속정의 제거수술비와 물리치료 등과 같은 증상개선비용 그리고 증상악화방지 · 생명연장을 위한 항경련제, 항생제 복용비용, 만성증상이 지속되면서 두통 등을 제거하기 위한 약복용비용 등이 있다. 향후치료비는 일반적으로 의사의 신체감정결과를 그대로 인정하고 있는 경향이다.[111] 종전의 판례는 향후치료비에는 중간이자를 공제하지 않았으나, 1979. 4. 24. 판결에서는 중간이자를 공제하는 것으로 변경하였다(대판 1979. 4. 24. 77다703).

[관련판례요지]

향후 계속적인 치료가 필요하여 실제 그 치료를 받을 것임이 확실히 예상되는 경우에 그 치료비는 그때에 지출되는 것임이 명백하므로, 그 장래의 치료비 상당의 손해를 사고 당시를 기준으로 하여 일시에 청구할 수 있는 금액으로 산정함에 있어서는, 사고 당시와 치료비 지출 예상 시까지와의 사이의 중간이자를 공제함이 마땅하다(대판 1979. 4. 24. 77다703. 전원합의체).

---

110) 이주홍, 실무손해배상책임법, p.366.
111) 김동준, 손해배상실무요해, p.226.

그리고 소송의 변론종결 후에 새로이 어떤 적극적인 손해가 발생한 경우에 피재근로자가 변론종결 당시 그 손해의 발생이 예견할 수 없었고 그 부분의 청구를 포기하였다고 볼 수 없는 등 특단의 사정이 있다면, 향후 치료비는 전 소송의 소송물과 동일성이 없는 별개의 소송물로서 새로이 청구할 수 있다(대판 1980. 11. 25. 80다1671).

[관련판례요지]

불법행위로 인한 적극적 손해의 배상을 명한 전 소송의 변론종결 후에 새로운 적극적 손해가 발생한 경우에 그 소송의 변론종결 당시 그 손해의 발생을 예견할 수 없었고 또 그 부분 청구를 포기하였다고 볼 수 없는 등 특별한 사정이 있다면 전 소송에서 그 부분에 관한 청구가 유보되어 있지 않다고 하더라도 이는 전 소송의 소송물과는 별개의 소송물이므로 전 소송의 기판력에 저촉되는 것이 아니다(대판 1980. 11. 25. 80다1671).

(2) 개호비

개호비란 피재근로자가 중상을 입어 그 치료기간 동안 타인의 간호를 받아야 할 경우 또는 치료종결 후에도 불치의 후유장해로 평생 동안 타인의 조력을 받아야 할 경우 이에 필요한 비용을 말한다.[112] 개호의 필요성과 상당성은 피재근로자의 상해 또는 후유장해의 부위·정도·연령·치료기간 등을 종합하여 판단한다. 입원기간 중이라도 간호인에 의한 간호의 불충분으로 보통 보호자 내지 간병인이 환자를 간병하게 되므로 환자가 독립적으로 활동할 수 없는 이상 그 비용은 개호비로서 손해배상으로 인정된다(대판 1980. 6. 24. 80다801). 따라서 근친개호의 경우 환자가 실제로 개호비를 지급하지 않았다고 하더라도 개호비를 청구할 수 있다. 그러

112) 국가배상법시행령 제3조의 2는 「피재자가 완치 후에도 신체의 장해가 있어 다른 사람의 보호 없이는 활동이 어려운 것으로 인정되는 경우에는 여자보통인부의 일용노동임금을 기준으로 하여 피해자의 기대여명기간의 범위 안에서 개호비를 지급한다」라고 규정하고 있어, 치료가 완치된 이후에만 개호비를 인정하고 있다. 그러나 피해자가 부상으로 인하여 입원 내지 통원치료를 할 때에 개호의 필요성이 넓은 범위에서 인정된다고 할 수 있으므로 이에 관한 입법 개선이 필요하다.

나 직장이 있는 근친자가 간호하기 위해서 휴직함으로써 발생한 수입손실은 성인여자의 일용노동 수입범위를 초과한 부분에 대한 청구는 상당인과관계가 없다는 것이 판례의 태도이다(대판 1988. 2. 23. 87다카57).

개호의 인원과 비용의 기준은 변론종결 이후의 피재근로자의 상해 또는 후유장해의 개선 가능성, 피재근로자의 소재지, 개호의 실태 등을 참작하여 필요하고 상당한 범위 내에서 결정되어야 한다. 그러나 일반적으로 개호가 필요하더라도 개호인이 24시간 계속 간호하는 것은 아니고, 환자 옆에서 간헐적으로 시중을 들어주면 족한 것이므로 특단의 사정이 없는 한 성인여자 1인의 1년 365일간 1일 임금을 기준으로 한다(대판 1989. 5. 9. 88다카23193). 따라서 현재 개호인의 기준과 비용은 성인여자 1인의 일용임금이라고 할 수 있다. 그러나 후유장해의 정도에 따라 남자 1인 또는 여자나 남자 2인의 일용노임을 인정한 사례도 많이 있다.[113)]

(3) 보조기구입비

보조기에는 의족, 의수, 의치, 휠체어 등이 대종을 이루나 그 재료가 다종·다양한 경우에는 중등품에 의한 것으로 산정한다. 보조기구입비용은 신체감정결과에 나타난 보조기의 종류, 가격, 수명에 따라 산정한 비용에서 중간이자를 공제하여 계산하고, 만일 보조기를 구입한 시기에 관한 주장·입증이 없으면 보조기의 최초구입은 변론종결일에 구입한 것으로 간주하여 계산한다.[114)]

---

113) 성인남자 1인의 개호를 인정한 판례로서는 대판 1991. 3. 12. 90다19794; 대판 1993. 8. 13. 93다10675; 대판 1980. 8. 12. 80다909 등이 있으며, 성인여자 2인의 개호를 인정한 판례로서는 대판 1991. 5. 10. 90다14423; 대판 1994. 5. 10. 94다2909 등이 있다. 그리고 성인남자 2인의 개호를 인정한 판례로서는 대판 1991. 5. 10. 91다5396; 대판 1987. 12. 8. 87다카1332 등이 있다.

114) 김동준, 손해배상실무요해, p.227.

(4) 장례비

모든 사람은 죽음을 피할 수 없기 때문에 장례비 그 자체가 생명침해라는 불법행위로 인한 손해라고 할 수는 없으나, 대법원은 죽음은 피할 수 없는 운명이라 하더라도 당해 유족이 어쩔 수 없이 장례비용을 지출하는 것은 불법행위에 의하여 생긴 것이므로 장례에 관한 비용은 불법행위로 인한 손해배상의 대상으로 인정한다(대판 1966. 10. 11. 66다1456). 문제는 실제로 지출된 장례비용 중에서 어떤 비용을 상당인과관계에 있는 손해로 인정할 것인가이다. 이에 관하여 장례비용은 피재근로자의 자산상태, 사회적 지위·직업 등을 참작하여 사회통념상 타당하다고 인정되는 범위에서 결정된다고 할 수 있으나,[115] 「건전가정의례의정착및지원에관한법률」·「건전가정의례준칙」·「장사등에관한법률」에 위반한 지출은 사고와 상당인과관계가 없는 비용으로 배척된다.[116] 판례는 법령상 허용되는 부분과 금지되는 부분을 구분하기 어려우므로 장례비를 일정한도의 금액으로 정액화하는 경향이 있다. 예컨대 미성년자의 경우에는 250만원 내지 300만원, 성년자는 300만원 정도를 다툼 없는 사실로 받아들여지고 있다.[117]

(5) 기타의 부대비용

손해배상청구소송은 당사자의 과실 여부, 손해액의 입증 등 사실상·법률상 어려운 문제가 많아 변호사에게 소송을 위임하지 않고서는 권리구제받기 곤란하다. 따라서 일반적으로 불법행위로 인하여 산재를 당한 피재근로자가 손해배상청구소송을 변호사에게 위임하여 수행한 경우, 변호사보수기준에 관한 규정에서 정한 범위 내에서 실제 지출하였거나 지출할 금액을 통상의 손해로 인정하고 있다.[118]

---

115) 조일환, 「불법행위로 인한 손해배상의 정형화·유형화에 관한 연구」, pp.471-472.

116) 교통·산재손해배상실무연구회, 손해배상소송실무(교통·산재), p.297; 임종윤, 「인과관계와 손해배상의 범위」, p.27.

117) 교통·산재손해배상실무연구회, 손해배상소송실무(교통·산재), p.298.

118) 조일환, 「불법행위로 인한 손해배상의 정형화·유형화에 관한 연구」, p.472; 김상용, 불법행위법, p.457.

그리고 당사자가 소송을 제기하기 전에 의사에게 의뢰하여 지출한 신체감정비용은 특별히 신체장해 정도를 미리 알아야 할 특별한 사정이 없는 한 상당인과관계에 있는 손해로 볼 수 없다.[119] 이에 대하여 대법원은 「신체감정비용은 소송비용에 해당하는 것이고, 재판확정 후 민사소송비용법의 규정에 따른 소송비용액확정절차를 거쳐 상환받을 수 있는 것이므로 이를 별도의 적극적 손해라 하여 그 배상을 소구할 이익이 없다」라고 판시하고 있다.[120] 또한 불법행위로 인한 산재를 입은 경우에 손해배상청구를 함에 있어서 대부분 진단서의 제출은 필요한 것이므로, 진단서를 작성하기 위하여 지출한 비용은 청구가 가능하다(대판 1974. 11. 12. 74다483).

3) 정신적 손해(위자료)

위자료는 피재근로자가 신체, 생명을 침해당함으로써 받은 정신적 · 육체적 고통에 대한 보상일 뿐만 아니라 장래 얻을 수 있으나 불법행위로 인하여 상실한 육체적 · 정신적 행복에 대한 보상이라고 할 수 있다. 위자료를 청구할 수 있는 자는 피해자 본인, 그 직계존비속, 배우자, 형제자매, 외조부 등의 친척, 호적에 입적되지 않은 사실혼관계에 있는 배우자, 호적에 입적되지 않은 사실상의 친족 등이다. 그러나 중혼적 사실혼관계의 경우에는 이른바, 내연관계에 해당되므로 위자료청구권을 인정하기 곤란하다.

위자료의 산정은 재산적 손해액과 같이 증거에 의하여 입증할 수 있는 성질이 아니므로 피해자의 청구의 범위 내에서 사실심 법원이 제반사정을 참작하여 그 직권에 속하는 재량에 의하여 이를 확정할 수밖에 없다.[121] 그러나 구체적으로 위자료액을 산정함에 있어서는 가해의 동기, 가해자의 고의, 과실의 정도, 피재근로자와 가해자 쌍방의 사회적 지위, 직업, 자산능력 등을 고려

---

119) 임종윤, 「인과관계와 손해배상의 범위」, p.27.

120) 대판 1995. 11. 7. 95다35722; 대판 1987. 6. 9. 86다카2200; 대판 1987. 3. 10. 86다카803.

121) 김준호, 민법강의, P.1623.

하여 결정한다.[122] 그러나 소송실무에서는 위자료의 산정에 있어 어느 정도 유형화시키고 있다. 즉, 1996. 2. 1. 교통사고 및 산재사고로 인한 위자료액은 다음의 방식에 의하여 산정한 후 신분관계에 따라 일정비율을 배분하는 방식을 채택하고 있는데, 이 방식은 실무에서 일반적으로 활용되고 있다.

[위장료 산정방식]

패해자의 과실유무	산정방법
피해자의 과실이 없는 경우	사망 시: 50,000,000원[123]
	생존시: 50,000,000원×노동력상실률[124]
피해자의 과실이 있는 경우	위 위자료×노동력상실률×[1 − (과실비율×6 / 10)

4. 산재배상액의 산정

이상에서 산재에 의한 손해배상의 이론과 판례의 내용을 검토한 것을 토대로 피재근로자가 받을 수 있는 손해배상의 범위는 소극적 손해로서의 일실이익, 적극적 손해로서의 치료비 · 장례비 · 기타의 부대비용 그리고 정신적 손해로서의 위자료이다. 그러나 피재근로자의 과실이나 사용자의 불법행위로 인하여 이득을 얻은 때에는 과실상계와 이익공제를 하여야 한다.

1) 과실상계

(1) 의의

과실상계란 채무불이행 또는 불법행위에 관한 채권자 또는 피해자에게

122) 김상용, 불법행위법, p.492.

123) 1996년 당시 위자료액은 40,000,000원이었으나 물가인상 등 경제적 상황이 변경됨에 따라 현재는 50,000,000원으로 인상되었다.

124) 국가배상법 및 산재보험법에 의하면 사망하거나 신체장해 3등급 이상인 경우에는 노동력상실률은 100%이다.

그 손해의 발생·회피·경감 등에 의하여 과실이 있는 경우에 법원이 손해배상의 책임·그 금액을 정함에 있어서 그 과실을 참작하는 것을 말한다(민법§396·§763). 과실상계는 손해배상제도를 지도하는 공평의 원칙, 채권관계를 지배하는 신의칙 그리고 사회생활 관계에 있어서의 협동정신의 구체적인 표현이라고 할 수 있다.[125]

사용자에게 안전배려의무가 있는 것과 마찬가지로 근로자에게도 자기안전의무가 있다. 즉, 근로자가 업무를 수행함에 있어서 본질상 자신과 동료의 생명·신체 등의 위험을 야기하지 않도록 행동하여야 할 자기안전의무가 있다. 따라서 산재가 사용자의 불법행위 내지 안전배려의무 위반에 의하여 발생한 경우에 재해와 상당인과관계에 있는 손해액을 산정함에 있어서도 피재근로자에게 손해의 발생 또는 그에 따르는 재해의 증가에 대해 과실이 있는 경우에는 과실상계를 해야 한다.[126] 그러나 사용자에게 근로자의 부주의를 고려하여 만전의 조치를 취해야 할 안전배려의무가 있기 때문에, 과실상계를 인정하더라도 민법 일반의 과실상계의 법리를 그대로 수용하는 것은 문제가 있다.[127] 즉, 고의에 가까운 중대한 과실이 있는 경우에 한하여 과실상계를 인정하는 것이 타당하다.

---

125) 교통·산재손해배상실무연구회, 손해배상소송실무(교통·산재), p.311.

126) 西村健一朗, 「使用者の安全配慮義務」, p.263; 곽윤직, 채권총론, pp.694-695.

127) 피해자의 과실상계를 제한하고자 하는 근거로서는 다음과 같은 것이 있다. 첫째는, 사용자는 근로자의 생명·신체·건강을 보호하여야 할 안전배려의무가 있고, 이 의무 위반에 의해 산재사고가 발생한 경우에는 비록 근로자의 과실이 있더라도 그것은 그 의무 위반에 흡수되어 과실상계의 대상이 되는 사회적 비난 가능성이 존재하지 않기 때문에 과실상계는 인정될 수 없다는 견해이다(岡村親宜·大竹秀雄, 勞災職業病, p.94; 宮島尙史, 「勞災裁判の總論的展開」, p.39). 둘째는, 과실상계는 기본적으로 허용되지만 노동환경 또는 지휘명령의 직접적인 원인이 되거나 기업의 중대한 과실로 인한 산재사고에 대하여는 과실상계를 부정 또는 경감하고, 근로자의 중대한 과실에 있는 경우에만 과실상계를 안정해야 한다고 하는 과실상계의 제한론이다(荒木誠之, 「勞災訴訟と勞使の安全配慮義務」, p.80; 保源喜志夫, 「勞働災害と過失相殺－問司港事件」, p.144).

(2) 과실상계의 비율기준

과실상계의 비율기준에 관한 이론에서는 피재근로자의 과실을 중시하는 「절대설」과 피재근로자·가해자 쌍방과실의 대비에 따라 과실상계비율을 정하는 「상대설」이 있으나,[128] 통설은 「상대설」에 따라 피재근로자의 과실을 정하고 있다.[129] 근로자는 직장규범으로서 자기안전의무를 부담하고 업무나 작업의 성질상 당연히 행하여야 할 안전작업의무가 있으나, 그와 동시에 사용자측은 근로자에 대하여 재해발생원인이 된 행위를 하지 않도록 교육·지도·감독할 의무가 중시되고 있으며, 이것에 상응하는 근로자의 안전준수의무를 고려하지 않으면 안된다. 따라서 산재사고에 있어서도 과실상계비율은 「상대설」의 입장에 따라 사용자측의 과실과 피재근로자측의 과실을 비교하여 과실의 태양·정도 기타 제반사정을 참작하여 정하여야 한다. 그런데 산재사고는 사고발생 유형이 다양하고 많은 원인이 복합적으로 관련되어 있기 때문에 동일한 현장에서 발생한 사고라 하더라도, 그 발생원인과 피재근로자의 지위 또는 업무숙련도 등에 따라 각각의 과실의 사고발생에 대한 기여도가 각각 다르므로 과실비율을 정형화하는 것은 거의 불가능하다.[130]

(3) 판례에 의한 과실상계비율

최근 각 고등법원에서 선고되어 확정된 판결을 중심으로 업무상 재해로 인한 손해배상산정에서 근로자의 과실상계비율을 사고유형별로 소개하면 다음과 같다.[131]

---

128) 예컨대, 가해자의 과실비율이 40%, 피재근로자의 과실비율이 20%, 불가항력에 의한 손실이 40%의 비율로 사고발생에 기여하였다고 가정할 때, 「절대설」에 의하면 피재근로자의 과실비율은 20%, 「상대설」에 의하면 33%(20%+40%×20/60)가 된다.

129) 이재훈, 판례불법행위법(제13권), p.1996; 이순영, 「교통사고 소송에 있어서 과실상계운영상의 문제점」, p.261 이하; 이주흥, 실무손해배상책임법, p.418.

130) 교통·산재손해배상실무연구회, 손해배상소송실무(교통·산재), p.523.

131) 산업재해와 관련한 손해배상에서의 과실상계비율에 의한 판례는 교통·산재손해배상실무연구회, 손해배상소송실무(교통·산재), 2005. p.528 이하에 의한 것이다.

① 추락사고

▸ **서울고법 2003. 6. 25. 2002나29130**

◎ 사고경위: 동해시의 임야에서 솔잎혹파리 방제 수간 주사작업 중 주사에 투약작업을 하다가 미끄러지면서 산 아래 방향으로 굴러 넘어졌음에도 사용자는 응급조치를 취하지 않고 귀가함.

◎ 사용자측 과실: 교육 및 감독업무를 수행할 수 있는 안전관리자 등을 배치하여 사고를 회피할 수 있는 작업방법 등을 구체적으로 교육하고 이를 감독해야 함에도 일반적인 주의사항만을 시달한 채 작업을 하도록 하고 사고 후 별다른 응급조치를 취하지 아니한 과실.

◎ 피해자측 과실: 가파른 경사가 있는 야산에서 몸의 균형을 잃지 않도록 주의하면서 안전하게 작업하였어야 할 주의의무가 있음에도 이를 게을리한 과실과 상당부분 기왕증이 기여함.

◎ 과실상계비율: 75%

▸ **서울고법 2000. 2. 2. 99나26001**

◎ 사고경위: 커튼 소매업자가 강당에 커튼 재설치 작업을 하던 중 표면이 미끄러운 강단 부분에 피고측으로부터 제공받은 3단 접이식 사다리를 설치하고 그 위에서 피고측 사람과 함께 작업을 하다 사다리가 흔들려 미끄러지면서 사다리가 넘어졌고, 피고측 사람은 재빨리 뛰어내려 다치지 않았으나 커튼 소매업자는 바닥에 추락함.

◎ 사용자측 과실: 표면이 미끄러운 곳에 사다리를 설치하였으므로 사다리가 미끄러지지 않도록 사다리의 다리를 잡고 있는 등 고정된 상태에서 작업을 하게 하여야 할 주의의무가 있음에도 이를 게을리한 과실.

◎ 피해자측 과실: 작업을 주도하고 있던 커튼 소매업자로서도 작업을 하던 사다리가 불안정한 상태에 있는 경우 충분히 사고가 일어날 수 있음을 예견할 수 있으므로, 즉시 작업을 중지하고 다른 사람의

조력을 요청하여야 함에도 이를 게을리한 과실.

◎ 과실상계비율: 70%

▸ **대전고법 2004. 1. 29. 2002나7983**

◎ 사고경위: 용접공이 신축공사 현장의 지하 1층 기계실 내의 발판이 설치된 사다리 위에서 펌프배관 용접작업을 하다가 발을 헛디디는 바람에 중심을 잃고 지상으로 떨어짐.

◎ 사용자측 과실: 안전한 발판을 제공하지 않았고 안전모도 제공하지 않은 과실

◎ 피해자측 과실: 발을 헛디디지 않도록 조심하지 않았고 안전모를 요구하여 이를 착용하고 작업하는 등 안전을 도모하지 않은 과실

◎ 과실상계비율: 50%

▸ **대구고법 2003. 10. 10, 2003나3684**

◎ 사고경위: 형틀목공이 교각상단의 강재 거푸집 해체작업 중 B거푸집을 크레인에 매달고 상하부분에 설치된 연결볼트를 제거한 상태에서 거푸집 밑 부분의 통로로 올라가 앙커볼트를 제거한 후 크레인 기사로 하여금 거푸집을 떼어내게 하였으나 분리되지 않자, 지렛대로 틈새를 벌리는 작업을 몇 번 시도하다 A거푸집이 교각으로부터 분리되면서 거푸집과 함께 지상으로 추락함.

◎ 사용자측 과실: 크레인에 매달려 있지 않은 A거푸집의 앙커볼트가 제대로 결합되어 있는지 세심히 살핀 후 작업을 지시하여야 하고 작업인부들의 추락에 대비하여 안전망을 설치해야 함에도 이를 게을리한 과실

◎ 피해자측 과실: A거푸집의 앙커볼트가 제거되어 있는 것을 발견하였음에도 이를 새로이 설치하거나 A거푸집을 크레인에 매다는 등 추락 방지에 필요한 조치를 요구하지 않고 작업을 한 과실.

◎ 과실상계비율: 50%

▸ 서울고법 2000. 2. 10. 99나33597

◎ 사고경위: 화물차 운전기사가 피고회사의 하역준비작업이나 상하차 작업을 도와주기도 하였는데, 위 운전기사가 자동창고 하차장의 하차대와 화물차 적재함의 높이 차이 때문에 생기는 틈을 덮는 철판을 연결된 밧줄을 잡아당기는 방법으로 설치하다 밧줄이 끊어지는 바람에 그 반작용으로 뒤로 밀려나면서 하차대 밑으로 추락함.

◎ 사용자측 과실: 수시로 위 철판과 연결된 밧줄의 상태를 점검하고 노후한 밧줄을 교체하는 등 안전조치를 취할 의무가 있음에도 이를 게을리한 과실.

◎ 피해자측 과실: 밧줄이 끊어질 우려가 있는지 살피지 않고 위험한 위치에서 밧줄을 잡아당긴 과실.

◎ 과실상계비율: 50%

▸ 대전고법 2003. 11. 14, 2003나811

◎ 사고경위: 화물차에 건설자재를 싣고 운반 중 약 3.5m 높이의 적재함에 올라가 고무밧줄로 재고정 작업을 하다 고무밧줄이 끊어지면서 화물차 아래로 떨어짐.

◎ 사용자측 과실: 밧줄로 고정하는 작업과 관련한 안전교육을 실시하지 않았고 고무밧줄의 안전상태를 점검하여 낡은 것을 새것으로 교체하지 아니한 과실

◎ 피해자측 과실: 화물차의 운전기사로서 고무밧줄 이외의 튼튼한 밧줄을 준비하지 않았고 고무밧줄의 안전상태를 미리 점검하지 아니한 과실

◎ 과실상계비율: 40%

▸ 서울고법 2003. 4. 24. 선고 2001나50663

◎ 사고발생경위: 내장 목공이 사다리에 올라서서 천장에 석고보드를 붙이는 작업을 하던 중 사다리가 옆으로 넘어지면서 바닥으로 추락함.

◎ 사용자측 과실: 작업수행상 필요한 안전시설을 설치 또는 제공하지

아니한 채 작업을 지시한 과실

◎ 피해자측 과실: 사다리를 보다 안전하게 장치하거나 같이 일하던 사람에게 사다리를 붙잡도록 하는 등으로 스스로 안전을 도모하였어야 함에도 이를 게을리한 과실

◎ 과실상계비율: 40%

▸ **대구고법 2003. 1. 28. 선고 2002나7276**

◎ 사고발생 경위: 잣종자 재취작업을 하던 중 수고 10미터의 잣나무에 7미터 높이까지 올라가 장대로 잣종자를 재취하다 나뭇가지가 부러지는 바람에 지면에 추락함

◎ 사용자측 과실: 위험한 작업을 하지 말라는 당부만을 하였을 뿐, 추락을 방지하기 위한 안전띠나 안전모, 안전화 등의 안전장비와 추락사고에 대비한 안전망 등의 보호시설 및 구급약이나 들것 등의 구급장비를 제공 또는 비치하지 않은 과실

◎ 피해자측 과실: 나뭇가지가 튼튼한지 여부를 잘 살피는 등으로 스스로의 안전을 도보하여야 할 것임에도 이를 게을리한 과실

◎ 과실상계 비율: 40%

▸ **대전고법 2002. 9. 27. 2002나3349**

◎ 사고발생 경위: 철근공이 교각의 상판에서 하판으로 철근을 내려 주는 작업을 하던 중 상판과 하판을 연결한 길이 약 3미터의 알루미늄 사다리를 통하여 하판으로 내려오다 사다리가 옆으로 미끄러지면서 사다리와 함께 하판으로 추락함

◎ 사용자측 과실: 사다리가 미끄러지지 않도록 위 사다리에 고정장치를 설치하는 등 안전조치를 취하여야 함에도 불구하고 이를 게을리한 과실

◎ 피해자측 과실: 사다리가 고정되어 있지 아니한 사실을 알고 있었으므로, 사다리가 미끄러지지 않도록 더욱 주의하여야 하고, 필요한

경우 동료 작업자로 하여금 사다리를 붙들게 하는 등의 적절한 조치를 취하지 아니한 과실

◎ 과실상계 비율: 40%

▸ **광주고법 2002. 9. 6. 2001나6960**

◎ 사고경위: 옥내전선 및 배선공사에 투입되어 작업을 하던 중 고압 패널룸에 들어가게 되었는데, 고압 패널룸 안의 바닥에 설치되어 있는 케이블 피트를 덮고 있는 아연복강관이 볼트 등으로 고정되어 있지 않아 아연복강판을 밟는 순간 아연복강판이 기울어지면서 발목이 빠져 중심을 잃고 케이블 피트 안으로 넘어짐

◎ 사용자측 과실: 아연복강판을 고정하지 않았고 고장하지 않은 경우 안전표지판 등을 설치하였어야 함에도 이를 하지 않았으며, 바닥이 고정되지 아니한 곳에 들어가는 피해 근로자에게 더욱 주의를 촉구하지 아니한 과실

◎ 피해자측 과실: 아연복강판이 고정되어 있지 아니한 사실을 알고 있었으므로 기울어지는 여부를 확인하고 건너갔어야 함에도 이를 게을리한 과실

◎ 과실상계비율: 40%

▸ **대구고법 2002. 5. 24. 2001나5648**

◎ 사고경위: 기울어진 비계를 철거하기 위하여 비계 위로 올라가서 비계 상부에 묶고 내려오는 도중 비계가 무너지는 바람에 지면으로 추락함

◎ 사용자측 과실: 추락의 위험이 있는 장소에서의 비계를 해체, 변경하는 작업을 할 경우에는 현장에 안전관리자를 두고 발판을 설치한 상황에서 작업자에게 안전대를 착용시키고 작업을 지시하여야 함에도 불구하고 이를 게을리한 과실

◎ 피해자측 과실: 기울어진 비계 위로 올라가 작업을 하게 되었으므로

무너질 것에 대비하여 안전모와 안전대를 착용하고 작업방식에 있어서도 특별한 안전한 방법을 선택하여야 했음에도 불구하고 이를 게을리한 과실

◎ 과실상계비율: 40%

▸ **서울고법 200. 5. 18. 99나45453**

◎ 사고경위: 기계정비공이 크레인 거더크랙을 용접하라는 지시를 받고 운반통을 크레인의 붐대에 마닐라 로프를 이용하여 매달고 지상 7m 높이의 운반통 안에서 용접작업을 하던 중 마닐라 로프가 용접으로 가열된 부분에 닿아 끊어지면서 운반통과 함께 지상으로 추락함

◎ 사용자측 과실: 사전에 충분한 안전교육을 하지 않았고 화기에 약한 마닐라 로프를 이용하는 것을 그대로 방치한 과실

◎ 피해자측 과실: 자재 창고에서 화기에 강한 와이어로프를 가져오지 않고 작업을 빨리 끝내려는 생각으로 마닐라 로프를 사용하였고, 화기에 약한 마닐라 로프를 사용하였다면 용접 부위에 닿지 않도록 좀더 주의를 기울였어야 함에도 이를 게을리하였으며, 안전모를 착용하지 아니한 과실

◎ 과실상계비율: 40%

▸ **서울고법 2003. 12. 9. 2003나34054**

◎ 사고경위: 숙련된 착암공이 터널공사 중 조공이 필요한 착암기 작업을 혼자 착암기에 달린 노미 끝이 암반접촉면의 우측으로 밀리면서 그 반동으로 무게 50㎏가량인 착암기가 좌측으로 쏠리게 되었고, 작동 중인 착암기의 손잡이가 몸을 올리면서 터널 천장에 머리를 부딪치고 작업대 보조발판으로 떨어짐

◎ 사용자측 과실: 착암기의 무게 등의 연건에 비추어 천공작업을 하는 경우 안전한 작업방법과 요령을 숙지시키고, 피로가 누적되지 않도록 하여 착암기 사고가 발생하지 않도록 주의를 기울여야 함에도 이를 게을리한

과실
◎ 피해자측 과실: 조공이 필요함에도 이를 적극적으로 요구하지 않았고 착암공으로서 상당한 경력을 가졌음에도 착암기의 조직에 주의를 게을리한 과실
◎ 과실상계비율: 30%

▶ 서울고법 2003. 6. 25. 2001나31419

◎ 사고경위: 배관공이 지하주차장 내 스프링클러 배수주철 지지철물 설치를 위하여 2인 1조로 2단 틀비계를 타고 올라가 드릴작업을 하던 중 드릴의 회전력이 벽체 안의 철근에 닿는 순간 드릴 몸체가 이탈하면서 중심을 잃고 틀비계가 반대편 벽체로 기울이면서 지상으로 추락함
◎ 사용자측 과실: 틀비계가 벽체에 제대로 고정되어 있지 않아 드릴의 회전력이 전달되자마자 틀비계가 기울어졌는바, 틀비계가 제대로 벽체에 고정되었는지 여부를 확인하지 아니하였고, 안전벨트 착용 및 안전모 턱 끈의 결속 여부를 확인하지 아니한 과실
◎ 피해자측 과실: 안전벨트를 착용하지 않았고 안전모 턱끈을 제대로 결속하지 않아 안전모가 벗겨지게 하였으며, 틀비계의 고정 여부를 확인하지 아니한 과실.
◎ 과실상계비율: 30%

▶ 서울고법 2003. 6. 12. 선고 2002나52222

◎ 사고발생경위: 용접공이 비계 위에 재차 약 1.5미터 높이의 사다리를 옥탑 벽면에 비스듬하게 설치한 다음 그 위에 서서 용접작업을 하던 중 비계 바퀴의 고정장치가 무게 중심이 계속해서 한쪽으로 쏠림으로 인하여 풀리면서 비계가 밀리게 되자 중심을 잃고 사다리에서 옥상 바닥으로 추락함
◎ 사용자측 과실: 추락 방지를 위한 적절한 안전시설을 하지 않았고,

비계 바퀴의 고정장치가 풀리지 않도록 장비에 대한 점검을 철저히 하여야 함에도 불구하고 별다른 안전조차도 취하지 않은 채 작업을 하게 한 과실

◎ 피해자측 과실: 스스로 적절한 안전조치를 취하지 않았고, 적절한 안전시설 또는 비계의 제공을 요구하지 아니한 과실

◎ 과실상계비율: 20%

▸ **대구고법 2003. 6. 27. 2002나1162**

◎ 사고경위: 형틀목공이 아파트 건물 외벽에 설치된 대형거푸집 해체 작업 중 거푸집이 대형크레인에 매달려져 있는 상태에서 거푸집 윗 부분에 설치된 안전난간지대에 연결된 안전띠를 허리 부분에 연결한 후 거푸집을 젖히는 작업을 하다 거푸집 상단부의 크레인후크가 거푸집의 하중을 견디지 못하고 떨어져 나가는 바람에 거푸집과 함께 지상으로 추락함

◎ 사용자측 과실: 크레인후크가 거푸집의 하중을 견디지 못할 정도로 연약하게 제작되었고 위험한 거푸집 해체작업을 지시함에 있어서 그 작업 전에 제반시설의 안전여부를 면밀히 살핀 후 작업지시를 하여야 함에도 이를 게을리한 과실

◎ 피해자측 과실: 크레인과 거푸집의 연결상태 등을 세심히 살펴 사고를 미리 방지할 의무가 있음에도 이를 게을리한 과실

◎ 과실상계비율: 10%

② 기계조작 중 기계에 다친 사고

▸ **서울고법 1999. 12. 24. 98나67319**

◎ 사고경위: 프레스기에 금형을 설치하고 프레스기에 문제가 발생한 경우 이를 해결하는 등 산업현장의 관리감독업무를 담당하는 사람이 자신이 잘 모르는 최신형 유압프레스기를 수리하는 도중 충격완

화용 스프링 중 한 개가 한쪽으로 기울어져 있는 것을 보고 이를 바로 세우기 위하여 왼손에 푸트 스위치를 들고 광전식 안전장치가 감지할 수 없는 프레스기의 측면으로 오른손을 넣어 위 스프링을 세우려는 순간 푸트 스위치를 잘못 눌러 오른손이 압착됨

◎ 사용자측 과실: 푸트 스위치는 양수조작식 작동스위치에 비하여 사고의 위험성이 높으므로 이를 사용하지 못하게 하고 안전장치가 감지할 수 없는 측면으로 손을 넣지 않도록 교육을 실시할 주의의무가 있음에도 이를 게을리하였고, 전문적인 지식이 없는 사람으로 하여금 기계를 수리하도록 지시한 과실

◎ 피해자측 과실: 전원을 차단하거나 안전한 도구를 사용하지 않은 채 위험한 푸트 스위치를 손에 쥐고 안전장치가 감지할 수 없는 방향으로 손을 집어넣은 과실

◎ 과실상계비율: 80%

▸ **대구고법 2002. 4. 26. 2001나5549**

◎ 사고경위: 1달에 20일 정도 직접 프레스 작업을 하는 생산부 차장이 전자감응식 안전장치가 고장난 프레스기계를 이용하여 수동으로 프레스 작업을 하다 왼손이 프레스기의 상·하금형 사이에 압착됨

◎ 사용자측 과실: 안전장치가 고장났다는 보고를 받고 안전장치를 고치고 작업을 하도록 지시하였으나, 이를 무시하고 계속 작업을 하는 것을 방치한 과실.

◎ 피해자측 과실: 생산직 책임자로서 안전장치를 수리한 후 작업을 하라는 지시를 받았음에도 불구하고 이를 무시하고 계속 작업을 한 과실.

◎ 과실상계비율: 60%

▸ **대구고법 2003. 4. 2. 2002나6631**

◎ 사고경위: 자동차부품을 생산하는 회사의 프레스공이 작업을 끝낸

후 다른 직원으로부터 부탁을 받아 프레스기에 설치된 금형의 제품번호를 확인하기 위하여 고개를 숙이고 금형을 살피면서 왼손을 금형의 윗부분에 올려놓고 오른손으로 금형의 오른쪽을 잡아 돌려 제품번호를 찾으려다 실수로 풋 스위치를 밟아 프레스가 하강하면서 왼손이 압착됨

◎ 사용자측 과실: 풋 스위치는 사고의 위험성이 높아 평소 사용하지 않다 특별한 경우에만 사용하는 것으로, 부탁할 때 풋 스위치를 분리시키거나 풋 스위치가 분리되지 않았음을 고지하여야 함에도 이를 게을리한 과실

◎ 피해자측 과실: 풋 스위치가 아직 연결되어 있을 가능성이 있으므로 스스로 안전에 주의하여야 함에도 이를 게을리한 과실

◎ 과실상계비율: 50%

▸서울고법 2002. 11. 8. 2002나21877

◎ 사고경위: 현장실습 중인 고등학생이 프레스기에서 피고회사 직원의 조수로서 성형된 자동차 부품을 꺼내는 일을 하고 있었는데, 오른손이 프레스기의 앞쪽에 설치되어 있던 가이드핀에 끼게 됨

◎ 사용자측 과실: 직원은 현장실습 중인 고등학생이 정하여진 작업위치에서 안전하게 작업에 임하도록 지휘 감독하여야 함에도, 정하여진 작업위치가 아닌 자신의 작업방향 오른쪽에서 오른손을 이용하여 작업하는 것을 보고도 이를 방치한 과실

◎ 피해자측 과실: 현장실습생으로서 직원의 작업상의 지시, 감독에 충실히 따르면서 안전하게 작업에 임하여야 함에도 이를 따르지 아니한 채 정하여진 작업위치에서 작업을 하지 아니한 과실

◎ 과실상계비율: 50%

▸대구고법 2002. 10. 4. 2002나3595

◎ 사고경위: 자동차부품 회사의 프레스 공이 작업에 편하다는 이유로

광전자식 안전장치를 끄고, 양수조작식 작동스위치의 한쪽 부분을 쇠조각으로 고정하여 오른손만으로 눌러도 작동할 수 있게끔 해 놓고 작업을 하던 중 부품을 끄집어내기 위하여 왼손을 넣어다가 미처 빼내기 전에 오른손으로 작동스위치를 누르는 바람에 상부금형이 내려와 왼손이 협착됨.

◎ 사용자측 과실: 안전장치가 작동되는 상태에서 작업을 하도록 충분한 안전교육을 실시하고 수시로 작업과정을 감독하여 그 준수 여부를 점검하여야 함에도 불구하고 능률이 오른다는 이유로 안전장치를 끄고 작업하는 것을 사실상 방치한 과실

◎ 피해자측 과실: 작업이 편하다는 이유로 스스로 안전장치를 끄고 작업을 한 과실

◎ 과실상계비율: 50%

▸ **대전고법 2002. 9. 4. 2001나4123**

◎ 사고경위: 목공이 합판을 절단하기 위하여 원형기계 톱날 옆에 설치된 버팀목에 밀착시킨 상태에서 합판을 톱날방향으로 밀어 절단하는 작업을 하던 중 합판이 버팀목과 기계 톱날 사이에 빽빽하게 끼면서 얼굴 앞으로 솟아오르자 이를 왼손으로 누르다가 손가락이 회전하는 톱날에 닿게 됨

◎ 사용자측 과실: 톱날이 불량임에도 이를 교체하지 않았고, 안전커버도 설치하지 아니한 상태에서 버팀목의 선을 잘못 그려 버팀목과 기계톱날 사이가 평형을 이루지 않게 하고 작업을 하게 한 과실

◎ 피해자측 과실: 숙련된 목공으로서 버팀목이 잘못 고정되어 있고, 기계톱날의 상태가 좋지 않으며, 안전커버도 설치되어 있지 아니하여 사고의 위험성이 높음에도 아무런 조치를 취하지 아니한 채 그대로 작업을 하였고 절단 중인 합판이 위로 솟아오르면 피해야 함에도 손을 갖다 댄 과실

◎ 과실상계비율: 40%

▸ **대구고법 2002. 4. 19. 2001나7064**

◎ 사고경위: 주로 포장일을 하던 사람에게 트랙터 날의 불량부분을 교정하기 위하여 프레스 작업을 하게 하였는데, 광전자식 안전장치가 제대로 작동하지 아니하여 프레스기에 왼손이 눌림

◎ 사용자측 과실: 주로 포장일을 하던 사람에게 프레스 작업을 하게 하면서 안전교육을 제대로 실시하지 않았고, 안전장치가 제대로 작동하는지를 살피지 아니하였으며, 프레스 작업자에 대한 안전대책을 소홀히 한 과실.

◎ 피해자측 과실: 안전장치가 제대로 작동하는지를 살피지 아니하고, 스스로 안전에 주의하지 아니한 과실

◎ 과실상계비율: 35%

▸ **서울고법 2001. 10. 25. 2001나39901**

◎ 사고경위: CS프레스기를 사용하여 가스켓 평판작업을 하던 중 프레스기의 하부금형 위에 올려놓았던 손을 빼내기 전에 작동 패달을 밟는 바람에 상부금형이 내려와 손이 압착됨

◎ 사용자측 과실: 안전장치가 작동하는 상태에서 작업을 하도록 안전교육을 실시하고, 수시로 작업과정을 감독하여 그 준수 여부를 점검하여야 할 주의의무가 있음에도 불구하고 이를 게을리하였을 뿐만 아니라, 작업반장이 안전장치를 높이 올려놓아 안전장치가 작동되지 않게 한 과실

◎ 피해자측 과실: 안전장치의 높이가 제대로 되어 있는지 여부를 확인하고 작업에 임하여야 할 주의의무가 있음에도 이를 게을리한 과실

◎ 과실상계비율: 30%

▸ **서울고법 2004. 1. 28. 2003나9140**

◎ 사고경위: 용접공이 가스관을 위한 용접작업 중 종전에 작업한 용접부위에 용접기의 전류조정기가 부착되어 있는 것을 발견하고 가스

관의 측면에 우측 손을 짚고 좌측 손으로 전류조정기를 치우던 과정에서 가스관을 이동시켜 주는 가이드롤러와 가스관 사이에 손이 협착됨

◎ 사용자측 과실: 가이드롤러 주위에 신체의 일부가 들어가지 못하도록 철제 안정망을 설치하는 등의 안전조치를 취하지 아니한 과실

◎ 피해자측 과실: 가스관의 이동상태를 살피면서 안전하게 작업을 하였어야 함에도 불구하고 이를 게을리한 과실

◎ 과실상계비율: 30%

▸ **부산고법 2003. 11. 27. 2003나2130**

◎ 사고경위: 기계공이 우레탄원단 제조작업 시범을 보이던 중 2, 3번 롤러 사이에서 올라오는 원단을 꺼내기 위하여 3번 롤러에 비스듬히 기대어 2, 3번 롤러 사이에 오른손을 집어넣고 있었는데, 컨트롤 박스에서 스위치를 조작하던 직원이 1번 롤러 스위치를 조작하여야 함에도 불구하고 3번 롤러 스위치를 조작하는 바람에 몸의 균형을 잃고 오른손과 팔이 2, 3번 롤러 사이에 끼게 됨

◎ 사용자측 과실: 컨트롤 박스에서 롤러 스위치를 잘못 조작한 과실

◎ 피해자측 과실: 숙련공으로서 그 제조과정을 잘 알고 있어 미리 손을 넣을 필요가 없음에도 손을 넣고 있었고, 각 롤러의 작동상황에 주의를 기울여 스스로 안전을 도모하였어야 함에도 이를 게을리한 과실

◎ 과실상계비율: 30%

▸ **서울고법 2003. 11. 11. 2002나64607**

◎ 사고경위: 형틀목공이 전기톱이 중앙에 설치된 작업대에서 전기톱을 이용하여 합판을 자르는 작업을 하던 중 톱날과 작업대 사이에 합판조각이 걸리는 느낌이 들어 톱날 위에 설치된 톱날덮개를 뒤로 제쳐놓고 톱날 쪽으로 합판을 밀다가 장갑이 톱날에 걸려 손가락이

빨려 들어감

◎ 사용자측 과실: 규정대로 장갑을 착용하지 아니하고, 톱날덮개로 톱날을 덮은 상태에서 작업을 하도록 수시로 안전교육을 실시하여야 할 뿐만 아니라, 이를 철저하게 관리·감독하여야 함에도 이를 게을리한 과실

◎ 피해자측 과실: 숙련된 형틀목공으로서 작업장의 안전수칙을 준수하며 톱날의 상태를 주시하면서 안전하게 작업을 하여야 함에도 불구하고, 장갑을 착용한 채 톱날덮개를 제쳐놓은 상태에서 무리하게 작업을 한 과실.

◎ 과실상계비율: 30%

▸ 서울고법 2002. 9. 27. 2001나50670

◎ 사고경위: 고무인 제작에 사용되는 나무의 절단작업을 하던 중 왼손을 회전하는 전기톱날에 스침

◎ 사용자측 과실: 작업수행상 필요한 안전덮개를 설치하는 등의 사고방지를 위한 적절한 조치를 취하여야 함에도 이를 게을리한 과실.

◎ 피해자측 과실: 절단된 나무의 양쪽 끝을 잡고 소심스럽게 절단하는 등 손이 회전하는 전기톱날에 닿지 않도록 스스로 주의하여야 할 주의의무가 있음에도 이를 게을리한 과실

◎ 과실상계비율: 30%

▸ 서울고법 2002. 3. 14. 2001나50861

◎ 사고경위: 선반공이 선반에 강재를 물리고 절삭하는 작업을 하던 중 강재가 척에서 이탈하면서 맞대기 용접부분이 떨어져 그중 한쪽이 머리를 강타함

◎ 사용자측 과실: 강재가 선반척의 구멍보다 굵어 구멍에 끼울 수 없고 척에만 강재의 끝부분을 물린 상태에서 작업을 할 수밖에 없어 선반공이 교체를 요구하였음에도 납기가 임박하였다고 하여 이를 무

시하고 작업을 하게 한 과실

◎ 피해자측 과실: 숙련된 선반공으로서 위험한 작업을 단행할 것이 아니라 사용자에게 요청하여 적절한 안전대책을 세운 이후에 작업을 하였어야 할 주의의무가 있음에도 이를 게을리한 과실.

◎ 과실상계비율: 30%

▸ 광주고법 2003. 1. 10. 2002나6332

◎ 사고경위: 목재가공용 둥근 기계톱에서 잘려져 나오는 목재를 검사·포장하고 기계가 정지하면 흩어진 나무 조각을 정리하는 업무를 담당하는 사람이 잘려진 목재를 반출하는 컨베이어가 정지하자, 그 벨트에 끼인 나무 조각을 빼내려고 위 컨베이어 밑으로 들어가던 중 성명불상의 직원이 전기 스위치를 올려 기계가 작동되어 머리카락이 컨베이어의 체인에 끼었고 이에 오른손을 올려 이를 빼내려다 오른 손목이 컨베이어의 체인과 기어 사이에 들어가 손목이 절단됨

◎ 사용자측 과실: 컨베이어 주변에 나무 조각을 정리하는 사람이 있는지 여부를 확인하고 기계를 작동시켜야 함에도 이를 게을리한 과실.

◎ 피해자측 과실: 다른 작업도구를 이용하여 나무 조각을 안전하게 빼내려고 하지 않고 몸을 충분히 낮추지 않은 채 컨베이어 밑으로 들어간 사실.

◎ 과실상계비율: 15%

③ 감전사고

▸ 서울고법 2002. 10. 31. 2001나58513

◎ 사고경위: 비계공이 건물의 3층 높이에서 작업을 하던 중 아래에서 올려주는 쇠파이프를 받아 이미 설치된 비계에 비스듬히 들어올리다가 건물의 전면 외벽과 2미터 간격을 두고 평형하게 지나가는

22,900볼트의 고압전류가 흐르는 전선에 쇠파이프의 끝부분이 닿으면서 감전됨

◎ 사용자측 과실: 건물에 근접하여 설치되어 있는 고압전선으로 인한 감전사고의 위험을 예상하여 고압전선의 선로이설, 고압전선에 방호관의 설치, 공사기간 동안 해당 구간의 선로에 대한 단전조치 등을 신청하거나 최소한 고압전선과 작업공간 사이에 안전망을 설치하는 등 작업자들의 안전을 위한 조치를 강구할 주의의무가 있음에도 이를 게을리한 과실

◎ 피해자측 과실: 고압전선에 접촉되지 않게 주의하도록 여러 차례 교육을 받았음에도 안전조치를 취할 것을 요구하거나 안전장치를 지급하여 줄 것을 요구하지 않았고, 일반 작업복과 고무로 반 코팅된 면장갑만 착용한 상태에서 안전하지 못한 방법으로 작업을 한 과실

◎ 과실상계비율: 50%

▸ **서울고법 2003. 12. 17. 2003나55495**

◎ 사고경위: 석재공이 회사 공장 내에 있는 재단실이 덥고 습하자 환기를 위하여 샌드위치 패널로 되어 있는 재단실 밖 벽체를 낡은 석재가공용 핸드 그라인더로 절단하여 통풍구를 만들다가 공업용 전기 380볼트에 감전됨

◎ 사용자측 과실: 전기안전관리공사로부터 보상용 콘덴서를 설치할 것과 전기전선의 노후가 심각하고 신속히 수리 또는 교체하여 사용하기 바란다는 지적을 받아 왔고, 석재가공 시 발생하는 물로 인하여 누전이 발생될 가능성이 농후하였음에도 누전에 의한 감전을 방지하기 위하여 핸드 그라인더의 외함 등 금속부분에 대하여 접지를 하지 않았으며, 핸드 그라인더 사용 당시 당해 전로에 누전차단기를 접속하도록 하지 아니한 과실

◎ 피해자측 과실: 바닥에 물이 고여 있는 곳에서 금속제 외함의 낡은 핸드 그라인더를 사용하면 전기에 감전될 위험성이 있으므로, 누전

의 위험성이 없는지 잘 살펴본 후 안전장갑을 끼는 등 스스로 안전을 도모하였어야 함에도 이를 게을리한 과실

◎ 과실상계비율: 40%

▸ **대구고법 2000. 11. 30. 99나6099**

◎ 사고경위: 비파괴검사 회사의 직원이 압연공장 건물 내에 설치된 가스배관에 대한 비파괴검사를 수행하던 중 정기공급실과 안전통로 사이에 오가게 되었는데, 그 사이의 유일한 통로인 부스터바에 전기가 흐르는 것을 모르고 부스터바의 전기가 흐르는 부분을 잡아 감전되어 지상으로 추락함

◎ 사용자측 과실: 감전의 위험이 높은 곳에서 작업을 하게 하였으면, 부스터바에 절연관을 설치하거나 감점의 위험성을 알리는 조치를 취하였어야 하고 추락에 대비하여 안전벨트를 착용하고 작업을 하게 하였어야 함에도 이를 게을리한 과실

◎ 피해자측 과실: 안전장갑 및 안전벨트를 착용하고 사다리를 이용하여 이동하는 등 안전한 방법으로 작업을 하여야 함에도 이를 게을리한 과실

◎ 과실상계비율: 40%

▸ **광주고법 1999. 4. 16. 99나273**

◎ 사고경위: 변전전공이 22,900볼트의 특고압이 흐르는 전주 및 전선을 철거하는 무정전특고압 활선작업을 하던 중 작업조장이 착오로 전류가 흐르는 전선의 철거작업을 지시하여 절단된 전선을 밑으로 끌어내리기 위하여 와이어로프를 건네받아 그 한쪽 끝을 원금에 연결한 후 다른 한쪽 끝을 전선에 연결하려고 손으로 잡는 순간 감전됨

◎ 사용자측 과실: 재해방지책임자와 현장대리인이 작업현장에 있지 않았고, 전류가 흐르는 전선의 철거작업을 지시한 과실

◎ 피해자측 과실: 전류가 끊어졌는지 제대로 확인하지 않았고, 감전방

지용 활선장갑을 벗고 전선을 만진 과실

◎ 과실상계비율: 30%

④ 낙하물에 의한 사고

▶ **부산고법 2004. 6. 25. 2003나9032**

◎ 사고경위: 브라스팅공이 브라스팅장 입구로 H빔을 싣고 들어오는 지게차를 수신호로 유도하고 있던 중 문턱이 있는 곳에서 지게차에 실려 있던 H빔이 미끄러져 떨어지면서 덮침

◎ 사용자측 과실: 비가 내리고 있어 H빔이 지게차에서 미끄러져 내리는 경우가 있을 수 있었으므로, 평소 운반량보다 적게 운반하거나 적재된 H빔이 미끄러지지 아니하도록 지게차를 운전하였어야 함에도 이를 게을리한 과실.

◎ 피해자측 과실: H빔이 지게차 위에서 떨어지는 경우가 있을 수 있으므로, 지게차에서 멀리 떨어져서 유도하는 등 스스로 안전을 도모할 주의의무가 있음에도 이를 게을리한 과실

◎ 과실상계비율: 25%

▶ **대전고법 2003. 9. 4. 2002나5420**

◎ 사고경위: 신축건물의 외벽에 설치된 쇠파이프 등 구조물을 해체하는 공사를 하던 인부가 쇠파이프를 뽑는 작업을 하던 중 다른 인부들 중 성명불상자가 뽑아서 세워 놓은 쇠파이프가 넘어지면서 머리를 충격함

◎ 사용자측 과실: 해체한 쇠파이프를 안전하게 보관하는 조치를 취하지 아니하고, 안전모를 지급하지 않았으며, 안전교육을 실시하지 아니한 과실

◎ 피해자측 과실: 안전모가 비치되어 있었음에도 안전모를 착용하지 아니한 과실

◎ 과실상계비율: 25%

▶ **광주고법 제주부 2002. 10. 25. 2002나23**

◎ 사고경위: 항만 근로자가 기중기 붐대 바로 아래인 부두에 접안한 화물선의 부두 쪽 난간과 화물칸 하치통로 사이에 서서 기중기로 밀감 컨네이너를 선적하는 것에 대한 수신호 작업을 하던 중 기중기의 철재 붐대가 이를 지탱하는 구동축의 파손 등 기계장치의 이상으로 인하여 추락하면서 선체의 파이프 난간을 충격하여 파이프 난간과 화물칸 하치 사이에 낌.

◎ 사용자측 과실: 기중기에 대한 정비불량 등 보존·관리상의 하자 혹은 현장감독자가 안전조치를 제대로 하지 아니한 과실

◎ 피해자측 과실: 기중기 붐대와 떨어져 기중기 및 화물칸 양쪽을 동시에 살필 수 있는 위치에서 작업을 해야 함에도 신호조작이 편리하다는 이유로 붐대 바로 밑에서 기중기 쪽의 동태를 전혀 살피지 않은 채 작업을 하여 추락하는 붐대를 피하지 못한 과실

◎ 과실상계비율: 20%

▶ **대전고법 2002. 4. 12. 2001나6815**

◎ 사고경위: 형틀목공이 신축공사 현장 지하층에서 옹벽의 형틀제거작업을 하던 중 옹벽을 지지해 주던 형틀이 제거되어 떨어지면서 때마침 형틀과 형틀 사이를 고정시켜 주는 폼타이어를 충격하는 바람에 그 폼타이어가 튀어 올라 왼쪽 눈을 충격함

◎ 사용자측 과실: 제거된 형틀이 떨어져 땅바닥의 물체가 갑자기 튀어 오르는 것을 방지할 안전장치를 설치하지 않았고, 보안경 등 안전보호구를 착용케 하지 않았으며, 제대로 된 전등을 충분히 설치하여 밝은 환경에서 작업을 하게 하였어야 함에도 이를 게을리한 과실

◎ 피해자측 과실: 숙련된 형틀목공으로서 형틀제거작업의 위험성을 충분히 알 수 있었으므로 땅바닥의 상황을 잘 살펴 조심스럽게 작업

을 하여야 함에도 이를 게을리한 과실.

◎ 과실상계비율: 20%

▸ **대전고법 2004. 10. 22. 2003나9955**

◎ 사고경위: 배전활선공이 활선작업이 끝났으나 전주에 올라가 사선작업을 하라는 지시를 받고 사선작업을 하던 중 활선작업자가 전선연결 작업을 마무리하면서 활선 쪽 전선을 잘못 취급하여 전기가 흐르는 전선과 스치면서 사선에 전류가 흐르면서 감전됨

◎ 사용자측 과실: 활선작업이 끝났는지 여부를 제대로 확인하지 않고 사선작업을 지시하였고, 활선 쪽 전선을 잘못 취급하여 사선에 전류가 흐르게 한 과실

◎ 피해자측 과실: 활선작업이 종료되었는지 수신호 등을 통하여 스스로 확인하고 절연장갑을 착용하는 등 스스로 안전을 지키기 위한 조치를 취하였어야 함에도 이를 게을리한 과실

◎ 과실상계비율: 15%

⑤ **건강상태가 악화된 경우**

▸ **서울고법 2004. 8. 17. 2003나84806**

◎ 사고경위: 항해사가 특수건강진단을 받고 채용되어 2등 항해사로 근무하던 중 2등 항해사로서 통상 수행하는 업무 이외에 추가적인 업무를 과도하게 수행하다가 만성적인 수면부족과 업무상 스트레스에 시달렸다. 그러나 채용된 후 3개월 후에 진단을 받은 결과 본태성 고혈압과 시력저하가 나타났고, 이를 선장에게 알렸으나 선장은 특별한 조치를 취하지 않은 채 선박에 승무하게 하였으며, 항해 도중 건강상태에 대해 계속 불안해하자 선장은 중간 기착항에서 귀국하게 하였으며, 결국, 시력의 저하로 고정되어 선원의 건강상태상의 자격을 상실하였다는 이유로 해고되었음.

◎ 사용자측 과실: 적절한 근무시간과 업무량을 분배하고 상태를 면밀히 살펴 적정한 정도의 업무를 부여하여 건강을 유지하고 상병이 발생하지 않도록 배려할 주의의무가 있음에도 이를 게을리한 과실과 상병이 발생한 경우에 즉시 적절한 조치를 취함으로써 상병의 정도를 최소화하려는 노력을 게을리한 과실

◎ 피해자측 과실: 평소에 자신의 건강을 유지할 수 있도록 부지런히 노력하고 기질적 소인 및 건강상태에 관하여 주의 깊게 살피며, 이상이 발생한 경우에 담당자들에게 알려 상태가 악화되지 않도록 휴양을 취하거나 치료를 받는 등의 조치를 적극적으로 하지 아니한 과실.

◎ 과실상계비율: 45%

▸ **부산고법 2003. 5. 22. 2001나10394**

◎ 사고경위: 자동차부품연구부 변속기팀 연구원이 16년 동안 주로 부품세척작업을 하였는데, 세척에 사용된 유기용제에는 벤젠 등 유해성분이 많이 포함되어 있었고 평소 특별한 질환이 없다가 백혈병의 전단계인 골수이행성증후군에 걸려 치료 중 폐혈증으로 사망함

◎ 사용자측 과실: 환풍기도 없는 자연환경에서 자동세척기 없이 수작업으로 세척작업을 하고 있음에도 마스크 등 보호구를 제공하지 않고 안전교육을 실시하지 아니한 과실

◎ 피해자측 과실: 작업환경의 개선을 요구함과 아울러 자신의 건강을 스스로 돌보아야 함에도 이를 게을리한 과실

◎ 과실상계비율: 30%

▸ **광주고법 2003. 10. 31. 2002나2972**

◎ 사고경위: 입사한 이후 과중한 업무를 혼자 수행하면서 그로 인한 정신적인 스트레스와 과로가 심하였는데, 출장수리를 마치고 사무실에서 업무를 수행하던 도중 뇌출혈 증상이 발생함

◎ 사용자측 과실: 건강보호를 위하여 업무 부담이 과중하지 않도록 업무와 휴식의 적정한 배분 등을 통하여 건강유지를 위한 조치를 취하였어야 함에도 과도한 업무를 하게 한 사실

◎ 피해자측 과실: 업무량 감축 등의 조치를 취하여 달라고 요청하는 등 자신의 건강을 돌보기 위한 조치를 취해야 할 것임에도 이러한 조치를 취하지 아니한 과실

◎ 과실상계비율: 20%

⑥ 기타 사고

▸서울고법 2004. 5. 4. 2003나55501

◎ 사고경위: 주유계량기 설치 및 변경공사 기술자가 근무하던 중 무연유 저장탱크를 경유저장탱크로 교체하는 작업을 하면서 경유 주유기와 지하의 경유탱크를 연결하는 배관작업을 하게 되었는데, 보조맨홀 안에서 해머드릴로 체크벨브를 덮고 있는 콘크리트벽의 파쇄작업을 하다가 발생한 불꽃이 마침 맨홀 안에 있던 가스에 옮겨 붙으면서 화재가 발생하여 화상을 입음

◎ 사용자측 과실: 산업안전보건법의 규정에 따라 맨홀 안에 폭발성, 발화성, 인화성 물질 등 위험물질의 존재 여부를 미리 확인하여 이를 제거하는 등 필요한 예방조치를 하여야 하고, 필요한 경우 작업환경에서 작업자에게 사고발생을 방지하는 데 필요한 작업순서 등을 직접 지시·감독할 주의의무가 있음에도 이를 게을리한 과실

◎ 피해자측 과실: 맨홀 안에 인화물질의 잔존 가능성이 있어 화재의 위험이 높으므로 수시로 위험물질의 존재 여부를 확인하여 이를 제거하고 아울러 지급된 작업복과 안전화 등을 착용하였어야 함에도 내의에 반바지만을 입고 슬리퍼를 착용한 상태에서 작업을 한 과실

◎ 과실상계비율: 50%

▸ **광주고법 2000. 4. 12. 99나6653**

◎ 사고경위: 폭발물 점검, 장비 및 수리담당자가 2천 파운드 폭탄 4개가 실려 있는 폭탄운반용 트레일러를 견인차량에 연결하는 작업을 하던 중 트레일러의 고리뭉치를 들고 당기다가 적재물의 무게로 쉽사리 움직이지 않던 고리뭉치가 갑자기 젖혀지는 바람에 고리뭉치를 가슴이 안은 채 땅바닥에 주저앉게 되어 요추압박골절을 입음

◎ 사용자측 과실: 작업환경을 고려하여 보조기구를 사용할 수 있게 하거나 다른 작업원을 추가로 배치하는 등 급격한 힘을 가하지 않고도 안전하게 작업을 할 수 있도록 지도·감독할 주의의무가 있음에도 이를 게을리한 과실.

◎ 피해자측 과실: 고리뭉치가 갑자기 젖혀질 것을 예상하여 자신이 무리한 힘을 가하지 않도록 주의를 환기시키면서 호흡을 맞추어 작업할 주의의무가 있음에도 이를 게을리한 과실.

◎ 과실상계비율: 50%

▸ **광주고법 2000. 12. 20. 98나3596**

◎ 사고경위: 용접공이 1m 높이의 용접대 위에 30㎏의 파이프를 손으로 들어 올려놓고 용접을 한 후 다시 내려놓는 작업을 반복하던 중 요추추간판출증의 상해를 입음

◎ 사용자측 과실: 보조공 1명을 더 배치하여 신체에 무리가 되지 않는 방법으로 운반하도록 조치함으로써 안전한 작업이 이우러지도록 할 주의의무가 있음에도 이를 게을리한 과실

◎ 피해자측 과실: 신체에 무리가 가지 않도록 자세를 바르게 하고, 작업에 맞는 적정한 인원을 배치하여 주도록 요구하는 등 스스로 자신의 안전을 지킬 주의의무가 있음에도 이를 게을리한 과실

◎ 과실상계비율: 40%

▸ **광주고법 2002. 11. 1. 2002나1818**

◎ 사고경위: 생산직 사원으로 폴리에스테르가 만권된 지관을 와인더로부터 빼내어 운반차량에 실어주는 도핑작업을 하고 있었는데, 도핑작업을 자동으로 수행하는 오토도퍼기가 설치되면서 작업자도 줄고 만권된 지관의 무게도 늘어났다. 오토도퍼기는 자주 고장났고, 이때에는 수동으로 도핑작업을 하였는데 도핑작업을 수동으로 하는 근로자들의 허리에 이상이 생기는 상황이 발생하여 직원들은 회사에 적절한 방법을 강구해 줄 것을 요구하였으나 회사는 이를 묵살하였다. 이후 오토도퍼기의 고장으로 수동도핑작업을 하던 중 요추추간판탈출의 증세가 생겼다.

◎ 사용자측 과실: 수동으로 도핑작업을 해야 할 경우가 얼마나 잦은지를 살피고 필요한 경우 인원을 추가로 배치하거나 단시간 내에 오토도퍼기를 수리하는 등의 조치를 취하였어야 함에도 장기간에 걸쳐 수동으로 도핑작업을 하도록 방치한 과실

◎ 피해자측 과실: 사전에 충분한 준비운동을 하고 수동 도핑작업 시 허리에 무리가 가지 않도록 할 주의의무가 있음에도 이를 개을리하였고, 2년 전 요추부분의 통증으로 치료를 받은 적이 있음을 감독자에게 알리지 아니한 과실

◎ 과실상계비율: 30%

▸ **부산고법 2000. 10. 20. 98나6497**

◎ 사고경위: 자동차조립공이 작업반장의 지시로 마르샤 승용차 엔진 장착작업을 하던 중 350kg 정도의 엔진이 실린 대차를 차체 엔진룸 장착 위치로 잡아당기다 허리에 충격을 받아 요추추간판탈출증의 상해를 입음

◎ 사용자측 과실: 대차 롤러가 닳아 잘 움직이지 않을 때까지 방치한 설치・보존상의 하자와 이를 사전에 점검하여 롤러를 교체하는 등의 사전조치를 취하지 아니하고 작업을 지시한 과실

◎ 피해자측 과실: 롤러가 닳아 잘 움직이지 않는 대차를 불안정한 자세에서 혼자서 무리하게 힘을 주어 잡아당긴 사실

◎ 과실상계비율: 30%

2) 이익공제

「이익공제」라 함은 불법행위로 산재사고로 당한 피재근로자가 동일한 사유로 인하여 이익을 얻은 경우에 그 이익을 손해배상액에서 공제하는 것을 말한다. 이익공제는 피재근로자의 손해배상액 산정 시에 그의 이익을 고려하여 그 이익을 손해배상액에서 공제하는 것이므로 서로 대립하는 채무를 등가액(等價額)에서 소멸시키는 본래의 상계와는 그 성격이 다른 것이다.[132] 이익공제에 관하여 민법상 명문규정은 없으나 손해배상은 실손해의 전보를 목적으로 하는 것이므로 피재근로자가 실손해 이상의 이익을 취득하게 하는 것은 손해배상제도의 취지에 반하게 되어 동일한 원인으로 인하여 이익을 얻은 경우에는 그 이익은 손해배상에서 공제해야 한다고 하는 것이 통설과 판례(대판 1978. 3. 14. 76다2168)의 입장이다.

산재손해액에서 공제되어야 할 이익은 손해를 발생시킨 원인사실로부터 발생하여야 하고 불법행위와 상당인과관계에 있는 것에 한한다. 따라서 민법상의 손해배상액을 계산할 때에는 피재근로자가 산재보험법에 의하여 지급받은 휴업급여, 장해급여 또는 유족급여 등은 공제가 가능하나, 조의금과 같이 증여라는 별개의 원인에 기한 것은 위자료에서 공제해서는 안 된다.[133] 또한 피재근로자의 각종 수입에 부과될 소득세 등 제세공과금을

---

132) 일반적으로 이익공제 대신 손익상계라는 용어를 사용하고 있다. 그러나 이익공제는 손해로부터 이익을 공제한 잔액에 관하여 1개의 손해배상채권이 성립하는 데 불과한 것이므로 서로 대립하는 두 개의 청구권의 존재를 전제로 하여 이를 대등액에서 소멸시키는 상계와는 다른 것이므로 손익상계 용어는 적절하지 않고 이익공제 용어를 사용하는 것이 타당하다(동지 김상용, 불법행위법, p.494; 곽윤직, 채권총론, p.197).

133) 김준호, 민법강의, p.1616; 이주흥, 실무손해배상책임법, p.450; 대판1971. 7. 27.

산재손해액에서 공제할 수 없다(대판 1979. 2. 13. 78다1491 전원합의체).

그런데 산재손해액에서 이익공제를 어느 정도 인정해야 할 것인가가 문제된다. 이에 대하여 사용자의 순수한 재해보상 책임의 경우에는 이익공제가 적용될 여지가 없다고 본다. 왜냐하면, 이익공제를 적용한다면 산재가 비록 피재근로자의 중대한 과실로 발생되었다 하더라도 사용자에게 유족보상, 장의비, 요양보상 등의 보상책임이 면제되지 않는 이유를 설명할 수 없기 때문이다. 그리고 이익공제의 범위는 사용자의 불법행위와 상당인과관계에 있는 이익이 있어야 하는데 사용자의 책임면제범위를 그 내용이 상이한 휴업보상 또는 장해보상에 국한하는 이유를 설명할 수 없기 때문이다.[134] 그러나 사용자의 불법행위 또는 안전배려의무 위반으로 인한 산재로 재해보상청구권과 배상청구권이 경합하는 경우에는 피재근로자나 그 유족에게 실손해만 전보되도록 이익공제를 하는 것은 공평의 원칙에 부합되고 피재근로자나 그 유족의 생활보장에도 반하지 않기 때문에 이익공제가 허용된다고 해석해야 한다.

3) 과실상계와 이익공제의 순서

피재근로자의 과실로 과실상계의 요건이 성립하고 채무불이행 또는 불법행위로 이익을 받은 경우에는 과실상계와 이익공제가 모두 성립하게 되는데, 어느 쪽을 먼저 공제하느냐가 문제된다. 이에 대하여 먼저 이익공제를 한 후 나머지 금액에 대하여 과실상계를 해야 한다는 「선공제설」과 먼저 과실상계를 한 후 나머지 금액에 대하여 이익공제를 해야 한다는 「선상계설」이 있으나, 대법원은 「선상계설」에 따라 과실상계를 먼저 적용하고 다음에 이익공제를 해야 한다고 판시하고 있다(대판 1996. 1. 23. 95다24340). 따라서 원고가 산재보험법에 따라 수령한 보험급여액을 일실수입액에서 스스로 공제한 후 과실상계를 하면 위법이다.

71다1158; 대판 1976. 2. 24. 75다1088.

134) 이학춘, 「업무상 재해와 구제제도에 관한 연구」, p.212.

[관련판례요지]

불법행위로 인한 손해배상청구 사건에서 과실상계 사유에 관한 사실인정이나 그 비율을 정하는 것은 그것이 형평의 원칙에 비추어 현저히 불합리하다고 인정되지 않는 한 사실심의 전권사항에 속하고, 불법행위로 인한 손해배상액을 산정함에 있어서 과실상계를 한 다음 손익상계를 하여야 하고 산재보험법상의 급여도 마찬가지이다(대판 1996. 1. 23. 95다24340).

4) 산정방식 및 산정례

(1) 산정방식

적극적 손해와 정신적 손해는 전술한 대로 산정하면 큰 문제는 없다. 여기서는 소극적 손해를 일실월수입액 · 일실퇴직금 · 휴업손해로 구분하여 이의 산정방법을 제시하며 다음과 같다.

▸일실월수입액의 산정: (월수입액－생계비)×가동기간－중간이자

※ 생존한 경우에는 생계비 미공제

▸일실퇴직금의 산정: (30일×평균임금×재해익일부터 정년퇴직일까지의 연수×재해 당시의 현가율)

※ 재해 당시의 현가율은 산재발생익일부터 정년까지의 중간이자 공제율인 1 / 1+0.05n을 말하고, 여기서 n은 산재발생익일부터 정년퇴직일까지의 연수를 말하는 것임.

※ 입사일부터 재해발생일까지의 퇴직금은 별도임

▸휴업손해의 산정: (월수입액×휴업월수)－과실비율 또는 (휴업일수×평균임금)－과실비율

※ 휴업손해는 산재요양기간 동안 취업하지 못한 일수에 대한 일실

이익의 손해를 말하는 것이므로 기왕의 손해에 해당하는 것이므로 중간이자를 공제하여서는 안 되고, 그 기간 동안의 노동력상실률은 100%이고 월 임금의 전액을 휴업손해로 인정해야 함. 다만, 향후 예상치료기간에 의한 휴업손해를 산정할 때에는 중간이자를 공제해야 함.

이와 같은 방법에 따라 산정된 소극적 손해 그리고 정신적 손해의 합계액이 산재로 인한 손해배상액이 된다. 그러나 피재근로자가 동일한 산재사고로 인하여 이득을 얻은 때에는 그 이득금을 공제하여야 한다. 그 공제순서는 「선과실상계설」에 따라 먼저 과실상계를 한 다음 이익공제를 하면 된다. 이상의 내용을 종합하여 산재로 인한 총 손해액의 산정방법을 제시하면 다음과 같다.

▸ 피재근로자가 사망한 경우

(일실월수입액+일실퇴직금+적극적 손해)-과실상계-이익공제+정신적 손해

▸ 피재근로자가 상해를 입은 경우

A. 노동력상실이 없는 경우: (휴업손해+적극적 손해)-과실상계-이익공제+정신적 손해

B. 노동력상실이 있는 경우: {(일실월수입액×노동력상실률)+휴업손해+적극적 손해}-과실상계-이익공제+정신적 손해

(2) 산재배상액 산정례

A. 전제조건

- 피재근로자의 임금수준: 평균임금 60,000원, 월수입액 1,800,000원
- 보통인부 노임단가에 의한 월수입액: 1,10,000원
- 입사일연령: 만 25세

- 재해발생 시의 연령: 만 35세
- 취업정년: 만 55세
- 만 55세부터 가동연한 만 60세에 해당되는 호프만계수: 53.4545
- 장해 및 노동력상실률: 장해등급 1급 / 노동력 상실률 100%
- 피재근로자의 과실비율: 20%
- 이익공제와 적극적 손해는 없음.
- 피재근로자의 통상치료기간: 2년
- 통상치료기간 2년에 해당되는 호프만계수: 22.829
- 통상치료 후 취업정년 만55세에 해당되는 호프만계수: 153.8083

B. 산정례

항 목	산정방식	산정례
일실이익	월수입액×노동력상실률× 가동기간 · 중간이자	1. 재해일로부터 취업정년까지의 손해 1,800,000원×100%×153.8083 =276,854,940원 2. 정년익일부터 만 60세까지의 손해 1,100,000원×100%×53.4545 = 58,799,950원
일실퇴직금	30일×평균임금×입사일부터 정년퇴직일까지의 연수×재해 당시의 현가율	(60,000원×30일×20년)×(1 / 1+0.05) =34,272,000원
휴업손해	(월수입액×휴업월수) - 과실비율 또는 (휴업일수×평균임금) - 과실비율	1,800,000원×24개월×80% =34,560,000원
위 자 료	50,000,000원×노동력상실률× (1 - 과실비율×6 / 10)	50,000,000원×100%×(1 -20%×6 / 10) =44,000,000원

제 3 장 자배법에 의한 산재배상제도

Ⅰ. 개 설

자동차의 보급이 확산되면서 자동차가 생활필수품으로 정착됨에 따라 자동차사고는 현대 사회생활에서 피할 수 없는 허용된 위험이다. 이에 따라 민법상의 불법행위책임원리를 수정하여 자동차의 운행으로 사람의 생명·신체가 사상(死傷)된 경우에 그 손해배상을 보장하는 제도를 확립함으로써 피해자의 보호를 도모하고 자동차운송의 건전한 발달을 촉진함을 목적으로 제정된 법률이 바로 자동차손해배상보장법(이하 '자배법')이다. 자배법에서 규정하고 있는 손해배상책임은 자기를 위하여 자동차를 운행하는 자가 자동차의 운행으로 인하여 타인이 손해를 입은 인적 손해를 전보하여야 할 책임을 말한다.

우리나라의 자동차대인배상책임보험은 자배법에 의하여 그 가입이 강제되어 있는 책임보험과 책임보험의 보상한도를 넘는 부분에 대한 보험보호를 위하여 자동차보유자가 임의로 가입하는 종합보험으로 2원화되어 있다. 그중 종합보험은 피보험자가 피보험자동차의 사고로 인하여 법률상 손해배상책임을 짐으로써 입은 손해를 보상하는 유한 또는 무상배상책임보험인데, 교통사고처리특례법에 의한 형사처벌상의 혜택을 받기 위하여 대다수의 가입자는 무한배상책임을 선택하고 있고, 이에 가입하면 피보험자로서는 피보험자동차의 사고로 인한 민·형사상의 법적 문제는 모두 해결될 수 있는 것으로 인식하고 있다.[1]

자배법은 자동차사고를 당한 피해자를 보호할 목적으로 자동차의 보유자를 자동차손해배상책임보험에 의무적으로 강제 가입시키는 동시에 자동차사고가 발생한 경우에 피해자가 그에 따른 손해배상액을 직접 보험회사에 청구할 수 있게 하고 있다(§12). 따라서 근로자가 자동차사고로 인하여 업무상 재해를 입은 경우에 피재근로자는 근로기준법상의 재해보상이나 산재보험법상의 산재보험급여를 청구할 수 있는 동시에 자동차보험회사를 상대로 손해배상의 청구가 가능하다.

이처럼 교통사고가 업무상 재해의 요건을 충족하게 되면 피재근로자는 산재보험법상의 산재보험급여청구권을 취득하게 되는데, 이는 산재보험법 제54조에 의한 제3자의 행위에 의한 산재의 대부분을 차지하고 있다. 아래에서는 자배법상의 손해배상 요건과 「자동차사고」라고 하는 동일한 사유에 의하여 자배법상의 손해배상과 산재보험법상의 보험급여가 서로 충돌 내지 중복되는 내용을 중심으로 개관한다.

Ⅱ. 법적 성질

자배법상의 자동차손해배상책임보험은 자동차의 운행으로 타인의 신체를 상해하거나 사망시킨 자의 손해배상을 담보하는 제도이므로 민법상의 손해배상전보의 성격을 가지고 있다. 그러나 민법상의 손해배상과는 달리 자배법상의 자동차손해배상책임보험은 인적 손해의 전보에 국한되고,[2] 불

1) 그 이외에 자동차운행자는 임의로 자동차사고로 인하여 배상하여야 할 손해전부를 배상할 것을 내용으로 하는 자동차종합보험에의 가입을 권장하기 위하여 자동차종합보험에 가입한 운행자가 자동차사고를 일으켰을 때 법정의 일정한 형벌에 관해서는 피해자의 명시적인 의사표시에 반하여 공소를 제기당하지 않도록 하고 있다(교통사고처리특례법§3-4).

법행위요건 중 가해자의 고의·과실을 배제시키고 있으며, 직접 가해자인 운전자보다는 운행자에게 중한 책임을 과하는 동시에 그에게 과실이 있다고 추정함으로써 피해자의 입증책임을 전환시켜 사실상 무과실책임에 가까운 손해배상의무를 부담시키고 있다. 이처럼 자동차운행자에게 무거운 책임을 지우는 근거는 운행자가 위험원인이 자동차의 운행을 지배하고 있다는 것에 의한 「위험책임설」과 운행이익을 향유하고 있다는 「보상책임설」에 있다.[3)]

Ⅲ. 민법 제750조와의 관계

교통사고가 발생한 경우에 피해자는 민법 제750조의 불법행위책임 또는 민법 제756조의 사용자책임과 자배법상의 자동차손해배상책임과 경합하게 된다. 대법원은 종래 청구권경합설을 취한 적이 있으나,[4)] 그 후 「자배법은 민법 제750조의 특별규정이므로 자배법의 적용을 소구(訴求)하지 않았더라도 민법의 손해배상규정에 우선하여 자배법을 적용하여야 한다」라고 판시함으로써 법조경합설을 취하고 있고,[5)] 학설[6)]도 같은 견해를 취하고 있다. 생각건대, 자배법은 민법에 대한 특별법이므로 민법에 우선하여 적용한다. 따라서 자동차운행자가 자동차손해배상책임보험 또는 자동

2) 자배법 제3조에서는 자기를 위하여 자동차를 운행한 자가 다른 사람의 생명, 신체를 해한 경우의 손해배상책임(인적 손해)만을 규정하고 있으므로 운행자 이외의 비재산적 손해 등에 대해서는 민법의 규정에 따른다.

3) 김상용, 불법행위법, p.236.

4) 대판 1970. 8. 31. 70다714.

5) 대판 1997. 11. 28. 95다29390; 대판 1987. 10. 28. 87다카1388.

6) 이보환, 자동차사고손해배상소송, pp.24-25; 곽윤직, 채권각론, p.708; 이은영, 채권각론, p.653.

차종합보험에 가입하였을 경우 직접 보험자에게, 그렇지 않은 경우에는 운행자에게 자배법상의 손해배상을 우선적으로 청구할 수 있다. 다만, 자배법에 의한 손해배상의 대상은 인적 손해에 한정되므로, 기타 물적 손해가 발생한 경우에는 민법상의 손해배상을 청구할 수밖에 없다.

그런데 지배법과 민법은 그 책임발생요건에 있어서 차이가 있어 자배법에 의한 손해배상청구가 인정되지 않더라도 민법상 불법행위에 의한 손해배상청구가 가능한 경우가 있으므로 민법에 우선하여 자배법이 우선하여 적용된다고 하여 민법상의 손해배상청구가 배제된다고 볼 수 없다.[7] 그리고 자배법상의 인적 배상액은 법정되어 있으므로 그 법정액을 초과하는 손해액에 대해서는 민법상의 손해배상을 청구할 수 있는지의 여부에 대해서는 견해가 대립하나, 법정액의 초과배상책임은 자동차보유자가 부담하여야 할 것이므로 그 배상청구 등에 관해서는 민사배상을 청구할 수 있다고 보아야 한다.[8]

Ⅳ. 책임요건

자배법에서 규정하고 있는 손해배상책임은 자기를 위하여 자동차를 운행하는 자가 자동차의 운행으로 인하여 타인이 손해를 입은 인적 손해를 전보하여야 할 책임을 말하는 것이므로, 교통사고로 인한 자배법상의 책임이 발생하기 위해서는 ①책임주체자로서의 운행자, ②보호대상자로서의 타인성, ③운행으로 인한 사상발생의 요건을 충족하여야 한다.

---

7) 교통·산재손해배상실무연구회, 손해배상소송실무(교통·산재), p.90.
8) 김상용, 불법행위법, p.709; 김준호, 민법강의, p.1584.

1. 책임주체자로서의 운행자

자배법상 운행자라 함은 「자동차등록원부상 그 소유의 명의에 상관없이 자동차에 관하여 운행지배 및 운행이익을 갖는 자」를 말하는 것이므로, 자배법상 운행자가 되기 위해서는 그에게 운행지배 및 운행이익이 있어야 한다.[9] 운행지배 및 운행이익이 없는 경우에는 비록 자동차소유자라 할지라도 그가 자동차 관리상의 하자 등으로 인한 민법상의 책임을 지는 것은 별론하고 자배법상의 배상책임을 지지 않는다. 따라서 자동차보유자와 같이 정당한 권리가 있지 않은 무단운전자, 절도운전자도 자기를 위하여 자동차를 운행하는 자에 포함되는 것이므로 결국 운행자는 자동차의 보유자보다 넓은 개념이다.[10]

여기서 「운행지배」라 함은 자동차의 운행과 관련하여 현실적으로 자동차를 관리·운영할 수 있는 것을 말한다. 「운행지배」는 현실적인 지배에 한정하지 않고 사회통념상 간접지배 내지 지배 가능성이 있다고 볼 수 있는 경우도 포함된다. 그리고 「운행이익」이라 함은 자동차운행으로부터 나오는 이익을 말하는데, 「운행이익」에는 자동차운행으로부터 직접적으로 얻어지는 경제적 이익뿐만 아니라 간접적인 의미의 경제적 이익과 무상대여시 인적 관계에 따른 정신적 이익까지를 포함하는 개념이다. 따라서 자동차를 소유하거나 사용할 권리가 있는 자가 그 친구·가족·피용자 등 밀접한 인적 관계에 있는 자에게 무상으로 대여한 경우에도 특단의 사정이 없는 한 운행지배나 운행이익을 상실한 것으로 단정할 수 없다.[11]

9) 김동준, 손해배상실무요해, p.62; 김준호, 민법강의, p.1584.
10) 교통·산재손해배상실무연구회, 손해배상소송실무(교통·산재), p.42.
11) 교통·산재손해배상실무연구회, 손해배상소송실무(교통·산재), p.43-44.

[관련판례요지]

▸ 자동차손해배상보장법 제3조에서 자동차사고에 대한 손해배상책임을 지는 자로 규정하고 있는 '자기를 위하여 자동차를 운행하는 자'란 사회통념상 당해 자동차에 대한 운행을 지배하여 그 이익을 향수하는 책임주체로서의 지위에 있다고 할 수 있는 자를 말하고, 이 경우 운행의 지배는 현실적인 지배에 한하지 아니하고 사회통념상 간접지배 내지는 지배 가능성이 있다고 볼 수 있는 경우도 포함한다(대판 1998. 10. 27. 98다36382).

▸ 자동차를 소유하거나 사용할 권리 있는 자가 그 친구, 가족, 피용인 등 밀접한 인적 관계에 있는 자에게 자동차를 무상으로 대여한 경우에도 특단의 사정이 없는 한 그 차량에 대한 운행지배나 운행이익을 상실하는 것은 아니라 할 것이며, 이러한 경우 차주가 주취 상태에서 그 차량을 운행하였고, 피해자가 그러한 사정을 알면서 동승하였다 하더라도 사정이 달라지는 것은 아니다(대판 1987. 11. 10. 87다카376).

2. 보호대상자로서의 타인성

자배법 제3조는 자동차 운행자가 그 운행으로 인하여 다른 사람, 즉 타인을 사상하게 한 때에는 손해배상책임을 진다고 규정하고 있다. 여기서 자배법의 보호대상자로서의 「타인」은 일반적으로 「운행자와 당해 자동차의 운전자, 운전보조자를 제외한 그 이외의 자」를 의미한다. 자동차의 운전자나 운전보조자의 경우 타인성을 부정하는 것은 스스로 사고를 미연에 방지할 의무를 부담하기 때문이다. 그러나 단순히 사고 당시 실제 운전을 담당하지 아니한 운전자, 운전보조자, 공동운행자인 경우에는 구체적 운행에 대한 지배의 정도·태양 등을 비교 형량하여 타인성 여부를 판단하여야 한다.[12)]

사고 당시 자동차를 실제로 운전한 운전자는 스스로 사고를 미연에 방지할 선관주의의무를 부담하는 자이므로 자배법상 타인에 해당하지 않으나, 사고 당시 현실적으로 운전을 담당하지 아니한 운전자는 자배법상 타

12) 교통·산재손해배상실무연구회, 손해배상소송실무(교통·산재), p.80 이하.

인으로서 보호를 받을 가능성이 있다. 대법원은 사고 택시의 운전자가 운전숙련자인 동료 운전자에게 운전을 맡기고 운전석 옆 좌석에 있다가 사고를 당한 경우,[13] 차량의 운전자가 차량 소유자인 사용자의 묵인하에 전에도 자신을 대신해 그 차량을 운전한 적이 있는 운전숙련자인 자신의 형에게 운전을 맡기고 동승해 가던 중 사고로 사망한 경우[14] 등의 사건에서 타인성을 인정하고 있다.

자배법 제2조제4호 소정의 「운전의 보조업무에 종사하는 자」라 함은 업무로서 운전자의 운전행위에 참여하여 그 지배하에 운전행위를 도와주는 자를 의미하는데, 사고 당시 현실적으로 운전보조업무를 담당하고 있었던 경우에는 타인성이 부정되지만 사고 당시 현실적으로 운전보조업무를 담당하고 있지 않은 경우에는 운전보조업무를 담당할 자격 내지 지위에 있었던 사정만으로 타인성이 부정되는 것은 아니다. 이러한 운전보조자의 타인성 판단기준으로 대법원은 버스운전기사가 버스를 운전하여 가던 중 운전부주의로 중앙선을 침범하여 반대방향에서 오던 다른 버스와 충돌하여 안내원이 부상당한 사건[15]에서 안내원은 가해버스의 운전보조자에 해당한다고 하여 타인성을 부정하였으나, 굴삭기의 보조기사로 고용되어 주로 굴삭기의 정비업무에 종사해 오던 자가 굴삭기의 버킷에 고정판이 빠져 있는 것을 발견하고 이를 수리하던 중 굴삭기 운전자가 이를 미처 발견하지 못하고 후진하는 바람에 수지골 골절상을 당한 사건[16]에서 피해자는 굴삭기의 수리업무에 종사하고 있었던 자에 불과하고 굴삭기를 운전하거나 그 운전을 보조하는 업무에 종사하고 있었던 것이 아니라는 이유로 타인성을 긍정하였다.

사고차량에 다수의 운행자가 있고 그 공동운행자 중 1인이 사고에 의하여 피해를 입게 된 경우 원칙적으로 피해를 입은 공동운행자는 자배법

---

13) 대판 1989. 4. 24. 89다카2070.
14) 대판 1997. 11. 28. 97다28971.
15) 대판 1979. 2. 13. 78다1536.
16) 대판 1999. 9. 17. 99다22328.

상 타인에 해당하지 않기 때문에 보호를 받을 수 없다고 할 것이나, 공동운행자간의 상호관계·운행지배의 정도·태양 등에 비추어 자배법상의 타인성을 전면적으로 부정하는 것은 불합리한 면이 있으므로 공동운행자라도 예외적으로 타인성이 인정되는 경우가 있다. 실무상 공동운행자를 타인성으로 인정할 것인가의 문제는 주로 차량의 임대차 또는 사용대차관계에서 발생한다. 차량사용대차와 관련하여 대법원은 「복수로 존재하는 운행자 중 1인이 당해 자동차의 사고로 피해를 입은 경우에도 사고를 당한 그 운행자는 다른 운행자에 대하여 자신이 위 법 제3조 소정의 타인임을 주장할 수 없는 것이 원칙이고, 다만 사고를 당한 운행자의 운행지배 및 운행이익에 비하여 상대방의 그것보다 주도적이거나 직접적이고 구체적으로 나타나 있어 상대방이 용이하게 사고의 발생을 방지할 수 있었다고 보이는 경우에 한하여 비로소 자신이 타인임을 주장할 수 있을 뿐이다」라고 판시하였다.[17] 또한 차량임대차와 관련하여 대법원은 자동차대여업자로부터 차량을 임차하면서 운전자까지 소개받아 그 운전자로 하여금 운전케 하여 가던 도중 교통사고로 사망한 경우,[18] 지입차주로부터 운전자가 딸린 차를 임차하여 동승운행 중 야기된 교통사고로 임차인이 상해를 입은 경우[19]에는 모두 차량임차인의 타인성과 임대인의 직접적인 운행지배성을 인정하여 임대인에게 손해배상책임을 인정하고 있다. 그러나 회사로부터 차량을 임차하여 직접 운전하던 중 사고를 당하여 사망한 경우[20]에는 사고 당시 임차인은 운행지배 또는 운행이익을 가진 자로서 자동차 소유자

---

17) 대판 2001. 11. 30. 2000다66393; 이 판례는 A가 자신의 형 집에 놀러 갔다가 조카인 B의 요청에 따라 그에게 자신의 승용차를 빌려주었는데, B는 위 승용차를 운전하여 C의 집에 갔다가 C로 하여금 운전하도록 하여 C가 운전하던 중 사고가 발생하여 조수석에 앉아 있던 B가 사망한 사건인데, 대법원은 「사고를 당한 B의 운행지배 및 운행이익에 비하여 A의 그것보다 주도적이거나 직접적이고 구체적으로 나타나 있어 A가 용이하게 사고의 발생을 방지할 수 있었다고 볼 수 없다」는 이유로 B의 타인성을 부정한 사례이다.

18) 대판 1992. 2. 11. 91다42388.

19) 대판 1993. 4. 23. 93다1879.

20) 대판 2000. 10. 6. 2000다32840.

인 렌터카 회사에 비하여 그 운행지배와 운행이익이 보다 직접적이고 구체적이어서 회사가 사고의 발생을 방지할 수 있었다고 볼 수 없다는 이유로 임차인에 대한 타인성을 부정하고 있다. 그러나 피해자인 공동운행자의 타인성이 인정되는 경우라도 다른 공동운행자에게 모든 손해를 부담하도록 하는 것은 손해의 공평부담을 지도원리로 하는 손해배상제도의 근본취지에 반하므로, 신의칙 내지 공평의 원칙을 적용하여 그 운행지배의 정도·태양에 따라 다른 공동운행자의 책임을 양적으로 제한하여 배상액을 감액하고 있다(대판 1991. 3. 27. 91다3048).

3. 운행으로 인한 사상발생

자배법 제2조제2호는 「운행이라 함은 사람 또는 물건의 운송 여부와 관계없이 자동차를 그 용법에 따라 사용 또는 관리하는 것을 말한다」라고 규정하고 있을 뿐 「그 용법」에 따른 사용 또는 관리가 무엇인지에 대하여는 명문규정이 없다.[21] 1999. 2. 5. 법률 제5793호로 개정되기 전의 자배법은 「……자동차를 당해 장치의 용법에 따라 사용하는 것」을 운행이라고 규정하였다. 「당해 장치」의 의미에 관하여 학설은 대체로 원동기설,[22] 주행장치설,[23] 고유장치설,[24] 차고출입설[25] 등이 대립하고, 대법원은 「당

21) 1999. 2. 5. 법률 제5793호로 개정되기 전의 자배법은 「운행이라 함은 사람 또는 물건의 운송 여부와 관계없이 자동차를 당해 장치의 용법에 따라 사용하는 것」이라고 규정한 것과 비교하면 현행 자배법상의 운행범위가 확대되었다.

22) 운행이란 자동차를 원동기에 의하여 이동시키는 것을 의미하는 것으로 보아 당해 장치를 원동기장치로 해석하는 견해이다.

23) 당해 장치란 반드시 엔진장치에 국한되는 것이 아니고 그 이외에 다른 여러 가지 주행장치를 포함하는 개념으로 이해하는 견해이다.

24) 당해 장치를 자동차의 구조상 설비되어 있는 각 장치 이외에 크레인차의 크레인, 덤프카의 덤프 등을 당해 자동차의 고유장치로 보아 이러한 장치의 전부 또는 일부를 그 목적에 따라 조작하는 경우에는 운행에 해당하는 것으로 해석하는 견해이다.

25) 자동차를 사용하는 것에 중점을 두어 자동차가 일단 차고로부터 나온 이상 다시

해 장치란 당해 자동차에 계속적으로 고정되어 있는 장치로서 자동차의 구조상 설비되어 있는 당해 자동차 고유의 장치를 말하는 것이고, 그와 같은 각종 장치의 전부 또는 일부를 각각의 사용목적에 따라 사용하는 경우에는 운행 중에 있다고 할 수 있다」라고 하여 고유장치설에 따라 「당해 장치」와 운행 여부를 판단하고 있다.[26] 따라서 「자동차를 그 용법에 따라 사용 또는 관리하는 것」이란 자동차의 용도에 따라 그 구조상 설비되어 있는 각종의 장치를 각각의 장치 목적에 따라 사용 또는 관리하는 것을 말하는 것으로써 자동차가 반드시 주행 상태에 있지 않더라도 주행의 전후단계인 주·정차 상태에서 문을 열고 닫는 등 각종 부수적인 장치를 사용하는 것도 포함되는 것이므로 자배법상의 운행은 도로교통법상의 운전보다 넓은 개념이다(대판 1999. 11. 12. 98다30834).

자배법 제3조는 「자기를 위하여 자동차를 운행하는 자는 그 운행으로 인하여 다른 사람을 사망하게 하거나 부상하게 한 때에는 그 손해를 배상할 책임이 진다」라고 규정함으로써 차량의 운행과 사상과의 인과관계를 운행자책임 요건으로 규정하고 있다. 대법원은 일관하여 운행과 사상과의 인과관계에 관하여 상당인과관계설을 채택하고 있다. 상당인과관계설은 통상 일정한 결과를 일어나게 하는 것으로 기대되는 조건을 결과의 원인으로 보고 동일한 조건이 있는 때에 동일한 결과를 일어나게 하는 것이 일반적인 경우에 그 인과관계가 있다는 것이며, 결과 발생의 개연성이 인과관계 유무의 판단기준이 된다.[27]

차고로 들어갈 때까지 그 도중에 주정차 등에 의하여 육상에 남아 있는 경우에도 자동차의 사용으로 해석하는 견해이다.

26) 대판 1997. 1. 21. 96다42314; 대판 1996. 5. 31. 95다19232.

27) 교통·산재손해배상실무연구회, 손해배상소송실무(교통·산재), p.70; 김동준, 손해배상실무요해, p.88.

Ⅴ. 산재면책조항의 해석

1. 관계조항의 내용 및 취지

자배법 제9조제1항은 피해자가 보험자에게 직접 손해배상의 지급을 청구할 수 있는 것으로 규정하는 동시에 자동차보험 진료수가에 해당하는 금액을 진료의료기관에 직접 지급할 것을 청구할 수 있도록 규정하고 있고, 자배법 제3조는 「자기를 위하여 자동차를 운행하는 자는 그 운행으로 타인의 생명 또는 신체를 사상한 때에는 그 손해를 배상할 책임이 있다」라고 규정하고 있다.

그러나 자배법 제28조는 피해자가 국가배상법·산재보험법 그 밖의 대통령령이 정하는 법률에 의하여 배상 또는 보상을 받은 경우에는 그 보상 또는 배상을 받은 범위 안에서 자배법에 의한 배상책임을 면하도록 규정하고 있다. 이러한 면책규정에 따라 자동차종합보험보통약관은 「배상책임이 있는 피보험자의 피용자로서 산재보험법에 의한 재해보상을 받을 수 있는 사람」에 대하여는 산재보상금 한도 내에서 교통사고로 인한 손해배상을 면책시키고 있는데, 이를 「산재면책조항」이라고 한다.[28] 이것은 업무에 사용 중인 피보험자의 피용자가 피해자인 경우에는 사용자는 근로기준법에 의한 재해보상의무가 있고, 이의 담보를 위하여 가입한 산재보험이 있기 때문에 기업내의 산재에 대해서는 산재보험에 의하여 보상받을 수 있으므로 산재보상금의 범위 내에서는 손해배상을 면책시키겠다는 취지이다.[29]

---

28) 종전 자동차보험종합약관은 교통사고와 업무상 재해가 경합하게 된 경우, 산재보험법에 의한 산재보상을 받을 수 있는 경우에는 산재보상금액과 관계없이 전액 자동차종합보험 약관에 의한 배상책임을 면책시키고 있었다. 그러나 대법원은 2005. 3. 17. 2003다2802 전원합의체 판결을 통하여 종전의 판례를 변경하여 「산재보험법에 의한 보상범위를 넘는 손해에 대하여는 면책약관의 효력이 없다」라고 판시함에 따라 그 판례의 내용에 부합하도록 자동차종합보험 약관을 개정하였다.

2. 산재면책조항의 유효성

자배법에 의한 손해배상을 받을 수 있는 「타인」이라 함은 자기를 위하여 자동차를 운행하는 자, 즉 운행자 및 자동차의 운전자, 운전보조자를 제외한 그 이외의 모든 사람을 포함하는 것이라고 해석하는 것이 통설과 판례이다. 따라서 사고발생 자동차의 운행자, 당해 사고발생에 과실이 있는 운전자, 운전보조자는 타인에서 제외되며, 그 밖의 자가 타인에 해당된다. 그런데 자동차사고로 인하여 업무상 재해를 입은 피재근로자는 자배법에 의한 「타인성」이 뚜렷함에도 단지 산재보험법에 의한 산재보험급여의 수급권자가 된다는 이유로 피해자의 범위에서 제외하고 있어, 이에 관한 유효성 여부가 문제된다.

1) 전면유효설(2005. 3. 17. 이전 대법원의 견해)

대법원은 「자동차종합보험계약의 대인배상책임보험계약에 있어서 그 사고의 피해자가 배상책임의무가 있는 피보험자의 피용자로서 근로기준법에 의한 재해보상을 받을 수 있는 사람인 경우에는 그 사고로 인하여 피보험자가 입게 된 손해를 보험자가 보상하지 아니하기로 정한 자동차종합보험 보통약관상의 면책조항은, 노사관계에서 발생하는 재해보상에 대해서는 산재보험에 의하여 전보받도록 하고 제3자에 대한 배상책임을 전보하는 것을 목적으로 한 자동차보험의 대인배상 범위에서는 이를 제외하려는 데 그 취지가 있는 것이므로, 약관의규제에관한법률에 규정된 신의성실의 원칙에 반하여 공정성을 잃은 약관조항이라고 볼 수 없을 뿐만 아니라 계약자에 대하여 부당하게 불리한 조항이거나 계약자가 계약의 거래형태 등 제반사정에 비추어 예상하기 어려운 조항, 계약의 목적을 달성할 수 없을 정도로 계약에 따르는 본질적 권리를 제한하는 조항이라고 볼 수 없다」라

29) 이주흥, 실무손해배상책임법, p.512.

고 하여 그 유효성을 인정하였다.[30] 그러나 그 후 대법원은 「재해보상에 대해서는 원칙적으로 산재보험법에 의하여 전보받도록 하는 데 그 취지가 있는 것이므로 자동차종합보험 약관상의 산재면책조항에 의하여 면책되려면, 그 피용자가 근로기준법에 의한 재해보상을 받을 수 있을 뿐만 아니라 산재보험법상의 소정의 보험급여를 지급받을 수 있어야 하고, 피용자가 근로기준법에 의한 재해보상을 받을 수 있다 하더라도 산재보험법에 의한 보험급여를 받을 수 없는 경우에는 면책사유의 적용대상에서 제외된다」고 판시하여 종전과는 다르게 엄격하게 산재면책조항을 해석하고 있긴 하나, 산재보험법에 의한 재해보상을 받을 수 있는 경우에는 산재보상금의 과소와 상관없이 전면적으로 산재면책조항의 유효를 인정하고 있었다.[31]

2) 제한적 유효설(2005. 3. 17. 이후 대법원의 견해)

대법원은 2005. 3. 17. 전원합의체 판결을 통하여 「업무상 자동차사고에 의한 피재근로자의 손해가 산재보험법에 의한 보상범위를 넘어서는 손해에 대하여는 보험자의 산재면책조항은 효력이 없다」라고 판시함으로써 자동차종합보험 약관상의 산재면책조항은 산재보상금의 범위 내에서만 효력이 있는 것으로 해석하고 있다. 대법원이 자동차종합보험 약관에 규정한 산재면책조항의 효력을 산재보상금 범위 내로 제한하여야 한다고 하는 이유로서, ①산재보험의 취지는 노사관계에서 발생한 업무상 재해로 인한 손해를 담보하는 것이므로 산재보험의 대상인 업무상 자동차사고에 의한 피재근로자의 손해에 대하여는 산재보험에 의한 전보를 받도록 하게 하려는 데 있다고 하는 점, ②자동차사고에 의한 피재근로자의 손해가 산재보험법에 의한 보상범위를 넘어서는 경우에도 면책시킨다고 하면 실질적으로 피보험자가 손해배상책임을 부담하게 되어 피보험자가 타인에게 대하여 부

---

30) 대판 1989. 11. 14. 88다카29177; 대판 1990. 4. 24. 89다카24070.

31) 대판 1995. 3. 14. 93다42238; 대판 1994. 6. 24. 93다4554; 대판 1994. 3. 11. 93다58622; 대판 1994. 1. 11. 93다5376.

담하는 손해배상책임을 담보하기 위한 자동차보험의 취지에 어긋난다고 하는 점, ③산재보상의 범위를 초과하는 배상에까지 면책을 시키는 것은 약관의규제에관한법률 소정의 고객인 보험계약자 및 피보험자에게 부당하게 불리할 뿐만 아니라 사업자인 보험자가 부담하여야 할 위험을 고객에게 이전시키는 결과를 초래한다고 하는 점 등을 제시하고 있다.

[관련판례요지]

- ▸ 자동차종합보험 약관 중 「배상책임 있는 피보험자의 피용자로서 산재보험법에 의한 재해보상을 받을 수 있는 사람에 대하여는 보상하지 아니한다」는 면책조항의 취지는 노사관계에서 발생한 업무상 재해로 인한 손해에 대하여는 노사관계를 규율하는 근로기준법에서 사용자의 각종 보상책임을 규정하는 한편, 이러한 보상책임을 담보하기 위하여 산재보험법으로 산재보험제도를 설정하고 있으므로, 산재보험 대상인 업무상 자동차사고에 의한 피해 근로자의 손해에 대하여도 산재보험에 의하여 전보받도록 하고, 이처럼 산재보험에 의한 전보가 가능한 범위에서는 제3자에 대한 배상책임을 전보하는 것을 목적으로 하는 자동차보험의 대인배상 범위에서 이를 제외하려는 데 있는 것으로 해석함이 상당하다(대판 2005. 3. 17. 2003다2802).
- ▸ 업무상 자동차사고에 의한 피해 근로자의 손해가 산재보험법에 의한 보상범위를 넘어서는 경우에도 면책조항에 의하여 보험자가 면책된다고 한다면 자동차보험의 피보험자인 사업주의 피해 근로자에 대한 자동차손해배상보장법 또는 민법 등에 의한 손해배상책임이 남아 있음에도 불구하고 보험자의 면책을 인정하여 피보험자에게 실질적으로 손해배상책임을 부담하게 하는 것이 되는바, 이는 피보험자동차의 사고로 인하여 피보험자가 타인에 대하여 부담하는 손해배상책임을 담보하기 위한 자동차보험의 취지에 어긋나는 것으로서, 약관의규제에관한법률 소정의 고객인 보험계약자 및 피보험자에게 부당하게 불리할 뿐만 아니라 사업자인 보험자가 부담하여야 할 위험을 고객에게 이전시키는 것이 되므로, 「산재보험법에 의한 보상범위를 넘어서는 손해가 발생한 경우에도 보상하지 아니한다」는 면책조항은 효력이 없다(대판 2005. 3. 17. 2003다2802).

3) 무효설(약관심사위원회의 견해)

약관심사위원회는 「자동차사고의 피용자가 근로기준법 또는 산재보험법에 의한 산재보험급여를 받을 수 있다는 우연한 사유를 가지고 자동차보험회사가 보상하지 않는다는 것은 자동차사고에 기인하는 민사상의 불법행위책임을 보장하는 자동차종합보험의 취지에 어긋나고, 계약의 거래형태 등 제반사정에 비추어 약관규제에관한법률 제6조제2항에 규정된 예상하기 어려운 조항이다」라고 하여 산재면책약관을 무효로 의결하였다. 약관심사위원회가 자동차종합보험보통약관상의 산재면책조항을 무효로 의결한 근거는 「산재보상제도는 근로자의 복지를 증진하기 위한 것이고, 산재보험에 의하여 근로자가 업무상 재해로 입은 실제의 손해배상을 받을 수 없는 경우에는 일반법에 의한 손해배상청구를 허용하고 있는 점에서 산재보험급여를 초과하여 피보험자가 부담하는 손해배상책임에 대해서까지 자동차보험자의 면책으로 인정하는 조항은 자동차종합보험에 가입함으로써 자동차사고로 인한 모든 손해를 전보하여 주는 것으로 믿고 있는 고객에게는 부당하고 예상하기 어려운 조항으로써 약관의규제에관한법률 제6조제2항에 위반하여 무효」라는 논리이다.[32]

3. 평가

자동차사고로 인한 피재근로자가 산재보험법에 의하여 산재보험급여를 받을 수 있는 경우에는 자배법에 의한 손해배상청구를 배제시키고 있는 자배법 제28조 및 산재보험법에 의한 산재보상을 받을 수 있는 경우에는 전액 손배상책임을 면책시키도록 한 종전 자동차종합보험보통약관에 규정한 「산재면책조항」은 약관의규제에관한법률 제6조에 의한 의외성(意外性)의 원칙에 따라 계약의 내용으로 될 수 없고, 이러한 계약의 거래형태는 제반사정에 비추어 예상하기 어려운 조항으로써 공정성을 잃은 것으로 해석해야 할 것이다.[33]

32) 의결 제90-1호, 1990. 2. 19(경제기획원, 약관의규제에관한법률심의결집(제3권). p.82 이하; 한국행정학회, 산재보험과 자동차보험(책임보험중심)과의 조정방안 연구, pp.211-212.
33) 이주홍, 실무손해배상책임법, p.549.

자배법상의 손해배상과 산재보험법상의 보험급여는 그 목적, 성질 및 기능이 상이한 것이므로 이러한 산재면책조항은 다른 법률과의 형평성을 고려하여 매우 제한적으로 해석해야 한다. 생각건대, 자동차종합보험에 의한 대인배상은 무한배상이나 산재보험법에 의한 보험급여는 정액보상이므로, 자동차사고의 피해자가 산재보험급여를 받을 수 있는 법적 자격이 있다고 해서 그 배상수준을 고려하지 않고 일방적으로 자동차보험회사의 면책을 인정하는 것은 다른 법률과의 형평성을 잃은 것이다. 또한 보통거래약관의 면책사유요건은 매우 엄격하게 해석하여야 하고 약관의 뜻이 명백하지 않거나 의심스러울 때에는 고객에게 유리하게 하고 약관작성자에게 불리하게 제한적으로 해석해야 한다. 이러한 산재보험법과 자배법의 본질적인 차이와 약관의 해석원칙에 비추어 보면. 2005. 3. 17. 전원합의체 판결을 통하여 대법원이「산재보상금을 초과하는 손해에 대하여는 보험자이 손해배상책임이 면책되지 않는다」라고 판시한 것은 지극히 당연한 것이다. 더 나아가 보험자가 교통사고보상금을 지급하면서 교통사고 가해자로부터 손해배상금을 받았거나 향후 받을 경우에는 받은 금액 전액을 보험자에게 반환하도록 한 약정을 한 사실이 있다 하더라도, 이는 실손해를 초과한 범위에 국한하여 반환하기로 한 약정의 의미로 해석해야 한다(대판 2005. 4. 15. 2004다35113).

제 4 장 산재보상 및 배상구제절차

Ⅰ. 개 설

산재보상제도는 사용자의 과실책임 원리에 의한 손해배상제도에서 출발하여 무과실책임 원리에 의한 재해보상제도를 거쳐 현재의 사회보험 원리에 의한 산재보험급여제도로 발전하여 왔으므로, 산재보상의 중심은 산재보험법에 의한 산재보험급여제도라고 할 수 있다. 근로기준법상의 재해보상은 산재보험법에 의한 산재보험급여로 거의 흡수 통합되어 있고, 자배법에 의한 손해배상 역시 「산재면책조항」에 의하여 산재보험급여 범위 내에서 보험자의 손해배상책임이 면책됨으로써 산재보험급여를 우선적으로 청구할 수 있도록 되어 있으므로 산재보상의 체계는 어느 정도 산재보험급여로 일원화되어 있다.

그러나 산재보험급여제도는 손해배상제도와 비교하여 볼 때, 그 산정방식·보상 또는 배상수준·기능·성격 등이 다른 관계로 현행법상 손해배상과 산재보험급여는 상호병존관계에 놓여 있는 제도이다. 따라서 동일한 업무상 재해로 손해배상과 재해보상 및 산재보험급여의 요건이 충족된 경우에 피재근로자는 민법상의 손해배상청구권과 산재보험법에 의한 산재보험급여청구권을 행사할 수 있다.

그리고 산재보험급여의 관장자인 근로복지공단(이하 “공단”)이 행하는 산재부지급 결정처분과 심사 및 재심사의 결정은 행정법상 행정처분에 해당하는 것이므로 공단을 상대로 행정소송을 제기할 수 있다. 따라서 현행법상 업무상 재해가 발생한 경우, 피재근로자 또는 그 유족이 제기할 수 있는 법적 구제제도로서는 민사상의 손해배상청구소송, 행정심판으로서의 심사·재심사청구, 행정소송 등을 들 수 있다.

이외에 간접적인 권리구제제도로서 공단의 산재부지급 처분과 관련하여 제기된 고충민원에 대하여 국민고충처리위원회가 공단의 처분이 위법 또는 부당하다고 인정될 만한 사유가 있을 때에 공단에게 행하는 시정권고 또는 의견표명이 있다.

Ⅱ. 근로기준법에 의한 재해보상구제

재해보상청구권은 근로기준법상의 재해보상을 받을 일체의 권리를 말한다. 그러므로 피재근로자 본인의 사용자에 대한 요양보상·휴업보상·장해보상의 청구뿐만 아니라, 근로자의 업무상 사망한 경우 그 유족 또는 장제를 주제하는 자의 유족보상·장사비에 대한 청구권까지 포함하는 개념이다.

재해보상의 실시에 관하여 이의가 있는 자는 노동부장관에게 심사 또는 중재를 청구할 수 있고, 만약 그러한 청구가 있는 경우에는 노동부장관은 1월 이내에 심사 또는 중재를 하여야 한다(§91). 동기간 내에 노동부장관이 심사 또는 중재를 하지 아니하거나 그 결과에 불복이 있는 자는 노동위원회에 심사 또는 중재를 청구할 수 있고, 만약 그러한 청구가 있는 경우에는 노동위원회는 1월 이내에 심사 또는 중재를 하여야 한다(§92). 이들 규정은 재해보상의 실시에 관하여 이의가 있는 경우에 노동부장관과 노동위원회에 심사 또는 중재를 하도록 함으로써 이를 신속하게 해결하고자 하는 것이다. 그러나 노동부장관 또는 노동위원회의 심사와 중재는 행정처분이 아니고 일종의 권고적 성질을 가지는 것이므로, 심사 또는 중재에 대하여 불복이 있는 자는 행정소송을 제기할 수 없다(대판 1982. 12. 14. 82누448). 그러나 재해보상의 실시나 노동부장관과 노동위원회의 심사 또는 중재에 불복이 있는 자는 별도로 민사소송을 제기할 수 있다.

Ⅲ. 산재보험법에 의한 보험급여구제

1. 심사 및 재심사청구

업무상 재해로 부상을 당한 피재근로자는 관할 공단지사에 요양신청을, 사망한 경우에는 장의비 및 유족보상을 청구하게 되는데, 관할 공단지사가 요양 불승인하거나 산재보상금의 결정이 잘못된 경우에는 관할 공단지사를 경유하여 산재심사를 청구할 수 있고, 이에 불복이 있는 자는 산재심사위원회에 재심사를 청구할 수 있다.

1) 심사청구

산재보험급여에 관한 결정에 불복이 있는 자는 그 결정이 있음을 안 날로부터 90일 이내에 그 결정을 행한 공단의 소속기관을 거쳐 공단에 제기할 수 있다(§88조). 공단은 심사청구서를 받은 날로부터 50일 이내에 심사청구에 관한 결정을 하여야 하나, 부득이한 경우에는 1차에 한하여 10일을 연장할 수 있다(§89①).

그런데 산재보험법의 적용을 받는 근로자가 산재보험급여에 대해 이의가 있는 경우, 근로기준법에 의한 심사·중재를 청구할 수 있는가가 문제된다. 이에 대하여 산재보험법 제48조제1항은 「수급권자가 이 법에 의하여 보험급여를 받았거나 받을 수 있는 경우에는 보험가입자는 동일한 사유에 대하여 근로기준법에 의한 산재보상책임이 면제된다」라고 규정하고 있으므로, 원칙적으로 근로기준법에 의한 심사·중재의 청구는 부정된다. 그러나 산재보험급여의 부지급 결정이 확정된 경우에는 재해보상청구권이 소멸시효에 걸리지 않는 이상 사용자를 상대로 다시 재해보상을 청구할 수 있다(대판 1993. 8. 27. 93누5437).

[관련판례요지]

유족급여지급 거부처분이 불복기간의 경과로 확정되었더라도 유족보상청구권이 없다는 내용의 법률관계까지 확정된 것은 아니며, 그 후 사업주가 근로기준법상의 유족보상금청구소송을 당하여 패소함에 따라 이를 지급하였다면 이는 일응 산재보험법상 소정의 보험급여를 체당하여 지급한 것으로 간주될 수 있는 경우에 해당한다(대판 1993. 8. 27. 93누5437; 대판 1993. 4. 13. 92누17182).

2) 재심사청구

공단의 심사결정에 불복이 있는 자는 산재심사위원회에 재심사를 청구할 수 있다. 재심사청구는 공단의 결정이 있음을 안 날로부터 90일 이내에 당해 산재보험급여에 관한 결정을 행한 공단의 소속기관을 거쳐 산재심사위원회에 제출하여야 한다(§90).

2. 심사 및 재심사청구의 효력

1) 공단 또는 산재심사위원회에 대한 효과

심사청구 또는 재심사청구가 제기되면 공단 또는 산재심사위원회는

(재)심사청구의 구체적인 사항, 절차, 결정기관의 처분사항. 당사자적격 등을 심리할 의무가 있다.

2) 산재처분에 대한 효과

심사 또는 재심사결정은 행정심판법상 행정심판의 청구에 해당하는 것이므로 행정심판법에 규정된 「집행부정지의 원칙」이 적용된다. 행정심판법 제21조제1항은 「행정심판의 청구가 문제된 처분의 효력이나 그 집행 또는 절차의 속행에 영향을 주지 않는다」라고 규정함으로써 원처분에 대한 집행부정지의 원칙을 선언하고 있다. 그리고 산재보험법 시행령 제95조제1항은 「심사청구는 당해 보험급여에 관한 결정의 집행을 정지시키지 아니한다」라고 규정함으로써 행정심판법상의 「집행부정지원칙」을 확인하고 있다.

그러나 행정심판법 제21조제2항 및 산재보험법시행령 제95조 단서는 「재결청(공단)은 산재보험급여의 집행에 발생할 중대한 손실을 피하기 긴급한 필요성이 있다고 인정할 때에는 그 집행을 정지할 수 있다」라고 규정함으로써 예외적으로 집행정지를 허용하고 있다. 여기서 「중대한 손실」이라 함은 사회통념상 원상회복 또는 금전배상이 불가능한 것은 아니지만 쉽게 회복할 수 없다고 인정되는 손해를 말하는 것이고, 「긴급한 필요성」은 손실발생의 가능성과 시간적인 절박성을 의미한다. 그리고 「그 집행」이라 함은 산재보험급여처분의 집행에만 국한하는 것이 아니라 당해 처분의 효력 및 절차의 속행까지도 포함하는 개념이다.

산재보험급여처분에 대한 집행정지결정은 공단의 직권결정으로 이루어지고, 집행을 정지시키기로 결정한 때에는 지체 없이 심사청구인 및 당해 보험급여에 관한 결정을 행한 공단의 소속기관에게 문서로 통지하여야 한다(시행령§95②).

3. 심사 및 재심사청구의 심리

심사 또는 재심사청구가 제기되면 공단 또는 산재심사위원회는 심리절차에 들어가게 된다. 심리라 함은 결정의 기초가 될 사실관계 및 법률관계를 명백히 하기 위하여 당사자 및 관계인의 주장과 반박을 듣고 증거자료를 수집하여 법률적용의 적법성을 검토하는 일련의 절차를 말한다.

심리는 요건심리와 본안심리로 구분된다. 요건심리라 함은 심사 또는 재심사를 제기하는 데 필요한 요건을 충족하고 있는가를 심리하는 것을 말하는데, 요건심리 결과 요건을 갖추지 않으면 부적합한 것으로 인정되어 각하사유에 해당한다. 그러나 그 하자가 보정할 수 있는 것이면 상당한 보정기간을 정하여 보정을 명하여야 한다. 본안심리라 함은 요건심리 결과 심사 또는 재심사청구가 적법한 것으로 수리한 것을 전제로 당해 심사 또는 재심사청구의 취지를 인용할 것인지 아니면 기각할 것인지를 판단하기 위한 심리를 말한다.

4. 심사 및 재심사결정의 효력

심사 및 재심사청구의 결정은 행정심판법상 재결에 해당한다. 인용재결은 형성력(形成力), 불가쟁력(不可爭力), 불가변력(不可變力), 기속력(羈束力)의 효력이 발생한다.

인용결정이 있게 되면 기존의 법률관계의 변동, 즉 처분청의 별도 행위를 기다릴 것 없이 처분 시에 소급하여 소멸되고 다시 심사청구를 할 수 없고, 재결에 고유한 위법이 있는 경우에 한하여 행정소송의 제기가 가능하나 제소기간이 경과하면 더 이상 그 효력을 다툴 수 없게 된다(불가쟁력). 비록 심사 또는 재심사 결정이 위법 또는 부당하다고 생각되는 때에도 오산·오기 기타 이와 유사한 형식상의 오류가 있는 경우를 제외하고는 재결청(공단)이 스스로 그 결정을 취소·변경할 수 없다(불가변력). 인용결정이 있게 되면 공단은 그 결정의 내용과 모순되는 동일한 처분을 동일한 사실관계하에서 반복할 수 없고, 지체 없이 결정의 취지에 따라 다시 이전의 신청에 대한 처분을 하여야 한다(기속력). 심사 또는 재심사결정이 공단을 기속하는 효력은 당해 처분에 관하여 결정주문 및 그 전제가 된 요건사실의 인정과 판단에 미치고 직접관계가 없는 다른 처분에 대하여는 미치지 아니한다(대판 1998. 2. 27. 96누13972).

Ⅳ. 행정소송법에 의한 행정소송

1. 의의

공단의 심사와 산재심사위원회의 재심사청구는 시효중단에 관하여 민법 제168조의 규정에 의한 재판상의 청구로 간주되고, 재심사청구에 대한 재결은 행정심판에 대한 재결로 보고 있으므로(§94①) 행정처분의 성격을 가지고 있다. 따라서 산재보험급여의 심사나 재심사의 결정에 불복이 있는 자는 행정소송을 제기할 수 있다. 그리고 행정소송법의 개정(1998. 3. 1.시행)으로 종전 「행정심판전치주의」에서 「행정심판임의주의」로 전환됨에 따라 산재보험법에 의한 심사 또는 재심사를 청구하지 않고 공단의 「산재보상 부지급처분」에 대하여 곧바로 공단을 상대로 행정소송을 제기할 수도 있다.

공단의 산재보상부지급처분 또는 심사 및 재심사청구의 기각결정에 대하여 공단을 상대로 제기하는 행정소송은 행정청인 공단의 신청인에게 행한 산재보상부지급처분 또는 심사 및 재심사의 청구에 대한 기각결정을 취소 또는 변경을 요구하는 소송이므로, 행정소송법상 취소소송에 해당한다.

2. 행정소송의 제기

산재보상부지급 처분 또는 심사 및 재심사청구의 기각재결에 대한 취소소송을 제기하기 위해서는 ①취소소송을 제기할 자격이 있는 자(원고적격)가 ②행정청을 상대(피고적격)로 ③관할권이 있는 법원(관할법원)에 ④일정한 형식(소장)을 갖추어 ⑤일정한 기간(제소기간) 내에 제기하여야 한다. 이때 ⑥위법하다고 주장하고 있는 처분 등이 존재(소송의 대상)하여야 하고, ⑦원고는 처분 등의 취소 또는 변경을 구할 이익이 있어야 한다.

1) 당사자적격

취소소송을 제기할 수 있는 자는 공단의 처분 등의 취소 또는 변경을 구할 법률상 이익이 있어야 한다. 여기서 「법률상 이익」이라 함은 당해 처분의 근거법규 및 관련법규에 의하여 보호되는 개별적 · 직접적 · 구체적 이익이 있는 경우를 말하고, 「당해 처분의 근거법규 및 관련법규에 의하여 보호되는 개별적 · 직접적 · 구체적 이익」이라 함은 당해 처분의 근거법규의 명문규정에 의하여 보호받는 법률상의 이익뿐만 아니라 당해 처분의 근거법규 및 관련법규에서 명시적으로 당해 이익을 보호하는 명문규정이 없다 하더라도, 그 근거법규 및 관련법규의 합리적 해석상 그 법규에서 행정청을 제약하는 이유가 단순한 공익의 보호만이 아닌 개별적 · 직접적 · 구체적 이익을 보호하는 취지가 포함되어 있는 경우를 말한다(대판 2004. 8. 16. 2003두2175).

취소소송의 피고는 당해 행정처분을 한 공단지사 또는 재결청인 공단이 된다. 즉, 심사 및 재심사를 거치지 않고 직접 산재보상부지급처분에 대하여 직접 취소소송을 제기하는 경우에는 처분청인 공단지사가 피고가 되는 것이고, 심사 및 재심사를 거쳐 취소소송을 제기하는 하는 경우에는 재결청인 공단이 피고가 된다.

2) 소송의 대상

취소소송의 대상으로서의 처분이라 함은 「행정청이 행하는 구체적 사실에 대한 법집행으로서의 공권력의 행사 또는 그 거부와 이에 준하는 행정작용」을 말한다. 산재에 있어서의 취소소송의 대상은 공단지사의 산재부지급처분 또는 심사 및 재심사청구의 기각결정이다. 구체적으로 산재보험법상의 보험사업의 비용에 충당되는 보험료부과처분 및 기타 징수금의 징수처분, 보험관계의 성립 및 소멸처분은 행정처분에 해당하여 취소소송의 대상이 되나, 공권력의 행사 또는 이에 준하는 행정적용으로 볼 수 없는 공법상의 계약, 제3자의 재해로 인한 구상권행사 등은 취소소송의 대상이 될 수 없다.

3) 관할법원

종전 행정소송사건에 대한 관할법원은 피고의 소재지를 관할하는 고등법원을 전속관할로 하였으나, 1994. 7. 27. 행정소송법 및 법원조직법(법률 제4765호)의 개정으로 취소소송은 지방법원급인 행정법원을 제1심 법원으로 하며, 그 항소심을 고등법원, 상고심을 대법원이 담당하는 3심제를 채택하고 있다(행소법§9①및법원조직법§40의4). 다만, 행정법원이 설치되어 있지 않은 지역에서는 해당 지방법원의 본원이 행정법원이 설치될 때까지 행정법원의 권한에 속하는 사건을 관할한다(법원조직법부칙§2). 따라서 공단지사의 산재부지급처분을 이유로 취소소송을 제기하고자 할 때에는 그 공단지사 관할 지방법원이 되고, 공단을 상대로 제기할 때에는 서울행정법원이 된다.[1)]

4) 소장

취소소송은 일정한 형식의 소장을 갖추어 제기하여야 한다. 취소소송의 소장형식에 대하여는 행정소송법에 특별히 규정한 바가 없으므로 민사소송법의 규정이 적용된다. 소장에는 당사자, 법정대리인, 청구의 취지 및 원인을 기재하여야 한다(민소법§29①).

5) 제소기간

행정소송은 공익과 밀접한 관계가 있는 공법관계를 장기간 불확정한 상태로 방치하는 것은 바람직하지 않기 때문에 민사소송과는 달리 그 제소기간을 제한하고 있다. 행정소송법에 규정된 제소기간은 불변기간이므로 그 기간이 도과하면 불가쟁력이 발생하여 더이상 동일한 소송대상물에 대하여 소를 제기할 수 없다.

현행 행정소송법과 산재보험법은 「행정심판임의주의」를 채택함으로써 피재근로자 또는 그 유족은 재심사를 거치지 아니하고 공단지사의 「산재보상 부지급처분」에 대하여 곧바로 취소소송을 제기할 수도 있고, 재심사를 거친 후 취소소송을 제기할 수도 있다.

재심사를 거치지 아니하고 직접 취소소송을 제기하는 경우에는 산재보상청구의 시효인 3년 이내에 취소소송을 제기하면 된다. 문제는 공단으로부터 산재부지급처분을 받았으나 소멸시효기간이 남은 상태에서 불복기간의 경과로 심사 또는 재심사를 청구할 수 없는 경우에 다시 공단에 산재보상청구를 할 수 없는가의 여부이다. 이에 관하여 대법원은 「산재보상거부처분이 불복기간의 경과로 인하여 확정되었더라도 그 확정력은 처분으로 인하여 법률상 이익을 침해받은 자가 처분이나 재결의 효력을 더이상 다툴 수 없다는 의미일 뿐이고 기판력이 인정되는 것은 아니므로 소멸시

---

1) 현재 행정법원이 설치된 지역은 서울뿐이므로 기타의 지역에서 취소소송을 제기하고자 할 때에는 공단지사의 관할 지방법원 본원이 관할법원이 된다.

효가 걸리지 아니한 이상 다시 산재보상을 청구할 수 있다」라고 판시하고 있다(대판 1993. 4. 13. 92누17181; 대판 2000. 4. 25. 2000다2023).

[관련판례요지]

행정처분이나 행정심판 재결이 불복기간의 경과로 인하여 확정될 경우 확정력은 처분으로 인하여 법률상 이익을 침해받은 자가 처분이나 재결의 효력을 더이상 다툴 수 없다는 의미일 뿐 판결에 있어서와 같은 기판력이 인정되는 것은 아니어서 처분의 기초가 된 사실관계나 법률적 판단이 확정되고 당사자들이나 법원이 이에 기속되어 모순되는 주장이나 판단을 할 수 없게 되는 것은 아니다. 따라서 종전의 산재요양보상급여취소처분이 불복기간의 경과로 인하여 확정되었더라도 요양급여청구권이 없다는 내용의 법률관계까지 확정된 것은 아니며 소멸시효에 걸리지 아니한 이상 다시 요양급여를 청구할 수 있고 그것이 거부된 경우 이는 새로운 거부처분으로서 위법 여부를 청구할 수 있다(대판 1993. 4. 13. 92누17181; 대판 2000. 4. 25. 2000다2053).

그리고 대법원은 산재보상심사청구만 거치고 곧바로 취소소송을 제기하는 경우에 그 제소기간의 기산일은 산재를 당한 날이 아니라 심사결정 정본을 받은 날로 보아야 한다고 판시하고 있다(대판 2002. 11. 26. 2002두6811).

[관련판례요지]

산재보험법상 보험급여에 관한 결정에 대하여 취소소송을 제기하기 위하여 심사청구 및 재심사를 반드시 거쳐야 하는 것은 아니며, 임의적으로 심사청구만을 거친 채 최소소송을 제기하는 경우에는 행정소송법 제20조 제1항의 규정에 따라 그 제소기간은 결정의 정본을 송달받은 날로부터 기산하여야 한다(대판 2002. 11. 26, 2002두6811).

결국, 산재보상과 관련한 취소소송의 제소기간은 공단의 부지급처분 또는 심사결정 정본을 받은 날로부터 기산하여야 하고, 소멸시효에 걸리지 않는 이상 심사 또는 재심사의 결정에 대한 불복기간의 경과로 확정되었다 하더라도 다시 산재보상 청구하여 처분을 받은 후 심사 또는 재심사를 거치거나 취소소송을 제기할 수 있는 것으로 보아야 한다.

3. 판결의 효력

취소소송의 판결이 확정되면 선고법원에 대하여는 불가변력(不可變力), 소송당사자에 대하여는 불가쟁력(不可爭力), 법원과 당사자에 대하여는 기판력(旣判力), 행정기관에 대하여는 기속력(羈束力), 제3자에 대하여는 형성력(形成力)이 발생하게 된다.

1) 불가변력

법원이 판결을 일단 선고하면 선고법원 자신도 그 내용을 취소·변경할 수 없는 효력을 말한다. 불가변력이 인정되는 이유는 법원이 내린 판결은 당해 문제된 법률관계의 분쟁에 대한 공권적인 판단으로서의 성질을 가지기 때문이다.

2) 불가쟁력

취소소송의 판결에 불복이 있으면 그 취소·변경을 위한 상소를 하여야 한다. 그러나 상소기간이 경과하거나 당사자가 상소를 포기하는 등의 사유가 있으면 상소를 할 수 없게 되어 판결은 확정된다. 이를 형식적 확정력 또는 불가쟁력이라고 한다.

3) 기판력

행정소송의 대상인 소송물에 관한 법원의 판결이 확정된 경우에는 법원은 동일한 소송물에 있어서 종전의 판단에 모순 또는 저촉되는 판단을 할 수 없고 소송의 당사자 및 그의 승계인도 그에 반하는 주장을 하여 다투는 것이 허용되지 않는 효력을 말한다. 기판력은 소송절차의 반복과 모순된 재판의 방지라는 법적 안정성의 요청에 따라 인정되는 효력이다.

기판력은 당해 소송의 당사자 및 당사자와 동일시할 수 있는 자에게만 미치고 제3자에게는 미치지 아니한다. 그리고 행정소송에 있어서의 보조참가는 그 참가유형이 보조참가가 아니라 공동소송적 보조참가의 성격을 갖는 것이므로 보조참가인에게도 기판력이 미친다고 보아야 한다.[2] 취소소송의 피고는 행정청이므로 그 판결의 기판력은 피고인 처분행정이 속하는 국가나 공공단체에도 미친다.

기판력의 객관적 범위는 그 판결의 주문에 포함된 사항에 대하여만 미친다. 즉, 소송물로 주장된 법률관계의 존부에 관한 판단의 결론 그 자체에만 미치고, 판결이유 중에 설시된 그 전제가 되는 법률관계의 존부까지 미치는 것은 아니다(대판 1987. 6. 9. 88다카2756).

4) 기속력

취소소송 판결이 확정되면 소송당사자인 행정청과 그 밖의 관계행정청의 판결이 내용에 따라 행동하여야 할 실체법상의 의무가 발생하게 되는데, 이러한 효력을 기속력 또는 구속력이라 한다. 따라서 취소소송 판결이 있게 되면 처분행정청 또는 관계행정청은 동일한 사실관계 아래에서 동일한 당사자에 대하여 종전과 동일한 내용의 처분 등을 반복할 수 없고(동일내용의 처분금지의무), 판결의 취지에 따라 다시 처분할 의무가 있다(재처분의무).[3]

기속력은 주로 판결의 실효성을 확보하기 위하여 인정되는 효력이므로 판결의 주문뿐만 아니라 주문의 전제가 되는 처분 등의 구체적 위법사유에

2) 장태주, 행정법개론, p.784.
3) 장태주, 행정법개론, pp.785-788.

관한 이유 중의 판단에 대하여도 미치고, 당해 거부처분을 한 행정청은 신청을 인용하는 처분을 하여야 하고 사실심변론 종결 이전의 사유를 내세워 다시 거부처분을 하는 것은 확정판결의 기속력에 저촉된다(대판 2001. 3. 23. 99두5238).

5) 형성력

판결이 확정되면 판결의 취지에 따라 법률관계의 발생·변경·소멸을 가져오는 효력을 말한다. 취소판결이 확정되면 처분 등의 효력은 처분청의 별도의 행위를 기다릴 것 없이 처분 시에 소급하여 그 효력이 소멸되어 처분이 없었던 것과 같은 상태로 된다. 형성력은 특히 취소인용판결의 경우에 일반적으로 인정되는 효력으로서 취소판결의 제3자효를 규정한 행정소송법 제29조제1항을 전제로 한 것이다.

V. 민사소송법에 의한 민사소송

1. 의의

행정소송은 공법상의 권리구제방법을 제시한 것이고 사법상의 권리구제를 배제하는 것은 아니므로, 피재근로자 또는 그 유족은 민사상의 손해배상청구가 허용된다. 산재보험법 제48조제2항은 산재보험급여와 손해배상과의 관계를 상호병존관계에 있는 것으로 규정하고 있기 때문에 민사상의 손해배상 요건을 충족하는 한 산재보험법에 의한 심사 또는 재심사의 청구나 결정에 상관없이 민사소송을 제기할 수 있다. 다만, 장해특별급여와 유족특별급여는 손해배상에 갈음하는 것이므로 이러한 보험급여를 받은 경우에는 민사소송을 청구할 수 없다(§46② · §47②).

여기서는 산재사고로 인한 손해배상청구소송을 제기하기 위한 요건으로서 행정소송법에 의한 구제절차에서 다루지 않은 사항이나 차이가 있는 사항에 대해서만 기술하기로 한다.

2. 당사자

소송당사자는 원고와 피고이다. 원고는 소송을 제기한 자이고 피고는 제소를 당한 자이다. 당사자는 그 법정대리인과 함께 소장에 필요적으로 기재할 사항이다. 민사소송에 있어서 자기의 이름으로 법원에 소를 제기하거나 그 상대방이 되면 당사자 되는 형식적인 개념이므로 실체법상 실질적으로 권리자와 의무자가 누구인지를 선별하여야 한다. 이러한 선별작업이 당사자능력과 당사자의 적격문제이다. 당사자는 재판의 인적효력이 미치는 범위를 확정하는 구실을 할 뿐만 아니라, 강제집행을 할 때에도 필요하므로 타인과 구별할 수 있을 정도로 구체적으로 원고와 피고를 기재하여야 한다.

산재사고 소송에 있어서 원고는 피해자 본인뿐만 아니라 그와 가족관계에 있는 자와 태아를 들 수 있다. 구체적으로 위자료청구에 있어서는 직접의 피해자뿐만 아니라 직계존속, 직계비속 및 배우자, 형제자매, 외조부 그리고 호적에 입적되지 아니한 사실혼관계에 있는 배우자도 원고가 될 수 있다. 치료비 · 개호비청구에 있어서는 직접 피해자의 가족이 치료비를 실제 지출 · 부담하거나 개호를 한 경우 직접 피해자 또는 그 가족이 원고가 된다. 그리고 태아의 경우에는 태아로 있는 동안에는 권리능력이 없으므로 원고가 될 수 없으나, 일단 살아서 출생한 경우에는 태아 시까지 소급하여 권리능력을 회복하게 되므로 원고의 적격을 가진다.[4)]

산재사고에 있어서의 피고는 안전배려의무를 위반한 사용자가 되는 것이 일반적이나, 하도급의 경우에는 사안에 따라 도급인에게 민법 제757조 소정의 도급인의 책임을 묻거나 도급인과 수급인이 함께 피고로 정하여 부진정연대책임을 물을 수도 있다.

3. 제소기간

사용자의 안전배려의무 위반으로 인하여 발생한 산재사고는 불법행위에 해당하는 것이므로, 이에 따른 손해배상청구권의 소멸시효기간은 피재근로자나 법정대리인이 그 손해 및 가해자를 안 날로부터 3년, 불법행위를 한 날로부터 10년이다(민법§766). 손해 및 가해자를 안 날로부터 3년과 불법행위를 한 날로부터 10년 중 어느 한 가지라도 기간이 도과되면 소멸시효는 완성되어 손해배상청구소송을 제기할 수 없다. 통상적으로 산재사고가 발생하면 그 날 손해 및 가해자를 알 수 있다고 보기 때문에 소멸시효기간은 사고일로부터 3년으로 해석한다. 3년의 소멸시효는 피해자측이 손해와 가해자를 모두 안 때로부터 진행되는 것이므로, 시효의 진행은 권리를 행사할 수 있는 때로부터 진행한다고 하는 일반원칙을 규정한 민법 제166조의 예외에 해당한다.[5)]

여기서 「손해를 안다」는 것은 일반적으로 상해를 입거나 사망한 경우, 특별한 사정이 없는 한 그 날 손해의 발생을 한 것으로 보아야 한다. 그러나 당초 상해의 악화나 후유증으로 인하여 예견할 수 없었던 손해가 새로이 발생하거나 예상되는 손해가 확대된 때에는 그러한 사유가 판명되어 새로이 발생 또는 확대된 손해를 안 날로부터 별도로 시효가 진행되는 것으로 해석한다(대판 1992. 4. 14. 92다2011). 그리고 「가해자를 안다」는

4) 김동준, 손해배상실무요해, pp.40-41.
5) 김동준, 손해배상실무요해, pp.120.

것은 손해배상청구의 상대방이 되는 자를 안다는 것을 의미하며, 가해자에는 불법행위자, 그의 사용자 또는 감독자, 하자 있는 공작물의 점유자 또는 소유자, 사망한 불법행위자의 상속인 등이 포함된다(대판 1974. 1. 15. 73다1501; 대판 1977. 6. 7. 76다2008).

10년의 소멸시효에 있어서 「불법행위를 한 날」이라 함은 가해행위로 인하여 현실적으로 손해가 발생한 날을 의미한다(대판 1979. 12. 16. 77다1894).[6] 만약 가해행위를 한 날로부터 시효가 진행한다고 하면, 가해행위와 손해의 발생 사이에 시간적인 간격이 있는 경우, 손해배상청구권이 발생하기 전에 그 청구권에 대한 소멸시효가 완성되는 불합리한 결과가 발생하기 때문에 「불법행위를 한 날」은 현실적인 「손해가 발생한 날」로 해석해야 한다.[7]

4. 소장

1) 당사자의 표시

소장에는 필수적으로 당사자를 표시하여야 한다. 성명은 각 글자의 간격을 석자로 하고 한글로 표시하고, 주소는 시 또는 도의 표시는 하지 않고 「서울」, 「부산」, 「강원」, 「경기」 등으로 표시하고 번지는 생략하는 것이 실무관행이다. 주소의 기재는 당사자 성명 아래 둘째자(字)에서부터 시작하여 기재한다. 피고의 주소가 없거나 알 수 없을 때에는 거소(居所)를 기재하고 거소도 알 수 없을 때에는 「주소 불명」 또는 「소재불명」이라고 기재하고 최후의 주소를 기재한다.[8] 당사자의 표시사례를 제시하면 다음

---

6) 1974. 10. 22. 74다647 판결에서는 「불법행위를 한 날」을 「가해행위를 한 날」로 해석하였으나, 1979. 12. 16. 77다1894 · 1895 전원합의체 판결에서는 현실적으로 「손해의 결과가 발생된 날」로 판시하여 종전의 판례를 변경하였다.

7) 김동준, 손해배상실무요해, pp.121-122.

과 같다.

▸피고 홍 길 동
서울 서초구 서초동 32의 22
▸피고 갑을산업주식회사
서울 서초구 서초동 32의 22
대표이사 홍 길 동
▸피고 홍 길 동
현재 소재불명
최후주소 서울 서초구 서초동 32의 22

2) 청구취지

청구취지는 원고가 어떠한 종류, 내용, 범위의 재판을 구하는 것인가를 표시하는 소의 결론적 부분에 해당하는 것으로서 간결·명확하게 표시한다. 청구취지는 ①본안에 관한 부분, ②소송비용의 부담에 관한 부분, ③가집행선고에 관한 부분으로 구성되는데, 사례를 소개하면 다음과 같다.

▸본안에 관한 부분
1. 「피고는 원고에게 금○○원 및 이에 대한 . . .부터 이 사건 판결선고일까지는 연 5푼의, 그 다음 날부터 완제일까지는 연 2할의 각 비율에 의한 금원을 지급하라」
1. 「피고들은 각자(또는 연대하여) 원고에게 금○○원 및 . . .부터 이 사건 판결선고일까지는 연 5푼의, 그 다음 날로부터 완제일까지는 연 2할의 각 비율에 의한 금원을 지급하라」

8) 피고의 주소가 불명인 때에는 공시송달의 방법으로 소송이 진행되므로 공시송달의 요건에 관한 소명자료를 갖추어야 한다. 실무적으로는 피고가 자연인 경우에는 통·반장의 불거주확인서를, 회사의 경우에는 부재확인서를 첨부한다.

▸소송비용의 부담에 관한 부분
  2. 「소송비용은 피고의 부담으로 한다」
▸가집행선고에 관한 부분
  3. 「제1항은 가집행할 수 있다」

라는 판결을 구합니다.

3) 청구원인

소장에서의 청구원인은 청구취지를 이끌어내는 논리적인 판단의 경위를 설명하는 부분이다. 인신사고로 인한 손해배상 사건에서 청구원인은 대체로 당사자의 지위, 손해배상책임의 발생, 손해배상의 범위의 항목으로 구성하여 기술하는 것이 보통이다. 「당사자의 지위」에서는 피재근로자인 원고를 중심으로 원고와 피고의 신분관계 등 법적인 지위를, 「손해배상책임의 발생」에서는 사고내용과 책임사유를, 「손해배상 범위」에서는 일실수입 등 재산적 손해와 정신적 손해 및 적극적 손해의 액수를 기재한다.

Ⅵ. 고충민원의 제기

1. 의의

행정기관 등에 의한 국민의 권익침해의 구제 및 불합리한 제도의 개선을 강화하여 국민의 기본적 권익보호 수준을 향상시키고자 2005. 7. 29. 「국민고충처리위원회의 설치 및 운영에 관한 법률」이 제정되었다. 국민고충처리위원회(이하 "위원회")는 고충민원[9]을 접수·상담하고, 이를 신속하게 조사·처리하며, 행정기관의 민원사무처리상황을 감시함으로써 국민의 권리와 이익을 보호하기 위하여 설치된 대통령 소속 위원회이다.

2. 위원회의 기능

위원회의 주요 업무로서는 ①고충민원의 조사와 처리, ②고충민원과 관련된 시정권고 또는 의견표명, ③고충민원의 처리과정에서 관련 행정제도 및 그 제도운영에 개선이 필요하다고 판단되는 경우 이에 대한 제도개선 권고 또는 제도개선의견표명, ④고충처리위원회가 처리한 고충민원의 결과 및 행정제도의 개선에 관한 실태조사와 평가 등이다(§35-36).

3. 위원회의 처리절차

위원회는 고충민원을 접수한 때에는 지체 없이 그 내용에 관한 조사를 하고(§30), 조사결과 위원회가 처분 등이 위법·부당하다고 인정할 만한 정당한 이유가 있는 때에는 관계행정기관의 장에게 적절한 시정조치를 권고할 수 있고 제도나 정책의 개선을 권고하거나 의견을 표명할 수 있다(§35-36).

행정기관의 장은 정당한 사유가 있는 경우를 제외하고는 권고 또는 의견을 받은 날로부터 30일 이내에 그 처리결과를 위원회에 통보하여야 하고(§39①), 위원회는 처리결과의 내용을 사생활 침해의 우려가 없는 경우

---

9) 「고충민원」이라 함은 행정기관 등의 위법·부당하거나 소극적인 처분(사실행위 및 부작위를 포함한다) 및 불합리한 행정제도로 인하여 국민의 권리를 침해하거나 국민에게 불편 또는 부담을 주는 사항에 관한 민원을 말한다(§2조4호).

에는 대외적으로 공표할 수 있다(§42). 그 밖에 위원회는 합의를 권고하거나 조정을 할 수 있고(§33-34), 정당한 사유 없이 조사를 방해·거부·기피·지연시킨 자에게 과태료를 부과할 수 있다(§49).

4. 위원회의 산재권리구제 기능과 문제점

1) 간접적인 산재보상구제기능

산재보상고충민원에 대하여 위원회는 공단이 위법 또는 부당한 산재부지급처분을 하였다고 판단하는 경우에는 공단에 시정권고 또는 의견표명을 할 수 있고, 사안에 따라 합의권고 또는 조정을 할 수 있다. 위원회가 내린 시정권고 또는 의견표명은 법적 구속력과 집행력이 없으나, 이를 수용하지 않는 경우에 대외적으로 공표하거나 감사원에 감사를 요청할 수 있게 함으로써 간접적으로 국민의 권리구제를 도모하는 기능을 하고 있다.

2) 문제점

위원회가 산재부지급처분과 관련한 고충민원에 대하여 공단에게 이를 취소하도록 시정 권고하더라도 공단이 이를 수용하지 않는 것이 상당수에 이르고 있는 것이 현실이다.[10] 공단이 위원회의 시정권고를 수용하지 않는 것은 다음과 같은 이유를 들 수 있을 것이다.

첫째, 산재관련 고충민원은 비록 개별적인 사안이라 하더라도 공단이

10) 위원회가 2006년 1월부터 6월 말까지 관계 행정청에게 내린 시정권고는 총 571건인데, 이 중 불수용건수는 35건(6.1%)이고 이의 없이 수용한 건수는 332건(58.1%)이고, 나머지는 일부수용 6건, 조치 중 72건, 미회신 98건, 이의신청 12건으로 나타났다. 산재고충민원과 관련해서는 총 13건으로 공단이 수용한 것은 전무한 것으로 나타났다(2006. 8. 30자 간담회자료).

이를 수용한 경우에는 이와 유사한 산재부지급처분에 대하여도 보험급여를 지급해야 하는 재정적 부담을 들 수 있다.

둘째, 현행 산재보험법은 산재부지급처분에 이의가 있는 경우에는 공단에 심사와 산재심사위원회에 재심사를 거쳐 행정소송을 통하여 구제받도록 규정하고 있으므로, 이에 의하지 않는 위원회의 시정권고를 수용하는 데 법적 한계가 있다는 데 있다.[11)]

이와 같이 공단이 위원회의 시정권고를 수용하지 않는 것은 재정적인 문제도 있을 수 있으나, 법리적으로는 행정처분의 불가쟁력과 불가변력에 기인한 것으로 볼 수 있다. 「불가쟁력」은 행정행위는 쟁송기간이 경과하거나 쟁송수단을 모두 거친 경우에는 상대방 또는 이해관계인은 더이상 그 행정행위의 효력을 다툴 수 없다는 것이고,

「불가변력」은 일단 행정행위가 발해지면 해당 행정청 자신도 직권으로 이를 취소·변경할 수 없다고 하는 효력을 말한다. 이러한 행정처분의 효력으로 인하여 비록 고충처리위원회의 시정권고가 있다 하더라도 법적 안정성을 저해하기 때문에 법리상 공단이 이를 수용하는 데 한계가 있다. 위원회의 시정권고의 실효성을 확보하기 위해서는 독일연방행정절차법에서 인정하고 있는 재심청구제도를 도입해야 할 필요성이 있다. 즉, 불복기간의 경과로 원처분이 확정되었거나 확정된 재결이라도 재심의 기회를 부여하고 위원회에 제기된 고충민원을 재심청구로 간주하도록 하는 입법론적 개선이 필요하다고 본다.

---

11) 공단은 관련법령 및 관장자인 노동부의 행정해석에 의하여 산재보험급여를 결정하고, 보험급여의 결정에 불복이 있는 경우에는 심사·재심사 또는 행정소송을 통하여 권리구제를 받을 수 있는 사항이고 심사·재심사결정은 원처분을 기속하므로 법원의 판결에 공단의 처분이 위법한 것으로 확정될 때까지는 산재처분의 번복은 어렵다는 이유로 위원회의 시정권고를 수용하기 어렵다고 하는 입장을 밝히고 있다(2006. 8. 30. 간담회자료).

제 4 편 각종 산재구제제도간의 관계론

업무상 재해의 요건을 갖춘 피재근로자는 근로기준법상의 재해보상과 산재보험법상의 산재보험급여를 청구할 수 있다. 그리고 피재근로자는 사용자의 채무불이행 또는 불법행위 등에 의한 손해배상을 청구할 수 있을 뿐만 아니라 교통사고로 인한 업무상 재해의 경우에는 자배법에 의한 손해배상을 청구할 수 있는 권리를 취득하는 경우가 많다.

피재근로자의 권리인 산재보험급여청구권과 다른 법률에 의한 각종 보상 또는 배상청구권은 그 성격과 보상 또는 배상 범위의 기초를 달리하지만, 모두 피재근로자 손해의 전보방안이라는 점에서는 공통점을 가지고 있다.

이처럼 동일한 「업무상 재해」로 인하여 다수의 청구권이 발생하게 될 때, 각 청구권은 그 성질 및 손해전보의 범위 등이 달라질 수 있기 때문에 각 청구권의 상호관계를 어떻게 파악할 것인가가 문제된다. 특히 각 산재보상청구권의 경합, 각 배상 또는 보상간의 조정관계, 관계 당사자간의 상호구상관계가 중심이론이다.

제 1 장 산재보험급여와 민사배상과의 관계

Ⅰ. 개 설

「업무상 재해」가 사용자 혹은 사용자 이외의 제3자의 고의·과실로 인한 때에는 피재근로자는 사회법상의 재해보상 또는 산재보험급여를 청구할 수 있을 뿐만 아니라, 민법상의 불법행위에 의한 손해배상 또는 사용자의 안전배려의무 위반에 의한 손해배상을 청구할 수 있다.

우리나라는 외국과는 달리 산재보험급여와 손해배상과의 관계를 병존관계로 규정하고 있어, 피재근로자는 동시 또는 이시(異時)에 국가(근로복지공단)를 상대로 산재보험급여를 청구하는 한편, 사용자 또는 직접 가해자인 제3자를 상대로 민법상 손해배상청구를 하는 경우가 많다. 동일한 「업무상 재해」로 산재보험급여와 손해배상의 요건을 갖추었다는 이유로 모두 전보배상을 인정한다면, 피재근로자는 동일한 사유로 이중·삼중으로 보상을 받게 되고 부당이득을 얻게 된다. 이러한 불합리한 결과를 시정하기 위해서 산재보험법 제48조제2-3항에서는 수급권자가 동일한 사유로 산재보험급여를 받은 때에는 민법에 의한 손해배상책임을 면하게 하는 동시에 민법에 의하여 수급권자가 산재보험급여에 상당하는 금품을 받은 때에는 그 금액의 범위 내에서 산재보험급여를 면하도록 규정함으로써 양자가 경합할 때의 조정관계를 분명히 밝히고 있다. 그러나 양자의 경합관계를 어떻게 파악해야 할 것인가와 구체적으로 어떠한 원리에 의하여 양자를 조정할 것인가에 대해서는 다양한 견해가 제시되고 있는바, 아래에서는 양자의 구체적인 경합이론과 조정이론 및 당사자의 구상관계에 관하여 기술한다.

Ⅱ. 산재보험급여와 민사배상과의 경합이론

1. 입법례

산재보험급여와 손해배상은 그 목적·성질·요건 등을 달리하는 별개의 제도이긴 하지만, 양 제도의 요건을 모두 충족하는 경우에는 양 책임은 형식상 경합하게 된다. 이때의 경합관계를 어떻게 파악해야 할 것인가에 대한 학설은 산재보험급여 우선주의, 택일주의, 상호병존주의, 경사적(傾斜的) 병존주의가 있다.

1) 산재보험급여 우선주의

동일한 업무상 사유로 산재보험급여와 민법상의 손해배상이 경합하게 된 경우에는 원칙적으로 민사상의 손해배상청구는 부정되고 산재보험급여만 청구할 수 있게 하는 방식이다. 이 주의를 채택하고 있는 국가는 일반적으로 사회보장제도가 잘 되어 있는 독일,[1] 프랑스,[2] 이탈리아, 뉴질랜드,

1) 산재보험급여와 손해배상이 경합하게 된 경우에는 민사배상책임이 인정되지 않는 것이 원칙이나, 예외적으로 사용자의 고의가 있거나 일반교통도상에서 산재가 발생한 경우에 한하여 민사책임을 인정하고 있다(W. Gitter, Sozialrect, SS.110-113; W. Rűfer, Einfuhrung in das Sozialrect, 1981, SS.119-120).

2) 1946년 「산재직업병의 예방과 보상에 관한 법률」에서 산재보험급여와 손해배상이

캐나다, 미국의 대다수의 주(州)[3]가 채택하고 있다. 이 방식은 산재보상책임을 산재보험급여로 일원화시켜 피재근로자에게 신속하게 보호를 할 수 있다는 장점이 있으나, 산재보험급여의 수준이 낮은 경우에는 산재로 입은 손해를 완전히 전보할 수 없다고 하는 단점이 있다.[4]

2) 택일주의

영미법계의 국가에서 채택한 것으로 산재보험급여청구와 손해배상청구 중 어느 하나를 선택하여 행사하면 나머지 청구권을 소멸시키는 방식이다. 제2차 세계대전 이전의 영국[5]과 미국의 일부주가 이 방식을 채택하고 있다. 이 방식은 산재보험급여와 손해배상과의 조정이라는 어려움은 없으나, 피재근로자의 선택이 잘못되었을 때에는 다른 구제방법이 없다는 것이 단점이다.[6]

3) 상호병존주의

산재보험급여와 손해배상을 각각 독립하여 청구하는 것을 인정한 후에

경합한 경우에는 원칙적으로 일반법에 의한 손해배상청구권은 허용되지 않으나(제466조), 제3자가 가해자이거나 사용자의 고의 · 과실이 있는 경우 또는 통근재해인 경우에는 예외적으로 손해배상청구를 허용하고 있다(岩村正彦, 労災補償と損害賠償, p.309 이하).

3) 노사 어느 쪽이든 산재보험급여를 선택하지 않으면 민사소송을 인정한다는 택일주의를 채택하고 있는 주는 2개주(New Jersey, South California)에 불과하고 이들 주도 거의 사용자가 선택하고 있다. 이 경우 사용자는 그 취지를 산재발생 전에 미리 근로자에게 알려 주도록 하고 있다(George E. Redja, Social Insurance and Economic Security, 1988, p.273).

4) 김진식, 「산업재해보상보험금 지급청구권과 민법상 손해배상과의 관계」, p.365.

5) 1946년 국민보험법 제정, 1948년 인신손해법 개정에 의하여 병존조정방식으로 전환하였다(R. W. Rideout, Principles of Labour Law, pp.386-387).

6) 한정현, 「산재보상과 손해배상과의 관계」, p.574; 김진식, 「산업재해보상보험금 지급청구권과 민법상 손해배상과의 관계」, p.365.

양자의 조정을 꾀하는 방식이다. 이는 소위 청구권의 경합을 인정하는 주의로 제2차대전 이후의 영국과 일본이 채택하고 있는 방식이다. 이 방식은 산재에 따른 손해배상 또는 산재보험급여를 충분히 보상할 수 있다는 장점이 있으나, 피재근로자에게 동시 또는 이시에 손해배상 또는 산업보험급여의 청구를 허용한 후에 조정절차를 거치는 것이기 때문에 그 절차가 복잡하고 그에 따른 비용이 과다하게 든다는 단점이다.[7)]

4) 경사적 병존주의

산재보험급여를 수급권자에게 우선적으로 취득시키고 산재보험급여를 초과하는 손해액에 대해서만 사용자에 대한 손해배상청구권을 인정하고자 하는 방식이다. 이 방식은 구소련이 채택하였으나, 여러 나라에서도 사용자측에 중대한 과실 또는 고의가 있거나 범죄가 인정되는 때, 제3자의 행위에 의한 재해가 발생한 것 등 특수한 경우에 한하여 이 방식을 채택하고 있다. 이 방식은 산재로 입은 총 손해액에서 우선 산재보험급여에 해당되는 손해액은 산재보험법에 의하여 지급받게 함으로써 동 금액에 대해서는 신속하게 보장받을 수 있는 장점이 있으나, 산재보험급여가 손해배상액보다 적은 경우에는 결과적으로 민사소송과 행정구제절차를 모두 거쳐야 한다는 단점이 있다.[8)]

2. 우리나라의 경우

산재보험급여는 근로기준법상의 재해보상을 전보(塡補)하는 책임보험적 기능과 피재근로자의 생활보장적 기능을 가지고 있는 동시에 사회보험 방

7) 西村健一朗, 勞災補償と損害賠償, p.158; 이상국, 「산재보험급여의 구상권에 관한 연구」, p.65.
8) 김진식, 「산업재해보상보험금 지급청구권과 민법상 손해배상과의 관계」, pp.365-366.

식에 의하여 신속하게 운영되고 있는 점을 생각한다면, 산재에 따른 전보는 산재보험급여로 일원화할 수 있도록 그 수준을 현실화시키는 것이 중요하다고 본다. 즉, 산재보험급여가 민법상의 손해배상의 수준과 균형을 이룬다면 산재보험급여 우선주의 내지 경사적 병존주의가 입법론적으로는 타당할 것이다.

그러나 현행 산재보험법은 「동일한 사유로 산재보험급여를 받은 경우에는 보험가입자는 그 범위한도에서 민법 기타 법령에 의한 손해배상책임이 면제되고(§48②), 공단이 산재보험급여를 지급한 때에는 근로자의 제3자에 대한 손해배상청구권을 대위한다(§54①)」라고 규정하고 있어, 민법상 손해배상과 산재보험급여는 상호병존주의를 채택하고 있다. 이처럼 현행법은 손해배상과 산재보험급여는 상호 전보된 범위 내에서 타방은 면책되고 국가는 제3자에 대한 손해배상채권을 대위 취득하게 함으로써 손해배상과 산재보험급여는 상호보완관계에 있음은 분명하다.[9] 따라서 현행법의 해석론에 의하면, 산재보험법에 의한 산재보험급여에 대하여 불만이 있는 자는 행정기관에 이의신청하는 것과는 별도로 민사소송을 제기할 수 있을 뿐만 아니라, 산재보험법에 의하여 보상을 받았다고 하더라도 그 보상액이 손해배상을 충족시키지 못하는 경우에는 추가로 민사소송을 제기할 수 있다.

대법원도 역시 「수급권자가 산재보험법에 따른 보험급여를 받았을 때에는 보험가입자는 그 금액의 한도에서 민법 등에 의한 손해배상책임이 면제된다고 규정하고 있으므로 동법상의 산재보험급여의 청구가 있더라도 그 보험급여를 실제로 수령하기 전에는 민법 등 법령상의 배상청구권과 경합관계에 있다」라고 판시[10]함으로써 양 제도의 상호병존적 경합을 인정하면서 산재보험급여청구권과 손해배상청구권은 상호보완관계에 있음을

9) 그러나 당사자의 합의에 의하여 산재보험법상 사용자의 손해배상에 갈음하는 장해특별급여 또는 유족특별급여를 받은 때에는 수급권자는 사용자를 상대로 손해배상을 청구할 수 없으므로(§46-47), 이 경우는 택일주의에 입각한 것이라고 할 수 있다.

10) 대판 1976. 4. 27. 75다1253; 대판 1989. 6. 27. 88다카15512; 대판 1989. 11. 24. 88다카28204.

밝히고 있다.

이처럼 산재보험급여와 더불어 민사소송의 방법으로 사용자에 대하여 손해배상청구를 인정하고 있는 이유는 ①손해배상에는 산재보험급여에 없는 정신적 손해를 포함하고 있는 점, ②일실이익(逸失利益)에 관하여 산재보험급여의 경우에는 피재근로자의 임금을 100% 전보할 수 없는 점, ③산재보험급여의 성립요건인 「업무상」의 판단과 손해배상청구의 요건으로서 인과관계의 입증이 실무상 다르게 취급될 가능성이 있는 점 등이다.[11]

Ⅲ. 산재보험급여와 민사배상과의 조정이론

1. 조정의 필요성

산재보험급여와 손해배상은 상이한 별개의 제도이지만, 산재보험급여가 금전급여를 본질로 하여 행해지는 경우에는 그 기능 면에서 양자는 관련성을 가지지 않을 수 없다.[12] 산재보험급여의 본질에 관한 근로관계설, 생존권 보장설의 입장에서도 산재보험급여와 손해배상은 기능적으로 중복되므로, 경합청구를 전제로 상호 조정해야 한다. 즉, 근로관계설에 입각할 경우 산재보험급여도 재해로 인한 손해의 전보이므로 손해배상과 표리관계에 있다고 할 수 있으며, 생존권 보장설에 입각하더라도 산재보험급여

11) 김교숙, 「산재보상법리에 관한 연구」, p.123.

12) 손해배상은 일실이익의 배상이 주된 내용이고 산재보험급여는 피재근로자의 평균임금을 기준으로 산정된다. 일실이익은 피재근로자의 평균임금을 기준으로 산정되는 것이고, 근로자의 생활을 유지하기 위해서는 금전적 관계에 있어서 근로수입의 확보에 의해서만 가능하기 때문에 산재보험급여와 손해배상은 일정한 관련성을 맺지 않을 수 없다.

와 손해배상은 모두 수급권자의 생활을 보장하는 측면이 있는 것이므로 상호보완관계에 있다고 할 수 있다.[13)]

따라서 산재보험급여와 손해배상의 관계를 단순히 사용자의 이중부담의 모순에 따른 조정이라는 점에서가 아니라, 그 기능면에서의 상호보완성을 인정하는 점에서 조정을 해야 한다. 그런데 손해배상과 산재보험급여 중 어느 것이 먼저 선행되었는가에 따라 그 조정방법이 달라지게 되므로, 아래에서는 이를 구분하여 조정원리를 설명한다.

2. 산재보험급여가 선행된 경우의 조정이론

1) 법적 근거

산재보험급여가 행해진 경우에 사용자가 수급권자에게 부담하고 있는 손해배상책임이 어떻게 조정될 것인가에 대해서, 산재보험법 제48조제2항은 「수급권자가 동일한 사유에 의하여 보험급여를 받은 때에는 그 금액의 한도에서 민사상의 배상책임이 면제된다」라고 규정함으로써 산재보험급여와 손해배상책임의 경합을 전제로 상호 조정하도록 하고 있다.

여기서 「동일한 사유」라 함은 동일한 재해에 기인한 동질·동일의 손해를 말하는 것으로써, 산재보험급여와 손해배상이 이중으로 전보됨으로써 상호조정관계에 있는 경우를 말한다. 따라서 동일한 재해로 발생한 손해라 하더라도 쌍방의 제도에 의하여 동질 내지 이중전보의 관계가 없는 손해는 「동일한 사유」에 해당되지 않는다.[14)]

이처럼 산재보험급여와 손해배상은 상호보완관계에 있으므로, 양자 중 일방의 지급은 일정범위에서 타방을 면책시키고 있는바, 그 면책의 법적

13) 西村健一朗, 「労災補償と損害賠償」, pp.164-165; 荒木誠之, 「労災補償法の研究」, pp.184-186.
14) 졸고, 「산업재해의 구제법리에 관한 연구」, p.116.

근거에 대해서는 다음과 같은 두 가지 견해가 있다.

첫째는, 배상액 산정단계에 있어서 산재보험급여를 이득으로 보아 손익상계의 법리에 의하여 손해배상액 자체의 감축을 초래한다고 하는 「손익상계설」이다.[15)]

둘째는, 보험자의 대위나 손해배상자의 대위 혹은 변제자대위의 법리에 따라 손해배상의무액은 감축되지 않고 손해배상의무액이 피재근로자와 산재보험자간에 분배되는 결과, 피재근로자의 손해배상청구 취득액만이 감축된다고 하는 「대위설」이다.[16)]

일본의 최고재판소는 1977. 4. 8. 「노재보험급부의 수급권자가 정부로부터 휴업보상으로서의 보험급여를 받으면, 보험수급권자의 제3자에 대한 민법 또는 자동차손해배상보호법에 의한 휴업손해의 배상청구권은 위 급부전액의 한도에서 정부가 대위취득하게 되어 그 부분만큼 감축된다」라고 판시함으로써 「대위설」을 취하고 있다. 그러나 우리나라의 대법원은 「산재보험법 제1조, 제11조(현 제48조), 제15조(현 제54조) 등 관계규정과 손익상계의 법리에 비추어 볼 때, 불법행위피해자가 산재보험급여를 받았을 때에는 그 금액의 한도에서 손해배상책임이 면제된다」라고 판시하여 「손익상계설」을 취하고 있다(대판 1981. 6. 23. 80다2316).

생각건대, 산재보험급여가 산재사고와 관련하여 피재근로자가 받는 금전이라는 점에서 손익상계에서의 이익과 유사한 것이나, 산재보험급여는 단순히 산재라는 사실을 기초로 별도의 목적을 가진 산재보험법에 의하여 지급되는 것이므로 산재사고와 이익간의 상당인과관계 또는 법률적 일체성을 인정하기 어렵다고 본다. 즉, 산재보험급여는 가해자의 책임감소를 목적으로 하는 것이 아니고 단지 산재보험급여가 지급되면 그것이 손해배상채권이 변제된 것과 같은 기능을 하므로, 그에 해당하는 만큼 손해배상을 받지 못하는 것에 불과하다. 더욱이 산재보험급여와 손해배상간의 면

---

15) 곽윤직, 채권각론, p.693.

16) 김현, 「인체손해액의 산정에 있어서 손익상계에 관한 연구」, p.97; 강봉수, 「재해보상과 손해배상」, 1986, p.38; 西島海治, 「重複塡補の調整」, p.136.

책관계는 종국적으로 결정된 권리간의 조정관계이다. 이것은 제3자행위에 의한 재해의 경우에 손해배상채권이 대위에 의하여 보험자에게 이전되는 점에서 명확하게 나타나고 있다(§52). 따라서 산재보험급여가 손해배상에서 면책되는 것은 이익상계의 법리에 의한 것이 아니라 보험자대위나 손해배상자대위에 의한 것이다.

2) 사용자의 면책범위

(1) 일시금성격을 지닌 산재보험급여의 경우

산재보험법상 일시금 성격을 지닌 산재보험급여로서는 요양급여, 장해보상일시금, 휴업급여, 유족보상일시금, 장의비 등이 있다. 여기서 「요양급여」는 근로자가 업무상 부상 또는 질병에 걸린 경우 그 치료를 위한 요양 또는 비용을 말하는 것으로서 요양범위는 법정화되어 있고(§40), 「휴업급여」는 요양으로 인하여 취업하지 못한 기간에 대한 실손해를 전보하기 위해서 지급하는 보험급여이고, 「유족보상일시금」은 피재근로자의 사망으로 장래 얻을 수 있는 수입(일실수입)을 전보하기 위하여 일정액의 수급권이 있는 유족에게 지급하는 보험급여이고, 「장의비」는 피재근로자가 사망한 경우에 실제 장제에 필요한 비용을 지급하는 보험급여이다.

이들의 산재보험급여는 「업무상 재해」라고 하는 동일한 사유로 인해서 기능적으로 손해배상과 경합하게 된 것이므로, 이들 산재보험급여가 먼저 행해지면 그 금액의 범위 내에서 사용자의 손해배상은 면책된다. 이는 동일한 사유로 인한 이중배상금지의 원칙상 당연하다. 특수한 경우의 조정방법을 설명하면 다음과 같다.

첫째, 피재근로자의 과실이 있는 경우 손해배상액에서 과실상계를 인정해야 할 것인가에 대하여 1981. 10. 13 이전의 판례는 이를 긍정하였으나, 「요양급여는 산재보험법이나 근로기준법상 근로자의 과실유무를 불문하고 일정액을 지급하게 되어 있으므로 근로자에게 과실이 있다 하더라도, 그에 상응하는 금액에 대하여는 반환청구권이 생길 여지가 없다'라고 판시하여 과실상계를 인정하지 않고 있다(대판 1981. 10. 13. 81다카351). 산재보험급여가 근로자의 과실을 불문하고 정액화되어 있다는 점에서 보면 당연하다.

둘째, 휴업급여는 요양으로 인하여 취업하지 못한 기간에 대한 일정액의 일실이익을 전보하기 위한 급여이므로 수급권자의 일실이익의 손해액에서 휴업급여액을 공제할 경우에는 그것이 지급된 휴업기간 중의 일실이익 상당의 손해액에서만 공제해야 한다(대판 1993. 9. 10. 81다카351). 따라서 다른 기간 중의 일실이익에서 휴업급여를 공제해서는 안되며, 휴업급여액이 법원에서 인정한 소극적 손해를 초과하더라도 그 초과부분을 적극적 손해액에서 공제해서는 안된다(대판 1991. 7. 23. 90다11776).

셋째, 산재보험급여와 재해보상은 원래 근로자 내지 유족이 입은 재산상의 손해의 전보를 목적으로 하는 것이고 정신적 손해인 위자료의 전보까지 목적으로 하는 것은 아니므로 위자료에서 공제해서는 안된다. 또한 산재보험급여는 업무상 재해로 인한 인신손해를 전보하는 것이므로 이로 인한 물적 손해는 이에 포함되지 않는다. 따라서 보험자인 국가가 구상할 수 있는 대상채권 역시 근로자가 제3자에 대하여 가지는 손해배상채권 중 위자료청구권은 제외된다.[17]

넷째, 민법상의 상속권자와 산재보험법상의 수급권자가 일치되지 않기 때문에 보험자가 유족보상일시금을 수급권자에게 지급한 때에 사용자는 면책되는가의 여부가 문제된다. 이에 관하여 대법원은 「민법상의 상속분에 상관없이 기수령분을 일실수입의 손해액에서 공제하고, 나머지 일실손해액만이 상속인들에게 상속되며 사실상의 처(내연의 처)가 유족보상을 수령한 경우에는 그 한도 내에서 면책되고 법률상 상속인에게 배상할 의무가 없다」는 입장이다(대판 1977. 12. 27. 75다1098). 이는 유족보상일시금을 손해전보의 성격으로 보아 사용자의 이중배상을 방지하고자 하는 취

---

17) 졸고, 「산업재해의 구제법리에 관한 연구」, p.119.

지에서 인정된 판례라고 보인다. 그러나 산재보험급여는 손해전보와 사회보장적 기능을 모두 가지고 있는 것이므로 이에 관한 입법적 조치가 필요하다고 본다.

(2) **연금성격을 지닌 산재보험급여의 경우**

산재보험법상 연금성격을 지니고 있는 보험급여로서는 장해보상연금, 유족보상연금, 상병보상연금 등이 있다. 일시금 성격을 가지고 있는 보험급여가 먼저 지급된 경우에는 손해배상액에서 그에 상당하는 금액을 공제한 차액을 피재근로자에게 지급하면 된다. 그러나 연금성격을 기지고 있는 보험급여의 경우는 그 지급내용과 지급시기 등이 확정되어 있어도 수급권자의 사망 시까지 장시간 지급되는 것이어서 대체로 손해배상청구소송의 사실심변론 종결 시까지는 보험급여의 일부에 해당되는 연금액만 지급되기 마련이다. 이러한 경우 손해배상청구소송에서 확정된 장래의 보험급여액을 현실 지급이 아니라는 이유로 사용자의 배상액에서 공제하지 않을 것인지, 아니면 현실 지급과 동일시하여 미리 일시금 상당액 정도를 공제할 것인지에 대하여 학설은 대립하고 있다.

① **학설**

먼저 「공제설」의 논거로서는 연금급여의 장래지급부분을 배상액에서 공제할 수 없다고 한다면, 산재보험료를 부담하는 사용자로부터 보험이익을 박탈하게 되는 것이고 공제를 인정하더라도 피재근로자에게는 실질적 불이익을 부여하지 않는다는 것 등을 들고 있다. 이 설에 의하면, 현실적으로 연금보험급여가 지급되지 않았더라도 장래 지급될 것이 확정되고 확실한 경우에는 손해배상액에서 미리 공제할 수 있다고 한다.[18)]

---

18) 「공제설」에 찬동하는 분들을 소개하면 권성, 「산재보험급여대상자에 대한 자동차종합보험 약관의 유효여부」, pp.183-184; 강완구, 「근로자의 업무상 재해로 인한 청구권의 조정」, p.558; 강문종, 「산업재해보상보험법에 기하여 확정된 장해보상연금(또는 유족연금)을 사용자의 수급권자에 대한 손해배상책임에서 미리 공제할 것

그리고 「비공제설」의 논거로서는 연금급여를 미리 공제한다면, 일시불(전액인용판결)로 받을 것을 분할변제(연금수령)로 받게 되어 사용자에게 유리(공제)한 반면 피재근로자에게 불리하다는 것, 수급권자가 일찍 사망하였을 경우에는 피재근로자에게 불리하고 오래 생존하면 유리하게 되는 불균형이 초래된다는 것, 연금급여의 장래분이 불안정하다는 것 등을 들고 있다.[19] 이 설에 의하면 보험급여의 현실적 지급만이 손해전보에 해당된다고 보아 연금급여의 지급이 장래 확정되었더라도 손해배상액에서 미리 공제할 수 없다고 한다.[20]

② 판례

대법원은 종래 「보험급여가 손해전보적 성질을 갖는 이상, 현실적으로 국가가 보험급여를 지급함으로써 손해전보가 된 경우에 한하여 손해배상청구권이 상실된다고 볼 것이고, 현실적으로 보험급여를 지급하지 않은 이상 장래에 지급될 것이 확정되어 있더라도 이러한 장래의 보험급여액을 수급권자에게 지급할 손해배상액에서 미리 공제할 수 없다」라고 판시함으로써 비공제설을 취하였다.[21]

그러나 대법원은 종전 비공제설의 입장에서 벗어나 「수급권자가 동일한 사유로 인하여 보험급여를 받은 때에는 손해배상책임이 면제되고, 보험급여금을 받고 있는 자는 산재보상일시금을 지급받은 것으로 본다」라는 산

인가?」, p.267; 박준서, 「손해배상청구와 장래의 산재보험금여의 공제」, pp.14-15; 김태천, 「장해보상연금의 손익공제방법」, pp.161-162 등이 있다.

19) 管野和夫, 勞働法, p.302; 강문종, 「산업재해보상보험법에 기하여 확정된 장해보상연금(또는 유족연금)을 사용자의 수급권자에 대한 손해배상책임에서 미리 공제할 것인가?」, p.264.

20) 「비공제설」에 찬동하는 분들을 소개하면 강봉수, 「산업재해와 손해배상」, p.40; 김현, 「인신손해의 산정에 있어서 손익상계에 관한 연구」, p.100; 西村健一郎 외, 勞働法講義(3), pp.340-342; 坂本中雄 외, 現代勞働法(2), p.128; 荒木誠之, 勞災保險法の硏究, pp.193-197 등이 있다.

21) 대판 1992. 5. 8. 91다39603; 대판 1989. 6. 27. 88다카15512; 대판 1976. 4. 27. 75다1253.

재보험법 제48조 제2항의 규정과 수급권자의 신청이 있는 경우 그 연금의 최초 1년분 또는 2년분을 선급할 수 있는 제42조의 규정취지에 따라 수급권자가 연금보험급여를 지급받고 있는 경우에는 일시금 한도로 손해배상액에서 공제하여야 한다」라고 판시함으로써 공제설의 입장을 취하고 있다(대판 2000. 5. 26. 99다31100; 대판 2001. 9. 25. 2000다3958).

[관련판례요지]

▶ 산업재해보상보험법 제48조 제2항은 "수급권자가 동일한 사유에 대하여 이 법에 의한 보험급여를 받은 경우에는 보험가입자는 그 금액의 한도 안에서 민법 기타 법령에 의한 손해배상책임이 면제되고, 이 경우 장해보상연금 또는 유족보상연금을 받고 있는 자는 장해보상일시금 또는 유족보상일시금을 받은 것으로 본다"고 규정하고 있는바, 이러한 규정을 구산업재해보상보험법(1999. 12. 31. 법률 제6100호로 개정되기 전의 것) 제42조 제1항, 제2항, 같은 법시행령 제31조 제5항의 규정에 비추어 보면, 수급권자가 장해보상연금을 지급받고 있는 경우에는 같은 법 제42조 제1항 [별표 1]에 정하여진 장해보상일시금액을 수급권자에게 배상할 손해액에서 공제하여야 한다(대판 2000. 5. 26. 99다31100).

▶ 구산업재해보상보험법(1999. 12. 31. 법률 제6100호로 개정되기 전의 것) 제42조에 의하면, 장해급여는 수급권자의 선택에 따라 장해보상연금 또는 장해보상일시금으로 지급하되, 장해보상연금은 수급권자의 신청이 있는 경우에는 그 연금의 최초의 1년분 또는 2년분을 선급할 수 있다고 규정하고 있고, 같은 법 제48조제2항에 의하면, '수급권자가 동일한 사유에 대하여 이 법에 의한 보험급여를 받은 경우에는 보험가입자는 그 금액의 한도 안에서 민법 기타 법령에 의한 손해배상의 책임이 면제되며, 이 경우 장해보상연금 또는 유족보상연금을 받고 있는 자는 장해보상일시금 또는 유족보상일시금을 받은 것으로 본다'고 규정하고 있으므로, 수급권자가 장해보상연금 또는 유족보상연금을 선택하면서 최초의 1년분 또는 2년분의 선급을 신청한 경우에는 손익상계를 함에 있어서 그 선급금만을 공제할 것이 아니라 그 이후에 지급받게 될 장해보상연금 또는 유족보상연금을 장해보상일시금 또는 유족보상일시금으로 환산한 금액도 함께 공제하여야 한다(대판 2001. 9. 25. 2000다3958).

그리고 손해배상액에서 공제되어야 할 산재보험급여는 일실수입을 초과하지 않는 범위 내에서 인정되는 것이므로, 일실수입을 초과하는 산재보험급여에 대하여는 산재보험급여를 지급하여야 한다. 이에 관하여 대법원은 「산재보상연금 수급권자에 대하여 손해배상금을 산정하면서 일시보상금 상당액을 공제한 경우, 그 나머지 일실수입 상당의 보험급여연금은 정지되지 아니한다」라는 취지의 판결을 함으로써 일실이익을 초과하는 산재보험급여의 청구를 인정하고 있다(대판 2001. 7. 13. 2000두6268).

[관련판례요지]

산재보험법(1999. 12. 31.법률 제6100호로 개정되기 전의 것) 제4조 제1호, 제38조 제1항 제3호, 제42조 제1항, 제2항, 제48조 제2항, 제3항의 각 규정의 취지, 특히 장해보상연금과 일시금의 구별은 장해급여의 지급방법상 차이에 따른 것에 불과한 점, 특별한 경우를 제외하고는 연금과 일시금의 선택은 수급권자의 의사에 달려 있는 점과 연금수급권자의 경우에는 손해배상금에서 그 일시금 상당액을 공제하도록 한 점 등을 종합하면, 같은 법상 장해보상연금과 장해보상일시금은 그 전체로서 가치가 같다고 보는 것이 타당하고, 따라서 장해보상연금 수급권자에 대하여 동일한 사유로 인한 민법 등에 의한 손해배상금을 산정하면서 그 일시금 상당액을 공제한 경우에는 그 연금 전액에 상당한 금액이 공제된 것으로 보아 같은 법에 의한 보험급여로서의 장해보상연금은 그 전액이 지급되어야만 중복지급 금지의 취지에 부합되고, 같은 법 제48조 제3항 단서는 같은 조 제2항 후단에 대응하여 이러한 취지를 주의적으로 규정한 것이라고 해석함이 상당하다(대판 2001. 7. 13. 2000두6268).

일본 법원은「국가가 산재보험급여를 함으로써 수급권자의 사용자에 대한 손해배상청구권이 상실되는 것은 보험급부가 손해전보의 성질을 지니고 있는 이상 국가가 현실적으로 보험금을 급부하여 손해를 전보한 때에 한정된다」고 판시함으로써 비공제설의 입장을 취하고 있다.[22] 그러나 영국의 1958년 인신손해법(Personal Injure Act) 제2조제1항은 피재근로자가 손해배상액을 청구할 때 산재보험급여액의 2분의 1만 공제범위로 규정함으로써 비공제설과 완전공제설의 중간적 입장을 취하고 있다.[23]

③ 평가

비공제설의 입장은 보험급여의 현실적 지급만이 손해전보에 해당된다는

22) 仁田原・中村事件, 最三小判 1977. 5. 27. 判時857・73; 三共自動車事件, 最三小判 1977. 10. 25. 判時870・63(宮本廣雄 외, 勞働法實務ヘソドフシク, p.424).
23) 岩村正彦, 勞災補償と損害賠償, p.129.

전제하에 연금보험급여의 지급확정만으로 손해전보가 되지 않기 때문에 손해배상액에서 미리 공제할 수 없다는 논리이다. 그러나 손해배상청구소송에서 손해전보의 개념을 이처럼 엄격하게 해석해야 할 것인지는 의심스러우며, 다음과 같은 이유에서 비공제설은 비판을 받아야 한다고 본다.

첫째, 연금보험급여는 그 지급의 확정으로 지급의 확실성이 고도로 보장되므로 그 지급확정액을 손해전보의 개념에 포함시키는 것은 당연하다.

둘째, 연금보험급여의 지급확정으로 수급권자는 구체적 청구권을 취득하게 되는 것인 만큼 그 현가액을 이득액으로 파악해야 한다.[24)]

셋째, 연금급여의 확정에 의하여 일시금 상당액의 범위 내에서 수급권자와 사용자 사이의 손해배상문제는 종결된 것으로 보는 것이 일반인의 법감정에도 부합한다.[25)]

넷째, 연금급여를 공제하지 않으면, 필요 이상의 번거로운 절차에 의한 복잡한 조정문제가 뒤따르게 된다. 즉, 연금급여 중 일시금 상당액을 공제하지 않고 전액인용판결이 확정되면 중복전보의 배제와 관련하여 다시 국가, 수급권자, 사용자, 제3자 사이에 새로운 조정절차를 거쳐야 하는 어려움이 있다.

다섯째, 개정 산재보험법 제48조 제2항 후단은 「장해보상연금 또는 유족보상연금을 받고 있는 자는 장해보상일시금 또는 유족보상일시금을 받은 것으로 본다」라고 하고, 동조 제4항은 「요양급여를 받은 근로자가 요양개시 후 3년이 경과된 날 이후 상병보상연금을 지급받은 경우에는 일시보상을 지급한 것으로 본다」라고 규정함으로써 분명히 공제설의 입장에

24) 손해배상청구소송에서 장래 발생할 일실수입을 이미 발생한 손해로 의제하여 일시금지급명령을 하고 있는 점을 감안하면, 연금의 현가액도 이득액으로 의제하여 손해배상액에서 공제하는 것은 오히려 공평의 이념에 부합하는 것이다.

25) 산재사고 소송에서 연금급여를 선택한 수급권자는 법정의 일시금 상당액을 미리 공제하여 잔액만 배상 청구해 오는 것이 많고, 심리도중에 공제를 권유하면 이를 받아들이는 사례가 많아 비공제를 고집하는 수급권자의 수는 극소수에 불과하다(강문종, 「산업재해보상보험법에 기하여 확정된 장해보상연금(또는 유족연금)을 사용자의 수급권자에 대한 손해배상책임에서 미리 공제할 것인가?」, p.268).

있음을 알 수 있다.[26)]

이와 같은 이유에서 연금급여가 확정된 경우에는 법정의 일시금 상당액을 미리 공제해야 한다는 공제설이 타당하다. 그런데 연금식 보험급여를 어떠한 방법에 의하여 현가를 산정할 것인가가 문제된다. 연금보험급여의 현가산정은 피재근로자가 기대여명까지 받게 될 연금합계를 호프만식 또는 라이프니츠식 중에서 중간이자를 공제하는 방법으로 사고 당시의 현가로 산정하면 되는 것이나, 문제는 그 현가의 금액이 일시금으로 받을 경우의 보험급여액보다 다액인 경우 이를 어떻게 처리할 것인가이다. 연금보험급여와 일시금보험급여의 선택이 수급권자에게 있는 이상, 산재보험법이 이를 제도적으로 특가물로 평가함을 전제로 하는 것이므로, 연금의 현가가 일시금을 초과하는 경우에도 일시금의 범위 내에서만 공제를 인정해야 할 것이다.[27)] 왜냐하면, 그렇지 않을 경우에는 수급권자의 연금보험급여 선택권을 보장할 수 없으므로 산재보험법의 취지에 반하기 때문이다. 산재보험급여 일시금 한도범위 내에서 손해배상액에서 이를 공제해야 한다고 하는 대법원의 입장은 지극히 당연한 것이다.

(3) 손해배상에 갈음하는 특별급여의 경우

보험가입자인 사업주의 고의 또는 과실로 근로자가 사망하거나 신체장애 3등급 이상에 해당하는 업무상 재해가 발생한 경우, 수급권자가 민법에 의한 손해배상을 청구하여 보험자인 국가가 유족특별급여 또는 장해특별급여를 지급한 때에는, 수급권자는 동일한 사유에 대하여 보험가입자를 상대로 손해배상을 청구할 수 없고 국가는 특별급여 전액을 보험가입자로부터 징수해야 한다(제46・47조). 산재보험법상의 특별급여는 본래의 보

26) 일본은 손해배상액에서 산재연금급여를 미리 공제할 수 없다는 비공제설의 견해를 취하고 있었으나, 1980년 개정 노재보험법 제64조에서 손해배상과 연금보험급여간의 조정방식을 도입함으로써 현재는 손해배상액에서 연금보험급여를 공제하고 있다(宮本廣雄 외, 勞働法實務へソドフシク, p.424).

27) 박준서, 「손해배상청구와 장래의 산재보험연금급부의 공제」, p.15; 김태촌, 「장해보상연금의 손익공제방법」, p.162.

험급여가 아니고 사업주의 고의 또는 과실로 인하여 업무상 재해가 발생한 경우에 손해배상을 대불해 주는 제도이기 때문에 그에 해당되는 보험급여에 대해서는 당연히 보험가입자가 부담해야 함은 당연하다. 따라서 특별급여가 지급된 경우에는 보험가입자의 수급권자에 대한 배상책임은 면제되나, 특별급여에 해당되는 금액에 대해서 국가가 전액 구상권을 행사하는 것은 당연하다.[28)]

(4) 제3자의 행위로 인한 재해의 경우

업무상 재해가 기업 내 피재근로자 이외의 근로자 등에 의하거나 기업 외의 제3자 등에 의하여 발생한 경우, 피재근로자는 가해자인 제3자와 보험자인 국가를 상대로 재해에 따른 산재보험급여 또는 손해배상을 청구할 수 있는 경합관계가 성립한다. 따라서 수급권자가 동일한 사유로 산재보험급여와 손해배상을 중첩적으로 취득한다고 하는 데서 생기는 이중이득의 불합리성을 방지하기 위해서 이들 청구권 사이의 조정이 필요하다. 이에 따라 산재보험법 제54조는「제3자의 행위에 의하여 발생한 산재에 관하여 국가가 산재보험급여를 수급권자에게 지급한 때에는 그 가액의 한도에서 수급권자가 제3자에 대하여 가지는 배상청구권을 대위 취득하며, 제3자가 손해배상을 한 때에는 그 가액의 한도에서 보험급여를 하지 않는다」라고 규정함으로써 이들 청구권과의 조정관계를 밝히고 있다.

이처럼 제3자의 행위로 산재보험급여와 제3자에 대한 손해배상이 경합하는 경우에 먼저 보험자가 산재보험급여를 지급하고 수급권자가 가해자에 대하여 가지고 있는 손해배상청구권을 대위 행사하는 방법을 취하는 것은 수급권자가 민사상 손해배상청구소송에 의함으로써 발생하는 소송의 번잡성, 소송의 장기화를 예방하고 수급권자의 생활안정을 도모하고자 함에 있는 것이다.[29)]

---

28) 졸고,「산업재해의 구제법리에 관한 연구, p.122-123.
29) 졸고,「산업재해의 구제법리에 관한 연구」, p.124.

① 기업 내 피재근로자 이외의 제3자에 의한 업무상 재해

업무상 재해가 기업 내의 피재근로자 이외의 제3자에 의하여 발생하고 그 재해가 손해배상의 요건을 갖추게 되면, 피재근로자는 사용자에 대하여 근로기준법상의 재해보상이나 안전배려의무 위반에 따른 손해배상을 청구[30)]할 수 있을 뿐만 아니라 국가에 대한 산재보험급여와 제3자의 불법행위로 인한 손해배상을 청구할 수 있다(민법§750). 이 경우에 가해 근로자와 사용자의 손해배상의무는 부진정연대채무관계에 있다. 이 경우 국가가 산재보험급여를 먼저 이행하였다면, 그 보상액의 범위 내에서 제3자에 대한 피재근로자의 손해배상청구권을 대위하게 되고, 가해자인 제3자 및 사용자는 그 범위 내에서 피재근로자에게 손해배상책임이 면책된다.

② 기업 외의 제3자에 의한 업무상 재해

업무상 재해가 당해 사업장의 근로자가 아닌 제3자의 폭행 등에 의하여 발생한 경우에는 피재근로자는 산재보험급여와 가해자에게 불법행위에 따른 손해배상을 청구할 수 있다. 그러나 제3자와 사용자 사이에는 사용관계가 없으므로, 피재근로자는 민법 제756조에 의한 사용자책임을 물을 수 없다. 이 경우 국가가 산재보험급여를 수급권자에게 지급하게 되면, 가해자인 제3자는 피재근로자에 대한 손해배상책임이 그 금액의 한도에서 면책된다. 그러나 국가는 수급권자의 제3자에 대한 손해배상청구권을 대위 취득하게 되므로, 제3자에게 구상권을 행사할 수 있다.[31)]

③ 손해배상에서의 장래 연금급여액의 공제여부

제3자의 불법행위로 인하여 업무상 재해가 발생하여 국가가 피재근로

---

30) 근로자에 대해서는 근로계약상 사용자의 안전배려의무가 인정된다. 이러한 의무를 이행함에 있어서 기업 내의 제3자 근로자는 민법상 이행보조자의 지위에 있기 때문에, 이행보조자인 제3자 근로자의 고의 또는 과실에 의하여 산재사고가 발생한 때에는 사용자의 채무불이행으로 귀속되어 사용자는 안전배려의무 위반으로 인한 손해배상책임이 있다(Gamillscheg, Arbeitsrecht, Bd.1, 7.Aufl, 1987, S.280).

31) 졸고, 「산업재해의 구제법리에 관한 연구」, p.125.

자에게 연금성격을 가지고 있는 보험급여를 지급하기로 확정하였을 경우, 그 손해배상액에서 장래 연금의 지급분을 공제할 수 있는가의 여부가 문제된다.

이에 관하여 일본의 판례와 학설은 비공제설의 입장을 취하고 있다. 片岡昇교수는 제3자의 불법행위로 인한 재해에 관한 책임은 궁극적으로 가해자인 제3자가 부담하여야 할 것이므로, 일반 산재와는 달리 보험가입자인 사업주로부터 보험이익을 박탈하는 것으로 되지 않기 때문에 근로자의 보호를 두텁게 한다는 의미에서 비공제설이 타당하다고 한다.[32] 그리고 일본 법원은 「수급권자에 대한 제3자의 손해배상의무와 국가의 산재보험급여지급의무가 병존하게 되는 경우, 국가가 산재보험급여를 지급하면 수급권자의 제3자에 대한 손해배상청구가 면책된다. 따라서 수급권자의 제3자에 대한 손해배상청구에 있어서 장래의 산재보험급여액을 배상액으로부터 공제해서는 아니된다」라고 판시함으로써 산재보험급여가 피재근로자에게 현실적으로 지급되지 아니한 경우에는 장래의 연금보험급여를 공제할 수 없다는 비공제설의 입장을 취하고 있다.[33] 그러나 최근 일본 최고재판소(1993. 3. 24. 寒川・森島事件)가 「지방공무원공제조합법상의 유족공제연금에 관하여 장래 지급될 것이 확실한 연금을 손해배상액에서 공제할 수 있다」라고 판시한 이유를 들면서 제3자에 의한 재해의 경우에도 연금액을 공제해야 한다고 하는 새로운 견해가 대두되고 있다.[34]

손해배상액에서 장래 산재보험급여연금을 공제할 것인가는 어디까지를 「제3자의 범위」를 어디까지 인정할 것인가에 대한 해석론에 따라 달라질 수 있다. 가해자인 제3자가 피재근로자의 소속 기업 이외의 자인 경우에는 다음과 같은 근거로 비공제설이 타당하다.

---

32) 片岡昇(송강직역), 노동법, p.584.

33) 仁田原・中村事件, 最三小判 1977. 5. 27 判時857・73(民集第31卷3號), p.427; 三共自動車中村事件, 最三小判 1977. 10. 25 判時870・63(民集第31卷6號), p.836(이에 관한 판례의 내용에 관해서는 宮本廣雄 외, 勞働法實務へソドフシク, pp.423-424 참조).

34) 中窪裕也, 勞働法の世界, pp.234-235.

① 보험자대위규정에 의하여 피재근로자의 제3자에 대한 손해배상청구권이 보험자인 국가에 현실적으로 이전되지 않는 한, 제3자가 피재근로자의 손해배상청구를 거부할 실정법상의 근거가 없다고 하는 점.[35)]

② 지급받기로 확정된 연금보험급여가 단지 기대권의 영역에 머물러 있는 경우에는 피재근로자의 손해가 전보되지 않는 상태에서 손해배상액을 미리 공제한다면, 피재근로자의 권리가 침해된다고 하는 점.[36)]

③ 피재근로자의 손해배상청구권을 현실적으로 산재보험급여를 지급하지 않은 국가에게 이전시키더라도, 국가는 장래 산재보험급여액을 실제 지급한 이후에만 구상할 수 있으므로 제3자에게 일정기간 동안 책임을 유예시키는 것과 같은 불합리한 결과를 초래하는 점.[37)]

④ 연금보험급여의 장래 지급분을 공제하지 않더라도 산재보험가입자인 사업주의 보험이익을 박탈하지 않는다고 하는 점.

그러나 산재사고에 있어서 기업 내의 동료근로자가 가해자인 경우에는 공제설이 타당하다. 왜냐하면, 장래의 연금보험급여액을 공제하지 않고 국가가 구상권을 행사하게 되면, 민법 제756조의 사용자책임에 의해서 모든 책임이 궁극적으로 보험가입자인 사업주에게 귀속하게 되어 그의 산재보험이익을 박탈하기 때문이다.[38)]

---

35) 이보환, 자동차사고손해배상소송, p.372.

36) 김현, 「인신손해액의 산정에 있어서 손익상계에 관한 연구」, p.106.

37) 김현, 「인신손해액의 산정에 있어서 손익상계에 관한 연구」, p.106.

38) 대법원은 기업 내 동료근로자가 제3자의 범위에 포함되는 것으로 보아 공단에 동료근로자에게 구상권을 행사할 수 있는 것으로 판단하였으나(대판 1992. 12. 8. 92다23360), 최근 「동일한 사업주에 의하여 고용된 동료근로자의 행위로 인하여 업무상 재해를 입은 경우에 그 동료근로자는 보험가입자인 사업주와 함께 직·간접적으로 재해근로자와 산재보험관계를 가지는 자로서 산재보험법 제54조 제1항에 정한 제3자에 해당하지 않는다」라고 판시함으로써 공단은 동료근로자에게 구상권을 행사할 수 없다고 해석하고 있다(대판 2004. 12. 24. 2003다333691).

3) 공제방법

피재근로자에게 과실이 있는 경우 과실상계를 할 때에는 총 손해액에서 먼저 과실상계를 한 후 거기서 산재보험급여를 공제할 것인가, 아니면 총 손해액에서 산재보험급여를 공제한 후 과실상계를 할 것인가에 대하여 견해가 대립한다. 전자의 견해를 「선상계설」이라고 하고, 후자의 견해를 「선공제설」이라고 한다.

대법원은 일관하여 선상계설의 입장에서 판결하여 왔다. 즉, 대법원은 「산재보험법에 따라 보험급여를 받은 피재근로자가 제3자에 대하여 손해배상을 청구하고 그 손해발생에 대하여 피재근로자의 과실이 경합되어 과실상계를 할 때에는 먼저 산정된 손해액에서 과실상계를 한 후 거기서 보험급여를 공제(이득공제)하여야 하고, 그 공제되는 보험급여에 대하여 다시 과실상계를 할 수 없다」라고 판시하고 있다.[39] 선공제설은 수급권자에게 실손해 이상의 손해전보를 받게 되는 경우가 있어 불합리하므로, 선상계설을 취한 판례의 태도는 타당하다고 본다. 따라서 국가가 수급권자에게 산재보험급여를 행한 때에는 손해배상액을 초과하지 않는 범위 내에서 그 전액을 구상할 수 있다.[40]

3. 민사배상이 선행된 경우의 조정이론

1) 개관

산재보험급여는 사용자의 과실을 전제로 하지 않는 일종의 무과실에 의한 사회보험급여라고 할 수 있다. 그러나 사용자의 불법행위 또는 채무

39) 대판 1996. 1. 23. 95다24340; 대판 1990. 2. 13. 89다5997; 대판 1989. 4. 25. 88다카5041 등.

40) 졸고, 「산업재해의 구제법리에 관한 연구」, p.128.

불이행으로 업무상 재해가 발생하면 피재근로자는 산재보험급여와 손해배상을 청구할 수 있게 되는데, 이때 사용자가 손해배상을 지급하면 이중적인 손해전보를 방지하기 위해 산재보험급여와의 조정이 필요하게 된다.

이를 위해서 산재보험법 제48조제3항은 「수급권자가 동일한 사유로 민법 기타 법령에 의하여 보험급여에 상당하는 금품을 받은 때에는 대통령령이 정하는 환산금액 범위 안에서 보험급여를 지급하지 아니한다」라고 규정함으로써 손해배상이 먼저 지급된 경우의 조정관계를 밝히고 있다.

2) 산재보험급여의 면책범위

수급권자가 손해배상을 받은 경우 「동일한 사유」에 대하여 그 금액의 범위 내에서 산재보험급여청구권이 소멸하게 되는데, 문제는 동일한 사유의 의미와 범위 그리고 면책되는 산재보험급여의 범위이다.

일반적으로 「동일한 사유」란 산재보험급여의 대상이 된 손해와 민사상 손해배상의 대상이 된 손해와 같은 성질을 띠고 있는 것으로서, 산재보험급여와 손해배상이 상호보완관계에 있는 경우를 말한다(대판 1991. 7. 23. 90다11776).

단체협약 등에 의하여 법정 산재보험급여 이상으로 재해보상액을 지급하기로 한 협정, 즉 상적보상협정(上積補償協定)에 따라 사용자가 법정초과부분을 보상해 준 경우에 동 협정을 손해배상의 예정으로 보는가 아니면 위자료로서 위로금으로 보는가 또는 협약상의 최저보상기준설정으로 보는가에 의해서 산재보험급여 또는 손해배상청구권과의 관계에 있어서 그 결론을 달리하게 된다. 생각건대, 단체협약상의 상적보상제도는 법정 산재보상의 부족분을 보충하여 일정액의 보상을 추가하여 지급해 주는 것이기 때문에 상적보상의 지급은 사용자의 재해보상 책임이나 산재보험급여에 영향을 받지 않는다고 해석하여야 할 것이다. 그러나 상적보상이 피재근로자의 손해를 전보하는 한도에 있어서는 손해배상액에서 공제해야 할 것이다.[41]

[손해배상과 상응하는 산재보험급여의 대비표]

구 분	손 해 배 상	산재보험급여	비 고
적극적 손해	치료비	요양급여	동일사유(중복)
	장제비	장의비	동일사유(중복)
	제잡비 등 기타 경비	-	동일사유 아님
소극적 손해	휴업손해(상해인 경우)	휴업급여, 상병보상연금, 장해급여, 장해특별급여	동일사유(중복)
	일실퇴직금	-	법정퇴직금
	사망 일실월수입액	유족급여, 유족특별급여	동일사유(중복)
정신적 손해	위자료	-	동일사유 아님

민사손해는 적극적 손해·소극적 손해·정신적 손해(위자료)로 분류하는 3분설이 통설·판례이므로, 수급권자가 이미 손해배상을 받은 경우에는 그에 상응한 산재보험급여를 가려내어 면책의 범위로 정해야 한다. 따라서 사용자가 민법상의 불법행위 또는 채무불이행에 따른 손해배상을 한 경우 이와 동일한 사유에 해당되어 상호보완관계에 있는 요양급여, 휴업급여, 유족급여, 상병보상연금, 장의비, 장해급여, 특별급여 등은 면책된다.[42] 그러나 피재근로자 또는 유족의 정신적 손해에 해당되는 위자료는 동일한 사유로 인한 배상이 아니므로, 산재보험급여의 범위에서 제외된다.[43] 이상의 내용을 손해의 분류에 따라 손해배상과 상응하는 산재보험급여의 범위를 도식화하면 위의 표와 같다.

---

41) 이에 대하여 손해배상예정으로 볼 수 있는 경우가 아닌 한 손해배상액에서 이를 공제할 수 없다는 견해가 있다(名取健昭, 「現代勞働法の課題」, p.164). 그러나 단체협약 또는 취업규칙 등에서 상적보상을 둔 이유는 산재보험급여를 초과하는 손해배상액을 보충하여 줌으로써 이로 인한 법적 분쟁을 미연에 방지하고자 하는 것이 주된 목적이므로 손해배상액 산정에서 상적보상분은 공제하는 것이 타당하다.

42) 김진석, 「산업재해보상보험금 지급청구권과 민법상 손해배상의 관계」, p.367.

43) 강완구, 「근로자의 업무상 재해로 인한 청구권의 조정」, p.559; 寬野和夫, 勞働法, p.301; 宮本廣雄 외, 勞働法實務へソドフシク, pp.401.

3) 당사자의 합의·포기에 따른 조정문제

(1) 문제의 소재

교통사고 또는 산재사고와 같은 인신사고로 인한 손해배상사건에서 당사자가 협의를 통하여 가해자가 지급할 손해배상액·지급방법을 약정하고 피해자는 그 이상의 청구권을 포기하는 등 일체의 어떠한 이의도 제기하지 않겠다는 합의를 한 후 서면으로 합의서를 작성하는 경우가 많다. 갑작스런 산재사고를 당한 피재근로자는 정신적으로 정황이 없고 경제적으로 궁박한 상태에서 권리포기 또는 부제소 특약의 의미를 모르는 채 합의금의 적정성 여부를 따져 보지 않고 가해자의 요구에 따라 합의서에 날인하여 주는 경우가 있다.[44] 이 경우 당사자 간에 합의서의 내용에 관하여 진정한 의사의 합치가 있었는가의 문제, 즉 그 합의서의 효력 여부가 문제시된다.

(2) 학설

피재근로자와 사용자가 합의하여 사용자 또는 제3자의 배상의무를 면제하거나 감축한 경우에 산재보험급여에 어떠한 영향을 미치는가에 대해서는 긍정설과 부정설이 대립한다.

「긍정설」은 산재보험급여와 손해배상과의 관계는 현실적인 기능이 중복되는 한도에서 보충관계에 있는 것이므로 당사자의 합의를 존중해야 한다는 견해로서 다수설이다.[45] 이 설에 의하면, 피재근로자가 제3자 또는 사용자의 배상의무를 면제하거나 포기하는 것은 자유이므로 당사자간의 합의가 민법상 취소 또는 무효사유에 해당하지 않는 이상, 합의에 의하여 배상청구권이 상실한 경우 국가는 그 한도에서 산재보험급여가 면책된다고 한다. 이에 대하여 「부정설」은 당사자의 합의에 의하여 배상의무를 면제시킨다는 것은 수급권자의 생활보장을 목적으로 하는 산재보험법의 취지에 반하여

---

44) 교통·산재손해배상실무연구회, 손해배상소송실무(교통·산재), pp.105-106.
45) 井上 浩, 最新勞災保險法, p.256; 片岡昇(송강직역), 노동법, p.583; 김형배, 노동법, p.472; 坂本中雄 외, 現代勞働法(2), p.127.

부당하다는 견해이다.[46] 즉, 피재근로자가 산재보험급여를 기대하면서 제3자 또는 사용자의 손해배상을 포기 또는 면제한 경우 이를 인정하게 되면, 피재근로자에게 너무 가혹한 결과가 되어 부당하다고 한다. 이 설에 의하면, 당사자의 합의에 의한 배상의무의 면제나 포기는 무효이므로 국가는 산재보험급여를 피재근로자에게 지급하여야 한다고 한다.

(3) **판례**

일본 판례는 손해배상과 산재보험급여는 동질적이고 상호보완적인 관계에 선다고 보는 견지에서 「피재근로자가 제3자의 배상의무를 면제하는 것은 자유이고, 피재근로자가 합의에 의하여 배상청구권을 상실한 경우에는 국가는 그 한도에서 보험급부의무를 면한다」라고 하여 긍정설의 입장을 취하였으나[47], 그 후 합의 당시 예측 불가능한 후유증 등의 손해에 관해서는 그 합의의 효력을 제한하거나 합의의 효과를 가능한 한 좁게 해석하여 피재근로자에게 불리하게 되지 않도록 하고 있다.[48]

우리나라의 판례는 「재해보상을 수령하면서 사용자에 대하여 그 밖의 배상청구권을 포기하는 것은 유효하나,[49] 국가가 근로자의 제3자에 대한 손해배상청구권을 대위 취득한 후에는 그 효력이 없으며,[50] 합의금은 근로기준법상 재해보상에 상당하는 손해배상금을 제외한 나머지 손해배상금을 뜻하므로 산재보험급여청구권이 소멸되었다고 볼 수 없다[51]」라고 판시하고 있다. 우리나라의 판례는 대체로 당사자의 합의에 의한 배상의무의 포기나 면제 등을 인정하고 있으나, 그 「합의」를 매우 엄격하게 해석함으로써 피재근로자를 보호하고 있다.

---

46) 西村健一朗 외, 勞災補償損害賠償, p.341; 정지동, 「산업재해보상청구권의 성질」, pp.33.

47) 小野運送事件, 1963. 6. 4, 民集 17.5.617.

48) 江州運輸事件, 最判 1968. 3. 15, 民集 22. 3. 587.

49) 대판 1970. 9. 29. 70다1590.

50) 대판 1978. 2. 14. 76다2119 전원합의체; 대판 1987. 4. 28. 86다카2348; 대판 1990. 2. 23. 89다카22487 등.

51) 대판 1993. 6. 22. 92누16102.

[관련판례요지]

▸ 재해보상금, 휴업보상금을 받고 그 밖의 민사상 손해배상청구권을 포기한다는 의사표시는 당연 무효라고 할 수 없다(대판 1970. 9. 29. 70다1590).

▸ 교통사고의 피해자가 자동차손해배상보장사업자에게 보상금지급청구를 하면서 「가해자 측으로부터 손해배상금을 받았거나 향후 받을 경우에는 받은 금액을 한도로 수령한 손해보상금 전액을 즉시 귀사에 반환하겠다」는 합의는 자동차손해배상보장법 제28조 제2항의 취지에 비추어 볼 때, 위와 같은 보장사업자와 피해자 사이의 약정은 피해자가 보상금을 수령하기 전에 가해자 측으로부터 손해배상금을 받거나 보상금을 수령한 이후에 가해자 측으로부터 받은 손해배상금과 수령한 보상금의 합계액이 실손해액을 초과하는 경우에 반환하기로 하는 약정으로 봄이 상당하다(대판 2005. 4. 15. 2004다35113).

▸ 산재사고로 중상을 입은 피해자의 모친이 사고일로부터 4일 후에 위 사고 건에 대하여 「피고로부터 근로기준법에 의한 보상을 받기로 하였으므로 민·형사상 아무런 이의가 없다」는 합의서는 모친이 합의 당시 만 52세로서 손해배상 등의 법률적 분쟁에 대한 경험이 거의 없고 합의일이 사고일로부터 불과 4일이 경과한 때로서 이 사건 사고로 척추 손상 등의 상해를 입고 병원 중환자실에서 입원치료를 받고 있던 피해자에게 장차 어떠한 후유장애가 남게 될지 전혀 예상할 수 없었던 때인 점, 그 후 피해자가 약 3년 6개월간의 임원치료를 받았으나 상하지 마비, 배변·배뇨장애 등의 후유장애가 영구적으로 남게 되어 기대여명이 약 16년으로 감축되고 노동능력을 100% 상실한 점, 피해자 등이 사고로 입은 재산상 손해는 합계 526,936,702원인데 피고로부터 근로기준법에 따른 휴업보상비, 일시보상금으로 지급받은 것은 합계 59,678,640원에 불과한 점 등에 비추어, 위 합의서는 피해자 등이 근로기준법에 의한 보상을 받기 위하여 작성된 것일 뿐이고 당시로서는 전혀 예상할 수도 없었던 손해를 포함한 모든 손해배상청구권을 포기하는 뜻으로 작성되었다고 볼 수 없다(대판 2002. 10. 11. 2002다38064).

▸ 산업재해보상보험법에 의한 보상보험금 수급권자가 가해자인 제3자의 자기에 대한 손해배상 채무의 전부 또는 일부를 면제하였다면 이를 면제한 것으로 인정될 수 없는 특별한 사정이 없는 한 그 면제한 한도에 있어서의 산재보험금 청구권을 상실한 것으로 보아야 한다(대판 1978. 2. 14. 76다2119전원합의체).

▸ 보험자가 피재근로자에게 산업재해보상보험급여를 하면 피재근로자의 손해배상청구권을 대위 취득하게 되고, 그 한도 내에서 피재근로자의 가해자에 대한 손해배상청구권은 감축되는 것이며 피재근로자가 가해자에 대한 손해배상청구권의 일부나 전부를 포기한다 하더라도 그 보험급여 한도 내에서는 보험자에게 대항할 수 없는 것이고, 다만 그 경우 피재근로자는 손해액 중 자신의 과실이 상계된 금액만을 가해자에 대하여 청구할 수 있으므로 보험자의 이에 대한 구상청구 범위도 이에 한정된다(대판 1990. 2. 23. 89다카22487).

(4) 평가

당사자의 합의에 손해배상의무의 면제나 감축 그리고 포기의 효력은 다음과 같은 이유로 산재보험급여액을 초과하는 부분에 대해서만 제한적으로 인정해야 한다.

첫째, 손해배상의무의 면제나 감축 등을 전면적으로 인정하는 것은 수급권자의 생활안정이라는 산재보험법의 취지에 반한다.

둘째, 산재보험법 제55조는 수급권을 보호하기 위해서 보험급여를 받을 권리를 양도하거나 압류하는 것을 금지하고 있다. 동 규정의 취지에 따라 권리의 포기나 기타 위임형식에 의한 권리의 담보 등 일체의 법률행위가 금지된다. 따라서 당사자의 합의를 전면적으로 허용하게 되면, 결국 동법 제55조에 반하게 되는 불합리한 결과를 초래한다.

셋째, 근로기준법의 재해보상이나 산재보험법의 산재보험급여에 관한 규정은 법적 자치에 따라 그 적용을 배제할 수 없는 강행법규이므로, 그 보상액을 면하도록 하는 합의는 무효라고 보아야 한다.

Ⅳ. 국가와 사용자의 상호구상권관계론

1. 제3자에 대한 구상권

1) 국가의 제3자에 대한 구상권

(1) 의의

국가(공단)의 제3자에 대한 구상권이란 제3자가 근로자에게 이행하여야 할 의무를 보험자인 국가가 제3자를 대신하여 근로자에게 이행한 후, 국가가 제3자로부터 반환 청구할 수 있는 권리를 의미한다. 산재보험법 제54조제1항은 국가(공단)는 제3자의 행위에 의한 재해로 인한 산재보험급여를 지급한 때에는 그 급여액의 한도에서 수급권자의 손해배상청구권을 대위할 수 있음을 규정하고 있다.

국가의 제3자에 대한 구상권은 수급권자가 제3자인 가해자에 대하여 손해배상청구권을 가지고 있음을 전제로 한 것이므로, 그 손해배상청구권이 소멸한 후에는 국가가 보험급여를 하였더라도 구상권은 발생하지 않는다.52)

(2) 제3자의 범위

국가의 제3자에 대한 구상권이 발생하기 위해서는 제3자의 행위로 인하여 업무상 재해가 발행하여야 하고, 국가가 수급권자에게 보험급여를 지급했어야 한다. 문제는 제3자의 범위를 어디까지 보아야 하느냐이다.

산재보험법상의 보험자대위에 있어서 제3자라 함은 피재근로자와의 사이에 산재보험관계가 없고 근로자에 대하여 불법행위로 인한 손해배상책임을 지는 자로서, 피재근로자의 사용자인 보험가입자 및 당해 수급권자인 피재근로자 등을 제외한 자를 말한다.53) 따라서 자배법 제3조, 민법 제755조 및 제756조에 의하여 책임을 부담하는 자는 그의 행위에 의하여 사고가 발생하지 않더라도 제3자에 해당되고, 손해배상책임을 부담하는 자가 산재보험법의 적용을 받는 사업장의 사업주라도 피재근로자와의 사이에 직접적인 근로관계가 없어 산재보험관계가 성립하지 않으면 제3자에 해당된다.54)

그런데 피재근로자의 사용자 밑에 있는 기업 내 근로자가 제3자의 범위에 포함되느냐가 문제된다. 국가가 기업 내 근로자에게 구상권을 행사할 수 있다고 한다면, 결국 민법 제756조의 사용자책임규정에 의하여 소속근로자의 사용자에게 구상권을 행사하는 결과가 되어 사용자의 보험이

---

52) 강완구, 「근로자의 업무상 재해로 인한 청구권의 조정」, p.561.

53) 대판 2004. 12. 24. 2003다333691; 대판 2003. 12. 26. 2003다13307.

54) 김성환, 「산업재해보상과 손해배상의 조정」, pp.153-154.

익을 박탈하게 되는 불합리한 결과를 초래하므로 기업 내 근로자는 제3자에 해당하지 않는다고 하는 것이 통설이다.[55] 대법원은 「구상권은 재해가 제3자만의 불법행위로 인하여 발생한 경우뿐만 아니라 제3자와 보험가입자 또는 소속 근로자의 공동불법행위로 인하여 발생한 경우에도 행사할 수 있다」라고 함으로써 동료근로자를 제3자의 범위에 포함시켰으나(대판 1992. 12. 8. 92다23360), 최근 「근로자가 동일한 사업주에 의하여 고용된 동료근로자의 행위로 인하여 업무상 재해를 입은 경우에 그 동료근로자는 보험가입자인 사업주와 함께 직·간접적으로 재해근로자와 산재보험관계를 가지는 자로서 산재보험법 제54조 제1항에서 정한 제3자에 해당하지 않는다」라고 판시하고 있다(대판 2004. 12. 24. 2003다333691).

[관련판례요지]

동료근로자에 의한 가해행위로 인하여 다른 근로자가 재해를 입어 그 재해가 업무상 재해로 인정되는 경우에 있어서는 그러한 가해행위는 마치 사업장 내 기계기구 등의 위험과 같이 사업장이 갖는 하나의 위험이라고 볼 수 있으므로, 그 위험이 현실화하여 발생한 업무상 재해에 대하여는 근로복지공단이 궁극적인 보상책임을 져야 한다고 보는 것이 산재보험의 사회보험적 내지 책임보험적 성격에 부합하고, 사업주를 달리한다고 하더라도 하나의 사업장에서 어떤 사업주의 근로자가 다른 사업주의 근로자에게 재해를 가하여 근로복지공단이 재해근로자에게 보험급여를 한 경우, 근로복지공단은 산재보험법 제54조 제1항 단서에 의하여 가해 근로자 또는 그 사용자인 사업주에게 구상할 수 없다는 점까지 감안하면, 근로자가 동일한 사업주에 의하여 고용된 동료근로자의 행위로 인하여 업무상의 재해를 입은 경우에 그 동료근로자는 보험가입자인 사업주와 함께 직·간접적으로 재해근로자와 산재보험관계를 가지는 자로서 같은 법 제54조 제1항에서 정한 '제3자'에서 제외된다고 봄이 상당하다(대판 2004. 12. 24. 2003다33691).

요컨대, 기업 내 근로자를 제3자의 범위에 포함시켜 국가가 그에게 구

55) 김현, 「인신손해액의 산정에 있어서 손익상계에 관한 연구」, p.115; 교통·산재손해배상실무연구회, 교통·산재손해배상소송실무, p.631; 교통·산재손해배상실무연구회, 손해배상소송실무(교통·산재), pp.568-569; 김영문, 「산업재해보상보험법상의 구상권」, p.213 이하.

상권을 행사하게 되면, 사용자는 산재보험료를 부담하고 있음에도 민법상 사용자책임법리에 의해 그의 책임으로 귀속하게 되어 부당하고, 근로자보호라는 산재보험법의 취지에 반하기 때문에 동료근로자를 제3자의 범위에서 제외시키는 것이 타당하다.[56)]

(3) **구상권의 범위**

국가가 구상권을 행사할 수 있는 범위는 피재근로자에게 지급한 보험급여액의 한도가 되나, 다음과 같은 경우에는 그 구상범위를 어떻게 할 것인가가 문제된다.

첫째, 제3자와 보험가입자 또는 소속 근로자의 공동불법행위로 인하여 업무상 재해가 발생한 경우, 피재근로자에게 지급한 보험급여의 전액을 국가가 제3자에게 구상할 수 있는 범위로 할 것인가의 여부가 문제된다. 이에 대하여 전액설과 안분(按分)설이 대립한다.

「전액설」은 실제 국가가 지급한 보험급여의 전액을 제3자에게 구상할 수 있다는 견해인데, 그 근거로서 다음과 같은 이유를 들고 있다. ①산재보험법 제54조의 법문에 「국가는 급여를 받은 자의 제3자에 대한 손해배상청구권을 대위한다」라고만 규정하여 그 대위의 범위에 대한 아무런 제한을 두고 있지 않다. ②공동불법행위자 간의 배상책임은 부진정연대채무관계에 있기 때문에 그중 1인이 손해배상의 전액을 변상하는 것은 자기책임의 원칙에 반하지 않는다. ③국가가 제3자에 대해 전액을 구상하면 제3자도 보험가입자 또는 소속 근로자의 과실비율에 따라 구상권을 행사하면 된다. ④이때 보험가입자는 자신의 과실비율에 해당되는 금액을 제3자로부터 구상당하게 되더라도, 이는 그의 귀책사유에 의한 것이기 때문에 보험이익을 침해하는 것은 아니고, 제3자로부터 구상당한 금액만큼 국가에 대해 환급받으면 되는 것이므로 보험가입자에게 부당하다고는 할 수 없다.[57)]

이에 대하여 「안분설」은 국가의 제3자에 대한 구상범위는 피재근로자에

56) 한국행정학회, 「산재보험과 자동차보험(책임보험중심)과의 조정방안 연구」, pp.224-225.
57) 강완구, 「근로자의 업무상 재해로 인한 청구권의 조정」, p.562.

게 지급한 보험급여액에서 보험가입자 또는 소속 근로자의 과실비율에 해당되는 금액을 공제한 금액에 한정하자는 견해인데, 그 근거로서 다음과 같은 이유를 들고 있다. ①산재보험법 제54조의 규정은 상법상 보험자대위에 관한 규정이 특수보험인 산재보험에도 적용되는지 여부에 관한 해석상의 의문을 제거하기 위하여 특별히 규정을 둔 것이지, 국가의 제3자에 대한 구상범위를 정해 놓은 것은 아니므로 이를 안분설을 배척하는 법적 근거로 볼 수는 없다. ②국가가 제3자에 대하여 전액을 구상하게 되면, 보험가입자와 함께 부담할 것을 제3자 혼자서 구상당함으로써 다른 사람의 과실분도 떠맡게 되어 자기책임의 원칙에 반한다. ③공동불법행위자간의 책임이 부진정연대채무관계이더라도 공동불법행위자의 과실부분을 공제하여 국가가 구상권을 행사하는 것은 자기채무의 원칙에 반하지 않는다.[58)]

대법원은 「국가의 구상권범위는 보험급여액의 한도 내에서 급여를 받은 피재근로자가 불법행위를 한 제3자에 대하여 갖는 손해배상청구권의 범위와 동일하고, 이 경우 보험가입자 또는 그 피용자의 과실비율에 따른 부담부분에 관계없이 행사할 수 있으며 국가의 구상에 응한 제3자가 장차 보험가입자에게 과실비율에 따라 부담부분의 역구상을 할 것까지 미리 예상하여 보험가입자의 부담부분에 대하여 구상권을 행사할 수 없다고 볼 것은 아니다」라고 판시함으로써 전액설을 취하였으나(대판 1997. 1. 24. 96다39080), 최근 「피해자가 배상받을 손해액 중 보험가입자의 과실비율 상당액을 보험급여액에서 공제하고 차액이 있는 경우에 한하여 그 차액에 대하여만 근로복지공단이 제3자로부터 구상할 수 있다」라고 판시하여 안분설로 변경하였다(대판 2002. 3. 21. 2000다62322전원합의체).

58) 김종대, 「산업재해보상보험법 제15조제1항에 의한 국가의 구상권」, p.278; 교통·산재손해배상실무연구회, 손해배상소송실무(교통·산재), pp.572-573.

[관련판례요지]

산업재해가 보험가입자와 제3자의 공동불법행위로 인하여 발생한 경우에, 근로복지공단이 제3자에 대하여 위 산업재해보상보험법 제54조제1항에 의하여 보험급여액 전액을 구상할 수 있다면 그 급여액 전액을 구상당한 제3자는 다시 공동불법행위자인 보험가입자를 상대로 그 과실비율에 따라 그 부담부분의 재구상을 할 수 있고, 재구상에 응한 보험가입자는 위 산업재해보상보험법 제55조의 2의 유추적용에 의하여 근로복지공단에게 재구상당한 금액의 재구상을 할 수 있다고 하여야 할 것인데, 그렇게 되면 순환소송이 되어 소송경제에도 반할 뿐만 아니라, 근로복지공단이 결국은 보험가입자에게 반환할 것을 청구하는 것이 되어 이를 허용함은 신의칙에 비추어 보더라도 상당하지 아니하므로, 근로복지공단은 제3자에 대하여 보험가입자의 과실비율 상당액은 구상할 수 없다고 해석하여야 할 것이고, 구체적으로는 피해자가 배상받을 손해액 중 보험가입자의 과실비율 상당액을 보험급여액에서 공제하고 차액이 있는 경우에 한하여 그 차액에 대하여만 근로복지공단이 제3자로부터 구상할 수 있다(대판 2002. 3. 21. 2000다62322 전원합의체).

생각건대, 전액설은 제3자와 보험가입자 또는 소속 근로자 간의 과실비율에 따라 제3자가 순차적으로 역구상권을 행사함으로써 불필요한 절차를 반복케 하는 불합리한 결과를 초해하는 것이므로, 국가는 보험가입자의 과실부분에 해당하는 금액만큼은 제3자에게 구상권을 행사할 수 없다고 하는 안분설이 타당하다고 본다.

둘째, 장래 지급될 것이 확정된 보험급여액에 대하여 국가가 제3자에게 구상권을 행사할 수 있는지가 문제된다. 산재보험법 제48조제2항 후단에 「장해보상연금 또는 유족보상연금을 받고 있는 자는 장해보상일시금 또는 유족보상일시금을 받은 것으로 본다」라고 하는 규정과 산재보험급여의 손해전보적 성격을 고려하면, 최대 손해배상 범위 내에서 일시금한도로 제3자에 대한 구상권 행사가 가능한 것으로 보아야 한다.

셋째, 구상권을 취득한 국가는 언제부터 지연손해금을 제3자에게 청구할 수 있는가가 문제된다. 불법행위로 인한 손해배상채권은 불법행위 시에 발생하고 그 이행기가 도래하는 것이므로 지연손해금은 업무상 재해가 발생한 익일부터 발생함이 원칙이다. 그러나 국가의 제3자에 대한 구상권

행사는 피재근로자의 제3자에 대한 손해배상청구권을 대위 행사하는 것이므로 재해발생 시가 아니라 산재보험급여를 지급한 익일부터 발생하는 것으로 해석해야 한다.[59]

2) 사용자의 제3자에 대한 구상권

제3자의 불법행위로 인한 업무상 재해에 관하여 사용자가 근로기준법상의 재해보상금을 피재근로자에게 지급한 경우, 그 한도 내에서 피재근로자의 제3자에 대한 손해배상청구권을 대위하여 제3자에게 구상권을 행사할 수 있는지가 문제된다.

이에 관한 명문규정은 없으나, 재해보상의 성질과 기능, 산재보험법 제48조 취지와의 균형 그리고 민법 제399조 및 제763조의 손해배상자대위규정과 제480조의 변제자대위규정을 유추하더라도 이를 인정함이 타당하다.[60] 대법원도 사용자가 업무상 재해를 당한 근로자의 유족에게 손해배상금을 지급하고 산재보험법상의 유족보상금 등을 수령하기로 합의하여 수령한 후 공동불법행위자인 제3자에게 구상금을 청구한 사건에 대하여 「공동불법행위자의 내부관계에 있어서는 형평의 원칙상 각 과실 정도에 따라 손해배상을 분담하여야 하며, 어느 일방이 자신의 출재로 공동 면책되

59) 민법 제379조에 의하면 불법행위에 의한 손해배상 채무에 있어서의 법정이율은 연 5분이나, 소송촉진등에관한특례법 제3조는 「금전채무의 전부 또는 일부의 이행을 명하는 판결을 선고할 경우에 금전채무불이행으로 인한 손해배상액산정의 기준이 되는 법정이율은 그 금전채무의 이행을 구하는 소장 또는 이에 준하는 서면이 채무자에게 송달된 날의 다음 날로부터는 연 40/100 이내의 범위에서 은행법에 의한 금융기관이 적용하는 연체금리 등 경제여건을 감안하여 대통령령이 정하는 이율에 의한다」라고 규정하고 있다. 대법원은 대체로 손해배상소송에 있어서 그 이행판결의 존부나 범위에 관하여 다투는 것은 상당하다고 인정하여 사실심판결선고일 다음 날부터 연 20%의 이율을 적용하고 있다.

60) 곽동철, 「근로자의 업무상 재해에서 발생하는 제청구권상호간의 관계」, p.399.; 강완구, 「근로자의 업무상 재해로 인한 청구권의 조정」, p.562; 박동섭, 「근로자의 업무상 재해에 따른 손해의 전보와 사용자의 구상권」, p.84; 교통·산재실무연구회, 교통·산재손해배상소송실무, pp.634-635.

면 다른 일방은 그 범위 내에서 다른 특별한 사정이 없는 한 과실비율에 따라 이를 구상하여 줄 의무가 있다」라고 함으로써 제3자에 대한 구상권을 인정하고 있다.[61] 따라서 제3자의 불법행위로 인한 업무상 재해에 대하여 사용자가 근로기준법상의 재해보상을 지급한 경우에는 그 한도 내에서 피재근로자의 제3자에 대한 손해배상청구권은 사용자에게 이전되고, 사용자는 제3자에 대하여 구상권을 행사할 수 있다고 보아야 한다.[62]

2. 사용자의 국가에 대한 구상권

1) 문제의 소재

근로자가 업무상 재해로 손해를 입은 경우에 피재근로자는 국가에 대하여 산재보험급여를 청구할 수 있고, 사용자에 대해서도 민법에 따른 손해배상을 청구할 수 있다. 이에 산재보험가입자인 사용자가 업무상 재해로 인한 손해를 피재근로자에게 배상한 경우, 그 사용자는 국가에 대하여 산재보험급여에 해당하는 금액을 청구할 수 있는가가 문제된다.

2) 학설

(1) 긍정설

긍정설은 사용자가 피재근로자에게 업무상 재해로 인한 손해를 배상한 경우에는 당연히 산재보험급여액의 한도 내에서는 국가에 대하여 구상권을 행사할 수 있다는 견해로서, 다음과 같은 근거를 제시한다.

---

61) 대판 1990. 12. 11. 90다5634; 대판 1966. 10. 18. 66다1727.

62) 박동섭, 「근로자의 업무상 재해에 따른 손해의 전보와 사용자의 구상권」, p.84; 강봉수, 「재해보상과 손해배상」, p.36; 이보환, 자동차손해배상소송, p.555.

① 산재보험의 취지가 사용자들의 산재보험가입에 의한 위험분산에 있음을 감안하거나 산재보험법 제48조 제2항의 근로자가 보험급여를 받은 경우 보험가입자는 그 한도에서 손해배상책임을 지지 않는다는 규정과의 균형을 고려할 때 사용자는 국가에 대하여 그 출재에 의하여 면책된 부분에 한하여 민법 손해배상자의 대위규정(제399조) 또는 변제자대위규정(제480조)을 유추 적용하여 손해배상을 받은 근로자를 대위하여 그 권리를 주장할 수 있다.63)

② 사용자의 구상권을 인정하지 않으면 공평의 견지에서 또는 산재보험의 책임보험적 성격에 반한다.64)

③ 산재보험급여가 행해지기 전에 손해배상을 한 사용자는 수급권자인 피해자의 산재보험급여청구권을 대위 취득할 수 있다.65)

④ 보험가입자가 업무상 재해에 대하여 소속 피재근로자에게 산재보험급여에 상당하는 금품을 미리 지급한 경우에는 당해 수급권자의 보험급여를 받을 권리를 대위하도록 규정한 산재보험법 제55조의 2규정은 사용자가 국가를 상대로 구상권을 행사할 수 있는 근거가 된다.

(2) **부정설**

부정설은 사용자가 피재근로자에게 업무상 재해로 인한 손해를 배상한 경우라도 국가에 대하여 구상권을 행사할 수 없다는 견해로서, 다음과 같은 근거를 제시한다.

① 재해보상의 일차적 책임은 사용자에게 있는 것이고, 사용자가 민법상의 손해배상을 한 경우에는 그 금액의 한도 내에서 산재보험급여

---

63) 채태병, 「사회보장제도와 민법상의 불법행위로 인한 손해배상청구권」, pp.23-24; 管野和夫, 勞働法, p.301.

64) 곽동철, 「근로자의 업무상 재해에서 발생하는 제청구권상호간의 관계」, p.400; 강창웅, 「제3자의 행위에 의한 재해에 있어서의 보상책임자의 구상권(대위권)」, p.649.

65) 권 성, 「산재보험급여대상자에 대한 자동차종합보험 약관의 유효여부」, p.184.

청구권이 소멸되는 것이므로 사용자는 국가에 대하여 구상권을 행사할 수 없다.[66)]

② 보험급여청구권은 양도 또는 압류할 수 없으므로, 사용자는 민법 제399조 및 동법 제736조에 의하여 수급권자의 보험급여청구권을 대위 행사할 수 없다.[67)]

3) 판례

대법원은 「산재보험급여는 사용자가 근로자의 업무상 재해로 인하여 부담하게 될 손해배상책임에 대한 책임보험의 성질까지 갖는 것은 아니므로 사용자가 근로자에게 민사상 손해배상금을 지급하였더라도 근로자의 국가에 대한 보험급여청구권을 대위 취득할 수 없고, 사용자가 근로자에게 손해를 배상함으로써 그 금액 범위 내에서 국가가 보험급여의 지급의무를 면하게 되었다 하여도 사용자는 자신의 법률상 의무를 이행한 것에 지나지 않는 것이기 때문에 국가에 대한 부당이득반환을 구할 여지가 없다」라고 하였으나(대판 1989. 11. 14. 89다카28204), 그 후 「산재보험급여는 사용자의 민사상 손해배상에 관한 책임보험의 성질까지 갖는 것은 아니나, 근로기준법에 따른 사용자의 재해보상에 대해서는 책임보험의 성질을 가지는 것이므로 업무상 재해로 인하여 근로자가 사용자로부터 먼저 재해보상을 받은 경우에는 그 금액의 범위 내에서 근로자에게 보험급여지급의무가 없고, 사용자는 산재보험급여의 요건이 갖추어진 경우 국가에 대하여 구상할 수 있다」라고 판시하여 손해의 공평분담이라는 견지에서 진일보한 판결을 내리고 있다(대판 1994. 5. 24. 93다38826).

그리고 일본 법원도 「사용자가 피재근로자에게 손해배상을 한 경우에는 보험급여청구권의 양도 또는 압류금지의 규정이 있긴 하지만, 수급권자가 이미 그에 상응한 배상을 받았기 때문에 양도 또는 압류금지의 목적인 근

66) 김우기, 산업재해보상보험법상해, p.129.
67) 졸고, 「산업재해의 구제법리에 관한 연구」, p.140.

로자의 생활보장에는 지장이 없는 것이므로 민법상 손해배상자의 대위규정을 유추 적용하여 국가에 대하여 구상할 수 있다」라고 판시하고 있다.[68]

4) 평가

사용자가 피재근로자에게 손해배상을 한 경우에는 다음과 같은 법령상의 제도 또는 이론적 근거에 의하여 국가에 대하여 근로기준법상의 재해보상의 한도에서 국가에 대하여 당연히 구상권을 행사할 수 있다고 본다.

첫째, 현행 산재보험법 제55조의 2에 규정한「보험가입자의 수급권대위」에 근거하여 사용자는 국가에 대하여 구상권을 행사할 수 있다고 본다. 이는 엄밀한 의미에서는 구상권 제도라고는 할 수 없지만, 수급권자가 사용자를 상대로 민사소송을 제기하기 전 또는 소송진행 중에 수급권자의 명시적 의사표시에 의해 손해배상을 지급한 경우에는 산재보험법 제55조의 2의 요건을 충족한 것으로 해석해야 한다. 왜냐하면, 이렇게 해석하더라도 동법 수급권자가 동일한 사유로 민법 기타 법령에 의하여 보험급여에 상당하는 금품을 받은 때에는 그 금액의 한도에서 보험급여를 면하게 하는 제48조제2항의 규정과 모순되는 것은 아니며, 근로자의 생활보장이라는 산재보험급여제도의 취지를 망각하는 것이 아니기 때문이다.

둘째, 이론적으로도 사용자에게 구상권을 인정하는 것이 보험계약이론에 부합한다. 즉, 산재보험은 국가가 보험가입자에게 보험사고 발생 시 어떤 손해를 보상하기로 약정하고 보험료를 징수하는 것이므로, 보험사고 발생 시의 손해를 보험가입자가 배상하였다면 보험자인 국가는 약정상의 보험금을 상환하여야 하는 것이고, 이에 따라 보험가입자인 사용자는 구상권을 행사할 수 있어야 보험계약이론에 부합하는 것이다.[69]

---

68) 大阪高裁 1983. 10. 18. 民10部 判決(判例時報 114號).

69) 졸고,「산업재해의 구제법리에 관한 연구」, p.142.

3. 국가의 사용자에 대한 구상권

국가가 피재근로자에게 산재보험급여를 지급한 경우, 국가는 보험가입자인 사용자에게 구상권을 행사할 수 없다. 왜냐하면, 산재보험의 경우에는 국가와 사용자는 보험자와 보험가입자의 관계에 있는 것이므로 보험사고인 업무상 재해가 발생하면 보험자가 보험가입자를 대신하여 보험급여를 지급하기로 하는 것은 제도의 본질상 당연하기 때문이다.

그러나 장해특별급여 또는 유족특별급여는 민사상의 손해배상에 갈음하는 보험급여이기 때문에 국가가 당연히 사용자에 대하여 그 금액의 한도내에서 구상권을 행사할 수 있다. 그리고 산재보험법 제53조에서는 보험가입자의 허위신고 또는 증명으로 인하여 국가가 보험급여를 지급한 때에는 그 금액의 2배에 해당하는 금액을 보험급여를 받은 자와 연대하여 책임을 묻도록 하고 있으므로, 이 경우 국가는 사용자에게 그 금액을 징수·구상할 수 있다.[70)]

70) 그러나 국가의 사용자에 대한 구상의 문제가 아니라 일종의 제재로 보는 견해도 있다(문원주·조석연, 산업재해보상보험법, p.529; 윤진영, 「재해보상과 과실책임」, p.135).

제 2 장 산재보험급여와 재해보상과의 관계

Ⅰ. 개 설

업무상 재해를 입은 근로자는 근로기준법에 의한 재해보상과 산재보험법에 의한 산재보험급여청구권이 형식상 경합하게 된다. 따라서「업무상 재해」라는 동일한 사유로 인하여 피재근로자가 이중의 보상을 받게 될 불합리한 결과를 초래하게 되어 이에 관한 양자간의 관계를 조정할 필요가 있다. 이에 따라 근로기준법 제90조는「보상을 받게 될 자가 동일한 사유에 대하여 민법 기타 법령에 의하여 재해보상에 상당하는 금품을 받을 경우에는 그 가액의 한도 내에서 사용자는 보상의 책임을 면한다」라고 규정하고 있다. 동시에 산재보험법 제48조제1항은「수급권자가 산재보험급여를 받았거나 받을 수 있는 경우에는 보험가입자는 동일한 사유에 대하여 근로기준법에 의한 재해보상 책임이 면제된다」라고 규정함으로써 재해보상과 산재보험급여가 상호보완 내지 조정관계에 있음을 분명히 밝히고 있다.

그런데 재해보상은 피재근로자의 사용자에 대한 손해의 전보를 목적으로 하는 것이고 산재보험급여는 피재근로자가 보험관장자인 국가에 대하여 산재보험급여를 청구하는 것이므로, 양 제도는 별개의 법제도라고 할 수 있다. 그러나 근로기준법 제90조와 산재보험법 제48조제1항은 상호조정관계에 있으므로 양자의 청구권 경합을 어떻게 파악해야 할 것인가가 문제된다. 또한 산재보험법은 산재보험급여의 사유 · 종류 · 산정기준 등을 근로기준법상 재해보상의 경우와 동일 또는 유사하게 규정하고, 손해전보의 경우 타방을 면책시키는 등의 규정을 두고 있으므로 이에 따른 구상관계를 어떻게 구성할 것인가가 문제된다.

Ⅱ. 산재보험급여와 재해보상의 경합이론

1. 산재보험급여와 재해보상의 요건이 동일한 경우

1) 학설

업무상 재해가 발생하여 근로기준법상의 재해보상과 산재보험법상의 산재보험급여의 요건을 모두 충족하는 경우에는 양 청구권이 경합하게 된다. 양자의 경합이론에 대해서 단일설과 병존설이 대립하고 있다.

(1) 단일설

이 설은 양 청구권이 경합하게 되는 경우, 산재보험법을 근로기준법의 특별법으로 이해함으로써 전자가 우선적으로 적용된다고 하는 견해이다.[1] 그 근거로서 산재보험법 제48조제1항을 들고 있다. 이 설에 의하면, 피재근로자는 산재보험법에 의한 산재보험급여의 청구권만이 발생하게 되고 근로기준법에 의한 재해보상청구권을 행사할 수 없다고 한다. 단일설의 근거로서 ①피재근로자에게 병존청구를 허용하면 재해보상에 대한 책임보험적 성질을 강하게 띠고 있는 산재보험의 성격에 반한다고 하는 점, ②

---

1) 권용우, 「사용자배상책임」, p.590; 양원식, 노동실무시리즈, p.61.

산재보험급여가 재해보상보다 근로자에게 유리하게 되어 있어 산재보험을 먼저 청구하도록 하더라도 피재근로자에게 반드시 불리하다고 볼 수 없다고 하는 점, ③사용자가 산재보험에 가입하여 보험료를 납부하고 있음에도 피재근로자에게 재해보상을 선 이행하도록 허용한다면 사용자의 보험이익을 박탈하는 결과를 초래한다고 하는 점, ④재해보상을 한 사용자가 사후에 국가에 대하여 구상할 수 있다 하더라도 그들 사이의 법률관계가 복잡하게 된다고 하는 점 등을 제시하고 있다.[2]

(2) **병존설**

이 설은 재해보상과 산재보험급여는 별개의 제도로서 그 기능을 달리한다는 점을 전제로 양 청구권은 병존적으로 경합한다고 하는 견해이다.[3] 이 설에 의하면, 산재보험급여를 먼저 청구하도록 하는 경우 「피재근로자의 선택을 부당하게 제한하고 보험급여의 부지급처분이 있는 경우에는 행정소송을 통하여 법률상 이익을 다투어야 할 뿐만 아니라 산재보험급여청구에 관한 권리행사의 무지로 권리를 행사하지 않다가 부지급처분 및 행정소송으로 다투어 패소한 경우에는 소멸시효의 완성으로 사용자에 대한 재해보상청구권을 상실할 우려가 있다」고 하여 부당하다는 것이다.[4]

2) 판례

대법원은 「수급권자는 산재보험급여와 재해보상의 두 청구를 선택적으로 행사할 수 있고, 사용자는 산재보험급여청구권이 구체적으로 발생하고 있음을 주장·입증하지 못하는 한 재해보상 책임을 면할 수 없다」라고 하

---

2) 김진석, 「산업재해보상보험금 지급청구권과 민법상 손해배상의 관계」, p.359.
3) 강완구, 「근로자의 업무상 재해로 인한 청구권의 조정」, p.560; 이우태, 「재해보상과 사용자의 국가에 대한 구상권 여부」, p.112; 곽종철, 「근로자의 업무상 재해에서 발생하는 청구권상호간의 관계」, p.386.
4) 교통·산재손해배상실무연구회, 교통·산재손해배상소송실무, p.436.

는 취지의 판결을 함으로써 병존설을 취하여 왔다.[5)] 그러나 개정 산재보험법(1994. 12. 22 법률 제4826호 전면개정) 이후 대법원은 「사용자로서는 강제로 산업재해보상보험에 가입하여 보험료를 납부하여 왔는데도 다시 근로자에 대하여 재해보상을 선 이행하여야 한다면 그 보험이익을 박탈당하는 것이고, 사용자가 산업재해보상보험에 가입하여 당해 사고에 대하여 마땅히 보험급여가 지급되어야 하는 경우라면 사용자로 하여금 근로기준법에 의한 재해보상 책임을 면하게 하자는 것이다」라고 판시함으로써 단일설의 입장을 취하고 있다(대판 2001. 9. 18. 2001다7834).

[관련판례요지]

산재보험법 제48조제1항의 취지는 산재보험이 재해보상에 대한 책임보험적 성질을 가지고 있고, 근로자로 하여금 산업재해보상보험급여를 먼저 청구하도록 하는 것이 근로자에게 불리하지 아니하며, 사용자로서는 강제로 산업재해보상보험에 가입하여 보험료를 납부하여 왔는데도 다시 근로자에 대하여 재해보상을 선 이행하여야 한다면 그 보험이익을 박탈당하는 불합리한 결과를 초래할 뿐만 아니라 재해보상을 한 사용자가 사후에 국가에 대하여 구상할 수 있다고 하더라도 그들 사이의 법률관계가 복잡하게 되는 점 등에 비추어 볼 때, 사용자가 산업재해보상보험에 가입하여 당해 사고에 대하여 마땅히 보험급여가 지급되어야 하는 경우라면 사용자로 하여금 근로기준법에 의한 재해보상 책임을 면하게 하자는 것이다(대판 2001. 9. 18. 2001다7834).

3) 평가

원칙적으로 근로기준법상의 재해보상과 산재보험법상의 산재보험급여는 법체계상 별개의 제도임에는 틀림없다. 그러나 산재보험법은 근로기준법의 재해보상 책임을 전제로 하여 그 신속·확실한 보상을 확보하기 위하여 제정된 법률이고, 사용자의 피재근로자에 대한 손해를 전보하는 손해배상적 기능과 재해보상에 대한 책임보험의 성격을 무시할 수 없다.[6)] 더

5) 대판 1970. 11. 24. 70다2144; 대판 1994. 5. 24. 93다38826.

6) 片岡昇(송강직역), 노동법, p.560.

욱이 개정 산재보험법(1994. 12. 22 법률 제4826호) 제48조 제1항은 「산재보험급여를 받을 수 있는 경우」까지 사용자의 재해보상 책임을 면제시키고 있다.

생각건대, 병존설은 구법(舊法)하에서는 타당한 이론일지는 몰라도 개정 산재보험법의 해석론으로서는 단일설이 타당하다고 보아야 한다. 따라서 근로기준법상의 재해보상과 산재보험법상의 보험급여의 요건을 충족하는 경우에는 산재보험급여의 청구만 가능한 것으로 보아야 한다.

2. 산재보험급여와 재해보상의 요건이 다른 경우

근로자가 업무상 재해를 입은 경우라도, 근로기준법상의 재해보상과 산재보험법상의 산재보험급여의 요건이 다른 경우가 있다. 구체적으로 업무상 재해의 요건을 충족한 경우라도 산재보험법의 적용을 받지 않는 것은 다음과 같다.

- ▸주택법 또는 건설산업기본법 등에 의한 건설 또는 공사업자가 아닌 자가 공사하는 경우로서 총 공사금액이 2천만 원 미만인 공사 또는 연면적 330제곱미터 이하인 건축물의 건축 또는 대수선에 관한 공사(시행령§3①3호)
- ▸주택법 또는 건설산업기본법 등에 의한 건설 또는 공사업자가 공사하는 경우로서 총 공사금액이 2천만 원 미만인 경우(시행령§3③)
- ▸농업 · 임업(벌목업 제외) · 어업 · 수렵업 중 법인이 아닌 자의 사업으로서 상시근로자수가 5인 미만인 사업(§3①6호)
- ▸요양 또는 휴업일수가 3일 이내인 경우(§40③ · §41단서)

업무상 재해를 당한 근로자가 산재보험법상의 적용요건에 해당하지 않으면, 피재근로자는 근로기준법상에 의한 재해보상을 청구할 수밖에 없으므로 재해보상과 산재보험급여 간의 경합문제는 발생할 여지가 없다.

Ⅲ. 산재보험급여와 재해보상의 조정이론

1. 재해보상의 면책범위

산재보험급여제도는 근로기준법에 의한 사용자의 재해보상을 전보하는 성격을 가지고 있는 것이므로, 산재보험수급권자가 국가로부터 산재보험급여를 받은 경우에 사용자는 그 금액의 범위 안에서 재해보상이 면책되는 것은 당연하다. 그러나 피재근로자가 산재보험급여를 장래 받을 수 있는 경우에 사용자의 피해보상의무가 면책되는가에 대한 학설로서는 비공제설과 공제설이 있다.

1) 학설

「비공제설」은 피재근로자가 산재보험급여를 받아 현실적으로 손해 전보된 금액 범위에 한하여 사용자의 재해보상의무가 면제된다고 하는 견해이고, 「공제설」은 피재근로자가 현실적으로 재해보험급여를 받지 못했더라도 장래 받을 수 있는 재해라면 그 금액에 대하여 사용자의 재해보상의무가 면제된다고 하는 견해이다.[7)]

「비공제설」은 구(舊)산재보험법 제11조 제1항에 「산재보험급여의 범위

7) 강완구, 「근로자의 업무상 재해로 인한 청구권의 조정」, p.553.

내에서 또는 보험급여를 받은 때」를 사용자의 재해보상면책사유로 규정한 조문의 해석상 당연한 결과이고, 「공제설」은 산재보험급여를 먼저 청구할 것인지 재해보상을 먼저 청구할 것인지에 관하여 피재근로자의 선택에 따라 사업주의 손해배상 범위가 정해지는 불합리한 점을 개선하자는데 그 취지가 있다.[8)]

2) 판례

대법원은 「현실적으로 지급된 산재보험급여의 한도에서만 사용자의 재해보상 책임을 면하고 현실적으로 산재보험급여가 지급되지 아니한 이상, 장래 그것이 지급될 것이 확실하더라도 이를 미리 공제할 것이 아니다」라고 판시[9)]함으로써 일관되게 비공제설의 입장을 취하였다가, 1994. 12. 22. 개정 산재보험법 이후에는 「산재보험법상의 수급권자가 보험급여지급 거부처분에 대하여 전심절차를 거치지 않은 채 행정소송을 제기한 과실로 각하판결을 선고받아 결과적으로 마땅히 지급받아야 보험급여를 지급받지 못하게 된 경우, 이는 동법 제48조 제1항 소정의 보험급여를 받을 수 있는 경우에 해당하여 사용자의 근로기준법상 재해보상 책임이 면제된다」라고 판시함으로써 공제설의 입장을 취하고 있다(대판 2001. 9. 18. 2001다7834).

3) 평가

1994. 12. 22. 전면 개정된 산재보험법은 「수급권자가 이 법에 의하여 보험급여를 받았거나 받을 수 있는 경우에는 동일한 사유에 대하여 근로기준법에 의한 재해보상 책임이 면제되고, 장해보상연금 또는 유족보상연금을 받고 있는 자는 각 일시금을 받은 것」으로 규정하고 있다(§48①②).

---

8) 졸고, 「산업재해의 구제법리에 관한 연구」, p.147.

9) 대판 1992. 5. 8. 91다39603; 대판 1991. 7. 23. 90다11776; 대판 1989. 11. 14. 88다카28204 등.

따라서 공제설의 입장에서 동일한 사유로 인하여 재해가 발생하여 근로자가 산재보험급여를 받은 것은 물론 장래 보험급여를 받을 수 있는 경우에는 사용자는 그 금액에 대하여 재해보상 책임이 면제된다고 보아야 한다.

2. 산재보험급여 부지급처분확정 후 별도의 재해보상청구 여부

1) 학설

원처분청으로부터 산재보험급여의 부지급처분을 받고 이에 대하여 심사·재심사청구의 절차를 밟지 아니하거나 그에 관한 절차를 밟은 후 항고소송에서 패소가 확정된 이후 피재근로자가 사용자를 상대로 별도의 재해보상청구를 할 수 있는지가 문제된다. 이에 관하여 긍정설과 부정설이 대립한다.

첫째, 「긍정설」은 산재보험급여와 재해보상은 병존적으로 존재하는 별개의 제도인 동시에 산재보험급여에 관한 소송은 항고소송에 해당되는 것이나 재해보상에 관한 소송은 민사소송에 해당되는 것이므로, 소송수행편의를 위해서 그 병존을 인정하자는 견해이다.10)

둘째, 「부정설」은 산재보상보험은 사용자의 피해보상책임을 대행하는 측면이 있고 실제에 있어서도 산재보험급여가 재해보상보다 근로자에게 유리하게 기능하는 면이 있기 때문에 양자가 경합하는 경우 산재보험법을 우선 적용시키자는 견해이다.11)

---

10) 곽종철, 「근로자의 업무상 재해에서 발생하는 제청구권상호간의 관계」, p.390 이하에서 행정절차로서 산재보험급여 부지급처분이 확정되면 고등법원에 항고소송을 제기하여야 하는데, 고등법원이 대도시에 집중되어 있기 때문에 소송을 수행하는데 어려움이 있다고 지적하면서 근로자의 소송수행상 편의를 위해서는 긍정설이 옳다고 하는 이유를 들고 있다. 그러나 재해보상과 산재보험급여의 법적 성격을 소송기술과 연계시키는 것은 논리적 비약이 있고, 현재 행정소송은 각 지방법원으로 일원화되어 있는 단계에서는 그 근거가 희박하다.

2) 판례

대법원은「유족급여 지급 거부처분이 불복기간의 경과로 확정되었더라도 유족보상청구권이 없다는 내용의 법률관계까지 확정된 것은 아니며, 그 후 사업주가 근로기준법상의 유족보상금청구소송을 당하여 패소함에 따라 이를 지급하였다면 이는 일응 산재보험법 시행령 제35조(현§51) 소정의 보험급여를 체당하여 지급한 것으로 간주될 수 있는 경우에 해당된다」라고 판시함으로써 긍정설의 입장에 따라 판결을 내리고 있다.[12)]

3) 평가

산재보험법 제48조제1항은「산재보험급여를 받았거나 받을 수 있는 경우」에는 사용자의 피해보상의무를 면할 수 있도록 규정하고 있다. 동 규정은 재해보상과 산재보험급여가 경합하게 되는 경우에 업무상 규율체계를 산재보험급여 쪽으로 유도하려는 입법의도를 내포하고 있는 것이다. 그러나 동 규정은 사회법상 산재보상체계를 산재보험급여로 일원화시키고 이중의 보상책임으로부터 벗어나게 하려는 취지가 있는 것이다.

그러나 근로기준법상의 재해보상 책임이 별도로 마련된 이상, 단지 수급권자가 불복기간의 경과로 산재보험급여를 받지 못하게 확정되었다는 이유만으로 사용자의 재해보상 책임이 당연히 면제된다고는 볼 수 없다. 따라서 산재보험급여 부지급처분이 확정되었더라도 소멸시효에 걸리지 않는 이상 사용자를 상대로 다시 재해보상을 청구할 수 있도록 하는 긍정설이 타당하다. 다만, 산재보험급여의 소멸시효가 완성되었거나 행정소송 등을 통하여 수급권자가 패소판결을 받아 산재보험급여부지급이 확정되어 더이상 다툴 수 없는 경우에는 사용자를 상대로 재해보상을 청구할 수 없는 것으로 해석함이 타당하다. 왜냐하면, 이 경우에는 재해보청구권은 이

---

11) 강완구,「근로자의 업무상 재해로 인한 청구권의 조정」, p.553.
12) 대판 1993. 8. 27. 93누5437; 대판 1993. 4. 13. 92누17182.

미 소멸된 것이고 업무상 재해의 요건에 해당하지 않는 것으로 확정된 것이기 때문이다.

Ⅳ. 사용자와 국가의 상호구상권관계론

1. 국가의 사용자에 대한 구상권

산재보험법에 의한 산재보험급여는 사용자가 근로기준법에 의하여 보상하여야 할 업무상 재해로 인한 재해보상에 대하여 책임보험적 성격과 근로자의 생활보장적 성격을 함께 수행하고 있는 제도이다. 따라서 국가가 근로자에게 산재보험급여를 지급한 경우 국가는 사용자에 대하여 구상권을 행사할 수 없음은 산재보험의 성격상 당연하다.[13)]

2. 사용자의 국가에 대한 구상권

산재보험급여 부지급처분이 확정되었더라도 근로기준법상의 재해보상청구권이 소멸시효에 걸리지 않는 이상 피재근로자는 사용자를 상대로 다시 재해보상을 청구할 수 있고, 사용자는 재해보상의무가 있음은 위에서 밝힌 바와 같다. 그런데 산재보험급여 부지급 결정이 확정된 후, 사용자가 수급권자에게 근로기준법상의 재해보상을 한 경우에 사용자는 국가를 상대로 구상권을 행사할 수 있는지의 여부가 문제된다. 이 경우에는 산재보

13) 오창수, 「산업재해보상보험과 근로기준법상의 재해보상의 조정」, p.32; 이우태, 「재해보상과 사용자의 국가에 대한 구상권 여부」, p.113.

험급여의 부지급 결정의 원인이 어디에 있느냐에 따라 그 결론을 달리하게 된다.

1) 소송절차에 의해 부지급 결정이 확정된 경우의 구상권

피재근로자가 국가에 대하여 산재보험급여를 청구하였으나 부지급 결정을 받고 이에 대하여 다시 심사와 재심사를 거쳐 행정소송절차에 의해 산재보험급여 부지급 결정이 확정된 후, 이에 불복하여 피재근로자가 민사상 재해보상청구소송을 제기하여 승소하고 이에 보험가입자인 사업주가 근로기준법상의 재해보상을 지급한 때에 사업주가 국가에 대하여 구상권을 행사할 수 있는가가 문제된다. 이에 대하여 견해가 서로 대립하고 있으나, 이는 결국 산재보험급여의 성격을 어떻게 파악하느냐의 문제라고 본다.

첫째, 사용자의 국가에 대한 구상권을 인정해야 한다는 견해의 논지는 다음과 같다.

① 산재보험급여는 근로기준법상의 재해보상에 대하여 책임보험적 성격을 가지고 있는 것이므로 국가에 대한 구상권을 인정하지 않는다면 보험이익이 박탈되어 사용자가 산재보험료를 부담하고 있다는 적극적인 의미를 상실하게 된다.[14]

② 사용자의 재해보상금 지급으로 국가는 그 금액의 범위 내에서 산재보험급여의 지급의무를 면하고 국가와 사용자의 관계에서는 업무상 재해에 해당되어 산재보험급여의 요건을 갖추고 있다면, 그로 인한 보상책임은 궁극적으로 국가가 져야 한다.[15]

③ 사용자의 구상권의 법적 근거로서는 민법 제399조의 배상자대위규정을 유추 적용하여 사용자는 수급권자에 대한 보상금을 지급함으

14) 졸고, 「산업재해의 구제법리에 관한 연구」, p.149.

15) 오창수, 「산업재해보상보험과 근로기준법상의 재해보상의 조정」, p.32.

로써 수급권자의 보험급여청구권을 대위 취득한다거나 국가가 사용자의 보상금지급으로 인하여 수급권자에 대한 보험급여지급의무를 면하게 된 것이므로 사용자에 대한 관계에서는 부당이득이 된다.[16)]

④ 비록 소송유형이 다르더라도 피재근로자가 사용자를 상대로 민사소송을 제기하여 승소판결을 받았다면 이는 업무상 재해의 요건을 충족하여 동일한 사유에 해당하는 것이므로 산재보험법 제55조의 2에 근거하여 사용자는 국가에 대하여 대위권을 행사할 수 있다.

둘째, 사용자의 국가에 대한 구상권을 부정해야 한다고 하는 견해에 의하면, 피재근로자가 산재보험법상의 심사와 재심사를 거쳐 행정소송절차에 의해 산재보험급여 부지급이 확정된 이상 민사소송에서 사용자가 패소하여 재해보상을 하였더라도 국가는 산재보험급여를 지급할 의무가 없음이 확정된 것이므로 사용자의 국가에 대한 구상권은 인정될 수 없다고 한다.[17)]

종래 대법원은「산재보험법에 의한 산재보험급여는 근로기준법상 사용자의 재해보상을 직접 전보하는 성질을 갖고 있으나 사용자가 그 재해로 인하여 부담하게 될 민사상의 손해배상책임에 대한 책임보험의 성질까지 갖는 것은 아니고, 사용자가 근로자에게 민사상 손해배상금을 지급한 것은 자신의 법률상 의무를 이행한 것에 지나지 않는 것이므로, 근로자의 국가에 대한 산재보험급여청구권을 대위 취득할 수 없고 보험급여에 대한 부당이익반환을 구할 여지가 없다」라고 판시하였다.[18)] 그 후 대법원은「산재보험급여는 업무상 재해로 인하여 사용자가 부담하게 될 민사상의 손해배상책임에 대해서 책임보험의 성질까지 갖는 것은 아니나, 산재보험급여의 사유와 종류, 급여액의 산정기준이 재해보상과 동일하거나 유사하고 손실전보라는 기능의 동일성을 근거로 하여 상호조정규정을 두고 있는 점

16) 곽종철,「근로자의 업무상 재해에서 발생하는 제청구권상호간의 관계」, p.391.

17) 이우태,「재해보상과 사용자의 국가에 대한 구상권 여부」, p.115.

18) 대판 1989. 11. 14. 88다카28204; 이 판결에 대한 평석은 박동섭,「근로자의 업무상 재해에 따른 손해의 전보와 사용자의 구상권」, p.76 이하 참조.

에 있어서 근로자의 생활보장적 기능 외에 근로기준법에 따른 사용자의 재해보상에 대해서는 책임보험의 기능을 수행하고 있는 이상, 업무상 재해로 인하여 근로자가 사용자로부터 먼저 재해보상을 받은 경우에는 국가는 그 금액의 한도에서 근로자에게 산재보험급여 지급의무가 없으나, 산재보험급여의 요건이 갖추어진 이상 사용자는 국가에 대하여 구상할 수 있다」라고 함으로써 종전의 판례내용과는 다르게 판시하였다.[19)]

생각건대, 피재근로자가 행정절차와 행정소송절차에 의해 산재보험급여 부지급 결정이 확정된 후, 이에 불복하여 피재근로자가 민사상 재해보상 청구소송을 제기하여 승소함으로써 사용자가 근로기준법상의 재해보상을 지급한 때에 국가에 대하여 구상권을 행사할 수 있는가의 여부는 결국 산재보험법에 의한 산재보험급여의 성격 내지 기능을 어떻게 파악하느냐에 의하여 결정된다고 보아야 한다. 산재보험급여는 사용자의 근로기준법에 의한 재해보상의무를 산재보험료에서 대신 지급하는 것이므로, 일종의 재해보상액에 대해서는 책임보험적 성격을 갖고 있는 것이다. 비록 피재근로자가 민사소송을 제기하여 근로기준법상의 재해보상을 포함하여 손해배상을 사용자로부터 지급받았다고 하더라도, 여전히 국가는 근로기준법상의 재해보상액에 대해서는 책임보험의 성격을 가지고 있으므로 그 금액에 대해서는 국가의 책임으로 돌아갈 수밖에 없다.

또한 산재보험의 구제절차는 산재보험법에 의한 심사·재심사를 거쳐 행정소송을 제기할 수 있는 동시에 민사상의 재해보상청구소송을 제기할 수 있으나, 양 절차에서의 판단은 달라질 수 있기 때문에 산재보험급여의 부지급 결정이 확정되었다고 하더라도 이는 국가가 피재근로자에게 그 지급의무를 면하는 것이지 재해보상에 대한 사용자의 국가에 대한 구상권까지 제한하는 것으로 확장해석해서는 안 된다고 보아야 한다. 따라서 산재보험급여의 부지급이 확정되었다 하더라도 사용자가 근로기준법에 의한

---

19) 대판 1995. 5. 24. 93다38826; 이 판결에 대한 평석은 이우태, 「재해보상과 사용자의 국가에 대한 구상권 여부」, p.108 이하 및 오창수, 「산업재해보상보험과 근로기준법상의 재해보상의 조정」, p.25 이하 참조.

재해보상을 한 이상 사용자는 당연히 국가에 대하여 그 금액에 대해서는 구상권을 행사할 수 있다고 본다.

2) 행정심판절차를 포기하고 민사상의 재해보상을 청구한 경우

피재근로자가 산재보험법상의 심사 및 재심사를 청구하였으나 그 기각결정에 불복하지 아니하고, 민사상 재해보상청구소송을 제기하여 사업주로부터 재해보상을 받은 경우에는 산재보험급여의 성질상 당연히 사업주는 국가에 대하여 구상권을 행사할 수 있다고 해석한다. 즉, 산재보험급여는 사용자의 민사상 손해배상까지 전보하는 책임보험의 성격을 가지고 있는 것은 아니나, 근로기준법상 사용자의 재해보상의무를 대신 이행하는 책임보험적 성격을 갖고 있는 것이다. 따라서 산재보험급여의 부지급처분이 확정된 후에도 사용자가 근로기준법상 소정의 재해보상을 피재근로자에게 지급하였다면, 그 금액에 한해서는 국가에 대하여 구상권을 행사할 수 있음은 당연하다. 대법원 역시도 「산재보험급여의 행정처분이 확정되어 그 처분의 효력을 더이상 다툴 수 없게 되었더라도 그 처분의 기초가 된 사실관계나 법률적 판단이 확정되고 당사자나 법원이 이에 기속되어 모순되는 주장이나 판단을 할 수 없게 되는 것은 아니며, 산재보험은 근로기준법상 재해보상에 대해서는 책임보험적 기능을 수행하고 있어, 사용자와 국가의 관계에 있어서는 재해보상금을 지급한 사용자가 국가에 대하여 구상할 수 있다」라고 판시하고 있다.[20)]

20) 대판 1994. 5. 24. 93다38826; 대판 1993. 4. 13. 92누17181; 대판 1993. 8. 27. 92누5437.

제 3 장 산재보험급여와 기타 보상제도와의 관계

Ⅰ. 산재보험급여와 자동차보험과의 관계

1. 산재보험급여와의 경합

자배법 제3조는 「자기를 위하여 자동차를 운행하는 자는 그 운행으로 타인의 생명 또는 신체를 사상한 때에는 그 손해를 배상할 책임이 있다」라고 규정하고, 제9조 제1항은 피해자가 보험자에게 직접 손해배상의 지급을 청구할 수 있는 것으로 규정하는 동시에 자동차보험 진료수가에 해당하는 금액을 진료를 한 의료기관에 직접 지급할 것을 청구할 수 있도록 규정하고 있다. 따라서 자동차사고로 인적 손해를 입은 피해자는 자배법에 의한 손해배상을 청구하여 보상받는 것이 원칙이다.

그리고 자동차사고가 업무상 재해의 요건을 갖춘 경우 피재근로자는 산재보험법에 의한 보험급여청구권을 취득하는 동시에 자배법에 의한 손해배상청구권을 취득하게 되므로 양자의 책임은 경합한다.

그러나 자배법 제28조는 피해자가 국가배상법·산재보험법 그 밖의 대통령령이 정하는 법률에 의하여 배상 또는 보상을 받은 경우에는 그 보상 또는 배상을 받은 범위 안에서 자배법에 의한 배상책임을 면하도록 규정하고 있다. 이러한 면책규정에 따라 자동차종합보험보통약관[1]은 「배상책

---

1) 종전 자동차보험종합약관은 산재보험법에 의한 산재보상을 받을 수 있는 경우에는

임이 있는 피보험자의 피용자로서 산재보험법에 의한 재해보상을 받을 수 있는 사람」에 대하여는 산재보상금 한도 내에서 교통사고로 인한 손해배상을 면책시키고 있는데, 이를 「산재면책조항」이라고 한다.

이러한 면책조항을 어떻게 해석하느냐에 따라 양자의 경합관계가 달라지게 된다. ①면책조항을 산재보험법에 대한 특별규정으로 이해하여 양자의 청구권이 경합하게 되는 경우에는 피재근로자는 자배법에 의한 손해배상의 청구는 부정되고 산재보험법에 의한 보험급여의 청구만 가능하다고 하는 「산재보험우선주의[2]」, ②면책조항을 전면 무효로 해석하여 피재근로자는 동시 또는 이시(異時)에 모두 양자의 청구권을 행사할 수 있다고 하는 「상호병존주의[3]」, ③면책조항을 산재보험급여를 초과하는 범위에 한하여 자동차보험이 적용되고 산재보험급여에 해당하는 손해에 대해서는 산재보험이 우선적으로 적용된다고 하는 「경사적 병존주의」가 있다.

대법원은 2005. 3. 17. 전원합의체판결(2003다2802)에서 「업무상 자동차

산재보상금액과 관계없이 전액 자동차종합보험 약관에 의한 배상책임을 면책시키도록 규정하고 있었으나, 2005. 3. 17. 전원합의체 판결(2003다2802)을 통하여 「산재보험법에 의한 보상범위를 넘는 손해에 대하여는 면책약관의 효력이 없다」라고 판시함에 따라 그 판례의 내용에 부합하도록 자동차종합보험 약관을 개정하였다.

2) 대법원은 2005. 3. 17. 전원합의체 판결(2003다2802) 이전에는 산재보험급여와 자배법상의 손해배상이 경합하는 경우 일체의 배상책임을 면제하도록 한 자동차종합보험 약관의 효력에 대하여 「노사관계에서 발생하는 재해보상에 대해서는 산재보험에 의하여 전보받도록 하고 제3자에 대한 배상책임을 전보하는 것을 목적으로 한 자동차보험의 대인배상 범위에서는 이를 제외하려는 데 그 취지가 있는 것이므로, 약관의규제에관한법률에 규정된 신의성실의 원칙에 반하여 공정성을 잃은 약관조항이라고 볼 수 없을 뿐만 아니라 계약자에 대하여 부당하게 불리한 조항이거나 계약자가 계약의 거래형태 등 제반사정에 비추어 예상하기 어려운 조항, 계약의 목적을 달성할 수 없을 정도로 계약에 따르는 본질적 권리를 제한하는 조항이라고 볼 수 없다」라고 판시함으로써 산재보험우선주의를 취하였다(대판 1989. 11. 14. 88다카29177; 대판 1990. 4. 24. 89다카24070).

3) 문헌상 분명하게 밝히고 있지 않지만, 다수설은 자동차종합보험 약관상 산재면책조항이 있다 하더라도 양법의 구성체계상 어느 보험에 의하여 보상을 받을 것인가는 피해자의 의사에 달려 있는 것으로 해석하여 상호병존주의를 취하고 있다(하갑래, 근로기준법, p.936; 김수복, 산재보상의 법률지식, p.221; 고려대학교 기업경영연구소, 「산재보험제도 발전방향 연구」, p.400; 한국행정학회, 산재보험과 자동차보험(책임보험중심)과의 조정방안 연구, p.211-212).

사고에 의한 피재근로자의 손해가 산재보험법에 의한 보상범위를 넘어서는 손해에 대하여는 보험자의 산재면책조항은 효력이 없다」라고 판시함으로써 종전의 자동차종합보험 약관에 규정한 산재면책조항은 제한적으로 유효한 것으로 해석하였다. 결국, 대법원은 자동차보험자에게 면책되는 범위는 산재보험법에 의한 산재보상의 범위로 한정되고, 추가손해에 대하여는 자동차보험자의 면책을 인정하지 않고 산재보험을 우선적으로 적용해야 한다는 입장이므로 「경사적 병존주의」를 취한 것으로 보아야 한다. 즉, ①자동차종합보험에 의한 대인배상과 산재보험법에 의한 보험급여의 산정방법이 상이한 것이므로 자동차보험자에게 면책되는 범위는 산재보험급여에 한정되어야 한다는 점, ②산재보상에 해당하는 배상에 대하여는 산재보험급여를 우선적으로 청구하고 산재보상금을 초과하는 범위 내에서만 자동차보험자를 상대로 손해배상을 청구하도록 한 자동차보험 약관의 유효성을 인정하고 있는 점 등을 고려하면 현행법상 양자의 관계는 「경사적 병존주의」에 있는 것으로 해석해야 한다.

그러나 자동차사고가 산재보험법상 「업무상 재해」에 해당하는가의 판단이 반드시 명확한 것이 아니고, 피보험자로서의 피용자가 유한보상인 산재보험급여보다는 무한배상인 자동차보험급여를 청구할 가능성이 있다. 이때 자동차보험회사가 「업무상 재해에 해당한다고 하여 그 지급을 거절할 경우 소송을 제기하거나 별도로 공단을 상대로 산재보험급여의 지급을 청구할 수밖에 없는데, 그 과정에서 업무상 재해 여부를 둘러싸고 법적 분쟁이 발생할 뿐만 아니라 공단이 산재보험급여를 지급하였더라도 공단이 자동차보험회사를 상대로 구상권을 행사하는 등 복잡한 법률관계를 형성하게 된다.[4] 결국, 산재보험급여와 자동차보험과의 관계를 이른바 「경사적 병존주의」를 취하게 되면 오히려 피재근로자에게 불이익을 초래할 가능성이 있다.

대법원이 자동차보험 약관상의 산재면책조항을 전면유효로 판시한 종전의 판례를 변경하여 「산재보험급여를 초과하는 손해에 대하여는 무효」로

4) 한국행정학회, 산재보험과 자동차보험(책임보험중심)과의 조정방안 연구, p.208.

판결한 것은 진일보한 것이다. 그러나 산재면책조항은 여전히 보험계약자의 정당한 이익을 침해하고 피재근로자에게도 불리할 뿐만 아니라 자동차보험자가 부담하여야 할 담보책임을 합리적인 이유 없이 제한하고 있다. 따라서 양자의 관계를 「상호병존주의」에 의하여 실질적으로 보험계약자의 이익과 피재근로자를 보호할 수 있도록 하는 제도개선이 필요하다.[5)]

2. 산재보험급여와의 조정

자동차보험은 자동차의 운행으로 타인의 신체를 상해하거나 사망시킨 자의 손해배상책임을 담보하는 제도이므로, 자동차사고로 인하여 업무상 재해가 발생한 경우에는 동일한 사유로 자배법상의 손해배상청구권과 산재보험법에 의한 보험급여청구권이 경합한다. 따라서 자동차사고라고 하는 「동일한 사유」에 의하여 피재근로자가 이중배상이 되지 않도록 조정해야 할 필요성이 있다. 이에 자배법 제28조 및 자동차종합보험 약관 그리고 산재보험법 제48조제3항은 양자의 조정관계에 대해서 규정하고 있는데, 그 조정내용은 다음과 같다.

첫째, 피재근로자가 산재보험법에 의한 보험급여를 받는 때에는 자동차사고로 인한 인적 손해배상이 면책된다. 따라서 피재근로자는 우선 산재보험급여를 청구하여 보상받아야 하나, 자배법상 자동차책임보험에 의한 배상액이 산재보험급여보다 많을 때에는 그 초과부분에 대해서는 별도로 자동차책임보험이나 종합보험에 의한 손해배상청구가 가능하다.

둘째, 피재근로자가 자배법 제3조의 규정에 의한 손해배상책임이 있는

---

5) 피재근로자가 자동차보험회사로부터 손해배상금을 지급받은 경우에 공단은 산재보험법 제48조제3항에 의하여 그 한도 내에서 면책되고, 반대로 공단이 피재근로자에게 산재보험급여를 지급한 경우에는 그 범위 내에서 산재보험법 제54조를 근거로 자동차보험회사를 상대로 구상권을 행사할 것이다. 결국, 손해배상 범위 안에 있는 산재보험급여는 자동차보험자가 부담하게 되는 결과를 가져오게 되므로 자동차종합보험 약관상의 면책조항은 폐지되어야 할 것이다.

자로부터 배상을 받은 때에는 국가는 그가 배상받은 금액의 범위 안에서 그 책임을 면한다(§②). 그러나 피재근로자가 받은 금액이 자배법에 의한 배상액보다 저액일 때에는 그 부족액에 대해서는 별도로 자배법에 의한 손해배상청구가 가능하다.

셋째, 산재보험급여보다 자동차보험에 의한 손해배상액이 먼저 피재근로자에 지급된 경우에는 그 배상액의 한도에서 산재보험급여의 지급은 면책된다. 이러한 경우는 자배법 및 자동차종합보험보통약관에 규정한 산재면책조항 때문에 현실적으로 발생할 여지는 적으나, 자동차보험담당자들이 피해자가 산재보험급여의 수급권자인지를 판단하기 어렵기 때문에 발생할 개연성은 있다.[6)]

3. 당사자의 구상관계

1) 산재보험급여가 선행된 경우

자동차보험자에 대하여 배상청구권을 가지고 있는 피재근로자가 산재보

6) 자배법상의 손해배상과 산재보험법상의 보험급여가 상호병존관계에 있다고 주장하는 분들은 대체로 현실적으로 자동차보험에 의한 손해배상이 산재보험급여보다 신속히 처리되고 있는 점을 감안하면 자동차보험에 의한 손해배상을 우선 지급받고 산재보험급여를 받는 것이 편리하다고 주장하고 있다(김수복, 「산업재해보상보험과 자동차손해배상보험과의 관계; 자동차보험 손해배상을 우선 지급받고 산재보험의 급여를 받는 것이 편리」, p.9; 고려대학교 기업경영연구소, 「산재보험제도 발전방향 연구」, p.400). 그러나 대판 2005. 3. 17. 2003다2802 전원합의체판결에서 「업무상 자동차사고에 의한 피재근로자의 손해가 산재보험법에 의한 보상범위를 넘어서는 손해에 대하여는 보험자의 산재면책조항은 효력이 없다」라고 판시함으로써 산재보험급여 한도에 대하여는 산재보험에 처리해야 한다는 입장이므로 자동차보험회사가 산재라는 이유로 자동차보험금의 청구를 배척하는 경우에는 자동차보험금을 청구할 수 없다.

험급여를 지급받은 경우에, 국가(공단)는 피재근로자의 자동차보험에 대한 손해배상청구권을 대위 취득하여 구상권을 행사할 수 있는지의 여부이다.

피재근로자가 자배법 제9조에 의하여 자동차보험회사에 대하여 가지는 손해배상청구권은 교통사고를 당한 피재근로자의 손해를 전보하는 것을 내용으로 하는 청구권이고, 피해자의 손해배상청구에 의하여 손해가 전보된 경우에 자동차보유자의 책임은 전보된 금액의 한도에서 면제되는 결과를 초래하게 될 청구권임은 분명하다.[7] 또한 산재보험급여가 피재근로자의 손해전보적 성격을 가지고 있음은 부정할 수 없다. 따라서 교통사고와 업무상 재해가 경합한 경우 피재근로자가 산재보험급여를 받은 때에는 산재보험법 제54조의 규정에 의하여 보험급여의 한도액 범위 안에서 피재근로자의 자동차보험회사에 대한 손해배상청구권을 대위 취득하여 구상권을 행사할 수 있다. 그러나 공단이 자동차보험회사를 상대로 구상권을 행사할 수 있는 범위는 피재근로자의 손해액을 한도를 하는 것이므로 공단이 산재보험법에 따라 지급한 보험급여액이 손해액을 초과하더라도 그 초과부분에 대하여는 구상권을 행사할 수 없다.

이처럼 공단이 피재근로자의 자동차보험회사에 대한 손해배상청구권을 대위행사하도록 한 것은 피재근로자가 민사상 손해배상청구소송에 의한 소송의 번잡성, 소송의 장기화로 인하여 민사상 손해의 전보, 생활안정에 도움이 되지 못한 점을 감안하여 선(先)산재보험급여, 후(後)손해배상청구권을 인정한 취지이다.[8]

2) 자동차책임보험에 의한 손해배상이 선행된 경우

자동차보험에 의한 손해배상청구권은 자배법 제3조에 기초한 피재근로자의 가해자에 대한 손해배상청구권을 대위하는 것이므로 그 행사에 의하

7) 문원주・조석연, 산업재해보상보험법, p.541.
8) 한국행정학회, 「산재보험과 자동차보험(책임보험중심)과의 조정방안 연구」, pp.222-223.

여 피재근로자가 받은 액수는 자배법에 의한 손해배상에 포함되는 것으로 해석한다.

따라서 피재근로자가 자동차사고로 인하여 자동차보험회사로부터 보험급여에 상당하는 손해배상을 지급받은 경우에는 공단은 대통령이 정하는 방법에 따라 환산한 금액의 한도 안에서 보험급여를 지급하지 아니한다.[9)] 자동차보험에 의한 손해배상은 자동차운행으로 인한 사람의 신체 또는 생명의 침해에 대한 인적 손해를 전보하는 것이기 때문에 피재근로자가 가해자로부터 받은 위자료 또는 물품의 손해에 대하여는 면책되지 아니한다. 동일한 사유로 인하여 수급권자가 지급받은 손해배상액이 법정보험급여액을 초과하는 경우에는 산재보험급여가 지급되지 않지만 그 손해배상액이 법정보험급여보다 부족한 경우에는 그 차액을 보험급여로 지급하여야 한다.[10)]

3) 가해자로부터 손해배상이 선행된 경우

피재근로자가 자동차사고의 가해자인 제3자로부터 손해전보를 받은 경우에, 그 면책범위와 구상권행사가 어느 정도 가능하냐의 여부이다. 자동차사고의 직접 가해자와 자동차보험의 가입자가 동일한 경우에는 원래 보험가입자가 피재근로자에게 행하여야 할 손해전보를 대신하여 자동차보험금으로 지급되는 것이므로, 책임보험가입자는 책임보험의 한도에서 자동차보험회사를 상대로 구상권을 행사할 수 있다. 그리고 피재근로자가 직접 가해자로부터 지급받은 손해배상액은 산재보험급여에서 공제된다. 또한 자동차사고의 직접가해자와 자동차책임보험의 가입자가 다른 경우에

---

9) 그러나 대법원 판례 및 자배법과 자동차종합보험약관은 산재보험급여와 자배법에 의한 손해배상과의 관계를 이른바 「경사적 병존주의」를 취하고 있으므로, 법리상 피재근로자가 산재보험급여에 앞서 자배법에 의한 손해배상청구를 할 가능성은 희박하다.

10) 한국행정학회, 「산재보험과 자동차보험(책임보험중심)과의 조정방안 연구」, p.232-233.

는, 직접가해자는 원래 자신의 법률상 의무를 이행한 것에 불과하기 때문에 그는 자동차보험가입자 또는 보험회사를 상대로 구상권을 행사할 수 없다. 물론 자동차보험가입자와 직접가해자의 공동불법행위로 인한 경우에는 각자의 과실비율에 따라 손해배상을 해 준 책임보험가입자에게 구상권을 행사할 수 있다고 해석해야 한다.[11)]

Ⅱ. 산재보험급여와 국민연금과의 관계

1. 개관

근로자가 업무상 사유로 사망하거나 신체장해를 입은 경우에 그 피재근로자 및 유족은 산재보험법에 의한 각종의 보험급여청구권과 국민연금법에 의한 각종 연금급여청구권이 경합하게 되어, 동일한 사유로 인한 이중보상이 발생할 수 있다. 따라서 양자의 경합관계에 따른 불합리한 문제를 조정할 필요가 있다. 이를 위해서 국민연금법 제93조는 「장해연금 또는 유족연금의 수급권자가 이 법에 의한 장해연금 또는 유족연금의 지급사유와 동일한 사유로 산재보험법에 의한 장해급여 또는 유족급여를 지급받을 수 있는 경우에는 그 연금액의 2분의 1에 해당하는 금액을 지급한다」라고 규정하고 있다. 그리고 산재보험법 제48조제3항 및 동법 시행령 제44조는 「수급권자가 민법 기타 법령에 의하여 보험급여에 상당하는 금품을 받은 때에는 그 금품을 손해배상액 산정당시의 평균임금으로 나눈 일수에 해당하는 보험급여액을 지급하지 아니한다」라고 규정하여 양자의

11) 졸고, 「산업재해의 구제법리에 관한 연구」, p.159.

조정관계를 규정하고 있다.

2. 산재보험급여와의 경합

국민연금법 제93조는 「산재보험법의 규정에 의한 장해급여 또는 유족급여를 지급받을 수 있는 경우에는」라고 규정하고 있으나, 산재보험법은 「기타 법령에 의하여 보험급여에 상당하는 금품을 받은 때에는」이라고 규정하고 있어 양법조문의 문구가 다르다. 따라서 산재보험급여와 국민연금은 어떠한 관계에 있는가 하는 문제가 발생한다. 국민연금법에서 「받을 수 있는 경우에」라고 규정한 것은 사전에 산재보험법에 의하여 보상받을 것을 전제로 하여 미리 그 2분의 1의 금액을 감축하겠다는 취지이고, 산재보험법에서 「보험급여에 상당하는 금품을 받은 때에는」라고 표현한 것은 수급권자가 어느 청구권을 행사하든 사후적으로 조정을 하겠다는 취지이다. 따라서 산재보험급여와 국민연금은 상호병존관계에 있는 것으로 파악해야 하나, 다만 그 면책의 범위가 특이할 뿐이다.

3. 산재보험급여와의 조정

국민연금과 산재보험급여와의 관계는 상호병존관계에 있는 것으로 파악해야 하므로 다음과 같은 방법으로 조정을 거쳐야 한다.

첫째, 산재보험급여의 수급권자가 국민연금을 청구하여 그 연금의 2분의 1에 해당하는 연금액을 지급받은 경우에는 산재보험급여는 그 한도에서 면책된다.[12)]

12) 국민연금법은 산재보험법에 의한 장해급여 또는 유족급여를 받을 수 있는 경우에는 국민연금급여의 1/2을 감축하도록 되어 있으므로 피재근로자가 국민연금급여를 청구한 후 산재보험급여를 청구하는 경우에는 피재근로자는 국민연금의 1/2이

둘째, 수급권자가 산재보험급여를 지급받았다고 하더라도 국민연금관리공단은 그가 지급받은 금액의 한도에서 면책되는 것이 아니라, 국민연금액의 2분의 1에 해당하는 연금액을 지급하여야 한다. 왜냐하면, 국민연금과 산재보험급여는 그 법적 성질·기능·목적·재정의 운영 면에서 상이한 제도[13]이므로 산재보험급여를 받았다고 해서 국민연금의 지급을 전액 면책시킨다는 것은 양 제도의 취지에 반하기 때문이다.

Ⅲ. 산재보험급여와 국민건강보험과의 관계

1. 개관

근로자가 업무상 사유로 상해를 입은 경우에 의료기관에서 요양을 하게 되는데, 산재보험법상 피재근로자의 요양에 필요한 비용을 지급하는 보험급여가 요양급여이다. 또한 모든 국민은 의무적으로 국민건강보험에 가입함으로써 국민이 의료기관에서 요양을 한 때에는 일정액의 보험급여가 지급된다.[14]

감축된 상태에서 또다시 산재보험법 제48조제3항의 규정에 의하여 산재보험급여에서 이를 공제하게 되는 불합리한 결과를 초래한다. 이러한 모순을 해결하기 위하여 실무적으로는 먼저 산재보험급여를 청구한 후 국민연금을 청구하는 것이 보통이다.

13) 국민연금은 국민의 노령·질병 또는 사망에 대하여 연금급여를 실시함으로써 국민의 생활안정과 복지증진을 목적으로 하고, 노사가 균등 부담하는 보험료의 갹출에 의하여 운영된다. 그러나 산재보험급여는 근로자가 업무상 재해를 당한 경우에 보상하는 제도로서 사업주의 손해전보적 기능과 근로자의 생활보장적 기능을 가지고 있으며 보험료는 보험가입자인 사업주가 전액 부담한다.

14) 근로자는 직장건강보험에 의무적으로 가입하여야 하고, 건강보험료는 근로자와 사용자가 각 50%씩 부담하고 있다.

산재보험법에 의한 요양급여는 근로자가 업무상 재해로 인한 상병이 발생한 경우에 지급되는 것이지만, 국민건강보험법에 의한 보험급여는 비업무적 사유에 의한 상해가 발생한 경우에 지급된다. 따라서 업무상 재해에 의한 경우에는 산재보험급여를 받거나 사용자가 책임지는 것이 근로자에게 유리하므로 국민건강보험법에 의한 보험급여는 행하지 않는다.[15)]

2. 산재보험과 재해보상과의 경합 및 조정

국민건강보험과 산재보험급여 및 재해보상과의 관계에 관하여 국민건강보험법 제48조제1항은 보험급여를 받을 수 있는 자가 업무상 또는 공무상 질병·부상·재해로 인하여 다른 법령에 의한 보험급여나 보상 또는 보상을 받게 된 때에는 보험급여를 하지 않는 것으로 규정하고 있고, 산재보험법 제48조제1항은 수급권자가 이 법에 의하여 보험급여를 받았거나 받을 수 있는 경우에는 보험가입자는 동일한 사유에 대하여 근로기준법상에 의한 재해보상 책임이 면제되는 것으로 규정하고 있다. 그리고 근로기준법 제81조제1항은 근로자가 업무상 부상 또는 질병에 걸린 경우에는 사용자는 그 비용으로 필요한 요양을 행하거나 필요한 요양비를 부담해야 한다고 규정하고 있다. 따라서 산재보험법상 요양급여의 범위 내에서 업무상 상병의 치료에 필요한 비용은 산재보험급여로 부담해야 하므로 산재보험급여와 건강보호급여가 경합 또는 중복될 여지가 없다.

그러나 근로자의 상병이 업무상 재해에 해당되는가의 여부를 판단하는 것은 쉬운 일이 아니기 때문에 건강보험급여가 부당하게 거부되거나 중복되어 행하여질 가능성이 있다. 실무적으로는 피재근로자가 요양신청 시 업무상 재해의 승인이 있는 경우에는 근로복지공단이 해당 요양기관으로 업무상 재해승인통보를 하게 되고 해당 요양기관이 직접 요양비를 청구하

---

15) 강희갑, 사회복지법제론, p.215.

고 있다. 그러나 요양신청 시 공단의 「업무상 재해 불승인」 이후에 산재심사위원회의 재심사나 행정소송을 거쳐 승인이 있는 경우에는 피재근로자가 국민건강보험법상의 요양비 중 본인부담금을 부담하고, 후에 진료비 내역서를 첨부하여 근로복지공단에 직접 요양비를 청구하고 있다.

3. 사용자의 요양비 면책범위

문제는 업무상 재해를 당한 피재근로자가 근로기준법상의 요양보상의 요건에는 해당하나, 산재보험법상 요양급여의 요건에 해당하지 않는 경우에 피재근로자의 요양비를 사용자가 부담해야 하는가의 여부이다. 국민건강보험법 제48조제1항, 산재보험법 제48조제1항, 근로기준법 제81조제1항을 문리적으로만 해석하면 요양비에 대한 사용자의 면책범위는 산재보험법상의 요양급여에 해당되는 경우에만 적용되고, 재요양의 대상이 되지 않는 산재후유증 또는 산재보험의 적용요건에 해당하지 않는 근로자가 업무상 재해를 당한 경우의 모든 요양비는 사용자가 부담해야 한다.[16)]

국민건강보험공단은 사용자의 요양비부담 규정인 근로기준법 제81조를 근거로 산재종결 후의 후유증에 따른 요양비 중 국민건강보험공단 부담액 전액에 대하여는 사용자가 부당이득을 취한 것이므로 사용자에게 구상권을 행사하는 경우가 있다.[17)] 이와 관련하여 대법원은 「피재근로자가 국민건강보험공단으로부터 근로기준법 제81조제1항에 규정된 요양비에 해당하

16) 근로기준법상의 요양비 요건에는 해당하나, 산재보험법의 적용을 받지 않는 근로자에 해당하는 범위로서 총 공사금액이 2천만 원 미만, 주택법 또는 건설산업기본법상 건설업자가 아닌 자가 시공하는 공사로서 연면적 330㎡ 이하의 공사, 상시근로자 5인 미만으로서 법인이 아닌 임업 · 농업 · 어업 · 수렵업 등이 있다(시행령 §3). 또한 요양 또는 휴업일수가 3일 이내인 경우에도 산재보험급여 대상이 되지 않는다(§40③ · 41①).

17) 국민건강보험공단은 근로기준법상 피재근로자에 대한 사용자의 요양비보상책임이 있는 한, 사용자는 법률상 원인 없이 국민건강보험공단 진료비에 대하여 부당이득을 취한 것으로 보고 있다.

는 급부를 받았다면 근로자에 대한 요양보상의무를 면하게 됨으로써 얻은 이득을 반환할 의무가 있다」라고 판시함으로써 사용자에 대한 국민건강보험공단의 구상권을 인정하고 있다(대판 2005. 4. 28. 2004다12660).

[관련판례요지]

근로기준법 제81조제1항은 근로자가 업무상 부상 또는 질병에 걸린 경우에 사용자는 그 비용으로 필요한 요양을 행하거나 또는 필요한 요양비를 부담하여야 한다고 규정하고 있는바, 업무상 재해를 입은 근로자가 사용자가 아닌 제3자로부터 근로기준법 제81조제1항에 규정된 요양보상에 해당하는 급부를 받았다면 근로자로서는 사용자에게 더이상 업무상 재해로 인한 요양보상청구권을 행사할 수는 없다 할 것이므로 사용자로서는 근로자에게 요양보상에 해당하는 급부를 한 제3자에게 근로자에 대한 요양보상의무를 면하게 됨으로써 얻은 이득을 반환할 의무가 있다(대판 2005. 4. 28. 2004다12660).

그러나 산재보험법상 피재근로자의 상병을 계속 치료를 하더라도 의학적으로 치료효과를 기대할 수 없는 경우에는 치료 종료시켜야 하고, 기존 상병의 재발 또는 악화로 인한 후유증으로서 재요양의 대상이 되지 않는 후유증은 산재요양급여 대상이 될 수 없다(§16).

사용자가 피재근로자의 국민건강보험료 중 50%를 부담하고 있음에도 불구하고, 단지 산재보험법상 요양급여의 대상이 되지 않는다는 이유만으로 피재근로자의 진료비 중 국민건강보험공단 부담액 전액을 구상하는 것은 사용자의 보험이익을 박탈하는 것으로 보아야 한다. 또한 근로기준법상의 재해보상은 피재근로자에 대한 손해전보적 성격을 가지고 있는 것이므로, 피재근로자에 대한 사용자의 손해배상 요건을 고려하지 않고 일률적으로 국민건강보험공단 부담액 전액을 구상하는 것은 재해보상의 성격에도 부합하지 않는 것이다. 따라서 사용자가 피재근로자의 국민건강보험료 부담액 중 50%를 부담하고 있는 이상 사용자의 보험이익을 보호하기 위해서는 산재보험법상 요양급여의 대상이 되지 않는 요양에 대하여는 국민건강보험을 적용할 수 있도록 하는 입법적 개선이 필요하다.

Ⅳ. 산재보험급여와 일반보험과의 관계

피재근로자가 가입한 생명보험, 손해보험, 화재보험, 공제조합법에 의한 유족보상·실업보험금 등의 보험급여는 보험가입자가 그전에 납입한 보험료에 대한 대가의 성질을 가지고 있는 것이고, 보험이익이 보험계약이라는 별도의 원인에 기인하는 것이다.[18] 즉, 산재보험급여와 일반보험은 별개의 보험이므로 상호간의 경합에 따른 조정 및 구상권 문제는 발생하지 않는다. 따라서 일반보험으로부터 보험금을 받았더라도 산재보험급여에서 이를 공제할 수 없다.

18) 하갑래, 근로기준법, p.936.

제 5 편 현행 산재구제제도의 개선방안

산업재해구제제도(이하 "산재구제제도")로서는 민사법에 의한 손해배상제도, 근로기준법에 의한 재해보상제도, 산재보험법에 의한 보험급여제도 및 자배법에 의한 손해배상제도 등이 있다. 재해보상은 현실적으로 산재보험급여로 거의 흡수 통합되어 있고, 자배법에 의한 손해배상제도는 이른바 「산재면책조항」으로 인하여 산재보험급여를 우선적으로 청구할 수 있도록 하고 있으므로 산재에 대한 보상체계는 산재보험법에 의한 보험급여로 일원화되어 있는 경향을 보이고 있다.

산재보험급여가 「업무상 재해」라고 하는 동일한 사유로 인하여 민사법에 의한 손해배상과 경합하게 된 때에는 피재근로자는 현실적으로 산재보험급여와 손해배상을 동시 또는 이시(異時)에 청구하거나 아예 산재보험급여청구를 포기하고 곧바로 손해배상을 청구할 수 있으므로 현행법상 산재구제제도는 민사법에 의한 손해배상제도과 산재보험법에 의한 보험급여제도라고 할 수 있다.

산재보험급여제도는 피재근로자의 생존권 보장과 손해전보의 성격을 가지고 있는 것이므로 이에 합당한 산재보상수준과 제도운영이 이루어져야 함은 당연한 것임에도, 현행 산재보험급여제도는 여러 가지 제도상의 문제점을 내포하고 있어 근로자의 생존권 보장과 손해전보의 기능을 충분히 살리지 못하고 있다.

제5편에서는 산재보험급여제도 성격과의 조화, 산재구제절차의 실효성 확보, 산재예방을 제도개선방향으로 설정한 후 실체적인 측면, 절차적인 측면, 운영적인 측면에서 현행 산재보험급여제도의 문제점과 개선방향을 전개하였다.

제1장 개선방안설정의 전제조건

Ⅰ. 개 설

사회법상의 산재보상제도의 핵심은 산재보험법에 의한 산재보험급여라고 할 수 있는데, 이는 민사법 원리에 의한 손해배상과 비교할 때 여러 가지 면에서 문제점을 내포하고 있어 이에 관한 개선이 이루어져야 한다. 그러나 민사법에 의한 손해배상과 산재보험급여제도는 그 원리, 생성배경, 목적 및 성격 등에서 현저한 차이가 있는 것이 사실이므로 손해배상과의 단순한 비교를 통해서 현행 산재보험급여제도의 문제점과 개선방안을 도출한다는 것은 바람직하지 못하다. 결국 현행 산재보험급여제도의 문제점과 개선방안을 합리적으로 도출하기 위해서는 산재구제제도의 역사적 연혁을 존중하면서 산재의 예방, 산재보험급여의 내용과 수준, 보상실시의 신속성과 확실성 및 제도의 효율성 등을 종합적으로 검토하여 결정해야 할 것으로 본다.

Ⅱ. 산재보험급여 성격과의 조화

산재보상의 성격은 그 시대의 국가가 추구하는 이념에 따라 그것의 비중도가 달라질 수밖에 없으나, 사회법이 추구하는 이념은 사회정의라고 할 수 있다. 이러한 사회법의 이념에 봉사하는 기능적 시각에서 보면, 산재보상제도를 생활보장제도의 하나로서 보는 것이 사회정의에 근접하는 것이라고 할 수 있다. 그러나 산재보상제도를 보험제도에 내포하고 있는 근로자의 생활보장적 기능을 강조하더라도 사용자의 손해배상적 기능이나 근로조건의 보호기능을 무시하여 이론을 전개할 수는 없다.

결국 산재보상제도는 손해배상, 근로조건보호 그리고 피재근로자 및 그 가족의 생활보장적 성격 내지 기능이 중첩적으로 내포하고 있다고 할 수 있다. 따라서 이와 같은 산재보험급여제도의 복합적 성격을 충족시킬 수 있도록 현행 산재보험급여제도의 문제점 및 개선방안이 이루어져야 할 것이다.

Ⅲ. 구제절차 실효성과의 조화

산재보험제도는 피재근로자 및 그 가족의 생활안정을 중요한 목적으로 하는 것이므로, 산재보상의 높은 수준을 확보하는 것과 그 구제절차를 간소화하여 신속·공정하게 보상받게 한다는 것은 매우 중요하다. 따라서 「업무상 재해」라는 동일한 사유로 인하여 손해배상과 산재보험급여가 경합하게 되는 경우에는 민사소송절차에 의하는 것보다 간단한 행정구제절차인 산재보험법에 의한 산재보험급여절차를 통해서 신속하게 보상받게 할 수 있도록 현행 산재보험제도의 문제점과 개선방안이 이루어져야 할 것이다.

Ⅳ. 산재예방과의 조화

산재는 개개 근로자의 의사나 행위에 관계없이 자본주의 경제의 근로관계에서 필연적으로 발생하는 사회현상으로써 근로자에게는 사회적 필요악이라고 할 수 있다. 이러한 산재는 피재근로자에게 엄청난 고통일 뿐만 아니라 국민 전체에 엄청난 경제적 손실을 가져오는 동시에 건강하고 안전하게 근로할 수 있는 노동기본권에 대한 중대한 위협이 된다.

따라서 산재보상제도의 산재의 예방과의 유기적 관련성을 맺으면서 실시함으로써 사전에 산재의 예방을 도모할 수 있도록 제도적 개선이 이루어져야 한다. 결국 산재예방의 강화로 산재발생률이 저하되면 그만큼 산재보험비용이 절감되는 효과를 가져오게 되어 보험료의 부담도 적게 된다.[1)]

---

1) G. Calabreisi는 산재사고 비용의 절감을 가져오는 기능을 중심으로 산재보상제도를 평가하고 있다. 그에 의하면 산재보상관리는 사고의 수와 사고의 중대성 절감(제1차 비용), 사고의 계기로 발생하는 사회적 비용의 절감(제2차 비용), 제도관리비용의 절감(제3차 비용)을 목표로 하는 것이라고 한다. 산재예방을 철저히 하여 산재발생률이 낮아지면 이와 같은 비용의 절감은 달성될 수 있다고 주장한다(G. Calabreisi, 「The Cost of Accidents」).

제 2 장 실체적인 측면에서의 개선방안

Ⅰ. 문제의 소재

현행 산재보험법에 의한 산재보상은 보험급여의 사유에 따라 요양급여, 간병급여, 휴업급여, 장해급여, 유족급여, 장의비 그리고 상병보상연금으로 구분하여 피재근로자의 평균임금에 기초한 정액보상을 원칙으로 하고 있다. 그리고 산재가 손해배상책임의 요건을 충족하게 되는 경우 민사배상은 이론상 피재근로자의 실손해의 전보를 목적으로 하고 있으나, 법원실무에서는 그 배상액 산정방식이 어느 정도 정형화되어 있으므로 산재보험급여와 별다른 차이는 없다.

그러나 현실적으로 산재보험법에 의한 보험급여는 민사배상과 비교해 볼 때 그 보상액에서 상당한 차이가 있을 뿐만 아니라 산재보험급여의 성격, 산재예방적인 측면에서 여러 가지 문제점을 내포하고 있어 이에 관한 제도적 보완을 할 필요성이 있다.

Ⅱ. 산재보험급여의 종류에 따른 개선방안

1. 요양급여

요양급여는 근로자가 업무상 부상 또는 질병으로 인하여 요양이 필요한 경우에 지급되는 것이나, 현행법에서는 그 요양기간이 3일 이내인 경우에는 근로기준법에 의한 요양보상을 행하도록 규정하고 있다(§40②). 이는 경미한 업무상 재해에 대해서는 사용자의 책임을 인정함으로써 사용자의 산재예방의무를 진작시키기 위한 것이라고 할 수 있다.[1] 그러나 이 규정은 행정편의적인 사고일 뿐이고, 피재근로자의 보호 및 산재보험의 성격에 배치된다고 볼 수 있다. 즉, 사용자가 근로기준법을 준수하지 않거나 준수하려고 해도 재정능력이 없는 경우에는 요양보상의 이행이 이루어질 수 없으며, 사용자는 이미 산재보험법상의 보험료를 납부하고 있음에도 3일 이내의 요양기간에 대해서는 사용자 자신의 부담으로 보상을 행하여야 하므로 보험료의 납부와 보상이라는 이중적 부담을 안게 되는 불합리한 결과를 초래하게 된다.[2] 산재로 인한 요양급여는 산재보험적용 근로자에 대해서는 요양기간에 상관없이 모두 산재보험급여로 지급할 수 있도록 제도개선이 이루어져야 한다.

2. 휴업급여

휴업급여는 요양 중의 피재근로자 및 그 가족의 생활유지를 주요한 목적으로 하는 것이므로 피재근로자의 평균임금을 그 산정기초로 삼는 것은

1) 전광석, 한국사회보장법론, p.319.
2) 김영모, 사회보장개혁론, p.145.

당연하다. 산재보험법 제41조에 의한 휴업급여는 피재근로자의 평균임금의 70%에 상당하는 금액으로 하고 있는데, 이것이 사용자에게 무과실책임을 인정하는 대신 근로자의 평균임금의 30%를 감액한 것인지 또는 평균임금의 70%만 지급하면 피재근로자 및 그 가족의 생활이 유지될 수 있는 것으로 판단하여 그렇게 정한 것인지는 명문의 규정상 명백하지 않다.

그러나 휴업급여가 피재근로자 및 그 가족의 생활유지의 목적에 있는 점을 고려해 볼 때, 피재근로자의 임금수준을 고려하지 않고 일률적으로 휴업급여액을 평균임금의 70%로 한 것은 너무 형식적이고 추상적인 책정이라고 할 수 있다.[3] 즉, 저임금근로자는 임금의 대부분이 생활비에 충당되는 반면, 고임금근로자는 임금의 일부분만이 생활비에 충당되고 있는 현실을 고려할 때 근로자의 임금수준에 상관없이 일률적으로 평균임금의 70%를 휴업급여로 책정한 것은 피재근로자 및 그 가족의 생활유지라는 산재보험의 목적에 배치된다고 할 수 있다.[4]

그리고 요양기간 중에는 피재근로자의 근로가 전혀 불가능함에도 사용자의 귀책사유로 인한 휴업 기간 중에 근로자의 여유노동력을 이용하여 수입을 얻을 수 있는 경우에 지급하는 근로기준법 제45조의 휴업수당과 동일하게 평균임금의 70%를 휴업급여로 책정한 것은 형평성을 잃은 것이라고 볼 수 있다. 따라서 휴업급여는 피재근로자의 임금수준을 고려하여 근로자의 생활유지에 합당하도록 그 법정률을 차등 적용하도록 하는 입법조치가 선행되어야 할 것이다.[5]

일반기업의 사규에 의하면 만 55세를 근로자의 퇴직연령으로 규정하고 있고, 정년이 안정적으로 보장되어 있는 공무원이나 공기업도 퇴직연령을

---

3) 김진웅, 「현행 노동재해보상제도와 법적 성격」, p.378; 박승두, 사회보장법, p.487.
4) 박승두, 사회보장법, p.487.
5) 피재근로자 및 그 가족의 생활유지에 적합하도록 휴업급여를 개선하는 방법으로서는 매년 노동부장관이 고시하는 직종별임금실태조사보고서상의 임금수준 이하인 근로자에 대하여는 피재근로자의 평균임금의 100%를, 150% 이하인 경우에는 평균임금의 80%를, 150% 이상인 경우에는 평균임금의 70%를 지급할 수 있는 방안을 고려할 수 있다고 본다.

만 58세~만 60세로 규정하고 있으며, 법원의 민사배상판결에 있어서도 직종간에 다소 차이가 있긴 하지만 가동연한을 만 60세로 보고 있다. 그러나 현행 산재보험법은 근로능력 감소 또는 상실 여부와 상관없이 일률적으로 휴업급여수준을 평균임금의 70%로 하고 있다. 요양급여를 받을 자격이 있다는 이유로 근로능력이 없는 고령자에게도 휴업급여 전액을 지급한다는 것은 논리적 모순이며 일반인의 법 상식에도 어긋나는 과도한 사회보장체계라고 할 수 있다.[6] 따라서 일반기업의 정년규정과 근로능력이 급격히 감소한다고 인식되는 55세 이후에는 휴업급여의 대폭적인 감소가 이루어져야 하고, 65세를 근로능력의 상실로 보아 근로계약상 보장된 고용기간을 제외하고는 휴업급여를 중지할 수 있도록 하는 입법적 개선이 필요하다.[7]

3. 장해급여

산재보험법에 의한 장해급여는 장해등급을 제1등급에서 제14등급으로 구분하고 피재근로자의 평균임금에 따라 정액·정률로 지급하도록 법정화되어 있다(§42①). 그러나 장해급여는 근로자의 정신적 또는 육체적 훼손으로 인하여 발생한 노동력의 상실 또는 감소 내지 생활상의 불편에 대한 보상으로 지급되는 보험급여라는 점을 생각하면, 현행 장해급여가 평균임금을 기준으로 하여 단지 의학적·생리적 기능에 따라 신체의 상실에 대하여 정률보상 방식을 취하고 있는 것이 타당한 것인가에 대하여 다음과 같은 몇 가지 관점에서 재고할 필요성이 있다.

6) 노사정위원회, 산업재해보상제도 주요 쟁점과 논의현황, pp.89-90.

7) 2004년도 통계에 의하면, 일반적으로 근로능력을 상실했다고 여겨지는 60세 이상 피재근로자 가운데 휴업급여를 지급받은 근로자는 16,000여 명이고 지급액은 1,155억 원에 달하고 있으며, 5년 이상 장기휴업급여자는 7,200여 명이고 지급액은 1,100억 원에 달하고 있는 것으로 나타났다(노사정위원회, 산업재해보상제도 주요 쟁점과 논의현황, pp.89-90).

첫째는, 신체장해 등급의 기준에 관한 문제이다. 산재보험법에 의한 신체장해 등급은 주로 평균인이 일상생활에서 입는 핸디캡(Handicap)이라는 관점에서 정한 것이므로, 산재보험급여의 목적과 연관시켜 볼 때 그 타당성을 결여한 면이 있다. 신체장해 등급이 노동력의 상실과 가동능력의 상실 정도가 비례관계에 있는 경우에는 그 합리성이 인정될 수 있으나, 장해 정도는 낮으나 가동능력이 높은 경우에도 일률적으로 장해 정도에 따른 법정률에 따라 장해급여를 지급하는 것은 형평의 원칙에 반한다.[8] 예컨대, 한 손가락의 소지가 패용된 피재근로자의 경우에 왼손잡이 또는 직종별을 고려하지 않고 일률적으로 제14등급을 적용하는 것은 형평의 원칙에 반한다. 따라서 피재근로자의 신체장해 등급의 기준은 직종별에 따른 노동력상실 또는 가동능력상실을 반영할 수 있도록 신체장해 등급의 기준을 설정해야 할 것이다. 이러한 면을 고려하여 청각·언어장애인이 20년간 수화로 언어소통을 하여 온 근로자가 산재사고로 손가락이 절단된 사안에 대하여 공단이 신체장해 등급 제10급 7호로 판정하자 고충민원을 제기한 사건에서 국민고충처리위원회가 「20여년간 말하는 기능을 수행하여 왔던 2급 청각·언어장애인의 손이라는 점을 감안하여 제6급 제2호에 해당하는 장해등급을 적용해야 한다」라고 공단에 시정권고 의결한 것은 시사하는 바가 크다(2006. 8. 14. 고충위 2BA-0606-032475).

[관련판례요지]

장해보상은 부상 또는 질병이 치유된 때에 남게 되고 장래에 있어서도 회복 곤란한 장해상태가 의학적으로 인정되고 노동능력의 상실을 동반한 경우 이에 대한 손실전보를 목적으로 하고 있는 것이고, 비록 비장애인을 기준으로 하면 신청인의 장해등급은 제10급 제7호에 해당하는 것이지만 신청인이 지난 20여년간 비장애인과는 달리 손이 일상생활에서 사용되는 일반적인 손의 기능뿐만 아니라 언어장애 때문에 비장애인의 입에 해당하는 말하는 기능도 수행하여 왔음을 감안하면 제6급 제2호에 해당하는 장해상태를 준용해야 할 것이다(2006. 8. 14. 고충위 2BA-0606-032475).

8) 김진웅, 「현행 노동재해보상제도와 법적 성격」, p.379.

둘째는, 장해급여산정상에 있어서 그 기준에 관한 문제이다. 현행 장해급여는 피재근로자의 신체장해 및 질병의 정도에 의한 것이 아니고, 단지 신체장해 등급에 평균임금의 일수를 곱하여 산정하고 있다. 이러한 유형화된 장해급여의 결정은 근로자로 하여금 산재의 정도를 예측하게 하여 법적 안정성의 이념에 기여하는 측면이 있다. 그러나 비록 경미한 장해이지만 기존의 직업을 계속 수행하는 것이 불가능해진 경우 산재보험법에서 전혀 고려될 수 없는 문제점이 있고,[9] 반대로 장해는 발생하였지만 전혀 소득의 상실이 없는 경우에도 단순히 추상적인 신체의 불완전이 존재한다는 이유만으로 장해급여가 지급된다고 하는 모순이 있다.[10] 따라서 장해급여액은 단지 신체장해 등급에 해당하는 평균임금일수를 곱하여 산정할 것이 아니라 신체장해 등급에 직종별에 의한 노동력상실률을 감안하여 산정되어야 하고, 신체장해로 변화된 작업환경이 피재근로자의 근로생활에 실제로 미치는 영향을 고려하여 장해에 대한 보상이 이루어질 수 있는 제도적 개선이 필요하다.[11]

셋째는, 신체장해가 중복되는 경우 신체장해 등급의 조정에 관한 문제이다. 산재보험법상 신체장해 등급표는 평균인의 노동능력의 상실 정도에

9) 예컨대, 한 손의 소지(小指)가 폐용된 경우 고임금을 받는 관리직 근로자나 저임금을 받고 있는 타이피스트(Typist) 모두 일괄적으로 신체장애 등급 제14급 5호를 적용하여 평균임금의 55일분에 상당하는 장해급여를 받는다는 것은 상후하박(上厚下薄)의 모순관계가 발생한다.

10) 독일 산재보험법(RVO) 제57조에서는 산재발생 전후의 소득을 비교하여 상실된 소득부분에 대한 보상을 하고 있으나, 산재를 당하였더라도 재활활동을 통하여 피재근로자가 이전의 소득과 비슷한 소득을 가져오는 직업을 가질 수 있는 경우에는 소득능력이 상실되지 않는 것으로 보아 산재보험급여를 지급하지 않는다(W. Gitter, Abstraker Schadensausgleich im Arbeitsunfallrecht, 159ff).

11) 독일 산재보험법(RVO) 제581조제2항은 피재근로자가 가동능력을 완전히 상실한 경우에는 연간근로소득의 2/3에 상당하는 완전연금이 지급되며, 피재근로자의 가동능력이 20% 이상 감소한 때에는 그 감소 정도에 비례하여 완전연금의 일부를 지급하도록 규정하고 있다. 이러한 가동능력의 감소 정도는 산재의학전문가에 의하여 판단되므로 우리나라의 정해등급표와 같은 것은 존재하지 않고, 가동능력의 감소 정도를 평가할 때도 피재근로자가 가지고 있는 일정한 직업상의 지식 및 경험이 고려된다(김교숙, 「산재보상법리에 관한 연구」, p.59).

따라 신체부위별로 14등급으로 구분하고, 동일한 사유로 계열을 달리하는 신체장해가 2개 이상 있는 경우에는 그중 중한 신체장해 등급을 적용하든지 13등급 이상의 신체장해가 2개 이상인 경우에는 제1급에서 제3급까지 상향 조정하여 장해급여를 산정하고 있다.[12] 그러나 동일한 재해로 중복장해가 있는 경우에 무조건 제1급에서 제3급까지 상향 조정하도록 하는 것은 비합리적인 장해등급결정방법이라고 할 수 있다. 현행 장해등급조정에 의하면, 동일한 사유로 제14급에 해당하는 장해가 여러 개인 경우에도 제14등급을 적용하게 되는 불합리한 결과를 초래한다. 따라서 동일한 재해로 중복장해가 있는 경우의 장해급여는 각 신체장해에 해당하는 노동력상실률 중에서 가장 중한 노동력상실률에 남은 부분에 대하여 다음의 노동력상실률을 곱하여 나가는 방식을 사용하는 것이 바람직하다고 본다.[13] 예컨대 산재로 인한 노동력상실률이 신체부위별로 90%, 70%, 60%의 3가지 장해가 중복되는 경우에는 다음과 같은 방식으로 노동력상실률을 계산한다. 즉, 90+(100−90 / 100)×70=97, 97+(100−97 / 100)×60=99%로 계산하여 피재근로자의 노동력상실률을 99%로 판정한다. 이와 같은 방식으로 환산하게 되면 신체장해에 따른 노동력상실률을 반영할 수 있게 되어 중복장해가 있는 경우에 합리적으로 장해급여를 조정할 수 있다. 그러나 현행의 신체장해 등급표는 각 장해에 해당하는 노동력상실률을 고려하지 않고 일률적으로 평균임금일수를 적용하고 있기 때문에 위의 방식으로 중복장해가 있는 경우의 조정기준으로 활용할 수 없다. 따라서 이 방식을 적용하기 위해서는 각각의 신체부위에 따른 노동력상실률이 설정되어야 한다.

---

12) 산재보험법 시행령 제31조제2항에서는 제13급 이상의 신체장애가 2 이상인 경우에는 1등급, 8급 이상인 신체장애가 2 이상인 경우에는 제2등급, 제5급 이상인 신체장애가 2 이상인 경우에는 3등급을 상향 조정하고 있다.

13) 조규상, 「의료 면에서 본 산재보험과 노동복지」, p.31.

4. 유족급여

유족급여는 근로자가 업무상 재해로 사망한 경우 피재근로자의 유족에 대하여 지급하는 보험급여로서, 피재근로자의 수입에 의하여 생계를 유지하여 온 유족의 생계를 보호하려는 데 그 취지가 있다. 유족보상일시금을 받을 수 있는 수급권자의 범위와 순위는 다음에 의하되, 동순위자의 유족이 2인 이상 있을 때에는 유족급여는 그 인원수로 등분하여 지급한다(§43의4).

▸제1순위: 근로자의 사망 당시 그에 의하여 부양되고 있는 배우자(사실상 혼인관계에 있는 자를 포함)·자녀·부모·손 및 조부모

▸제2순위: 근로자의 사망 당시 그에 의하여 부양되고 있지 아니하던 배우자·자녀·부모·손 및 조부모 또는 근로자의 사망 당시 그에 의하여 부양되고 있던 형제자매

▸제3순위: 형제자매

그러나 근로자가 업무상 재해로 사망한 경우에 유족급여(보상)청구권은 재산권이기 때문에 상속인에게 상속되는 것이나, 산재보험법상의 유족급여 수급권자의 순위 및 범위와 민법에 의한 상속인의 범위 및 순위가 일치되지 않는다. 민법에 의한 상속인은 직계비속→직계존속→형제자매→4촌 이내의 방계혈족의 순위에 의하고(§100①), 배우자는 그 직계비속과 동순위로 공동상속인이 되고 직계비속이 없는 경우에는 피상속인의 직계존속과 공동상속인이 되며 피상속인의 직계비속도 없는 경우에는 단독상속인이 된다(§1003). 상속인으로서의 배우자는 혼인신고를 한 법률상의 배우자를 말하는 것이고 이른바, 사실혼의 배우자는 상속권이 인정되지 않는다.[14)]

이처럼 산재보험법상의 유족급여수급권자의 범위 및 순위와 민법에 의한 상속인의 범위 및 순위가 다르기 때문에, 상속권이 있음에도 불구하고

---

14) 지원림, 민법강의, p.1581.

유족급여를 지급받지 못하게 되는 결과를 초래하게 된다. 예컨대, 사실상의 혼인관계에 있는 내연의 처가 유족급여를 받은 경우에는 민법상 법률혼관계에 있는 배우자와 그 자녀가 상속권이 있음에도 불구하고 순위에 밀려 유족급여를 받지 못하게 되는 불합리한 결과를 초래한다.

대법원은 산재보험법상의 수급권자의 순위와 민법상의 상속인의 순위의 불일치에 대하여 「사실상의 처가 유족급여를 수령한 경우에는 국가는 그 한도 내에서 면책되고 법률상의 상속인에게 배상할 의무가 없고(대판 1977. 12. 27. 75다1098), 산재보험급여의 수급권자가 사망한 경우 수급권은 민법에 정한 상속순위가 아닌 산재보험법에 정한 순위에 따라 승계해야 한다(대판 2006. 3. 9. 2005두13841)」라고 판시하고 있다.

[관련판례요지]

▸ 사실상 이혼한 법률상의 처와 부양받던 여자가 있는 경우 부의 사망으로 인하여 지급되는 산재보험법상의 유족보상일시금의 수급권자는 사망 당시 부양되고 있던 사실상 혼인관계에 있던 여자이고, 산재보험법상의 유족보상일시금을 그 수급권자가 수령한 경우에는 그 금액 한도 내에서 민법상의 손해배상책임을 면하게 되므로 피해자의 일실손해금에서 위 유족보상일시금을 공제한 금원이 있을 경우에 한하여 그에 대한 청구권을 상속인이 승계 취득하는 것이라고 해석하여야 한다(대판 1977. 12. 27. 75다1098).

▸ 산재보험법의 규정에 의한 보험급여수급권자가 사망한 경우, 그에게 지급하여야 할 보험급여로서 아직 지급되지 아니한 보험급여의 수급권은 민법이 정한 상속순위에 따라 상속인들이 상속하는 것이 아니라 산재보험법에 정한 순위에 따라 우선순위에 있는 유족이 이를 승계하는 것이다(대판 2006. 3. 9. 2005두13841).

유족급여가 근로자의 수입에 의하여 실제 부양되어 온 유족의 생계를 보호하는 데 그 취지가 있다고는 하나, 이는 사실상 중혼관계에 있는 내연의 배우자를 보호하게 되는 결과를 초래한다. 따라서 사실상 혼인관계에 있는 내연의 배우자와 법률상 혼인관계에 있는 배우자에 대해서는 산재보험급여를 안분(按分)하여 지급할 수 있거나 유족급여의 수급권자의 범위와 순위를 민법상 상속권자와 일치되게 할 수 있는 입법적 배려가 필요하다고 본다.

그리고 유족보상연금의 수급권자는 사망 당시 피재근로자에 의해서 부양되고 있던 배우자·자녀·부모·손자녀 및 조부모·형제자매이나, 처를 제외하고는 일정한 연령이나 신체장애의 요건을 갖추어야 한다. 즉, 부·부모·조부모의 경우에는 60세 이상이거나 장해등급 제3급 이상이어야 하고, 자녀와 손인 경우에는 18세 미만이거나 장해등급 제3급 이상이어야 하고, 자녀의 경우에는 18세 미만 혹은 60세 이상이거나 장해등급 제3급 이상에 해당되어야 한다(§43의2). 이와 같이 유족보상연금 수급권자의 범위를 유족의 신체 혹은 연령상의 조건과 연계시키는 것은 헌법적·사회정책적으로 정당성과 타당성이 없는 것이고, 사회보장법의 체계와 위치와도 조화될 수 없는 것이다.[15] 또한 유족보상연금의 수급권자에 있어서 처의 경우에는 제한이 없으나, 남편의 경우에는 60세 이상이거나 신체장애 등급 제3급 이상일 것을 요건으로 하고 있는 것은 처의 입장에서는 유족인 남편보다 유리한 입장에 있는 것이고, 이는 남녀차별에 의한 산재보험급여기준이라고 할 수 있다.[16] 따라서 산재보험법의 생활보장적 목적에 충실하기 위해서는 유족보상연금 수급권자의 요건인 연령이나 신체장해를 삭제하여야 하고, 「동일한 재해에 대해서는 동일한 산재보험급여기준」을 인정할 수 있도록 개정하여야 한다.

5. 특별급여

특별급여제도는 사업주의 고의 또는 과실로 업무상 재해가 발생하여 피재근로자가 신체장애 제3급 이상에 해당되는 장해를 입거나 사망한 경우에 수급권자의 청구에 따라 민법 기타 법령의 규정에 의한 민사배상청

15) 전광석, 한국사회보장법, p.324.
16) 정완조, 「산업재해보상제도에 관한 연구」, pp.167-168.

구에 갈음하여 장해급여와 유족급여 이외에 지급하는 보험급여제도로서 일종의 특별보상제도라고 할 수 있다. 산재보험법에서 특별급여제도를 둔 것은 노사 양측에 이점을 가져다 준다는 정책적 고려에 입각한 것이다. 즉, 특별급여제도는 신속·간편한 절차에 의해서 민사배상에 상당하는 금액을 확실하게 받을 수 있으므로 근로자측에 유리한 제도이고, 사용자측도 민사소송에 따르는 시간적·경제적 부담을 덜게 하고 민사배상문제를 둘러싼 노사 간의 마찰을 피할 수 있으며 특별급여에 대한 납부서약서와 보증서만 제출하면 우선 특별급여가 지급되고 1년 4회 분할납부가 가능하다고 하는 이점이 있다.[17]

그러나 특별급여제도는 이와 같은 장점을 가지고 있는 것은 사실이나, 그 보상수준이 낮을 뿐만 아니라 그 요건이 엄격·제한되어 있어 거의 활용되지 못하고 있는 실정이다.

첫째, 특별급여는 단순히 재해 당시 피재근로자가 취업하고 있던 사업으로부터 받고 있던 평균임금을 기초로 하여 피재근로자의 취업 가능기간에 해당하는 라이프니츠계수에 따라 산정되기 때문에, 민사배상액과 상당한 차이가 날 수밖에 없다. 이러한 현실적인 보상액의 차이로 인하여 민사배상을 포기하고 특별급여를 받은 경우에는 피재근로자는 손해배상과 비교할 때 충분한 보상을 받지 못하게 되는 불합리한 결과를 초래하게 되나, 보험가입자인 사업주는 민사소송의 절차에 따른 제반부담과 손해배상부담액의 경감이라는 이득과 함께 분할부담의 혜택까지 받게 된다. 이러한 점을 생각해 볼 때, 특별급여제도는 피재근로자의 보호 측면보다는 보험가입자의 편의와 부담경감이라는 면에 치중한 제도로 평가할 수밖에 없다.[18] 따라서 특별급여제도가 노사 쌍방에게 공평하게 이득을 주고 수급권자의 이익을 보호하는 역할을 다하기 위해서는 손해배상에서 인정되고 있는 일실이익이나 정신적 손해인 위자료를 포함할 수 있는 제도적 개선이 있어야 한다. 왜냐하면 특별급여는 보험가입자의 고의·과실을 전제로

17) 김진웅, 「현행 노동재해보상제도와 법적 성격」, pp.381-382.
18) 김진웅, 「현행 노동재해보상제도와 법적 성격」, p.383.

민사배상에 갈음하여 보험급여로 대불해 주는 것이므로, 산재로 인한 일실이익을 모두 특별급여액에 포함시키더라도 사용자에게 새로운 재정적 부담을 추가하는 것이 아니기 때문이다.[19)]

둘째, 특별급여의 요건이 너무 엄격하여 거의 활용되지 못하고 있어 이에 관한 개선이 필요하다. 산재보험법상의 특별급여는 보험가입자인 사업주의 고의 또는 과실과 당사자간의 합의가 있어야 하고, 업무상 재해로 피재근로자가 신체장해 제3급 이상에 해당되거나 사망을 그 지급요건으로 하고 있다(§46① · §47①). 그런데 산재사고는 사업주의 고의 또는 과실에 의하여 발생하는 것이 드물고, 대부분 사업주의 시설물 하자 및 근로자의 과실에 의하여 발생하는 것이 일반적이다. 이러한 점에 비추어 보면, 특별급여를 사업주의 고의 또는 과실에 의한 재해에만 국한하여 실시하는 것은 현실적으로 문제가 있다. 따라서 특별급여의 요건을 완화하여 유족급여뿐만 아니라 모든 신체장애 등급에 확대 적용해야 할 것이고, 당사자간의 합의에 상관없이 피재근로자의 청구가 있으면 민사상의 손해배상에 우선하여 특별급여를 지급하게 하고 손해배상액과의 차이가 있는 경우에 한하여 손해배상청구소송을 제기할 수 있는 보완책이 있어야 하겠다.[20)]

셋째, 특별급여에서의 장래 취업 가능기간은 취업정년이 단체협약 또는 취업규칙에 별도로 정한 바가 없으면 만 55세이나(시행규칙§41), 민사판례에서는 경험칙상 일반근로자의 경우에는 만 60세까지를 가동연한으로 보고 있다. 결국 피재근로자가 손해배상청구를 포기하고 특별급여를 청구한 경우에는 결국 5년에 해당하는 일실이익만큼 손해를 보게 된다. 따라서 산재보험법상의 취업 가능기간과 민법상의 가동연한을 모두 만 60세로 일원화하여 손해배상액과 특별급여액이 서로 균형이 될 수 있도록 해야 한다.[21)]

---

19) 김교숙, 「산재보상법리에 관한 연구」, p.143.

20) 현행 산재보험법 제46조 및 제47조는 특별급여의 요건을 충족하였다고 하여 당연히 지급되는 것이 아니고, 특별급여를 지급할 것인지의 여부는 공단의 재량에 위임되어 있는 것으로 규정하고 있다. 이러한 이유에서 산재보험법상의 특별급여제도는 거의 사문화되어 있다.

21) 졸고, 「산업재해의 구제법리에 관한 연구」, p.175.

Ⅲ. 산재보험급여수준의 적정화

산재보험법에 의한 보험급여는 손해배상과는 달리 산재로 인한 실손해의 전보가 아니고 당시 피재근로자의 평균임금을 기초하여 산정된 정액급여이기 때문에 그 보상액이 손해배상액보다 훨씬 저액인 수준에 머물게 된다. 일정한 전제조건을 설정하여 산재보험급여와 손해배상을 산정하면 다음의 표에서 예시한 것처럼 상당한 차이가 발생한다.

[사망한 경우의 산재보험급여와 손해배상산정의 비교]

구 분	산 재 보 험 급 여	손 해 배 상
산정방식	* 유족급여일시금: 평균임금×1,300일분 * 유족특별급여: (평균임금×30일분) - (평균임금×30일분 - 본인의 생활비 비율)×취업 가능기간에 상응하는 라이프니츠계수 - 유족급여일시금	* 일실이익: [{(월수입액 - 본인의 생계비)×가동기간 - 중간이자} - 과실상계 - 손익상계] * 일실퇴직금: [(평균임금×30×입사 시부터 가동연한까지의 연수)×재해당시의 현가율} - (평균임금×30×재해 이후부터 가동연한까지의 연수) * 위자료: 50,000,000원×노동력상실률×(1 - 과실비율×6 / 10)
산정례	* 유족급여일시금: 40,000원×1,300일분=52,000,000원 * 유족특별급여: [{(40,000원×30) - (40,000원×30 - 0.25)}×151.5253] - 52,000,000원=84,372,770원	* 일실이익: [{(1,200,000원×0.75)×197.3457}×0.8]= 139,928,904원 * 일실퇴직금: {(40,000원×30×35)×(1 / 1 +0.05)} - (40,000원×30×10)=27,984,000원 * 위자료: 50,000,000원×100%×(1 - 20%×6 / 10)= 44,000,000원
합계	유족급여일시금(52,000,000원) + 유족특별급여액(84,372,770원)=136,372,770원	일실이익(139,928,904원) + 일실퇴직금(27,984,000원) + 위자료(44,000,000원)=211,912,904원
차액	(136,372,770원 - 211,912,904원)=(- 75,540,134원)	

전제조건

1) 피재근로자의 임금수준: 평균임금 40,000원, 월수입액 1,200,000원
2) 입사일: 만 25세
3) 재해발생 시의 연령: 만 35세
4) 취업 가능기간 만 55세에 해당되는 라이프니츠계수: 151.5253
5) 가동연한 만 60세에 해당되는 호프만계수: 194.3457
6) 부양가족 3인 경우의 본인의 생활비 비율: 25%
7) 피재근로자의 과실비율: 20%
8) 수급권자의 중간수입(이득)은 없는 것으로 가정함.

[신체장해1급 경우의 산재보험급여와 손해배상산정의 비교]

구분	산 재 보 험 급 여	손 해 배 상
산정방식	* 장해급여일시금: 평균임금×1,474일분 * 장해특별급여: {(평균임금×30일분)×노동력상실률×취업 가능기간에 대응하는 라이프니츠계수} - 장해급여일시금	* 일실이익: [{월수입액×통상치료기간(가 동기간)} - 중간이자] + {(월수입액×노동력상실률×가동기간) - 과실상계}] * 일실퇴직금: [(평균임금×30×입사 시부터 가동연한까지의 연수)×재해당시의 현 가율} - (평균임금×30×재해 이후부터 가동연한까지의 연수) * 위자료: 50,000,000원×노동력상실률×(1 - 과실비율×6 / 10)
산정례	* 장해급여일시금: 40,000원×1,474일분 = 58,960,000원 * 장해특별급여: (40,000원×30×100%×151.5253) - 58,960,000원 = 122,330,360원	* 일실이익: [{(1,200,000원×22.829) + (1,200,000원×100%×183.4451)}×0.8] = 203,502,096원 * 일실퇴직금: {(40,000원×30×35)×(1 / 1 + 0.05)} - (40,000원×30×10) = 27,984,000원 * 위자료: 50,000,000원×100%×(1 - 20%×6 / 10) = 44,000,000원
합계	장해급여일시금(58,960,000원) + 장해특별급여액(122,330,360원) = 181,290,360원	일실이익(203,502,096원) + 일실퇴직금(27,984,000원) + 위자료(44,000,000원) = 275,486,096원
차액	(181,290,360원 - 275,486,096원) = (- 104,195,736원)	

전제조건

1) 피재근로자의 통상치료기간: 2년
2) 통상치료기간 2년에 해당되는 호프만계수: 22.829
3) 통상치료 후 가동기간 만 60세에 해당되는 호프만계수: 183.4451
4) 신체장애1급에 해당되는 노동력상실률: 100%
5) 적극적 손해로서의 개호비, 치료비, 기타의 부대비용은 없는 것으로 가정함.
6) 기타는 위 사망한 경우의 산재보험급여와 손해배상산정표와 동일함.

산재보험급여가 민사손해배상과 균형을 유지할 수 있도록 적정수준이 된다면, 피재근로자에게는 공정보상을 기할 수 있기 때문에 그들의 생활보장과 생존권적 기본권의 확보에 기여할 수 있다. 그리고 보상수준이 높아짐에 따라 사업주의 보험료부담수준이 높아지게 되면, 사업주의 산재예방노력 내지는 산업안전노력이 강화될 수 있다. 따라서 적정수준의 산재보험급여는 산재율을 낮추는 효과가 있다.[22)]

산재보험급여는 민사상 손해배상의 산정원리와는 달리 단순히 재해 당시 피재근로자가 취업하고 있던 사업으로부터 받고 있던 평균임금을 기초로 민법상 일실이익에 해당하는 휴업급여와 유족급여만을 산정하기 때문

22) 박세일, 「산업재해의 예방 및 보상제도에 관한 연구 - 법경제학적 접근을 통한 문제제기 및 대안제시 - 」, p.126.

에 손해배상액과 상당한 차이가 날 수밖에 없다. 즉, 피재근로자가 민법상 불법행위 또는 채무불이행에 의하여 손해배상을 청구하는 경우 업무상 재해로 인한 일실이익과 함께 정신적 손해배상인 위자료까지 배상받을 수 있는 것이지만, 산재보험급여를 청구하는 경우에는 단지 평균임금만이 일실이익의 전부가 된다. 따라서 민사소송절차에 의한 손해배상청구권과 산재보험액의 차이는 위의 표에 의한 수치보다 훨씬 클 수도 있다. 예컨대, 피재근로자가 부업을 통하여 부수입을 올리고 있는 경우에는 손해배상액은 당해 사업으로부터 받고 있던 평균임금 이외에 부수입과 장해로 인한 정신적 손해(위자료)도 당연히 포함된다. 따라서 산재보험급여제도가 노사 쌍방에게 이득을 주는 것과 동시에 수급권자의 권익을 보호하는 제도로서의 역할을 다하기 위해서는 민법에 의하여 인정되고 있는 일실이익을 모두 산재보험급여에 산입하도록 하는 제도적 개선이 있어야 한다.[23)]

Ⅳ. 출퇴근재해의 산재보험화

현행법상 출퇴근 도중의 재해는 주거설치장소의 자유, 교통기관선택의 자유 등이 근로자에게 유보되어 있기 때문에 출퇴근 과정은 사용자의 지배권 밖에 있고 업무수행성이 없는 것으로 보아 원칙적으로 업무 외의 재해로 된다. 따라서 사용자의 지배권에 있다고 보이는 예외적인 특수한 경우에 한하여 업무상 재해로 인정하는 것이 대법원과 산재보험법의 입장이다. 결국 회사의 전용차 또는 이에 준하는 교통수단에 의한 출퇴근 도중

23) 결국, 산재사고로 인한 손해의 대부분은 사용자가 부담하게 되는 것이므로 손해배상의 산정원리에 부합할 정도의 수준을 산재보험급여에 포함시킨다 하더라도 사업주에게 부담을 주는 것은 아니다.

의 재해 또는 사용자의 포괄적인 명령을 받고 출퇴근 과정에서 입은 재해를 제외하고는 업무상 재해로 인정받기 어렵다.

그러나 근로자의 출퇴근 행위는 업무수행을 위한 준비행위 및 마무리 행위로서 가정에서의 사적 행위와 회사에서의 업무행위 간의 중요한 가교적(架橋的) 사실행위로 평가할 수 있고, 업무행위와 밀접불가분의 연관성을 가진 「준업무행위」라고 할 수 있다.[24] 단지 근로자가 사용자의 지배관리하에 있지 않다고 하는 이유만으로 업무상 재해로 인정하지 않는 것은 산재보험급여의 본질을 사용자의 책임에 의한 손실전보라는 관점에서만 파악한 것이다. 또한 ILO협약 제121호 「업무상 재해급여협약 및 권고」 제5조 C항에서도 「작업장과 근로자의 주된 또는 종된 주거, 통상 식사를 하는 장소, 통상보수를 지급받는 장소의 통근도상재해를 업무상 재해로 보호해야 한다」라고 규정하고 있고, 다른 나라의 입법례에서도 출퇴근 도중의 재해를 업무상 재해로 인정하여 산재보험법의 적용을 받게 하거나 업무상 재해로 인정하지는 않지만 출퇴근 재해의 요건을 충족한 경우에는 그에 준하여 보상해 주는 입법을 시행하고 있다.[25]

그리고 공무원의 출퇴근에 따른 공무상 재해인정 여부를 놓고 대법원은 「공무원연금법 제61조에 의한 유족보상연금은 공무원이 공무상 질병 또는 부상으로 인하여 재직 중 사망하거나 퇴직 후 3년 이내에 질병 또는 부상으로 인하여 사망한 경우에 지급하며, 이때의 공무는 공무수행의 연장행위로 볼 수 있는 출·퇴근행위도 포함하고, 순리적인 경로와 출퇴근하던 중 발생한 재해는 업무상 재해로 인정한다」라고 판시함으로써 출퇴근 도중의 재해를 공무상 재해로 인정하고 있다.[26]

이처럼 공무원 및 군인·경찰·사립학교교원 등은 출퇴근 도중에 발생한 재해를 보호해 주고 있으나, 산재보험법의 적용대상인 근로자에게는 업무상 재해로 인정하고 있지 않는 것은 타당성과 균형성을 상실한 것이

24) 박승두, 사회보장법, p.457.
25) 김복기, 「통근재해의 보호의 근거와 보호범위」, p118.
26) 대판 1993. 10. 8. 93다1661; 서울고판 1992. 11. 17. 92누4910.

다.[27)28)] 따라서 근로자의 출퇴근 도중의 재해는 업무와의 관련성을 가지면서 현대 산업사회에서 불가피하게 발생하고 있는 재해인 것이므로, 공무상 재해에 준하는 정도로 산재보험법 시행규칙을 개정할 필요성이 있다.

Ⅴ. 업무상 재해 요건의 완화

산재보험법 제4조에서는 업무상 재해를 「업무상 사유에 의한 재해」라고 규정함으로써 업무수행성과 업무기인성이라는 2요건주의를 완화하였다. 따라서 산업현장에서 발생한 재해가 산재보험법상의 보험급여를 받기 위해서는 동법 적용사업장에 종사하는 근로자가 「업무상 사유」에 의한 것이면 족하다. 그러나 산재보험법 시행규칙 제32조에서는 업무상 재해를 사업주의 지배관리하에서 근로자가 작업 중 또는 작업준비 중 작업종료를 전후하여 업무와 관련하여 발생한 재해에 국한하고 있을 뿐만 아니라, 재해와 업무 간에 상당인과관계에 있는 경우에 한하여 업무상 재해로 인정하고 있어 현실적으로는 업무수행성과 업무기인성의 2요건주의를 채택하고 있다.

산업구조의 고도화와 경제의 양적 팽창에 따라 산재를 입은 근로자의 수가 크게 증가하고 산재보험급여제도가 근로자의 보호법적 측면에서 매우 중요한 역할을 수행하고 있는 현실을 감안하면, 업무상 재해의 요건을

27) 조용만, 「프랑스의 통근재해 보호제도」, pp.77-78.; 이광택, 「산업재해의 예방과 보상」, p.11; 김치선외, 「산업재해보상법제와 법리의 재고」, p.180.

28) 일반근로자의 출퇴근 재해의 보호요건을 공무원연금법과 차등 적용하는 것이 평등의 원칙에 위반되는가의 여부에 대하여 대법원은 「공무원연금의 경우는 공무원이 상당한 액의 기여금을 부담하지만, 산재보험의 경우는 전액 사업주가 보험료를 부담하는 것, 즉 그 재정적 기초를 달리하는 것이므로 평등의 원칙에 위반될 수 없다」라고 판시하고 있다(대판 1995. 3. 14. 94누15523).

완화할 필요가 있다. 특히 직업병의 경우는 유해작용이 가해진 시기가 분명치 않기 때문에 업무와의 관련성을 입증하기란 현실적으로 불가능하다. 따라서 업무수행으로부터 업무상 재해의 추정을 받게 하거나 업무와 관련된 보조와 준비업무 등을 업무의 범위에 확대시키고, 그러한 정도의 개연성만으로 인과관계의 추정을 받게 하여 입증책임을 전환하는 것 등이 고려되어야 한다.[29)]

Ⅵ. 산재보험적용범위의 확대화

1. 산재보험미적용 근로자의 적용확대

원칙적으로 근로자를 사용하는 모든 사업 또는 사업장은 산재보험법의 적용대상이고, 근로기준법상의 근로자를 보호대상으로 하고 있다. 그러나 근로기준법상의 근로자 요건을 충족함에도 ① 총 공사금액이 2천만 원 미만인 건설공사, ② 주택법 또는 건설산업기본법에 의한 건설업자 또는 공사업자가 아닌 경우로서 연면적 330㎡ 이하인 공사, ③ 상시근로자 5인 미만인 농업·임업·어업·수렵업 중 법인이 아닌 사업은 산재보험법의 적용범위에서 제외시키고 있다(시행령§3). 그러나 산재보험법 적용제외사업은 재정력이 극히 빈약한 영세소규모 사업장이고, 이에 종사하는 근로자들은 열악한 근로조건에 처해 있고 산업안전의식이 결여되어 있는 관계로 일반 사업장보다 산재발생률이 높을 뿐만 아니라 중대재해인 경우가 많다. 또한 사업주가 재정적 여력이 없어 피재근로자가 소송을 통하여 구

---

29) 졸고, 「산업재해의 구제법리에 관한 연구」, pp.180-181.

제받기도 어려운 상황에 직면하고 있다. 산재보험법의 적용제외사업에 종사하는 근로자는 일반 사업장에 종사하는 근로자들보다 오히려 보호의 필요성이 훨씬 큼에도 불구하고 산재보험법의 적용을 배제시키는 것은 산재보험법의 생활보장적 성격에 배치되는 것이다. 따라서 근로기준법의 적용을 받는 사업 또는 사업장에 대하여는 산재보험을 전면적으로 적용할 수 있도록 하는 입법적 개선이 필요하다.

산재보험법상 보험급여의 수급권자인 근로자는 근로기준법 제14조에 규정된 근로자의 요건을 갖추어야 함은 당연하나, 근로자의 요건을 엄격하게 해석하여 근로자의 범위를 축소시키는 것은 문제가 있다. 예를 들면, 일반근로자와 마찬가지로 사업주의 지휘명령을 받으면서 단지 노무도급에 종사하는 이른바 건설오야지를 근로자로 해석하지 않아 이들이 사고를 당한 경우에 일체의 보상을 받을 수 없음은 물론 오히려 건설오야지의 지휘·명령하에 근로를 제공한 건설일용근로자가 산재사고를 당한 경우에 그에 따른 손해까지도 배상해야 한다고 하는 불합리한 결과를 초래한다. 또한 실질적으로 사업주의 지휘명령을 받고 있고 일정액의 보수를 받고 있으나, 형식상 사업자등록을 가지고 있다거나 노무제공과정에서 구체적인 통제를 받고 있지 않고 있는 이른바 유사근로자 또는 특수고용직 종사자에 대하여 일체의 산재보험 적용범위에서 제외시키는 것은 부당하다. 비록 이들이 근로기준법상 근로자에 해당하지 않더라도 산재보험법의 적용을 받도록 하는 입법적 개선이 필요하다.

현행 산재보험법 제105조의 2 제1항에 의하면, 해외파견근로자에 대하여는 소속 사업주가 공단에 산재보험가입 신청을 하여 승인을 받은 경우에 한하여 산재보험급여를 적용받도록 하고 있다. 그러나 법률상 해외파견과 해외출장을 명확하게 구분할 수 있는 기준이 설정되어 있지 않음에도 해외출장 중의 재해에 대하여는 산재보험을 적용하고 해외파견에 대하여는 별도의 산재보험가입 절차를 밟아야 한다고 하는 것은 모순이라고 할 수 있다. 따라서 해외파견근로자라도 실질적으로 국내 사업주의 지휘명령에 따라 파견근무를 한 경우에는 산재보험을 적용할 수 있도록 해야

할 것이다.[30)]

2. 특수고용직 종사자의 적용확대

「특수고용직 종사자」 또는 「유사근로자」라 함은 해당 사업주와 노무의 제공을 약정하고 그 업무수행과 관련하여 사업주의 특정한 지시 내지 지휘감독에 구속되지 않는 자, 즉 자유로운 고용계약 또는 도급계약이나 위임에 따라 노무제공의무를 부담하는 자를 말한다. 「특수고용직 종사자」는 일반적인 자영업자와는 달리 주로 특정 사업주에 대하여 노무를 제공하고, 자신의 사업조직이나 자신이 고용한 종업원과 함께 노무를 제공하는 것이 아니라 오로지 자신만의 노무를 제공함으로써 사업주에게 경제적으로 의존되어 있으며, 시장의 수용에 따라 자신의 노동력을 처분을 할 수 있는 가능성이 사실상 없다는 점에서 근로자와 유사한 경제적·사회적 조건에서 노무를 제공하는 자이다.[31)]

이처럼 「특수고용직 종사자」는 업무수행 과정에서 특정 사업주의 구체적인 지휘·감독을 받지 않는 것 이외에는 일반근로자와 마찬가지로 자신만의 노무를 제공하면서 사회적·경제적으로 특정 사업주에게 종속되어 있다는 점에서 일반근로자에 준하는 사회적 보호의 필요성이 있다. 그럼에도 특수고용직 종사자는 일반근로자에 비하여 노동3권은 물론 사회보험 및 근로복지의 혜택에서 완전히 배제되어 있다.

「특수고용직 종사자」가 일반근로자와 동일한 업무수행을 하면서 특정 사업주에게 사실상 종속되어 있는 것이 현실인 이상, 산재보험의 혜택을 받

30) 대법원은 해외파견근로자가 산재보험급여를 받을 수 있는가의 여부에 대하여 「실질적으로 국내의 사업에 소속하여 당해 사업의 사용자의 지휘에 따라 해외파견근무를 한 경우에는 국내 사업주와의 사이에 성립한 산재보험관계가 유지된 것으로 보아야 한다」라고 판시하고 있다(대판 2000. 10. 24. 98두18503).

31) 김형배, 노동법, pp.1052-1053.

을 수 있도록 하는 법 개정이 절실하다. 매년 실태조사를 통해 지정한 업종에 종사하는 특수고용직 종사자에 대하여는 산재보험에 강제 가입시키고 소속 사업주가 산재보험료를 부담하게 방안을 고려할 수 있을 것이다.[32)]

3. 노조전임자의 적용확대

대법원은 노조전임자의 업무수행 중의 재해에 대하여 특별한 사정이 없는 한 업무상 재해로 보아야 한다고 하면서도 「상부 또는 연합관계에 있는 노동단체와 관련한 활동이거나 불법적인 노조활동 또는 사용자와 대립관계로 쟁의단계에 들어간 이후의 노조활동 중에 발생한 재해에 대하여는 업무상 재해로 볼 수 없다」라고 판시하고 있다.[33)]

그러나 노조의 상급단체의 업무는 체육대회, 교육, 담당자회의 등 개별 노조활동을 지원하고 조정하는 활동으로서 개별사업장의 노동과 무관한 것으로 보기 어렵다는 점에서 노사관계의 특성에 비추어 업무의 연장으로 해석하는 것이 타당하고, 합법적인 쟁의행위는 헌법이 보장하고 있는 근로자의 단결권 및 단체행동권에 근거한 것이므로 정당한 쟁의행위 중 발생한 재해에 대하여는 업무상 재해로 인정해야 할 것이다.[34)] 따라서 노조전임 기간 동안에도 산재보험료를 징수하도록 하고 통상적인 일체의 노조활동 중 발생한 재해에 대하여는 업무상 재해로 인정하는 제도적 개선이 필요하다.[35)]

---

32) 「특수고용직 종사자」에 대한 산재보험적용 방안으로서 한국노총은 법률에 산재보험피보험자그룹을 명시하고 그 구체적인 적용범위에 대하여는 선정위원회(산재심사위원회)에서 결정하도록 하며, 강제가입방식과 소속 사업주가 산재보험료를 부담할 것을 제안하고 있는 반면, 한국경영자총협회는 특수고용직 종사자를 독립자영업자로 인정하면서 다만 이들에 대한 보호차원에서 산재보험임의가입으로 하고 보험료는 특수고용직 종사자가 부담해야 할 것을 제안하고 있다(노사정위원회, 산업재해보상보험제도 주요 쟁점과 논의현황, pp.138-143).

33) 대판 1994. 2. 22. 92누14502; 대판 1997. 6. 10. 96누13866.

34) 노사정위원회, 산업재해보상보험제도 주요 쟁점과 논의현황, pp.139-140.

35) 이에 대하여 한국경영자총협회는 노조전임자의 급여는 임금이 아니므로 산재보험료

Ⅶ. 재해보상면책범위의 확대화

근로기준법상의 재해보상제도는 피재근로자에 대한 사용자의 손실전보를 목적으로 하고 산재보험법상의 산재보험급여제도는 피재근로자에 대한 손실전보와 생활보장을 목적으로 한다. 따라서 피재근로자가 산재보험급여를 받거나 받을 수 있는 경우에는 산재보험가입자인 사용자의 재해보상책임을 전액 면제시켜 주는 것은 법리상 당연한 것이다.

이러한 취지에서 근로기준법 제90조는「피재근로자가 민법 기타의 법령에 의하여 재해보상에 상당하는 금품을 받은 경우에는 그 가액의 한도내에서 사용자의 보상책임을 면(免)하도록 규정」하고 있으며, 산재보험법 제48조제1항은「수급권자가 이 법에 의하여 보험급여를 받았거나 받을 수 있는 경우에는 보험가입자는 동일한 사유에 대하여 근로기준법상에 의한 재해보상 책임이 면제되는 것으로 규정」함으로써 재해보상과 산재보험급여 사유가 경합한 때에는 산재보험을 우선적으로 적용시켜 사용자의 재해보상 책임을 면하도록 하고 있다.

그러나 근로기준법 제81조제1항은「근로자가 업무상 부상 질병에 걸린 경우에는 사용자는 그 비용으로 필요한 요양을 행하거나 또는 필요한 요양비를 부담하여야 한다」라고 규정하고 있어, 동일한 업무상 재해를 당하였음에도 단지 산재보험법의 적용범위에 포함되지 않는 경우에는 요양비 전액을 사용자가 부담해야 한다고 하는 불합리한 결과를 초래하고 있다. 또한 건강보험공단은 근로기준법 제81조제1항을 근거로 피재근로자의 요양비 중 국가의 부담액 전액을 사용자에게 전가시키고 있는 실정이다. 사용자가 피재근로자의 국민건강보험료 중 50%를 부담하고 있음에도 불구

산정기초가 되는 임금의 총액에 포함될 수 없는 것이므로 노조전임자의 산재보험료를 사용자가 부담하는 것은 부당하다고 지적하면서 노조전임자에 대한 산재보험료를 노조가 부담하는 조건으로 산재보험특별가입을 허용하는 것이 합리적이라고 주장한다(노사정위원회, 산업재해보상보험제도 주요 쟁점과 논의현황, pp.145-146).

하고, 단지 산재보험법상 요양급여의 대상이 되지 않는다는 이유만으로 피재근로자의 진료비 중 국민건강보험공단 부담액 전액을 구상하는 것은 사용자의 보험이익을 박탈하는 것이고, 피재근로자의 손실전보적 기능을 지닌 재해보상제도의 성격과도 부합되지 않는다.

따라서 재해보상과 산재보험급여의 성격과 사용자가 피재근로자가 부담할 국민건강보험료 중 50%를 부담하고 있는 것을 고려해 볼 때, 근로기준법 제81조제1항은 당연히 폐지되어야 하고 산재보험의 적용범위를 근로기준법의 적용범위와 동일하게 하는 입법적 개선이 절대적으로 필요하다.

제 3 장 절차인 측면에서의 개선방안

Ⅰ. 문제의 소재

산재보험법은 사회정책적인 관점에서 사용자의 과실 여부와 상관없이 업무상 재해가 발생한 경우에 일정수준의 산재보험급여를 신속·공정하게 지급함으로써 피재근로자와 그 가족의 생존권적 기본권을 확보함을 목적으로 한다(§1). 따라서 업무상 재해로 인한 보상은 일반사법절차보다는 전문적 지식을 가지고 있는 행정기관에 의하여 신속·공정하게 하는 것이 필요하다. 이를 위해서 산재보험법 제8장은 공단의 심사와 산재심사위원회의 재심사를 통한 행정구제절차를 규정하고 있다.[1)]

그러나 동일한 사유로 인하여 산재보험급여와 민사배상과 경합하게 되는 경우에는 현행법은 각각 그에 따른 구제제도를 모두 인정하고 있기 때문에 산재보상절차가 너무 복잡하고 산재보험급여와 민사배상과의 복잡한 조정절차를 거쳐야 하는 문제점을 가지고 있다. 그리고 현대 산업사회에 있어서 산재사고의 원인이 복잡·다양화됨에 따라 근로자의 재해가 업무상 사유에 의한 것인가를 입증하기 어려운 것이므로 피재근로자에게 어느 정도의 입증책임을 부담시킬 것인가가 문제된다.

---

1) 근로기준법상의 재해보상에 대하여는 노동부장관과 노동위원회의 심사와 중재에 의하여 구제받을 수 있다(§91-92).

Ⅱ. 입증책임의 완화

민사소송법의 원칙에 의하면, 피재근로자가 산재보험급여나 손해배상을 받기 위해서는 사용자의 안전배려의무 위반 사실, 사용자 과실의 존재, 업무와 재해간의 인과관계 등이 있다는 것을 입증해야 한다. 그러나 기업의 거대화와 산업기술 등의 현대화·전문화로 산재사고의 원인이 점점 복잡·다양화됨에 따라 근로자의 업무상 재해가 업무에 기인하여 발생하였는가를 판단함에는 고도의 전문지식이 필요하다. 특히 직업병인 경우에는 재해가 업무와 상당인과관계에 있다는 것을 전문지식이 없는 피재근로자 측에서 법관으로 하여금 확신을 얻게 할 정도로 입증한다는 것은 현실적으로 불가능하다.

산재보상은 민사배상과는 달리 피재근로자 및 그 가족의 생활을 보호하는 것이 가장 중요한 목적이기 때문에 민사법상의 입증책임을 그대로 산재의 입증책임에 원용한다는 것은 산재보상의 취지에 반한다고 볼 수 있다. 따라서 산재에 있어서 입증책임의 정도를 완화하여야만 피재근로자 및 그 가족의 생활을 보호할 수 있다.[2)]

이에 따라 최근의 학설[3)]과 판례[4)]에서는 피재근로자측의 입증책임을 완화하여 피재근로자 및 그 가족의 생활을 보호하기 위해서 「개연성 이론[5)]」을

---

2) ILO협약 제21호에서는 「근로자가 일정기간 유해인자에 노출되었을 것, 그 노출된 업무의 이탈 후 일정기간 내에 당해 질병의 증상이 발현한 경우에는 반증이 없는 한 업무기인성이 추정된다」라고 규정하여 입증책임을 완화하고 있으며, 프랑스 법원은 기업 내의 재해와 손해는 근로와 전혀 무관한 원인을 가진다는 것이 입증되지 않는 한 업무상 재해로 인하여 발생한 것으로 추정하고 있다(Case.soc.10. 7. 1962, Bull. civ Ⅳ. p.50. n.670 etc.; 水野 勝, 「フラソスの勞災補償法論」, p.106·108).

3) 김상용, 불법행위법, pp.99-100; 김수복, 산재보상의 법률지식, pp.68-69.

4) 대판 1997. 2. 28. 96누14883; 대판 1994. 8. 26. 94누2633.

5) 「개연성 이론」은 원래 광산재해로 인한 손해배상청구에 있어서 광업권자의 행위와 손해의 발생에 대한 인과관계의 입증으로부터 피해자의 부담을 완화하려는 목적으

원용하고 있다. 개연성 이론에 의하면, 재해와 업무와의 인과관계에 관한 입증책임은 피재근로자가 부담하지만 그 증명은 필요치 않고 상당 정도의 개연성을 입증하면 족하고, 가해자가 이에 관한 반증을 제시한 경우에 한하여 인과관계를 부정할 수 있다. 그리고 피재근로자 측에서 인과관계의 개연성만 입증하면 자유심증의 테두리 안에서 인과관계가 사실상 추정된다.6)

결국, 피재근로자 및 그 가족의 생활보장이라는 산재보험급여의 취지를 살리고 구제절차의 실효성을 확보하기 위해서는 피재근로자측의 입증 정도는 일반인이 의심하지 않을 정도의 진실성이나 고도의 개연성을 요하지 않고 일정한 개연성만 입증하면 충분한 것으로 해석해야 할 것이고, 그 반증사유에 대한 입증책임은 사용자 또는 공단이 부담할 수 있도록 하는 제도적 보완이 있어야 할 것으로 본다.

Ⅲ. 산재보험급여와 다른 보상과의 경합 시 구제절차의 개선

1. 재해보상과의 경합 시 구제절차의 개선

근로기준법 제90조는 「재해보상을 받게 될 자가 동일한 사유에 대하여 민법 기타 법령에 의하여 재해보상에 상당하는 금품을 받은 때에는 사용자

로 일본의 德本鎭 교수가 처음으로 주창한 이론이었으나, 그 후에 환경공해, 의료과오, 제조물책임, 산업재해 등에 관해서도 타당한 이론으로 받아들여지고 있다(德本鎭, 「鑛害賠償における因果關係」, p.63; 윤완수, 산업재해에 대한 사법상의 책임－제3자 피해구제를 중심으로－」, p.136; 김상용, 불법행위법, p.100).

6) 윤완수, 산업재해에 대한 사법상의 책임－제3자 피해구제를 중심으로－」, p.137.

는 보상의 책임을 면한다」라고 규정하고, 산재보험법 제48조제1항은 「수급권자가 보험급여를 받았거나 받을 수 있는 경우에 보험가입자는 동일한 사유에 대하여 근로기준법에 의한 재해보상 책임이 면제된다」라고 규정하고 있다. 따라서 재해보상과 산재보험급여는 「산재보험우선주의」의 관계에 있는 것이므로, 업무상 재해가 재해보상과 산재보험급여가 경합하게 될 때 피재근로자는 산재보험법에 의한 보험급여의 청구만 인정된다. 산재보험급여는 재해보상보다 그 보상수준이 높고 사회보험형식으로 운영되기 때문에 근로자에게 유리하므로 「산재보험우선주의」를 입법화한 것은 타당하다.[7)]

그러나 산재보험법의 적용을 받지 않는 업무상 재해는 사용자를 상대로 재해보상을 청구할 수밖에 없다. 따라서 사용자가 재력이 없거나 보상을 지연시키고 있는 경우에는 피재근로자는 생존권에 중대한 위협이 될 수 있다. 사회법상의 재해보상과 산재보험급여는 모두 근로자의 업무상 재해를 그 지급요건으로 함에도, 그 적용범위를 달리하여 근로기준법과 산재보험법에 의해 별도로 운영된다는 것은 문제가 있다. 피재근로자 및 그 가족의 생존권 보장이라는 산재보상의 취지에 충실하기 위해서는 근로기준법상의 재해보상과 산재보험법상의 보험급여의 요건을 동일하게 적용할 수 있도록 산재보험법을 개정하고, 근로기준법 제8장 재해보상규정을 삭제하여야 한다. 또한 산재보상의 심사제도도 이원화되어 있어 구제절차의 지연과 번거로움이 있다. 즉, 산재보험급여처분에 대한 심사는 공단과 산재심사위원회를 거치도록 되어 있고(§88이하), 재해보상의 심사는 노동부장관과 노동위원회를 거치도록 되어 있다(§91-92). 따라서 이러한 심사절차의 지연과 번거로움을 없애고 피재근로자의 구제의 실효성을 확보하기 위해서는 산재심사위원회로 일원화하는 것이 필요하다.[8)]

---

7) 졸고, 「산업재해의 구제법리에 관한 연구」, p.185.

8) 안병준, 「한국 근로자의 산업재해보상제도에 관한 연구－한국근기법과 산재보상법의 한일간 비교」, p.102; 고평석, 「산재피재자 구제제도의 법적 구조」, p.334.

2. 민사배상과의 경합 시 구제절차의 개선

사업주의 고의 또는 과실에 의하여 업무상 재해가 발생하면, 피재근로자는 민법상의 손해배상과 산재보험법상의 보험급여청구권이 경합하게 된다. 그런데 민사배상책임이 사용자의 과실책임에 근거한다고 하나, 안전배려의무 위반을 사용자의 채무불이행책임으로 구성하고, 과실의 범위를 폭넓게 해석하고 있는 것이 학설과 판례의 입장이다. 따라서 근로자의 업무상 재해는 거의 산재보험급여와 민사배상이 경합하게 된다.

산재보험급여와 손해배상이 경합하게 되는 경우 산재보험법은 양 청구권이 상호병존관계에 있는 것으로 규정하고 있고(§48②③), 학설과 판례에서도 산재보험급여와 손해배상액의 현저한 차이 때문에 양 청구권을 상호병존관계에 있는 것으로 인정하고 있다. 그런데 현행 산재보험급여는 피재근로자의 손해에 대한 실질보상에도 미치지 못하기 때문에 수급권자는 간편한 행정구제에 의한 산재보험급여를 받은 후 사업주를 상대로 손해배상을 청구하거나 아예 산재보험급여를 포기하고 곧바로 손해배상을 청구하는 것이 일반적이다.

이처럼 피재근로자가 행정구제와 민사소송절차를 모두 거치게 됨으로써 과다한 소송비용 및 소송기간의 장기화 그리고 그 구제절차가 매우 복잡한 조정절차를 거쳐야 할 뿐만 아니라, 업무상 재해의 인정에 있어서 민법상의 책임원리에 집착한 결과 산재보험법의 목적이나 특수성을 제대로 반영할 수 없다는 단점이 있다.[9] 그리고 근로자는 사업주에 비하여 재력 및 조직 면에서 매우 열악한 지위에 있기 때문에 피재근로자가 사용자를 상대로 민사소송을 제기하여 배상을 받는다는 것은 매우 어려운 문제이다.

산재보험급여는 피재근로자 및 그 가족의 생활을 보장하는 기능과 재해로 인한 손해의 전보를 목적으로 하는 것이므로, 산재보험급여의 수준

---

9) 정완조, 「산업재해보상제도에 관한 연구」, p.168.

을 적정화하는 동시에 「산재보험우선주의」에 따라 산재에 관한 보상은 산재보험급여로 일원화하는 것이 가장 합리적인 방안이다. 동시에 산재사고 등과 같은 특수한 노사문제의 분쟁을 해결하기 위하여 독립된 전문노동소송제도의 도입이 필요하다. 그런데 손해배상과 산재보험급여는 그 산정방법, 법적 성격·기능 면에서 상당한 차이가 있는 것이므로, 현실적으로 손해배상액에 버금가는 산재보험급여수준을 결정한다는 것은 극히 어려울 뿐만 아니라 산재보험급여로 완전히 통합한다는 것은 불가능하다.

따라서 산재보험급여와 손해배상이 경합하게 된 경우에는 수급권자가 우선적으로 산재보험급여를 지급받고, 그 초과의 손해액에 대해서는 민사소송을 제기하여 배상받게 하는 「경사적 병존주의」를 입법화할 필요가 있다. 이렇게 된다면, 피재근로자는 산재보험급여를 신속하게 지급받음으로써 그들의 생활보호라는 산재보험법의 목적에 충실할 수 있고, 산재보험급여액을 초과하는 손해가 있는 경우에는 별도로 민사소송을 제기하여 실손해의 전보하는 손해배상적 기능에도 충실할 수 있다. 또한 사용자와 근로자 모두는 소송비용이나 경비를 절약할 수 있다는 장점이 있다. 더욱이 근로자는 재해로 인한 실손해의 전보를 받게 되어 만족할 수 있고, 사용자는 소송수행에 따르는 정신적·육체적 소모를 사업에 전념하게 되므로 경제적 효과를 가져오게 된다. 결국 이러한 긍정적인 결과는 사회발전에 기여하게 되므로, 국가경제적으로도 유익하다고 할 수 있다.[10)]

3. 자배법에 의한 손해배상과의 경합 시 구제절차의 개선

자배법 제28조제1항은 피해자가 산재보험법에 의한 보상을 받는 경우에는 자배법에 의한 책임을 면책시키고 있으며, 자동차종합보험보통약관 대인배상에서도 받을 수 있는 산재보험급여의 한도 내에서 자동차보험회

10) 졸고, 「산업재해의 구제법리에 관한 연구」, p.187.

사의 면책을 규정하고 있다. 이러한 보상받을 수 있는 범위 내에서의 자동차보험회사의 면책을 규정한 「산재면책조항」은 「산재보상을 받을 수 있는 경우에는 자동차보험회사의 전면 면책을 규정한 종전의 보험 약관은 산재보상금을 초과하는 손해에 대하여는 무효」라고 하는 대법원 2005. 3. 17. 2003다2802 전원합의체판결에 의하여 개정된 것이다.

현실적으로 자배법과 자동차종합보험에 의한 손해배상이 민법상의 손해배상이나 산재보험법에 의한 보험급여보다 신속히 처리되고 있다는 점에 비추어 볼 때, 자동차보험에 의한 손해배상을 우선 지급받고 그 부족분에 대해서 사후에 산재보험급여를 받는 것이 피재근로자에게 유리하다. 그러나 자동차보험의 보험금지급이 지연될 경우에는 산재보험급여를 먼저 청구하는 것이 유리하다.[11] 따라서 산재보험급여와 자배법에 의한 손해배상이 경합하게 된 때에는 어느 것을 청구할 것인가는 피재근로자의 선택에 의하게 하는 것이 피재근로자에 유리하다고 볼 수 있다. 현행 자배법과 자동차종합보험보통약관에 규정한 「산재면책조항」은 당연히 폐지되어야 할 것이다.[12]

---

11) 김수복, 산재보상의 법률지식, p.221; 고려대학교 기업경영연구소, 「산재보상제도 발전방향 연구」, p.400.

12) 일본은 자배법에 의한 손해배상과 산재보험법에 의한 보험급여 중에서 어느 것을 청구할 것인가는 피재근로자의 선택에 달려 있는 것이지만, 자배법에 의한 손해배상이 산재보험급여보다 신속히 처리되고 있기 때문에 원칙적으로 자배법에 의한 손해배상을 먼저 청구하는 것이 관행으로 되어 있다(井上 浩, 最新勞災保險法, p.257; 西村健一郎, 勞災補償の損害賠償, p.213).

Ⅳ. 산재보험급여와 다른 보상과의 조정절차에 관한 개선

1. 재해보상과의 조정절차에 관한 개선

산재보험법에 의한 보험급여는 근로기준법에 의한 재해보상에 대하여 책임보험적 성격을 가지고 있기 때문에 피재근로자가 보험급여를 지급받은 경우에 국가가 사용자에 대하여 구상권을 행사할 수 없음은 당연하다.

그런데 대법원은 「산재보험급여 부지급처분이 확정되었더라도 근로기준법상의 재해보상청구권이 소멸시효에 걸리지 않는 이상 피재근로자는 사용자를 상대로 다시 재해보상을 청구할 수 있고, 사용자는 재해보상의무가 있다」라고 판시하고 있다.[13] 이에 따라 산재보험급여의 부지급 결정이 확정된 후에 보험가입자인 사용자가 재해보상에 해당되는 금액을 피재근로자에게 지급한 경우에 사용자가 국가를 상대로 구상권을 행사할 수 있는가가 문제된다.

산재보험급여의 부지급 결정이 확정된 후 사용자가 근로기준법상의 재해보상을 피재근로자에게 지급한 경우 국가에 대한 구상권 여부는 산재보험의 성격을 어떻게 파악하느냐에 달려 있다고 본다. 예컨대 산재보험급여는 근로기준법에 의한 사용자의 재해보상 책임액의 한도 내에서는 책임보험의 성격을 가지고 있음은 분명하므로 재해보상의 한도 내에서는 당연히 사용자가 국가에게 구상할 수 있는 것으로 해석해야 한다. 따라서 산재보험급여의 부지급 결정 여부 상관없이 재해보상청구권이 소멸시효에 걸리지 않는 이상 사용자가 재해보상을 지급한 때에는 그 한도에서 국가를 상대로 구상할 수 있는 법적 근거를 설정하는 것이 필요하다.

---

13) 대판 1993. 8. 27. 93누5437; 대판 1993. 4. 13. 92누17182.

2. 민사배상과의 조정절차에 관한 개선

산재보험급여가 사용자의 직접보상책임의 이행을 담보하는 것에 불과한 책임보험적 기능만을 수행하는 일시금인 경우에는 손해배상간의 상호조정에 대해서는 별 문제가 없으나, 그것이 피재근로자 및 그 가족의 생활보장의 기능까지 담당하는 연금제도를 채택하게 될 경우에는 그 연금의 지급기한이나 금액이 확정되지 않기 때문에 양자의 상호조정에 관하여 어려운 문제가 제기된다. 문제는 산재보험급여의 결정은 있었으나 미지급단계에서 장래 지급예정액을 손해배상액에서 미리 공제할 수 있는가이다. 산재보험급여가 연금인 경우에 손해배상액에서 어느 범위까지 공제할 것인가에 대하여 대법원은 산재보험법상 일시금을 한도로 공제해야 한다고 견해를 취하고 있다.[14)]

장래 지급될 것이 확정되어 있는 산재보험급여를 손해배상에서 공제할 수 없다고 한다면, 사용자의 보험이익을 박탈하는 불합리한 결과를 초래하게 되는 것이므로 손해배상액에서 산재보험연금의 환가액을 공제하는 것은 당연한 것이다.[15)] 이러한 취지에서 산재보험법 제48조제2항 후단은 「장해보상연금 또는 유족보상연금을 받고 있는 자는 장해보상일시금 또는 유족보상일시금을 받은 것으로 본다」라고 규정하고, 동조 제4항은 「요양급여를 받은 근로자가 요양개시 후 3년이 경과된 날 이후 상병보상연금을 지급받은 경우에는 일시보상을 지급한 것으로 본다」라고 규정함으로써 장래의 연금보험급여를 공제해야 한다는 입장을 취하고 있음이 분명하다.

그러나 현행법은 연금보험급여를 어떠한 방법에 의하여 현가를 산정해야 할 것인지 또는 그 현가액이 산재보험급여 일시금을 초과하는 경우에 어느 범위까지 공제할 것인가에 대하여 명문규정을 두고 있지 않다. 이에

---

14) 대판 2000. 5. 26. 99다31100; 대판 2001. 9. 25. 2000다3958.

15) 장래 지급될 산재보험연금급여를 현가로 산출하여 손해배상액으로부터 공제하여야 공평의 원칙에 부합되고, 연금보험급여는 그 지급의 확정으로 확실성이 고도로 보장되는 것이므로 손해배상에 포함시켜 손해배상액에서 미리 공제하더라도 수급권자에게 결코 불리한 것이 아니다.

대한 연금보험급여의 현가산정은 피재근로자가 가동연한까지 받게 될 연금합계를 호프만식 또는 라이프니츠식 중에서 중간이자를 공제하는 방식으로 재해 당시의 현가로 산정하고, 연금보험급여의 현가에 산재보험급여 일시금을 초과하는 경우에도 그 일시금의 범위 내에서만 공제를 인정해야 한다고 본다.[16] 결국 피재근로자가 장래 연금급여를 지급받기로 확정되어 있는 경우에는, 산재보험급여에 의하여 손해가 전보되지 아니하는 범위 내에서만 그 배상을 청구할 수 있게 하는 제도적 개선이 필요하다.

현행 산재보험법은 제3자의 불법행위로 업무상 재해가 발생하여 피재근로자가 연금보험방식을 선택한 경우 이를 손해배상액에서 공제할 수 있는가에 대하여 명문규정을 두고 있지 않아 공제 여부에 대하여 견해가 대립되어 왔다. 산재보험관계와 전혀 관련성이 없는 기업 외의 제3자의 불법행위로 인하여 업무상 재해가 발생한 경우에는 장래 지급받기로 확정된 연금급여를 손해배상액에서 공제할 수 없으나, 가해자가 기업 내 근로자인 경우에는 장래의 연금보험급여액을 공제하지 않고 공단의 구상권의 행사를 인정하게 되면, 민법 제756조의 사용자책임에 의해서 모든 책임이 궁극적으로 보험가입자인 사업주에게 귀속하게 되어 그의 산재보험이익을 박탈하는 결과가 되므로 손해배상액에서 일시금을 한도로 공제해야 하고 가해자를 상대로 구상권을 행사할 수 없다고 보아야 한다.[17] 결국, 현행법상 가해자인 동료근로자가 산재

---

16) 산재보험급여연금액의 현가액이 일시금을 초과하는 경우에 그 현가액을 모두 공제하여야 한다고 한다면. 수급권자 및 그 가족의 생활을 보장하기 위해서 지급되는 연금급여의 선택권을 보장할 수 없게 되어 부당하다. 또한 산재보험법상 일시금과 연금급여의 선택권을 수급권자에게 인정하고 있는 것은 산재보험법이 이를 등가물(等價物)로 평가하고 있는 것으로 해석하여야 한다. 따라서 산재보험법의 취지에서 본다면 당연히 일시금의 한도 내에서 연금급여를 손해배상액에서 공제해야 한다.

17) 동료근로자가 산재보험법 제54조에 규정된 제3자에 해당하는가의 여부에 대하여 대법원은 종래 「제3자라 함은 피재근로자와의 사이에 산재보험관계가 없는 자로서 불법행위 등으로 손해배상책임을 지는 자를 말하고, 당해 재해가 제3자만의 불법행위에 의하여 발생한 경우이거나 제3자의 불법행위와 보험가입자 또는 그 소속 근로자의 불법행위가 경합하여 발생한 경우이거나를 가리지 않고 적용된다」라고 하였으나(대판 1988. 3. 8. 85다카2285), 최근 「근로자가 동일한 사업주에 의하여 고용된 동료근로자의 행위로 인하여 업무상 재해를 입은 경우에 그 동료근로자는 보험가입자인 사업주와 함께

보험법 제54조에 의한 「제3자의 범위」에 해당할 수 있는가의 여부에 있는 것이므로 제3자로 볼 수 없도록 하는 입법적 개선이 필요하다.

3. 국민연금과의 조정절차에 관한 개선

국민연금법 제93조는 「장해연금 또는 유족연금의 수급권자가 이 법에 의한 장해연금 또는 유족연금의 지급사유와 동일한 사유로 산재보험법에 의한 장해급여 또는 유족급여 지급받을 수 있는 경우에는 그 연금액의 2분의 1에 해당하는 금액을 지급한다」라고 규정하고 있다. 이 규정은 산재보험법과 같은 법률이나 제도에 의하여 보상받을 것을 전제로 하여 미리 그 2분의 1의 금액을 감축하고, 수급권자가 산재의 요건을 결하여 산재보험급여를 받지 못했을 때 국민연금의 전액을 지급하겠다는 취지이다.

그러나 국민연금법에 의한 각종 보험급여는 산재보험법에 의한 보험급여 보다 그 지급절차가 간편하고 수급권자에게 신속하게 지급되고 있으며, 산재보험법에 의한 장해급여 및 유족급여보다도 국민연금법에 의한 장해연금과 유족연금의 지급조건 및 지급수준이 수급권자에게 유리하다. 그러므로 국민연금이 성숙되는 단계에서는 수급권자는 산재보험보다는 국민연금급여를 선호하게 될 것이다. 이러한 점을 고려하면, 국민연금에서 일방적으로 산재보험에 의하여 보상을 받을 수 있는 경우에 국민연금액의 2분의 1을 감액한다는 규정은 현실을 도외시한 것이다. 따라서 피재근로자가 국민연금과 산재보험급여의 수급권을 취득하는 경우에는 국민연금 전액을 지급하고 후에 산재보험급여를 받을 때에 국민연금의 2분의 1에 해당하는 금액을 산재보험급여에서 공제하여 국민연금관리공단에 납입할 수 있는 제도적 개선이 필요하다고 본다.[18]

직·간접적으로 재해근로자와 산재보험관계를 가지는 자로서 산재보험법 제54조 제1항에 정한 제3자에서 제외된다」라고 판시하였다(대판 2004. 12. 24. 2003다33691).

18) 졸고, 「산업재해의 구제법리에 관한 연구」, p.194.

Ⅴ. 요양급여절차의 개선

현행 산재보험법은 피재근로자가 공단에의 요양신청과 업무상 재해의 입증책임을 부담하고 요양신청 시 사업주의 확인절차를 거치도록 되어 있기 때문에 요양신청 시 사용자 측에서 업무상 재해 여부를 판단하여 요양신청을 차단하거나 산재치료의 접근성을 제한하는 등의 부작용이 있으므로, 요양신청 시 사업주확인제도는 폐지되어야 하고 주치의의 의학적 소견에 따라 제1차 요양기관이 산재보고의무를 부여하는 등의 입법적 개선이 필요하다.[19)]

또한 현행 산재보험법은 공단의 요양승인 이전에는 피재근로자 본인의 비용으로 상병을 치료하도록 규정하고 있어, 업무상 재해 여부를 입증하기 어려운 업무상 질병이나 공단의 승인이 늦어지게 되는 경우 경제사정의 어려움이나 사용자측의 압박에 의해 초기단계에서 적극적 치료를 하지 않고 소극적 치료에 머물거나 치료를 포기하는 사례가 발생하고 있다. 이에 대한 개선방안으로서 주치의의 의학적 소견에 기초하여 업무상 재해라고 판단된 재해에 대해서는 산재요양신청과 동시에 요양비용을 산재보험으로 처리하고 그 이후에 요양승인과정에서 불승인되는 경우에 정산 처리하도록 하는 이른바 「선보장 · 후정산제도」를 도입할 필요성이 있다.[20)]

Ⅵ. 소멸시효의 개선

산재보험급여청구권은 3년간 행사하지 않으면 시효의 완성으로 소멸되

19) 노사정위원회, 산업재해보상제도 주요 쟁점과 논의현황, p.30.
20) 노사정위원회, 산업재해보상제도 주요 쟁점과 논의현황, p.30.

고, 소멸시효는 각종 보험급여청구를 한 경우에는 시효진행이 중단된다(§96-97). 산재보험급여의 청구절차는 우선 최초 요양신청 또는 요양비청구를 하여 업무상 재해로 승인받은 이후에 비로소 휴업급여를 청구하고 있는 것이 관행이다. 왜냐하면 휴업급여의 지급요건으로서 「업무상 재해로 인하여 요양 중인 기간」으로 규정하고 있으므로 업무상 재해가 불승인된 경우에는 휴업급여를 청구할 여건이 되지 못하기 때문이다.

그런데 최초요양승인청구에 대하여 공단이 불승인하여 부득이 피재근로자가 행정쟁송을 거치게 되는 경우 상당한 기간이 소요되어 최종심까지 소멸시효기간인 3년을 넘기게 되는 사례가 종종 발생하고 있다. 피재근로자가 3년을 경과하여 어렵게 공단의 산재불승인처분의 취소판결을 받은 후 소급하여 휴업급여를 청구하게 되는데, 이 경우 공단은 휴업급여가 요양급여와는 별도의 보험급여이므로 요양신청을 하였다 하더라도 휴업급여까지 시효중단의 효과가 있는 것이 아니라고 판단하여 3년을 경과한 기간에 대한 휴업급여를 지급하지 않고 있는 것이 현실이다.[21)]

이처럼 재해발생 후 3년이 경과한 이후 요양불승인처분 취소소송이 피재근로자의 승소판결로 확정된 경우에 소멸시효가 중단 또는 정지되는가에 대하여 대법원은 일관하여 「휴업급여청구권의 소멸시효는 요양으로 인하여 구체적으로 취직하지 못한 날의 다음날부터 진행된다고 할 것이므로 그 근로자가 휴업급여를 청구한 때로부터 역산하여 3년이 넘는 부분에 대하여는 휴업급여청구권은 소멸시효가 완성되었다고 볼 것이고, 근로자가 업무상 재해에 따른 요양급여의 청구를 하였다거나 그 부지급의 처분의 취소를 구하는 행정소송을 제기하였다 하여 그에 따른 시효중단의 효력이 휴업급여의 청구에까지 미친다고 볼 수 없다」라고 판시함으로써 요양급여 이외의 제반 보험급여청구권에 관한 소멸시효가 중단 또는 정지된 것으로 보지 않고 있다.[22)] 다만, 대법원은 「요양이 승인된 경우에 한하여 휴업급

21) 노사정위원회, 산업재해보상제도 주요 쟁점과 논의현황, p.81.
22) 대판 1996. 10. 25. 96누2033; 대판 2000. 6. 27. 98두8445; 대판 2005. 9. 30. 2005두8504.

여를 지급하고 요양불승인된 경우에는 휴업급여를 지급하지 아니하여 온 피고의 처리기준으로 인하여 원고가 이 사건 불승인처분 취소소송의 승소 판결 확정 시까지 이 사건 휴업급여청구를 할 실익이 없도록 한 피고에게도 그 책임이 있다 할 것이어서 휴업급여청구권이 3년의 소멸시효가 완성되었다는 이유로 피고가 그 지급을 거절하는 것은 신의성실의 원칙에 반한다」라고 판시하고 있다(대판 2005. 9. 30. 2005두8504).[23)]

결국, 피재근로자는 요양불승인처분의 취소가 확정된 이후에 비로소 휴업급여 등 제반 보험급여를 청구할 수밖에 없는 것이므로 요양신청을 한 경우에는 업무상 재해를 전제로 한 산재보험급여에 대한 소멸시효도 중단된 것으로 보는 입법적 개선이 필요하다.

---

23) 감사원은 「① 처분청은 요양이 승인되지 않으면 휴업급여 등 다른 급여의 청구권이 없다는 입장을 가지고 요양승인이 된 경우에 한하여 휴업급여를 지급하여 왔으므로 청구인들이 이 사건 요양불승인처분 후 처분청에게 휴업급여를 신청하더라도 지급되지 않을 것을 알고 요양불승인처분 취소소송의 판결 확정시까지 처분청에게 휴업급여를 별도로 하지 않은 것으로 보이는 점, ② 청구인들이 요양불승인처분에 대한 심사청구나 소송제기를 통하여 그 처분의 위법성을 다투고 있는 이상 그 기간 중에 지급될 것을 기대할 수 없는 휴업급여 청구를 하지 않았다 하여 청구인들이 권리 위에 잠자는 자들이라고 볼 수 없고, ③ 휴업급여가 지급될 것인지의 여부는 단지 청구인들이 진행 중인 심사청구나 소송결과에 좌우될 뿐이므로 소멸시효가 완성되었다 하여 권리관계의 확정을 위한 사실관계의 증거가 소멸하여 권리관계를 확정하기 어렵다고 볼 수 없으므로 소멸시효의 완성을 이유로 휴업급여를 지급하지 않는 것은 소멸시효제도의 취지에 부합한다고 보기 어렵다고 하는 점, ④ 공단은 요양급여를 신청한 경우에 휴업급여를 포함한 모든 보험급여의 소멸시효가 중단된다는 입장을 취하여 취소판결 후 청구일로부터 3년이 지난 휴업급여를 지급한 사례가 있은 후 '유족급여 및 장의비 부지급 처분의 취소를 구하는 행정소송을 제기하였다고 하여 그에 따른 소멸시효의 중단효력이 요양급여나 휴업급여의 청구에까지 미친다고 볼 수 없다'라고 입장을 재정립하면서도 그에 관한 어떠한 통지도 청구인에게 하지 않은 점 등을 종합하여 볼 때, 휴업급여 청구권의 소멸시효가 완성된 데에는 청구인의 요양불승인처분 취소소송의 승소판결 확정 시까지 휴업급여를 청구할 실익이 없도록 한 처분청에게도 그 책임이 있다 할 것이므로 휴업급여 청구권의 3년 소멸시효가 완성되었음을 이유로 처분청이 휴업급여 부지급 결정을 한 것은 현저히 부당하거나 불공평하여 신의성실의 원칙에 반한다 할 것이다」라고 결정한 바 있다(2006. 8. 31. 2006년 감심 제93호).

제 4 장 운영적인 측면에서의 개선방안

Ⅰ. 문제의 소재

사회법상의 산재보상제도는 사후적인 구제뿐만 아니라 사전적인 예방적 기능도 포함하는 것이기 때문에 산재보험의 운영은 피재근로자의 생활보장과 산재로 인한 손실의 보상이 적정수준으로 확보되도록 하는 동시에 궁극적으로는 노사로 하여금 산재예방노력이나 주의를 촉진시켜 산재발생빈도를 낮추는 방향으로 전개되어야 한다. 그러나 현행 산재보험요율의 결정이나 산재보험료의 불합리한 갹출방식, 국가의 산재예방 및 재활시설비용에 대한 지원의 부족, 산재예방을 위한 다각적인 협력화의 결여, 자문의구성의 신뢰성 결여 등으로 인하여 산재예방이라는 본래 산재보험법의 취지나 목적을 충족시키지 못하고 있다.

Ⅱ. 산재예방을 위한 보험요율결정의 합리화

산재보험료율은 보험가입자의 보험료부담과 직결되는 것이므로 보험료부담의 공평성의 확보를 위하여 매년 9월 30일 현재 3년간의 임금총액에 대한 보험급여총액의 비율을 기초로 재해발생의 위험성에 따라 분류된 사업종류별로 세분화하여 적용하고 있다(보험료징수법§14③). 산재예방을 극대화하고 보험료부과의 공평성을 확보하기 위해서는 산재보험료율의 결정은 사업주의 산재방지노력이나 주의의 정도에 비례하여 산정되어야 함은 당연하다. 그러나 현행 보험료징수법에 의한 사업종류별 동일보험료율의 결정방식은 비록 개별기업이 산재율을 낮추기 위한 노력비용이 있다고 하더라도, 그 노력으로 인해 개별기업이 얻는 기대이익(보험요율의 인하)보다 항상 크게 되어 개별기업의 산재방지노력수준은 낮아질 수밖에 없다. 왜냐하면, 산재율이 높은 기업에 지출한 산재보험급여가 산재율이 낮은 기업에 외부화되어[1] 개별기업의 산재율의 하락이 동종사업 전체의 평균재해율의 하락에 미치는 영향이 적을 뿐만 아니라, 비록 보험료율의 인하에 기여하더라도 그로 인한 기대이익은 모든 기업들이 공유하기 때문이다.[2] 따라서 산재방지노력의 제고라는 효율의 관점이나 산재보험료의 공평한 부담의 관점에서, 현행 사업종류별 동일보험료율 결정방식에서 개별기업별 보험료율결정방식으로 개편할 필요가 있다.

이러한 업종별 동일보험료율의 적용에서 오는 문제점을 부분적으로 해소하기 위하여 동종사업의 보험료율을 적용함에 있어서 산재예방을 위하여 노력한 사업주와 그렇지 못한 사업주 간의 형평성을 고려하여 과거 3년간의 보험료금액에 대한 보험급여 금액의 비율이 85 / 100을 넘거나 75 / 100 이하인 경우에는 그 사업에 적용되는 보험료율을 50 / 100 범위 안에서 인상 또는 인하한 보험료율을 당해 사업에 대한 다음 보험연도의 보험료율을 적용할 수 있도록 하고 있다(§15②). 현행 산재보험요율의 상한선과 하한선 ±50%가 어떠한 이론적 근거에 의한 것인지는 불분명하나, 사업주의 산재예방에 기여하는 데에는 미약하다고 볼 수 있다. 사업주의 산재방지노력의 획기적인 제고를 위해서는 산재율의 변화에 따른 보험요율의 조정범위를 보다 확대할 필요가 있다.[3][4] 다만, 산재보험료율을 필요

1) 김치선 외, 「산업재해보상법제와 법리의 재고」, p.115.
2) 박세일, 「산업재해의 예방 및 보상제도에 관한 연구」, p.127.

이상으로 재해율과 연동시키는 것은 ①산재보험의 사회연대성을 침해하고 개별기업의 책임보험식 보험운영으로의 퇴보, ②재정능력에 대한 고려가 없는 상태에서 산재부담에 대한 대기업과 중소영세기업 간 역진현상, ③중소영세기업의 근로자에 대한 산재은폐의 유발에 따른 사회안전망기능의 훼손 등의 문제점이 있으므로[5] 그 적용대상을 상시근로자 50인 이상의 사업 또는 사업장으로 해야 할 것이다.

Ⅲ. 산재보험급여재원의 확보방안

산재보험급여와 손해배상과의 경합 시 「경사적 병존주의」를 채택하고, 손해배상의 수준에 상당하는 산재보험급여의 수준을 적정화하기 위해서는 상당액의 산재보험급여재원이 추가로 필요하게 된다. 현행 산재보험급여제도는 사용자의 무과실책임에 근거하여 전액 사용자의 부담으로 되어 있으나, 새로 추가되는 재원의 부담은 사업주와 근로자가 공동으로 부담하도록 하는 방안을 생각할 수 있다.

산재는 근로과정 중 업무상 사유에 의하여 발생한 재해이기 때문에 사용자의 책임이 크며, 이러한 재해에 대하여 추가로 지급되는 산재보험급여액에 대해서 일정 부분에 해당되는 보험료를 추가로 부담한다는 것은

---

3) 예컨대, 산재보험급여액/보험료납부액의 비율이 100% 미만인 경우에는 산재예방비율에 따라 최대 80%까지 보험료율을 인하하여 주는 반면, 산재보험급여액/보험료납부액의 비율이 100%를 초과하는 경우에는 누진적으로 보험요율을 인상할 수 있는 방안을 고려해 볼 수 있을 것이다.

4) 개별실적보험료율의 적용은 수익자부담의 원칙에 충실한 것이나, 산재발생률이 높은 사업장의 사업주나 근로자에게는 불리하다는 이유로 그 적용을 반대하는 견해도 있다(김영모, 사회보장개혁론, p.144).

5) 노사정위원회, 산업재해보상제도 주요 쟁점과 논의현황, p.4.

당연하다. 더욱이 학설과 판례에서는 사업주의 과실을 폭넓게 해석하여 명백한 사업주의 과실이 인정되지 않더라도 이른바, 안전배려의무 위반을 이유로 사업주의 지배영역에서 발생한 근로자의 재해에 대해서는 손해배상책임을 인정하고 있다. 따라서 산재사고에 대하여 손해배상청구소송이 제기된다 하더라도, 사업주는 자신의 과실부분에 대하여 손해배상을 당연히 해 주어야 하므로 추가로 소요되는 산재보험재원에 대해서 사용자가 어느 정도 부담하는 것은 당연하다. 그리고 기업을 영위함으로써 이익을 얻는 사용자가 기업활동에 수반되는 업무상 재해의 비용을 부담하는 것은 정의관념에 합치된다고 할 수 있다.[6)]

일반적으로 근로자는 자기의사와 상관없이 재해의 위험이 잠재하는 기업에 편입되어 사용자의 지배하에서 업무에 종사하는 것이므로, 산재의 비용을 근로자에게 부담시키는 것은 정의에 반한다고 할 수 있다. 그러나 산재보험급여가 손해배상제도를 흡수하는 경우에는 피재근로자 자신의 과실을 상계해야 하고 산재보험급여는 모두 근로자에게 귀속되므로 근로자도 추가되는 산재보험재원을 일정 부분 부담케 하는 것은 합당하다.[7)] 또한 피재근로자 또는 동료근로자의 과실에 의하여 업무상 재해가 발생한 경우 근로자에게 산재비용의 일부를 부담케 하는 것은 그들의 산재예방노력에 기여하게 되어 산재율을 낮추는 효과를 기대할 수 있다.[8)]

이처럼 손해배상과 거의 동일하게 산재보험급여의 수준을 향상하였을 때 추가되는 재원을 노사에게 부담시키는 것은 그들로 하여금 산재예방노

6) 保原喜志夫, 「勞災補償責任の法的性格」, p.271.

7) Neil Gilbert & Harry Specht는 사회복지의 수혜자들이 사회복지정책의 재원을 부담한다는 것은 심리학적·행위론적 측면에서 긍정적 효과가 있다고 한다. 심리학적인 측면에서 수혜자들이 사회복지프로그램에 자신의 비용을 지불하였을 경우에는 사회복지수혜자로서의 인격적인 격하나 낙인찍히는 경험을 훨씬 덜하게 되며 동시에 수혜자의 사회적 책임감을 증대시킨다고 한다. 그리고 행위론적 측면에서 사회복지혜택을 받기 위하여 적은 비용이나마 자신의 비용을 지불해야 하기 때문에 사회복지프로그램의 불필요하고 지나친 사용을 방지할 수 있다고 한다(Neil Gilbert & Harry Specht, Dimension of Social welfare policy, pp.133-135).

8) 김치선 외, 「산업재해보상법제와 법리의 재고」, pp.113-114.

력의 강화로 산재율을 낮추게 되어 결국 산재비용을 절감하는 효과를 가져오게 된다.[9] 그런데 추가되는 산재보험재원을 노사에게 어느 정도 부담시킬 것인가가 문제된다. 일반적으로 판례에서는 산재사고의 경우에는 20% 내지 30%를 근로자의 과실로 인정하여 과실상계를 하고 있으므로 근로자의 부담은 20% 내지 30% 범위 안에서 결정하면 될 것이다.

Ⅳ. 중대한 과실에 의한 산재보험급여의 제한

산재보험급여의 내용이 피재근로자나 그 유족의 생활보장에만 치중하게 되면, 산재에 대한 사후적 보상에는 충실할 수는 있으나 사전적 산재예방 기능의 효과는 기대할 수 없다. 사회법상의 산재보상제도는 피재근로자의 사후적 보상뿐만 아니라 사전적 산재예방의 기능도 아울러 가지고 있음을 직시해야 한다. 즉, 산재보상제도는 기업으로 하여금 그 보상액에 상응하는 안전시설투자, 안전교육 등의 의무를 성실히 이행하도록 하여 재해를 예방하는 기능이 있음은 물론, 피재근로자의 중대한 과실에 의한 업무상의 재해에 대해서는 산재보험급여의 일부나 전부를 제한함으로써 근로자 일반의 안전의식을 촉구하여 사전에 산재를 예방하는 기능을 가지고 있는 것이다.

그럼에도 불구하고 현행 산재보험법은 피재근로자의 중대한 과실 등에 의한 업무상 재해에 대해서 산재보험급여의 지급을 제한하는 규정을 두고 있지 않은 것은 산재예방보다는 피재근로자나 그 유족의 생활보장에만 치중한 문제점이 있다.[10] 현행 산재보험법은 피재근로자의 중대한 과실로 인

9) 保原喜志夫,「勞災補償責任の法的性格」, p.271.

10) 단지 현행 산재보험법 제52조제1항은 근로자가 정당한 이유 없이 요양에 관한 지

한 업무상 재해에 대해서도 산재보험급여의 전액을 지급받을 수 있기 때문에 개별근로자의 산재방지노력을 형성·촉진시키는 데 한계가 있다.[11)]

따라서 사후적 보상과 사전적 산재예방이라는 산재보상제도의 취지를 충분히 살리기 위해서는 피재근로자의 중대한 과실 등에 의하여 발생한 업무상의 재해에 대해서 산재보험급여의 지급을 제한할 수 있는 법적 장치를 마련하는 것이 필요하다.

V. 국가의 산재예방 및 재활시설비용에 대한 지원의 확대

산재예방이나 피재근로자의 재활에 관한 국가의 입법·행정정책은 사기업과는 달리 영리를 추구하는 것이 아니므로 산재에 관한 제반비용의 일부를 국가에 부담시키는 것은 당연하다. 더욱이 산재의 사회화 현상이 현저히 표면화된다면, 산재의 비용부담을 기업에만 한정한다는 것은 정의감에 반하는 것이므로 보다 적극적인 국고부담의 도입이 바람직하다.[12)] 기업으로부터 갹출되는 산재보험료의 대부분은 피재근로자의 산재보험급여

시를 위반함으로써 부상·질병 또는 신체장해의 상태를 악화시키거나 그 치료를 방해한 것이 명백한 경우에 한해서만 보험급여의 전부 또는 일부를 지급하지 아니할 수 있는 근거 규정만 두고 있을 뿐이다. 이에 반하여 근로기준법 제84조는 「근로자가 중대한 과실로 인하여 업무상 부상 또는 질병에 걸리고 사용자가 그 과실에 대하여 노동위원회의 인정을 받은 경우에는 휴업보상 또는 장해보상을 행하지 아니하여도 된다」라고 규정함으로써 근로기준법의 적용을 받는 개별근로자의 산재예방노력의무를 유도하고 있다. 그러나 사회법상 산재보상제도가 거의 산재보험제도로 일원화되어 있는 현실을 감안하면, 개별근로자의 산재예방노력을 유도하는 데에는 극히 미약하다고 볼 수 있다.

11) 졸고, 「산업재해의 구제법리에 관한 연구」, pp.198-199.

12) 김치선 외, 「산업재해보상법제와 법리의 재고」, p.115.

사업에 지출되어야 하고, 공공재적 성격이 있는 산재예방을 위한 시설 및 연구개발비용이나 피재근로자의 재활비용은 국가의 부담으로 운영되는 것이 바람직하다고 본다.

산업구조가 점차로 고도화됨에 따라 새로운 생산설비와 생산공정 등이 끊임없이 연구 개발되어 등장하고 있다. 그러나 이러한 새로운 생산시설이나 공정에 의한 재해위험에 대비할 만한 정보가 부족하고, 비록 이에 관한 정보를 가지고 있더라도 그 비용이 많이 들기 때문에 개별기업이 부담하기는 어렵다. 사용자가 산재예방의욕이 있더라도, 이에 관한 정보나 대처능력의 부족으로 산재가 발생할 개연성이 높다. 따라서 국가는 사전에 산재를 예방할 수 있도록 노사에게 안전의식을 고취시키고 산재예방정보나 기술개발의 보급에 힘쓰는 한편 산재가 발생한 경우에 그 재활을 위한 시설의 확충에 노력을 아끼지 않아야 할 것이며, 이에 관한 비용의 일부는 국가의 부담으로 해야 할 것이다.[13)]

현행 산재보험법 제3조는 「국가는 예산의 범위 안에서 보험사업의 사무집행에 소요되는 비용과 급여의 일부분을 일반회계에서 부담해야 한다」라고 규정하고 있고, 제81조는 「정부는 산재보험 및 산재예방사업지출예산 총액의 100분의 3에 해당하는 범위 내의 금액을 산재예방사업을 위하여 지원할 수 있다」라고 규정하고 있다. 그러나 실제로 정부가 지원하는 금액은 매우 저조한 실정이고, 산재보험료가 산재예방사업으로 전용되는 부작용을 낳고 있다.[14)] 사무집행비용과 산재예방사업비의 지원을 확대함으로써 산재보험료는 전액 산재보험급여사업비로 사용되도록 해야 할 것이다.

13) 졸고, 「산업재해의 구제법리에 관한 연구」, pp.199-200.

14) 2004년도 근로복지공단의 인건비와 운영비는 867억 원, 산업안전공단의 운영비와 인건비는 653억 원이었으나 정부의 지원금은 약 58억 원에 불과하여 산재보험료가 보험급여 이외에 과도하게 전용된 것으로 나타났다(노사정위원회, 산업재해보상제도 주요 쟁점과 논의현황, p.10-11).

Ⅳ. 산재예방을 위한 다각적인 협력화

이제까지 산업안전 문제는 주로 정부주도의 접근방법 중심으로만 전개되어 왔으나, 산재예방을 효율적으로 수행하기 위해서는 종래의 일방적인 관주도형의 정책에서 탈피하여 다각적인 협력이 중요하다. 산재문제는 결코 국가의 노동행정만의 문제가 아니고 근로자와 사용자 모두의 공통이해사항이므로 사전에 산재를 예방하기 위한 노사정과 민간의 긴밀한 연계에 입각한 다각적인 노력이 절실하다. 산재를 예방하기 위한 다각적인 협력방안으로서는 다음과 같은 것을 고려할 수 있다.

첫째는, 근로자단체와 사용자단체의 자조노력을 활성화하여 이를 산업안전행정에 최대한 활용하는 방안이다.

① 산재보험제도는 원래 피재근로자의 생활보장을 위한 것이므로 그 운영에 있어서 근로자의 참여가 보장되어야 한다.[15] 우선 일정한 사업규모 이상인 사업장에 의무적으로 설치되어 있는 노사협의회를 적극적으로 활용해야 한다. 근로자참여및협력증진에 관한 법률에서는 상시 30인 이상 근로자를 고용하고 있는 사업장에 대해서는 의무적으로 노사협의회를 설치하도록 되어 있고, 근로자의 안전보건 기타 작업환경개선과 건강증진에 관한 사항은 협의사항으로 규정하고 있다(§19). 그런데 현행법에서는 근로자의 안전보건에 관한 사항을 단지 협의사항으로만 규정하고 있고, 노사협의회위원의 권한이 제한

15) 현행법에서 근로자의 참여에 대하여 소극적인 이유로서는 ① 산재보험의 재정이 전액 사용자의 보험료부담에 의하여 조달된다고 하는 점, ② 산재보상은 기업의 법적 의무이므로 근로자의 제도적 참여가 부적절하다는 점, ③ 업무상 재해 여부는 노사의 견해가 대립되어 있으므로 이해관계가 없는 행정관청에 위임하는 것이 좋다고 하는 점 등을 들 수 있다. 그러나 산재보험의 생활보장적 성격을 보면 산재보험의 운영에 수익자의 참여가 오히려 자연스러운 것이다(김교숙, 「산재보상법리에 관한 연구」, p.146).

되어 있어 산재예방에 크게 기여하지 못하고 있다. 따라서 노사협의회를 산재예방에 적극적으로 활용하기 위해서는 근로자의 안전보건에 관한 사항을 의결사항으로 하는 동시에 개별기업의 산업안전 상태나 안전기준의 준수 여부를 정기적으로 노사공동으로 자체조사 내지는 자체 점검하도록 해야 한다.[16] 그리고 개별기업에서 산업안전기준에 위반하고 있는 경우에는 노사협의회의 위원들이 국가에 대하여 이의 조사를 요구할 권한을 부여하고 안전기준위반사항을 국가에 보고·제소할 수 있는 권한을 부여해야 한다.[17] 그뿐만 아니라 산재예방에 관한 전문행정인력이 부족한 현실을 감안할 때, 국가에서 산업안전기준의 준수 여부를 조사·감독할 때에는 노동조합총연맹이나 경영자총협의회의 전문인력을 적극적으로 활용하여 그의 실효성이 담보될 수 있도록 해야 한다.

② 점점 복잡·다양화되어 가는 현대의 고도산업사회에서 민간과의 긴밀한 협조나 이해 그리고 민간부분의 적극적인 참여 없이는 국가의 산재예방정책을 성공적으로 수행하기 어렵다. 따라서 종래의 일방적인 정부주도의 정책에서 탈피하여 민간의 자구·자조노력을 활성화하고 이를 산재예방정책에 최대한 기여할 수 있도록 조직화하여야 한다. 이를 위해서는 산재예방에 전문적 식견을 가지고 있는 민간인을 준근로감독관으로 임명하여 산업안전기준의 준수 여부를 조사·감독·자문하는 데 이들을 참여시킬 수 있어야 한다.

---

16) 독일의 경우에는 개별기업수준의 산업안전 문제는 경영조직법상의 경영협의회가 중심이 되어 공동협의·공동조사·공동결정을 하고 있으며, 산업안전법규의 준수 여부를 감독할 권한을 부여하고 있다. 그리고 산업 및 지역수준에서의 산업안전 문제에 대해서는 독일 노동조합총연맹(DGB)에 속해 있는 안전담당감독관이 중심이 되어 산업안전법규의 준수 여부 등을 감독하고 있다(최종태, 현대경영참가론, p.252-254; 박세일, 「산업재해의 예방 및 보상제도에 관한 연구」, p.136).

17) 주요산업 재해예방을 위한 ILO 제174호(1993) 제20조는 근로자에게 주요 유해시설과 관련된 유해 및 그로 인해 발생할 수 있는 결과에 대해 알 권리와 산업재해에 이르게 될 가능성이 있는 잠재적 유해에 대해 사용자와 협의하고 그로 인한 유해에 대해 권한 있는 행정기관에 신고할 권리를 부여하고 있다.

둘째는, 국가의 산업안전 전문인력을 확보하여 이를 산업현장에 적극적으로 활용하는 방안이다. 현행 산업안전보건법이 각종의 산업안전기준을 설정하여 이의 준수를 강제하고 있으나, 그 준수 여부를 감독하거나 필요한 자문에 응할 수 있는 행정인력은 극히 제한되어 있다. 현행법상 산업안전기준의 준수 여부를 감독할 수 있는 공무원은 근로감독관이나 노사관계업무일반·체불임금 등의 각종 민원업무의 과중으로 인하여 산재예방업무를 전담하는 인원수는 극히 제한되어 있다. 그뿐만 아니라 근로감독관의 대부분은 산업안전보건에 관한 전문지식을 가지고 있지 못하여 효율적인 산재예방감독이나 지도를 거의 못하고 있는 실정이다.[18] 따라서 산재예방지도나 산업안전기준의 준수 여부를 효율적으로 할 수 있는 전문행정인력을 양성하는 것이 절실하다.

셋째는, 산재예방행정과 산재보험행정은 별개의 문제가 아니고 상호관련성이 있는 것이므로, 산업안전행정과 산재보험행정은 종합적·통일적인 유기적 연계가 중요하다.[19] 따라서 산재예방의 문제와 산재발생 시 신속·적정 보상의 문제는 통일적·종합적으로 고려되어야 효율적인 정책수립이 가능하다. 보험료의 증대 및 안전 확보에만 급급하여 보험요율결정 등에 있어서 사업주의 산재예방노력을 약화시키는 정책이 되어서는 안 되고, 반면에 산재예방노력의 제고만이 일방적으로 강조되어 피재근로자에 대한 적정·신속보상의 문제가 소홀히 되어서도 안 된다. 현재 산재예방을 위한 노력은 한국산업안전공단법에 의해 설치된 한국산업안전공단에서 실시·운영되고 있으며, 산재보험급여에 관한 것은 근로복지공단법에 의해 설립된 근로복지공단에서 운영함으로써 산재예방과 보상이 이원화되어 있어 업무의 효율성을 저해하고 있다. 이러한 이원화된 산재예방과 보상의 업무를 효율화하기 위해서는 두 기관을 통합해야 한다. 앞으로 이러한 양 기능이 조화되고 상호 긴밀히 연계될 수 있는 제도적 장치의 개발이 중요한 정책과제이다.[20]

---

18) 박세일, 「산업재해의 예방 및 보상제도에 관한 연구」, p.133.
19) 靑正 寬 외, 社會保障法, p.155.

Ⅶ. 자문의구성의 신뢰성 확보

공단은 각종 산재보험급여를 지급함에 있어서 의학적인 부분에 관하여 자문에 응하기 위하여 자문의제도(諮問醫制度)를 운영하고 있는데, 자문의 위촉에 관한 사항 및 운영에 관한 사항은 전적으로 공단이 임의적으로 정하여 시행하고 있다(시행규칙§14②). 그리고 1999. 10. 7. 이후부터 요양종결에 관한 사항은 자문의사가 아닌 자문의사협의회의 심의를 거치도록 하고 있고, 자문의사협의회는 공단지사 또는 지역본부 소속 자문의사 5인 이상 10인 이하로 구성하도록 하고 있으며 자문의사협의회 구성·운영 등 필요한 사항은 공단이 정하여 시행하고 있다(시행규칙§16).

물론 형식상 자문의사는 노동자단체 및 사용자 단체에서 추천할 수 있도록 되어 있으나, 실질적으로 노사단체의 추천절차와 관련한 세부규정이 없는 관계로 노사단체의 추천은 거의 이루어지지 않고 있어 보험급여업무 처리와 관련하여 민주적인 운영이 결여되어 있다. 공단의 자문의사는 업무상 재해인정 여부, 요양기간·추가상병의 결정, 장해등급의 결정 등을 결정하는 데 매우 중요한 역할을 하고 있는 자들임에도 불구하고, 보험급여를 지급하는 공단이 임의적으로 자문의사를 구성·운영하는 것은 민주행정의 원리에 배치되는 것이다.

산재보험급여업무를 처리하는 데 있어서 민주성을 확보하기 위해서는 자문의를 공정하게 구성하고 이를 합리적으로 운영할 수 있는 제도적 개선이 필요하다. 그 개선방안으로서는 산재심사위원회 또는 공단본부가 전국적으로 자문의인력풀(pool)을 구축하고, 자문의 중 일정비율 이상은 반드시 노사단체의 추천을 받은 자로 구성하도록 하는 방법을 고려할 수 있다고 본다.

---

20) 박세일, 「산업재해의 예방 및 보상제도에 관한 연구」, p.134.

참고문헌

[국 내 문 헌]

Ⅰ. 단 행 본

강희갑, 사회복지법제론, 양서원, 2006.

경제기획원, 약관의 규제에 관한 법률 심의결집(제3권). 1991. 3.

고려대학교기업경영연구소, 산재보험제도 발전방향연구, 1988.

교통·산재손해배상실무연구회, 손해배상소송실무(교통·산재), 한국사법행정학회, 2005.

------------------------------------, 교통·산재손해배상소송실무, 한국사법행정학회, 1994.

곽윤직, 채권각론, 박영사, 1995.

--------, 채권총론, 박영사, 1995.

구건서외, 과로사와 산재보상, 중앙경제사, 1999.

노동부·근로복지공단, 산재·고용보험실무편람(2006), 2006. 1.

근로복지공단, 2000년 송무세미나자료집-과로성 질환을 중심으로-, 2000.

김광욱, 새산업재해보상보험법, 이화출판사, 1998.

김동준, 손해배상실무요해, 육법사, 1998.

김상용, 불법행위법, 법문사, 1997.

김수복, 산재보상의 법률지식, 중앙경제사, 1997.

김소영, 고용형태의 다양화와 법·제도의 개선과제, 한국노동연구원, 2001. 8.

김유성, 사회보장법, 법문사, 1994.

김증한, 채권각론, 박영사, 1988.

--------, 채권총론, 박영사, 1988.

김영모, 사회보장개혁론, 중앙대학교출판부, 1995.

김우기, 산업재해보상보험법상해, 중앙경제사, 1985.

김준호, 민법강의-이론과 사례-, 법문사, 2003.
김치선, 노동법강의, 박영사, 1997.
김치선외, 산업재해보상법제와 법리의 재고, 한국노사발전연구원, 1995.
김형배, 노동법, 박영사, 2005.
남원식 외, 조문별해석 자동차보험약관, 한울출판사, 1995.
노동부산업안전국, 한·일 산업안전보건판례집, 1995.
노사정위원회, 산업재해보상보험제도 주요 쟁점과 논의현황, 2006. 9.
대한간학회, 간질환관련 업무상 질병인정기준, 근로복지공단, 2002.
문원주·조석연, 산업재해보상보험법, 법원사, 1994.
박상필, 노동법, 대왕사, 1997.
박승두, 사회보장법, 중앙경제사, 1996.
박홍규, 노동법론, 영남대학교출판부, 1995.
--------, 고용법·근로조건법, 삼영사, 2005.
사법연수원, 노동법특수이론 및 업무상 재해관련 소송, 사법연수원, 2001.
이병태, 최신노동법, 현암사, 1999.
이보환, 자동차사고손해배상소송, 육법사, 1993.
이은영, 채권각론, 박영사, 1995.
--------, 채권총론, 박영사, 1995.
이상국, 산업재해보상보험법, (주)청암미디어, 2001.
이재훈, 판례불법행위법(제13권),
이주흥, 실무손해배상책임법, 박영사, 1996.
장태주, 행정법개론, 현암사, 2006.
전광석, 한국사회보장법론, 법문사, 1997.
조희종, 자동차사고손해배상의 이론과 실제, 법원사, 1994.
중앙노동위원회, 노동위원회의 패소사례분석, 2005. 9.
지원림, 민법강의. 홍문사, 2006.
최종태, 현대경영참가론, 경문사, 1988.
최준섭·이수영, ILO와 국제노동기준, 중앙경제사, 1992.
하갑래, 근로기준법, 중앙경제사, 2001.
한국경영자총협회, 판례로 본 인사·노무관리론, 2004.

----------------------, 최신노동판례(2001-2005년도).

----------------------, 판례로 본 노무관리론, 1994.

한국행정학회, 산재보험과 자동차보험(책임보험중심)과의 조정방안 연구, 근로복지공단, 2003. 2

Ⅱ. 논 문

강기탁, 「위장도급과 근로관계」, 노동판례평석모음집, 중앙노동위원회, 2005. 3.

강문종, 「산업재해보상보험법에 기하여 확정된 장해보상연금(또는 유족연금)을 사용자의 수급권자에 대한 손해배상책임에서 미리 공제할 것인가?」, 판례연구[Ⅰ], 부산판례연구회, 1991.

강봉수, 「재해보상과 손해배상」, 법조(제35권제3호), 법조협회, 1986.

강성태, 「근로기준법상 임금제도의 개선방향에 관한 연구」, 노동법연구(제10호), 서울대학교노동법연구회, 2001. 6.

강완구, 「근로자의 업무상 재해로 인한 청구권의 조정」, 민사재판의 제문제(이시윤박사화갑기념논문집), 박영사, 1995.

강창웅, 「제3자의 행위에 의한 재해에 있어서의 보상책임자의 구상권(대위권)」,

고준기, 「사용자의 개념-입주자대표회의의 사용자성 검토를 중심으로-」, 노동법상의 근로자·사용자의 개념(2001년도 동계학술박표회 자료집), 한국노동법학회, 2001. 12.

고평석, 「산재피재자 구제제도의 법적구조」, 보험학회지(제31집). 淸 具司박사화갑기념호. 한국보험학회, 1988. 3.

곽동철, 「근로자의 업무상 재해에서 발생하는 체청구권상호간의 관계」, 사법논집(제16집), 법원행정처, 1985.

권두섭, 「비정규직 노동자의 법적 문제(민주노총 입법요구안을 중심으로)」, 노동법 개악저지 및 노동기본권 완전쟁취를 위한 공동토론회 자료집, 2001. 6.

권 성, 「산재보험급여대상자에 대한 자동차종합보험약관의 유효여부」, 민사판례연구(제13권)-후암곽윤직교수정년기념호, 민사판례연구회, 1991.

권용우, 「사용자배상책임」, 민법학의 과제와 전망, 한국민사법학회·한국사법행정학회, 1993.

김교숙, 「산업재해보상법리에 관한 연구」, 박사학위논문(부산대학교 대학원), 1988.

--------, 「산재보상의 법이론」, 신세기노동법의 전개(우전이병태교수회갑기념논문집), 대전서적, 1996.

--------, 「산업재해보상제도에 관한 고찰(Ⅰ)-독자적인 '업무상'의 의의를 중심으로-」, 법학연구, 부산대학교 법학연구소, 1989.

--------, 「산재보상법리의 변천」, 노동법학(제16호), 한국노동법학회, 2003. 6.

--------, 「산업재해보상제도에 관한 고찰(Ⅰ)-독자적인 '업무상'의 의의를 중심으로-」, 법학연구, 부산대학교 법학연구소, 1989.

김대연, 「불법행위책임의 본질에 관한 연구」, 박사학위논문(숭실대학교), 1991.

김복기, 「통근재해의 보호의 근거와 보호범위」, 노동법연구(제9호), 한국노동법학회, 2000.

김선수, 「비정규직 근로자의 실태, 법적 보호수준 및 개선방향」, 노동변론(2001년 겨울준비 2호), 민주사회를 위한변호사모임, 2001. 11.

김성환, 「산재사고와 손해배상에 관한 고찰」, 노동법과 사회정의(정파배병우박사화갑기념논문집), 지학사, 1994.

--------, 「산업재해보상과 손해배상의 조정」, 법학연구(제5권), 경상대법학연구소, 1994.

김수복, 「산업재해보상보험과 자동차손해배상보험과의 관계;자동차보험 손해배상을 우선 지급받고 산재보험의 급여를 받는 것이 편리」, 보험법률(통권 제6호), 1996. 2.

김영문, 「산업재해보상보험법상의 구상권」, 노동법학(제10호), 한국노동법학회, 2000. 8.

김유성, 「사용자의 안전배려의무(상)」, 사법행정(제377호), 한국사법행정학회, 1992. 5.

--------, 「사용자의 안전배려의무(하)」, 사법행정(제378호), 한국사법행정학회, 1992. 6.

--------, 「통근도상의 재해」, 법학(제27권 4호), 서울대학교법학연구소, 1986.

김종대, 「산업재해보상보험법 제15조 제1항에 의한 국가의 구상권」, 판례연구[Ⅰ], 부산판례연구회, 1991.

김진국, 「출퇴근 중 재해의 업무상 재해 여부」, 1996년 노동판례비평, 민주사회를 위한 변호사모임, 1997.

김진웅, 「현행 노동재해보상제도와 법적 성격」, 노동법과 노동정책, 일신사, 1985.

김진식, 「산업재해보상보험금 지급청구권과 민법상 손해배상과의 관계」, 노동법연구(제7호), 서울대학교노동법연구회, 1998.

김태천, 「장해보상연금의 손익공제방법(92. 9. 23. 대구지판 91가합4014)」, 형평과 정의(제7집), 대구지방변호사회, 1992. 11.

김학세, 「사용자의 피용자에 대한 구상권의 제한」, 사법논집(제12집), 법원행정처, 1981.

김형배, 「사용자책임과 구상권의 제한」, 고시계, 한국고시학회, 1987. 5.

김 현, 「인신손해액의 산정에 있어서 손익상계에 관한 연구, 박사학위논문(건국대학교), 1995.

길기봉, 「과로사의 법률적 고찰」, 법률신문(제2220호), 1993. 5. 27.

노진귀, 「비정규직 노동자 보호를 위한 제도개선 방향」, 비정규직 노동자 권리보장을 위한 법개정 공청회 자료, 2000. 9.

박동섭, 「근로자의 업무상 재해에 따른 손해의 전보와 사용자의 구상권—대법 1989.11.14. 88다카28204판결을 중심으로—」, 인권과 정의(제179호), 한국사법행정학회, 1991. 7.

박상훈, 「판례평석:과로와 업무상 재해'」, 노동법연구(제12호), 서울대학교 노동법연구회, 2002. 6.

박세일, 「산업재해의 예방 및 보상제도에 관한 연구-법경제학적 접근을 통한 문제제기 및 대안제시-」, 법학(제30호), 서울대학교법학연구소, 1991.

박수근, 「특수고용형태의 근로자성-레미콘운송기사와 경기보조원의 근로자성에 관한 최근의 판례를 중심으로-」, 노동법상의 근로자·사용자 개념(2001년도 동계학술발표회 자료집), 한국노동법학회, 2001. 12.

박종희, 「근로기준법상 근로자 개념」, 노동법학(제16호), 한국노동법학회, 2003. 6.

박준서, 「손해배상청구와 장래의 산재보험금여의 공제—연금급여의 경우를 중심으로—」, 사법논집(제10집), 1994. 8.

박준용, 「손해배상과 산업재해보상보험급여의 공제-연금급여의 경우를 중심으로-」, 사법논집(제10집), 법원행정처, 1979.

백준현, 「근로자의 범위」, 노동판폐평석모음집, 중앙노동위원회, 2005. 3.

--------, 「위장도급과 불법파견」, 노동판폐평석모음집, 중앙노동위원회, 2005. 3.

보험감독원 분쟁조정국, 「근로자재해면책조항」, 손해보험협회지, 1990. 2.

-----------------------------, 「근로기준법상 업무상 재해에 해당하는지의 여부」, 손해보험협회지, 1994. 8.

송기영, 사법연구2:불법행위법의 제문제, 삼영사, 1996.

서광민, 「위험책임의 요건과 그 인정방법」, 사법행정(제246호), 한국사법행정학회, 1989. 8.

신수식, 「사회보험제도간의 운영과 사보험과의 보완관계」, 보험학회지(제31집), 淸具司박사화갑기념호, 한국보험학회, 1988. 3.

안병준, 「한국 근로자의 산업재해보상제도에 관한 연구-한국근기법과 산재보상법의 한일간 비교」, 박사학위논문(광운대학교), 1996.

오용호, 「손해의 개념과 개호비의 산정」, 법조(제406호), 법조협회, 1990. 7.

오종근. 「사회보장급여청구권과 손해배상청구권의 조정」, 노동법연구(제12호), 서울대학교노동법연구회, 2002. 12.

오종한, 「미국산재보상제도의 역사적 전개와 현황」, 노동법연구(제4호), 서울대학교노동법연구회, 1994.

오창수, 「산업재해보상보험과 근로기준법상의 재해보상의 조정」, 판례월보(제295호), 판례월보사, 1995. 4.

윤애림, 「간접고용에서 사용자책임의 확대」, 노동법연구(제14호), 서울대학교노동법연구회, 2003. 12.

윤완수, 산업재해에 대한 사법상의 책임-제3자 피해구제를 중심으로-」, 박사학위논문(단국대학교), 1985.

윤진영, 「재해보상과 과실책임」, 재판자료집(제40집), 법원행정처, 1987.

이광택, 「산업재해의 보상과 예방」, 저스티스(제26권제2호), 한국법학원, 1987.

이교림, 「대법원판례를 중심으로 본 업무상 재해(상)」, 사법행정(제393호), 한국사법행정학회, 1993. 9.

이기현, 「업무상 재해의 인정기준」, 사법논집(제17집), 법원행정처, 1986.

이달휴, 「과로사에 관한 고찰」, 노동법과 사회정책(정파배병우박사화갑기념논문집), 지학사, 1994.

이상국, 「산재보험급여의 구상권에 관한 연구」, 박사학위논문(건국대학교), 2001. 12.

이상원,「산업재해소송에 있어서의 법리구성에 관한 몇 가지 문제」, 법조, 법조협회, 1989.12.

--------,「허용된 위험과 근로자의 자기안전의무」,판례월보(제240호), 판례월보사, 1990. 9

--------,「안전배려의무에 관하여」, 사법연구자료(제17집), 법원행정처, 1990.

--------, 수급인(하수급인) 또는 피용자의 불법행위에 대하여 도급인이 책임을 지는 경우(상중하), 사법행정(제347-349호), 한국사법행정학회, 1989. 11-1990. 1.

이상태,「불법행위에 있어서의 손해배상의 구조와 인과관계」, 사법연구2:불법행위법의 제문제, 삼영사, 1985.

--------,「사회정의와 사회법」, 한터이철원교수화갑기념논문집, 1993.

이성호, 「공무원의 통근재해와 공무상 재해인정의 한계」, 법조, 법조협회, 1996. 5.

이순영,「교통사고소송에 있어서 과실상계운영상의 문제점」, 사법연구자료(제8집), 법원행정처, 1981.

이영희,「근로계약의 법적 성격과 제약구조에 관한 연구」, 박사학위논문(서울대학교), 1987.

이용우,「일실이익의 산정(상)」, 법률신문(제1889호), 1989. 11. 13자.

이우태,「재해보상과 사용자의 국가에 대한 구상권 여부」, 노동법률(제50호), 중앙경제사, 1995. 7.

이은영,「산업재해와 안전의무」, 부동산법학의 제문제(석하김기수교수화갑기념논문집), 박영사, 1992.

이인재,「공작물책임에 있어서의 하자」, 민사재판의 제문제(제7권), 한국사법행정학회, 1993.

이재훈, 판례불법행위법(제13권), 한국사법행정학회, 1996.

이철수,「현행 임금제도의 비판적 검토」, 노동법연구(제12호), 서울대학교노동법연구회, 2002. 12.

이철원,「노동법의 생성에 관한 연구-시민법원리의 변천과정을 중심으로-」, 박사학위논문(부산대학교), 1981.

이학춘,「업무상 재해와 구제제도에 관한 연구」, 동아법학(제9호), 동아대학교법학연구소, 1989.

이호준,「산재·직업병에 대한 사용자의 민사책임론-불법행위책임과 책무불이행책임구성의 비교」, 국제화시대의 노동법의 과제(가산김치선박사고희기념논문집), 박영사, 1994.

이흥재, 「과로사의 인정기준에 관한 판례의 경향」, 서울대학교 노동법연구회, 2001. 3. 세미나 자료.

임종윤, 「인과관계와 손해배상의 범위-인신상해소송을 중심으로-」, 인권과 정의(제242호), 1996. 10.

전광석, 「산업해재의 법적 문제」, 법과 사회(제7호), 법과 사회이론 연구회, 1993. 1.

정동윤, 「업무상재해사고면책규정의 효력」, 법률신문(제1957호), 1990. 8. 10자

정완조, 「산업재해보상제도에 관한 연구」, 박사학위논문(원광대학교), 1996.

정지동, 「산업재해보상청구권의 성질」, 사법행정, 한국사법행정학회, 1979. 5.

조규상, 「의료면에서 본 산재보험과 노동복지」, 노동(제41권제2호), 1981. 2.

조규창, 「민법 제390조와 적극적 계약침해」, 민법학논총(후암곽윤직교수화갑기념논문집), 박영사, 1985.

조용만, 「프랑스의 통근재해 보호제도」, 노동법연구 제14호, 서울대학교노동법연구회, 2003. 6.

조일환, 「불법행위로 인한 손해배상액의 정형화·유형화에 관한 연구-공평이념을 중심으로-」, 민법학의 제문제(소봉김용한교수회갑기념), 박영사, 1990.

조임영, 「근로계약의 본질과 근로자개념」, 노동법연구(제15호), 서울대학교노동법연구회, 2003. 6.

조중현, 「민법상 손해배상의 범위의 인과관계에 관한 고찰」, 민사법학의 제문제(소봉김용한교수화갑기념논문집), 박영사, 1990.

조현래, 「재해보상면책약관의 유효성」, 상사판례연구(제4집), 상사법학회, 1991. 6.

채태병, 「사회보장제도와 민법상의 불법행위로 인한 손해배상청구권」, 사법연구자료(제6집), 법원행정처, 1979.

최기원, 「자보약관 면책조항의 적용한계」, 법률신문(제2064호), 1991. 9. 30자

한경식, 「산업재해의 구제법리에 관한 연구」, 박사학위논문(청주대학교), 1998. 12.

한국행정학회, 「산재보험과 자동차보험(책임보험중심)과의 조정방안 연구」, 근로복지공단, 2003. 2.

한문철, 「일실이익의 산정방식에 대한 이견」, 법률신문(제3150호), 2003. 2. 26자

한정현, 「산재보상과 손해배상과의 관계」, 손해배상법의 제문제(성헌황적인박사화

갑기념), 박영사, 1990,
홍춘의, 「공작물책임」, 법정고시(제16호), 법률행정연구원, 1997. 1.
황병일, 「산업재해로 인한 손해배상액결정의 몇 가지 문제점」, 인권과 정의(제181호), 대한변호사협회, 1991. 9

[외 국 문 헌]

Ⅰ. 단 행 본

岡村親宜·大竹秀雄編, 勞災職業病, エイヂル研究所, 1984.
管野和夫, 勞動法, 弘文堂, 1990.
宮本廣雄 外, 勞動法實務ヘソドフシク, 中央經濟社, 1984.
名取健昭, 現代勞動法の課題, 啓文社, 1982.
西村健一郎, 勞災補償と損害賠償, 日粒社, 1989.
西村健一郎 外, 勞動法講義(3), 有斐閣, 1979.
石井熙久, 勞動法叢論, 有斐閣, 1990.
新交通事故判例百選(第94號), 有斐閣, 1987. 9.
安西愈, 建設勞動災害の責任, 淸文社, 1981.
岩村正彦, 「勞災補償と民事責任-イギス法·フラソス」, 東京大學校出版會, 1984.
吾處光俊, 社會保障法, 有斐閣, 1990.
柔原昌廣, 勞動災害と日本の勞動法, 法律文化社, 1971.
有泉 亭, 勞動基準法, 有斐閣, 1990.
日本勞動省 勞動基準局編, 業務災害及び 通勤災害認定と實際(上), 勞動法令協會, 1984.
日本法務省訟務局行政訟務第2課編, 勞災訴訟の實務解說, 商事法研究會, 1991.
佐藤 進, 勞動法と社會保障法との交錯, 經草書房, 1979.
中窪裕也 外, 勞動法の世界, 有斐閣, 1996.
井上浩, 最新勞災保險法, 中央經濟社, 1996.

倉橋義定, 註解民事損害賠償と勞災保險給付の調整, 勞務行政研究所, 1981.
靑正寬 外, 社會保障法, 中央經濟社, 1996.
坂本中雄 外, 現代勞動法(2), 有斐閣, 1979.
片岡昇(宋剛直譯), 勞動法, 三和院, 1995.
荒本誠之, 勞動條件形成の法理, 法律文化社, 1981.
-----------, 勞災補償法害の硏究, 總合勞動硏究所, 1981.
A. Larson, The Law of Workmen's Compensation, Vol.1, New York:Mathew Bender, 1993.
Gamillscheg, Arbeitsrecht, Bd.1, 7.Aufl, 1987.
G. Calabreisi, 「The Cost of Accidents」, A Legal and Economic Analysis, 1970.
George E. Redja, Social Insurance and Economic Security, 3rd ed, Prentice-Hall Inc., 1988.
Hans Brox, Allgemeines Schuldrecht, 21. Auf, 1993.
ILO, International Labor Convention and Recommendation(1919-1991), ILO, Geneva, 1992.
I. T. Smith & J. C. Wood, Industrial Law, Butterworths, 1980.
M. Löwisch, Arbeitsrecht, Werner Verlag, 3. Aufl., 1991.
M. Weiss, Labour Law and Industrial Relation in Germany, Nomos Verlagsgesellschaft, 1995.
M. Whincup, Modern Employment Law, 3rd ed., Heinemann, 1980.
Neil Gilbert & Harry Specht, Dimension of Social welfare policy, N.J;prntic-hall Inc., 1974.
R. W. Rideout, Principles of Labour Law, 3rd ed., Sweet and Maxwell, 1979.
Söller, Grundriβ des Arbeitsrecht, 9. Aufl., 1987.
W. Ernst, Grundfragen des Schadensbegriffs und der Methode der Schadenserkenntnis, Festschrift fűr Schiedrmair, 1976.
W. Gitter, Abstraker Schadensausgleich im Arbeitsunfallrecht,
-----------, Sozialrect, Műnchen:C,H. Heck, 1981.
William L. Prosser, Handbook of the Law of Tort, 4th ed., West Publishing Co., 1971.

W. Rűfer, Einfuhrung in das Sozialrect, Műnchen:C,H. Heck, 1981.

W. V. H. Rogers, Windfield and Jolowicz on Tort, 11th ed., London, Sweet &Maxwell, 1979.

Ⅱ. 논 문

加藤一朗, 「勞動災害と民事責任」, 季刊勞動法(第113號), 總合勞動硏究所, 1979.

宮島尙史, 「勞災裁判の總論的展開」, 日本勞動學會誌(第43號), 1974.

高藤 沼, 「社會保障における生存權原理と社會連帶原理」, 現代の生存權, 法律文化社, 1986.

德本鎭, 「鑛害賠償におげる因果關係」, 公害法の硏究, 日本評論社, 1970.

保源喜志夫, 「勞動災害と過失相殺-問司港事件」, 社會保障判例百選, ジェリスト別冊(第56號). 1980.

---------------, 「勞災補償責任の 法的性格」, 現代勞動法講座(第12卷), 日本勞動法學會, 總合勞動硏究所, 1980.

西島海治, 「重複塡補の調整」, 交通事故, 1986. 3.

西村健一朗, 「使用者の安全配慮義務」, 季刊勞動法(第113號), 總合勞動硏究所, 1979. 9.

---------------, 「單身赴任者に關する通勤災害の認定どその課題」, 日本勞動法學會誌(第78號), 1991.

---------------, 「勞災保險の社會保障法と勞災補償·民事責任」, 日本勞動法學會誌(第40號), 1972. 10.

松岡三郎, 「通勤途上災害の勞災保險法適用問題」, 日本勞動學會誌(第43號), 1974.

水野勝, 「擴大化する勞災認定の動向と限界」, 季刊勞動法(第98號), 總合勞動硏究所, 1975.

--------, 「業務上外擴の認定構造との問題」, 季刊勞動法(第82號), 總合勞動硏究所, 1971. 12.

--------, 「フラソスの勞災補償法論」, 勞動災害補償法論(窪田集入敎授還曆記念論文集), 法律文化社, 1985.

--------, 「保険事故」, 勞動災害補償法論(窪田集入教授還暦記念論文集), 法律文化社, 1985.
窪田集人,「勞災補償の今後の問題」, 現代勞動法講座6券, 有斐閣, 1966.
--------,「勞災補償の本質」, 勞動災害補償法論, 法律文化社, 1985.
林迪廣,「災害補償責任の法的性格」, 新勞動法講座(第8卷), 有斐閣, 1973.
林弘子,「安全配慮義務の再檢討」, 季刊勞動法(第142號), 總合勞動研究所, 1987. 12.
井上克樹, 「安全配慮義務おのめぐる義務法律問題-豫見可能性, 業務上認定とそ 關係」, 勞災職業病民事賠償要覽, 勞動問題研究所, 1987.
佐藤 進,「使用者の安全配慮義務」, 勞動法の判例, 有斐閣, 1978.
柵田洋一. 「通勤災害おめぐる社會法理論」, 現代勞動法講座(第12卷), 總合勞動研究所, 1983.
下森亭, 「損益相計」, 交通事故判例百選, 有斐閣, 1975.
荒本誠之, 「勞動災害と親企業の責任」, 季刊勞動法(第94號), 總合勞動研究所, 1974. 12
--------,「勞災訴訟と勞使の安全配慮義務」, 季刊勞動法(第104號), 總合勞動研究所, 1977. 6.

사항색인

- 나 部 -

- 다 部 -

- 마 部 -

- 바 部 -

- 사 部 -

- 자 部 -

-차 部 -

- 파 部 -

- 타 部 -

- 하 部 -

부 록

Ⅰ. 신체장애 등급과 노동력상실률표

[국가배상법시행령 제2조 관련 별표2]

등 급	신 체 장 해	노동력 상실률(%)
제1급	1. 두 눈이 실명된 자 2. 씹는 것과 언어의 기능이 전폐된 자 3. 정신에 현저한 장해가 남아 항상 간호를 요하는 자 4. 흉복부 장기에 현저한 장해가 남아 항상 개호를 요하는 자 5. 반신불수가 된 자 6. 두 팔을 주관절 이상에서 상실한 자 7. 두 팔의 기능이 전폐된 자 8. 두 다리를 슬관절 이상에서 상실한 자 9. 두 다리의 기능이 전폐된 자	100
제2급	1. 한 눈이 실명되고 다른 눈의 시력이 0.02 이하로 된 자 2. 두 눈의 시력이 0.02 이하로 된 자 3. 두 팔을 완관절 이상에서 상실한 자 4. 두 다리를 족관절 이상에서 상실한 자	100
제3급	1. 한 눈이 실명되고 다른 눈의 시력이 0.06 이하로 된 자 2. 씹는 것 또는 언어의 기능이 전폐된 자 3. 정신에 현저한 장해가 남아 종신토록 노무에 종사하지 못하는 자 4. 흉복부 장기의 기능에 현저한 장해가 남아 종신토록 노무에 종사하지 못하는 자 5. 두 손의 수지를 모두 상실한 자	100
제4급	1. 두 눈의 시력이 0.06 이하로 된 자 2. 씹는 것과 언어의 기능에 현저한 장해가 남은 자 3. 고막의 전부의 결손이나 그 외의 원인으로 인하여 두 귀의 청력을 전혀 상실한 자 4. 한 팔을 주관절 이상에서 상실한 자 5. 한 다리를 슬관절 이상에서 상실한 자 6. 두 손의 수지가 모두 폐용된 자 7. 두 발을 “리스푸랑” 관절 이상에서 상실한 자	90

등 급	신 체 장 해	노동력 상실률(%)
제5급	1. 한 눈이 실명되고 다른 눈의 시력이 0.1 이하로 된 자 2. 한 팔을 완관절 이상에서 상실한 자 3. 한 다리를 족관절 이상에서 상실한 자 4. 한 팔의 기능이 전폐된 자 5. 한 다리의 기능이 전폐된 자 6. 두발의 족지를 모두 상실한 자	80
제6급	1. 두 눈의 시력이 0.1 이하로 된 자 2. 씹는 것 또는 언어의 기능에 현저한 장해가 남은 자 3. 고막의 대부분이 결손이나 그 외의 원인으로 인하여 두 귀의 청력이 이각에 접하지 아니하고서는 큰 말소리를 해득하지 못하는 자 4. 척추에 현저한 기형이나 현저한 운동장해가 남은 자 5. 한 팔의 3대 관절 중의 2개 관절이 폐용된 자 6. 한 다리의 3대 관절 중의 2개 관절이 폐용된 자 7. 한 손의 5개의 수지 또는 무지와 시지를 포함하여 4개의 수지를 상실한 자	70
제7급	1. 한 눈이 실명되고 다른 눈의 시력이 0.6 이하로 된 자 2. 고막의 중등도의 결손이나 그 외의 원인으로 두 귀의 청력이 40센티미터 이상의 거리에서는 보통 말소리를 해득하지 못하는 자 3. 정신에 장해가 남아 경이한 노무 이외에는 종사하지 못하는 자 4. 신경계통의 기능에 현저한 장해가 남아 경이한 노무 이외에는 종사하지 못하는 자 5. 흉복부 장기의 기능에 장해가 남아 경이한 노무 이외에는 종사하지 못하는 자 6. 한 손의 무지와 시지를 상실한 자 또는 무지나 시지를 포함하여 3개 이상의 수지를 상실한 자 7. 한 손의 5개의 수지 또는 무지와 시지를 포함하여 4개의 수지가 폐용된 자 8. 한 발을 "리스푸랑관절" 이상에서 상실한 자 9. 한 팔에 가관절이 남아 현저한 운동장해가 남은 자 10. 한 다리에 가관절이 남아 현저한 운동장해가 남은 자 11. 두 발의 족지가 모두 폐용된 자 12. 외모에 현저한 추상이 남은 자 13. 양쪽의 고환을 상실한 자	60

등 급	신 체 장 해	노동력 상실률(%)
제8급	1. 한 눈이 실명되거나 한 눈의 시력이 0.02이하로 된 자 2. 척추에 운동장해가 남은 자 3. 한 손의 무지를 포함하여 2개의 수지를 상실한 자 4. 한 손의 무지와 시지가 폐용된 자 또는 한 손의 무지나 시지를 포함하여 3개 이상의 수지가 폐용된 자 5. 한 다리가 5센티미터 이상 단축된 자 6. 한 팔의 3대 관절 중의 1개 관절이 폐용된 자 7. 한 다리의 3대 관절 중의 1개 관절이 폐용된 자 8. 한 팔에 가관절이 남은 자 9. 한 다리에 가관절이 남은 자 10. 한 발의 5개의 족지를 모두 상실한 자 11. 비장 또는 한쪽의 신장을 상실한 자 12. 전신의 40퍼센트 이상에 추상이 남은 자	50
제9급	1. 두 눈의 시력이 0.6 이하로 된 자 2. 한 눈의 시력이 0.06 이하로 된 자 3. 두 눈에 반맹증·시야협착 또는 시야변상이 남은 자 4. 두 눈의 안검에 현저한 결손이 남은 자 5. 코가 결손되어 그 기능에 현저한 장해가 남은 자 6. 씹는 것과 언어의 기능에 장해가 남은 자 7. 고막의 전부가 결손이나 그 외의 원인으로 인하여 한 귀의 청력을 전혀 상실한 자 8. 한 손의 무지를 상실한 자 또는 시지를 포함하여 2개의 수지를 상실한 자 또는 무지와 시지 외의 3개의 수지를 상실한 자 9. 한 손의 무지를 포함하여 2개의 수지가 폐용된 자 10. 한 발의 제1족지를 포함하여 2개 이상의 족지를 상실한 자 11. 한 발의 족지가 모두 폐용된 자 12. 생식기에 현저한 장해가 남은 자 13. 정신에 장해가 남아 종사할 수 있는 노무가 상당한 정도로 제한된 자 14. 신경계통의 기능에 장해가 남아 종사할 수 있는 노무가 상당한 정도로 제한된 자	40
제10급	1. 한 눈의 시력이 0.1 이하로 된 자 2. 씹는 것 또는 언어의 기능에 장해가 남은 자 3. 14개 이상의 치아에 대하여 치과 보철을 가한 자	30

등 급	신 체 장 해	노동력 상실률(%)
제10급	4. 고막의 대부분의 결손이나 그 외의 원인으로 인하여 한 귀의 청력이 이각에 접하지 아니하고서는 큰 말소리를 해득하지 못하는 자 5. 한 손의 시지를 상실한 자 또는 무지와 시지 이외의 2개의 수지를 상실한 자 6. 한 손의 무지가 폐용된 자 또는 시지를 포함하여 2개의 수지가 폐용된 자 또는 무지와 시지 외의 3개의 수지가 폐용된 자 7. 한 다리가 3센티미터 이상 단축된 자 8. 한 발의 제1족지 또는 그 외의 4개의 족지를 상실한 자 9. 한 팔에 3대 관절 중의 1개 관절의 기능에 현저한 장해가 남은 자 10. 한 다리의 3대 관절 중의 1개 관절의 기능에 현저한 장해가 남은 자	30
제11급	1. 두 눈의 안구에 현저한 조절 기능장애나 또는 현저한 운동장해가 남은 자 2. 두 눈의 안검에 현저한 운동장해가 남은 자 3. 한 눈의 안검에 현저한 결손이 남은 자 4. 고막의 중등도의 결손이나 그 외의 원인으로 인하여 한 귀의 청력이 40센티미터 이상의 거리에서는 보통 말소리를 해득하지 못하는 자 5. 척추에 기형이 남은 자 6. 한 손의 중지 또는 약지를 상실한 자 7. 한 손의 시지가 폐용된 자 또는 무지와 시지 이외에 2개의 수지가 폐용된 자 8. 한 발의 제1족지를 포함하여 2개 이상의 족지가 폐용된 자 9. 흉복부 장기에 장해가 남은 자	20
제12급	1. 한 눈의 안구에 현저한 조절기능장애 또는 현저한 운동장해가 남은 자 2. 한 눈의 안검에 현저한 운동장해가 남은 자 3. 7개 이상의 차이에 대하여 치과보철을 가한 자 4. 한 귀의 이각의 대부분이 결손된 자 5. 쇄골 · 흉골 · 늑골 · 견갑골이나 또는 골반골에 현저한 기형이 남은 자 6. 한 팔의 3대 관절 중의 1개 관절의 기능에 장해가 남은 자 7. 한 다리의 3대 관절 중의 1개 관절의 기능에 장해가 남은 자	15

등 급	신 체 장 해	노동력 상실률(%)
	8. 장관골에 기형이 남은 자 9. 한 손의 중지 또는 약지가 폐용된 자 10. 한 발의 제2족지를 상실한 자 또는 제2족지를 포함하여 2개의 족지를 상실한 자 또는 제3족지 이하의 3개의 족지를 상실한 자 11. 한 발의 제1족지 또는 그 외의 4개의 족지가 폐용된 자 12. 국부에 완고한 신경증상이 남은 자 13. 외모에 추상이 남은 자	
제13급	1. 한 눈의 시력이 0.6 이하로 된 자 2. 한 눈에 반맹증 · 시야협착 또는 시야변상이 남은 자 3. 두 눈의 안검의 일부에 결손이 남거나 속눈썹에 결손이 남은 자 4. 한 손의 소지를 상실한 자 5. 한 손의 무지의 지골의 일부를 상실한 자 6. 한 손의 시지의 지골의 일부를 상실한 자 7. 한 손의 시지의 말관절을 굴신할 수 없는 자 8. 한 다리가 1센티미터 이상 단축된 자 9. 한 발의 제3족지 이하의 1개 또는 2개의 족지를 상실한 자 10. 한 발의 제2족지가 폐용된 자 또는 제2족지를 포함하여 2개의 족지가 폐용된 자 또는 제3족지 이하의 3개의 족지가 폐용된 자	10
제14급	1. 한 눈의 안검의 일부에 결손이 남거나 또는 속눈썹에 결손이 남은 자 2. 3개 이상의 치아에 대하여 치과보철을 가한 자 3. 팔의 노출면에 수장대의 추흔이 남은 자 4. 다리의 노출면에 수장대의 추흔이 남은 자 5. 한 손의 소지가 폐용된 자 6. 한 손의 무지와 시지 외의 수지의 지골이 일부를 상실한 자 7. 한 손의 무지와 시지 외의 수지의 말관절을 굴신할 수 없는 자 8. 한 발의 제3족지 이하의 1개 또는 2개의 족지가 폐용된 자 9. 국부에 신경증상이 남은 자	5

Ⅱ. 업무상 부상 또는 질병으로 인한 사망에 대한 업무상 재해인정기준

[산재보험법 시행규칙 제39조 제1항 관련]

1. 뇌혈관질환 또는 심장질환

가. 근로자가 업무수행 중에 다음의 1에 해당되는 원인으로 인하여 뇌실질내출혈·지주막하출혈·뇌경색·고혈압성뇌증·협심증·심근경색증·해리성대동맥류가 발병되거나 같은 질병으로 인하여 사망이 인정되는 경우에는 이를 업무상 질병으로 본다. 업무수행 중에 발병되지 아니한 경우로서 그 질병의 유발 또는 악화가 업무와 상당인과관계가 있음이 시간적·의학적으로 명백한 경우에도 또한 같다.

(1) 돌발적이고 예측 곤란한 정도의 긴장·흥분·공포·놀람 등과 급격한 작업환경의 변화로 근로자에게 현저한 생리적인 변화를 초래한 경우

(2) 업무의 양·시간·강도·책임 및 작업환경의 변화 등 업무상 부담이 증가하여 만성적으로 육체적·정신적인 과로를 유발한 경우

(3) 업무수행 중 뇌실질내출혈·지주막하출혈이 발병되거나 같은 질병으로 사망한 원인이 자연발생적으로 악화되었음이 의학적으로 명백하게 증명되지 아니하는 경우

나. 가목(1)에서 "급격한 작업환경의 변화"라 함은 뇌혈관 또는 심장혈관의 정상적인 기능에 뚜렷한 영향을 줄 수 있는 정도의 과중부하를 말한다.

다. 가목(2)에서 "만성적인 과로"라 함은 근로자의 업무량과 업무시간이 발병 전 3일 이상 연속적으로 일상 업무보다 30% 이상 증가되거나 발병 전 1주일 이내에 업무의 양·시간·강도·책임 및 작업환경 등이 일반인이 적응하기 어려운 정도로 바뀐 경우를 말한다.

2. 물리적인 인자로 인한 질병

물리적인 인자에 노출되는 상태에서 업무를 수행하는 근로자에게 다음 각목의 1에 해당되는 증상 또는 소견이 나타나는 경우에는 이를 업무상 질병으로 본다.

가. 자외선에 노출되는 업무로 인한 전안부(前眼部)질환 또는 피부질환

나. 적외선에 노출되는 업무로 인한 망막화상·백내장 등의 안질환

다. 레이저광선에 노출되는 업무로 인한 망막화상 등의 안질환 또는 피부질환

라. 마이크로파에 노출되는 업무로 인한 백내장 등의 안질환

마. 유해방사선에 노출되는 업무로 인한 급성방사선증·피부궤양 등의 방사선 피부장해·백내장 등의 방사선 안질환·방사선 폐렴·재생불량성빈혈 등의 조혈기장애·골괴사 또는 기타의 방사선 장애

바. 덥고 뜨거운 장소에서의 업무로 인한 일사병 또는 열사병

사. 고열물체를 취급하는 업무로 인한 제2도 이상의 화상
아. 춥고 차가운 장소에서의 업무 또는 저온물체를 취급하는 업무로 인한 제2도 이상의 동상

3. 이상기압으로 인한 질병

잠수작업 · 잠함실내종사 · 고공종사 등으로 대기압보다 높거나 낮은 환경압조건에 노출되고 있는 근로자에게 다음 각목의 1에 해당되는 증상 또는 소견이 나타나는 경우에는 이를 업무상 질병으로 본다.

가. 고기압 또는 저기압조건에 노출된 후 6시간 내지 12시간 이내에 나타나는 다음의 1에 해당되는 장해
(1) 폐 · 중이 · 부비동 또는 치아 등에 발생한 압착증
(2) 물안경 또는 헬멧 등과 같은 잠수기기에 의한 압착증
(3) 질소마취현상 또는 중추신경계 산소독성으로 속발된 건강장해
(4) 피부 · 근골격계 · 호흡기 · 중추신경계 또는 내이 등에 발생한 감압병
(5) 뇌동맥 또는 관상동맥에 발생한 공기색전증
(6) 기흉 · 혈기흉 · 종격동 · 심낭 또는 피하기종
(7) 배부 · 복부의 통증 또는 극심한 피로감

나. 고압노출작업환경에 2개월 이상 종사하고 있거나 그 업무를 떠난 후 5년 전후에 나타나는 무혈성골괴사의 만성장해. 다만, 만성알코올중독 · 매독 · 당노병 · 간경변증 · 간염 · 류마티스성관절 · 고지질혈증 · 혈소판감소증 · 통풍 · 레이노증후군 · 결절성 다발성동맥염 · 알캅톤뇨증 및 약물치료 등 다른 원인에 의한 경우를 제외한다.

4. 소음성 난청

가. 인정기준
(1) 연속음으로 85dB(A) 이상의 소음에 노출되는 작업장에서 3년 이상 종사하거나 종사한 경력이 있는 근로자로서 한 귀의 청력손실이 40dB 이상이 되는 감각신경성 난청의 증상 또는 소견이 있을 것
(2) (1)의 규정에 의한 근로자의 증상이 다음의 요건을 충족할 것
(가) 고막 또는 중이에 뚜렷한 병변이 없을 것
(나) 순음청력검사결과 기도청력역치(氣導聽力閾值)와 골도청력역치(骨導聽力閾值) 사이에 뚜렷한 차이가 없어야 하며, 청력장해가 저음역보다 고음역에서 클 것
(다) 내이염 · 약물중독 · 열성질환 · 메니에르씨증후군 · 매독 · 두부외상 · 돌발성난청 · 유전성난청 · 가족성난청 · 노인성난청 또는 재해성 폭발음 등에 의한 난청이 아닐 것

나. 난청의 측정방법
(1) 24시간 이상 소음작업을 중단한 후 공단이 정하여 고시한 검사항목에 대하여 공단이 정하여 고시한 인력 · 시설을 갖춘 의료기관에서 500(a) · 1,000(b) · 2,000(c) 및 4,000(d)㎐의 주파수음에 대한 청력역치를 측정하여 6분법(a+2b+2c+d/6)으로 판정한다. 이 경우 순음청력계기는 ISO(International Organization for Standardization)기준으로 보정된 계기를 사용하여야 한다.

(2) 순음청력검사는 의사의 판단에 따라 3~7일간의 간격으로 3회 이상(음향외상성난청에 대하여는 요양종결 후 30일 간격으로 3회 이상) 실시하여 검사의 유의차(有意差)가 없는 경우 그중 최소가청력치를 청력장해로 인정하되, 검사결과가 다음의 모든 요건을 충족하지 아니하는 경우에는 1월 후 재검사를 실시한다.
(가) 기도청력역치와 골도청력역치의 차이가 각 주파수마다 10dB 이내일 것
(나) 상승법·하강법·혼한법 각각의 청력역치의 차이가 각 주파수마다 10dB 이내일 것
(다) 각 주파수마다 하강법의 청력역치가 상승법의 청력역치에 비해 낮거나 같을 것
(라) 반복검사 간 청력역치의 최대치와 최소치의 차이가 각 주파수마다 10dB 이내일 것
(마) 순음청력도상 어음역(500, 1000, 2000㎐)에서의 주파수간 역치변동이 20dB 이내이면 순음청력역치의 3분법 평균치와 어음청취역치의 차이가 10dB 이내일 것

5. 신체에 과도한 부담을 주는 작업으로 인한 질병
가. 작업자세 및 작업강도 등에 의하여 신체에 과도한 부담을 줄 수 있는 작업을 수행한 근로자가 다음의 1에 해당되는 질병에 이환된 경우에는 이를 업무상 질병으로 본다. 다만, 선청성이상·류마티스관절염·퇴행성 질환·통풍 등 업무상 질병에 의하지 아니한 장해의 경우에는 그러하지 아니하다.
(1) 근육·건·골격 또는 관절의 질병
(2) 내장탈(장기 또는 조직의 일부가 자기의 위치에서 다른 부위로 이탈하는 증상)
(3) 경견완증후군으로서 다음 각목의 1에 해당되는 질병
(가) 경추부의 신경 또는 기능장애
(나) 견갑부의 극상근증후군·건초염·활액낭염
(다) 상완 및 전완부의 상과염을 포함한 건초염·수근관증후군
(라) 수지의 압통과 부종을 동반한 운동기능장애
나. 가목(3)에서 "경견완증후군"이라 함은 상지에 반복적으로 무리한 힘을 가하는 업무에 6월 이상 종사한 근로자에게 나타나는 경부·견갑부·상완부·주관절·전완부 및 그 이하에서 발생된 근골격계질환을 말한다.

6. 진동장해
착암기·병타기·동력사슬톱 등의 진동공구를 취급하여 신체국부에 진동을 받는 업무에 상당기간 종사하고 있거나 종사한 경력이 있는 근로자에게 다음 각목의 1에 해당되는 증상 또는 소견이 나타나는 경우에는 이를 업무상 질병으로 본다.
가. 손가락·팔목 등에 저림·통증·냉감·뻐근함(뻣뻣함) 등의 자각증상이 지속적 또는 간헐적으로 나타나고, 다음에 해당하는 장해가 나타나거나 그중 어느 하나가 뚜렷이 나타나는 경우
(1) 수지·전완 등의 말초순환장해

(2) 수지·전완 등의 말초신경장해
(3) 수지·전완 등의 골·관절·근육·건 등의 이상으로 인한 운동기능장애
나. 레이노현상의 발현이 인정된 질병

7. 요 통
가. 업무수행 중 발생한 사고로 인한 요부의 부상(급격한 힘의 작용에 의한 배부·연부조직의 손상을 포함한다)으로 인하여 다음의 1에 해당되는 요통이 나타나는 경우에는 이를 업무상 질병으로 본다.
(1) 통상의 동작과 다른 동작에 의해 요부에 급격한 힘의 작용이 업무수행 중에 돌발적으로 가하여져서 발생한 요통
(2) 요부에 작용한 힘이 요통을 발생시켰거나 요통의 기왕증 또는 기초질환을 악화시켰음이 의학적으로 인정되는 요통
나. 요부에 과도한 부담을 주는 업무에 비교적 단기간(약 3월 이상) 종사하는 근로자에게 나타난 요통 또는 중량물을 취급하는 업무 또는 요부에 과도한 부담을 주는 작업상태의 업무에 장기간(약 5년 이상)에 걸쳐서 계속하여 종사하는 근로자에게 나타난 만성적인 요통은 이를 업무상 질병으로 본다. 다만, 방사성학적 소견상 변형성척추증·골다공증·척추분피증·척추체전방전위증 및 추체변연융기 등 일반적으로 연령의 증가에 따른 퇴행성 척추변화의 결과로 발생되는 경우를 제외한다.
다. 나목에서 "중량물을 취급하는 업무"라 함은 30㎏ 이상의 중량물을 노동시간의 1/3 이상 취급하는 업무 또는 20㎏ 이상의 중량물을 노동시간의 1/2 이상 취급하는 업무를 말한다.

8. 화학물질로 인한 중독 또는 그 속발증
화학물질을 취급하거나 이에 노출되는 업무에 종사한 경력이 있는 근로자에게 다음 각목의 1에 해당되는 증상 또는 소견이 나타나는 경우에 이를 업무상 질병으로 본다.
가. 아연·구리 등의 금속 흄으로 인한 금속열
나. 불소수지·아크릴수지 등 합성수지의 열분해 생성물로 인한 안점막의 염증 또는 기도점막의 염증 등의 호흡기질환
다. 검댕·광물유·옻·시멘트 등에 의한 봉와직염·습진·기타의 피부질환
라. 검댕·타르·피치·아스팔트·광물유·파라핀 등으로 인한 원발성상피암
마. 목재분진·짐승털의 먼지·항생물질 등에 의한 알레르기성비염·기관지천식 등의 호흡기질환
바. 공기 중의 산소농도가 부족한 장소에서의 산소결핍증

9. 염화비닐로 인한 증상 또는 그 속발증
가. 염화비닐에 노출되는 업무에 종사하거나 종사한 경력이 있는 근로자에게 다음의 1에 해당되는 증상 또는 소견이 나타나는 경우에는 이를 업무상 질병으로 본다.
(1) 간비장증후군(간섬유화·비장종대·혈소판감소증 등)
(2) 지골단 용해증
(3) 경피증
(4) 레이노현상

나. 염화비닐에 노출되는 업무에 4년 이상 종사한 근로자에게 원발성간혈관육종의 증상이 나타나는 경우에는 이를 업무상 질병으로 본다.

다. 일시적으로 다량의 염화비닐에 노출되는 업무에 종사하는 근로자에게 다음의 1에 해당되는 증상 또는 소견이 나타나는 경우에는 이를 업무상 질병으로 본다.

(1) 중추신경계장해

(2) 급성 호흡부전

10. 타르로 인한 중독 또는 그 속발증

가. 타르에 노출되는 업무에 종사하거나 종사한 경력이 있는 근로자에게 다음의 1에 해당되는 증상 또는 소견이 나타나는 경우에는 이를 업무상 질병으로 본다. 다만, 타르 외의 원인에 의한 피부질환 및 안과질환의 경우에는 그러하지 아니한다.

(1) 접촉피부염

(2) 광과민피부염(광독성·광알레르기성)

(3) 피부색소 이상

(4) 타르에 의한 염소여드름

(5) 국소모세혈관확장증

(6) 타르에 의한 사마귀

(7) 각막 위축증·각막 궤양

나. 타르에 노출되는 업무에 10년 이상 종사한 근로자에게 다음의 1에 해당되는 증상 또는 소견이 나타나는 경우에는 이를 업무상 질병으로 본다.

(1) 원발성폐암

(2) 원발성피부암(편평세포암·기저세포암)

11. 망간 또는 그 화합물로 인한 중독 또는 그 속발증

가. 망간 또는 그 화합물에 노출되는 업무에 2월 이상 종사하거나 종사한 경력이 있는 근로자에게 다음의 1에 해당되는 증상 또는 소견이 나타나는 경우에는 이를 업무상 질병으로 본다. 다만, 뇌혈관장해·일산화탄소중독후 후유증·뇌염 또는 뇌염 후 후유증·다발성경화증·윌슨병·척수소뇌변성증·뇌매독 및 원인이 명확한 말초신경염 등 망간 외의 원인에 의한 질환의 경우에는 그러하지 아니하다.

(1) 망간정신병

(2) 파킨슨증후군

(3) 근이긴장증

나. 일시적으로 다량의 망간 또는 그 화합물에 노출되어 폐렴 혹은 폐실질염에 해당하는 증상이나 소견이 나타나는 경우에는 이를 업무상 질병으로 본다.

12. 연·연합금 또는 그 화합물로 인한 중독 또는 그 속발증

가. 연·연합금 또는 그 화합물(유기연을 제외한다)에 노출되는 업무에 종사한 경력이 있는 근로자에게 다음의 1에 해당되는 증상 또는 소견이 나타나는 경우에는 이를 업무상 질병으로 본다.

(1) 신근마비

(2) 빈혈. 다만, 철결핍빈혈을 제외한다.

(3) 만성신부전증
(4) 혈중 연농도가 혈액 100밀리리터 중 40㎍ 이상 검출되고 연중독의 증상이나 소견이 나타나는 경우. 다만, 혈중 연농도가 40㎍ 미만으로 나타나는 경우에는 요중연 · ZPP · δ-ALA 등의 검사결과를 참고로 한다.

나. 일시적으로 다량의 연 · 연합금 또는 그 화합물(유기연을 제외한다)에 노출되어 연창백 · 복부산통 · 관절통 등의 급성중독현상이 나타나는 경우에는 이를 업무상 질병으로 본다.

13. 수은 · 아말감 또는 그 화합물로 인한 중독 또는 그 속발증
가. 수은 · 아말감 또는 그 화합물(유기수은을 제외한다) 또는 그의 증기나 분진 등에 노출되는 업무에 종사하고 있거나 종사한 경력이 있는 근로자에게 다음의 1에 해당되는 증상 또는 소견이 나타나는 경우에는 이를 업무상 질병으로 본다. 다만, (1)의 경우에는 전신마비 · 알코올중독 · 망간중독증 등 다른 원인에 의한 정신신경질환을, (4)의 경우에는 다른 원인에 의한 단백뇨 등 신장질환의 경우를 제외한다.
(1) 국소 또는 전신진전 · 보행장해 · 말하는 기능의 장해 등 신경계증상 또는 감정의 항진 · 성격변화 등 정신장애가 인정되는 경우
(2) 궤양성 구내염 · 과다한 타액분비 · 치은염 · 치주농양 등의 구강내질환이 인정되는 경우
(3) 안과용 세극 등 검사에서 수정체 전낭에 적회색의 침착이 일측 또는 양측성으로 확인될 경우
(4) 단백뇨 등 신장장해가 인정되는 경우

나. 일시적으로 다량의 수은 · 아말감 또는 그 화합물(유기수은을 제외한다) 또는 그의 증거나 분진 등에 노출되어 한기 · 고열 · 치조농루 · 설사 · 단백뇨 등의 신증상 그 밖의 급성중독현상이 나타나는 경우에는 이를 업무상 질병으로 본다.

14. 크롬 또는 그 화합물에 의한 중독증 또는 그 속발증
가. 크롬 또는 그 화합물에 노출되는 업무에 2년 이상 종사한 경력이 있는 근로자에게 다음의 1에 해당되는 증상 또는 소견이 나타나는 경우에는 이를 업무상 질병으로 본다. 다만, 흡연 등 크롬 또는 그 화합물이 아닌 원인에 의한 경우에는 그러하지 아니한다.
(1) 비중격궤양 및 천공, 크롬에 의한 기관지천식 등 비강 및 호흡기질환
(2) 크롬으로 인한 접촉피부염
(3) 결막염 · 결막궤양 등의 안장해
(4) 구강점막장해 또는 치근막염
(5) 원발성 폐암
(6) 비강 · 부비강 · 후두의 원발성암

나. 일시적으로 다량의 크롬 또는 그 화합물에 노출된 근로자에게 나타나는 급성장해로 다음의 1에 해당되는 증상 또는 소견이 나타나는 경우에는 이를 업무상 질병으로 본다.
(1) 급성 호흡기질환
(2) 급성 신장장해 등 급성중독

15. 카드뮴 또는 그 화합물로 인한 중독 또는 그 속발증
 가. 카드뮴 또는 그 화합물에 노출되는 업무에 2년 이상 종사한 경력이 있는 근로자에게 다음의 1에 해당되는 증상 또는 소견이 나타나는 경우에는 이를 업무상 질병으로 본다.
  (1) 세뇨관성 신질환 및 그 결과로 인한 골연화증
  (2) 폐기종
  (3) 후각신경마비(무후각증)
 나. 일시적으로 다량의 카드뮴 또는 화합물에 노출된 근로자에게 다음의 1에 해당되는 증상 또는 소견이 나타나는 경우에는 이를 업무상 질병으로 본다.
  (1) 폐렴 혹은 폐실질염
  (2) 급성 위장관계질환
16. 벤젠으로 인한 중독 또는 그 속발증
 가. 벤젠에 노출되는 업무에 종사하고 있거나 종사한 경력이 있는 근로자에게 다음의 1에 해당되는 증상 또는 소견이 나타나는 경우에는 이를 업무상 질병으로 본다. 다만, 혈액질환과 피부질환의 경우에는 소화기질환·철분결핍성빈혈 등 영양부족 및 만성소모성질환 등 다른 원인에 의한 경우에는 그러하지 아니하다.
  (1) 빈혈·백혈구감소증·혈소판감소증·범혈구감소증
  (2) 급성 또는 만성 피부염
 나. 1ppm 이상의 농도에 10년 이상 노출된 근로자에게 다음의 1에 해당하는 조혈기계질환이 나타나는 경우에는 이를 업무상 질병으로 본다. 다만, 노출기간이 10년 미만이더라도 누적 노출량이 10ppm 이상인 경우나 과거 노출력에 대한 기록이 불분명하여 현재의 노출농도를 기준으로 10년 이상 누적 노출량이 1ppm 이상인 경우에는 이를 업무상 질병으로 본다.
  (1) 백혈병
  (2) 골수형성이상증후군
  (3) 다발성 골수종
  (4) 재생불량성 빈혈
 다. 일시적으로 다량의 벤젠증기를 흡입하여 두통·현기증·구역·구토·흉부압박감·흥분상태·경련·섬망·혼수상태 기타 급성중독 증상이 나타나는 경우에는 이를 업무상 질병으로 본다.
17. 지방족 및 방향족 화합물 중 유기용제로 인한 중독 또는 그 속발증
 가. 지방족 및 방향족 화합물중 유기용제(톨루엔·크실렌·스티렌·사이클로헥산·노말헥산 등)에 노출되는 업무에 종사하거나 종사한 경력이 있는 근로자에게 다음의 1에 해당되는 증상 또는 소견이 나타난 경우에는 이를 업무상질병으로 본다. 다만, (1) 및 (2)의 경우에는 그 업무를 떠난 후 3월이 경과되지 아니한 경우에 한한다.
  (1) 접촉피부염
  (2) 결막염·각막염 또는 비염 등 점막자극질환
  (3) 중추신경장해. 다만, 뇌손상·간질·알코올이나 약물중독 및 동맥경화증 등에 의한 질환을 제외한다.

(4) 말초신경병증. 다만, 당뇨병 · 알코올 · 척추손상 · 연 · 비소 · 아크릴아미드 · 이황화탄소 및 신경포착 등 다른 원인에 의한 질환을 제외한다.
(5) 만성신부전 혹은 급성세뇨관괴사. 다만, 고혈압 · 당뇨병 등 다른 원인에 의한 질환을 제외한다.
(6) 전신성 경화증. 다만, 유전적 소인 및 다른 원인에 의한 질환을 제외한다.

나. 일시적으로 다량의 유기용제를 흡입하여 의식장해 · 경련 · 심장질환 · 급성중독 증상 등이 나타나는 경우에는 이를 업무상 질병으로 본다.

18. 트리클로로에틸렌으로 인한 중독 또는 그 속발증

가. 트리클로로에틸렌에 노출되는 업무에 종사하고 있거나 종사한 경력이 있는 근로자에게 다음의 1에 해당되는 증상 또는 소견이 나타나는 경우에는 이를 업무상 질병으로 본다. 다만, (1) 내지 (5)의 경우에는 업무를 떠난 후 3월이 경과되지 아니한 경우에 한한다.
(1) 접촉피부염
(2) 결막염 · 각막염 또는 비염 등 점막자극질환
(3) 독성간염. 다만, 약물 · 알코올 등 다른 원인에 의한 질환을 제외한다.
(4) 삼차신경마비. 다만, 바이러스 감염 · 종양 등에 의한 질환을 제외한다.
(5) 다형홍반 및 스티븐스존슨 증후군. 다만, 약제 · 감염 · 후천성면역결핍증 · 악성종양 등 다른 원인에 의한 질환을 제외한다.
(6) 중추신경장해. 다만, 뇌손상 · 간질 · 알코올이나 약물중독 및 동맥경화증 등에 의한 질환을 제외한다.
(7) 말초신경병증. 다만, 당뇨병 · 알코올 · 척추손상 등 다른 원인에 의한 질환을 제외한다.
(8) 만성신부전 및 급성세뇨관괴사. 다만, 고혈압 · 당뇨병 등 다른 원인에 의한 질환을 제외한다.

나. 일시적으로 다량의 트리클로로에틸렌을 흡입하여 의식장해, 경련, 심장질환 그 밖의 급성중독 증상이 나타나는 경우에는 이를 업무상 질병으로 인정한다.

19. 디이소시아네이트로 인한 중독 또는 그 속발증

디이소시아네이트(TDI · MDI · HDI 등)에 노출되는 업무(도장작업 · 가구제조 · 폴리우레탄제조 · 인조피혁 제조 등)에 종사한 경력이 있는 근로자에게 다음의 1에 해당되는 증상 또는 소견이 나타나는 경우에는 이를 업무상 질병으로 본다. 다만, 내인성천식 또는 다른 항원물질에 외인성천식 등 다른 원인에 의한 질병의 경우에는 그러하지 아니한다.

가. 피부염 또는 알레르기 접촉피부염 등 피부질환
나. 각막염 또는 결막염 등 안질환
다. 기관지천식 · 반응성 기도 과민증후군 · 과민성 폐장염 등 호흡기질환
라. 디이소시아네이트 특이항원(Specific IgE)이 발견되고, 작업에 따른 최고호기유속의 변화를 나타내며, 메타콜린 유발시험에 양성인 기관지천식
마. 원인물질에 의한 유발시험에 양성인 기관지천식

20. 이황화탄소(CS_2)로 인한 중독 또는 그 속발증
  가. 10ppm내외의 CS_2증기에 노출되는 업무에 2년 이상 종사한 근로자에게 다음의 1에 해당되는 증상 또는 소견이 나타나는 경우에는 이를 업무상 질병으로 본다.
    (1) 망막의 미세혈관류 · 다발성뇌경색증 · 신장조직검사상모세관간사구체경화증 중 하나가 있는 경우. 다만, 당뇨병 · 고혈압 · 혈관장해 등 CS_2 외의 원인에 의한 질병을 제외한다.
    (2) 미세혈관류를 제외한 망막병변 · 다발성말초신경병변 · 시신경염 · 관상동맥성 심장질환 · 중추신경기능장애 또는 정신장애 중 2가지 이상이 있는 경우. 다만, 당뇨병 · 고혈압 · 혈관장해 등 CS_2 외의 원인에 의한 질병을 제외한다.
    (3) (2)의 장해 중 1가지가 있고, 신장장해 · 간장장해 · 조혈계장해 · 생식계장해 · 감각신경성난청 · 고혈압증 중 1가지 이상이 있는 경우
  나. 20ppm 이상의 CS_2증기에 2주 이상 노출되고 있는 근로자에게 의식혼탁 · 섬망 · 정신분열증 및 조울증과 같은 정신이상증세가 갑작스럽게 나타나는 경우에는 이를 업무상 질병으로 본다.
  다. 대량 또는 고농도의 CS_2증기에 노출되어 의식장해 등의 급성중독 증상이 나타나는 경우에는 이를 업무상 질병으로 본다.

21. 석면으로 인한 질병

석면에 노출되는 업무에 종사한 경력이 있는 근로자에게 다음 각목의 1에 해당되는 증상 또는 소견이 나타나는 경우에는 이를 업무상 질병으로 본다.
  가. 석면폐증
  나. 원발성 폐암 또는 악성 중피종증 다음의 1에 해당되는 경우
    (1) 석면폐증과 동반한 경우
    (2) 늑막비후 · 초자성비후 · 판상석회화 · 담액증 · 석면소체 또는 석면섬유를 동반하거나 발견되는 경우
    (3) (1) 또는 (2)의 소견은 없지만 석면에 10년 이상 노출된 경우. 다만, 노출기간이 10년 미만인 경우에도 흡연력 · 석면노출력 · 노출 후 발병까지의 기간 등을 참작하여 석면으로 인한 질병으로 인정되는 경우를 포함한다.

22. 세균 · 바이러스 등의 병원체로 인한 질병

병원체에 의한 감염이 확인되고 감염균 또는 감염원에 대하여 의학적으로 의미 있는 접촉이 있으며 접촉 후 감염발생에 필요한 충분한 잠복기가 있는 경우 이러한 감염의 발생이 업무와 관련이 있다고 판단되는 경우 이를 업무상 질병으로 본다.
  가. 보건의료 및 집단수용시설 종사자의 감염
    (1) B형간염 · C형간염 · 매독 · 후천성면역결핍증 등의 혈액전파성 감염질환에 이환된 경우
    (2) 결핵 · 풍진 · 홍역 · 인플루엔자 등의 공기전파성 질환에 이환된 경우
    (3) A형간염 등 그 밖의 전염성 질환에 이환된 경우
  나. 비보건의료 종사자의 감염
    (1) 습윤지에서 업무로 인한 렙토스피라증
    (2) 옥외노동에 기인하는 쯔쯔가무시병

(3) 동물 또는 그 사체 · 짐승의 털 · 피혁 그 밖의 동물성의 물체 및 넝마, 고물의 취급으로 인한 탄저병 · 단독 · 브루셀라증
(4) 유행지역에서 야외활동이 많은 직업종사자, 유행지역에서 업무수행을 위한 출장 근로자 및 실험실 근무자 등에게 발병된 유행성 출혈열 · 말라리아
(5) 오염된 냉각수 등으로 인한 레지오넬라 감염

23. 직업성 피부질환

근로자가 업무와 관련하여 다음 각목의 1에 해당되는 증상 또는 소견이 나타나는 경우에는 이를 업무상 질병으로 본다.

가. 고온 작업 및 고열물체 취급으로 인한 화상
나. 고온 및 고열작업으로 인한 한진
다. 한랭작업 및 저온물체 취급으로 인한 동창 · 동상 및 레이노병
라. 햇빛에 노출되는 옥외작업에 의한 일광화상 · 만성관성피부염 · 광선각화증
마. 전리방사선을 취급하는 업무로 인한 급 · 만성 방사선피부염
바. 유리섬유 · 대마 등 피부에 기계적 자극을 주는 물질을 취급하는 업무로 인한 피부염
사. 자극성 성분 · 알레르겐 성분 · 광독성 성분 · 광알레르겐 성분을 포함하는 물질에 노출되어 발생하는 접촉피부염
아. 세균 · 바이러스 · 곰팡이 · 기생충 등을 직접 취급하거나 이들 생물학적 인자에 감염된 물질을 취급하는 업무로 인하여 발생한 감염성 피부질환
자. 페놀류 및 하이드로퀴논류를 포함하는 물질에 의한 백반증
차. 산 · 염기를 비롯한 화학물질에 의한 화학적 화상
카. 그 밖에 위에서 언급되지 아니한 물리적 · 기계적 인자에 노출되는 업무로 인한 피부질환

24. 간질환

가. 근로자가 업무와 관련하여 다음의 1에 해당되는 원인으로 독성간염 · 급성간염 · 전격성간염 · 간농양 · 만성간염 · 간경변증 · 원발성간암이 발생 또는 악화되었거나 이로 인하여 사망한 경우에는 이를 업무상 질병으로 본다.
(1) 작업환경에서 유해물질에 노출 또는 중독된 경우
(2) 작업환경에서 병원체(세균 · 바이러스 등)에 감염된 경우. 다만, 다음의 요건을 모두 충족하여야 한다.
(가) 업무활동범위와 해당병원체의 전염경로가 일치될 것
(나) 재해 전에 해당병원체의 전염근거가 없을 것
(다) 업무수행 중 해당병원체에 전염될 만한 명백한 행위가 있을 것
(라) 해당병원체에 의한 간질환의 임상경과와 근로자의 검사소견이 일치할 것
(3) 업무상 사고나 유해물질로 인한 질병의 후유증 또는 치료과정에서 기존 간질환이 자연경과 속도 이상으로 악화된 것이 의학적으로 인정되는 경우
(4) 바이러스성 간질환을 지닌 근로자가 업무와 관련하여 다른 간염바이러스에 중복 감염된 경우

나. 다음 각호의 1에 해당하는 경우에는 업무상 질환으로 인정되지 아니한다.
(1) 업무 외적인 사유에 의한 상습적 과음으로 발생된 알코올성 간질환

(2) 양약 · 한약 · 그 밖의 검증되지 아니한 물질(민간약 · 건강보조식품 · 녹즙 등)의 사용으로 발생된 간질환
(3) 과체중 · 당뇨병 등의 합병증으로 발생된 지방간 · 지방간염 · 간경변증
(4) 자가면역성 간염 · 유전성 간질환 · 혈관질환 등으로 발생된 간질환
(5) 간내결석 · 담도결석 · 담도암 · 췌장암 등으로 발생된 간질환
(6) 심장질환 · 폐질환 · 위장관질환 · 혈액질환에 의한 간질환
(7) 다른 장기의 악성종양이 간에 전이된 간질환

Ⅲ. 개별직종노임단가(2003. 9-2006. 5)

[대한건설협회 통계자료]

번호	직 종 명	2006. 5	2005. 9	2005. 5	2004. 9	2004. 5	2003. 9
*1	갱 부	54,234	53,900	53,063	52,806	52,551	50,903
2	건축목공	92,518	90,046	90,370	88,571	88,581	87,481
3	형틀목공	92,808	91,893	93,642	92,862	92,709	92,242
4	창호목공	83,652	81,895	85,388	86,080	86,478	82,618
5	철 골 공	92,667	94,733	95,091	93,061	92,775	89,660
6	철 공	92,135	93,552	93,202	94,502	94,778	90,908
7	철 근 공	98,887	97,389	97,761	95,897	95,566	93,842
8	철 판 공	89,096	90,303	87,581	86,533	87,376	83,753
9	샷 시 공	88,219	83,138	81,639	81,570	81,729	81,707
10	절 단 공	83,943	79,276	82,480	83,145	82,384	79,726
11	석 공	92,637	96,009	93,579	95,946	97,837	95,056
12	특수비계공	102,509	98,891	99,532	99,717	99,410	100,895
13	비 계 공	101,854	98,529	97,356	95,622	95,541	97,360
*14	동발공(터널)	74,120	71,485	68,371	68,277	68,243	67,311
15	조 적 공	83,561	83,710	84,806	85,554	85,568	85,904
16	치장벽돌공	84,617	84,240	85,899	87,596	90,122	86,484
*17	벽돌(블록) 제작공	86,192	85,266	81,865	81,362	78,445	81,450
18	미 장 공	86,273	86,731	86,978	88,863	89,016	87,223
19	방 수 공	69,384	71,223	69,892	70,360	70,655	70,788
20	타 일 공	97,148	97,355	97,014	95,194	95,268	98,192
21	줄 눈 공	78,247	77,168	78,606	77,783	77,812	79,875
22	연 마 공	79,014	76,365	79,348	80,949	81,721	77,869
23	콘크리트공	91,208	89,575	88,759	90,480	90,529	88,153
24	보일러공	73,557	75,456	71,069	70,093	69,773	65,972
25	배 관 공	76,816	76,528	76,209	75,046	74,921	73,508
26	배관공(수도)	100,549	101,443	96,117	93,683	91,448	88,528

번호	직 종 명	2006. 5	2005. 9	2005. 5	2004. 9	2004. 5	2003. 9
27	위 생 공	75,542	73,159	73,151	73,974	74,058	73,589
28	보 온 공	82,710	80,092	77,097	76,656	76,164	72,946
29	도 장 공	83,825	84,343	82,503	81,720	81,436	82,782
30	내 장 공	88,125	88,373	86,954	88,014	88,124	84,105
31	도 배 공	77,240	77,499	79,785	79,152	82,635	84,417
32	지붕잇기공	83,644	85,466	86,338	85,507	86,408	81,949
33	견 출 공	88,769	88,586	88,634	86,667	85,418	81,207
34	판넬조립공	87,052	84,223	81,695	83,848	84,056	83,201
35	화약취급공	74,277	73,968	76,932	79,230	81,236	81,540
36	착 암 공	70,899	67,072	66,437	66,491	66,640	68,402
*37	보 안 공	54,848	54,507	53,112	52,495	50,283	49,639
38	포 장 공	86,020	84,916	88,353	89,164	87,513	83,276
39	포 설 공	77,160	75,216	75,198	74,884	73,751	71,760
*40	궤 도 공	80,644	78,100	75,401	77,196	76,159	72,675
41	용접공(철도)	89,637	84,916	86,048	88,287	85,937	86,402
*42	잠 수 부	119,692	120,266	117,101	115,575	109,358	103,094
43	보링공(지질조사)	79,682	77,400	75,681	74,595	71,899	68,006
44	조 경 공	72,778	71,972	73,643	74,406	75,810	74,905
45	벌 목 부	82,465	80,578	78,178	79,326	80,390	75,772
*46	조림인부	66,116	64,171	59,978	59,010	61,063	58,649
47	플랜트 기계설치공	92,968	90,260	86,182	84,789	85,632	87,070
*48	플랜트 특수용접공	116,416	111,905	107,980	106,751	107,339	107,487
49	플랜트 용접공	103,978	99,121	94,966	94,448	91,065	92,780
50	플랜트 배관공	104,831	99,842	95,256	94,685	93,458	94,175
51	플랜트 제관공	91,288	86,524	83,153	82,689	81,260	82,426
52	시공측량사	68,369	69,577	65,929	65,038	67,328	62,981
53	시공측량사 조수	49,815	47,743	46,250	45,716	46,438	44,666
54	측 부	40,269	42,022	39,817	38,903	38,861	38,725
55	송전전공	268,583	260,549	249,192	245,642	257,779	256,296
56	송전활선 전공	294,659	294,624	281,458	285,822	291,077	291,495
57	배전전공	170,320	172,551	171,904	171,985	173,271	176,342
58	배전활선 전공	268,557	265,023	261,466	258,763	255,412	251,315

번호	직 종 명	2006. 5	2005. 9	2005. 5	2004. 9	2004. 5	2003. 9
59	플랜트 전공	83,673	83,741	81,360	80,149	82,619	80,465
60	내선전공	81,852	81,450	79,955	81,196	81,127	77,372
61	특고압케이블전공	153,662	146,779	139,318	138,004	135,487	137,538
62	고압케이블 전공	128,801	122,430	116,146	118,207	115,876	110,551
63	저압케이블 전공	100,277	98,042	92,825	91,867	89,719	85,964
*64	철도신호공	117,087	115,523	109,631	110,020	107,939	104,965
65	계 장 공	95,188	92,401	89,203	88,927	86,342	83,629
66	통신외선공	122,040	121,389	119,153	117,747	116,322	113,671
67	통신설비공	94,355	93,996	92,803	92,328	92,326	91,509
68	통신내선공	84,957	84,899	83,906	82,661	82,617	82,159
69	통신케이블공	124,107	123,196	123,626	122,838	120,384	116,681
70	무선안테나공	99,598	98,866	94,851	93,195	92,296	94,930
71	작업반장	76,122	75,504	71,300	70,235	70,132	69,773
*72	목 도	77,108	77,443	72,756	74,772	73,434	75,609
73	조 력 공	65,268	63,868	63,298	61,644	60,980	63,399
74	특별인부	72,914	70,264	67,570	66,422	66,586	66,051
75	보통인부	56,822	55,252	53,090	52,585	52,565	52,374
76	건설기계운전기사	78,468	77,953	76,364	77,606	77,604	78,015
*77	건설기계조장	78,049	79,304	77,633	79,984	82,890	85,318
78	운전사(운반차)	68,230	66,286	65,442	65,086	65,217	63,443
79	운전사(기 계)	62,728	63,226	61,373	62,252	62,251	61,525
*80	건설기계운전조수	55,000	52,731	50,528	51,211	50,268	49,488
*81	고급선원	85,941	86,732	79,981	79,136	82,137	87,190
*82	보통선원	66,057	63,645	59,008	58,491	60,465	62,006
**83	선 부	–	49,483	45,600	45,025	44,548	40,913
*84	준설선선장	99,912	100,617	91,330	89,553	88,531	86,560
*85	준설선기관장	83,198	83,881	79,954	78,718	80,527	80,865
*86	준설선기관사	72,465	70,024	66,118	65,733	67,818	64,117
*87	준설선운전사	75,808	73,252	69,592	70,227	71,524	68,993
*88	준설선전기사	72,253	69,814	64,800	64,251	62,934	63,626
89	기계설치공	79,538	76,814	72,782	71,841	72,326	69,484

번호	직 종 명	2006. 5	2005. 9	2005. 5	2004. 9	2004. 5	2003. 9
90	기 계 공	70,524	67,754	65,477	65,205	64,630	62,214
**91	현 도 사	–	78,942	–	72,008	71,394	–
*92	제 도 사	67,200	67,017	64,800	66,699	65,819	64,391
*93	시험관련기사	60,962	60,426	59,511	61,181	61,469	59,796
*94	시험관련산업기사	55,319	54,770	–	53,040	52,027	52,266
*95	시험관련기능사	43,818	–	43,581	43,360	42,308	40,673
96	유 리 공	87,842	83,433	80,725	79,776	79,510	76,752
97	함 석 공	76,455	80,533	75,000	73,732	75,930	74,277
98	용접공(일반)	90,337	89,422	89,071	87,854	87,771	82,490
99	닥 트 공	77,596	77,604	77,757	76,871	77,834	77,551
100	할 석 공	91,816	92,153	90,225	89,794	91,529	87,655
101	제철축로공	153,914	153,293	142,425	139,534	135,750	129,415
102	지적기사	142,804	138,609	125,546	123,590	123,289	117,742
103	지적산업기사	123,110	119,414	107,173	104,251	103,939	98,765
104	지적기능사	77,080	73,437	65,101	63,884	63,602	61,492
*105	H / W설치사	112,837	111,540	106,918	106,214	106,011	103,042
*106	H / W시험사	126,440	124,892	119,648	119,159	119,130	117,777
*107	S / W시험사	135,028	133,148	128,755	128,300	128,099	125,795
108	CPU시험사	114,487	114,597	114,860	113,780	113,736	111,646
*109	광통신설치사	126,859	129,486	127,889	127,223	126,819	126,550
110	광케이블설치사	132,222	131,027	128,307	126,937	126,476	124,966
*111	도 편 수	146,336	140,258	145,520	146,113	144,913	142,221
*112	목조각공	113,684	110,408	109,091	110,040	109,539	108,727
113	한식목공	116,576	116,318	117,078	118,334	118,192	116,974
114	한식목공조공	84,185	81,448	79,730	80,023	81,065	77,683
*115	드잡이공	120,603	120,031	115,742	116,890	116,374	115,088
116	한식와공	161,349	166,102	168,885	167,954	170,663	170,386
*117	한식와공조공	110,732	114,844	115,120	116,420	118,228	115,632
*118	석조각공	116,364	110,444	109,821	110,487	109,288	106,986
*119	특수화공	144,724	141,964	141,727	143,359	146,665	154,303
*120	화 공	101,818	101,032	97,786	98,191	98,986	97,726
121	한식미장공	99,550	97,815	98,986	100,054	99,297	98,036

번호	직 종 명	2006. 5	2005. 9	2005. 5	2004. 9	2004. 5	2003. 9
122	원자력배관공	119,880	113,767	101,123	98,816	–	99,434
123	원자력용접공	129,968	123,219	112,181	110,621	110,194	108,898
124	원자력기계 설치공	129,900	123,343	113,878	112,549	111,268	108,186
**125	원자력덕트공	–	–	–	–	–	89,006
**126	원자력제관공	–	–	–	–	79,544	86,371
127	원자력케이블전공	112,308	106,148	99,036	96,837	–	95,940
*128	원자력계장공	109,585	102,330	95,096	93,084	–	88,816
129	원자력기술자	99,148	94,412	90,119	89,162	87,690	85,455
130	중급원자력기술자	115,767	110,067	104,182	102,500	101,462	98,667
131	상급원자력기술자	151,425	144,411	134,832	132,480	130,874	127,995
132	원자력품질관리사	135,637	129,327	119,621	117,953	116,278	115,823
133	원자력특별인부	81,784	77,729	74,121	73,179	–	70,000
*134	원자력보온공	125,998	119,589	108,000	105,740	103,802	102,108
135	원자력플랜트전공	126,663	120,011	110,288	108,308	106,573	104,710
136	고급원자력 비파괴시험공	130,102	123,262	114,926	112,320	109,714	105,914
*137	특급원자력 비파괴시험공	153,729	144,971	134,504	132,229	130,162	130,869
138	통신관련기사	113,863	112,911	108,401	107,303	106,603	106,136
139	통신관련산업기사	107,477	106,556	102,108	102,015	103,973	100,760
140	통신관련기능사	96,940	96,861	92,170	93,209	92,685	93,644
*141	노 즐 공	80,717	–	74,131	73,506	74,157	71,903
142	코 킹 공	85,934	81,049	78,079	77,140	77,641	79,407
143	전기공사기사	93,044	91,837	88,509	87,345	86,807	84,424
144	전기공사산업기사	83,991	81,786	78,275	77,926	77,697	76,461
145	변전전공	120,581	118,328	113,345	112,878	112,781	111,640

* 표시 직종은 조사현장수가 5개 미만 직종임

** 표시 직종은 조사되지 않은 직종이므로 그 적용은 앞의 '이용상의 주의사항'을 참고하시기 바람

[직종해설]

1. **갱 부**: 터널이나 갱(굴) 속에서 토석 채취나 굴착작업에 종사하는 사람
2. **건축목공**: 건축물의 축조 및 실내 목구조물의 제작, 설치 또는 해체작업에 종사하는 목수
3. **형틀목공**: 콘크리트타설을 위하여 형틀 및 동바리를 제작, 조립 및 해체작업을 하는 목수
4. **창호목공**: 건물에서 목재로 된 창 및 문짝을 제작 또는 설치하는 목수
5. **철골공**: H빔 BOX빔 등 철골의 가공, 조립 및 해체 등의 작업에 종사하는 사람
6. **철 공**: 철재의 가공, 조립, 설치 등의 작업에 종사하는 사람
7. **철근공**: 철근의 가공, 조립, 해체 등의 작업에 종사하는 사람
8. **철판공**: 철판을 주자재로 하여 제작, 가공, 조립 및 해체를 하는 사람
9. **샷시공**: 철재 창문틀, 샷시 또는 셔터를 제작, 설치, 해체하는 사람
10. **절단공**: 각종 철제를 소정의 규격으로 절단하는 사람
11. **석 공**: 대할 및 소할된 석재를 가공하여 형성된 마름돌과 석재를 설치 또는 붙이거나 일반 쌓기를 하여 구조물을 축조하는 사람
12. **특수비계공**: 15m 이상의 곳에서 비계, 운반대, 작업대, 보호망 등의 설치 및 해체작업에 종사하는 사람
13. **비계공**: 15m 미만의 곳에서 비계, 운반대, 작업대, 보호망 등의 설치 및 해체작업에 종사하는 사람
14. **동발공(터널)**: 터널이나 갱내에서 동바리의 설치 및 해체를 하는 사람
15. **조적공**: 벽돌 및 블록을 쌓기 및 해체하는 사람
16. **치장벽돌공**: 치장벽돌로 마감쌓기를 하는 사람
17. **벽돌(블록)제작공**: 벽돌 및 블록을 소정의 규격대로 제작하는 사람
18. **미장공**: 시멘트, 몰탈이나 회반죽, 석고프라스타 및 기타 미장재료를 이용하여 구조물의 내외표면에 바름작업을 하는 사람
19. **방수공**: 구조물의 바닥, 벽체, 지붕 등의 누수방지작업을 하는 사람
20. **타일공**: 타일 또는 아스타일 등 타일류를 구조물의 표면에 부착시키는 사람
21. **줄눈공**: 석축 및 조적조에 줄눈을 장치하는 사람
22. **연마공**: 인조석 및 테라죠의 표면을 인력이나 기계로 물갈기하여 광택작업을 하는 사람
23. **콘크리트공**: 소정의 중량화 및 용적화의 콘크리트를 만들기 위해 시멘트, 모래, 자갈, 물 비비기와 부어넣기 및 바이브레타를 사용하여 다지기를 하는 사람
24. **보일러공**: 보일러 조립·설치 및 정비를 하는 사람
25. **배관공**: 설계압력 5㎏/㎠ 미만의 기계실배관 및 플랜트배관 등의 시공 및 보수를 하는 사람
26. **배관공(수도)**: 옥외(건물외부)에서 상·하수도, 공업용수로 등의 배관을 시공 및 보수하는 사람
27. **위생공**: 위생도기의 설치 및 부대작업을 하는 사람
28. **보온공**: 기기 및 배관류의 보온시공을 하는 사람
29. **도장공**: 도장을 위한 바탕처리작업 및 페인트류 및 기타 도료를 구조물 등에 칠하는 사람
30. **내장공**: 건물의 내부에 수장재를 사용하여 마무리하는 사람
31. **도배공**: 실내의 벽체, 천정, 바닥, 창호 등 실내표면에 종이나 장판지 등 도배재료를 부착시키는 사람

32. **지붕잇기공:** 기와잇기 및 슬레이트를 절단·가공하여 지붕, 벽체, 천정 등에 부착작업을 하는 사람
33. **견출공:** 콘크리트면을 매끈하게 마감공사를 하는 사람
34. **패널조립공:** P.C판넬이나 샌드위치 판넬 등에 보온재를 채우거나 자르는 등 가공하여 조립 부착하는 사람
35. **화약취급공:** 화약의 저장관리 및 장진 발파작업을 전문으로 하는 사람
36. **착암공:** 착암기를 사용하여 암반의 천공작업을 하는 사람
37. **보안공:** 암석이나 구조물의 발파작업 시 발생하는 모든 사고를 미연에 방지하기 위하여 경계신호를 하는 등 보안작업에 종사하는 사람
38. **포장공:** 도로포장 등 공사에 있어서 표면처리를 하는 사람
39. **포설공:** 골재를 포설하는 사람
40. **궤도공:** 철도의 궤도부설작업 또는 일반공사장(사업장) 내의 운반수단으로 임시 간이궤도를 부설, 해체, 유지 보수하는 작업에 종사하는 사람
41. **용접공(철도):** 열차운행선상에서 레일이음매부를 해체, 용접하는 사람
42. **잠수부:** 수중에서 잠수작업을 하는 사람
43. **보링공(지질조사):** 지하수 개발 또는 지질조사나 구조물기초설계를 위한 보링을 전문으로 사람
44. **조경공:** 수목 식재 및 조경작업을 하는 사람
45. **벌목부:** 나무를 베는 사람
46. **조림인부:** 상급기능사의 지시에 따라 수목의 식재작업에 종사하는 사람
47. **플랜트기계설치공:** 정밀을 요하는 플랜트기계설비의 조립, 설치, 조정, 검사 및 보수를 하는 사람
48. **플랜트특수용접공:** 사용압력 100㎏/㎠ 이상인 배관, 압력용기 또는 합금강의 용접작업을 하거나 TIG, MIG 등 INERT/GAS ARC 용접작업을 하는 사람
49. **플랜트용접공:** 유해가스 및 설계압력 5㎏/㎠ 이상의 기계실배관, 플랜트기기 및 배관의 용접을 하는 사람
50. **플랜트배관공:** 유해가스 및 설계압력 5㎏/㎠ 이상의 기계실배관 및 플랜트배관 시공과 보수를 하는 사람
51. **플랜트제관공:** 정밀을 요하는 플랜트의 강제구조물과 압력용기의 가공, 제작 시공 및 보수를 하는 사람
52. **시공측량사:** 공사시공을 위한 전문측량사
53. **시공측량사조수:** 시공측량사를 보조하는 사람
54. **측 부:** 측량 pole이나 staff을 가지고 측량사의 지시에 따라 움직이는 사람
55. **송전전공:** 발전소와 변전소 사이의 송전선의 철탑 및 송전설비의 시공 및 보수에 종사하는 사람
56. **송전활선전공:** 소정의 활선작업교육을 이수한 숙련송전전공으로서 전기가 흐르는 상태에서 필수 활선장비를 사용하여 송전설비에 종사하는 사람
57. **배전전공:** 22.9kv 이하의 배전설비의 시공 및 보수에 종사하는 사람으로서 전주를 세우고 완금, 애자 등의 부품과 기계류(변압기, 개폐기 등)를 설치하고 무거운 전선을 가설하는 등의 작업을 하는 사람
58. **배전활선전공:** 소정의 활선작업교육을 이수한 숙련배전전공으로서 전기가 흐르는 상태에서 필수 활선장비를 사용하여 배전설비에 종사하는 사람

59. **플랜트전공:** 발전소, 중공업설비 및 플랜트 설비의 시공 및 보수에 종사하는 사람
60. **내선전공:** 옥내전선관, 배선 및 등기구류 설비의 시공 및 보수에 종사하는 사람
61. **특고압케이블전공:** 특별고압케이블 설비의 시공 및 보수에 종사하는 사람(7,000V초과)
62. **고압케이블전공:** 고압케이블 설비의 시공 및 보수에 종사하는 사람(교류 600V초과, 직류 750V 초과 7,000V 이하)
63. **저압케이블전공:** 저압케이블 및 제어용 케이블 설비의 시공 및 보수에 종사하는 사람(교류 600V 이하, 직류 750V 이하)
64. **철도신호공:** 철도신호기를 설치하는 사람
65. **계장공:** 기계, 급배수, 전기, 가스, 위생, 냉난방 및 기타 공사에 있어서 계기(플랜트 프로세스의 자동제어장치, 공업제어장치, 공업계측 및 컴퓨터 등)를 전문으로 설치 부착 및 점검하는 사람
66. **통신외선공:** 전주, PE내관(전선관)포설, 조가선, 나선로 등의 시공 및 보수에 종사하는 사람
67. **통신설비공:** 교환기기, 무선기기 및 반송기기의 시공 및 보수에 종사하는 사람
68. **통신내선공:** 전선설치, 실내배관, 배선 및 보수공사에 종사하는 사람
69. **통신케이블공:** 각종 케이블의 가설, 포설, 접속연공시험 및 보수공사에 종사하는 사람
70. **무선안테나공:** 철탑 각종 안테나의 설치 및 보수에 종사하는 사람
71. **작업반장:** 각 공종별로 인부를 통솔하여 작업을 지휘하는 사람(십장)
72. **목 도:** 2인 이상이 1조가 되어 인력으로 중량물을 운반하는 작업에 종사하는 사람
73. **조력공:** 숙련공을 도와서 그의 지시를 받아 작업에 협력하는 사람
74. **특별인부:** 보통인부보다 다소 높은 기능 정도를 요하며, 특수한 작업조건하에서 작업하는 사람
75. **보통인부:** 기능을 요하지 않는 경작업인 일반잡역에 종사하면서 단순육체노동을 하는 사람
76. **건설기계운전기사:** 각종 건설기계의 운전과 조작을 하는 운전사(12t이상 트럭 포함)
77. **건설기계조장:** 건설기계조종원을 통솔, 지휘하는 사람
78. **운전사(운반차):** 운반을 목적으로 하는 화물자동차의 운전사
79. **운전사(기계):** 발동기, 발전기, 양수기, 윈치 등 경기계 조종원
80. **건설기계운전조수:** 건설기계운전사를 보조하는 사람
81. **고급선원:** 선박의 운항을 위한 각 부서의 책임선원
82. **보통선원:** 고급선원의 지시를 받아 선박의 운항에 조력하는 선원
83. **선 부:** 선박운항을 위하여 선박에서 작업하는 일반 잡역부
84. **준설선선장:** 준설기를 장치한 선박의 선장
85. **준설선기관장:** 준설기를 장치한 선박의 기관장
86. **준설선기관사:** 준설기를 장치한 선박의 기관사
87. **준설선운전사:** 준설기를 장치한 준설기계 운전사
88. **준설선전기사:** 준설기를 장치한 준설기계 전기사
89. **기계설치공:** 일반기계설비의 조립설치, 조정, 검사 및 보수를 하는 사람
90. **기계공:** 기계의 점검정비 및 유지보수를 하는 사람
91. **현도사:** 공작물의 중요구조부분 제작을 위하여 원형대로 그리는 사람
92. **제도사:** 고안된 설계도면에 따라 도면을 깨끗하게 제도하는 기능인

93. **시험관련기사:** 각종건설자재의 조사, 시험, 분석, 측정확인, 보고서 작성 등 제반품질 관리를 담당 처리하는 업무담당 총책임자
94. **시험관련산업기사:** 각종건설자재의 조사, 시험, 분석, 측정확인 등 제반품질 관리를 담당 처리하는 사람
95. **시험관련기능사:** 시험관련기사 · 시험관련산업기사를 보조하거나, 각종 건설자재의 품질관리 업무를 지원하는 사람
96. **유리공:** 유리를 규격에 맞게 재단하거나 끼우게 하는 사람
97. **함석공:** 함석을 가공 제작하거나 조립하는 사람
98. **용접공(일반):** 산소나 전기 등으로 철재를 용접하는 사람
99. **닥트공:** 금속박판을 가공하여 통풍닥트의 제작, 설치작업에 종사하는 사람
100. **할석공:** 큰돌을 소정의 규격에 맞도록 깨는 사람
101. **제철축로공:** 제철용 각종로(1,000℃~1,400℃) 내화물시공(R오차±1㎜이내) 및 보수를 하는 사람
102. **지적기사:** 지적산업기사가 하는 업무와 지적측량의 종합적 계획수립에 종사하는 사람
103. **지적산업기사:** 지적기능사가 하는 업무와 지적측량에 종사하는 사람
104. **지적기능사:** 지적측량의 보조 또는 도면의 정리와 등사, 면적측정 및 도면작성에 종사하는 사람
105. **H/W설치사:** 전자교환기 및 컴퓨터시스템의 하드웨어 설치 및 시공지도 운영업무에 종사하는 사람
106. **H/W시험사:** 전자교환기 및 컴퓨터시스템의 기계설비(하드웨어 포함)설치의 적정여부 및 시험, 분석, 운영 등의 업무에 종사하는 사람
107. **S/W시험사:** 전자교환기 및 컴퓨터시스템의 소프트웨어 및 프로그램 설계, 작성, 입력, 시험, 분석, 운영 등의 업무에 종사하는 사람
108. **CPU시험사:** 전자교환기용 컴퓨터 CPU 및 주변장치(TTY, MTU 등)에 대한 시험 및 운영, 프로그램의 분석, 관리업무에 종사하는 사람
109. **광통신설치사:** 광통신시설 중 광전송장치(단말장치, 중계기 포함) 설치 및 특성시험, 교정, 유지보수 업무에 종사하는 사람
110. **광케이블설치사:** 광섬유케이블의 포설, 접속, 각종시험, 시공 및 유지보수 업무에 종사하는 사람
111. **도편수:** 전통한식 건조물의 신축 또는 보수 시 설계도를 해득하고 한식목공을 총괄, 지휘하며 여러 전문직종의 우두머리가 되는 사람
112. **목조각공:** 목조불상, 한식건축물의 장식물인 포부재, 화반, 대공 등의 조각을 담당하여 새김 질을 하는 사람
113. **한식목공:** 도편수의 지휘 아래 전통한식 기법으로 목재마름질 등 목조건조물의 나무를 치목하여 깎고 다듬어서 기물이나 건물을 짜 세우는 일을 전문으로 하는 사람
114. **한식목공조공:** 전통한식 건조물의 치목, 조립을 하는 사람으로 한식목공을 보조하는 기능자
115. **드잡이공:** 내려앉거나 기울어진 목조건조물, 석조건조물을 바로잡는 일을 하는 사람
116. **한식와공:** 전통한식 건조물의 지붕을 옛 기법대로 기와를 잇거나 보수하는 사람으로 연와공사를 총괄 지휘하는 사람
117. **한식와공조공:** 한식와공의 지도를 받아 전통한식 건조물의 기와를 잇거나 보수하는 사람

118. **석조각공:** 석조불상, 기단우석, 석탑 등 석조건조물의 조각을 담당하는 사람
119. **특수화공:** 고유단청을 현장에서 시공하는 사람으로서 안료배합 및 초를 낼 수 있고 별화를 시공할 수 있는 기능을 가진 사람
120. **화　공:** 고유단청을 현장에서 시공하는 사람으로서 타분, 채색 및 색긋기·먹긋기·가칠 등을 전문으로 하는 사람
121. **한식미장공:** 미장바름재(진흙, 회삼물, 강회등)를 사용하여 한식벽체·앙벽·온돌·외역기 등을 전통기법대로 시공하는 사람
122. **원자력배관공:** 원자력발전소 건설·보수 시 원전의 안정성 및 신뢰성 확보를 위하여 다른 건설공사에 비해 엄격한 원자력관련 제 규정, 규격 및 품질보증 요구조건에 따라 1차계통의 배관작업을 하는 사람
123. **원자력용접공:** 원자력발전소 건설·보수 시 원전의 안정성 및 신뢰성 확보를 위하여 다른 건설공사에 비해 엄격한 원자력관련 제 규정, 규격 및 품질보증 요구조건에 따라 1차계통의 용접작업을 하는 사람
124. **원자력기계설치공:** 원자력발전소 건설·보수 시 원전의 안정성 및 신뢰성 확보를 위하여 다른 건설공사에 비해 엄격한 원자력관련 제 규정, 규격 및 품질보증 요구조건에 따라 1차계통의 기계조립·설치를 전문으로 하는 사람
125. **원자력덕트공:** 원자력발전소 건설·보수 시 원전의 안정성 및 신뢰성 확보를 위하여 다른 건설공사에 비해 엄격한 원자력관련 제 규정, 규격 및 품질보증 요구조건에 따라 1차계통의 덕트의 제작·설치작업을 하는 사람
126. **원자력제관공:** 원자력발전소 건설·보수 시 원전의 안정성 및 신뢰성 확보를 위하여 다른 건설공사에 비해 엄격한 원자력관련 제 규정, 규격 및 품질보증 요구조건에 따라 1차계통의 제관작업을 하는 사람
127. **원자력케이블전공:** 원자력발전소 건설·보수 시 원전의 안정성 및 신뢰성 확보를 위하여 다른 건설공사에 비해 엄격한 원자력관련 제 규정, 규격 및 품질보증 요구조건에 따라 1차계통의 케이블시공 및 보수작업을 하는 사람
128. **원자력계장공:** 원자력발전소 건설·보수 시 원전의 안정성 및 신뢰성 확보를 위하여 다른 건설공사에 비해 엄격한 원자력관련 제 규정, 규격 및 품질보증 요구조건에 따라 1차계통의 계장작업을 하는 사람
129. **원자력기술자:** 원자력발전소 건설·보수 시 안전성 및 신뢰성 확보를 위하여 다른 건설공사에 비해 엄격한 원자력관련 제 규정, 규격 및 품질보증 요구조건에 따라 계통의 설비 시공을 관리, 감독할 수 있는 기술자로 경력이 3년 미만인 사람
130. **중급원자력기술자:** 원자력발전소 건설·보수 시 안전성 및 신뢰성 확보를 위하여 다른 건설공사에 비해 엄격한 원자력관련 제 규정, 규격 및 품질보증 요구조건에 따라 1차계통의 설비 시공을 관리, 감독할 수 있는 기술자로 경력 3년 이상 6년 미만인 사람
131. **상급원자력기술자:** 원자력발전소 건설·보수 시 안전성 및 신뢰성 확보를 위하여 다른 건설공사에 비해 엄격한 원자력관련 제 규정, 규격 및 품질보증 요구조건에 따라 1차계통의 설비 시공을 관리, 감독할 수 있는 기술자로 경력이 6년 이상인 사람
132. **원자력품질관리사:** 원자력 품질관리규정(10 CFR 50 APP. B)의 요건에 따라 소정의 교육을 이수 후 관리사자격을 취득하고 원자력관련 제 규정 및 규격에 관한 지식을 보유하고 동 규정에 따라 품질보증 업무를 하는 사람

133. **원자력특별인부:** 원자력발전소 건설 · 보수 시 원전의 안전성 및 신뢰성 확보를 위하여 다른 건설공사보다 엄격한 원자력 관련 제 규정, 규격 및 품질보증 요구조건에 따라 1차 계통의 전문작업을 보조해 주는 사람
134. **원자력보온공:** 원자력발전소 건설 · 보수 시 원전의 안정성 및 신뢰성 확보를 위하여 다른 건설공사보다 엄격한 원자력 관련 제 규정, 규격 및 품질보증 요구조건에 따라 1차계통의 보온의 제작 및 설치작업을 하는 사람
135. **원자력플랜트전공:** 원자력발전소 건설 · 보수 시 원전의 안정성 및 신뢰성 확보를 위하여 다른 건설공사보다 엄격한 원자력 관련 제 규정, 규격 및 품질보증 요구조건에 따라 발. 변전설비의 시공 및 보수작업을 하는 사람
136. **고급원자력비파괴시험공:** ASNT-TC-1A의 규정에 의한 LEVEL Ⅱ 면허소지자(또는 엔지니어링기술진흥법에서 정한 비파괴분야 고급기술자)로서 원자력 관련규정, 규격의 요구조건 및 품질관리기준에 관한 기술 지식을 보유하고 동 규정에 따라 시행되는 기기, 배관 및 구조물 용접부위의 비파괴 시험에 종사하는 사람
137. **특급원자력비파괴시험공:** ASNT-TC-1A의 규정에 의한 LEVEL Ⅲ 면허소지자(또는 엔지니어링기술진흥법에서 정한 비파괴분야 특급기술자)로서 원자력 관련규정, 규격의 요구조건 및 품질관리기준에 관한 기술 지식을 보유하고 동 규정에 따라 시행되는 기기, 배관 및 구조물 용접부위의 비파괴 시험에 종사하는 사람
138. **통신관련기사:** 정보통신공사업법상의 통신기술 자격자(기사)로서 전기통신 설비의 시험 · 측정 · 조정 등에서 종사하는 사람(광단말장치 및 광중계장치 제외)
139. **통신관련산업기사:** 정보통신공사업법상의 통신기술자격자(산업기사)로서 전기통신 설비의 시험 · 측정 · 조정 등에서 종사하는 사람(광단말장치 및 광중계장치 제외)
140. **통신관련기능사:** 정보통신공사업법상의 통신기술자격자(기능사)로서 전기통신 설비의 유지보수 및 엔지니어링 업무 보조자로 종사하는 사람
141. **노즐공:** 터널벽이나 절개지의 암벽에 쇼크리트를 분사하는 사람
142. **코킹공:** 창틀, 욕조 등의 방수나 고정을 위하여 코킹작업을 하는 사람
143. **전기공사기사:** 전기공사업법상의 전기기술자격자(기사)로 전기설비의 설치 및 유지보수에 종사하는 사람
144. **전기공사산업기사:** 전기공사업법상의 전기기술자격자(산업기사)로 전기설비의 설치 및 유지보수에 종사하는 사람
145. **변전전공:** 변전소 설비의 시공 및 보수에 종사하는 사람

Ⅳ. 호프만계수

1. 법정이율에 의한 단리연금현가율(월단위)

(1 / 1 + ni i=5 / 12%)

1	0.9958	26	24.6369	51	46.1567	76	65.9046	101	84.1505
2	1.9875	27	25.5358	52	46.9786	77	66.6617	102	84.8522
3	2.9752	28	26.4313	53	47.7977	78	67.4164	103	85.5519
4	3.9588	29	27.3235	54	48.6140	79	68.9188	104	86.2496
5	4.9384	30	28.2124	55	49.4276	80	68.9188	105	86.9453
6	5.9140	31	29.5773	56	50.2384	81	69.6665	106	87.6389
7	6.8857	32	29.9804	57	51.0465	82	70.4118	107	88.3306
8	7.8534	33	30.8595	58	51.8519	83	71.1548	108	89.0202
9	8.8173	34	31.7354	59	52.6545	84	71.8956	109	89.7079
10	9.7773	35	32.6081	60	53.4545	85	72.6340	110	90.3936
11	10.7334	36	33.4777	61	54.2519	86	73.3702	111	91.0774
12	11.6858	37	34.3441	62	55.0446	87	74.1042	112	91.7592
13	12.6344	38	35.2074	63	55.8387	88	74.8359	113	92.4391
14	13.5793	39	36.9676	64	56.6281	89	75.5654	114	93.7931
15	14.5205	40	36.9248	65	57.4150	90	76.2926	115	93.7931
16	15.4580	41	37.7789	66	58.1993	91	77.0177	116	94.4673
17	16.3918	42	38.6299	67	59.9811	92	77.7406	117	95.1395
18	17.3221	43	39.4780	68	59.7603	93	78.4613	118	95.8099
19	18.2487	44	40.3231	69	60.5370	94	79.1799	119	96.4784
20	19.1718	45	41.1652	70	61.3112	95	79.8963	120	97.1451
21	20.0913	46	42.0043	71	62.0829	96	80.6106	121	97.8099
22	21.0074	47	42.8406	72	62.8521	97	81.3228	122	98.4729
23	21.9199	48	43.6739	73	63.6189	98	82.0328	123	99.1341
24	22.8290	49	44.5043	74	64.3832	99	82.7408	124	99.7934
25	23.7347	50	45.3319	75	65.1451	100	83.4467	125	100.4509

126	101.1067	159	121.7983	192	140.8468	225	158.4939	258	174.9319
127	101.7606	160	122.3983	193	141.4010	226	159.0089	259	175.4128
128	102.4128	161	122.9968	194	141.9540	227	159.5228	260	175.8928
129	103.0632	162	123.5938	195	142.5058	228	160.0357	261	176.3719
130	103.7119	163	124.1894	196	143.0562	229	160.5474	262	176.8499
131	104.3588	164	124.7834	197	143.6054	230	161.0580	263	177.3271
132	105.0039	165	125.3760	198	133.1534	231	161.5676	264	177.8033
133	105.6473	166	125.9672	199	144.7001	232	162.0761	265	178.2785
134	106.2891	167	126.5568	200	145.2455	233	162.5835	266	178.7528
135	106.9291	168	127.1451	201	145.7897	234	163.0898	267	179.2262
136	107.5674	169	127.7319	202	146.3327	235	163.5951	268	179.6986
137	108.2040	170	128.3172	203	146.8745	236	164.0993	269	180.1702
138	108.8389	171	128.9012	204	147.4150	237	164.6024	270	180.6407
139	109.4721	172	129.4837	205	147.9543	238	165.1045	271	181.1104
140	110.1037	173	130.0648	206	148.4925	239	165.6055	272	181.5792
141	110.7336	174	130.6445	207	149.0294	240	166.1055	273	182.0470
142	111.3619	175	131.2228	208	149.5651	241	166.6045	274	182.5139
143	111.9885	176	131.7998	209	150.6329	242	167.1024	275	182.9799
144	112.6135	177	132.3753	210	150.6329	243	167.5993	276	183.4451
145	113.2369	178	132.9495	211	151.1651	244	168.0952	277	183.9093
146	113.8587	179	133.5223	212	151.6951	245	168.5900	278	184.3726
147	114.4788	180	134.0937	213	152.2259	246	169.0839	279	184.8350
148	115.0974	181	134.6638	214	152.7545	247	169.5767	280	185.2966
149	115.7143	182	135.2325	215	153.2820	248	170.0685	281	185.7572
150	116.3297	183	135.7999	216	153.8083	249	170.5593	282	186.2170
151	116.3297	184	136.3659	217	154.3335	250	171.0491	283	186.6759
152	116.9435	185	136.9306	218	154.8575	251	171.5379	284	187.1339
153	118.1665	186	137.4940	219	155.3803	252	172.0257	285	187.5910
154	118.7756	187	138.0560	220	155.9021	253	172.5125	286	188.0473
155	119.3832	188	138.6168	221	156.4227	254	172.9983	287	188.5027
156	119.9893	189	139.1762	222	156.9422	255	173.4832	288	188.9573
157	120.5938	190	139.7344	223	157.4605	256	173.9670	289	189.4110
158	121.1968	191	140.2912	224	157.9778	257	174.4499	290	189.8638

291	190.3158	313	200.0498	335	209.4044	357	218.4080	379	227.0860
292	190.7669	314	200.4830	336	209.8211	358	218.8093	380	227.4731
293	191.2172	315	200.9155	337	210.2370	359	219.2100	381	227.8596
294	191.6666	316	210.3471	338	210.6522	360	219.6100	382	228.2455
295	192.1152	317	201.7780	339	211.0667	361	220.0094	383	228.6307
296	192.5630	318	202.2081	340	211.4805	362	220.4080	384	229.0153
297	193.0099	319	202.6374	341	211.8936	363	220.8060	385	229.3993
298	193.4560	320	203.0660	342	212.3060	364	221.2034	386	229.7827
299	193.9013	321	203.4938	343	212.7177	365	221.6001	387	230.1655
300	194.3457	322	203.9209	344	213.1286	366	221.9961	388	230.5476
301	194.7893	323	204.3471	345	213.5389	367	222.3915	389	230.9292
302	195.2321	324	204.7727	346	213.9484	368	222.7862	390	231.3101
303	195.6741	325	205.1975	347	214.3573	369	223.1803	391	231.6905
304	196.1153	326	205.6215	348	214.7654	370	223.5738	392	232.0702
305	196.5557	327	206.0448	349	215.1729	371	223.9666	393	232.4494
306	196.9952	328	206.4673	350	215.5797	372	224.3587	394	232.8279
307	197.4340	329	206.8891	351	215.9858	373	224.7502	395	233.2059
308	197.8719	330	207.3101	352	216.3912	374	225.1411	396	233.5832
309	119.3091	331	207.7305	353	216.7959	375	225.5314	397	233.9600
310	198.7455	332	208.1500	354	217.2000	376	225.9210	398	234.3362
311	199.1810	333	208.5689	355	217.6033	377	226.3100	399	234.7118
312	199.6158	334	208.9870	356	218.0060	378	226.6983	400	235.0868

2. 법정이율에 의한 단리연금현가율(연단위)

(1 / 1 + ni i=5%)

1	0.9523	26	16.3789	51	24.9836	76	30.9804
2	1.8614	27	16.8044	52	25.2614	77	31.1866
3	2.7310	28	17.2211	53	25.5353	78	31.3907
4	3.5643	29	17.6293	54	25.8056	79	31.5927
5	4.3643	30	18.0293	55	26.0723	80	31.7927
6	5.1336	31	18.4214	56	26.3354	81	31.9907
7	5.8743	32	18.8086	57	26.5952	82	32.1868
8	6.5886	33	19.1834	58	26.8516	83	32.3810
9	7.2782	34	19.5538	59	27.1047	84	32.5733
10	7.9449	35	19.9174	60	27.3547	85	32.7638
11	8.5901	36	20.2745	61	27.6017	86	32.9524
12	9.2151	37	20.6254	62	27.8456	87	33.1394
13	9.8211	38	20.9702	63	28.0865	88	33.3245
14	10.4094	39	21.3092	64	28.3246	89	33.5080
15	10.9808	40	21.6426	65	28.5599	90	33.6898
16	11.5363	41	21.9704	66	28.7925	91	33.8700
17	12.0769	42	22.2930	67	29.0224	92	34.0486
18	12.6032	43	22.6105	68	29.2496	93	34.2256
19	13.1160	44	22.9230	69	29.4743	94	34.4010
20	13.6160	45	23.2307	70	29.6966	95	34.5749
21	14.1038	46	23.5337	71	29.9163	96	34.7474
22	14.5800	47	23.8322	72	30.1337	97	34.9188
23	15.0451	48	24.1263	73	30.3488	98	35.0878
24	15.4997	49	24.4162	74	30.5616	99	35.2559
25	15.9441	50	24.7019	75	30.7721	100	35.4225

Ⅴ. 한국인의 생명표(2003년도기준)

※ 자료: 통계청

연 령	사망확률 (전 체)	생존자 (전 체)	정지인구 (전 체)	기대여명 (전 체)	기대여명 (남 자)	기대여명 (여 자)
		명	명	년	년	년
0세	0.00513	100000	99519	77.46	73.87	80.82
1세	0.0005	99487	99462	76.86	73.29	80.2
2세	0.0004	99437	99418	75.89	72.32	79.24
3세	0.00033	99398	99382	74.92	71.35	78.27
4세	0.00029	99365	99351	73.95	70.38	77.29
5세	0.00026	99337	99324	72.97	69.4	76.31
6세	0.00023	99311	99300	71.99	68.42	75.33
7세	0.00021	99288	99278	71	67.44	74.34
8세	0.00018	99268	99259	70.02	66.46	73.36
9세	0.00016	99249	99241	69.03	65.47	72.37
10세	0.00015	99233	99226	68.04	64.48	71.38
11세	0.00015	99218	99211	67.05	63.49	70.38
12세	0.00015	99204	99196	66.06	62.5	69.39
13세	0.00017	99189	99180	65.07	61.52	68.4
14세	0.0002	99172	99163	64.08	60.53	67.41
15세	0.00025	99153	99141	63.1	59.54	66.42
16세	0.0003	99128	99113	62.11	58.56	65.43
17세	0.00036	99098	99080	61.13	57.58	64.45
18세	0.00041	99062	99042	60.15	56.61	63.46
19세	0.00044	99022	99000	59.18	55.64	62.48
20세	0.00045	98978	98956	58.2	54.67	61.5
21세	0.00046	98934	98911	57.23	53.7	60.51
22세	0.00047	98888	98865	56.25	52.74	59.53
23세	0.00052	98842	98816	55.28	51.77	58.55

연 령	사망확률 (전 체)	생존자 (전 체)	정지인구 (전 체)	기대여명 (전 체)	기대여명 (남 자)	기대여명 (여 자)
		명	명	년	년	년
24세	0.00054	98791	98764	54.31	50.8	57.57
25세	0.00057	98738	98709	53.34	49.84	56.59
26세	0.00059	98681	98652	52.37	48.87	55.62
27세	0.00061	98623	98593	51.4	47.91	54.64
28세	0.00064	98562	98531	50.43	46.95	53.66
29세	0.00066	98500	98467	49.46	45.99	52.68
30세	0.00069	98434	98400	48.49	45.03	51.7
31세	0.00073	98366	98330	47.53	44.07	50.73
32세	0.00079	98295	98256	46.56	43.11	49.75
33세	0.00087	98217	98175	45.6	42.16	48.78
34세	0.00095	98132	98085	44.64	41.21	47.8
35세	0.00106	98039	97987	43.68	40.26	46.83
36세	0.00115	97935	97878	42.72	39.32	45.86
37세	0.00129	97822	97759	41.77	38.38	44.89
38세	0.00142	97696	97626	40.83	37.45	43.93
39세	0.00158	97557	97480	39.88	36.52	42.96
40세	0.00173	97403	97318	38.95	35.6	42
41세	0.00187	97234	97143	38.01	34.69	41.04
42세	0.00207	97052	96952	37.08	33.78	40.08
43세	0.00228	96852	96741	36.16	32.88	39.12
44세	0.00251	96631	96510	35.24	31.99	38.17
45세	0.00273	96389	96257	34.33	31.11	37.22
46세	0.00299	96126	95982	33.42	30.23	36.27
47세	0.00322	95838	95684	32.52	29.36	35.32
48세	0.00353	95530	95361	31.62	28.5	34.38
49세	0.00375	95192	95014	30.73	27.65	33.44
50세	0.00413	94835	94640	29.85	26.8	32.5
51세	0.00448	94444	94232	28.97	25.96	31.57
52세	0.00486	94021	93792	28.1	25.13	30.64
53세	0.0052	93563	93320	27.23	24.31	29.71

연 령	사망확률 (전 체)	생존자 (전 체)	정지인구 (전 체)	기대여명 (전 체)	기대여명 (남 자)	기대여명 (여 자)
		명	명	년	년	년
54세	0.00536	93077	92827	26.37	23.5	28.79
55세	0.00569	92578	92315	25.51	22.69	27.86
56세	0.00622	92051	91765	24.65	21.88	26.94
57세	0.00685	91479	91166	23.8	21.07	26.03
58세	0.00775	90852	90500	22.97	20.29	25.12
59세	0.00827	90148	89776	22.14	19.52	24.23
60세	0.00883	89403	89008	21.32	18.76	23.33
61세	0.00965	88614	88186	20.51	18	22.44
62세	0.01057	87758	87295	19.7	17.26	21.56
63세	0.0118	86831	86318	18.91	16.53	20.68
64세	0.01274	85806	85259	18.13	15.82	19.82
65세	0.01406	84713	84118	17.35	15.12	18.96
66세	0.01557	83522	82872	16.59	14.43	18.11
67세	0.01709	82222	81519	15.85	13.76	17.28
68세	0.01882	80817	80056	15.12	13.1	16.46
69세	0.02082	79296	78470	14.4	12.46	15.66
70세	0.02304	77645	76750	13.69	11.84	14.87
71세	0.02569	75856	74882	13	11.24	14.1
72세	0.02833	73907	72860	12.33	10.66	13.34
73세	0.03149	71814	70683	11.68	10.09	12.61
74세	0.03474	69552	68344	11.04	9.55	11.9
75세	0.0391	67136	65824	10.42	9.02	11.21
76세	0.04428	64511	63083	9.82	8.51	10.54
77세	0.04991	61654	60116	9.26	8.04	9.91
78세	0.05608	58577	56935	8.72	7.58	9.31
79세	0.06118	55292	53601	8.2	7.15	8.73
80세	0.06789	51909	50147	7.71	6.73	8.18
81세	0.07497	48385	46572	7.23	6.34	7.65
82세	0.08489	44758	42858	6.78	5.96	7.14
83세	0.09432	40958	39027	6.36	5.61	6.68

연 령	사망확률 (전 체)	생존자 (전 체)	정지인구 (전 체)	기대여명 (전 체)	기대여명 (남 자)	기대여명 (여 자)
		명	명	년	년	년
84세	0.10366	37095	35172	5.97	5.28	6.25
85세	0.11398	33250	31355	5.6	4.98	5.84
86세	0.12492	29460	27620	5.26	4.69	5.47
87세	0.13647	25780	24020	4.94	4.42	5.11
88세	0.14859	22261	20608	4.64	4.18	4.79
89세	0.16126	18954	17425	4.36	3.95	4.49
90세	0.17444	15897	14511	4.1	3.73	4.21
91세	0.18809	13124	11890	3.86	3.54	3.95
92세	0.20213	10655	9579	3.64	3.36	3.72
93세	0.21652	8502	7581	3.44	3.19	3.5
94세	0.23117	6661	5891	3.25	3.04	3.31
95세	0.24601	5121	4491	3.08	2.9	3.13
96세	0.26095	3861	3357	2.92	2.77	2.97
97세	0.27589	2854	2460	2.78	2.65	2.82
98세	0.29073	2066	1766	2.65	2.55	2.69
99세	0.30538	1466	1242	2.53	2.45	2.57
100세 이 상	1	1018	2463	2.42	2.37	2.47

한경식

□ 저자 학력 □

· 청주고등학교졸업
· 청주대학교 법과대학 졸업(법학사)
· 청주대학교 대학원석사과정 졸업(법학석사)
· 청주대학교 대학원박사과정 졸업(법학박사)

□ 경 력 □

· 第6회 공인노무사시험 합격(1997년)
· 노무법인 청주공인노무사 사무소장(1998. 9~2005. 3)
· 청주대학교 법과대학 겸임교수(2000. 3~2006. 2)
· 서일대학 부동산학과 초빙교수(1999. 3~2000. 2)
· 충북대학교 법과대학 강사(2000. 3~2005. 8)
· 우송정보대학 경영법률학과 강사(1994. 9~1999. 2)
· 중소기업청 노무전담 노무사(2001. 11~2004. 3)
· 국민고충처리위원회 전문상담위원(2000. 7~2004. 12)
· 국민고충처리위원회 복지·노동분야 전문위원(2005. 4~현재)

□ 논문 및 저서 □

· 「노사협의회법에 관한 연구」(석사학위논문)
· 「산업재해의 구제법리에 관한 연구」(박사학위논문)
· 「노사관계의 발전과 노·사·정 책임」(신한은행, 제4회 논문현상 공모수상 논문집)
· 「현행 교원노조법의 문제점과 개선방향」(한국법학회, 법학연구 제4집)
· 「연봉제 도입의 법적 검토」(송암 이선복박사 고희기념논문집)
· 「쟁의행위에 따른 손해배상책임론」(청주대학교 대학원, 우암논총 제15집)
· 「현행 산제보험급여의 개선방향」(청주대학교 대학원, 우암논총 제19집)
· 「산재보험급여와 손해배상과의 조정 및 구상관계」(서일대학, 서일논총 제17집)
· 『영문독해공식』(공저, 도서출판 고원)

산업재해보상 및 배상론

• 초판 인쇄 2007년 4월 1일
• 초판 발행 2007년 4월 1일

• 지 은 이 한경식
• 펴 낸 이 채종준
• 펴 낸 곳 한국학술정보(주)
경기도 파주시 교하읍 문발리 526-2
파주출판문화정보산업단지
전화 031) 908-3181(대표) · 팩스 031) 908-3189
홈페이지 http://www.kstudy.com
e-mail(출판사업팀사업부) publish@kstudy.com
• 등 록 제일산-115호(2000. 6. 19)
• 가 격 47,000원

ISBN 978-89-534-6617-3 93360 (Paper Book)
978-89-534-6618-0 98360 (e-Book)